高等学校交通运输与工程类专业教材建设委员会规划教材
教育部高等学校道路运输与工程教学指导分委员会"十三五"规划教材

Bridge Engineering

桥 梁 工 程

（第6版）

（土木工程、交通工程、道路桥梁与渡河工程专业用）

邵旭东　等　编著
陈政清　顾安邦　主审

人民交通出版社股份有限公司
北京

内 容 提 要

本书为高等学校交通运输与工程类专业教材建设委员会、教育部高等学校道路运输与工程教学指导分委员会"十三五"规划教材。全书共分七篇，主要内容包括：第一篇总论，第二篇混凝土梁桥，第三篇混凝土拱桥，第四篇斜拉桥，第五篇悬索桥，第六篇桥梁墩台，第七篇桥梁结构数值分析方法。

本书为高等院校土木、交通类专业学生的专业课教材，也可供从事桥梁建设的技术人员参考。

图书在版编目(CIP)数据

桥梁工程 / 邵旭东等编著. — 6 版. — 北京：人民交通出版社股份有限公司, 2023.1 (2025.1重印)
ISBN 978-7-114-18468-0

Ⅰ.①桥… Ⅱ.①邵… Ⅲ.①桥梁工程 Ⅳ.①U44

中国国家版本馆 CIP 数据核字(2022)第 256206 号

高等学校交通运输与工程类专业教材建设委员会规划教材
教育部高等学校道路运输与工程教学指导分委员会"十三五"规划教材

Qiaoliang Gongcheng

书　　名：	桥梁工程(第6版)
著 作 者：	邵旭东　等
责任编辑：	卢俊丽
责任校对：	孙国靖　龙　雪
责任印制：	张　凯
出版发行：	人民交通出版社股份有限公司
地　　址：	(100011)北京市朝阳区安定门外外馆斜街3号
网　　址：	http://www.ccpcl.com.cn
销售电话：	(010)85285911
总 经 销：	人民交通出版社股份有限公司发行部
经　　销：	各地新华书店
印　　刷：	北京市密东印刷有限公司
开　　本：	787×1092　1/16
印　　张：	42
插　　页：	1
字　　数：	1042 千
版　　次：	2004 年 1 月　第 1 版
	2007 年 2 月　第 2 版
	2014 年 6 月　第 3 版
	2016 年 3 月　第 4 版
	2019 年 5 月　第 5 版
	2023 年 1 月　第 6 版
印　　次：	2025 年 1 月　第 6 版　第 5 次印刷　总第 36 次印刷
书　　号：	ISBN 978-7-114-18468-0
定　　价：	90.00 元

(有印刷、装订质量问题的图书，由本公司负责调换)

第6版前言

本教材由湖南大学编写。自2004年1月第1版问世以来,编著者以教材内容与时代发展同步为宗旨,曾经对教材内容进行了四次大的修订和增补,分别是2007年2月的第2版、2014年6月的第3版、2016年3月的第4版和2019年5月的第5版。承蒙众多同行和高校的支持,本教材目前已累计印刷31次,共17.9万余册。

"桥梁工程"作为支撑土木工程等专业人才培养的核心课程之一,本教材编写围绕国家交通基础设施建设的需求,面向桥梁学科发展前沿,坚持"知识、能力、素质"的有机融合,希望学生通过本课程的学习,达到如下目标:

(1)掌握桥梁工程基础理论、设计方法、施工技术及发展动态等专业知识;

(2)具备从事桥梁工程设计、施工、管理等的专业实践能力和解决复杂工程问题的能力;

(3)具有高度社会责任感、勇于开拓创新等优良素质。

本教材编写遵循认知规律,以桥梁结构受力特征为主线,依次介绍梁桥、拱桥、斜拉桥、悬索桥、桥梁墩台的总体布置、构造特点、计算理论、施工工艺和发展动态,最后介绍了桥梁结构数值分析方法。

教材编排利于教师在教学中把握重点、难点,便于学生复习和巩固所学知识;注重培养学生基本素质和基本能力,尽可能阐述清晰桥梁基本知识,图文并茂,语言精练,力求起到直观、易懂和启发学生思维的效果;对若干理论难点,融合学生的基础力学知识,给出了分析模型和算例,由浅入深地引导学生深入理解和掌握应用;遵循了最新的桥梁设计规范,融入了现代桥梁发展的新进展和新技术,以及近年来工程技术人员所普遍关心的常见病害问题。教材具有先进性与实用性兼备的特色。

为弘扬"逢山开路、遇水架桥"的工匠精神,结合我国古代桥梁辉煌历史和现代桥梁重大技术创新成就,以及茅以升等老一辈专家的事迹,有机融入了一些桥梁工程人文元素,以培养学生的家国情怀,促进学生的全面发展,服务国家交通强国建设战略。

参与第6版修订工作的人员有:邵旭东(提出编写指导思想、增加篇后思考题)、李立峰(第一、二、七篇)、张阳(第二篇)、赵华(第三、六篇)、曹君辉(第四、五篇)、樊伟(人文、第六篇)、李盼盼(全书校订)。李寿英、刘志文及易笃韬提了诸多修改意见。曹学琳、杨紫琪、廖海林、陈思、陈金宇检查勘误了全部书稿。全书最终由邵旭东教授修正定二稿,陈政清教授审阅定终稿。

书中若有差错和不当之处,敬请读者指正。

邵旭东
2023 年 1 月

目录

第一篇 总 论

第一章 概述 3
第一节 桥梁基本组成和分类 4
第二节 桥梁发展动态 11

第二章 桥梁总体规划设计 27
第一节 桥梁设计基本原则 27
第二节 桥梁平、纵、横断面设计 29
第三节 桥梁设计与建设程序 33
第四节 桥梁设计方案比选 35

第三章 桥梁上的作用 38
第一节 永久作用 39
第二节 可变作用 40
第三节 偶然作用与地震作用 49
第四节 作用效应组合 51

第四章 桥面布置与构造 56

本篇思考题 67

第二篇 混凝土梁桥

第一章 概述 71

第二章 混凝土梁桥构造与设计要点 73
第一节 板桥构造 73
第二节 简支梁桥构造 75
第三节 连续体系梁桥构造 82
第四节 无缝桥梁构造 95

第三章 混凝土简支梁桥计算 ································ 100
第一节 桥面板计算 ································ 100
第二节 主梁内力计算 ································ 107
第三节 横隔梁内力计算 ································ 120
第四节 挠度、预拱度计算 ································ 124

第四章 混凝土连续体系梁桥计算 ································ 128
第一节 结构恒载内力计算 ································ 128
第二节 箱梁剪力滞效应计算的有效宽度法 ································ 136
第三节 预应力效应计算的等效荷载法 ································ 141
第四节 混凝土徐变次内力计算的换算弹性模量法 ································ 147
第五节 混凝土收缩次内力计算 ································ 157
第六节 基础沉降次内力计算 ································ 158
第七节 温度次内力和自应力计算 ································ 159
第八节 悬臂施工时挠度和预拱度计算 ································ 165
第九节 主梁下挠、开裂的原因和对策 ································ 168

第五章 刚架桥简介 ································ 173
第一节 门式刚架桥 ································ 173
第二节 斜腿刚架桥 ································ 176

第六章 梁桥支座 ································ 184
第一节 常用支座的类型和构造 ································ 185
第二节 支座布置 ································ 189
第三节 支座计算 ································ 190

第七章 混凝土斜、弯梁桥简介 ································ 196
第一节 斜梁桥 ································ 196
第二节 弯梁桥 ································ 215

第八章 混凝土梁桥的施工 ································ 229
第一节 就地现浇钢筋混凝土简支梁桥施工 ································ 230
第二节 预制钢筋混凝土及预应力混凝土简支梁桥施工 ································ 236
第三节 连续体系梁桥施工 ································ 246

第九章 梁桥实例 ································ 254
第一节 简支-连续梁桥实例——大登Ⅲ号大桥简介 ································ 254
第二节 变截面连续梁桥实例——湖南白沙大桥简介 ································ 257
第三节 连续刚构桥实例——广东虎门大桥辅航道桥、挪威 Stolma 桥简介 ································ 262
第四节 重庆石板坡长江大桥复线桥 ································ 266

本篇思考题 ··· 271

第三篇　混凝土拱桥

第一章　概述 ··· 275
第一节　拱桥主要特点 ··· 275
第二节　拱桥主要组成及主要类型 ·· 276
第二章　拱桥构造与设计 ·· 282
第一节　上承式拱桥构造与设计 ··· 282
第二节　中、下承式钢筋混凝土拱桥构造与设计 ··· 305
第三节　拱式组合体系桥构造与设计 ··· 312
第三章　拱桥计算 ·· 318
第一节　上承式拱桥计算 ·· 318
第二节　中、下承式钢筋混凝土拱桥计算 ··· 343
第三节　其他类型拱桥计算特点 ··· 345
第四章　拱桥施工方法简介 ··· 355
第一节　就地浇筑法 ·· 355
第二节　预制安装法 ·· 356
第三节　转体施工法 ·· 358
第五章　实例 ·· 361
第一节　四川金沙江大桥 ·· 361
第二节　波司登长江大桥 ·· 366
第三节　重庆万州长江大桥 ··· 369
第四节　福建莆田贤良路 2 号桥 ··· 372
第五节　重庆朝天门大桥 ·· 375

本篇思考题 ··· 380

第四篇　斜 拉 桥

第一章　总体布置 ·· 383
第一节　概述 ··· 383
第二节　孔跨布置 ··· 391
第三节　索塔布置 ··· 394
第四节　斜拉索布置 ·· 395
第五节　主要结构体系 ··· 397
第二章　斜拉桥构造 ··· 403

3

  第一节 主梁 403
  第二节 索塔 412
  第三节 斜拉索 415
 第三章 斜拉桥计算 422
  第一节 结构分析计算图式 422
  第二节 斜拉索垂度效应计算 423
  第三节 索力初拟和调整 425
  第四节 温度和徐变次内力计算 429
 第四章 斜拉桥施工 431
  第一节 主梁施工方法 431
  第二节 索塔施工 434
  第三节 斜拉索施工 438
 第五章 实例 441
  第一节 铜陵长江公路大桥 441
  第二节 赤石大桥 444
  第三节 贵州都格北盘江大桥 447
  第四节 苏通长江公路大桥 449
  第五节 多多罗大桥 453
  第六节 沪苏通长江大桥 455
 本篇思考题 459

第五篇 悬 索 桥

 第一章 概述 463
 第二章 总体布置 465
  第一节 主要结构体系 465
  第二节 纵、横断面布置 470
 第三章 悬索桥构造 471
  第一节 主缆 471
  第二节 索塔 473
  第三节 锚碇 478
  第四节 加劲梁 481
  第五节 吊索 484
  第六节 鞍座 488
  第七节 桥面及铺装 491

第四章　悬索桥计算 ··· 495
- 第一节　计算基本步骤 ··· 495
- 第二节　结构分析的内容 ·· 496
- 第三节　主缆系统计算 ··· 496

第五章　实例 ··· 507
- 第一节　香港青马大桥 ··· 507
- 第二节　西堠门大桥 ·· 510
- 第三节　矮寨大桥 ··· 513
- 第四节　泰州长江大桥 ··· 516
- 第五节　明石海峡大桥 ··· 521

本篇思考题 ·· 524

第六篇　桥梁墩台

第一章　桥梁墩台构造与设计 ·· 527
- 第一节　概述 ··· 527
- 第二节　梁桥墩台 ··· 528
- 第三节　拱桥墩台 ··· 543

第二章　桥梁墩台计算 ·· 548
- 第一节　作用及其效应组合 ··· 548
- 第二节　重力式桥墩计算与验算 ·· 551
- 第三节　桩柱式桥墩计算 ·· 556
- 第四节　柔性排架墩计算 ·· 553
- 第五节　桥台计算 ··· 566
- 第六节　桥墩防撞设计要点及船撞力计算 ··· 571

第三章　实例 ··· 580
- 第一节　纬二路桥 ··· 580
- 第二节　小鸦公路立交 B 匝道桥 ·· 581
- 第三节　友谊大桥 ··· 582
- 第四节　北江四桥桥墩防撞设计 ··· 584

本篇思考题 ·· 587

第七篇　桥梁结构数值分析方法

第一章　简支梁桥横向分布影响线通用计算 ·· 591
- 第一节　概述 ··· 591

第二节　计算机方法 …………………………………………………………………… 592
　　第三节　算例 ……………………………………………………………………………… 600
第二章　桥梁结构分析的有限元法 …………………………………………………………… 603
　　第一节　有限元法概述 …………………………………………………………………… 603
　　第二节　桥梁结构分析的杆系有限元法 ………………………………………………… 606
　　第三节　桥梁结构分析的内容和特点 …………………………………………………… 614
　　第四节　桥梁结构分析的建模方法 ……………………………………………………… 617
　　第五节　结果评判与结构验算 …………………………………………………………… 621
第三章　计算实例 ……………………………………………………………………………… 624
　　第一节　连续梁桥 ………………………………………………………………………… 624
　　第二节　连续刚构桥 ……………………………………………………………………… 629
　　第三节　拱桥 ……………………………………………………………………………… 636
　　第四节　斜拉桥 …………………………………………………………………………… 644
　　第五节　悬索桥 …………………………………………………………………………… 650

参考文献 …………………………………………………………………………………… 658

PART 1 | 第一篇
总　论

第一章
概　述

　　桥梁是供行人、车辆、渠道、管线等跨越河流、山谷或其他交通线路的架空构筑物。

　　自古以来,桥梁与人们的生产、生活密切相关,并与各个时代、各民族的科技发展和文化特点有着直接的关系。因此,桥梁既是一种功能性的结构物,又是工程技术与人文艺术相结合的产物。许多桥梁已成为具有鲜明时代特征、令人赏心悦目的人文景观,是世界建筑艺术的重要组成部分。

　　随着全世界桥梁的发展,桥梁工程已经发展成融理论分析、设计、施工控制及管理于一体的系统性学科,属于土木工程的一个重要分支。

　　5000年来,中国桥梁随着中国文明的进步,经历了古代桥梁、近代桥梁和现代桥梁的发展历程。中国古代桥梁的辉煌为世界所公认,中国近代桥梁的落后和中国现代桥梁在20世纪末的重新崛起也是无可争议的事实。

　　于今,我国的现代桥梁建设取得了举世瞩目的成就,无论在建设规模上,还是在科技水平上,均已跻身世界先进行列。全国现有公路桥梁近百万座,铁路桥梁20余万座,以及大量的城市立交桥和高架桥。中国桥梁在世界大跨度悬索桥、拱桥和斜拉桥的排行榜上已名列前茅,而且在数量上亦居于领先地位,中国已成为名副其实的桥梁大国,正在从桥梁大国向桥梁强国迈进。

　　纵观我国的经济社会发展,交通设施的发展与完善依然任重道远,桥梁工程的建设依然方兴未艾,与此同时,桥梁建设正朝着新型、大跨、轻质、美观的方向发展。可以预见,在今后相当长的一个时期内,广大的桥梁工程师将面临建设更加新颖和复杂桥梁结构的挑战,肩负着更加光荣而艰巨的任务。这也正是学习"桥梁工程"这门课程的意义所在。

第一节 桥梁基本组成和分类

一、桥梁的基本组成

概括地说,桥梁由四个基本部分组成,即上部结构(superstructure)、下部结构(substructure)、支座(bearing)和附属设施(accessory)。

图 1-1-1 为一座梁桥的概貌,图中涉及的一般桥梁工程的几个主要名词解释如下:

上部结构是在线路中断时跨越障碍的主要承重结构,是桥梁支座以上(无铰拱起拱线或刚架主梁底线以上)跨越桥孔的总称,当跨越幅度越大时,上部结构的构造也就越复杂,施工难度也相应增加。

下部结构包括桥墩(pier)、桥台(abutment)和基础(foundation)。

桥墩和桥台是支承上部结构并将其传来的恒载和车辆等活载传至基础的结构物。通常设置在桥两端的称为桥台,设置在桥中间部分的称为桥墩。桥台除了上述作用外,还与路堤衔接,并抵御路堤土压力,防止路堤填土的坍落。单孔桥只有两端的桥台,而没有中间桥墩。

桥墩和桥台底部的奠基部分称为基础,基础承担了从桥墩和桥台传来的全部荷载,这些荷载包括竖向荷载、船舶撞击墩身等引起的水平荷载以及地震力。由于基础往往深埋于水下地基中,在桥梁施工中是难度较大的一部分,也是确保桥梁安全的关键之一。

支座是设在墩(台)顶,用于支承上部结构的传力装置,它不仅要传递很大的荷载,并且要保证上部结构按设计要求能产生一定的变位。

桥梁附属设施包括桥面系(bridge decking)、伸缩缝(expansion joint)、桥梁与路堤衔接处的桥头搭板(transition slab at bridge head)和锥形护坡(conical slope)等。

河流中的水位是变动的,枯水季节的最低水位称为低水位(low water level),洪峰季节河流中的最高水位称为高水位(high water level)。桥梁设计中按规定的设计洪水频率计算所得的高水位(很多情况下是推算水位),称为设计水位(designed water level)。在各级航道中,能保持船舶正常航行时的水位,称为通航水位(navigable water level)。

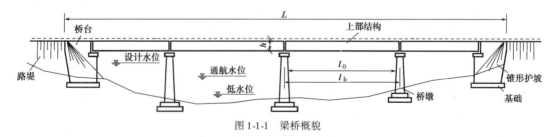

图 1-1-1 梁桥概貌

下面介绍一些与桥梁布置有关的主要尺寸和名词术语。

净跨径(clear span):对于设支座的桥梁是指在设计洪水位线上相邻两墩、台身顶内缘之间的水平净距,对于不设支座的桥梁是指上、下部结构相交处内缘间的水平净距,用 l_0 表示(图 1-1-1 和图 1-1-2)。

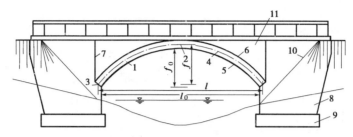

图 1-1-2 拱桥概貌
1-拱圈;2-拱顶;3-拱脚;4-拱轴线;5-拱腹;6-拱背;7-变形缝;8-桥台;9-基础;10-锥坡;11-拱上结构

总跨径(total span):多孔桥梁中各孔净跨径的总和($\sum l_0$),它反映了桥下宣泄洪水的能力。

计算跨径(computed span):对于设支座的桥梁,为相邻支座中心的水平距离,对于不设支座的桥梁(如拱桥、刚构桥等),为上、下部结构的相交面之中心间的水平距离,用 l 表示,桥梁结构的力学计算是以计算跨径为准的。

标准跨径(standard span):对于梁桥、板式桥,以两桥墩中线之间桥中心线长度或桥墩中线与桥台台背前缘线之间桥中心线长度为准,拱桥和涵洞以净跨径为准,用 l_b 表示。

桥梁全长(total length of bridge):简称桥长,对于有桥台的桥梁为两岸桥台翼墙尾端间的距离,对于无桥台的桥梁为桥面系行车道长度,用 L 表示。

桥下净空(clearance of span):为满足通航(或行车、行人)的需要和保证桥梁安全而对上部结构底缘以下规定的空间界限。

桥梁建筑高度(construction height of bridge):上部结构底缘至桥面顶面的垂直距离(图 1-1-1 中的 h)。线路定线中所确定的桥面高程,与通航(或桥下通车、人)净空界限顶部高程之差,称为容许建筑高度(allowable construction height)。显然,桥梁建筑高度不得大于容许建筑高度。为控制桥梁建筑高度,可以通过调整桥面以上结构布置(如斜拉桥、悬索桥、中、下承式拱桥等)的方式加以解决。

桥面净空(clearance above bridge floor):桥梁行车道、人行道上方应保持的空间界限,公路、铁路和城市桥梁对桥面净空都有相应的规定。

我国《公路桥涵设计通用规范》(JTG D60—2015)(以下简称《桥规 JTG D60》)规定了特大桥、大桥、中桥、小桥按总长和跨径的划分,见表 1-1-1。

按桥梁总长 L 和单孔跨径 L_k 分类　　　　表 1-1-1

桥 梁 分 类	多孔跨径总长 L(m)	单孔跨径 L_k(m)	桥 梁 分 类	多孔跨径总长 L(m)	单孔跨径 L_k(m)
特大桥	$L > 1\,000$	$L_k > 150$	中桥	$30 < L < 100$	$20 \leqslant L_k < 40$
大桥	$100 \leqslant L \leqslant 1\,000$	$40 \leqslant L_k \leqslant 150$	小桥	$8 \leqslant L \leqslant 30$	$5 \leqslant L_k < 20$

注:1. 单孔跨径是指标准跨径。
　　2. 梁桥、板式桥的多孔跨径总长为多标准跨径的总长;拱桥为两岸桥台内起拱线间的距离;其他形式桥梁为桥面系行车道长度。

上述分类在一定程度上反映了桥梁的建设规模,但不反映桥梁的复杂性。国际上一般认为单孔跨径小于 150m 的属于中小桥,大于 150m 即为大桥,而特大桥的起点跨径与桥型有关,悬索桥为1 000m,斜拉桥和钢拱桥为500m,其他桥型为300m。

二、桥梁的分类

1. 桥梁按受力体系分类

按照受力体系分类,桥梁有梁、拱、索三大基本体系,其中梁桥以受弯为主,拱桥以受压为主,悬索桥以受拉为主。另外,由上述三大基本体系的相互组合,派生出在受力上也具有组合特征的多种桥型,如刚架桥和斜拉桥等,下面分别阐述各种桥梁体系的主要特点。

(1)梁桥(beam bridge)

梁桥是一种在竖向荷载作用下无水平反力的结构[图1-1-3a)、b)],由于外力(恒载和活载)的作用方向与承重结构的轴线接近垂直,因而与同样跨径的其他结构体系相比,梁桥内产生的弯矩最大,通常需用抗弯、抗拉能力强的材料(钢、配筋混凝土、钢-混凝土组合结构等)来建造。对于中、小跨径桥梁,目前在公路上应用最广的是标准跨径的钢筋混凝土简支梁桥,施工方法有预制装配和现浇两种。这种梁桥的结构简单,施工方便,简支梁对地基承载力的要求也不高,其常用跨径通常在25m以下,当跨径较大时,需采用预应力混凝土简支梁桥,但跨径一般不超过50m。为了改善受力条件和使用性能,地质条件较好时,中、小跨径梁桥均可修建连续梁桥,如图1-1-3c)所示,对于很大跨径的大桥和特大桥,可采用预应力混凝土梁桥、钢桥和钢-混凝土组合梁桥,如图1-1-3d)、e)所示。

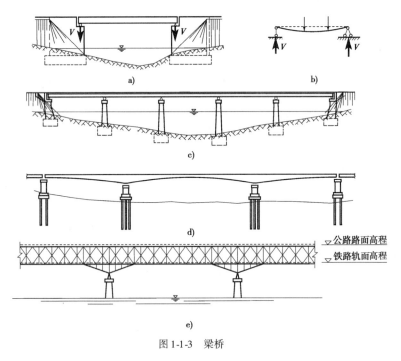

图1-1-3 梁桥

(2)拱桥(arch bridge)

拱桥的主要承重结构是拱圈或拱肋(拱圈横截面设计成分离形式时称为拱肋)。拱结构在竖向荷载作用下,桥墩和桥台将承受水平推力,如图1-1-4b)所示。同时,根据作用力和反作用力原理,墩台向拱圈(或拱肋)提供一对水平反力,这种水平反力将大大抵消在拱圈(或拱肋)内由荷载所引起的弯矩。因此,与同跨径的梁相比,拱的弯矩、剪力和变形都要小得多,鉴于拱桥的承重结构以受压为主,通常可用抗压能力强的圬工材料(如砖、石、混凝土)和钢筋混凝土等来建造。

拱桥不仅跨越能力较大,而且外形酷似彩虹卧波,十分美观,在条件许可的情况下,修建拱桥往往是经济合理的,一般在跨径500m以内均可作为比选方案。

应当注意,为了确保拱桥的安全,下部结构和地基(特别是桥台)必须能承受很大的水平推力作用(系杆拱桥除外)。此外,与梁桥不同,由于拱圈(或拱肋)在合龙前自身不能维持平衡,因而拱桥在施工过程中的难度和危险性要远大于梁桥。对于特大跨径的拱桥,也可建造钢桥或钢-混凝土组合截面的拱桥,由自重较轻但强度很高的钢拱首先合龙并承担施工荷载,这样,可降低整个拱桥施工的难度和风险。

在地基条件不适合于修建具有很大推力的拱桥的情况下,也可建造水平推力由受拉系杆来承受的系杆拱桥,系杆可由钢、预应力混凝土或高强钢筋做成,如图1-1-4d)所示。近年来发展了一种所谓"飞雁式"三跨自锚式微小推力拱桥,如图1-1-4e)所示,即在边跨的两端施加强大的水平预加力H,通过边跨梁传至拱脚,以抵消主跨拱脚处的巨大水平推力。

按照行车道处于主拱圈的不同位置,拱桥分为上承式拱、中承式拱和下承式拱三种,分别如图1-1-4a)、c)、d)所示,"承"代表承受车辆荷载的位置,即行车道位置,"上、中、下"分别代表车道位置位于主拱圈的上部、中部和下部。

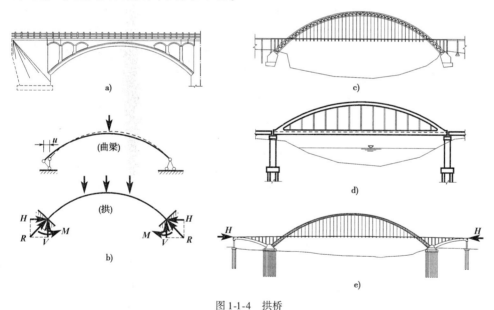

图1-1-4 拱桥

(3)刚构桥(rigid frame bridge)

刚构桥的主要承重结构是梁(或板)与立柱(或竖墙)整体结合在一起的刚架结构,梁和柱的连接处具有很大的刚性,以承担负弯矩的作用。如图1-1-5a)所示的门式刚架桥,在竖向荷载作用下,柱脚处具有水平反力,梁部主要受弯,但弯矩值较同跨径的简支梁小,梁内还有轴压力H,因而其受力状态介于梁桥与拱桥之间[图1-1-5b)],刚架桥跨中的建筑高度就可做得较小。但普通钢筋混凝土修建的刚架桥在梁柱刚结处较易产生裂缝,需在该处多配钢筋。另外,门式刚架桥在温度变化时,内部易产生较大的附加内力,应引起重视。

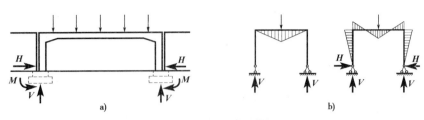

图 1-1-5　门式刚构桥

如图 1-1-6 所示为 T 形刚构桥(带挂孔的或不带挂孔的),是修建较大跨径混凝土桥梁曾采用的桥型,属静定或低次超静定结构。对于这种桥型,由于 T 形刚构长悬臂处于一种不受约束的自由变形状态,在车辆荷载作用下,悬臂内的弯、扭应力均较大,因而各个方向均易产生裂缝;另外,由于混凝土徐变,会使悬臂端产生一定的下挠,从而在悬臂端部和挂梁的结合处形成一个折角,不仅损坏了伸缩缝,而且车辆在此跳车,给悬臂以附加冲击力,使行车不适,对桥梁受力也不利,目前这种桥型已较少采用。

图 1-1-6　T 形刚构桥

如图 1-1-7 所示的连续刚构桥,属于多次超静定结构,在设计中一般应减小墩柱顶端的水平抗推刚度,使得温度变化在结构内不产生较大的附加内力。对于很长的桥,为了降低这种附加内力,往往在两侧的一个或数个边跨上设置滑动支座,从而形成如图 1-1-8 所示的刚构-连续组合体系桥型。

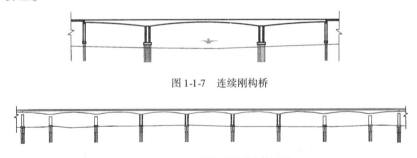

图 1-1-7　连续刚构桥

图 1-1-8　刚构-连续组合体系桥

当跨越陡峭河岸和深谷时,修建斜腿式刚构桥往往既经济合理、又造型轻巧美观,如图 1-1-9 所示。由于斜腿墩柱置于岸坡上,有较大斜角,中跨梁内的轴压力也很大,因而斜腿刚构桥的跨越能力比门式刚构桥要大得多,但斜腿的施工难度较直腿大些。

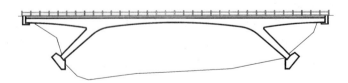

图 1-1-9　斜腿式刚构桥

刚构桥一般均需承受正负弯矩的交替作用,横截面宜采用箱形截面,连续刚构桥主梁受力与连续梁相近,横截面形式与尺寸也与连续梁基本相同。

(4)斜拉桥(cable stayed bridge)

斜拉桥由塔柱、主梁和斜拉索组成,如图 1-1-10 所示。它的基本受力特点是:受拉的斜拉索将主梁多点吊起,并将主梁的恒载和车辆等其他荷载传至塔柱,再通过塔柱基础传至地基。塔柱基本上以受压为主。跨度较大的主梁就像一条多点弹性支承(吊起)的连续梁一样工作,从而使主梁内的弯矩大大减小。由于同时受到斜拉索水平分力的作用,主梁截面的基本受力特征是偏心受压构件。斜拉桥属高次超静定结构,主梁所受弯矩大小与斜拉索的初张力密切相关,存在着一定最优的索力分布,使主梁在各种状态下的弯矩(或应力)最小。

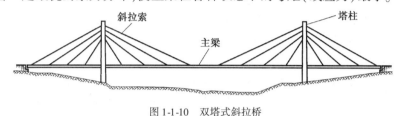

图 1-1-10　双塔式斜拉桥

由于受到斜拉索的弹性支承,弯矩较小,使得主梁尺寸大大减小,结构自重显著减轻,大幅度提高了斜拉桥的跨越能力。此外,由于塔柱、斜拉索和主梁构成稳定的三角形,斜拉桥的结构刚度较大,抗风能力较悬索桥要好得多。但是,当跨度很大时,悬臂施工的斜拉桥因主梁悬臂长度过长,承受压力过大,而风险较高,塔高也过大,外索过长,索垂度的影响使索的刚度大幅下降,这些问题都需要进一步研究和解决。

斜拉索的组成和布置、塔柱形式及主梁的截面形状是多种多样的,主梁的截面形态与斜拉索的布置情况要相互配合。我国常用高强平行钢丝或钢绞线等制成斜拉索,斜拉索按施工工艺可分为工厂预制(成品索)和现场防护两种。我国 20 世纪 80 年代末 90 年代初修建的斜拉桥中,斜拉索大多采用现场防护的方法,由于现场防护环境不利,不确定因素较多,加上施工技术不够成熟,斜拉索在使用 7~8 年后,索内高强钢材均出现了不同程度的锈蚀现象,影响了大桥的安全,近年来有几座斜拉桥已对斜拉索进行了更换。目前常用的平行钢丝斜拉索系完全在工厂内制成,在钢丝束上包一层高密度聚乙烯(HDPE)外套进行防护,还可用彩色高密度聚乙烯制成彩色索。除防锈外,斜拉索的疲劳和聚乙烯(PE)套的老化也是两个需认真对待的问题。

常用的斜拉桥是三跨双塔式结构,但独塔双跨形式也常见(图 1-1-11),具体形式及布置的选择应根据河流、地形、通航、美观等要求加以论证确定。

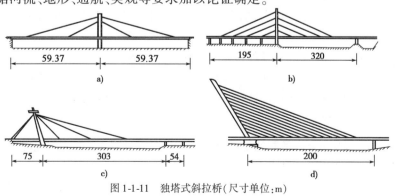

图 1-1-11　独塔式斜拉桥(尺寸单位:m)

在横桥向,斜拉索一般按双索面布置,也有采用中央布置的单索面结构。

多塔式斜拉桥如图1-1-12所示。

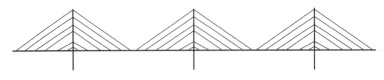

图1-1-12 多塔式斜拉桥

(5)悬索桥(suspension bridge)

悬索桥(也称吊桥)是以通过索塔悬挂并锚固于两岸(两端)的主缆作为上部结构主要承重构件的桥梁,如图1-1-13所示。在桥面系竖向荷载作用下,通过吊索使主缆承受很大的拉力,主缆锚于悬索桥两端的锚碇结构中。为了承受巨大的主缆拉力,锚碇结构需做得很大(重力式锚碇),或者依靠天然完整的岩体来承受水平拉力(隧道式锚碇)。主缆传至锚碇的拉力可分解为垂直和水平两个分力,因而悬索桥也是具有水平反力(拉力)的结构。现代悬索桥广泛采用高强度的钢丝成股编制形成钢缆,以充分发挥其优良的抗拉性能。悬索桥的承载系统包括主缆、索塔和锚碇三部分,因此结构自重较轻,能够跨越其他桥型无法达到的特大跨度。悬索桥的另一特点是受力简单明了,成卷的钢缆易于运输,在将主缆架设完成后,便形成了一个强大稳定的结构支承系统,施工过程中的风险相对较小。

图1-1-13a)为单跨式悬索桥,图1-1-13b)则为三跨式悬索桥。

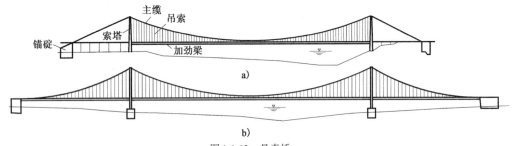

图1-1-13 悬索桥

上述悬索桥可称为地锚式悬索桥。悬索桥的另一种形式是自锚式悬索桥,即取消锚碇,而将主缆直接锚固在加劲梁上,此时缆索水平分力由加劲梁承受,竖向分力则由梁端配重相平衡。

自锚式悬索桥需采用"先梁后缆"的施工方式,施工风险较大,另外,加劲梁在巨大的轴向压力作用下,为满足稳定和应力要求,用钢量较大。因此,自锚式悬索桥只能用于跨径不大的情形。

在所有桥梁体系中,悬索桥的刚度最小,属柔性结构,在车辆荷载作用下,悬索桥将产生较大的变形,例如跨度1 000m的悬索桥,在车辆荷载作用下,$L/4$区域的最大挠度可达3m左右。另外,悬索桥风致振动及稳定性在设计和施工中需予以特别的重视。

2.桥梁的其他分类简述

除了上述按受力特点分成不同的结构体系外,人们还习惯按桥梁的用途、规模大小和建桥材料等其他方面将桥梁进行分类。

(1)按用途来划分,有公路桥(highway bridge)、铁路桥(railway bridge)、公铁两用桥(highway and rail transit bridge)、农桥或机耕道桥(rural bridge)、人行桥(foot bridge)、水运桥或渡槽(aqueduct bridge)、管线桥(pipeline bridge)等。

(2)按桥梁全长和跨径划分,有特大桥(super major bridge)、大桥(major bridge)、中桥(medium bridge)、小桥(small bridge)和涵洞(culvert)。

(3)按主要承重结构所用的材料划分,有圬工桥(masonry bridge,包括砖、石、混凝土桥)、钢筋混凝土桥(reinforced concrete bridge)、预应力混凝土桥(prestressed concrete bridge)、钢桥(steel bridge)、钢-混凝土组合桥(steel-concrete composite bridge)和木桥(timber bridge)等。木材易腐,且资源有限,一般不用于永久性桥梁。

(4)按跨越障碍的性质划分,有跨河桥(river-crossing bridge)、跨海桥(sea-crossing bridge)、跨线桥(overpass bridge)、立交桥(interchange)和高架桥(viaduct)等。

(5)按桥跨结构的平面布置划分,有正交桥(right bridge)、斜交桥(skew bridge)和弯桥(curved bridge)。

(6)按上部结构的行车道位置划分,有上承式桥(deck bridge)、中承式桥(half-through bridge)和下承式桥(through bridge)。

(7)按照桥梁的可移动性划分,有固定桥(fixed bridge)和活动桥(movable bridge)。活动桥包括开启桥(bascule bridge)、升降桥(lift bridge)、旋转桥(swing bridge)和浮桥(floating bridge)等。

第二节 桥梁发展动态

桥梁发展大致经历了以下几个突破性阶段:

(1)19世纪中叶钢材的出现,随后又出现高强度钢材,使桥梁工程的发展获得了第一次飞跃,跨度不断加大。

(2)20世纪初钢筋混凝土的应用,以及20世纪30年代兴起的预应力混凝土技术,使桥梁建设获得了廉价、耐久且刚度和承载力均很大的建筑材料,从而推动桥梁的发展产生第二次飞跃。

(3)20世纪50年代以后,随着计算机技术和有限元技术的迅速发展,使得人们能够方便地完成过去不可能完成的大规模结构计算,这使桥梁工程的发展获得了第三次飞跃。

(4)近年来,随着超高性能混凝土UHPC、高强钢、纤维增强复合材料FRP等高性能材料逐渐应用于桥梁结构中,结构实现了轻量化、低碳化、长耐久的新跨越;以人工智能为代表的新一代信息技术与先进工业化建造技术深度融合形成的智能建造技术,将成为工程建造的新模式。新技术将有力推动行业转型升级、高质量发展。

目前世界上已建桥梁统计情况(截至2022年5月)见表1-1-2。

悬索桥(主跨1 000m以上) 表1-1-2a

序号	桥 名	主跨(m)	主 梁	桥 址	建成年份(年)
1	张靖皋长江大桥	2 300	钢箱梁	中国江苏	在建
2	狮子洋大桥	2 180	钢桁梁	中国广东	在建
3	1915恰纳卡莱大桥(Canakkale 1915 Bridge)	2 023	钢箱梁	土耳其	2022
4	明石海峡大桥(Akashi-Kaikyo)	1 991	钢桁梁	日本	1998

续上表

序号	桥 名	主跨(m)	主 梁	桥 址	建成年份(年)
5	南京仙新路长江大桥	1 760	钢箱梁	中国江苏	在建
6	杨泗港大桥	1 700	钢桁梁	中国湖北	2019
7	虎门二桥(南沙大桥)	1 688	钢箱梁	中国广东	2019
8	舟山西堠门大桥	1 650	分离双箱	中国浙江	2009
9	燕矶长江大桥	1 650	钢桁梁	中国湖北	在建
10	大贝尔特大桥(Great Belt East)	1 624	钢箱梁	丹麦	1998
11	伊兹米特海峡大桥(Osman Gazi Bridge)	1 550	钢箱梁	土耳其	在建
12	李舜臣大桥	1 545	钢箱梁	韩国	2013
13	润扬长江公路大桥南汊桥	1 490	钢箱梁	中国江苏	2005
14	洞庭湖二桥	1 480	钢桁梁	中国湖南	2017
15	南京长江四桥	1 418	钢箱梁	中国江苏	2014
16	亨伯尔桥(Humber)	1 410	钢箱梁	英国	1981
17	亚武兹苏丹塞利姆大桥(第三博斯普鲁斯大桥)	1 408	钢箱梁	土耳其	2016
18	金安金沙江大桥	1 386	钢桁梁	中国云南	2020
19	江阴长江公路大桥	1 385	钢箱梁	中国江苏	1999
20	青马大桥(Tsing ma)	1 377	翼型钢桁桥	中国香港	1997
21	哈当厄尔大桥(Hardanger)	1 310	钢箱梁	挪威	2013
22	维拉扎诺桥(Verrazana-Narrows)	1 298	钢桁梁	美国	1964
23	金门大桥(Gold Gate)	1 280	钢桁梁	美国	1937
24	武汉阳逻长江大桥	1 280	钢箱梁	中国湖北	2007
25	霍加大桥(Hoga Kusten)	1 210	钢箱梁	瑞典	1997
26	龙江大桥	1 196	钢箱梁	中国云南	2016
27	矮寨大桥	1 176	钢桁梁	中国湖南	2012
28	麦金内克桥(Mackinac)	1 158	钢桁梁	美国	1957
29	蔚山大桥	1 150	钢箱梁	韩国	2015
30	清水河大桥	1 130	钢桁梁	中国贵州	2016
31	广州黄埔桥	1 108	钢箱梁	中国广东	2008
32	南备赞桥(Minami Bisan-seto)	1 100	钢桁梁	日本	1988
33	龙门大桥	1 098	钢箱梁	中国广西	在建
34	玉峰山大桥	1 092	钢桁梁	中国江苏	2019
35	博斯普鲁斯二桥(Fatih Sultan Mehmet)	1 090	钢箱梁	土耳其	1988
36	坝陵河大桥	1 088	钢桁梁	中国贵州	2009
37	泰州长江大桥	1 080	钢箱梁	中国江苏	2012
38	马鞍山长江大桥	1 080	钢箱梁	中国安徽	2013
39	博斯普鲁斯一桥(Bosporus)	1 074	钢箱梁	土耳其	1973
40	乔治·华盛顿桥(George Washington)	1 067	钢桁梁	美国	1931
41	驸马长江大桥	1 050	钢箱梁	中国重庆	2017
42	来岛三桥(Kurushima-3)	1 030	钢箱梁	日本	1999
43	来岛二桥(Kurushima-2)	1 020	钢箱梁	日本	1999
44	4月25日桥(Ponte 25 de Abril)	1 013	钢桁梁	葡萄牙	1966
45	福斯公路桥(Forth Road)	1 006	钢桁梁	英国	1964

斜拉桥(主跨600m以上) 表1-1-2b)

序号	桥　名	主跨(m)	主　梁	桥　址	建成年份(年)
1	常泰过江通道主航道桥	1 176	钢桁梁	中国江苏	在建
2	马鞍山公路两用长江大桥	1 120	钢桁梁	中国安徽	在建
3	俄罗斯岛跨海大桥	1 104	钢箱梁	俄罗斯	2012
4	沪苏通长江公铁大桥	1 092	钢桁梁	中国江苏	2020
5	苏通大桥	1 088	钢箱梁	中国江苏	2008
6	昂船洲大桥	1 018	混合梁	中国香港	2009
7	武汉青山长江大桥	938	钢箱梁	中国湖北	2020
8	鄂东长江大桥	926	混合梁	中国湖北	2010
9	嘉鱼长江公路大桥	920	混合梁	中国湖北	2019
10	多多罗桥(Tatara)	890	混合梁	日本	1999
11	诺曼底桥(Normandy)	856	混合梁	法国	1995
12	池州长江大桥	828	混合梁	中国安徽	2019
13	石首长江大桥	820	混合梁	中国湖北	2019
14	江西九江大桥	818	混合梁	中国江西	2013
15	荆岳长沙大桥	816	钢箱梁	中国湖北	2010
16	芜湖长江二桥	806	钢箱梁	中国安徽	2017
17	仁川大桥	800	钢箱梁	韩国	2009
18	鸭池河大桥	800	钢桁梁	中国贵州	2016
19	夏漳大桥北汊桥	780	钢箱梁	中国福建	2013
20	武穴长江大桥	768	混合梁	中国湖北	2020
21	沌口长江大桥	760	钢箱梁	中国武汉	2017
22	金角湾大桥	737	钢箱梁	俄罗斯	2012
23	万州长江三桥	730	混合梁	中国重庆	2018
24	上海长江大桥	730	钢箱梁	中国上海	2009
25	赤壁长江公路大桥	720	混合梁	中国湖北	2021
26	都格北盘江大桥	720	钢桁梁	中国贵州	2016
27	闵浦大桥	708	钢桁梁	中国上海	2010
28	江顺大桥	700	钢箱梁	中国广东	2015
29	象山港大桥	688	钢箱梁	中国浙江	2012
30	油溪长江大桥	680	钢箱梁	中国重庆	在建
31	琅岐闽江大桥	680	钢箱梁	中国福建	2014
32	丰都长江二桥	680	钢箱梁	中国重庆	2017
33	白居寺长江大桥	660	钢桁梁	中国重庆	2022
34	杨梅洲大桥	658	混合梁	中国湖南	在建
35	昆斯费里大桥	650	钢箱梁	英国	2017
36	南京长江三桥	648	钢箱梁	中国江苏	2005
37	望东长江大桥	638	钢箱梁	中国安徽	2016
38	铜陵长江公铁大桥	630	钢桁梁	中国安徽	2015
39	南京长江二桥南汊桥	628	钢箱梁	中国江苏	2001
40	舟山金塘大桥	620	钢箱梁	中国浙江	2009

续上表

序号	桥 名	主跨(m)	主 梁	桥 址	建成年份(年)
41	武宣黔江特大桥	618	混合梁	中国广西	在建
42	武汉白沙洲大桥	618	混合梁	中国湖北	2000
43	二七长江大桥	616	组合梁	中国湖北	2011
44	永川长江大桥	608	钢箱梁	中国重庆	2014
45	青州闽江大桥	605	组合梁	中国福建	2001
46	杨浦大桥	602	组合梁	中国上海	1993
47	南沙港铁路西江特大桥	600	混合梁	中国广州	在建
48	南京长江五桥	600	钢箱梁	中国江苏	2020

钢拱桥(前十名)　　　　　　　　　　　　　　　　　　　　表 1-1-2c)

序号	桥 名	主跨(m)	主拱圈形式	桥 址	建成年份(年)
1	朝天门长江大桥	552	钢桁架	中国重庆	2009
2	卢浦大桥	550	钢箱	中国上海	2003
3	傍花大桥(Banghwa)	540	钢桁架	韩国	2000
4	香溪长江大桥	519	钢桁架	中国湖北	2019
5	新河峡谷桥(New River Gorge)	518	钢桁架	美国	1977
6	贝永桥(Bayonne)	504	钢桁架	美国	1931
7	悉尼港湾桥(Sydney Harbour)	503	钢桁架	澳大利亚	1932
8	中缅国际铁路怒江大桥	490	钢桁架	中国云南	在建
9	Chenab Bridge	480	钢箱	印度	2010
10	明州大桥	450	钢箱	中国浙江	2011
11	南广铁路肇庆西江大桥	450	钢箱	中国广东	2014

混凝土拱桥(前十名)　　　　　　　　　　　　　　　　　　表 1-1-2d)

序号	桥 名	主跨(m)	拱肋	桥 址	建成年份(年)
1	天峨龙滩特大桥	600	劲性骨架钢筋混凝土	中国广西	在建
2	平南三桥	575	钢管混凝土	中国广西	2020
3	波司登长江大桥	530	钢管混凝土	中国四川	2013
4	巫山长江大桥	492	钢管混凝土	中国重庆	2005
5	沪昆高铁北盘江特大桥	445	劲性骨架钢筋混凝土	中国贵州	2015
6	支井江大桥	430	钢管混凝土	中国湖北	2009
7	万州长江大桥	420	钢骨混凝土箱拱	中国重庆	1997
8	南盘江特大桥	416	钢管混凝土	中国云南	2016
9	莲城大桥	400	钢管混凝土	中国湖南	2007
10	合江长江公路大桥	507	钢管混凝土	中国四川	2021

钢桁梁桥(前十名) 表 1-1-2e)

序号	桥　　名	主跨(m)	桥　址	建成年份(年)
1	魁北克桥(Pont de Quebec)	549	加拿大	1917
2	福斯湾桥(Firth of Forth)	521	英国	1890
3	港大桥(Minato)	510	日本	1974
4	科莫多湾桥(Commodore Barry)	501	美国	1974
5	新奥尔良二桥(Greater New Orleans-2)	486	美国	1988
6	新奥尔良一桥(Greater New Orleans-1)	480	美国	1958
7	三官堂大桥	465	中国浙江	2020
8	豪拉桥(Howrah)	457	印度	1943
9	韦特伦桥(Veterans Memorial)	445	美国	1995
10	东京门大桥(Tokyo Gate Bridge)	440	日本	2012

钢箱(板)梁桥(前十名) 表 1-1-2f)

序号	桥　　名	主跨(m)	桥　址	建成年份(年)
1	康斯坦席瓦桥(Ponte Costa e Silva)	300	巴西	1974
2	维宁根桥(Winningen)	282.2	德国	1972
3	内卡尔河谷桥(Neckartalbrücke-Weitingen)	263	德国	1978
4	萨瓦一桥(Sava-1)	261	南斯拉夫	1956
5	维多利亚港三桥(Ponte de Vitoria-3)	260	巴西	1989
6	动物园桥(Zoobrücke)	259	德国	1966
7	萨瓦二桥(Sava-2)	250	南斯拉夫	1970
8	凯塔桥(Kaita)	250	日本	1991
9	郎早桥(Namihaya)	250	日本	1994
10	奥克兰港桥(Auckland Harbour)	244	新西兰	1969

预应力混凝土梁桥(前十名) 表 1-1-2g)

序号	桥　　名	主跨(m)	结构形式	桥　址	建成年份(年)
1	石板坡长江大桥	330	连续刚构*	中国重庆	2006
2	斯托尔马桥(Stolma)	301	连续刚构	挪威	1998
3	拉脱圣德桥(Raftsundet)	298	连续刚构	挪威	1998
4	星期日桥(Sunday Bridge)	298	连续刚构	挪威	2003
5	Sandsfjord Bridge	290	连续刚构	挪威	2015
6	水盘高速公路北盘江特大桥	290	连续刚构	中国贵州	2013
7	亚松森桥(Asuncion)	270	3跨T构	巴拉圭	1979
8	虎门大桥辅航道桥	270	连续刚构	中国广东	1997
9	Ujina Bridge	270	连续刚构	日本	1999
10	苏通大桥辅航道桥	268	连续刚构	中国江苏	2008

注：* 主跨中间段108m为钢箱梁。

一、我国桥梁建设成就

中国是一个文明古国,有着悠久的文化历史,我们的祖先在世界桥梁史上也写下了许多不朽的篇章。

天然石料是大自然赋予人类最早的,强度高又经久耐用的建筑材料,几千年来修建的古代桥梁也以石桥居多。下面介绍几座闻名中外的我国古代石桥。

福建泉州的万安桥,又称洛阳桥,建于1053—1059年,该桥全长1 106m,共47孔,跨径11~17m,桥宽3.7m,是世界上尚存的最长和工程最艰巨的石梁桥。万安桥位于洛阳江的入海口处,桥下江底以磐石铺遍,并且独具匠心地用养殖海生牡蛎的方法胶固桥基形成整体,不仅世界上绝无仅有,千年风雨已经证明此法的奇妙和可靠。

河北赵县的赵州桥(图1-1-14),又称安济桥,为隋大业初年(约公元605年)李春所建。赵州桥是一座空腹式圆弧形石拱桥,净跨径为37.02m,宽度为9m,矢高为7.23m,在拱背上设有4个跨度不等的腹拱,这样做既减轻了桥身自重,又便于排洪,并且增加了美感。赵州桥因其构思和工艺的精巧而举世闻名。赵州桥也是我国古代桥梁建设中"工匠精神"的缩影:严谨认真、精益求精、勇于创新、追求卓越。传承"工匠精神"是当代桥梁人的使命与担当。

图1-1-14 河北赵县赵州桥

著名的古代石桥还有福建漳州的虎渡桥、北京永定河上的卢沟桥、颐和园内的玉带桥和十七孔桥(图1-1-15)以及苏州的枫桥等。

图1-1-15 北京颐和园十七孔桥

但是,由于封建社会的长期统治,严重束缚了生产力的发展。到了19世纪,西方资本主义国家纷纷进入了工业化的快速发展阶段,而我国却仍然闭关锁国,延续着腐朽的封建制度,导致中国在综合国力、科学技术等方面,远远落后于西方列强。中华人民共和国成立前,公路桥梁绝大多数为木桥,且年久失修,破烂不堪。1937年建成的钱塘江大桥全长1 453m,上层为双车道公路,下层为单线铁路,正桥18跨,每跨66m。该桥由我国著名桥梁专家茅以升主持设计,是中国自行设计、建造的第一座双层公铁两用桥,横贯钱塘江南北,是连接沪杭甬铁路、浙赣铁路的交通要道。茅以升主持建造钱塘江大桥时,不仅要克服钱塘江水文地质条件极为复杂的困难,而且常遭受日军飞机的空袭。面对巨大压力和生死考验,他毫不退缩,创造性地发明了"射水法""沉箱法"和"浮运法",成功解决了打桩、建墩和架梁等各种难题,并为中国培养了最早一批优秀的桥梁专家。桥梁通车仅89天后,为了抗战,茅以升又亲手炸掉了主持建造的钱塘江大桥,直到抗战胜利后才再次将大桥修复完成(图1-1-16)。钱塘江大桥被誉为中国近代桥梁建设史上的里程碑。

图1-1-16 钱塘江大桥

中华人民共和国成立以后,特别是改革开放以来,随着我国国力迅速增强,交通事业的快速发展,尤其是20世纪90年代以来国家对高等级公路的大力投入,使得我国的桥梁事业得到了空前的大发展,取得了举世瞩目的成就。目前我国在桥梁建设方面,已经跻身世界先进行列。

1. 混凝土梁桥

我国跨径最大的常规混凝土简支梁桥,是1997年建成的昆明南过境干道高架桥,跨径63m。

2022年,广东英德建成的北江四桥跨堤桥,为跨径102m的超高性能混凝土简支梁桥(图1-1-17),梁高4m,这是目前世界上跨径最大的混凝土简支梁桥。超高性能混凝土(Ultra High Performance Concrete,UHPC)是一种新型水泥基复合材料,具有高强、高韧、高耐久的特点,实现了水泥基材料性能的大跨越。

进入20世纪80年代,对称平衡悬臂法施工的大跨度预应力混凝土箱形截面连续梁得到了迅速的发展:1991年建成的云南六库怒江大桥,主桥跨径为85m+154m+85m预应力混凝土连续梁;2013年建成的乐自高速公路岷江特大桥(图1-1-18),主桥跨径为100.4m+3×180m+100.4m,是我国目前跨度最大的预应力混凝土连续梁桥。

图 1-1-17　北江四桥跨堤桥 UHPC 简支梁桥

图 1-1-18　乐自高速公路岷江特大桥

连续刚构的特点是梁保持连续，墩梁固结。这样既保持了连续梁无伸缩缝、行车平顺的优点，又保持了 T 形刚构不设支座的优点，同时避免了连续梁和 T 构的缺点，因而连续刚构桥在我国发展很快。

1988 年建成的广东番禺洛溪大桥是我国第一座大跨径连续刚构桥，跨径组合为 65m + 125m + 180m + 110m，采用双肢箱形薄壁墩，箱高墩顶处 10m、跨中处 3m。1997 年建成的广东虎门辅航道桥，跨径组合为 150m + 270m + 150m，主桥位于半径 $R = 7\,000\text{m}$ 的平曲线上。2006 年建成的重庆石板坡长江大桥（图 1-1-19），主跨达到 330m，跨中 108m 长的主梁采用了钢结构，从而大幅度降低了自重引起的恒载弯矩。

图 1-1-19　重庆石板坡长江大桥

2. 拱桥

拱桥在我国有着悠久的历史，由于拱桥造型优美，跨越能力大，长期以来一直是大跨桥梁的主要形式之一,20世纪60年代拱桥无支架施工方法的应用与发展,使混凝土拱桥竞争力大大提高。

著名的石拱桥,有1991年建成的湖南凤凰县乌巢河桥,跨径120m,它的拱圈由两条宽2.5m的石板拱组成,板间用钢筋混凝土横梁联系。

1999年建成的山西晋城—河南焦作高速公路上的丹河大桥,保持着石拱桥跨径的世界纪录,该桥跨径146m,拱圈用80号大料石砌成(图1-1-20)。

20世纪90年代兴起的钢管混凝土拱桥,使得大跨径拱桥的建造能力得到了进一步的提高。其特点是先合龙自重轻、强度高的钢管拱圈,并将其用作施工拱架,再往管内压注高强度混凝土,使之进一步硬化形成主拱圈。用此法分别于1995年建成了广东南海三山西大桥,跨径为200m;1998年建成了广西三岸邕江大桥,主跨为270m。2020年建成通车的广西平南三桥(图1-1-21),主跨575m,为目前世界上跨径最大的钢管混凝土拱桥。

图1-1-20　山西丹河大桥(照片由彭霞提供)　　　　图1-1-21　广西平南三桥

以钢管混凝土作为劲性骨架,再外包混凝土形成箱形拱,是修建大跨径拱桥十分好的构思,除了施工方便外,避免了钢管防护问题,另外,这种分期形成的截面由于钢管混凝土最先受力,从而充分利用了钢管混凝土承载潜力大的优势,从理论上说,在荷载作用下,这种结构的后期徐变变形相对也是比较小的。

用此方法我国已建成广西邕宁邕江大桥($l = 312m$,1996年)和重庆万州长江大桥($l = 420m$,1997年,图1-1-22),前者建成时为当时国内跨径最大的钢筋混凝土肋拱桥,后者建成时跨径达到了当时钢筋混凝土拱桥的世界之最。

图1-1-22　重庆万州长江大桥

2003年建成的上海卢浦大桥(图1-1-23)为中承式拱梁组合体系钢拱桥,主跨跨径达到了550m,矢跨比为1/5.5,拱肋为全焊钢结构。2009年建成通车的重庆朝天门大桥(图1-1-24),主跨达552m,矢跨比为1/4.31。可以说,我国的拱桥建造水平已跃居世界先进行列。

图 1-1-23 上海卢浦大桥

图 1-1-24 重庆朝天门大桥

3. 斜拉桥

我国的斜拉桥起步稍晚,1975年建成的跨径76m的四川云阳桥是国内第一座斜拉桥,20世纪90年代以后,因跨越大江大河的需要,斜拉桥得到了快速的发展,修建了一系列特大跨度的斜拉桥,据不完全统计,我国建成的斜拉桥已超过100座,其中跨度超过400m的斜拉桥已超过60座,居世界首位。

1988年开启了上海南浦大桥的建设。在我国著名桥梁学者李国豪院士的建议下,上海市放弃了日本设计公司提出的方案,决定自主建设主跨423m的结合梁斜拉桥。1991年12月,南浦大桥顺利建成通车(图1-1-25),自此拉开了我国自主建设大跨度桥梁的序幕。南浦大桥以不到日本方案概算一半的造价建成,不仅取得了大桥建设的自主权,而且通过实践取得了进步,锻炼了队伍,培养了人才,更重要的是树立了信心,为中国桥梁的复兴崛起奠定了基础。继南浦大桥之后,1993年我国又自主建成了主跨602m的杨浦大桥。两座大跨径斜拉桥的顺利建成,激发了全国各地自主建设大跨度斜拉桥的信心和热情,掀起了20世纪90年代大桥建设的高潮。

图 1-1-25　上海南浦大桥

2010 年建成的鄂东长江大桥为主跨 926m 的九跨连续半漂浮体系双塔混合梁斜拉桥（图 1-1-26），钢-混凝土结合段设置在中跨距桥塔中心线 12.5m 处。

图 1-1-26　鄂东长江大桥

目前,我国已建成三座跨度超千米的斜拉桥:香港昂船洲大桥主跨为 1 018m;江苏苏通长江公路大桥,主跨 1 088m;江苏沪苏通长江公铁大桥（图 1-1-27）主跨 1 092m,是目前世界上跨径第二的斜拉桥。

2016 年建成通车的郴州赤石大桥（图 1-1-28）,为四塔预应力混凝土双索面斜拉桥,主跨 380m,索塔高 287m,成为当时世界上索塔最高的混凝土斜拉桥。2019 年建成通车的平塘特大桥,主跨 500m,索塔高 328m,是目前世界上索塔最高的组合梁斜拉桥。

图 1-1-27　江苏沪苏通长江公铁大桥

图 1-1-28　郴州赤石大桥

4. 悬索桥

我国的现代悬索桥建设起步较晚,特别是在特大跨度悬索桥方面。但是在 20 世纪 90 年代中期以后,这一局面得到了彻底的改变。1995 年建成的广东汕头海湾大桥,开创了我国现代公路悬索桥的先河;紧接着又建成西陵长江大桥($l=900$m,1996 年)、虎门大桥($l=888$m,1997 年)、香港青马大桥($l=1\,377$m,1997 年)、江阴长江大桥($l=1\,385$m,1999 年)、江苏润扬长江大桥($l=1\,490$m,2005 年)。2009 年建成的西堠门大桥(图 1-1-29),跨径 1 650m。2012 年建成通车的湖南矮寨大桥(图 1-1-30),为钢桁加劲梁单跨悬索桥,塔梁分离,跨越矮寨大峡谷,跨径 1 176m。

二、国外桥梁发展概况

悬索桥方面,1883 年建成的纽约布鲁克林悬索桥(图 1-1-31),跨径达 483m,开创了现代悬索桥的先河。

图 1-1-29　西堠门大桥

图 1-1-30　湖南矮寨大桥

图 1-1-31　纽约布鲁克林悬索桥

1937年建成的旧金山金门大桥(图 1-1-32),主跨达 1 280m,保持了 27 年的世界纪录,至今金门大桥仍是举世闻名的桥梁经典之作。

图 1-1-32 旧金山金门大桥(尺寸单位:m)

目前世界上跨度最大的悬索桥是土耳其 1915 恰纳卡莱大桥(Canakkale 1915 Bridge),跨径 2 023m(图 1-1-33)。

图 1-1-33 土耳其 1915 恰纳卡莱大桥

斜拉桥方面,世界上第一座现代化斜拉桥是 1955 年瑞典建成的斯特罗姆海峡桥,其主跨 182.6m,1978 年,美国建成的 P-K 桥(图 1-1-34),跨径 299m,是世界上第一座密索体系的预应力混凝土斜拉桥。2004 年建成通车的法国米约高架桥(图 1-1-35),全长 2 460m,为七塔单索面钢斜拉桥($L=342m$),2 号墩高 245m,加 90m 塔高,总高 343m;是连接巴黎和地中海地区的重要纽带。2012 年完工的俄罗斯符拉迪沃斯托克俄罗斯岛跨海大桥(图 1-1-36)全长 3 150m,跨径布置为 60m+72m+3×84m+1 104m+3×84m+72m+60m,是目前世界上最大跨径的斜拉桥。

拱桥方面,圬工拱桥在国外已有一百多年的历史,1946 年在瑞典建成的绥依纳松特桥,是一座混凝土圬工拱桥,跨度达 155m。由于石料开采和加工砌筑费工巨大,国外已很少修建大跨度石拱桥。

图 1-1-34　美国 P-K 桥

图 1-1-35　法国米约高架桥

图 1-1-36　俄罗斯岛跨海大桥

钢筋混凝土拱桥从 20 世纪初到 20 世纪 50 年代间,得到了很大的发展,后因支架问题,应用受到一定的限制,直到 1979 年,前南斯拉夫用无支架悬臂施工法建成跨度达 390m 的克尔克大桥(图 1-1-37),该桥跨径保持了 18 年的世界纪录。无支架悬臂施工法目前在大跨度拱桥施工中被广泛采用。

目前世界上最高的钢桥是美国弗吉尼亚州的新河峡桥,主跨 518m。

著名的悉尼港湾大桥(图 1-1-38),是一座中承式桁架钢拱桥,跨径 503m,建于 1932 年。

梁桥方面,由于梁桥的力学特征是以受弯为主,而钢筋混凝土结构抵抗弯拉引起开裂的能力较弱,普通钢筋混凝土梁桥的跨径一直较小。预应力技术的成熟,促进了预应力混凝土梁桥的迅速发展。1977年奥地利建成了跨径达76m的阿尔姆桥,该桥通过在梁的下缘张拉和在上缘顶压预应力(称为双预应力)的技术,将梁高降至2.5m,高跨比仅1/30。

图1-1-37 克尔克大桥

图1-1-38 悉尼港湾大桥

目前世界上跨度最大的预应力混凝土连续梁桥是挪威的伐罗德桥($l=260m$,1994年),跨度最大的连续刚构桥是挪威的斯托尔马桥($l=301m$,1998年,图1-1-39),跨度最大的斜腿刚架桥是法国的博诺姆桥($l=186.3m$,1974年)。

图1-1-39 挪威斯托尔马桥

第二章
桥梁总体规划设计

第一节　桥梁设计基本原则

　　桥梁是公路、铁路和城市道路的重要组成部分,特别是大、中桥梁的建设对当地政治、经济、国防等都具有重要意义。因此,桥梁工程的设计应符合技术先进、安全可靠、适用耐久、经济合理的要求,同时应满足美观、环境保护和可持续发展的要求。桥梁建设应遵循的各项原则分述如下。

　　1. 技术先进

　　在因地制宜的前提下,尽可能采用成熟的新结构、新设备、新材料和新工艺,必须认真学习国内外的先进技术,充分利用最新科学技术成就,把学习和创新结合起来,淘汰和摒弃原来落后和不合理的技术。只有这样才能提高我国的桥梁建设水平,赶超世界先进水平。

　　2. 安全可靠

　　(1)所设计的桥梁结构在强度、稳定和耐久性方面应有足够的安全储备。

　　(2)防撞栏杆应具有足够的高度和强度,人与车流之间应做好防护栏,防止车辆撞入人行道或撞坏栏杆而落到桥下。

　　(3)对于交通繁忙的桥梁,应设计好照明设施,并有明确的交通标志,两端引桥坡度不宜太陡,以避免发生由车辆碰撞等引起的车祸。

　　(4)对于修建在地震区的桥梁,应按抗震要求采取防震措施;对于河床易变迁的河道,应设计好导流设施,防止桥梁基础底部被过度冲刷;对于通行大吨位船舶的河道,除按规定加大桥孔跨径外,必要时设置防撞构筑物等。

近年来,各类桥梁事故时有发生。一旦事故发生,将产生较为严重的后果及不良的社会影响。桥梁从业者应具有高度的社会责任感和职业素养,树立安全意识,避免桥梁安全事故的发生。

3. 适用耐久

(1)应保证桥梁的设计使用年限符合现行《公路工程技术标准》(JTG B01—2014)的规定。

(2)桥面宽度能满足当前以及今后规划年限内的交通流量(包括行人通行)。

(3)桥梁结构在通过设计荷载时不出现过大的变形和过宽的裂缝。

(4)应考虑不同的环境类别对桥梁耐久性的影响,在选择材料、确定保护层厚度、阻锈等方面满足耐久性的要求。

(5)桥跨结构的下方应有利于泄洪、通航(跨河桥)或车辆和行人的通行(旱桥)。

(6)桥梁的两端方便车辆的进入和疏散,不致产生交通堵塞现象等。

(7)考虑综合利用,方便各种管线(水、电气、通信等)的搭载。

4. 经济合理

(1)桥梁设计应遵循因地制宜、就地取材和方便施工的原则。

(2)经济的桥型应该是造价和使用年限内养护费用综合最省的桥型,设计中应充分考虑维修的方便和维修费用少,维修时尽可能不中断交通,或中断交通的时间最短。

(3)所选择的桥位应是地质、水文条件好的河段,桥梁长度也较短。

(4)桥位应考虑选在能缩短河道两岸运距,促进地区经济发展,产生最大效益的河段,对于过桥收费的桥梁应能吸引更多的车辆通过,以达到尽快回收投资的目的。

5. 美观

一座桥梁的结构布置必须精练,并在空间有和谐的比例,使之具有优美的外形,而且这种外形从任何角度看都应该是优美的。桥型应与周围环境相协调,城市桥梁和游览地区的桥梁,应更多地考虑建筑艺术上的需求。合理的结构布局和轮廓是美观的主要因素,结构细部的美学处理也十分重要,另外,施工质量对桥梁美观也有重大影响。

6. 环境保护和可持续发展

桥梁设计必须考虑环境保护和可持续发展的要求,包括生态、水、空气、噪声等几方面,应从桥位选择、桥跨布置、基础方案、墩身外形、上部结构施工方法、施工组织设计等多方面全面考虑环境要求,采取必要的工程控制措施,并建立环境监测保护体系,将不利影响减至最小。

桥梁施工完成后,将两端桥头进行植被恢复或进一步美化桥梁周边的景观,亦属环境保护的内容。

新形势下,土木工程建设行业需走绿色发展之路,推进绿色建造,才能实现新的突破与可持续发展。绿色高质量建造着眼于工程结构全生命周期,在保证高质量和安全前提下,践行可持续发展理念,通过科学管理和技术进步,最大限度地节约资源和保护环境,实现绿色施工、绿色生产工程结构产品的活动。工程建设行业是国民经济的支柱产业,推进绿色高质量建造是践行"绿色发展"战略的关键环节与重要内容。绿色高质量建造,无疑是工程建设产业深化改革、转型升级、科技创新和高质量发展的主脉。

第二节　桥梁平、纵、横断面设计

一、桥梁的平面设计

桥梁设计首先要确定桥位,按照《公路工程技术标准》(JTG B01—2014)的规定,小桥和涵洞的位置与线形一般应符合路线的总走向,为满足水文、线路弯道等要求,可设计斜桥和弯桥,对于公路上的特大、大、中桥桥位,原则上应服从路线走向,桥、路综合考虑,尽量选择在河道顺直、水流稳定、地质良好的河段上。

桥梁的平曲线半径、平曲线超高和加宽、缓和曲线、变速车道设置等,均应满足相应等级线路的规定。

二、桥梁纵断面设计

桥梁纵断面设计包括确定桥梁的总跨径、桥梁的分孔、桥道的高程、桥上和桥头引道的纵坡以及基础的埋置深度等。

1. 桥梁总跨径

桥梁总跨径一般根据水文计算来确定。其基本原则是:应使桥梁在整个使用年限内,保证设计洪水能顺利宣泄;河流中可能出现的流冰和船只、排筏等能顺利通过;避免因过分压缩河床引起河道和河岸的不利变迁;避免因桥前壅水而淹没农田、房屋、村镇和其他公共设施等。对于桥梁结构本身来说,不能因总跨径缩短而引起的河床过度冲刷对浅埋基础带来不利影响。

在某些情况下,为了降低工程造价,可以在不超过允许的桥前壅水和规范规定的允许最大冲刷系数的条件下,适当增大桥下冲刷,以缩短总跨长。例如,对于深埋基础,一般允许稍大一点的冲刷,使总跨径能适当减小;对于平原区稳定的宽滩河段,流速较小,漂流物也少,主河槽较大,这时,可以对河滩的浅水流区段作较大的压缩,但必须慎重校核,压缩后的桥梁壅水不得危及河滩路堤以及附近农田和建筑物。

2. 桥梁的分孔

对于一座较长的桥梁,应当分成若干孔,但孔径划分的大小,不仅影响使用效果和施工难易等,而且在很大程度上影响桥梁的总造价。例如,采用的跨径越大,孔数越少,固然可以降低墩台的造价,但却使上部结构的造价大大提高;反之,则上部结构的造价虽然降低了,但墩台的造价却又有所提高。因此,在满足下述使用和技术要求的前提下,通常采用最经济的分孔方式,使上、下部结构的总造价趋于最低。这些要求是:

(1)对于通航河流,在分孔时首先应满足桥下的通航要求。桥梁的通航孔应布置在航行最方便的河域。对于变迁性河流,根据具体条件,应多设几个通航孔。

(2)对于平原区宽阔河流上的桥梁,通常在主河槽部分按需要布置较大的通航孔,而在两侧浅滩部分按经济跨径进行分孔。

(3)对于在山区深谷上、水深流急的江河上,或需在水库上修桥时,为了减少中间桥墩,应加大跨径。如果条件允许的话,甚至可以采用特大跨径的单孔跨越。

(4)对于采用连续体系的多孔桥梁,应从结构的受力特性考虑,使边孔与中孔的跨中弯矩接近相等,合理地确定相邻跨之间的比例。

(5)对于河流中存在不利的地质段,例如岩石破碎带、裂隙、溶洞等,在布孔时,为了使桥基避开这些区段,可以适当加大跨径。

总之,大、中桥梁的分孔是一个相当复杂的问题,必须根据使用要求、桥位处的地形和环境、河床地质和水文等具体情况,通过技术经济等方面的分析比较,才能做出比较完美的设计方案。

3. 桥道高程的确定

合理的桥道高程必须根据设计水位、桥下通航(通车)净空的需要,并结合桥型、跨径等一起考虑。下面介绍确定桥道高程有关的问题。

(1)流水净空要求

① 按设计水位计算桥面最低高程时(图 1-2-1、图 1-2-2),应按下式计算

$$H_{\min} = H_j + \Delta h_j + \Delta h_0 \tag{1-2-1}$$

式中:$H_{\min}$——桥面最低高程(m);

H_j——计算水位(m)(设计水位计入壅水、浪高等);

Δh_j——桥下净空安全值(m),应符合表 1-2-1 的规定;

Δh_0——桥梁上部构造建筑高度,包括桥面铺装高度(m)。

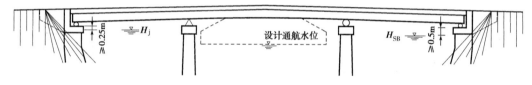

图 1-2-1 梁桥纵断面规划图

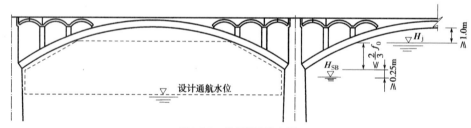

图 1-2-2 拱桥桥下净空图

非通航河流桥下最小净空安全值 Δh_j 表 1-2-1

桥梁的部位		高出计算水位(m)	高出最高流冰面(m)
梁底	洪水期无大漂流物	0.50	0.75
	洪水期有大漂流物	1.50	—
	有泥石流	1.00	—
支座垫石顶面		0.25	0.50
拱脚		0.25	0.25

注:1. 无铰拱的拱脚,可被洪水淹没,淹没高度不宜超过拱圈高的2/3;拱顶底面至设计水位的净高不应小于1m。
2. 山区河流水位变化大,桥下净空安全值可适当加大。

② 按设计最高流冰水位计算桥面最低高程时,应按下式计算

$$H_{\min} = H_{SB} + \Delta h_j + \Delta h_0 \tag{1-2-2}$$

式中：H_{SB}——设计最高流冰水位,应考虑床面淤高(m);

其余符号意义同前。

③桥面设计高程不应低于式(1-2-1)或式(1-2-2)的计算值。

(2)通航净空要求

为了保证桥下安全通航,通航孔桥跨结构下缘的高程应高出自设计通航水位算起的净空高度。《内河通航标准》(GB 50139—2014)规定了水上过河建筑物的通航净空尺度,表1-2-2列出了天然和渠化河流的通航净空尺寸,对于限制性航道、黑龙江水系和珠江三角洲至港澳内河航道的通航净空另有相关规定。此外,《海轮航道通航标准》(JTS 180-3—2018),适用于沿海、海湾及区域内通航海轮航道的桥梁。表1-2-2中尺寸符号的意义如图1-2-3所示。

图1-2-3 表1-2-2中尺寸符号的意义

天然和渠化河流水上过河建筑物通航净空尺寸(m) 表1-2-2

航道等级	净高 H(m)	单向通航孔			双向通航孔		
		净宽 B(m)	上底宽 b(m)	侧高 h(m)	净宽 B(m)	上底宽 b(m)	侧高 h(m)
Ⅰ-(1)	24.0	200	150	7.0	400	350	7.0
Ⅰ-(2)	18.0	160	120	7.0	320	280	7.0
Ⅰ-(3)		110	82	8.0	220	192	8.0
Ⅱ-(1)	18.0	145	108	6.0	290	253	6.0
Ⅱ-(2)		105	78	8.0	210	183	8.0
Ⅱ-(3)	10.0	75	56	6.0	150	131	6.0
Ⅲ-(1)	18.0☆	100	75	6.0	200	175	6.0
	10.0						
Ⅲ-(2)	10.0	75	56	6.0	150	131	6.0
Ⅲ-(3)		55	41	6.0	110	96	6.0
Ⅳ-(1)	8.0	75	61	4.0	150	136	4.0
Ⅳ-(2)		60	49	4.0	120	109	4.0
Ⅳ-(3)		45	36	5.0	90	81	5.0
Ⅳ-(4)							
Ⅴ-(1)	8.0	55	44	4.5	110	99	4.5
Ⅴ-(2)	8.0或5.0▲	40	32	5.5或3.5▲	80	72	5.5或3.5▲
Ⅴ-(3)							
Ⅵ-(1)	4.5	25	18	3.4	40	33	3.4
Ⅵ-(2)	6.0			4.0			4.0
Ⅶ-(1)	3.5	20	15	2.8	32	27	2.8
Ⅶ-(2)	4.0						

注:1.角注☆的尺度仅适用于长江;角注▲的尺度仅适用于通航拖带船队的河流。

2.当水上过河建筑物的法线方向与水流方向的交角大于5°,且横向流速大于0.3m/s时,通航净宽需适当加大;当横向流速大于0.8m/s时,应一跨过河或在通航水域中不设置墩柱。

3.当水上过河建筑物的墩柱附近可能出现碍航紊流时,通航净宽值应适当加大。

(3)跨线桥桥下的交通要求

在设计跨线路(铁道或公路)的立体交叉时,桥跨结构底缘的高程应高出规定的车辆净空高度。对于公路所需的净空限界,见下一节的桥梁横断面设计部分,铁路的净空限界可查阅

《铁路桥涵设计规范》(TB 10002—2017)。

综上所述,全桥位于河中各跨的桥道高程均应首先满足流水净空的要求;对于通航或桥下通车的桥孔,还应满足通航净空或建筑净空限界的要求;另外,还应考虑桥的两端能够与公路或城市道路顺利衔接等。因此,全桥各跨的桥道高程是不相同的,必须综合考虑和规划,一般将桥梁的纵断面设计成具有单向或双向坡度的桥梁,既利于交通,美观效果好,又便于桥面排水(对于不太长的小桥,可以做成平坡桥)。但桥上纵坡不宜大于4%;桥头引道纵坡不宜大于5%。对于位于市镇混合交通繁忙处的桥梁,桥上纵坡和桥头引道纵坡均不得大于3%,对于易结冰、积雪的桥梁,桥上纵坡不宜大于3%,并应在纵坡变更的地方按规定设置竖曲线。

三、桥梁横断面设计

桥梁横断面的设计,主要取决于桥面的宽度和不同桥跨结构横截面的形式。桥面宽度的确定取决于行车和行人的交通需要,为保证桥梁的服务水平,桥面宽度应当与所在路线的路基宽度保持一致。《公路工程技术标准》(JTG B01—2014)中规定了各级公路的净空限界,如图1-2-4所示,路面各组成部分的宽度依据设计速度这一路线基准要素来确定,在建筑限界内,不得有任何部件侵入。各级公路设计速度的规定见表1-2-3。路面各部分宽度可以分别从表1-2-4~表1-2-7中选取。

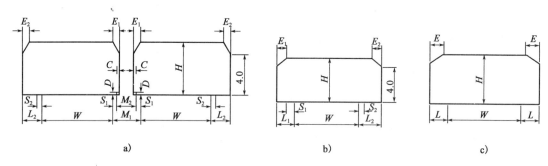

图1-2-4 建筑限界(尺寸单位:m)
a)高速公路、一级公路(整体式);b)高速公路、一级公路(分离式);c)二、三、四级公路

W——行车道总宽度,为设计车道数与单个车道宽度(表1-2-4)的乘积,并计入所设置的加(减)速车道,紧急停车道、爬坡车道、慢车道或错车道的宽度;
C——当设计速度大于100km/h时为0.5m,等于或小于100km/h时为0.25m;
D——路缘石高度,小于或等于0.25m,一般情况下,高速公路可不设路缘石;
S_1——行车道左侧路缘带宽度,一般规定见表1-2-5;
S_2——行车道右侧路缘带宽度,应为0.5m;
M_1——中间带宽度;
M_2——中央分隔带宽度;
E——建筑限界顶角宽度,$L \leq 1m$时,$E = L$;$L > 1m$时,$E = 1m$;
E_1——建筑限界顶角宽度,当$L_1 < 1m$时,$E_1 = L_1$,或$S_1 + C < 1m$,$E_1 = S_1 + C$;当$L_1 \geq 1m$或$S_1 + C \geq 1m$时,$E_1 = 1m$;
E_2——建筑限界顶角宽度,$E_2 = 1m$;
H——净空高度,高速公路和一级、二级公路为5.0m,三级、四级公路为4.5m;
L_2——右侧硬路肩宽度,一般规定见表1-2-6;
L_1——左侧路肩宽度,一般规定见表1-2-7;
L——侧向宽度,高速公路、一级公路的侧向宽度为硬路肩宽度(L_1或L_2),其他各级公路的侧向宽度为路肩宽度减去0.25m。

注:1.当桥梁设置的人行道宽度大于侧向宽度时,建筑限界应包括所增加的宽度。
2.人行道、自行车道与行车道分开设置时,其净高一般为2.5m。

各级公路设计速度(km/h)　　　　　　　　　　　　　　　　　　　表1-2-3

公路等级	高速公路			一级公路			二级公路		三级公路		四级公路	
设计速度	120	100	80	100	80	60	80	60	40	30	30	20

车道宽度　　　　　　　　　　　　　　　　　　　　　　　　　　表1-2-4

设计速度(km/h)	120	100	80	60	40	30	20
车道宽度(m)	3.75	3.75	3.75	3.50	3.50	3.25	3.00

左侧路缘带宽度　　　　　　　　　　　　　　　　　　　　　　　表1-2-5

设计速度(km/h)	120	100	80	60
左侧路缘带宽度(m)	0.75	0.75	0.50	0.50

右侧硬路肩宽度　　　　　　　　　　　　　　　　　　　　　　　表1-2-6

公路等级(功能)		高速公路			一级公路(干线功能)	
设计速度(km/h)		120	100	80	100	80
右侧硬路肩宽度(m)	一般值	3.00 (2.50)	3.00 (2.50)	3.00 (2.50)	3.00 (2.50)	3.00 (2.50)
	最小值	1.50	1.50	1.50	1.50	1.50

注：1. 高速公路和作为干线的一级公路以通行小客车为主，右侧硬路肩宽度采用括号内值。

2. 高速公路、一级公路的右侧硬路肩宽度小于2.50m时，应设置紧急停车带。紧急停车带宽度应为3.50m，有效长度不应小于40m，间距不宜大于500m。

分离式断面高速公路、一级公路左侧硬路肩宽度　　　　　　　　表1-2-7

设计速度(km/h)	120	100	80	60
左侧硬路肩宽度(m)	1.25	1.00	0.75	0.75

第三节　桥梁设计与建设程序

一座桥梁的规划设计所涉及的因素很多，特别是对于工程比较复杂的大、中桥梁，是一个综合性的系统工程。设计合理与否，将直接影响到区域的政治、经济、文化以及人民的生活，因此必须建立一套严格的管理体制和有序的工作程序。在我国，基本建设程序分为前期工作和正式设计两个大步骤。现分别简要介绍它们的主要内容及要求。

一、"预可"阶段

预可行性研究(简称"预可")阶段着重研究建桥的必要性以及宏观经济上的合理性。

在"预可"研究形成的"预工程可行性研究报告书"(简称"预可报告")中，应从经济、政治、国防等方面，详细阐明建桥理由和工程建设的必要性和重要性，同时初步探讨技术上的可行性。对于区域性线路上的桥梁，应以建桥地点(渡口等)的车流量调查(计及国民经济的逐年增长)为立论依据。

"预可"阶段的主要工作目标是解决建设项目的上报立项问题,因而,在"预可报告"中,应编制几个可能的桥型方案,并对工程造价、资金来源、投资回报等问题也应有初步估算和设想。

设计方将"预可报告"交建设单位后,由建设单位据此编制"项目建议书"报主管上级审批。

二、"工可"阶段

在"项目建议书"被审批确认后,着手"工程可行性研究(简称'工可')"阶段的工作,在这一阶段,着重研究和制定桥梁的技术标准,包括设计荷载标准、桥面宽度、通航标准、设计车速、桥面纵坡、桥面平、纵曲线半径等,在这一阶段,应与河道、航运、规划等部门共同研究,以共同协商确定相关的技术标准,并作环境和地震评价。

在"工可"阶段,应提出多个桥型方案,并按交通运输部《公路基本建设项目投资估算编制办法》估算造价,对资金来源和投资回报等问题应基本落实。

三、初步设计

初步设计应根据批复的可行性研究报告、测设合同和初测、初勘或定测、详勘资料编制。

初步设计的目的是确定设计方案,应通过多个桥型方案的比选,推荐最优方案,报上级审批。在编制各个桥型方案时,应提供平、纵、横(断面构造)图,标明主要尺寸、计算结果(内力、应力)和预力布置图,并估算工程数量和主要材料数量,提出施工方案的意见,编制设计概算,提供文字说明和图表资料,初步设计经批复后,则成为施工准备、编制施工图设计文件和控制建设项目投资等的依据。

四、技术设计

对于技术上复杂的特大桥、互通式立交或新型桥梁结构,需进行技术设计。

技术设计应根据初步设计批复意见、测设合同的要求,对重大、复杂的技术问题通过科学试验、专题研究、加深勘探调查及分析比较,进一步完善批复的桥型方案的总体和细部各种技术问题以及施工方案,并修正工程概算。

五、施工图设计

两阶段(或三阶段)施工图设计应根据初步设计(或技术设计)批复意见、测设合同,进一步对所审定的修建原则、设计方案、技术决定加以具体和深化,在此阶段中,必须对桥梁各种构件进行详细的结构计算,并且确保强度、稳定、刚度、裂缝、构造等各种技术指标满足规范要求,绘制出供施工用的结构设计详图,提出文字说明及施工组织计划,并编制施工图预算。

国内一般的(常规的)桥梁采用两阶段设计,即初步设计和施工图设计,对于技术简单、方案明确的小桥,也可采用一阶段设计,即施工图设计。

第四节　桥梁设计方案比选

为了获得经济、适用和美观的桥梁设计方案,设计者必须根据各种自然、技术上的条件,因地制宜,在综合应用专业知识,了解掌握国内外新技术、新材料、新工艺的基础上,进行深入细致的研究分析对比工作,才能科学地得出完美的设计方案。

桥梁设计方案的比选和确定可按下列步骤进行:

(1)明确各种高程的要求

在桥位纵断面图上,先行按比例绘出设计水位、通航水位、堤顶高程、桥面高程、通航净空、堤顶行车净空位置图。

(2)桥梁分孔和初拟桥型方案草图

在上述确定了各种高程的纵断面图上,根据泄洪总跨径的要求,作桥梁分孔和桥型方案草图。作草图时思路要宽广,只要基本可行,尽可能多绘一些草图,以免遗漏可能的桥型方案。

(3)方案初筛

对草图方案作技术和经济上的初步分析和判断,筛去劣势方案,从中选出2~4个构思好、各具特点的方案,做进一步详细研究和比较。

(4)详绘桥型方案

根据不同桥型、不同跨度、宽度和施工方法,拟定主要尺寸,并尽可能细致地绘制各个桥型方案的尺寸详图。对于新结构,应做初步的力学分析,以准确拟定各方案的主要尺寸。

(5)编制估算或概算

依据桥型方案的详图,可以计算出上、下部结构的主要工程数量,然后依据各省、市或行业的"估算定额"或"概算定额",编制出各桥型方案的主要材料(钢、木、混凝土等)用量、劳动力数量、全桥总造价。

(6)方案选定和文件汇总

全面考虑建设造价、养护费用、建设工期、运营适用性、美观等因素,综合分析,阐述每一个方案的优缺点,最后选定一个最佳的推荐方案。在深入比较过程中,应当及时发现并调整方案中的不尽合理之处,确保最后选定的方案是优中选优的方案。

上述工作全部完成之后,着手编写方案说明。说明书中应阐明方案编制的依据和标准、各方案的主要特色、施工方法、设计概算以及方案比较的综合性评述。对于推荐方案应作较详细的说明。各种测量资料、地质勘察和地震烈度复核资料、水文调查与计算资料等应按附件载入。

图1-2-5为湖南岳阳洞庭湖大桥桥型方案比较图,该桥位于洞庭湖的长江出口处。各桥型主要优缺点见表1-2-8,经过多方面的论证,最后选择了三塔斜拉桥的方案[1]。

---

[1] 该资料由湖南省交通规划勘察设计院胡建华副院长提供。

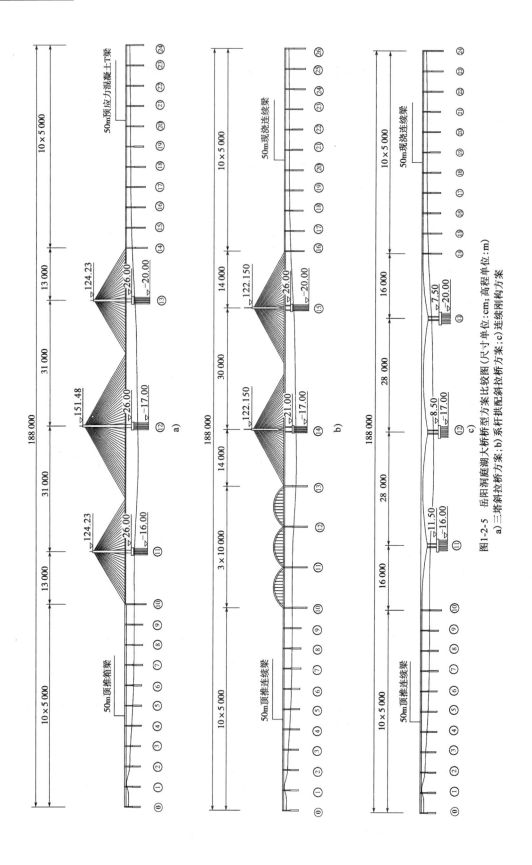

图1-2-5 岳阳洞庭湖大桥桥型方案比较图（尺寸单位：cm；高程单位：m）
a) 三塔斜拉桥方案；b) 系杆拱配斜拉桥方案；c) 连续刚构方案

各桥型主要优缺点比较表　　　　　　　表1-2-8

类别	方案		
	连续刚构方案（第Ⅲ方案）	三塔斜拉桥方案（第Ⅰ方案）	系杆拱配斜拉桥方案（第Ⅱ方案）
经济性	54 295.7万元	53 653.4万元	55 412.8万元
适用性	1. 两孔310m主跨跨越主航道，与航道适应性好，通航净空大，防撞要求低； 2. 河床压缩少，有利汛期泄洪； 3. 西岸副孔50m简支T梁伸缩缝多，桥面连续易开裂	1. 主桥大跨少，对通航较不利，桥墩防撞要求较高； 2. 河床压缩较多，对汛期泄洪较不利； 3. 西岸副孔50m连续梁，伸缩缝较少	1. 两孔280m跨径连续刚构跨越主航道，与航道适应性好，通航净空大，防撞要求低； 2. 河床压缩多，汛期泄洪能力较差； 3. 西岸副孔50m空心板，伸缩缝多，桥面连续易开裂
安全性	1. 主桥跨度适中，板梁式结构施工方便，工期较短； 2. 西岸副孔采用预制T梁，可工厂化预制施工，质量可靠，工期有保障，但需大型预制场和吊装设备； 3. 行车较平顺	1. 主体采用箱梁断面，刚度大，施工安全； 2. 西岸副孔采用移动支架现浇，施工条件差，工期制约因素多并需要多套设备方能保证工期； 3. 行车平顺舒适	1. 主跨280m连续刚构为当前世界最大跨度，施工难度大，工期较长； 2. 西岸副孔采用预制空板，可工厂化预制施工，质量可靠，工期有保障，但需要预制场和吊装设备； 3. 行车平顺舒适
美观性	桥型美观，气势宏伟，与周围环境协调好	高耸的桥塔与低矮的拱圈，大跨斜拉桥与小跨拱桥反差明显，配合不协调，桥型欠美观	主桥线条简洁明快，但因其高跨比例不很协调，影响桥型美观

第三章
桥梁上的作用

"作用"是引起桥涵结构反应的各种原因的统称,它可以归纳为性质不同的两大类。一类是直接施加于结构上的外力,例如车辆、结构自重等;另一类以间接的形式作用于结构上,例如地震、墩台变位、温度变化、混凝土收缩徐变等,它们产生的效应与结构本身的特征有关。作用种类、形式和大小的选择是否恰当,不但关系桥梁结构在使用年限内是否安全可靠,而且还关系桥梁建设费用是否经济合理。

值得注意的是,以往一直习惯用"荷载"这一术语来概括引起桥涵结构反应的所有原因,是不严谨的。《公路工程结构可靠度设计统一标准》(GB/T 50283—1999)开始采用术语"作用"来表述这一概念,而"荷载"仅用于表示施加于结构上的直接作用。依据上述标准规定的原则编制的《桥规 JTG D60》全面采用"作用"这一术语。

施加在桥涵上的各种作用按照随时间的变化情况可以归纳为永久作用、可变作用、偶然作用和地震作用四类。公路桥涵设计中采用的各类作用如表1-3-1所示。

作 用 分 类　　　　　　　　　　　　　　表1-3-1

序　号	分　类	名　称
1	永久作用	结构重力(包括结构附加重力)
2		预加力
3		土的重力

续上表

序　号	分　类	名　称
4	永久作用	土侧压力
5		混凝土收缩、徐变作用
6		水浮力
7		基础变位作用
8	可变作用	汽车荷载
9		汽车冲击力
10		汽车离心力
11		汽车引起的土侧压力
12		汽车制动力
13		人群荷载
14		疲劳荷载
15		风荷载
16		流水压力
17		冰压力
18		波浪力
19		温度（均匀温度和梯度温度）作用
20		支座摩阻力
21	偶然作用	船舶的撞击作用
22		漂流物的撞击作用
23		汽车撞击作用
24	地震作用	地震作用

按照结构的反应情况，作用还可以分为静态作用和动态作用两类。静态作用是指在结构上不产生加速度或产生的加速度可以忽略不计的作用，比如结构自重等；动态作用是指使结构上产生一个不可忽略的加速度的作用，包括汽车荷载、地震作用等。对动态作用效应的分析一般比较复杂，通常在容许的情况下将它们转变成静态作用来计算。

还有必要提及的是，原规范体系将永久作用称为恒载，将可变作用中对桥涵结构影响程度较大的几种，称为基本可变作用（荷载），也叫活载，通常为汽车荷载、汽车冲击力、离心力、人群荷载等。

第一节　永　久　作　用

永久作用是指在结构使用期间，其量值不随时间变化，或其变化值与平均值相比可以忽略不计的作用，包括结构重力、预加应力、土的重力、土侧压力、混凝土收缩及徐变作用、水的浮力和基础变位作用七种。

结构物自身重力及桥面铺装、附属设施等外加重力均属于结构重力，它们可按照结构物的实际体积或设计拟定的体积乘以材料的重度计算。桥梁结构的自重往往占全部设计荷载的大部分,因此采用轻质高强材料对减轻桥梁自重、增大跨越能力具有重要意义。

预加应力在结构正常使用极限状态设计和使用阶段构件应力计算时,应作为永久作用来计算其主、次效应,并计入相应阶段的预应力损失;在结构承载能力极限状态设计时,预加应力不作为荷载,而将预应力钢筋作为结构抗力的一部分。但在连续梁等超静定结构中,仍需考虑预加力引起的次效应。

对于超静定的混凝土结构、钢-混凝土组合结构等均应考虑混凝土的收缩和徐变作用的影响,预应力构件还涉及其预应力损失问题。《公路钢筋混凝土及预应力混凝土桥涵设计规范》(JTG 3362—2018)(以下简称《桥规 JTG 3362》)规定了混凝土的收缩应变和徐变系数的计算方法。

其他永久作用均可按《桥规 JTG D60》相关条文计算。

第二节 可 变 作 用

可变作用是指在结构使用期间,其量值随时间变化,且其变化值与平均值相比不可忽略的作用。这些包括汽车荷载,汽车荷载的冲击力、离心力、制动力及其引起的土侧压力,人群荷载,风荷载,流水压力,冰压力,温度作用和支座摩阻力十三种。

一、汽车荷载

汽车荷载是公路桥涵上最主要的一种可变荷载。设计中采用的汽车荷载等级分为公路—Ⅰ级和公路—Ⅱ级,各级公路桥涵设计的汽车荷载等级按表 1-3-2 取用。

各级公路桥涵的汽车荷载等级　　表 1-3-2

公路等级	高速公路	一级公路	二级公路	三级公路	四级公路
汽车荷载等级	公路—Ⅰ级	公路—Ⅰ级	公路—Ⅰ级	公路—Ⅱ级	公路—Ⅱ级

注:1. 二级公路作为集散公路且交通量小、重型车辆少时,其桥涵的设计可采用公路—Ⅱ级汽车荷载。
　　2. 对交通组成中重载交通比重较大的公路桥涵,宜采用与该公路交通组成相适应的汽车荷载模式进行结构整体和局部验算。

1. 荷载标准值

汽车荷载由车道荷载和车辆荷载组成。车道荷载由均布荷载和集中荷载组成,如图 1-3-1 所示。公路—Ⅰ级车道荷载的均布荷载标准值 q_k 为 10.5kN/m。集中荷载标准值随计算跨径而变,当计算跨径小于或等于 5m 时,P_k 为 270kN;计算跨径等于或大于 50m 时,P_k 为 360kN;计算跨径为 5~50m 时,P_k 值采用直线内插求得。对于多跨连续结构,P_k 按照最大跨径为基准取值。当计算剪力效应时,集中荷载标准值 P_k 应乘以 1.2 的系数,其主要用于验算下部结构或上部结构的腹板。

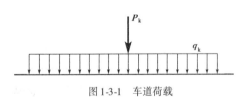

图 1-3-1　车道荷载

公路—Ⅱ级车道荷载的均布荷载标准值 q_k 和集中荷载标准值 P_k 按公路—Ⅰ级车道荷载的 0.75 倍采用。

车辆荷载为一辆总重 550kN 的标准车,其立面、平面尺寸见图 1-3-2,主要技术指标列于表 1-3-3。公路—Ⅰ级和公路—Ⅱ级汽车荷载采用相同的车辆荷载标准值。

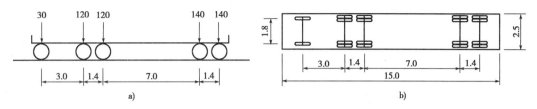

图 1-3-2 车辆荷载的立面、平面尺寸(荷载单位:kN;尺寸单位:m)
a)立面布置;b)平面尺寸

车辆荷载主要技术指标 表1-3-3

项 目	单位	技术指标	项 目	单位	技术指标
车辆重力标准值	kN	550	轮距	m	1.8
前轴重力标准值	kN	30	前轮着地宽度及长度	m	0.3×0.2
中轴重力标准值	kN	2×120	中、后轮着地宽度及长度	m	0.6×0.2
后轴重力标准值	kN	2×140	车辆外形尺寸(长×宽)	m	15×2.5
轴距	m	3+1.4+7+1.4			

2. 加载方式

车道荷载用于桥梁结构的整体计算,车辆荷载用于桥梁结构的局部加载(比如桥面板计算)、涵洞、桥台和挡土墙土压力等的计算。在各计算项目中车辆荷载和车道荷载的作用效应不得叠加。车道荷载的均布荷载标准值应满布于使结构产生最不利效应的同号影响线上;集中荷载标准值只作用于相应影响线中一个最大影响线峰值处。

横向分布计算中,车道荷载或车辆荷载需偏心加载时均按照设计车道数和如图1-3-3所示的布置方式来进行计算,其横向布置的最大车辆数目不应超过设计车道数。表1-3-4列出了行车道宽度与设计车道数的关系。

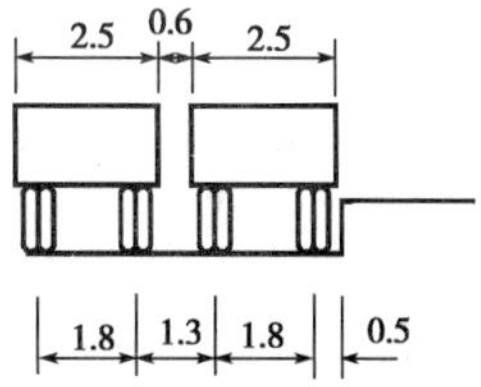

图1-3-3 车辆荷载的横向布置(尺寸单位:m)

桥涵设计车道数 表1-3-4

桥面宽度 W(m)		桥涵设计车道数 N
车辆单向行驶	车辆双向行驶	
$W<7.0$	—	1
$7.0 \leq W < 10.5$	$6.0 \leq W < 14.0$	2
$10.5 \leq W < 14.0$	—	3
$14.0 \leq W < 17.5$	$14.0 \leq W < 21.0$	4
$17.5 \leq W < 21.0$	—	5
$21.0 \leq W < 24.5$	$21.0 \leq W < 28.0$	6
$24.5 \leq W < 28.0$	—	7
$28.0 \leq W < 31.5$	$28.0 \leq W < 35.0$	8

布置一条车道汽车荷载时,应考虑汽车荷载的提高,当桥涵设计车道数大于2时,汽车荷载应考虑多车道折减,折减后的效应不得小于两设计车道的荷载效应。表1-3-5列出了横向车道布载系数。

横向车道布载系数 表1-3-5

横向布载车道数(条)	1	2	3	4	5	6	7	8
横向车道布载系数	1.20	1.00	0.78	0.67	0.60	0.55	0.52	0.50

当桥梁计算跨径大于150m时,应考虑计算荷载效应的纵向折减。当为多跨连续结构时,整个结构均应按最大的计算跨径考虑计算荷载效应的纵向折减。纵向折减系数规定见表1-3-6。

纵向折减系数 表1-3-6

计算跨径l(m)	$150 < l < 400$	$400 \leq l < 600$	$600 \leq l < 800$	$800 \leq l < 1\,000$	$l \geq 1\,000$
纵向折减系数	0.97	0.96	0.95	0.94	0.93

二、汽车冲击力

汽车以较高速度驶过桥梁时,由于桥面不平整、发动机震动等原因,会引起桥梁结构的振动,从而造成内力增大,这种动力效应称为冲击作用。在计算中采用静力学的方法,即引入一个竖向动力效应的增大系数——冲击系数μ,来计及汽车荷载的冲击作用,汽车荷载的冲击力即为汽车荷载标准值乘以冲击系数μ。

冲击系数的计算采用以结构基频为指标的方法。结构的基频反映了结构的尺寸、类型、建造材料等动力特征内容,它直接体现了冲击效应和桥梁结构之间的关系。按结构不同的基频,汽车引起的冲击系数在0.05~0.45之间变化,其计算方法为

$$\left. \begin{array}{ll} \text{当}f < 1.5\text{Hz}\text{时} & \mu = 0.05 \\ \text{当}1.5\text{Hz} \leq f \leq 14\text{Hz}\text{时} & \mu = 0.1767\ln f - 0.0157 \\ \text{当}f > 14\text{Hz}\text{时} & \mu = 0.45 \end{array} \right\} \quad (1\text{-}3\text{-}1)$$

式中:f——结构基频(Hz)。

结构基频的计算宜采用有限元法,对于常规结构,可采用《桥规 JTG D60》条文说明中给出的公式估算。

例如简支梁桥的基频计算公式如下

$$f = \frac{\pi}{2l^2}\sqrt{\frac{EI_c}{m_c}} \quad (1\text{-}3\text{-}2)$$

$$m_c = \frac{G}{g}$$

式中:l——结构的计算跨径(m);

E——结构材料的弹性模量(N/m^2);

I_c——结构跨中截面的截面惯性矩(m^4);

m_c——结构跨中处的单位长度质量(kg/m),当换算为重力计算时,其单位应为($N \cdot s^2/m^2$);

G——结构跨中处每延米结构重力(N/m);

g——重力加速度(m/s^2),$g = 9.81 m/s^2$。

钢桥、钢筋混凝土及预应力混凝土桥、圬工拱桥等上部结构和钢支座、板式橡胶支座、盆式橡胶支座及钢筋混凝土柱式墩台,应计入汽车的冲击作用。重力式墩台不计冲击力。填料厚

度(包括路面厚度)等于或大于 0.5m 的拱桥、涵洞以及重力式墩台不计冲击力。支座的冲击力按相应的桥梁取用。

汽车荷载的局部加载及在 T 梁、箱梁悬臂板上的冲击系数，$\mu = 0.3$。

三、人群荷载

当桥梁计算跨径小于或等于 50m 时，人群荷载标准值为 3.0kN/m^2；当桥梁计算跨径等于或大于 150m 时，人群荷载标准值为 2.5kN/m^2；当桥梁计算跨径为 50~150m 时，可由线性内插得到人群荷载标准值。对跨径不等的连续结构，以最大计算跨径为准。城镇郊区行人密集地区的公路桥梁，人群荷载标准值取上述规定值的 1.15 倍。专用人行桥梁，人群荷载标准值为 3.5kN/m^2。

人群荷载在横向应布置在人行道的净宽度内，在纵向施加于使结构产生最不利荷载效应的区段内。人行道板(局部构件)可以一块板为单元，按标准值 4.0kN/m^2 的均布荷载计算。计算人行道栏杆时，作用在栏杆立柱顶上的水平推力标准值取 0.75kN/m；作用在栏杆扶手上的竖向力标准值取 1.0kN/m。

四、其他

1. 汽车离心力

汽车离心力是车辆在弯道行驶时所伴随产生的惯性力，它以水平力的形式作用于结构上，是弯桥横向受力与抗扭设计计算所要考虑的主要因素。曲线桥应计算汽车荷载引起的离心力。离心力标准值为汽车荷载(不计冲击力)标准值乘以离心力系数 C。离心力系数按下式计算

$$C = \frac{v^2}{127R} \quad (1-3-3)$$

式中：v——设计速度，应按桥梁所在公路等级的规定采用(km/h)；
R——曲线半径(m)。

计算多车道桥梁的汽车荷载离心力时，应考虑横向折减系数；计算曲线长度大于 150m 的桥梁的离心力时，应计入纵向折减系数。离心力的着力点在桥面以上 1.2m，为计算简便，也可移至桥面上，不计由此引起的竖向力和力矩。

2. 汽车引起的土侧压力

汽车引起的土压力采用车辆荷载加载。车辆荷载作用在桥台台背或路堤挡土墙上，将引起台背填土或挡土墙后填土的破坏棱体对桥台或挡土墙的土侧压力，此类土侧压力可按下式换算成等代均布土层厚度 h 计算

$$h = \frac{\sum G}{Bl_0 \gamma} \quad (1-3-4)$$

式中：γ——土的重度(kN/m^3)；
B——桥台的计算宽度或挡土墙的计算长度(m)；
l_0——桥台或挡土墙后填土的破坏棱体长度(m)；
$\sum G$——布置在 $B \times l_0$ 面积内的车辆车轮重力(kN)，当涉及多车道加载时，车轮总重力应按表 1-3-5 进行折减。

3. 汽车制动力

汽车制动力是指车辆在减速或制动时，为克服车辆的惯性力而在路面与车辆之间产生的

滑动摩擦力。它作用于桥跨结构上的方向与行车方向一致。汽车制动时,车辆与路面间的摩擦系数可以达 0.5 以上,但是制动常常只限于车队的一部分车辆,所以制动力并不等于摩擦系数乘以全部车辆荷载。

一个设计车道上的汽车制动力标准值,为布置在加载长度上计算的总重力的 10%,但公路—Ⅰ级汽车制动力标准值不得小于 165kN;公路—Ⅱ级不得小于 90kN。多车道时要考虑横向折减,同向行驶双车道的汽车制动力标准值为一个设计车道制动力标准值的两倍;同向行驶三车道为一个设计车道的 2.34 倍;同向行驶四车道为一个设计车道的 2.68 倍。

制动力的作用点在设计车道桥面以上 1.2m 处,在计算墩台时,可移至支座中心(铰或滚轴中心),或滑动支座、橡胶支座、摆动支座的底座面上;计算刚构桥、拱桥时,可移至桥面上,但不计因此而产生的竖向力和力矩。

4. 风荷载

当风以一定的速度向前运动遇到结构物阻碍时,结构就会承受风压。对于大跨径桥梁,特别是斜拉桥和吊桥,风荷载是极为重要的设计荷载,有时甚至起着决定性的作用,即对结构的强度、刚度和稳定性起控制作用。在顺风向,风压常分成平均风压和脉动风压,在横风向,风流经过结构而产生旋涡,因旋涡的特性,横风向还会产生周期风压。2020—2021 年,三座大跨度悬索桥相继发生涡振,引起社会较为广泛的关注,突出了大跨度柔性结构考虑风致振动问题的必要性。一般来说,风对结构作用的计算有三个不同的方面,对于顺风的平均风压,采用静力计算方法;对于顺风向的脉动风或横风向的脉动风,则应按随机振动理论计算;对于横风向的周期性风力,产生了横风向振动,偏心时还产生扭转振动,通常作为确定荷载对结构进行动力计算。后两种计算理论属于研究结构风压和风振理论的一门新学科。

风荷载取值及公路桥梁抗风设计应按《公路桥梁抗风设计规范》(JTG/T 3360-01—2018)执行。

5. 流水压力和冰压力

位于河流中的桥墩会受到流水和流冰的压力,规范给出的流水压力以水流速度作基准,并考虑桥墩迎水面形状的影响得到,当流速大于 10m/s 时,还应考虑水流的动力作用因素;规范给出的流冰压力计算公式适用于通常的河流流冰情况,它是以冰体破碎极限强度作基准建立起来的。

流水压力和流冰压力的大小均与桥墩的形状相关,桥墩的迎水(冰)面宜做成圆弧形或尖端形,以减小流水压力和流冰压力。

6. 温度作用

温度变化将在结构中产生变形和影响力,它的大小应根据当地的具体情况、结构物所使用的材料和施工条件等因素计算确定。温度作用包括均匀温度和梯度温度两种影响,均匀温度为常年气温变化,这种温度变化将导致桥梁纵向长度的变化,当这种变化受到约束时就会引起温度次内力;梯度温度主要因太阳辐射而来,它使结构沿高度方向形成非线性的温度变化,导致构件截面产生自应力,当这种变化受到约束时同样会引起次内力。

计算结构的均匀温度效应,应自结构物合龙时的温度算起,考虑最高和最低有效温度的作用效应。气温变化范围应根据桥梁所在地区的气温条件而定。《桥规 JTG D60》按照全国气温分区,即严寒、寒冷和温热三类分区,规定了公路桥梁结构的最高和最低有效温度标准值(表 1-3-7),若缺乏桥址处实际气温调查资料,即可按照其规定取用。

有效温度标准值(℃) 表1-3-7

气温分区	钢桥面板钢桥		混凝土桥面板钢桥		混凝土桥、石桥	
	最高	最低	最高	最低	最高	最低
严寒地区	46	−43	39	−32	34	−23
寒冷地区	46	−21	39	−15	34	−10
温热地区	46	−9(−3)	39	−6(−1)	34	−3(0)

注：表中括号内数值适用于昆明、南宁、广州、福州地区。

计算梯度温度效应时，采取如图1-3-4所示的竖向温度梯度曲线，其相关温度基数见表1-3-8。

正温差梯度温度基数(℃) 表1-3-8

结 构 类 型	T_1	T_2	结 构 类 型	T_1	T_2
混凝土铺装	25	6.7	100mm沥青混凝土铺装	14	5.5
50mm沥青混凝土铺装	20	6.7			

混凝土结构和带混凝土桥面板的钢结构的竖向反温差为正温差的−0.5倍。对于钢桥面板的钢结构，可以不考虑其梯度温差效应。同时，基于公路桥梁都带有较长的悬臂，两侧腹板很少受到阳光直接照射，因而公路桥涵设计时未计及横桥向温度梯度的影响。

7. 支座摩阻力

支座摩阻力标准值可按下式计算

$$F = \mu W \quad (1-3-5)$$

式中：W——作用于活动支座上由上部结构重力产生的效应；

μ——支座摩擦系数，无实测数据时按表1-3-9取用。

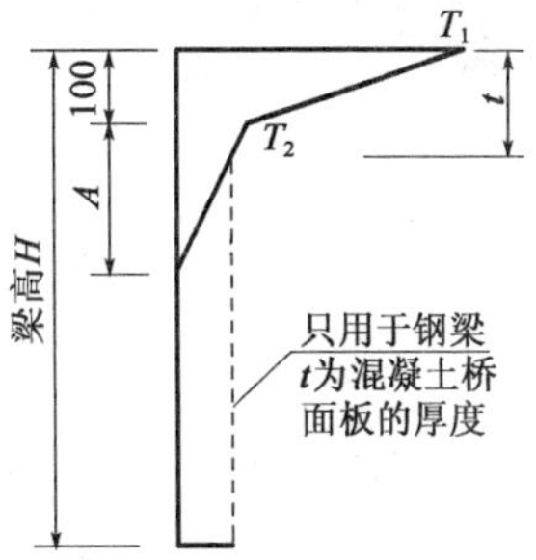

只用于钢梁 t 为混凝土桥面板的厚度

凝土梁 $A = \begin{cases} H-100 & (H<400\text{mm}) \\ 300 & (H \geqslant 400\text{mm}) \end{cases}$

组合结构 $A = 300\text{mm}$

图1-3-4 梯度温度(尺寸单位：mm)

支 座 摩 擦 系 数 表1-3-9

支座种类		支座摩擦系数
滚动支座或摆动支座		0.05
板式橡胶支座	支座与混凝土面接触	0.30
	支座与钢板接触	0.20
	聚四氟乙烯板与不锈钢板接触	0.06(加硅脂；温度低于−25℃时为0.078)
		0.12(不加硅脂；温度低于−25℃时为0.156)
盆式支座		加5201硅脂润滑后，常温型活动支座摩擦系数不大于0.03(支座适用温度为−25~+60℃)
		加5201硅脂润滑后，耐寒型活动支座摩擦系数不大于0.06(支座适用温度为−40~+60℃)
球型支座		加5201硅脂润滑后，活动支座摩擦系数不大于0.03(支座适用温度为−25~+60℃)
		加5201硅脂润滑后，活动支座摩擦系数不大于0.05(支座适用温度为−40~+60℃)

五、原公路桥涵设计可变作用

我国已建的大量公路桥涵是依据《公路桥涵设计通用规范》(JTJ 021—89)设计出来的,考虑今后在对它们进行维护、保养或加固改造时,还需要先按原规范进行分析研究。故本节仍将原规范中汽车荷载、汽车冲击力和人群荷载等部分内容简单地予以介绍。

1. 车辆荷载

《公路桥涵设计通用规范》(JTJ 021—89)采用的车辆荷载标准为汽车荷载、平板挂车或履带车荷载。汽车荷载采用车队的形式,分为汽车—10级、汽车—15级、汽车—20级和汽车—超20级四个等级,平板挂车和履带车荷载分为挂车—80、挂车—100、挂车—120和履带—50四种。在计算时汽车荷载作为计算荷载,挂车或履带车作为验算荷载。车辆荷载的等级根据桥梁所在公路的等级确定。

汽车车队的纵向排列如图 1-3-5 所示。每级车队中重车只有一辆,主车数目不限,各车辆之间的距离可变化,但不得小于图示距离。汽车荷载横向布置如图 1-3-3 所示,计算其效应时亦需考虑其横向和纵向折减。

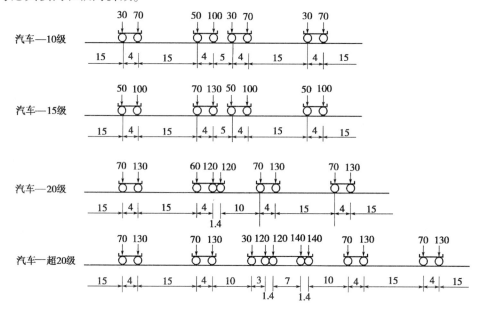

图 1-3-5　各级汽车车队的纵向排列(荷载单位:kN;尺寸单位:m)

平板挂车、履带车荷载的纵向排列和横向布置如图 1-3-6 所示。履带车沿桥纵向可考虑多辆行驶,但两车间净距不得小于50m,平板挂车全桥均以通过一辆计算。履带车或平板挂车通过桥涵时,应靠中以慢速行驶,因此计算时不考虑冲击力。

2. 汽车冲击力

《公路桥涵设计通用规范》(JTJ 021—89)规定的计算冲击系数的方法采用以跨径为基准。钢筋混凝土及预应力混凝土、砖石及混凝土桥涵的冲击系数见表 1-3-10a),钢桥的冲击系数见表 1-3-10b)。对于重力式墩台,或结构物上的填料(包括路面厚度)大于或等于50cm 时,也可以不计冲击作用。

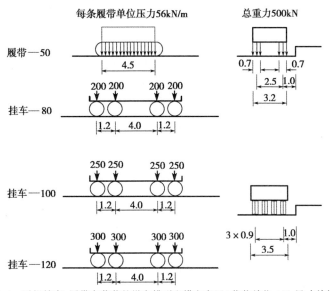

图 1-3-6 平板挂车、履带车荷载的纵向排列和横向布置(荷载单位:kN;尺寸单位:m)

配筋混凝土、圬工桥涵的冲击系数 表 1-3-10a)

结构种类	跨径或荷载长度(m)	冲击系数μ	结构种类	跨径或荷载长度(m)	冲击系数μ
梁、刚构、拱上构造、柱式桥台、涵洞盖板	$L \leq 5$ $L \geq 45$	0.30 0.00	拱桥的主拱圈或拱肋	$L \leq 20$ $L \geq 70$	0.20 0.00

钢桥的冲击系数 表 1-3-10b)

结构种类	冲击系数μ	结构种类	冲击系数μ
主桁(梁、拱)、联合梁、桥面系、钢墩台等	$\dfrac{15}{37.5+L}$	吊桥的主桁、主索或主链、塔架	$\dfrac{50}{70+L}$

注:1. 对于简支的主梁、主桁、拱桥的拱圈等主要构件,L 为计算跨径长度。
2. 对于悬臂梁、连续梁、刚构件、桥面系构件、仅受局部荷载的构件以及墩台等,L 为其相应内力影响线的荷载长度(即为各荷载区段加载长度之和)。
3. 当 L 值在表 1-3-10a)中所列数值之间时,冲击系数可用直线内插法求得。

3. 人群荷载

人群荷载一般取为 $3kN/m^2$,城市郊区行人密集地区可为 $3.5kN/m^2$,城市桥梁应根据具体情况另行规定。在计算有人行道的桥梁时人群荷载与汽车荷载同时考虑,而在计算验算荷载时则不计入人群荷载。

当人行道板为钢筋混凝土板时,还应以 1.2kN 集中竖向力作用在一块板上进行验算。计算栏杆时,人群作用于栏杆上的水平推力规定为 0.75kN/m,施力点在栏杆柱顶,人群作用于扶手的竖向力规定为 1kN/m,施力点在上部扶手。

六、城市桥梁设计可变作用

《城市桥梁设计规范》(CJJ 11—2011)规定,除可变作用中的设计汽车荷载与人群荷载外,作用与作用效应组合均应按现行《桥规 JTG D60》的有关规定执行。

1.车辆荷载

汽车荷载等级可划分为:城—A级汽车荷载和城—B级汽车荷载。汽车荷载分为车辆荷载和车道荷载,在这一点上现行《桥规 JTG D60》与此分类相同。桥梁的主梁、主拱和主桁架等的计算(总体计算)应采用车道荷载,桥梁的横隔梁、行车道板、桥台或挡土墙后土压力的计算(局部计算)应采用车辆荷载。当进行桥梁结构计算时不得将车辆荷载和车道荷载的作用叠加。当桥面车行道内有轻轨车辆混合运行时,尚应按有关轻轨荷载规定进行验算,并取其最不利者进行设计。

城—A级汽车荷载的立面、平面布置及标准值分别见图1-3-7和表1-3-11。城—A级汽车荷载的横桥向布置和城—B级车辆荷载的立面、平面布置及标准值应采用现行《桥规 JTG D60》车辆荷载的规定值。

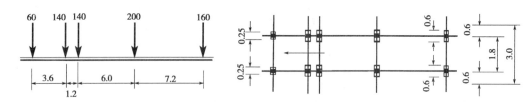

图1-3-7 城—A级标准车辆纵、平面布置(总重700kN)(轴重单位:kN;尺寸单位:m)

车道荷载计算取值表   表1-3-11

车轴编号	1	2	3	4	5
轴重(kN)	60	140	140	200	160
轮重(kN)	30	70	70	100	80
纵向轴距(m)		3.6	1.2	6	7.2
每组车轮的横向中距(m)	1.8	1.8	1.8	1.8	1.8
车轮着地的宽度×长度(m×m)	0.25×0.25	0.6×0.25	0.6×0.25	0.6×0.25	0.6×0.25

城—A级车道荷载和城—B级车道荷载分别采用的是《桥规 JTG D60》中公路—Ⅰ级和公路—Ⅱ级的车道荷载标准值。

车道荷载横向分布系数,多车道的横向折减系数,大跨径桥梁的纵向折减系数,汽车荷载的冲击力、离心力、制动力及车辆荷载在桥台或挡土墙后填土的破坏棱体上引起的土侧压力等均应按现行《桥规 JTG D60》的规定计算。

2.人群荷载

人行道板(局部构件)的人群荷载应按$5kN/m^2$的均布荷载或$1.5kN$的竖向集中力分别计算,并作用在一块构件上,取其中最不利者。

梁、桁架、拱及其他大跨结构的人群荷载W可按下列公式计算,且W值在任何情况下不得小于$2.4kN/m^2$。

当加载长度$l<20m$时,则:

城市桥梁的人群荷载 $\qquad W = 4.5 \times \dfrac{20 - W_p}{20}$ (1-3-6a)

专用人行桥的人群荷载 $\qquad W = 5 \times \dfrac{20 - W_p}{20}$ (1-3-6b)

当加载长度 $l \geq 20\text{m}$ 时,则:

城市桥梁的人群荷载 $\qquad W = \left(4.5 - 2 \times \dfrac{l-20}{80}\right) \times \dfrac{20 - W_p}{20}$ (1-3-6c)

专用人行桥的人群荷载 $\qquad W = \left(5 - 2 \times \dfrac{l-20}{80}\right) \times \dfrac{20 - W_p}{20}$ (1-3-6d)

式中:W——单位面积上的人群荷载(kN/m^2);

l——加载长度(m);

W_p——当计算城市桥梁的人群荷载时,为单边人行道宽度(m);在专用非机动车桥上时,宜取1/2桥宽,当1/2桥宽大于4m时,应按4m计;当计算专用人行桥的人群荷载时,为半桥宽(m),当大于4m时,应按4m计。

检修道上的设计人群荷载应按2kPa 或 1.2kN 的竖向集中荷载,作用在短跨小构件上,可分别计算,取其不利者。计算与检修道相连构件,当计入车辆荷载或人群荷载时,可不计检修道上的人群荷载。作用在桥上人行道栏杆扶手上竖向荷载应为 1.2kN/m;水平向外荷载应为 2.5kN/m,两者应分别计算。防撞护栏的防撞等级可按表1-3-12选用。与防撞等级相应的作用于桥梁护栏上的碰撞荷载大小可按现行行业标准《公路交通安全设施设计规范》(JTG D81)的规定确定。

护 栏 防 撞 等 级　　　　　表 1-3-12

道 路 等 级	设计车速(km/h)	车辆驶出桥外有可能造成的交通事故等级	
		重大事故或特大事故	二次重大事故或二次特大事故
快速路	100、80、60	SB、SBm	SS
主干路	60		SA、SAm
	50、40	A、Am	SB、SBm
次干路	50、40、30	A	SB
支路	40、30、20	B	A

注:1. 表中 A、Am、B、SA、SB、SAm、SBm、SS 等均为防撞等级代号。
　　2. 因桥梁线形、运行速度、桥梁高度、交通量、车辆构成和桥下环境等因素造成更严重碰撞后果的区段,应在本表基础上提高护栏的防撞等级。

第三节　偶然作用与地震作用

在结构使用期间出现的概率很小,一旦出现,其值很大且持续时间很短的作用称为偶然作用和地震作用,其中偶然作用具体包括船舶、漂流物和汽车的撞击作用。

偶然作用和地震作用会对结构安全产生非常巨大的影响,甚至毁坏桥梁和中断交通,因此,有可能受到船舶、漂流物撞击或建造在地震区域的桥梁应谨慎进行防撞和抗震设计。

1. 船舶撞击作用

目前我国现行规范中,有两部规范涉及船舶撞击作用。一是强制性行业标准《公路桥涵设计通用规范》(JTG D60—2015),其中规定:(1)船舶的撞击作用设计值宜按专题研究确定;(2)四至七级内河航道,当缺乏实际调查资料时,船舶撞击作用的设计值可根据航道等级、船舶吨位按该规范规定确定。另一个规范是行业推荐性标准《公路桥梁抗撞设计规范》(JTG/T 3360-02—2020),该规范总体上参照美国 AASHTO 规范思路,基于风险思路确定船撞作用,涉及过程相对复杂。需指出的是,近年来桥梁船撞事故频发,造成了巨大的人员伤亡、结构破坏和经济损失。为此,2020 年 12 月交通运输部与国家铁路局、国家铁路集团联合发文,要求对我国通航水域所有服役桥梁开展船舶碰撞桥梁隐患治理三年行动,有关桥梁船撞作用及设计方面仍需不断深入研究。在条件允许情况下,船舶撞击作用应采用实测资料或模拟撞击试验进行确定,并据此进行抗撞及防撞设施的设计。

2. 漂流物撞击作用

有漂流物的水域中的桥梁墩台,设计时应考虑漂流物的撞击作用。《桥规 JTG D60》规定,漂流物的撞击作用点假定在计算通航水位线上桥墩宽度的中点,漂流物横桥向撞击力设计值可按下式计算

$$F = \frac{Wv}{gT}$$

式中:W——漂流物重力(kN),应根据河流中漂流物情况,按实际调查确定;

v——水流速度(m/s);

T——撞击时间(s),应根据实际资料估计,在无实际资料时,可用 1s;

g——重力加速度,取 9.81m/s^2。

3. 汽车撞击作用

《桥规 JTG D60》规定,汽车撞击作用设计值在车辆行驶方向应取 1000kN,在车辆行驶垂直方向应取 500kN,两个方向的撞击作用不同时考虑。撞击力应作用于行车道以上 1.2m 处,直接分布于撞击涉及的构件上。对于设有防撞设施的结构构件,可视防撞设施的防撞能力,对汽车撞击设计值予以折减,但折减后的汽车撞击力设计不应低于上述规定的 1/6。

该汽车撞击作用设计值远小于国外规范取值,也小于当前精细化车撞桥研究中的撞击作用值。出于安全性考虑,对于车撞问题突出的桥梁,通过专题研究确定汽车撞击作用将更为合理。近年来,汽车撞击问题在我国逐步突出,已影响到公路桥梁结构和道路行车的安全。除车辆撞击桥墩外,车辆撞击桥梁上部结构的事故也时有发生。为了防止或减少因碰撞产生的破坏,对于易受汽车撞击的构件部位应采取相应的措施。对于跨线桥,不宜在没有中间带的公路中央设立桥墩。

4. 地震作用

地震作用主要是指地震时强烈的地面运动所引起的结构惯性力,它是随机变化的动力荷载,其值的大小决定于地震强烈程度和结构的动力特性(频率与阻尼等)以及结构或杆件的质量。地震作用可以用设计加速度反应谱、设计地震动时程和设计地震动功率谱表征。考虑安全性与经济性的平衡,基于性能设计理念,《公路桥梁抗震设计规范》(JTG/T 2231-01—2020)将公路桥梁分为 A、B、C、D 四个抗震设防类别,并按不同的类别确定不同的设防目标和设防标准,具体见表 1-3-13。对于抗震救灾以及在国防、经济上具有重要意义的桥梁或破坏后修复(抢修)困难的桥梁,应提高抗震设防类别。

桥梁抗震设防分类 表1-3-13

桥梁抗震设防类别	适 用 范 围
A类	单跨跨径超过150m的特大桥
B类	单跨跨径不超过150m的高速公路、一级公路上的桥梁； 单跨跨径不超过150m的二级公路上的特大桥、大桥
C类型	二级公路上的中桥、小桥； 单跨跨径不超过150m的三、四级公路上的特大桥、大桥
D类	三、四级公路上的中桥、小桥

按作用方向，地震作用包括水平地震作用和竖向地震作用。以往结构震害表明，地震的水平运动是导致结构破坏的主要因素。因此，《公路桥梁抗震设计规范》(JTG/T 2231-01—2020)规定：一般情况下，公路桥梁可只考虑水平向地震作用。但对于单跨跨径超过150m的特大桥(即抗震规范中的A类桥梁)、抗震设防烈度为Ⅸ度地区桥梁、抗震设防烈度为Ⅷ度地区且竖向地震作用引起的地震效应很显著的桥梁(如拱式结构、长悬臂结构)，应同时考虑水平向和竖向地震作用。

A类、B类和C类桥梁应采用两水准抗震(即E1地震作用和E2地震作用)设防，D类桥梁可采用一水准抗震设防。E1地震作用为工程场地重现期较短的地震作用，在第一阶段抗震设计中采用。E1地震作用下，要求各类桥梁在弹性范围内工作，结构强度和刚度基本保持不变。E2地震作用为工程场地重现期较长的地震作用，在第二阶段抗震设计中采用。E2地震作用下，A类桥梁局部可发生开裂，裂缝宽度也可超过容许值，但混凝土保护层应保持完好，结构总体处于弹性范围。B类、C类桥梁在E2地震作用下要求不倒塌，且结构强度不能出现大幅度降低，对钢筋混凝土桥梁墩柱，其抗弯承载能力降低幅度不应超过20%。B类、C类中的斜拉桥和悬索桥以及采用减隔震设计的桥梁抗震设防目标应按A类要求执行。

《公路桥梁抗震设计规范》(JTG/T 2231-01—2020)规定：公路桥梁必须进行抗震设计，抗震设防烈度大于Ⅸ度地区的桥梁和有特殊要求的桥梁，其抗震设计应做专门研究。地震作用及抗震设计具体内容涉及方面较多，具体见《公路桥梁抗震设计规范》(JTG/T 2231-01—2020)。

第四节 作用效应组合

公路桥涵结构采用以可靠度理论为基础的概率极限状态设计法设计。该设计体系规定了桥涵结构的两种极限状态：承载能力极限状态和正常使用极限状态。

所谓极限状态，是指整体结构或构件的某一特定状态，超过这一状态界限结构或构件就不再能满足设计规定的某一功能要求。承载能力极限状态设计着重体现桥涵结构的安全性，正常使用极限状态设计则体现适用性和耐久性，它们共同反映出设计的基本原则。只有每项设计都符合相关规范的两类极限状态的要求，才能使所设计的桥涵达到其全部预定功能。

同时，根据桥涵在施工和使用过程中面临的不同情况，桥涵结构设计分为持久状况、短暂状况、偶然状况和地震状况四种设计状况。持久状况系指桥涵建成后承受自重、汽车荷载等持续时间很长的状况；短暂状况为桥涵施工过程中承受临时性作用的状况；偶然状况是在桥涵使用过程中可能偶然出现的状况;地震状况是桥涵结构遭受地震时的状况,抗震设防地区必须考虑地震设计状况。其中,持久状况必须进行承载能力和正常使用两种极限状态设计;短暂状况和地震状况一般只作承载能力极限状态设计,必要时才作正常使用极限状态设计;偶然状况要求作承载能力极限状态设计,不考虑正常使用极限状态设计。

《桥规 JTG D60》将公路桥涵结构设计分为三个安全等级,不同的桥涵应根据所具有的功能、作用及其重要性具有不同的重要性系数。按持久状况和短暂状况承载能力极限状态设计时,公路桥涵结构设计安全等级应不低于表 1-3-14 的规定。

桥涵结构的设计安全等级　　　　　　　　　　表 1-3-14

桥涵结构	(1)各等级公路上的特大桥、大桥、中桥; (2)高速公路、一、二级公路、国防公路及城市附近交通繁忙公路上的小桥	(1)三、四级公路上的小桥; (2)高速公路、一、二级公路、国防公路及城市附近交通繁忙公路上的涵洞	三、四级公路上的涵洞
设计安全等级	一级	二级	三级
破坏后果	很严重	严重	不严重

在作用效应组合时还需注意,各种作用并非同时作用于桥涵上,因此应当根据作用重要性的不同和同时作用的可能性进行适当组合,以确定安全合理的作用组合的效应值。可变作用的出现对结构产生有利影响时,该作用不应参与组合,实际不可能同时出现或同时参与组合概率很小的作用,按表 1-3-15 的规定不考虑其作用效应组合。

可变作用不同时组合表　　　　　　　　　　表 1-3-15

作用名称	不与该作用同时参与组合的作用	作用名称	不与该作用同时参与组合的作用
汽车制动力	流水压力、冰压力、波浪、支座摩阻力	冰压力	汽车制动力、流水压力、波浪力
流水压力	汽车制动力、冰压力、波浪力	支座摩阻力	汽车制动力
波浪力	汽车制动力、流水压力、冰压力		

桥涵设计不同极限状态的作用效应组合中,各类作用效应应采用不同的代表值。永久作用在各类组合下均采用标准值作为代表值;可变作用根据不同的极限状态分别采用标准值、组合值、频遇值或准永久值作为其代表值;偶然作用在组合时采用设计值作为代表值,地震作用在组合时采用标准值作为代表值。

一、承载能力极限状态

承载能力极限状态设计是以塑性理论为基础,其设计原则为

$$\gamma_0 S \leqslant R \tag{1-3-7}$$

式中:γ_0——结构重要性系数,对应于设计安全等级一级、二级和三级分别取 1.1、1.0 和 0.9,桥涵的抗震设计不考虑结构的重要性系数;

S——作用组合的效应函数;

R——构件承载力设计值,它根据构件的材料强度设计值和几何参数设计值计算。

承载能力极限状态下有三种作用效应组合:基本组合、偶然组合和地震组合。基本组合为永久作用的设计值效应与可变作用设计值效应相组合,其组合表达式为

$$S_{ud} = \gamma_0 S\left(\sum_{i=1}^{m}\gamma_{G_i}G_{ik}, \gamma_{Q_1}\gamma_L Q_{1k}, \psi_c\sum_{j=2}^{n}\gamma_{Lj}\gamma_{Q_j}Q_{jk}\right) \qquad (1\text{-}3\text{-}8a)$$

或

$$S_{ud} = \gamma_0 S\left(\sum_{i=1}^{m}G_{id}, Q_{1d}, \sum_{j=2}^{n}Q_{jd}\right) \qquad (1\text{-}3\text{-}8b)$$

式中：S_{ud}——承载能力极限状态下作用基本组合的效应设计值；

γ_{G_i}——第 i 个永久作用的分项系数，其值按表 1-3-16 取用；

G_{ik}、G_{id}——第 i 个永久作用的标准值和设计值；

γ_{Q_1}——汽车荷载（含汽车冲击力、离心力）的分项系数。采用车道荷载计算时取 $\gamma_{Q_1} = 1.4$，采用车辆荷载计算时，其分项系数取 $\gamma_{Q_1} = 1.8$。当某个可变作用在组合中其效应值超过汽车荷载效应时，则该作用取代汽车荷载，其分项系数取 $\gamma_{Q_1} = 1.4$；对专为承受某作用而设置的结构或装置，设计时该作用的分项系数取 $\gamma_{Q_1} = 1.4$；计算人行道板和人行道栏杆的局部荷载，其分项系数也取 $\gamma_{Q_1} = 1.4$；

Q_{1k}、Q_{1d}——汽车荷载（含汽车冲击力、离心力）的标准值和设计值；

γ_{Q_j}——在作用组合中除汽车荷载（含汽车冲击力、离心力）、风荷载外的其他第 j 个可变作用的分项系数，取 $\gamma_{Q_j} = 1.4$；但风荷载的分项系数取 $\gamma_{Q_j} = 1.1$；

Q_{jk}、Q_{jd}——在作用组合中除汽车荷载（含汽车冲击力、离心力）外的其他第 j 个可变作用的标准值和设计值；

ψ_c——在作用组合中除汽车荷载（含汽车冲击力、离心力）外的其他可变作用的组合值系数，$\psi_c = 0.75$；

$\psi_c Q_{jk}$——在作用组合中除汽车荷载（含汽车冲击力、离心力）外的第 j 个可变作用的组合值；

γ_{Lj}——第 j 个可变作用的结构设计使用年限荷载调整系数。公路桥涵结构的设计使用年限按现行《公路工程技术标准》(JTG B01—2014) 取值时，可变作用的设计使用年限荷载调整系数取 $\gamma_{Lj} = 1.0$；否则，γ_{Lj} 取值应按专题研究确定。

永久作用效应分项系数 表 1-3-16

编 号	作 用 类 别		永久作用效应分项系数	
			对结构承载能力不利时	对结构承载能力有利时
1	混凝土和圬工结构重力（包括结构附加重力）		1.2	1.0
	钢结构重力（包括结构附加重力）		1.1 或 1.2	1.0
2	预加力		1.2	1.0
3	土的重力		1.2	1.0
4	土侧压力		1.4	1.0
5	混凝土收缩及徐变作用		1.0	1.0
6	水的浮力		1.0	1.0
7	基础变位作用	混凝土和圬工结构	0.5	0.5
		钢结构	1.0	1.0

注：对于钢结构重力，当采用钢桥面板时，永久作用效应分项系数取 1.1，当采用混凝土桥面板时，取 1.2。

当作用与作用效应可按线性关系考虑时，作用基本组合的效应设计值 S_{ud} 可通过作用效应代数相加计算。

设计弯桥时,当离心力与制动力同时参与组合时,考虑到车辆行驶速度较直线桥上小一些,因而制动力标准值或设计值按70%取用。

基本组合用于结构的常规设计,所有桥涵结构都需考虑。基本组合中各类作用效应可以归结为三个部分:第一部分为永久作用效应;第二部分为主导的可变作用效应,在通常情况下其为汽车荷载效应(含汽车冲击力、离心力),在某些特殊情况下某种其他可变荷载可能取代汽车效应成为控制设计的主导因素,则其归入第二部分;第三部分为可变作用效应的补充部分,故而以组合系数ψ_c予以折减。

偶然组合为永久作用标准值与可变作用某种代表值、一种偶然作用设计值相组合;与偶然作用同时出现的可变作用,可根据观测资料和工程经验取用频遇值或准永久值。作用偶然组合的效应设计值可按下式计算

$$S_{ad} = S\left[\sum_{i=1}^{m} G_{ik}, A_d, (\psi_{f1} \text{ 或 } \psi_{q1})Q_{1k}, \sum_{j=2}^{n} \psi_{qj}Q_{jk}\right] \quad (1\text{-}3\text{-}9)$$

式中: S_{ad}——承载能力极限状态下作用偶然组合的效应设计值;

A_d——偶然作用的设计值;

ψ_{f1}——汽车荷载(含汽车冲击力、离心力)的频遇值系数,取$\psi_{f1} = 0.7$;当某个可变作用在组合中其效应值超过汽车荷载效应时,则该作用取代汽车荷载,人群荷载$\psi_f = 1.0$,风荷载$\psi_f = 0.75$,温度梯度作用$\psi_f = 0.8$,其他作用$\psi_f = 1.0$;

$\psi_{f1}Q_{1k}$——汽车荷载的频遇值;

ψ_{q1}、ψ_{qj}——第1个和第j个可变作用的准永久值系数,汽车荷载(含汽车冲击力、离心力)$\psi_q = 0.4$,人群荷载$\psi_q = 0.4$,风荷载$\psi_q = 0.75$,温度梯度作用$\psi_q = 0.8$,其他作用$\psi_q = 1.0$;

$\psi_{q1}Q_{1k}$、$\psi_{qj}Q_{jk}$——第1个和第j个可变作用的准永久值。

当作用与作用效应可按线性关系考虑时,作用偶然组合的效应设计值S_{ad}可通过作用效应代数相加计算。

地震组合的效应设计值应按现行《公路桥梁抗震设计规范》(JTG/T 2231-01—2020)有关规定计算。

作用偶然组合和地震组合用于结构在特殊情况下的设计,所以不是所有公路桥涵结构都要采用,一些结构也可采取构造或其他预防措施来解决。

二、正常使用极限状态

正常使用极限状态设计是以弹性理论或弹塑性理论为基础,涉及构件的抗裂、裂缝宽度和挠度三个方面的验算。其作用效应组合有两种:频遇组合和准永久组合。

频遇组合为永久作用标准值与汽车荷载频遇值、其他可变作用准永久值相组合。作用频遇组合的效应设计值可按下式计算

$$S_{fd} = S\left(\sum_{i=1}^{m} G_{ik}, \psi_{f1}Q_{1k}, \sum_{j=2}^{n} \psi_{qj}Q_{jk}\right) \quad (1\text{-}3\text{-}10)$$

式中:S_{fd}——作用频遇组合的效应设计值;

ψ_{f1}——汽车荷载(不计汽车冲击力)频遇值系数,取0.7。

当作用与作用效应可按线性关系考虑时,作用频遇组合的效应设计值S_{fd}可通过作用效应代数相加计算。

准永久组合为永久作用标准值与可变作用准永久值相组合。作用准永久组合的效应设计值可按下式计算

$$S_{qd} = S\left(\sum_{i=1}^{m} G_{ik}, \sum_{j=1}^{n} \psi_{qj} Q_{jk}\right) \quad (1\text{-}3\text{-}11)$$

式中：S_{qd}——作用准永久组合的效应设计值；

ψ_{qj}——汽车荷载（不计汽车冲击力）准永久值系数，取 0.4。

当作用与作用效应可按线性关系考虑时，作用准永久组合的效应设计值 S_{qd} 可通过作用效应代数相加计算。

五类组合涵盖了桥涵结构可能的极限状态，通过运用概率论和数理统计的数学工具取得各类组合下的分项系数和组合系数，使所设计的结构具有明确的可靠度。需要指出的是，在原桥梁设计规范体系中，不同材料结构的设计理论和方法并不统一，不同材料结构的作用效应分项系数和组合系数不统一，材料性能代表值的取值原则也不统一。目前，在现行桥梁规范体系中，《桥规 JTG 3362》和《钢结构设计标准》（GB 50017—2017）已出版施行，圬工规范还未修订出版。因此，在设计时对于圬工桥梁，其作用效应组合应当依据《桥规 JTG D60》计算，而结构抗力则仍依据各类设计规范计算。

结构构件当需进行弹性阶段截面应力计算时，各作用的分项系数及组合系数均可取为 1.0，各项应力限值则根据各类设计规范采用。验算结构的抗倾覆、滑动稳定时，稳定系数、摩擦系数及各作用的分项系数根据不同结构按相关规范确定。

第四章
桥面布置与构造

桥面部分通常包括桥面铺装、防水和排水设施、伸缩装置、人行道(或安全带)、缘石、栏杆和灯柱等构造(图1-4-1)。桥面部分虽然不是主要承重结构,但它对桥梁功能的正常发挥,对主要构件的保护,对车辆行人的安全以及桥梁的美观等都十分重要。因此,应对桥面构造的设计和施工给予足够的重视。

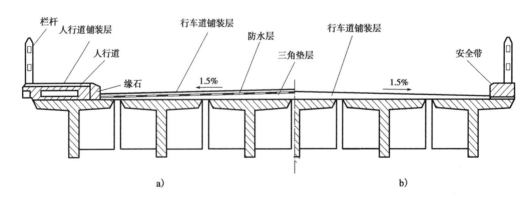

图1-4-1 桥面部分的一般构造
a)设防水层;b)不设防水层

一、桥面布置

桥面布置应根据道路的等级、桥梁的宽度、行车要求等条件确定,主要有以下几种:

(1)双向车道布置,即行车道的上下行交通布置在同一桥面上,它们之间用画线分隔。由于在桥梁上同时存在上下行机动车和非机动车,车辆只能中速或低速行驶,对交通量较大的道路,桥梁往往会造成交通滞流状态。

(2)分车道布置,即桥面上设置分隔带[图1-4-2a)]或分离式主梁布置[图1-4-2b)],使上下行交通分隔,甚至机动车道与非机动车道分隔、行车道与人行道分隔设置。这种布置方式可提高行车速度,便于交通管理。

(3)双层桥面布置,即桥梁结构在空间上提供两个不在同一平面上的桥面构造,如图1-4-3所示。双层桥面布置可以使不同的交通严格分道行驶,提高了车辆和行人的通行能力,便于交通管理。同时,在满足同样交通要求时,可以充分利用桥梁净空,减小桥梁宽度,缩短引桥长度,达到较好的经济效益。

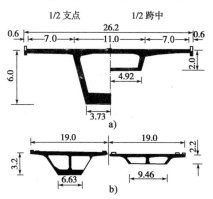

图1-4-2 分车道的桥面布置(尺寸单位:m)

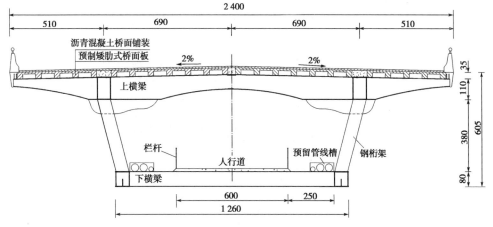

图1-4-3 双层桥面布置(尺寸单位:cm)

二、桥面铺装

桥面铺装的功用是保护桥面板不受车辆轮胎(或履带)的直接磨耗,防止主梁遭受雨水的侵蚀,并能对车辆轮重的集中荷载起一定的分布作用。因此,桥面铺装应具有抗车辙、行车舒适、抗滑、不透水和与桥面板结合良好等特点。

桥面铺装可采用水泥混凝土、沥青表面处治和沥青混凝土等各种类型。沥青表面处治桥面铺装,耐久性较差,仅在中级或低级公路桥梁上使用。水泥混凝土和沥青混凝土桥面铺装性能良好,应用较广。

水泥混凝土的耐磨性能好,适合重载交通。水泥混凝土桥面铺装直接铺设在防水层或桥面板上,层厚不宜小于8cm,其强度等级不应低于C40,铺设时应避免二次成形。水泥混凝土铺装层内应配置钢筋网,钢筋直径不应小于8mm,间距不宜大于10cm。

考虑大桥和特大桥中,因结构体系的原因,桥面板常受到拉、压应力的交替作用,为防止桥面铺装参与受力而导致开裂,现行《桥规 JTG D60》推荐在高速公路、一级公路上的特大、大桥宜采用沥青混凝土桥面铺装。

沥青混凝土桥面铺装,由黏层、防水层、保护层及沥青面层组成,其总厚度宜为6~10cm,铺设方式分为单层式和双层式两种。高速公路、一级公路的沥青混凝土桥面铺装为双层式,下层为3~4cm中粒式沥青混凝土整平层,表面层的厚度与级配类型可与其相邻桥头引线相同,但不宜小于2.5cm。多雨潮湿地区、纵坡大于5%或设计车速大于50km/h的大中型高架桥、立交桥的桥面应铺设抗滑表层。

沥青混凝土维修养护方便,铺筑后几小时就能通车,但易老化和变形。因此,沥青材料应采用重交通沥青或改性沥青。改性沥青混凝土是近年来国内开展研究和铺筑的高性能沥青混凝土材料,它具有抗滑、密水、抗车辙、减少开裂等优点,值得推广应用。

三、桥面防水和排水设施

为了保障桥面行车通畅、安全,防止桥面结构受降水侵蚀,应设置完善的桥面防水和排水设施。

1. 防水层的设置

对于防水程度要求高,或桥面板位于结构受拉区而可能出现裂纹的混凝土梁桥上,应在铺装内设置防水层,如图1-4-4所示。

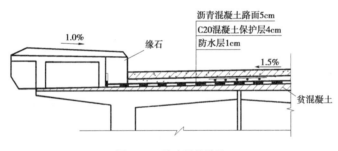

图1-4-4 防水层的设置

防水层有三种类型:①沥青涂胶下封层,即洒布薄层沥青或改性沥青,其上布一层砂,经碾压形成;②高分子聚合物涂胶,例如聚氨酯胶泥、环氧树脂、阳离子乳化沥青、氯丁胶乳等;③沥青或改性沥青防水卷材,以及浸渍沥青的无纺土工布等。设计时应选用便于施工、坚固耐久、质量稳定的防水材料。为避免防水层在施工过程中被损坏,其上宜铺设厚度1cm的AC-10或AC-5沥青混凝土或单层表面处治。

当采用柔性防水层(使用卷材)时,为了增强桥面铺装的抗裂性,应在其上的混凝土铺装层或垫层中铺设$\phi3 \sim \phi6$的钢筋网,网格尺寸为15cm×15cm~20cm×20cm。

无专门防水层时,应采用防水混凝土铺装或加强排水和养护。

2. 泄水管和排水管的设置

梁桥上常用的泄水管宜设置在桥面行车道边缘处,距离缘石10~50cm,如图1-4-5所示,沿行车道两侧可以对称排列,也可交错排列。

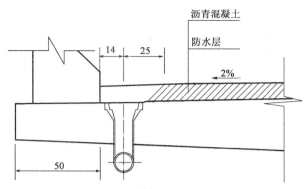

图 1-4-5 竖向泄水管的设置（尺寸单位：cm）

泄水口的间距应依据设计径流量计算确定，但最大间距不宜超过 20m。通常当桥面纵坡大于 2% 而桥长小于 50m 时，桥上可以不设泄水管，此时可在引道两侧设置流水槽，以免雨水冲刷路基；当桥面纵坡大于 2% 而桥长大于 50m 时，桥上每隔 12~15m 设置一个泄水管；当桥面纵坡小于 2% 时，应每隔 6~8m 设置一个泄水管。另，在桥梁伸缩缝的上游方向应增设泄水管，在凹形竖曲线的最低点及其前后 3~5m 处也应各设置一个泄水管。桥面上泄水管的过水面积按每平方米桥面不少于 2~3cm^2 布置。

泄水管口可采用圆形或矩形。圆形泄水管口的直径宜为 15~20cm；矩形泄水管口的宽度宜为 20~30cm，长度为 30~40cm。泄水管口顶部采用铸铁格栅盖板，其顶面应比周围路面低 5~10mm。

泄水管常采用铸铁管或塑料管，最小内径为 15cm。泄水管周围的桥面板应配置补强钢筋网。

对于跨越一般河流、水沟的桥梁，桥面水流入泄水管后可以直接向下排放（图 1-4-5）；对于一些跨径不大、不设人行道的小桥，可以直接在行车道两侧的安全带或缘石上预留横向孔道，用铁管或竹管将水排出桥外，管口要伸出构件 2~3cm 以便滴水，但这种做法孔道易淤塞。跨越公路、铁路、通航河流的桥梁以及城市桥梁，流入泄水管中的雨水，应汇集在纵向排水管（或排水槽）内，并通过设在墩台处的竖向排水管（落水管）流入地面排水设施或河流中（图 1-4-6）。

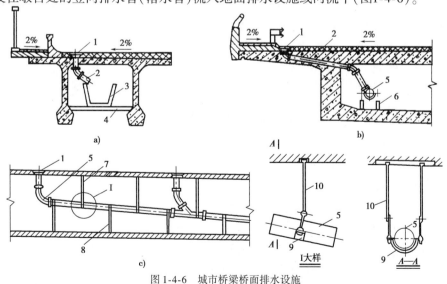

图 1-4-6 城市桥梁桥面排水设施

1-泄水漏斗；2-泄水管；3-钢筋混凝土斜槽；4-横梁；5-纵向排水管；6-支撑结构；7-悬吊结构；8-支柱；9-弧形箍；10-吊杆

排水管材料有铸铁管、塑料管(聚氯乙烯 PVC 或聚乙烯 PE)或钢管,其内径应等于或大于泄水管的内径。排水槽宜采用铝、钢或玻璃钢材料,其横截面为矩形或 U 形,宽度和深度均宜为 20cm 左右。纵向排水管或排水槽的坡度不得小于 0.5%。桥梁伸缩缝处的纵向排水管或排水槽应设置可供伸缩的柔性套筒。寒冷地区的竖向排水管,其末端宜距地面 50cm 以上。

3. 桥面横坡的设置

桥梁除了设有纵向坡度以外,尚应将桥面铺装沿横向设置足够的桥面横坡,坡度可按路面横坡取用或比后者大 0.5%。对于沥青混凝土或水泥混凝土铺装,行车道桥面通常采用抛物线形横坡,人行道则用直线形。

桥面横坡的形成通常有三种方法。

(1) 对于板桥(矩形板梁或空心板梁)或就地浇筑的肋板式梁桥,将墩台顶部做成倾斜的,再在其上盖桥面板[图 1-4-7a)],可节省铺装材料并减轻恒载。

(2) 对于装配式肋板式梁桥,可采用不等厚的铺装层[包括混凝土的三角垫层和等厚的路面铺装层,如图 1-4-7b)所示],方便施工。

(3) 桥宽较大时,直接将行车道板做成双向倾斜[图 1-4-7c)],可减轻恒载,但主梁构造、制作均较复杂。桥面不很宽时,第 2 种方式较常用。

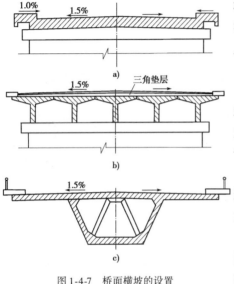

图 1-4-7 桥面横坡的设置

四、桥面伸缩装置

桥梁伸缩装置的主要作用是适应桥梁上部结构在气温变化、活载作用、混凝土收缩徐变等因素的影响下变形的需要,并保证车辆通过桥面时平稳。一般设在两梁端之间以及梁端与桥台背墙之间。特别要注意,在伸缩缝附近的栏杆、人行道结构也应断开,以满足梁体的自由变形。

常用的伸缩装置有模数式、梳齿板式、无缝(暗缝)型等类型,其选型主要视桥梁变形量的大小和活载轮重而定,目前最大适应伸缩量可达 3 000mm。

桥梁变形量的大小,主要考虑以伸缩装置安装时的温度为基准,由温度变化引起的伸缩量和混凝土徐变、干燥收缩所引起的伸缩量作为基本伸缩量,其计算公式为

$$\Delta l = \Delta l_t^+ + \Delta l_t^- + \Delta l_s + \Delta l_e$$

式中:Δl——基本伸缩量;

Δl_t^+——温度升高引起的梁的伸长量;

Δl_t^-——温度下降引起的梁的缩短量;

Δl_s——由于干燥收缩引起的梁的收缩量;

Δl_e——由于徐变引起的梁的收缩量。

对于其他因素,例如梁端的转角变位、安装时的偏差等,一般都作为安全裕量和构造上的需要来考虑。通常在基本伸缩量的基础上,再增加 20% 的安全裕量即可。

图 1-4-8 是几种常用的桥梁伸缩装置构造。图 1-4-8a)为 U 形镀锌铁皮伸缩装置,一般多

用于小型桥梁;图 1-4-8b)为钢梳齿板型伸缩装置,以钢板作为跨缝材料,其变形量可达 40mm 以上,一般用于中、大型桥梁;图 1-4-8c)为矩形橡胶条型伸缩装置,当梁架好后,在端部焊好角钢,涂上胶后,再将橡胶嵌条强行嵌入,伸缩量为 20~50mm;图 1-4-8d)为德国毛勒伸缩装置的一种(模数式橡胶伸缩装置),密封橡胶条为鸟形构造,伸缩量为 80~1 040mm;图 1-4-8e)为无缝式伸缩装置,由碎石和沥青胶结料制备出的混合料填充而成,替代原有的桥面铺装层,在国内的中小桥梁上应用最为广泛。

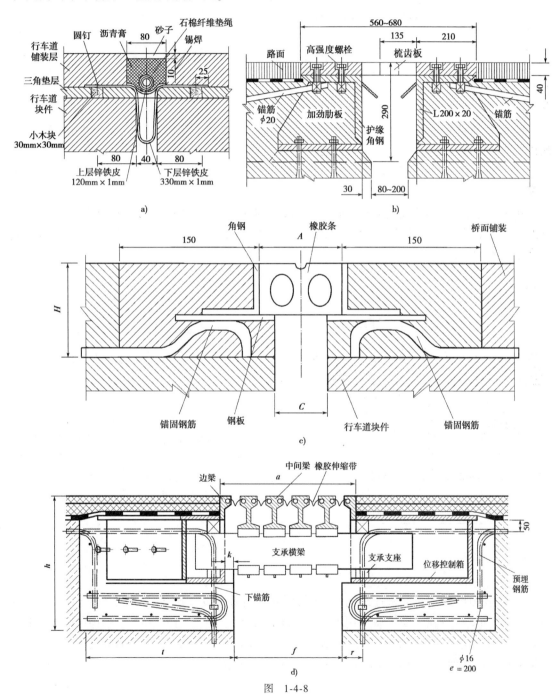

图 1-4-8

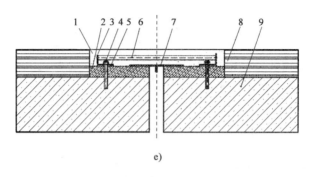

图 1-4-8 常用的桥梁伸缩装置构造(尺寸单位:mm)
1-特殊聚氨酯填充混合物;2-基体混凝土(纤维混凝土)层;3-折弯钢板;4-锚固螺栓;5-垫块;6-稳定元件;7-盖缝板;8-路面层;9-路基层

桥梁伸缩装置暴露在大气中,直接经受车辆、人群荷载的反复摩擦、冲击作用,稍有缺陷或不足,就会引起跳车等不良现象,严重时还会影响到桥梁结构本身和通行者的生命安全,是桥梁中最易损坏而又较难于修缮的部位,需经常养护,清除缝内杂物,并及时更换。

规范规定,对于多跨简支梁桥,桥面应尽量做到连续,使得多孔简支梁桥在竖直荷载作用下的变形状态为简支或部分连续体系,而在纵向水平力作用下则属于连续体系。图 1-4-9 为简支梁桥桥面连续示意图。

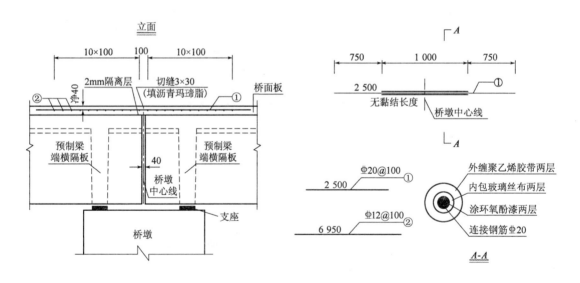

图 1-4-9 桥面连续构造(尺寸单位:mm)

但经验表明,采用桥面板连续构造,连续部分桥面易开裂,因此近年来发展了简支-连续结构,使多跨简支梁桥在一期恒载作用下处于简支体系受力,在二期恒载和活载作用下处于连续体系的受力。这种简支-连续结构具有施工方便、减少桥面伸缩缝、行车平顺等优点,因此得到了越来越广泛的使用。图 1-4-10 为一简支-连续结构示意图。

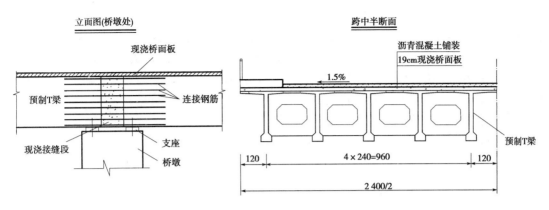

图 1-4-10　简支-连续构造(尺寸单位:cm)

五、人行道

位于城镇和近郊的桥梁均应设置人行道,其宽度和高度应根据行人的交通流量和周围环境来确定。人行道的宽度宜为 1m,当宽度要求大于 1m 时,按 0.5m 的倍数增加。表 1-4-1 为城市桥梁人行道参考宽度。在快速路、主干路、次干路桥或行人稀少地区,若两侧无人行道,则两侧应设安全道,宽度为 0.50～0.75m,高度不少于 0.25m。近年来,不少桥梁设计中,为了保证行车的安全,安全带的高度已经用到大于或等于 0.4m。

人行道顶面应做成倾向桥面 1%～1.5% 的排水横坡,城市桥梁人行道顶面可铺彩砖,以增加美观。此外,人行道在桥面断缝处必须做伸缩缝。

人行道的构造形式多种多样,根据不同的施工方法有就地浇筑式、预制装配式、部分装配和部分现浇的混合式。其中就地浇筑式的人行道现在已经很少采用。而预制装配式的人行道具有构件标准化、拼装简单化等优点,在各种桥梁结构中应用广泛。在斜拉桥中,当直柱门形塔对人行道有妨碍时,可将人行道用悬臂梁向塔柱外侧挑出,绕过塔柱,这时需采用混合式人行道,如图 1-4-11 所示。

城市桥梁桥面人行道宽度表(m)　　表 1-4-1

桥梁等级及地段	人行道宽度(单侧)
火车站、码头、长途汽车站附近和其他行人聚集地段	3～5
大型商店和大型公共文化机关附近,商业闹市区	2.5～4.5
一般街道地段	1.5～3
大桥、特大桥	2～3

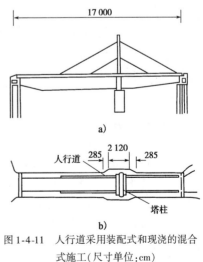

图 1-4-11　人行道采用装配式和现浇的混合式施工(尺寸单位:cm)
a)立面;b)平面

图1-4-12a)为整体预制的F形人行道,它搁置在主梁上,适用于各种净宽的人行道,人行道下可以放置过桥的管线,但是对管线的检修和更换十分困难;图1-4-12b)为人行道敷设在板上,人行道部分用填料填高,上面敷设2~3cm砂浆面层或沥青砂,人行道内缘设置缘石;图1-4-12c)为小跨宽桥上将人行道部分墩台加高,在其上搁置独立的人行道板;图1-4-12d)为就地浇筑式人行道,适用于整体浇筑的钢筋混凝土梁桥,而将人行道设在挑出的悬臂上,这样可以缩短墩台宽度,但施工不太方便。

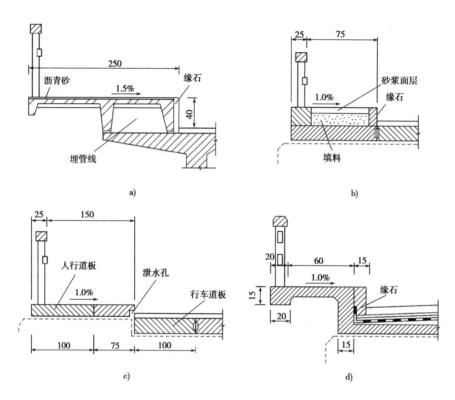

图1-4-12 人行道一般构造(尺寸单位:cm)

图1-4-13为分体预制悬臂安装的人行道构造。人行道横梁A(用于安装栏杆柱)、B搁在行车道主梁上,一端悬臂挑出,另一端则通过预埋的钢板与主梁预留的锚固钢筋焊接。支撑梁用来固定人行道梁的位置。人行道板的厚度按《桥规 JTG 3362》规定就地浇筑的不小于8cm,装配式的不小于6cm。

六、栏杆和灯柱

桥梁栏杆设置在人行道上,其功能主要在于防止行人和非机动车辆掉入桥下。其设计应符合受力要求,并注意美观,高度不应小于1.1m。应注意,在靠近桥面伸缩缝处所有的栏杆,均应断开使扶手与柱之间能自由变形。

在城市桥上以及城郊行人和车辆较多的公路桥上,都要设置照明设备。桥梁照明应防止眩光,必要时应采用严格控光灯具,而不宜采用栏杆照明方式。对于大型桥梁和具有艺术、历史价值的中小桥梁的照明应进行专门设计,既满足功能要求,又顾及艺术效果,并与桥梁的风格相协调。

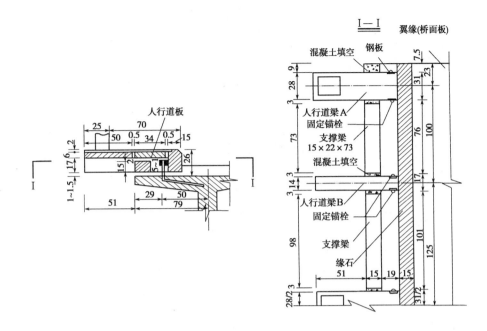

图 1-4-13　分体预制悬臂安装的人行道构造(尺寸单位:cm)

照明灯柱可以设在栏杆扶手的位置上,在较宽的人行道上也可设在靠近缘石处。照明用灯一般高出车道 8~12m。钢筋混凝土灯柱的柱脚可以就地浇筑并将钢筋锚固于桥面中。铸铁灯柱的柱脚可固定在预埋的锚固螺栓上。照明以及其他用途所需的电信线路等通常都从人行道下的预留孔道内通过。

七、桥梁护栏

为了避免机动车辆碰撞行人和非机动车辆的严重事故的发生,对于高速公路、汽车专用一级公路上的特大桥、大、中桥梁,必须根据其防撞等级在人行道与车行道之间设置桥梁护栏。一般公路的特大、大、中桥在条件许可的情况下也应设置。在有人行道的桥梁上,应按实际需要在人行道和行车道分界处设置汽车、行人分隔护栏。

桥梁护栏按构造特征可分为梁柱式护栏、钢筋混凝土墙式护栏和组合式护栏,如图 1-4-14 所示。可采用材料有金属(钢、铝合金)和钢筋混凝土。

桥梁护栏的形式选择,首先应满足其防撞等级的要求,避免在相应设计条件下的失控车辆跃出,同时还应综合考虑公路等级、桥梁护栏外侧危险物的特征、美观、经济性,以及养护维修等因素。例如,在美观要求较高或积雪严重的地区,宜采用梁柱式或组合式结构;钢桥或为了减轻恒载,宜采用金属制护栏。

组合式护栏兼有钢筋混凝土墙式护栏的坚固和金属制梁柱式护栏美观的优点,在我国高速公路的桥梁上普遍采用。图 1-4-15 是一种名为美国新泽西防撞栏的组合式护栏形式,它的优越性在于:当汽车车轮与之相撞、碰撞角小于 10°时,能保证汽车运行轨道的校正,而不会出现较大的损伤。

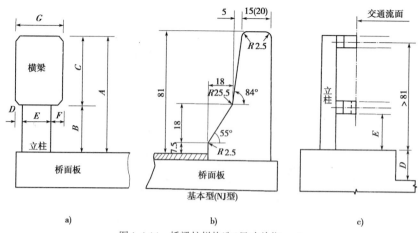

图 1-4-14 桥梁护栏构造(尺寸单位:cm)

a)钢筋混凝土梁柱式护栏;b)钢筋混凝土墙式护栏;c)金属制护栏(PL_2 型)

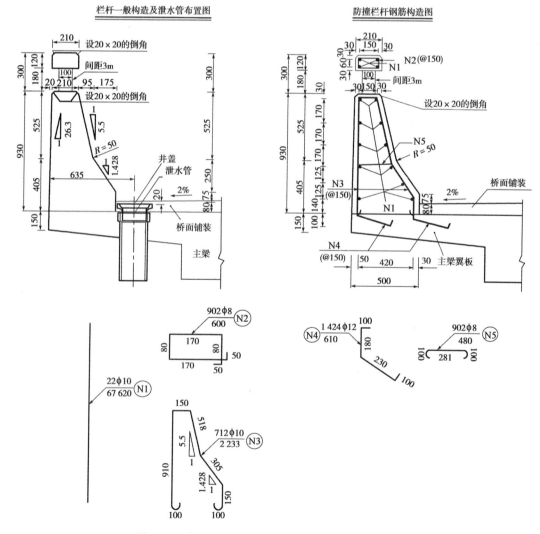

图 1-4-15 新泽西防撞栏组合式护栏构造(尺寸单位:mm)

本篇思考题

1. 一座桥梁由哪几部分组成?
2. 桥梁的各种"跨径"名称是如何定义的?
3. 什么叫作"桥梁建筑高度"?如何解决建筑高度受限的问题?
4. 怎样划分大、中、小桥?
5. 桥梁结构的基本体系有哪些?各有什么主要受力特点?
6. 简述桥梁的发展历史及未来趋势。
7. 公路桥梁设计的基本原则是什么?
8. 对较长的桥梁进行分孔时一般要考虑哪些主要因素?
9. 桥面和桥下净空范围如何确定?
10. 简述桥梁建设的基本程序。
11. 桥梁设计方案比选应遵循哪些基本原则?
12. 永久作用、可变作用及偶然和地震作用分别包括哪些内容?
13. 什么叫作汽车荷载冲击系数?如何计算?
14. 什么叫作"车道荷载"和"车辆荷载"?各自适用于桥梁结构哪些方面的计算?
15. 什么叫作"横向车道布载系数"和"纵向折减系数"?如何计算?
16. 承载能力极限状态、正常使用极限状态下作用效应分别应如何组合?
17. 桥面铺装有哪几种类型?各有哪些设计要点?
18. 如何设计桥面排水系统?
19. 桥梁伸缩缝有哪些形式?各有什么特点?
20. 如何设计人行道?
21. 桥梁护栏主要有哪些类型?

PART 2 | 第二篇
混凝土梁桥

第一章
概　述

　　中小跨径公路桥梁或城市桥梁,大部分采用钢筋混凝土或预应力混凝土梁桥。这两种桥梁具有能就地取材、工业化施工、耐久性好、适应性强、整体性好以及美观等诸多优点。预应力混凝土梁桥更兼有降低梁高和跨越能力大的长处,特别是预应力技术的采用,为现代装配式结构提供了最有效的接头和拼装手段,使建桥技术和运营质量均产生了较大的飞跃。目前,预应力混凝土简支梁的跨径已达50～100m,最大跨径的连续刚构桥已达330m。

　　从承重结构横截面形式上分类,混凝土梁桥可分为板桥、肋梁桥和箱形梁桥。板桥[图2-1-1a)、b)]是最简单的构造形式,施工方便;肋梁桥[图2-1-1c)、d)]是在板桥截面的基础上,将梁下缘受拉区混凝土很大程度挖空,从而显著减轻了结构自重,跨越能力得到提高;箱形截面[图2-1-1e)、f)]提供了能承受正、负弯矩的足够的混凝土受压区,抗弯、抗扭能力强,因而更适用于较大跨径的悬臂体系梁桥和连续体系梁桥。

　　从受力特点上看,混凝土梁桥分为简支梁(板)桥,连续梁(板)桥和悬臂梁(板)桥。简支梁桥[图2-1-2a)]属静定结构,是建桥实践中受力和构造最简单的桥型,应用广泛;连续梁桥[图2-1-2b)]属超静定结构,因在荷载作用下支点截面产生负弯矩,从而大大减小了跨中的正弯矩,跨越能力大,适用于桥基良好的场合;悬臂梁桥[图2-1-2c)]属静定结构,跨越能力比简支梁桥大,但逊于连续梁桥,并且因行驶状况不良,目前较少采用。

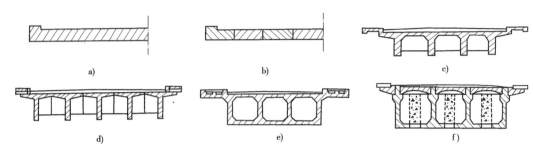

图 2-1-1　典型的混凝土梁桥横截面
a)、b)板桥;c)、d)肋梁桥;e)、f)箱形截面

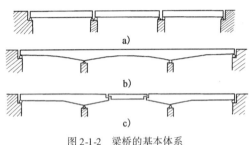

图 2-1-2　梁桥的基本体系
a)简支梁桥;b)连续梁桥;c)悬臂梁桥

按施工方法分类,又可分为整体浇筑式梁桥[图 2-1-1a)、c)、e)]和预制装配式梁桥[图 2-1-1b)、d)、f)]两类。整体式梁桥具有整体性好的优势,而装配式梁桥具有施工方便、大量节省支架模板、不受季节性影响等优点。按照装配式结构块件划分方式的不同,常分为纵向竖缝划分[图 2-1-1b)、d)],纵向水平缝划分[图 2-1-1f)]和纵、横向竖缝划分(图 2-1-3)三种。应根据现场实际的预制、运输和起重等条件,确定拼装形式以及拼装单元的最大尺寸和质量,尽量减少接头数量和块件尺寸形式,确保接头牢固可靠,施工方便。

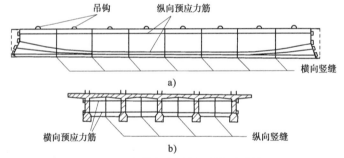

图 2-1-3　纵、横向分段装配式梁(串联梁)

本篇将详细介绍这些桥型的构造和设计要点,有关施工方面的内容见本篇第八章相关内容。

第二章
混凝土梁桥构造与设计要点

第一节 板桥构造

因板桥在建成后外形上像一块薄板,故习惯称之为板桥。板桥的优点是建筑高度小,适用于桥下净空受限制的桥梁,同时板桥的外形简单,制作方便,既便于现场整体浇筑,又便于工厂成批生产,并且装配式板桥构件的质量小,架设方便。但它的主要缺点是跨径不宜过大。

从结构静力体系来看,板桥可以分为简支板桥、悬臂板桥和连续板桥三种。本节重点介绍简支板桥的构造与设计。

一、整体式简支板桥的构造

整体式板桥一般做成实体式等厚度的矩形截面[图2-2-1a)],为了减轻自重也可做成肋板式截面[图2-2-1b)]。图2-2-1c)、d)是常见的城市高架桥的板桥截面形式。

钢筋混凝土整体式板桥的常用跨径一般在8m以下,板厚与跨径之比一般为1/12～1/16,其桥面宽度往往大于跨径。因此,在荷载作用下,桥面板实际上呈双向受力状态,即除板的纵向产生正弯矩外,横向也产生较大的弯矩。因此当桥面板宽较大时,除配置纵向的受力钢筋外,尚应计算并配置板的横向受力钢筋。

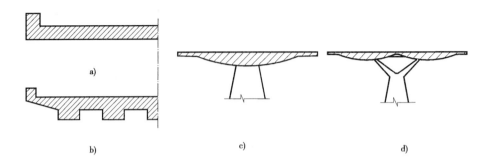

图 2-2-1　整体式板桥横截面

为保证混凝土结构在设计年限内具有足够的耐久性,混凝土内的钢筋不被腐蚀,应保证混凝土保护层厚度和密实性。在一般环境条件下,板的主钢筋与板缘间的净距(即保护层厚度)应不小于3cm,对于有侵蚀环境的情况,保护层应进一步增厚。

图 2-2-2 为一标准跨径6m、荷载等级为公路—Ⅰ级的装配式矩形实心板桥构造图。

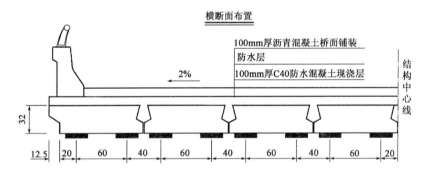

图 2-2-2　装配式矩形实心板桥构造(尺寸单位:cm)

二、装配式简支板桥的构造

装配式板桥的横截面形式主要有实心板和空心板两种。

1. 矩形实心板桥

矩形实心板具有形状简单、施工方便、建筑高度小等优点,一般使用跨径为1.5~8m,板高为0.16~0.36m,常用的桥面净宽有净-7.0m、净-9.0m 两种。

2. 空心板桥

当跨径增大时,应采用空心板截面,它不仅能减轻自重,而且能充分利用材料。空心板的开孔形式如图 2-2-3 所示。其中图 2-2-3a)、b)为单孔截面形式,挖空率大,质量小,但顶板需配置横向受力钢筋来承担荷载的作用,其中图 2-2-3a)顶部略呈拱形,可以节省一些钢筋,但模板较复杂;图 2-2-3c)、d)为双圆孔形截面形式,其中图 2-2-3c)为双圆孔截面形式,施工时可用无缝钢管(或充气囊)作芯模,但挖空率小,质量较大,图 2-2-3d)所示芯模则由两个半圆和两块侧模板组成,当板的厚度改变时,只需改变侧板高度即可。

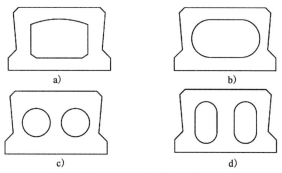

图 2-2-3 空心板截面形式

3. 装配式板桥的横向连接

装配式板桥板块之间必须采用横向连接构造,以保证板块共同承受车辆荷载。常用的横向连接方式为企口式混凝土铰连接,如图 2-2-4 所示。

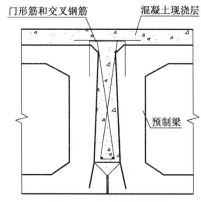

图 2-2-4 企口式混凝土铰

在块件安装就位后,在铰缝内插入钢筋,填实细集料混凝土;如果要使桥面铺装层也参与受力,也可以将预制板中的钢筋伸出与相邻板的同样钢筋互相绑扎,再浇筑在铺装层内。铰的上口宽度应满足施工时使用插入式振捣器的需要,铰槽的深度宜为预制板高的 2/3。

第二节 简支梁桥构造

混凝土肋梁桥具有受力明确、构造简单、施工方便等优点,是中小跨径桥梁中应用最广的桥型。

简支肋梁桥的上部构造由主梁、横隔梁、桥面板、桥面构造等部分组成。主梁是桥梁的主要承重结构;横隔梁保证各根主梁相互结成整体,以提高桥梁的整体刚度;主梁的上翼缘构成桥面板,组成行车(人)平面,承受车辆(人群)荷载的作用。这类桥梁可采用整体现浇和预制装配两种不同的方式进行施工。

一、整体式简支 T 形梁桥

整体式梁桥在城市立交桥中应用较广泛,具有整体性好、刚度大、易于做成复杂形状等优点,多数在桥孔支架模板上现场浇筑,个别也有整体预制、整孔架设的情况。

常用的整体式简支 T 形梁桥,如图 2-2-5 所示。在保证抗剪、稳定的条件下,主梁的肋宽为梁高的 1/6~1/7,但不宜小于 16cm,以利于浇筑混凝土;当肋宽有变化时,其过渡段长度不小于 12 倍肋宽差。主梁高度通常为跨径的 1/8~1/16。为了减小桥面板的跨径(一般限制在 2~3m 之内),还可以在两根主梁之间设置次纵梁,如图 2-2-5b)所示。为了合理布置主钢筋,梁肋底部可做成马蹄形。

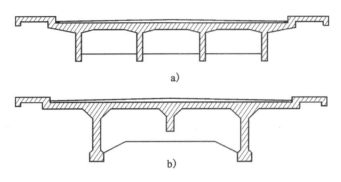

图 2-2-5　整体式梁桥横截面

整体式简支梁桥桥面板的跨中板厚不应小于 10cm。桥面板与梁肋衔接处一般都设置承托结构,承托长高比一般不大于 3。

二、装配式简支 T 形梁桥

装配式简支梁桥具有建桥速度快、工期短、模板支架少等优点而应用广泛。

如图 2-2-6 所示的装配式简支梁主梁的横截面形式可分为 Π 形[图 2-2-6a)]、T 形[图 2-2-6b)~d)]和箱形[图 2-2-6e)]三种。

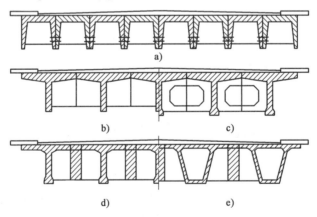

图 2-2-6　装配式简支梁桥横截面

Π 形主梁的特点是截面形状稳定,横向抗弯刚度大,块件堆放、装卸方便;但当跨径较大时,混凝土和钢的用量较大,横向联系较差,现在已很少采用。

装配式 T 形梁桥是使用最为普遍的结构形式,其优点是制造简单、整体性好、接头也方便。

图 2-2-7 为一座五片式 T 梁桥的上部构造标准横断面图,该桥桥面宽度为净-11m + 2 × 0.5m 防撞护栏。设计荷载等级为公路—Ⅰ级,预制梁长为 19.92m,预制梁高为 1.5m。现浇

层 80mm,沥青铺装 100mm。

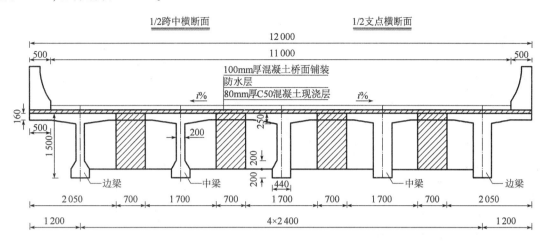

图 2-2-7 上部构造标准横断面图(尺寸单位:mm)

1. 主梁

(1)构造

表 2-2-1 为常用的简支梁桥主梁尺寸的经验数据。其变化范围较大,跨径较大时应取较小的比值;反之,则应取较大的比值。

装配式简支梁桥主梁尺寸　　　　　　　　　表 2-2-1

桥梁形式	适用跨径(m)	主梁间距(m)	主梁高度	主梁肋宽度(m)
钢筋混凝土简支梁	8 < l < 20	1.5 ~ 2.2	$h = \left(\frac{1}{11} \sim \frac{1}{18}\right)l$	b = 0.16 ~ 0.20
预应力混凝土简支梁	20 < l < 50	1.8 ~ 2.5	$h = \left(\frac{1}{15} \sim \frac{1}{20}\right)l$	b = 0.18 ~ 0.20

主梁梁肋厚度在满足抗剪要求下可适当减薄,但梁肋太薄,混凝土不易振捣密实。梁肋端部 2.0 ~ 5.0m 范围内可逐渐加宽,以满足抗剪和安放支座要求。对于预应力主梁梁肋,一般做成马蹄形,端部宽度尚应满足预应力锚具布置的要求。

当吊装起重量允许时,主梁间距采用 1.8 ~ 2.4m 为宜。在主梁间距为 2.40m 的标准图中,其 T 梁预制宽度为 2.05m,吊装后接缝宽 70cm。

图 2-2-8 为标准跨径为 20m 的简支 T 形梁桥的 T 梁梁肋钢筋布置图,主筋为 5 根ϕ25、2 根ϕ12 钢筋。下马蹄处的交叉斜筋采用ϕ12 钢筋,在跨中处加密。防收缩钢筋采用ϕ10 钢筋。箍筋采用ϕ12@150,但支座附近由于剪力较大,箍筋需加倍布置。

(2)预应力钢筋的布置

预应力钢筋的布置形式,与桥梁结构体系、受力情况、构造形式、施工方法都有密切关系。图 2-2-9 为后张法预应力混凝土简支梁中的预应力钢束装立面布置图,束筋锚固在梁端。

从梁的立面上看,预应力束筋应该布置在束界界限内,以保证梁的任何截面在弹性工作阶段时,梁的上、下缘应力不超过规定值。束筋一般在梁端三分点处起弯,同时考虑横截面的位置及锚固位置,具体多在第一道内横隔板附近起弯,弯起角度不宜大于 20°。

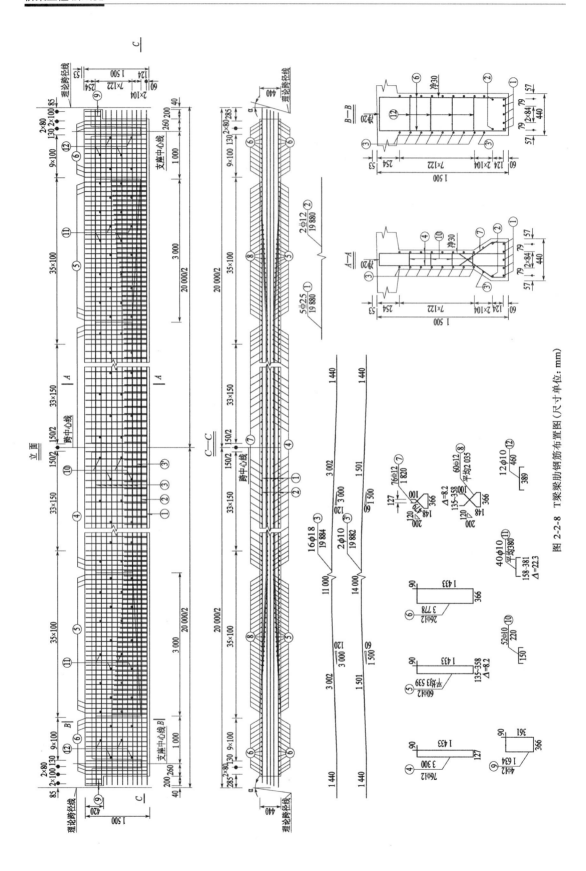

图 2-2-8 T梁梁肋钢筋布置图（尺寸单位：mm）

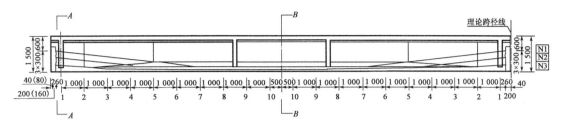

图 2-2-9　预应力钢束立面布置图(尺寸单位:mm)

从梁体横断面上看,预应力束筋在满足构造要求的同时,应尽量互相紧密靠拢,以减小下马蹄的尺寸,减小自重,并保证在满足梁底保护层的前提下,重心尽量靠下,以提高效率,节约钢材。横断面预应力筋布置如图 2-2-10 所示。

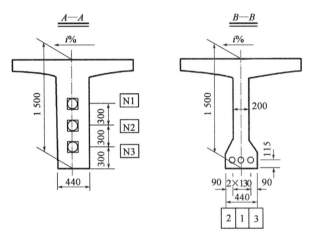

图 2-2-10　横断面预应力筋布置图(尺寸单位:mm)

2.翼缘板及桥面板横向连接构造

(1)翼缘板构造

装配式简支 T 梁桥翼缘板一般采用变厚形式,其厚度随主梁间距而定,翼缘板根部(与梁肋衔接处)的厚度应不小于梁高的 1/10,边缘厚度不应小于 10cm,当板间采用横向整体现浇连接时,悬臂端厚度不应小于 14cm。主梁间距小于 2.0m 的铰接梁桥,边缘厚度可采用 12cm(桥面铺装不参与受力)或 10cm(桥面铺装通过预埋的连接钢筋与翼缘板共同受力)。

图 2-2-11 是 T 形梁桥的翼缘板布筋图。板上缘承受负弯矩,按《桥规 JTG 3362》要求,受力钢筋直径不小于 10mm,间距不大于 20cm,但其最小净距不应小于 30mm,并不小于钢筋直径;在垂直于主筋方向布置分布钢筋,其直径不小于 8mm,间距不大于 20cm,且分布钢筋的截面面积不宜小于板截面面积的 0.1%。在主钢筋的弯折处,应布置分布钢筋。

(2)桥面板横向连接构造

预制 T 形主梁吊装就位后,当设有横隔梁时,必须借助横隔板和翼缘板的接头将所有主梁连接成整体。对于少横隔板的主梁,应在翼缘板上加设接头和加强桥面铺装,使横向连成整体。因此接头应有足够的强度以保证结构的整体性,并使在运营过程中安全承受荷载的反复作用和冲击作用而不发生松动。

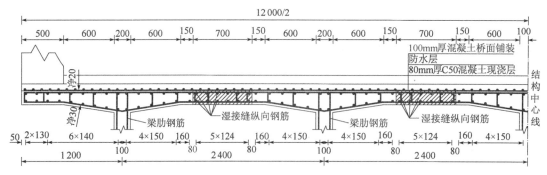

图 2-2-11　T形梁桥的翼缘板布筋图(尺寸单位:mm)

常用的桥面板(翼缘板)横向连接有湿接接头。如图 2-2-11 所示,通过一定措施将翼缘伸出钢筋连成整体,在接缝铺装混凝土内再增补适量加强钢筋。

3. 横隔梁及横向连接构造

(1)横隔梁构造

横隔板刚度越大,梁的整体性越好,在荷载作用下各主梁越能更好地共同受力。端横隔梁是必须设置的,跨内的横隔梁将随跨径的大小宜每隔 5.0~10.0m 设置一道。

从运输和安装的稳定性考虑,通常将端横隔板做成与梁同高,内横隔梁的高度一般为梁肋高度的 0.7~0.9 倍。预应力梁的横隔梁常与马蹄的斜坡下端齐平,其中部可挖空,以减小质量和利于施工,如图 2-2-6c)所示。横隔板的厚度一般为 15~18cm,为便于施工脱模,一般做成上宽下窄和内宽外窄的楔形。

图 2-2-12 为装配式 T 梁桥内梁横隔板钢筋布置图,在每一块横隔板的上缘布置 4 根 ⌀25 受力钢筋。⑥、⑦钢筋为横隔板加腋钢筋。若预应力钢束或梁肋钢筋与横隔板钢筋相干扰时,可适当挪动横隔板钢筋。

(2)横隔梁横向连接构造

横隔板连接接头采用湿接法,横隔板中的①与①'钢筋间在现浇段内需采用单面焊连接其焊缝长度不得小于 10d。③与③'钢筋间采用绑扎连接,横隔板上下端的①、①'、②、②'钢筋为束筋,施工时应对应点焊成束。装配式横隔板接头见图 2-2-12。

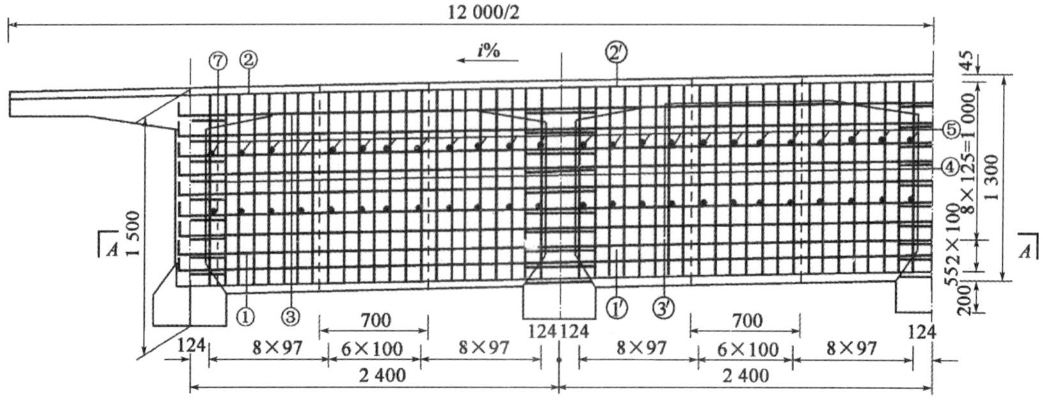

图 2-2-12

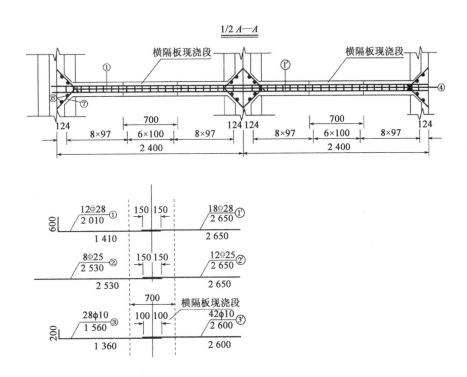

图 2-2-12 装配式 T 梁桥内梁横隔板钢筋布置图(尺寸单位:mm)

三、组合梁桥

组合梁桥也是一种装配式的桥跨结构,即用纵向水平缝将桥梁的梁肋部分与桥面板(翼板)分隔开来,使单梁的整体截面变成板与肋的组合截面。施工时先架设梁肋,再安装预制板(有时采用微弯板以节省钢筋),最后在接缝内或连同在板上现浇一部分混凝土使结构连成整体。目前国内外采用的组合式梁桥有两种形式:I 形组合梁桥[图 2-2-13a)、b)]和钢-混凝土组合梁桥[图 2-2-13c)]。其优点在于可以显著减小预制构件的质量,便于集中制造和运输吊装。

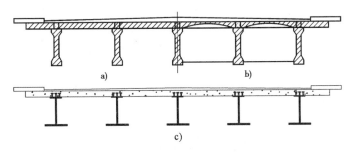

图 2-2-13 组合式梁桥横截面
a)、b)I 形组合梁桥;c)钢-混凝土组合梁桥

在组合梁中,梁与现浇板的结合面处,应做成凹凸不小于 6mm 的粗糙面,板的厚度不应小于 15cm;当梁顶伸入板中时,梁顶以上板的厚度不应小于 10cm。

组合梁常是分阶段受力的,在梁肋架设后,所有事后安装的预制板和现浇桥面混凝土(甚至现浇横隔梁)的质量,连同梁肋本身的质量,都要由尺寸较小的预制梁肋来承受。这与装配式 T 梁由主梁全截面来承受全部恒载不同,因而组合梁梁肋的上下缘应力远大于 T 梁上下缘的应力。图 2-2-14 示出了装配式 T 梁与组合梁的跨中截面在恒载 + 活载工况下的截面应力图比较。

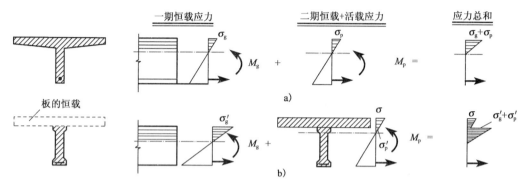

图 2-2-14 装配式 T 梁与组合梁的截面应力图比较

第三节 连续体系梁桥构造

普通钢筋混凝土和预应力混凝土简支梁桥的经济跨径分别为 20m 和 40m 左右,当跨径超出此范围时,跨中恒载弯矩和活载弯矩将会迅速增大,从而导致梁的截面尺寸和自重显著增加,这样不但因材料耗用量大而不经济,并且也由于很大的安装质量给装配式施工造成较大的困难。因此,为了降低材料用量指标,对于较大跨径的桥梁,宜采用能减小跨中弯矩值的其他体系桥梁,如连续体系梁桥。

随着交通运输特别是高等级公路的迅速发展,对行车平顺舒适提出了更高的要求。超静定结构连续梁桥以其结构刚度大、变形小、伸缩缝少和行车平稳舒适等突出优点而得到了迅速的发展。普通钢筋混凝土连续梁桥的适用跨径为 15~30m,当跨径进一步增大时,结构自重产生的弯矩迅速增大,混凝土开裂难以避免,于是预应力混凝土连续梁桥得到广泛采用。预应力结构通过高强钢筋对混凝土预压,不仅充分发挥了高强材料的特性,而且提高了混凝土的抗裂性,促使结构轻型化,因而预应力混凝土结构具有比钢筋混凝土结构大得多的跨越能力。

1. 预应力混凝土连续梁桥

(1) 等截面连续梁桥

① 力学特点

除了按简支-连续法施工的连续梁桥,超静定结构的连续梁在恒载和活载作用下,支点截面负弯矩一般比跨中截面正弯矩大,但跨径不大时这个差值不是很大,可以考虑采用等截面形式,并采取一定的构造措施予以调节,从而简化了主梁的构造。

② 构造特点

等截面连续梁桥可选用等跨和不等跨两种布置方式,如图 2-2-15 所示。

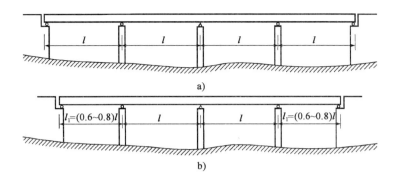

图 2-2-15 等截面连续梁桥的立面布置
a)等跨等截面连续梁;b)不等跨等截面连续梁

等跨布置的跨径大小主要取决于经济分孔和施工的设备条件。高跨比一般为 1/25~1/15;在顶推施工的等截面连续梁桥中梁高 H 与顶推跨径 l_0 之比一般为 1/17~1/12。当标准跨径较大时,有时为减小边跨正弯矩,将边跨跨径取小于中跨的结构布置,一般边跨与中跨跨径之比为 0.6~0.8。

当标准跨径不能满足通航或桥下交通要求而需要加大个别桥跨的跨径时,常常不需改变高度,而是采用增加预应力钢筋束和调整截面尺寸的方式予以解决,使桥梁外观仍保持等截面布置。这样做既使桥梁的立面协调一致,又能减少构件及模板的规格。

③适用范围

等截面连续梁一般适用于以下情况:

a. 桥梁一般采用中等跨径,以 40~60m 为宜(国外也有达到 80m 跨径者),这样可以使主梁构造简单、施工快捷。

b. 立面布置以等跨径为宜,也可以采用不等跨径布置。

c. 适应于有支架施工、逐孔架设施工、移动模架施工及顶推法施工。

(2)变截面连续梁桥

①力学特点

当连续梁的主跨跨径接近或大于 70m 时,若主梁仍采用等截面布置,在恒载和活载作用下,主梁支点截面的负弯矩将比跨中截面的正弯矩大得多,从受力上讲就显得不太合理且不经济,这时,采用变截面连续梁桥更符合受力要求,截面高度变化基本上与内力变化相适应。

从图 2-2-16 中分析可以得知:当加大靠近支点附近的梁高(即加大了截面惯性矩)做成变截面梁时,还能进一步降低跨中的设计弯矩。从图中可见,在均布荷载 $g=10$kN/m 的作用下,三种不同的支点梁高(1.50m、2.50m 和 3.50m)所对应的跨中弯矩分别为 800kN·m、460kN·m 和 330kN·m,也就是说将支点梁高局部地从 1.50m 加大至 3.50m 时,跨中最大弯矩比等高梁降低一半多。一般地,加大支点附近梁高是合理的,因为这样做既对恒载引起的截面内力影响不大,也与桥下通航的净空要求无甚妨碍,并且还能适应抵抗支点处剪力很大的要求。这也是连续体系梁桥比简支梁桥,甚至比悬臂梁,能跨越更大跨径的原因。可见,连续梁采用变截面结构不仅外形美观,还可节省材料并增大桥下净空高度。

同时,采用变截面布置适合悬臂法施工(悬臂浇筑和悬臂拼装),施工阶段主梁的刚度大,且内力与运营阶段的主梁内力基本一致。

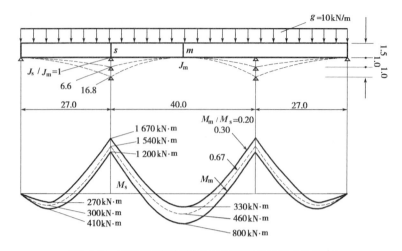

图 2-2-16　三跨连续梁梁高变化对弯矩的影响(尺寸单位：m)

②构造特点

连续梁桥连续超过五跨时的内力情况虽然与五跨时相差不大，但连续过长会增大温度变化的附加影响，造成梁端伸缩量很大，需设置大位移量的伸缩缝，因此连续孔数一般不超过5跨，但也有为减少伸缩缝而采用多于5跨的情形。当需要在宽阔的河流或旱谷上修建很多孔连续梁时，通常可按3～7孔为一联分联布置，联与联的衔接处设置伸缩缝，通过两排支座支承在一个桥墩上。

变截面形式的大跨径预应力混凝土梁桥，立面一般采用不等跨布置。但多于三跨的连续梁桥，除边跨外，其中间各跨一般采用等跨布置，以方便悬臂施工。对于多于两跨的变截面连续梁桥，其边跨跨径一般为中跨的0.6～0.8倍，如图2-2-17a)所示。当采用箱形截面的三跨连续梁时，边孔跨径可减少至中孔的0.5～0.7倍。有时为了满足城市桥梁或跨线桥的交通要求而需增大中跨跨径时，可将边跨跨径设计成仅为中跨的0.5倍以下，在此情况下，端支点上将出现较大的负反力，故必须在该位置设置能抵抗拉力的支座或压重以消除负反力，如图2-2-17b)所示。

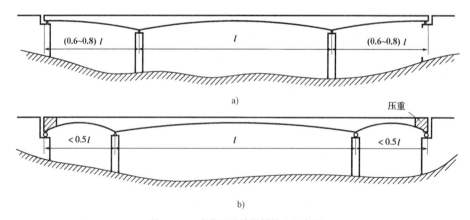

图 2-2-17　变截面连续梁桥的立面布置

在不受总体设计中建筑高度限制的前提下，连续箱梁的梁高宜采用变高度的，其底曲线可采用二次抛物线、折线和介于折线与二次抛物线之间的1.5～1.8次抛物线变化形式，抛物线的变化规律应与连续梁的弯矩变化规律基本接近，采用折线形截面变化布置可使桥梁的构造简单,施工方便。具体的选用形式应按照各截面上下缘受力均匀、容易布筋的原则确定。

根据已建成桥梁的资料分析,支点截面的梁高 $H_支$ 为 $(1/18 \sim 1/16)l$ (l 为中间跨跨长),一般不小于 $l/20$,跨中梁高 $H_中$ 为 $(1/2.5 \sim 1/1.5)H_支$。在具体设计中,还要根据边跨与中跨比例、荷载等级等因素通过几个方案的分析比较确定。在大跨径预应力混凝土连续梁桥中,除截面高度变化外,还可将截面的底板、顶板和腹板作成变厚度,以满足主梁内各截面的不同受力要求。

③适用范围

a. 当连续梁的主跨跨径达到 70m 及其以上。

b. 适合悬臂浇筑和悬臂拼装两种施工。

大跨径预应力混凝土连续梁桥采用悬臂法施工时,存在墩梁临时固结和体系转换的工序,结构稳定性应予以重视,施工较为复杂;此外,主墩需要布置大型橡胶支座,存在养护上甚至更换上的麻烦。

2. 连续刚构桥

预应力混凝土连续刚构桥是连续梁桥与 T 形刚构桥的组合体系,也称墩梁固结的连续梁桥,如图 2-2-18 所示。

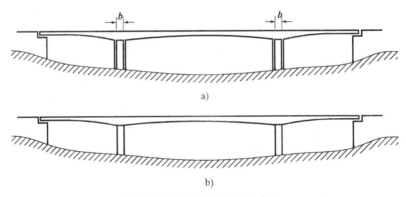

图 2-2-18 连续刚构桥的立面布置

(1) 力学特点

大跨径连续刚构桥结构的受力特点主要为:梁体连续,墩、梁、基础三者固结为一个整体共同受力。在恒载作用下,连续刚构桥与连续梁桥的跨中弯矩和竖向位移基本一致,但在采用双肢薄壁墩的连续刚构桥[图 2-2-18a)]时,墩顶截面的恒载负弯矩要较相同跨径连续梁桥的小;其次,由于墩梁固结共同参与工作,连续刚构桥由活载引起的跨中正弯矩较连续梁要小,因而可以降低跨中区域的梁高,并使恒载内力进一步降低。因此,连续刚构桥的主跨径可以设计得比连续梁桥大一些。

(2) 构造特点

①主梁

连续刚构桥的主梁在纵桥向大都采用不等跨变截面的结构布置形式,以适应主梁内力的变化。主梁底部的线形基本上与变截面连续梁桥相类似,可以是曲线形、折线形、曲线加直线形等,具体应根据主梁内力的分布情况,按等载强比原则选定。

国内外已建成的连续刚构桥,边跨和主跨的跨径比值为 0.5~0.692,大部分比值为 0.55~0.58。这说明变截面连续刚构桥的边、主跨跨径比值比变截面连续梁桥的比值范围(0.6~0.8)

要小。其原因在于墩梁固结,边跨的长短对中跨恒载弯矩调整的影响很小,而边、主跨跨径之比在 0.54~0.56 时,不仅可以使中墩内基本没有恒载偏心弯矩,而且由于边跨合龙段长度小,可以在边跨悬臂端用导梁支承于边墩上,进行边跨合龙,从而取消落地支架,施工也十分方便和经济。

②主梁截面高度

大跨连续刚构桥主梁一般采用箱形截面,箱梁根部截面的高跨比一般为 1/20~1/16,其中大部分为 1/18 左右,也有少数桥梁达到或低于 1/20。跨中截面梁高通常为支点截面梁高的 1/3.5~1/2.5,略小于连续梁的跨中梁高,这是由于连续刚构桥墩梁固结,活载作用于中跨时,与相同跨径的连续梁相比,连续刚构跨中正弯矩较小的缘故。

③桥墩

预应力混凝土连续刚构桥主要适用于高桥墩的情况。大跨度连续刚构桥的桥墩不仅应满足施工、运营等各阶段支承上部结构重力和稳定性等方面的要求,而且桥墩的柔度应适应由于温度变化、混凝土收缩、徐变以及制动力等因素引起的水平位移,以尽量减小这些因素对结构产生的次内力。如果桥墩的水平抗推刚度较大,则因主梁的预应力张拉、收缩、徐变、温度变化等因素所引起的变形受到桥墩的约束后,将会在主梁内产生较大的次拉力,并对桥墩也产生较大的水平推力,从而会在结构混凝土上产生裂缝,降低结构的使用功能。

由此可见,连续刚构桥桥墩的水平抗推刚度宜在满足桥梁施工、运行稳定性要求的前提下尽量地小。相反地,大跨连续刚构桥在横桥向的约束很弱,桥梁在横向不平衡荷载或风荷载作用下,易产生扭曲、变位,为了增大其横向稳定性,桥墩在横向的刚度应设计得大一些。

连续刚构桥柔性墩柱的立面形式主要有三种。

a. 竖直双肢薄壁墩

用两个相互平行的薄壁与主梁固结作为桥墩[图 2-2-18a)]。这是连续刚构桥中应用得较多的一种形式,适用于桥墩不是很高的情形。竖直双肢薄壁墩可增加桥墩纵桥向竖向荷载作用下的刚度,同时其水平抗推刚度小,在桥梁纵向允许的变位大,这不仅可以减小主梁附加内力,而且由于主梁的负弯矩峰值出现在两肢墩的墩顶,且较单壁墩小一些,故可减小主梁在墩顶截面处的尺寸,增加桥梁美感。因此,在大跨径预应力混凝土连续刚构桥中,这是理想的墩身形式。但是双肢薄壁墩占据的宽度较大,防撞设施需保护的范围也较大,这部分增加的费用可能较多。偶然的船撞力往往作用在其中的一肢薄壁墩上,当一肢薄壁墩遭到破坏后,另一肢薄壁墩很容易因承载力和稳定性不够而随之破坏,这一点需引起重视。

每肢薄壁墩又有空心和实心之分。实心双壁墩施工方便,抗撞能力强,空心双壁墩可以节约混凝土 40% 左右,设计中应根据具体条件通过分析后选用。

b. 竖直单薄壁墩

在深谷和深水河流的高桥墩上经常采用竖直单薄壁墩[图 2-2-18b)]。它在外观上呈一字形,其截面形式一般为箱梁截面的空心桥墩,具体尺寸需根据对柔性的要求确定。

一般来说,单薄壁墩特别是箱形截面单薄壁墩的抗扭性能好,稳定性强,能增大通航孔的有效跨径,其柔性不如双肢薄壁墩大,但随着墩身高度的不断增加,单薄壁墩的柔性逐渐增加,允许的纵向变位增大。因此,对于墩身很高的大跨径连续刚构或中等跨径的连续刚构来说,箱形单薄壁墩也是理想的墩身形式。

c. V 形墩(或 Y 形柱式墩)

在刚架桥中为了减小内支点处的负弯矩峰值,可将墩柱做成 V 形墩形式,V 形托架可使主梁的负弯矩峰值降低一半以上,如图 2-2-19 所示。

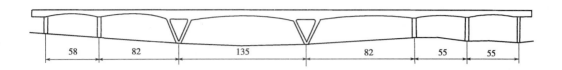

图 2-2-19　V 形墩连续刚构桥(尺寸单位:m)

Y 形柱式墩是上部为 V 形托架,下部为单柱式,两者在立面上构成 Y 字形。下部的单柱具有一定的柔性,可满足纵向变形的要求。

(3)适用范围

连续刚构桥常用于大跨、高墩的结构中,桥墩纵向刚度较小,在竖向荷载作用下,基本上属于一种无推力的结构,而上部结构具有连续梁施工的一般特点,因此有较好的技术经济性。由于预应力技术在近年来发展迅速,连续刚构桥近年来得到了较快的发展,可以说连续刚构桥是大跨径桥梁选型中具有竞争能力的桥型之一。我国跨径在 180m 以上的梁桥,均采用连续刚构桥。

连续刚构桥的另一个特点是主梁保持连续,这样既保持了连续梁无伸缩缝、行车平顺的优点,又保持了 T 构不需设大吨位支座的优点,同时避免了连续梁(存在临时固结和体系转换)和 T 构(存在伸缩缝问题)两者的缺点,养护工作量小。此外,连续刚构施工稳固性好,可减小或避免边跨梁端搭架合龙的难度。

但连续刚构桥对地基承载力的要求更高,若地基发生过大的不均匀沉降,连续梁可通过调整墩顶支座的高程,抵消下沉来补救,而连续刚构则做不到。对于大跨度连续刚构,当其主墩刚度过大时,中跨梁体因会产生过大的温差拉力而对结构受力不利。此外,梁墩联结处应力复杂也是连续刚构的一个缺点。

3. 横截面形式和尺寸

预应力混凝土连续体系梁桥的截面形式很多,一般应根据桥梁的总体布置、跨径、宽度、梁高、支承形式和施工方法等方面综合确定。合理地选择主梁的截面形式对减轻桥梁自重、节约材料、简化施工和改善截面受力性能是十分重要的。

预应力连续梁桥横截面形式主要有板式、肋梁式和箱形截面。其中,板式、肋梁式截面构造简单、施工方便;箱形截面具有良好的抗弯和抗扭性能,是预应力混凝土连续体系梁桥的主要截面形式。

(1)板式和肋梁式截面

板式截面分实体截面[图 2-2-20a)、b)]和空心截面[图 2-2-20c)、d)]。

矩形实体截面使用较少,曲线形整体截面近年来相对使用较多,实体截面多用于中小跨径,且多配以有支架现浇施工,此时支点板厚为$(1/20 \sim 1/16)l$,变截面板跨中板厚为支点的$1/1.5 \sim 1/1.2$倍。

空心截面常用于跨径 15~30m 的连续梁桥,板厚一般为 0.8~1.5m,亦用有支架现浇为主。

肋梁式截面[图 2-2-20e)]常用于预制架设施工,并在梁段安装后经体系转换为连续梁桥。常用跨径为 25~50m,梁高取 1.3~2.6m。

（2）箱形截面

当连续体系梁桥的跨径超过40~60m或更大时，主梁多采用箱形截面，其构造布置灵活，适用于有支架现浇施工、逐孔施工、悬臂施工等多种施工方式，常用的箱形截面有单箱单室、单箱双室和分离式双箱单室等几种，以第一种应用得较多。

①顶板

单箱单室截面的顶板宽度一般小于20m[图2-2-21a)]；单箱双室的顶板宽度约为25m[图2-2-21b)]；双箱单室的顶板宽度可达40m[图2-2-21c)]。

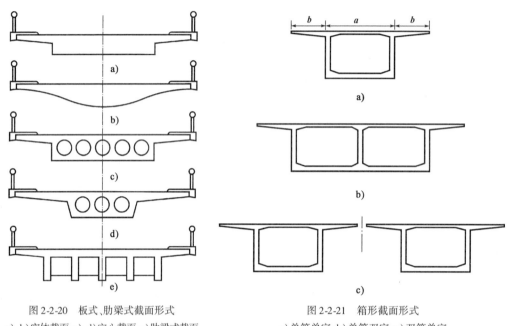

图2-2-20　板式、肋梁式截面形式
a)、b)实体截面；c)、d)空心截面；e)肋梁式截面

图2-2-21　箱形截面形式
a)单箱单室；b)单箱双室；c)双箱单室

确定箱梁截面顶板厚度一般需考虑两个因素，即满足桥面板横向弯矩的要求（恒载、活载、日照温差等）；满足布置纵、横向预应力钢筋束的要求。参照《日本本洲四国联络桥设计标准》，车行道部分的箱梁顶板或其他呈现连续板受力特性的桥面板以及悬臂板厚度拟定，可参考表2-2-2。

车行道部分桥面板的厚度(cm)　　　　表2-2-2

位　　置	桥面板跨度方向	
	垂直于行车道方向	平行于行车道方向
顶板或连续板	$3l+11$（纵肋之间）	$5l+13$（横隔之间）
悬臂板	$l<0.25$ 时，$28l+16$	$24l+13$
	$l>0.25$ 时，$8l+21$	

注：两个方向厚度计算后取小值，l为桥面板的跨度(m)。

顶板两侧悬臂板的长度对活载弯矩数值影响不大，但恒载及人群荷载弯矩随悬臂长度几乎成平方关系增加，故悬臂长度一般不大于5m，当长度超过3m后，宜布置横向预应力束筋。单箱单室截面$b:a$之比为$1:(2.5~3.0)$时横向受力状态较好。悬臂端部厚度不小于10cm，如设置防撞墙或需锚固横向预应力束筋，则端部厚度不小于20cm。

②底板

纵向负弯矩区受压底板的厚度对改善全桥受力状态、减小徐变下挠十分重要,因而大跨度连续体系梁桥中,应确保承受负弯矩的内支点区域的箱梁底板有足够的厚度。箱梁底板厚度随箱梁负弯矩的增大而逐渐由中部加厚至墩顶,以适应箱梁下缘受压的要求,墩顶区域底板不宜过薄,否则压应力过高,由此产生的徐变将使跨中区域梁体下挠度较大。

内支点最大负弯矩区域的底板厚度与主跨之比宜为 1/170~1/140,跨中区域底板厚度则可按构造要求设计,一般为 0.22~0.28m。

③腹板

箱梁腹板的主要功能是承受结构的弯曲剪应力和扭转剪应力所引起的主拉应力,墩顶区域剪力大,因而腹板较厚,跨中区域的腹板较薄,但腹板的最小厚度应考虑钢束管道布置、钢筋布置和混凝土浇筑的要求。一般地,等高度箱梁可采用直腹板或斜腹板,变高度箱梁宜采用直腹板。

英国水泥和混凝土协会提出如下两个关于预应力混凝土连续梁最佳腹板厚度参数的公式,其指标可供参考(图 2-2-22)。

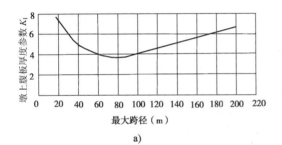 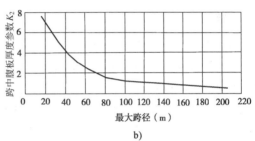

图 2-2-22 连续箱梁的腹板最佳厚度参数曲线

墩上腹板厚度参数

$$K_1 = \frac{t_{wp} \cdot h_p}{B \cdot l_{max}} \times 10^3$$

跨中腹板厚度参数

$$K_2 = \frac{t_{wm} \cdot h_m}{B \cdot l_{max}} \times 10^3$$

上述式中:t_{wp}——墩上腹板厚度的总和;

t_{wm}——跨中腹板厚度的总和;

h_p——墩上梁高;

h_m——跨中梁高;

B——桥面总宽;

l_{max}——桥梁最大跨径。

对于腹板的最小厚度,一般的设计经验为:

a. 腹板内无预应力束筋管道布置时,其最小厚度可采用 $t_{min} = 20cm$;

b. 腹板内有预应力束筋管道布置时,可采用 $t_{min} = 25 \sim 30cm$;

c. 腹板内有预应力束筋锚头时,则采用 $t_{min} = 35cm$。

顶板与腹板接头处设置梗腋,可提高截面的抗扭刚度和抗弯刚度,减小扭转剪应力和畸变应力,也有利于布置纵向预应力筋。梗腋有竖向梗腋和水平梗腋两种。如图 2-2-23 所示,图中 a)为一般箱梁上的常用形式;b)、c)常用于箱梁截面较小的情形;d)、e)常用于斜腹板与顶板之间;f)、g)、h)常用于底板与腹板之间的下梗腋,以便于底板混凝土的浇筑。

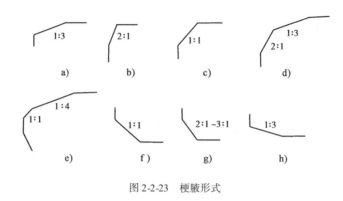

图 2-2-23 梗腋形式

表 2-2-3 给出了国内预应力混凝土连续体系梁桥的部分资料。

4. 预应力筋布置

预应力是大跨连续梁桥的生命线,连续梁主梁的内力主要有三个,即纵向受弯、受剪以及横向受弯。通常所说的三向预应力就是为了抵抗上述三个内力。纵向预应力抵抗纵向受弯和部分受剪,竖向预应力抵抗受剪,横向预应力则抵抗横向受弯。预应力数量和布筋位置都需要根据结构在使用阶段的受力状态予以确定,同时,也要满足施工各阶段的受力需要。施工方法不同,施工阶段的受力状态差别很大,因此,结构配筋必须结合施工方法考虑。

(1)纵向预应力筋

沿桥跨方向的纵向力筋又称为主筋,是用以保证桥梁在恒、活载作用下纵向跨越能力的主要受力钢筋,可布置在顶板、底板和腹板中。

预应力混凝土连续梁桥中纵向预应力筋的布置方式多种多样,与所采用的施工方法以及预应力筋的种类等有密切的关系。

图 2-2-24a)表示采用顶推施工法的直线形预应力筋布置方式。上、下的钢筋通束使截面接近轴心受压,以抵抗顶推过程中各截面承受的正负弯矩的交替变化。待顶推完成后,再在跨中的底部和支点的顶部增加局部预应力筋,用来满足运营荷载下相应的内力要求。有时按设计还在跨中的顶部和支点附近的底部设置局部的施工临时钢筋束,待顶推完成后即予卸除。

图 2-2-24b)示出采用先简支后连续施工方法的预应力钢筋布置方式。待墩上接缝混凝土达到规定强度后,用设置在接缝顶部的局部预应力钢筋来建立结构的连续性。

图 2-2-24c)、d)表示为采用悬臂施工方法的预应力筋布置方式。梁中除了正弯矩区和负弯矩区各需布置顶部和底部预应力筋外,在有正、负弯矩交替的区段内,顶、底板中均需设置预应力筋。图 2-2-24c)所示为直线布束方式,即顶板预应力筋沿水平布置并锚固在梗肋处,此种布束方式可减少预应力筋的摩阻损失,并且穿束方便,也改善了腹板的混凝土浇筑条件;水平预应力筋的设计和构造仅由弯曲应力决定,而抗剪强度则由竖向预应力筋来提供。图 2-2-24d)所示为顶板预应力筋在腹板内弯曲并下弯锚固在腹板上,除纵向抗弯外,还要可以抵抗外荷载所产生的剪力。此时腹板应具有足够的厚度以承受集中的锚固力。

表 2-2-3

国内预应力混凝土连续体系梁桥的部分资料

序号	桥　名	跨径布置 (m)	结构	边中跨比	截面形式	顶板厚 (cm)	腹板厚 (cm)	底板厚 (cm)	梁高 根部 (m)	梁高 跨中 (m)	高跨比 根部	高跨比 跨中	梁宽 顶 (m)	梁宽 底 (m)
1	石板坡长江大桥	87.75+4×138+330+133.75	连续刚构	0.418 / 0.405	单室箱	28~85	50~110	40~150	16.0	4.5	1/17.4	1/36.7	19.0	9.0
2	虎门大桥辅航道桥	150+270+150	连续刚构	0.556	单室箱	25	40~60	32~130	14.8	5.0	1/18.2	1/54	15.0	7.0
3	苏通大桥辅航道桥	140+268+140	连续刚构	0.522	单室箱	32~121	45~100	32~170	15.0	4.5	1/16.3	1/35.7	16.4	7.5
4	云南元江大桥	58+182+265+194+70	连续刚构	0.687 / 0.732	单室箱	28	40~60	32~150	14.5	5.0	1/18.3	1/53	22.5	11.5
5	宁德下白石大桥	145+2×260+145	连续刚构	0.558	两单室箱	25	40~70	30~140	14.0	4.2	1/18.6	1/61.9	12.0	6.0
6	泸州长江二大桥	145+252+54.8	连续刚构	0.583	单室箱	28	50~70	32~120	14.0	4.0	1/18	1/63	25.0	13.0
7	重庆黄花园嘉陵江大桥	137+3×250+137	连续刚构	0.548	单室箱	25	40~70	28~150	13.8	4.3	1/18.1	1/58.1	15.0	7.0
8	马鞍石嘉陵江大桥	146+3×250+146	连续刚构	0.584	单室箱	25	40~60	32~150	13.7	4.2	1/18.2	1/59.5	11.5	5.5
9	黄石长江大桥	162.5+3×245+162.5	连续刚构	0.663	单室箱	25	50~80	32~135	13.0	4.1	1/18.8	1/59.8	19.6	10.0
10	江津长江大桥	140+240+140	连续刚构	0.583	单室箱	25	50~80	32~120	13.5	4.0	1/17.8	1/60	22.0	11.5
11	重庆高家花园嘉江大桥	140+240+140	连续刚构	0.583	两单室箱		40~60	32~120	13.4	3.6	1/17.8	1/66.7	15.36	8.0
12	贵毕公路六广河大桥	145.1+240+145.1	连续刚构	0.518	单室箱	28	40~70	28~150	13.6	4.1	1/17.9	1/58.5	13.0	7.0
13	重庆龙溪河大桥	140+240+140	连续刚构	0.583	两单室箱	25	40~60	32~120	13.6	3.6	1/17.6	1/66.7	11.5	5.5
14	杭州钱塘江下沙大桥(六桥)	127+3×232+127	连续刚构	0.547	两单室箱	25~45	45~75	30~125	12.5	4.0	1/18.6	1/58	16.6	8.0
15	南澳跨海大桥	122+221+122	连续刚构	0.552	单室箱	25	40~60	32~110	11.9	4.0	1/18.6	1/73.7	17.1	8.2
16	金广岭澜沧江大桥	130+200+85	连续刚构	0.650 / 0.425	单室箱	33	60~90	35~140	13.0	4.0	1/15.4	1/50	22.5	12.2
17	华南大桥	110+190+110	连续刚构	0.579	单室箱	28	35~55	32~100	9.5	3.0	1/20.0	1/63.3	17.75	9.5
18	广东镇海湾大桥	105+190+105	连续刚构	0.553	两单室箱	26	45~90	32~120	10.5	3.2	1/18.1	1/59.4	13.5	7.0

续上表

序号	桥 名	跨径布置(m)	结构	边中跨比	截面形式	截面 顶板厚(cm)	截面 腹板厚(cm)	截面 底板厚(cm)	梁高(m) 根部	梁高(m) 跨中	高跨比 根部	高跨比 跨中	梁宽(m) 顶	梁宽(m) 底
19	洛溪大桥	65+125+180+110	连续刚构	0.611 0.520	单室箱	28	50~70	32~120	10.0	3.0	1/18	1/60	15.14	8.0
20	乐自高速公路岷江特大桥	100.4+3×180+100.4	连续梁	0.558	单室箱	30~60	50~100	35~130	11.5	3.5	1/15.7	1/51.4	13.5	7.5
21	宁德八尺门大桥	90+2×170+90	连续刚构	0.529	单室箱	28	40~70	32~120	10.0	3.0	1/17	1/56.7	12.0	6.0
22	南京长江二桥北汊桥	90+3×165+90	连续梁	0.545	两单室箱	28~40	40~90	30~140	8.8	3.2	1/18.8	1/55.6	15.42	7.5
23	广港高速公路九江大桥	50+100+2×165+100+50	连续梁	0.625	两单室箱	28	40~65	23~110	9.0	3.0	1/17.8	1/53.3	11.9	6.8
24	三门峡黄河大桥	105+4×160+105	连续梁	0.656	单室箱	25	40~65	25~100	8.0	3.0	1/20.0	1/53.3	17.5	9.5
25	云南六库大桥	85+154+85	连续梁	0.552	单室箱	18~43	44	30~120	8.53	2.83	1/18.1	1/54.4	10.0	5.0
26	荆州三八洲桥	100+6×150+100	连续梁	0.667	单室箱	30	40~70	32~115	8.0	3.3	1/18.8	1/45.5	12.5	7.0
27	湖南白沙江大桥	90+150+90	连续梁	0.600	单室箱		40~70	28~100	8.5	3.5	1/17.7	1/42.9	13.0	7.0
28	阮陵阮水大桥	85+140+85+42	连续刚构	0.607	单室箱	26	40~60	30~80	8.0	2.8	1/17.5	1/50	14.0	8.0
29	厦门海沧大桥西航道桥	78+140+78+42+42	连续刚构	0.557	单室箱	28	50~65	32~85	7.5	2.5	1/18.7	1/56	15.25	7.0
30	元磨高速公路 K293+367大桥	77+140+77	连续刚构	0.550	单室箱	28	50~70	32~95	7.5	3.0	1/18.7	1/46.7	22.5	11.5
31	云南大保高速公路 K442+665大桥	77+2×140+77	连续刚构	0.550	单室箱	28	50~70	32~95	8.0	3.0	1/18.7	1/46.7	22.5	11.5
32	肇庆西江大桥	87+4×136+87	连续梁	0.640	单室箱	25	50~70	30~100	7.0	3.0	1/17.0	1/45.3	22.0	10.0
33	安徽涂山淮河大桥	45+90+130+90+45	连续梁	0.692	两单室箱	28	40~60	30~90	7.0	2.5	1/18.6	1/52.0	13.5	7.0
34	福建刺桐大桥	90+130+90	连续梁	0.692	单室箱	25	40~60	25~100	7.0	2.5	1/18.6	1/52	13.2	6.6
35	武汉长江二桥北引桥	83+130+125	连续刚构	0.638	两单室箱				10.0	3.5	1/13	1/37.1	13.2	6.8
36	南昆铁路清水河大桥	72.8+128+72.8	连续刚构	0.569	单室箱	50	40~90	40~90	8.8	4.4	1/14.5	1/29.1	8.1	6.1
37	广东德庆西江大桥	82+2×128+82	连续梁	0.641	两单室箱	25.8~50	50~90	120 (支点)	7.0	2.8	1/18.3	1/47.5	12.5	6.3

续上表

序号	桥 名	跨径布置（m）	结构	边中跨比	截面形式	顶板厚（cm）	腹板厚	底板厚	梁高根部（m）	梁高跨中（m）	高跨比根部	高跨比跨中	梁宽顶（m）	梁宽底（m）
38	广东德胜大桥	83+128+83	连续梁	0.641	两单室箱				7.0	2.6	1/18.3	1/49.2	12.2	7.2
39	珠海大桥	70+2×125+70	连续刚构	0.560	单室箱	28	40~54	28~70	6.8	2.5	1/18.4	1/50	13.3	7.0
40	广西六律邕江大桥	80+125+80	连续刚构	0.640	单室箱		40~55	32~80	6.8	2.5	1/18.4	1/50	13.5	7.0
41	广东潭洲大桥	75+125+75	连续梁	0.600	两单室箱	25~45	40~45	29~90	7.0	2.75	1/17.9	1/45.5	12.1	6.4
42	上海奉浦大桥	85+3×125+85	连续梁	0.680	单室箱	30~40（支点80）	48~55（支点105）	30~90（支点140）	7.0	2.8	1/17.9	1/44.6	18.6	8.6
43	惠州大桥	62+92+124+92+62	连续梁	0.742	单室箱				7.0	3.0	1/17.7	1/41.3	19.5	
44	常德阮水大桥	84+3×120+84	连续刚构	0.700	单室箱	30	46~68	30~85	6.2	3.0	1/19.4	1/40.0	17.6	9.0
45	东明黄河大桥	75+7×120+75	连续刚构	0.625	单室箱	25	40~55	25~80	6.5	2.6	1/18.5	1/46.2	18.34	9.0
46	南海金沙大桥	66+120+66	连续梁	0.550	单室箱	28	40	32~60	6.0	2.5	1/20	1/48	21.0	11.0
47	吉林九站松花江大桥	75+120+75	连续刚构	0.625	单室箱	30	40~80	32~80	5.71	3.0	1/21	1/40	14.0	6.5
48	广东南海广公路大桥	66+120+66	连续刚构	0.550	单室箱	28	40	25~80	6.0	2.5	1/20	1/48	17.5	8.5
49	五龙江二桥	60+3×110+60	连续梁	0.545		25	35~50	25~45	5.9	3.2	1/18.3	1/44	16.25	8.25
50	湘阴湘江大桥	65+3×100+65+50	连续梁	0.650	单室箱	28	40~55~70	26~80	4.5	2.0	1/16.9	1/31.3	16.0	9.0
51	榕华大桥	55+2×80+55	连续梁	0.688		28~40	40	22~36.9	4.5	2.0	1/17.8	1/40	12.49	7.0
52	珠海大桥辅航道桥	45+2×80+45	连续梁	0.563	两单室箱	28（0号块40）	36~50（0号块80）	26~50（0号块100）	4.1	2.0	1/17.8	1/36.4	14.1	7.0
53	何山大桥	52+80+52	连续梁	0.650	双箱双室	25	30~60	18~40		2.2	1/19.5		13.3	8.8

图 2-2-24e)表示整根曲线形钢筋束锚固于梁端的布置方式,一般用于整联现浇的情形。在此情况下,若预应力筋既长且弯曲次数又多,就显著加大了预应力筋的摩阻损失,因而联长或力筋不宜过长。

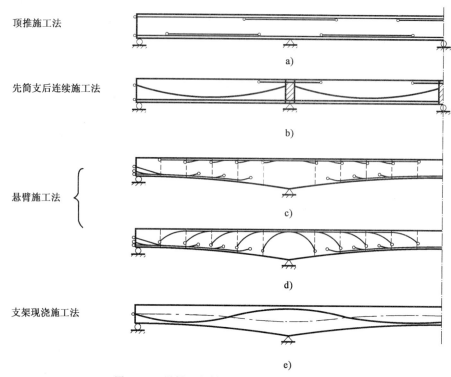

图 2-2-24 混凝土连续梁纵向预应力筋布置方式

预应力筋的布置要考虑张拉操作的方便。当需要在梁内、梁顶或梁底锚固预应力筋时,应根据预应力筋锚固区的受力特点给予局部加强,以防开裂损坏。

(2)横向预应力筋

横向预应力筋是用以保证桥梁的横向整体性、桥面板及横隔板横向抗弯能力的主要受力钢筋,一般布置在横隔板和顶板中。图 2-2-25 示出了对箱梁截面的顶板施加横向预应力的力筋构造。由于目前大跨径梁桥主梁大都采用箱形截面,顶板厚度一般在 25~35cm,在保证大量纵向预应力筋穿过的前提下,所剩的空间位置有限,此时横向预应力筋趋向于采用扁锚体系,以减少布筋所需空间。

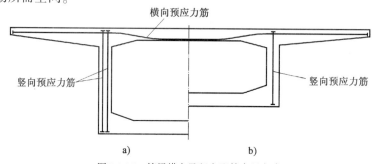

图 2-2-25 箱梁横向及竖向配筋布置方式
a)支点截面;b)跨中截面

(3)竖向预应力筋

竖向预应力筋布置在腹板中,主要作用是提高截面的抗剪能力。竖向预应力筋在梁体腹板内沿纵向的布置间距可根据竖向剪力的分布而进行调整,靠支点截面位置较密,靠跨中位置较疏。竖向预应力筋比较短,故常采用高强精轧螺纹钢筋以减少力筋张拉锚固时的回缩损失。但是由于精轧螺纹钢筋强度较低(小于1 000MPa),长度较短,因而张拉延伸量小,在使用中容易造成预应力损失过大或失效,为克服这一问题,对施工提出二次张拉的要求是十分必要的,这样做可消除大部分混凝土弹塑性压缩引起的预应力损失。

第四节　无缝桥梁构造

桥梁一般均需设置伸缩缝以满足温度变形的要求。由于设置在桥面的接缝处,伸缩缝受到结构集中变形、外部环境侵蚀和汽车荷载的反复冲击作用,成为桥梁结构中最易遭到破坏的部位。桥梁伸缩装置易损难修,是国内外公认的难题。

对于中小桥,温度变化时,由于桥两端的位移量较小,因而可采用特殊的无缝化技术取消伸缩缝,以减少桥梁维护费用,提高行车舒适性,增强抗震能力。中小桥量大面广,在全国目前服役的公路桥梁中,总长100m以内的中小型桥梁占88%,因而在中小桥上实现无缝化,具有重要的意义。

美国是最早研究整体式无缝桥梁结构的国家。在20世纪40年代,美国就开始了整体式桥台的研究,至2004年10月统计数据表明,至少40个州内共建成了包括弯桥、斜桥在内的整体式(半整体式)桥梁共13 000余座,占全部桥梁的2.2%,其中最长的是田纳西州州际公路50桥,全长达到358m。

一、国外无缝桥梁的主要结构形式

无缝桥梁取消了传统桥梁在桥台处设置的伸缩装置,且在桥梁的任何位置都不设伸缩缝,梁的伸缩变形延至台后接线路面,如图2-2-26所示。

根据与梁体连接方式的不同,无缝桥梁的桥台可分为整体式桥台和半整体式桥台两种。

整体式桥台是指柔性桥台与梁采取全弯矩连接方式,取消了支座和伸缩装置,使用最多的结构形式是台帽与单排柔性桩的结合,如图2-2-26a)所示。台下柔性桩大部分采用H钢桩,也有采用预应力混凝土桩、钢筋混凝土桩、木桩和薄壁钢管混凝土桩;另外,也有采用扩大基础式整体桥台。

半整体式桥台是刚性桥台与梁体采用零弯矩的连接,能最小限度地把转动位移传递到刚性桥台或粗短柱式桥台下的桩基础上,典型的半整体式桥台如图2-2-26b)所示。

上述无缝桥梁构造将结构变形引至道路,保证了桥梁结构的无缝,也使桥梁结构不会因为桥梁伸缩缝的问题而受到伤害,但是这种路面接缝仍然可能出现混凝土路面板缺损、跳车等病害。

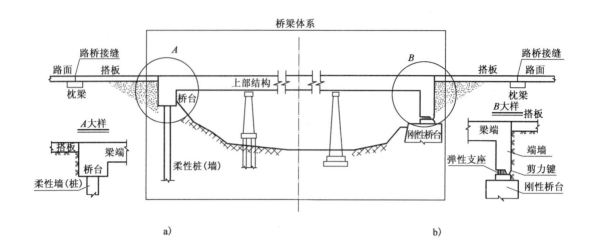

图 2-2-26 国外两种无缝桥梁体系
a) 整体式; b) 半整体式

二、半整体式全无缝桥梁新体系

传统的无缝桥梁虽然解决了桥梁伸缩缝的诸多问题,但搭板末端的接缝仍处于易损状态。为克服这一难题,可利用道路设计中连续配筋混凝土路面允许带裂缝工作的特点,实现真正意义的全无缝桥梁,即在常规的整体式(半整体式)无缝桥的基础上,采用搭板两端分别与主梁及连续配筋接线路面连接,并在接线路面的端部设置地梁的方式,进一步取消路桥结合处的路面接缝,具体的结构示意如图 2-2-27 所示。

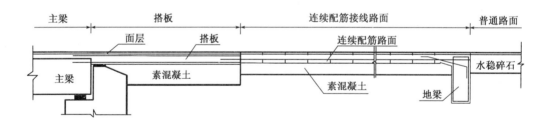

图 2-2-27 新型无缝桥示意图

半整体式全无缝桥梁的工作原理:当温度等因素发生变化时,梁体的变形通过搭板传递至加筋接线路面,并通过带锯缝的接线路面微裂缝吸纳全部变形,随着温降作用的增大,接线路面受到搭板的拉力变大,将由近而远产生很多横向裂缝,直到完全吸收梁体变形。接线路面上设置锯缝的目的是使裂缝分布更均匀,并减小对主梁的拉力。接线路面上铺设沥青混凝土,接线路面的微裂缝并不会反射到沥青铺装上,因而沥青路面是完好无损的。

三、不同类型无缝桥梁的适用范围

传统整体式或半整体式无缝桥梁由于设置了路桥接缝,梁体变形得以有效释放,因而其应用范围较广,新体系全无缝桥梁由于完全取消了伸缩缝,使用效果无疑更优。但其梁体变形依赖于接线路面吸纳,如果桥梁过长,梁体变形将很大,导致接线路面很长,主梁附加内力偏大,这显然是不合适的,不同类型无缝桥梁的适用范围可参考表 2-2-4。

不同类型无缝桥梁的适用范围　　　　　　　　　　表 2-2-4

限 制 项 目	无缝桥梁类型	适 用 范 围
最大跨径(m)	整体式	18.3 ~ 61.0
	半整体式	27.5 ~ 61.0
	半整体式全无缝	10 ~ 100
桥梁总长(m)	整体式	45.8 ~ 358.4
	半整体式	27.5 ~ 1 000
	半整体式全无缝	10 ~ 100
斜交角(°)	整体式	15 ~ 70
	半整体式	20 ~ 45
	半整体式全无缝	15 ~ 70

四、实例

1. 概况

李和村桥位于云南省安宁至晋宁高速公路第 8 合同昆阳段,桥梁中心桩号为 K32 + 500,上部结构:4 × 20m 预应力混凝土空心板,桥面连续,桥面无伸缩缝;下部结构:桩柱式半整体桥台,桩柱式桥墩,钻孔桩基础;设计荷载:公路—Ⅰ级;桥梁全长:86.68m。

2. 部分构造设计

(1)总体布置

李和村桥的全桥布置如图 2-2-28 所示,斜交角为 20°。

(2)主梁与搭板的连接

主梁与搭板之间用 $\phi16@100mm$ 的钢筋连接。

(3)接线路面

接线路面为板长 25m、厚 24cm 的 C30 连续配筋混凝土板,尾部设置高 1.5m 的地梁;接线路面板上部为 10cm 厚沥青混凝土路面层,如图 2-2-29 所示。

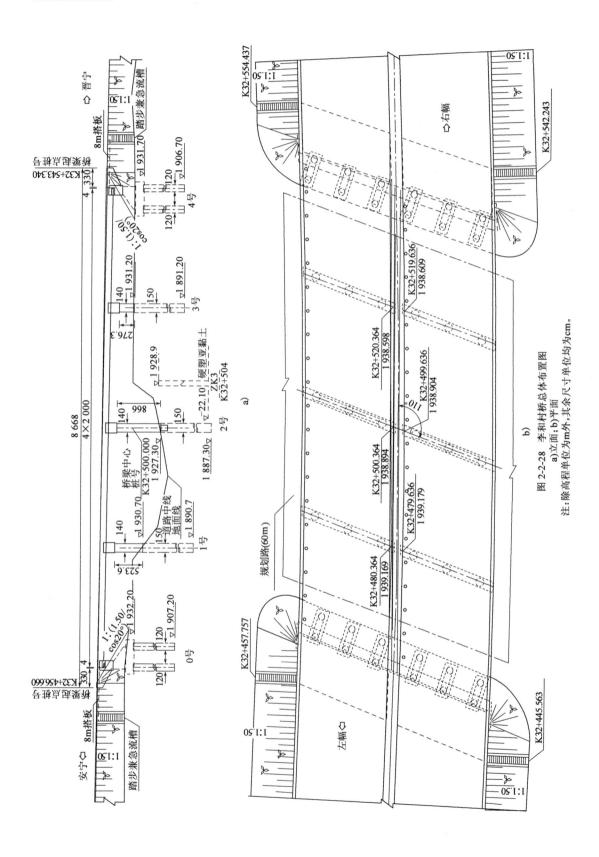

图 2-2-28 李和村桥总体布置图
a)立面；b)平面
注：除高程单位为m外，其余尺寸单位均为cm。

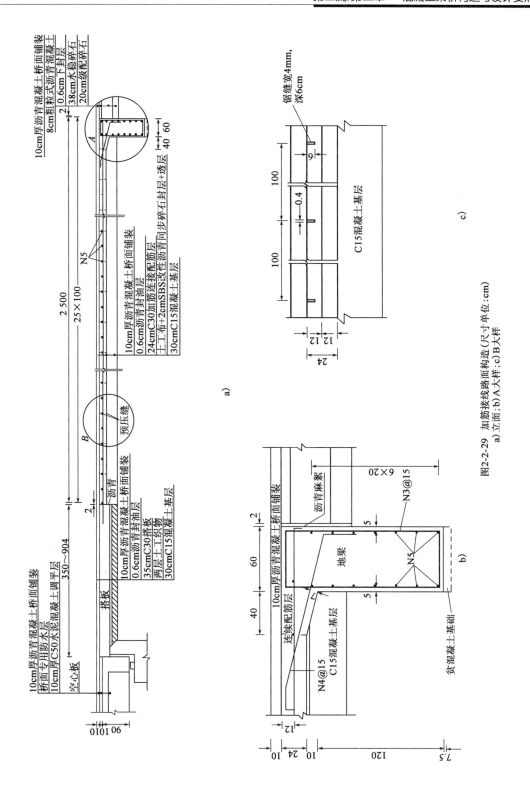

图2-2-29 加筋接线路面构造（尺寸单位：cm）
a) 立面；b) A大样；c) B大样

第三章 混凝土简支梁桥计算

一座桥梁在拟定出初步尺寸后,应对其各主要部件进行计算,得出最不利内力后,进行应力、裂缝、强度、刚度和稳定性的验算,以便对结构作配筋设计,必要时作尺寸上的调整。

混凝土梁桥上部结构设计计算的项目一般有主梁、横隔梁和桥面板。本章以常用的钢筋混凝土简支 T 梁桥为例,着重阐述桥面板、主梁和横隔梁的受力特点、最不利内力及其内力组合的计算方法。

第一节 桥面板计算

一、桥面板的力学模型

混凝土简支肋梁桥的桥面板是直接承受车辆轮压的混凝土板,它与主梁梁肋和横隔梁联结在一起,既保证了梁的整体作用,又将荷载传递于主梁。

对于整体现浇的 T 梁桥,梁肋和横(隔)梁之间的桥面板,属于矩形的周边支承板,如图 2-3-1a)所示。通常其边长比或长宽比(l_a/l_b)等于或大于 2,当有荷载作用于板上时,绝大部分力是由短跨方向(l_b)传递的,因此可近似地按仅由短跨承受荷载的单向受力板来设计。

即仅在短跨方向配置受力主筋,而长跨方向只要配置适当的构造钢筋即可。

同理,对于装配式 T 形梁桥,其桥面板也存在边长比或长宽比 $l_a/l_b \geq 2$ 的关系,如果在两主梁的翼板之间:①采用钢板连接[图2-3-1b)]时,则桥面板可简化为悬臂板;②采用不承担弯矩的铰接缝连接[图2-3-1c)]时,则可简化为铰接悬臂板。下面分别介绍它们的计算方法。

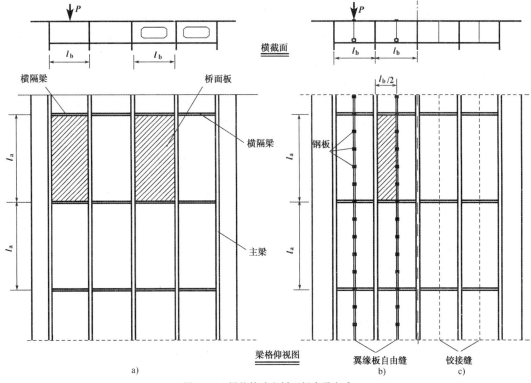

图 2-3-1 梁格构造和桥面板支承方式
a)整体现浇梁;b)装配式梁桥(翼板间钢板连接);c)装配式梁桥(翼板间铰连接)

二、桥面板的受力分析

1. 车轮荷载在板上的分布

根据试验研究,作用在混凝土或沥青铺装面层上的车轮荷载,可以偏安全地假定呈 45°角扩散分布于混凝土板面上。

假定车轮与桥面的接触面是 $a_2 \times b_2$ 的矩形面,此处 a_2 是车轮沿行车方向的着地长度,b_2 为车轮的宽度,如图 2-3-2 所示,则最后作用于混凝土桥面板顶面的矩形荷载压力面的边长为

沿行车方向　　$a_1 = a_2 + 2H$ 　　　　(2-3-1)
沿横向　　　　$b_1 = b_2 + 2H$

式中:H——铺装层的厚度。

车辆荷载的 a_2 和 b_2 值可从《桥规 JTG D60》中查得。

据此,当有一个车轮作用于桥面板上时,作用于板面上

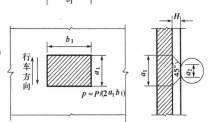

图 2-3-2 车辆荷载在板面上的分布

的局部分布荷载为

$$汽车 \quad p = \frac{P}{2a_1 b_1}$$

式中：P——汽车的轴重。

2. 板的有效工作宽度

知道汽车荷载在桥面板上的分布情况后，还应确定用什么位置的 1m 宽板条进行内力计算。

(1) 板的有效工作宽度的定义

当荷载以 $a_1 \times b_1$ 的分布面积作用在板上时，板除了沿计算跨径 x 方向产生挠曲变形 w_x 外，沿垂直于计算跨径的 y 方向也必然发生挠曲变形 w_y [图2-3-3a)]。这说明荷载作用下不仅使直接承压的宽度为 a_1 的板条受力，其邻近的板也参与工作，共同承受车轮荷载所产生的弯矩。

为了计算方便，设想以 a 宽板均匀承受车轮荷载产生的总弯矩[图2-3-3b)]，即

$$a \cdot m_{x\max} = \int m_x \mathrm{d}y = M$$

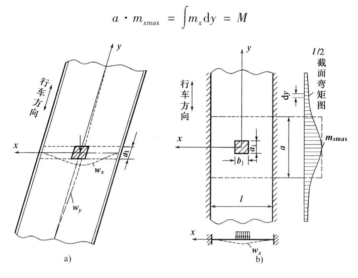

图 2-3-3 行车道板的受力状态

则得弯矩图形的换算宽度为

$$a = \frac{M}{m_{x\max}} \tag{2-3-2}$$

式中：M——车轮荷载产生的跨中总弯矩，可直接由结构力学方法计算得到；

$m_{x\max}$——荷载中心处的最大单宽弯矩值，精确解需由板的空间计算才能得到。

我们就定义上式的 a 为板的有效工作宽度或荷载有效分布宽度。

这样，当有一个车轮作用于桥面板上时，1m 宽板条上的荷载计算强度为

$$p = \frac{P}{2ab_1} \tag{2-3-3}$$

式中：P——汽车的轴重。

(2)《桥规 JTG 3362》中 a 的有关规定

《桥规 JTG 3362》基于大量的理论研究，对板的有效工作宽度有如下规定：

①单向板的荷载有效分布宽度 a

a. 荷载在跨径中间

对于单独一个荷载[图 2-3-4a)]

$$a = a_1 + \frac{l}{3} = a_2 + 2H + \frac{l}{3} \geqslant \frac{2}{3}l$$

式中:l——两梁肋之间板的计算跨径。

《桥规 JTG 3362》规定,计算弯矩时,$l = l_0 + t$,但不大于 $l_0 + b$;计算剪力时,$l = l_0$,其中 l_0 为板的净跨径,t 为板的厚度,b 为梁肋宽度。

对于几个靠近的相同荷载,如按上式计算所得各相邻荷载的有效分布宽度发生重叠时[图 2-3-4b)],则

$$a = a_1 + d + \frac{l}{3} = a_2 + 2H + d + \frac{l}{3} \geqslant \frac{2}{3}l + d$$

式中:d——最外两个荷载的中心距离。

b. 荷载在板的支承处

$$a' = a_1 + t = a_2 + 2H + t$$

式中:t——板的厚度。

c. 荷载靠近板的支承处

$$a_x = a' + 2x \leqslant a$$

式中:x——荷载离支承边缘的距离。

根据以上所述,对于不同荷载位置时单向板的有效分布宽度图形如图 2-3-4c)所示。注意,按上述公式算得的所有分布宽度,均不得大于板的全宽度。

②悬臂板的荷载有效分布宽度 a(图 2-3-5)

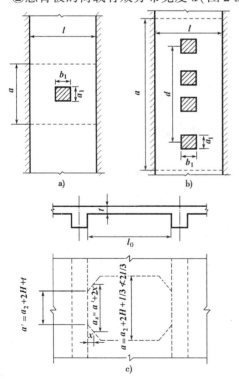

图 2-3-4 单向板的荷载有效分布宽度

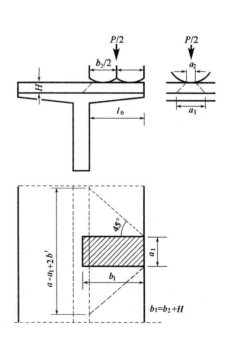

图 2-3-5 悬臂板的有效工作宽度

$$a = a_2 + 2H + 2b' = a_1 + 2b'$$

式中：b'——承重板上荷载压力面外侧边缘至悬臂根部的距离。

对于分布荷载靠近板边的最不利情况，b'就等于悬臂板的净跨径 l_0，于是

$$a = a_1 + 2l_0$$

三、行车道板的内力计算

1. 多跨连续单向板的内力

对于一次浇筑的多跨连续单向板的内力计算，《桥规 JTG 3362》作了如下规定：

（1）跨中最大弯矩计算

当 $t/h < 1/4$ 时（即主梁抗扭能力大者）

$$\left.\begin{array}{l}跨中弯矩 \quad M_中 = + 0.5 M_0 \\ 支点弯矩 \quad M_支 = - 0.7 M_0\end{array}\right\} \quad (2\text{-}3\text{-}4)$$

当 $t/h \geqslant 1/4$ 时（即主梁抗扭能力小者）

$$\left.\begin{array}{l}跨中弯矩 \quad M_中 = + 0.7 M_0 \\ 支点弯矩 \quad M_支 = - 0.7 M_0\end{array}\right\} \quad (2\text{-}3\text{-}5)$$

式中：h——肋高，如图 2-3-6 所示；

M_0——把板当作简支板时，由使用荷载引起的 1m 宽板的跨中最大设计弯矩，它是 M_{0p} 和 M_{0g} 两部分的内力组合，见表 2-3-1。

M_{0p} 为 1m 宽简支板条的跨中汽车荷载弯矩 [图 2-3-6a)]。

$$M_{0p} = (1 + \mu) \cdot \frac{P}{8a} \cdot \left(l - \frac{b_1}{2}\right) \quad (2\text{-}3\text{-}6)$$

式中：P——轴重应取用车辆荷载后轴的轴重计算；

a——板的有效工作宽度；

l——板的计算跨径；

μ——冲击系数，在桥面板内力计算中通常为 0.3。

M_{0g} 为跨中结构自重弯矩，可由下式计算

$$M_{0g} = \frac{1}{8} g l^2 \quad (2\text{-}3\text{-}7)$$

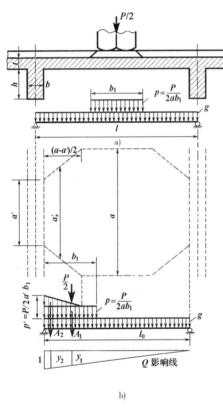

图 2-3-6 单向板内力计算图式

式中：g——1m 宽板条每延米的结构自重集度。

（2）支点剪力计算

对于跨径内只有一个汽车车轮荷载的情况，考虑了相应的有效工作宽度后，每米板宽承受的分布荷载如图 2-3-6b)所示。则汽车引起的支点剪力为

$$Q_{支p} = (1 + \mu)(A_1 \cdot y_1 + A_2 \cdot y_2) \quad (2\text{-}3\text{-}8)$$

其中:矩形部分荷载的合力为 $\left(\text{以 } p = \dfrac{P}{2ab_1} \text{ 代入}\right)$

$$A_1 = p \cdot b_1 = \dfrac{P}{2a}$$

三角形部分荷载的合力为 $\left(\text{以 } p' = \dfrac{P}{2a'b_1} \text{ 代入}\right)$

$$A_2 = \dfrac{1}{2}(p'-p) \cdot \dfrac{1}{2}(a-a') = \dfrac{P}{8aa'b_1}(a-a')^2$$

上述式中:p、p'——对应于有效工作宽度 a 和 a' 处的荷载强度;

y_1、y_2——对应于荷载合力 A_1 和 A_2 的支点剪力影响线量值。

如跨径内不止一个车轮进入时,尚应计及其他车轮的影响。

2. 铰接悬臂板的内力

用铰接方式连接的 T 形梁翼缘板,其最大弯矩在悬臂根部。计算汽车荷载弯矩 $M_{\min,p}$ 时,近似地把车轮荷载对中布置在铰接处作为最不利的荷载位置,这时铰内的剪力为零,两相邻悬臂板各承受半个车轮荷载,即 $P/4$,如图 2-3-7a)所示。因此每米宽悬臂板的汽车荷载弯矩 $M_{\min,p}$ 为

$$M_{\min,p} = -(1+\mu)\dfrac{P}{4a}\left(l_0 - \dfrac{b_1}{4}\right) \quad (2\text{-}3\text{-}9)$$

每米板宽的结构自重弯矩为

$$M_{\min,g} = -\dfrac{1}{2}gl_0^2 \quad (2\text{-}3\text{-}10)$$

注意,此处 l_0 为铰接双悬臂板的净跨径。

悬臂根部 1m 板宽的总弯矩是 $M_{\min,p}$ 和 $M_{\min,g}$ 两部分的内力组合,见表 2-3-1。

悬臂根部的剪力可以偏安全地按一般悬臂板的图式来计算,这里从略。

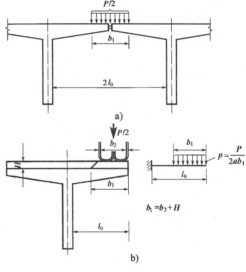

图 2-3-7 铰接悬臂板和悬臂板计算图式

1m 宽板内力组合 表 2-3-1

承载能力极限状态	基本组合	结构重力对结构承载能力不利	$S_{ud} = 1.2G_{自重} + 1.8Q_{汽} + 0.75 \times 1.4Q_{人}$
		结构重力对结构承载能力有利	$S_{ud} = G_{自重} + 1.8Q_{汽} + 0.75 \times 1.4Q_{人}$
	偶然组合		$S_{ad} = G_{自重} + 0.7Q_{汽} + 0.4Q_{人}$
正常使用极限状态	频遇组合		$S_{fd} = G_{自重} + 0.7Q_{汽(不计冲击力)} + 0.4Q_{人}$
	准永久组合		$S_{qd} = G_{自重} + 0.4Q_{汽(不计冲击力)} + 0.4Q_{人}$

注:汽车效应大于人群效应。

3. 悬臂板的内力

计算根部最大弯矩时,应将车轮荷载靠板的边缘布置,此时 $b_1 = b_2 + H$,如图 2-3-7b)所示,则结构自重和汽车荷载弯矩值可由一般公式求得。

汽车荷载弯矩

$$M_{\min,p} = -(1+\mu) \cdot \dfrac{1}{2}pl_0^2 = -(1+\mu) \cdot \dfrac{P}{4ab_1} \cdot l_0^2 \quad (b_1 \geqslant l_0 \text{ 时}) \quad (2\text{-}3\text{-}11)$$

或　　$M_{\min,p} = -(1+\mu) \cdot pb_1\left(l_0 - \dfrac{b_1}{2}\right) = -(1+\mu) \cdot \dfrac{P}{2a}\left(l_0 - \dfrac{b_1}{2}\right)$　　（$b_1 < l_0$ 时）

(2-3-12)

式中：p——汽车荷载作用在每米宽板条上的每延米荷载强度，$p = P/2ab_1$；

　　　l_0——悬臂板的长度。

结构自重弯矩（近似值）

$$M_{\min,g} = -\dfrac{1}{2}gl_0^2 \tag{2-3-13}$$

必须注意，以上所有汽车荷载内力的计算公式都是对于轮重为 $P/2$ 的汽车车辆荷载推得的。

四、内力组合

计算出结构自重和汽车荷载内力后，根据第一篇第三章式（1-3-8）~式（1-3-11）的规定，1m 宽板条的最大组合内力见表 2-3-1。

[**例 2-3-1**]　计算如图 2-3-8 所示 T 梁翼板所构成铰接悬臂板的设计内力。桥面铺装为 2cm 的沥青表面处治（重力密度为 23kN/m³）和平均 9cm 厚混凝土垫层（重力密度为 24kN/m³），C30 T 梁翼板的重力密度为 25kN/m³。

[**解**]　1）结构自重及其内力（按纵向 1m 宽的板条计算）

（1）每延米板上的结构自重 g（表 2-3-2）

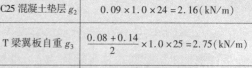

板的结构自重 g　　表 2-3-2

沥青表面处治 g_1	$0.02 \times 1.0 \times 23 = 0.46$ (kN/m)
C25 混凝土垫层 g_2	$0.09 \times 1.0 \times 24 = 2.16$ (kN/m)
T 梁翼板自重 g_3	$\dfrac{0.08+0.14}{2} \times 1.0 \times 25 = 2.75$ (kN/m)
合计	$g = \sum_{i=1}^{3} g_i = 5.37$ (kN/m)

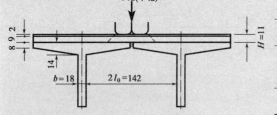

图 2-3-8　T 梁横截面图（尺寸单位：cm）

（2）每米宽板条的恒载内力

$$M_{\min,g} = -\dfrac{1}{2}gl_0^2 = -\dfrac{1}{2} \times 5.37 \times 0.71^2 = -1.35 \text{(kN·m)}$$

$$Q_{Ag} = g \cdot l_0 = 5.37 \times 0.71 = 3.81 \text{(kN)}$$

2）汽车车辆荷载产生的内力

将车辆荷载后轮作用于铰缝轴线上（图 2-3-8），后轴作用力为 $P = 140$kN，轮压分布宽度如图 2-3-9 所示。车辆荷载后轮着地长度为 $a_2 = 0.20$m，宽度为 $b_2 = 0.60$m，则

$$a_1 = a_2 + 2H = 0.20 + 2 \times 0.11 = 0.42 \text{(m)}$$
$$b_1 = b_2 + 2H = 0.60 + 2 \times 0.11 = 0.82 \text{(m)}$$

荷载对于悬臂根部的有效分布宽度

$$a = a_1 + d + 2l_0$$
$$= 0.42 + 1.4 + 2 \times 0.71 = 3.24 \text{(m)}$$

由于这是汽车荷载局部加载在 T 梁的翼板上，故冲击系数取 $1 + \mu = 1.3$。

作用于每米宽板条上的弯矩为

$$M_{\min,p} = -(1+\mu)\frac{P}{4a}\left(l_0 - \frac{b_1}{4}\right)$$

$$= -1.3 \times \frac{140 \times 2}{4 \times 3.24} \times \left(0.71 - \frac{0.82}{4}\right)$$

$$= -14.18(\text{kN}\cdot\text{m})$$

作用于每米宽板条上的剪力为

$$Q_{Ap} = (1+\mu)\frac{P}{4a} = 1.3 \times \frac{140 \times 2}{4 \times 3.24} = 28.09(\text{kN})$$

3)内力组合

(1)承载能力极限状态内力组合计算(表2-3-3)

所以,行车道板的设计内力为

$$M_{ud} = -27.14 \text{kN}\cdot\text{m} \qquad Q_{ud} = 55.13 \text{kN}$$

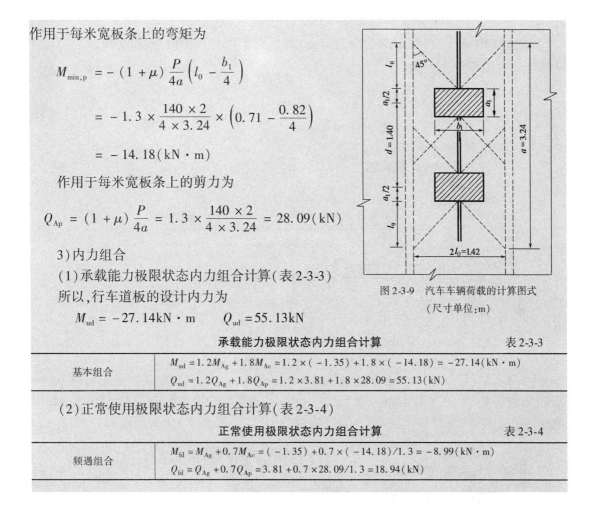

图2-3-9 汽车车辆荷载的计算图式
(尺寸单位:m)

承载能力极限状态内力组合计算　　　表2-3-3

基本组合	$M_{ud} = 1.2M_{Ag} + 1.8M_{Ac} = 1.2 \times (-1.35) + 1.8 \times (-14.18) = -27.14(\text{kN}\cdot\text{m})$ $Q_{ud} = 1.2Q_{Ag} + 1.8Q_{Ap} = 1.2 \times 3.81 + 1.8 \times 28.09 = 55.13(\text{kN})$

(2)正常使用极限状态内力组合计算(表2-3-4)

正常使用极限状态内力组合计算　　　表2-3-4

频遇组合	$M_{fd} = M_{Ag} + 0.7M_{Ac} = (-1.35) + 0.7 \times (-14.18)/1.3 = -8.99(\text{kN}\cdot\text{m})$ $Q_{fd} = Q_{Ag} + 0.7Q_{Ap} = 3.81 + 0.7 \times 28.09/1.3 = 18.94(\text{kN})$

第二节　主梁内力计算

对于跨径在10m以内的简支梁,通常只需计算跨中截面的最大弯矩和支点截面及跨中截面的剪力;跨中与支点之间各截面的剪力可以近似假定按直线规律变化,弯矩可假设按二次抛物线规律变化。对于较大跨径的简支梁,一般还应计算四分之一跨径截面的弯矩和剪力。如果主梁沿桥轴方向截面有变化,例如梁肋宽或梁高变化,则还应计算变化处截面的内力。有了截面内力,就可按钢筋混凝土和预应力混凝土结构的计算原理进行主梁各截面的配筋设计和验算。本节重点介绍如何计算主梁的最不利内力。

一、结构自重效应计算

混凝土公路桥梁的结构自重,往往占全部设计荷载很大的比重(通常占60%~90%),梁的跨径越大,结构自重所占的比重也越大。

在计算结构自重内力时,为了简化起见,往往将横梁、铺装层、人行道和栏杆等荷重均匀分摊给各主梁承受。因此,对于等截面梁桥的主梁,其计算结构自重是简单的均布荷载。为更精确起见,也可根据施工安装的情况,分阶段,按后面所述的荷载横向分布的规律进行分配计算。

如图 2-3-10 所示,计算出结构自重值 g 之后,则梁内各截面的弯矩 M 和剪力 Q 计算公式为

$$M_x = \frac{gl}{2} \cdot x - gx \cdot \frac{x}{2} = \frac{gx}{2}(l-x) \qquad Q_x = \frac{gl}{2} - gx = \frac{g}{2}(l-2x)$$

(2-3-14)

式中:l——简支梁的计算跨径;

x——计算截面到支点的距离。

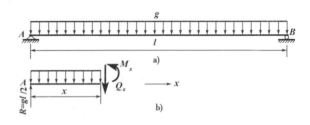

图 2-3-10 结构自重内力计算图式

[**例 2-3-2**] 一座五梁式装配式钢筋混凝土简支梁桥的主梁和横隔梁截面如图 2-3-11 所示,计算跨径 $l = 19.50$m,结构重要性系数 1.0。求边主梁结构自重产生的内力。(已知每侧的栏杆及人行道构件重力的作用力为 5kN/m)。

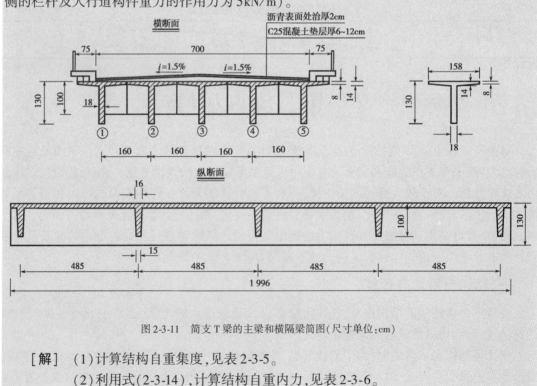

图 2-3-11 简支 T 梁的主梁和横隔梁简图(尺寸单位:cm)

[**解**] (1)计算结构自重集度,见表 2-3-5。

(2)利用式(2-3-14),计算结构自重内力,见表 2-3-6。

结构自重集度计算表　　　　　　　　　　　　表 2-3-5

主梁		$g_1 = \left[0.18 \times 1.30 + \left(\dfrac{0.08+0.14}{2}\right) \times (1.60-0.18)\right] \times 25 = 9.76(\text{kN/m})$
	对于边主梁	$g_2 = \left\{\left[1.00 - \left(\dfrac{0.08+0.14}{2}\right)\right] \times \left(\dfrac{1.60-0.18}{2}\right)\right\} \times \dfrac{0.15+0.16}{2} \times 5 \times 25/19.50 = 0.63(\text{kN/m})$
	对于中主梁	$g_2' = 2 \times 0.63 = 1.26(\text{kN/m})$
桥面铺装层		$g_3 = \left[0.02 \times 7.00 \times 23 + \dfrac{1}{2} \times (0.06+0.12) \times 7.00 \times 24\right]/5 = 3.67(\text{kN/m})$
栏杆和人行道		$g_4 = 5 \times 2/5 = 2.00(\text{kN/m})$
计	对于边主梁	$g = \sum g_i = 9.76 + 0.63 + 3.67 + 2.00 = 16.06(\text{kN/m})$
	对于中主梁	$g' = 9.76 + 1.26 + 3.67 + 2.00 = 16.69(\text{kN/m})$

边主梁自重产生的内力　　　　　　　　　　　　表 2-3-6

截面位置 x	内　　力	
	剪力 $Q(\text{kN})$	弯矩 $M(\text{kN}\cdot\text{m})$
$x=0$	$Q=\dfrac{16.06}{2} \times 19.5 = 156.6(162.7)$	$M=0(0)$
$x=\dfrac{l}{4}$	$Q=\dfrac{16.06}{2} \times \left(19.5 - 2 \times \dfrac{19.5}{4}\right) = 78.3(81.4)$	$M=\dfrac{16.06}{2} \times \dfrac{19.5}{4} \times \left(19.5 - \dfrac{19.5}{4}\right) = 572.5(595.0)$
$x=\dfrac{l}{2}$	$Q=0(0)$	$M=\dfrac{1}{8} \times 16.06 \times 19.5^2 = 763.4(793.3)$

注：括号内值为中主梁内力。

二、汽车、人群荷载内力计算

1. 荷载横向分布的定义

对于一座由多片主梁和横隔梁组成的梁桥[图 2-3-12a)]来说，当桥上有荷载 P 作用时，由于结构的横向联系必然会使所有主梁以不同程度地参与工作，并且随着荷载作用位置(x,y)的变化，某根主梁所承担的荷载也随之变化。因此，设计者必须首先了解某根主梁所分担的最不利荷载，然后再沿桥纵向确定该梁某一截面的最不利内力，并以此得出整座桥梁中最不利主梁的最大内力值。

对于某根主梁某一截面的内力值 S 的确定，我们在桥梁纵、横向均引入影响线的概念，将空间问题简化成了平面问题，即

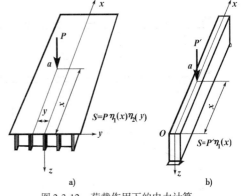

图 2-3-12　荷载作用下的内力计算
a)在梁桥上；b)在单梁上

$$S = P \cdot \eta(x,y) \approx P \cdot \eta_2(y) \cdot \eta_1(x) \qquad (2\text{-}3\text{-}15)$$

式中：$\eta(x,y)$——空间计算中某梁的内力影响面；

$\eta_1(x)$——单梁在 x 轴方向某一截面的内力影响线；

$\eta_2(y)$——单位荷载沿桥面横向(y轴方向)作用在不同位置时,某梁所分配的荷载比值变化曲线,也称作对于某梁的荷载横向分布影响线。

$P \cdot \eta_2(y)$就是当P作用于$a(x,y)$点时沿横向分配给某梁的荷载[图2-3-12b)],暂以P'表示,即$P' = P \cdot \eta_2(y)$。按照最不利位置布载,就可求得其所受的最大荷载P'_{max}。

我们定义$P'_{max} = m \cdot P$,P为轮轴重,则m就称为荷载横向分布系数,它表示某根主梁所承担的最大荷载是各个轴重的倍数(通常小于1)。

对于汽车、人群荷载的横向分布系数m的计算公式如下

$$\left. \begin{array}{ll} 汽车 & m_q = \dfrac{\sum \eta_q}{2} \\ 人群 & m_r = \eta_r \end{array} \right\} \quad (2\text{-}3\text{-}16)$$

式中:η_q、η_r——对应于汽车和人群荷载集度的荷载横向分布影响线竖标。

2. 荷载横向分布的计算

根据各种梁桥不同的宽度、横向连接构造和截面位置建立计算模型,有以下几种荷载横向分布影响线的计算方法:

①杠杆原理法——把横向结构(桥面板和横隔梁)视作在主梁上断开而简支在其上的简支梁。

②偏心压力法——把横隔梁视作刚性极大的梁。

③铰接板(梁)法——把相邻板(梁)之间视为铰接,只传递剪力。

④刚接梁法——把相邻主梁之间视为刚性连接,即传递剪力和弯矩。

⑤比拟正交异性板法——将主梁和横隔梁的刚度换算成正交两个方向刚度不同的比拟弹性平板来求解。

本节重点介绍较常用的杠杆原理法和偏心压力法,铰接板(梁)法和刚接梁法及相应的电算方法将在本书第七篇作相关介绍,比拟正交异性板法因需要查阅计算图表和进行插入换算,计算较繁,目前在设计中也较少采用,故不作介绍。

(1)杠杆原理法

按杠杆原理法进行荷载横向分布计算的基本假定是忽略主梁之间横向结构的连接作用,即假设桥面板在主梁梁肋处断开,而当作沿横向支承在主梁上的简支梁或悬臂梁来考虑,如图2-3-13a)所示。

利用上述假定作出主梁的荷载横向分布影响线,即当移动的单位荷载$P=1$作用于计算梁上时,该梁承担的荷载为1;当P作用于相邻或其他梁上时,该梁承担的荷载为零,该梁与相邻梁之间按线性变化,如图2-3-13b)、c)所示。

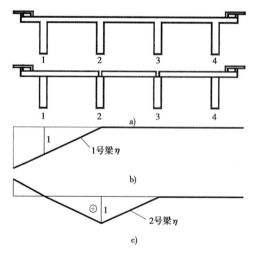

图2-3-13 按杠杆原理法计算荷载横向分布系数

杠杆原理法适用于计算荷载位于靠近主梁支点时的荷载横向分布系数 m_0。此时主梁的支承刚度远大于主梁间横向联系的刚度,受力特性与杠杆原理法接近。另外该法也可用于双主梁桥的荷载横向分布计算。

[例 2-3-3] 图 2-3-14a)示出桥面净空为净-7.0m+2×0.75m 人行道的五梁式钢筋混凝土 T 梁桥。试求荷载位于支点处时 1 号梁和 2 号梁相应于公路—Ⅱ级和人群荷载的横向分布系数。

[解] 当荷载位于支点处时,应按杠杆原理法计算荷载横向分布系数。

首先绘制 1 号梁和 2 号梁的荷载横向影响线,如图 2-3-14b)、c)所示。

再根据《桥规 JTG D60》规定,在横向影响线上确定荷载沿横向最不利的布置位置。例如:对于汽车荷载,汽车横向轮距为 1.8m,两列汽车车轮的横向最小间距为 1.3m,车轮距离人行道缘石最少为 0.5m。由此,求出相应于荷载位置的影响线竖标值后,按式(2-3-16)可得 1 号梁的荷载横向分布系数为

公路—Ⅱ级

$$m_{0q} = \sum \frac{\eta_q}{2} = \frac{0.875}{2} = 0.438$$

人群荷载

$$m_{0r} = \eta_r = 1.422$$

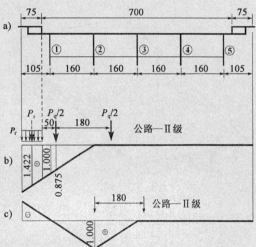

图 2-3-14 杠杆原理法计算横向分布系数(尺寸单位:cm)
a)桥梁横截面;b)1 号梁荷载横向影响线;c)2 号梁荷载横向影响线

同理,按图 2-3-14c)的计算,可得 2 号梁的荷载横向分布系数 $m_{0q}=0.5$ 和 $m_{0r}=0$。这里在人行道上没有布载,是因为人行道荷载引起的负反力,在考虑荷载组合时反而会减小 2 号梁的受力。

3 号梁的荷载横向影响线与 2 号梁"+"区段内的完全相同,但它的各荷载横向分布系数与 2 号梁并不完全相同。

(2)偏心压力法

偏心压力法计算荷载横向分布适用于桥上具有可靠的横向联结,且桥的宽跨比 B/l 小于或接近 0.5 的情况时(一般称为窄桥),计算跨中截面荷载横向分布系数 m_c。

偏心压力法的基本前提是:①汽车荷载作用下,中间横隔梁可近似地看作一根刚度为无穷大的刚性梁,横隔梁仅发生刚体位移;②忽略主梁的抗扭刚度,即不计入主梁扭矩抵抗活载的影响。如图 2-3-15a)所示,图中 w_i 表示桥跨中央各主梁的竖向挠度。基于横隔梁无限刚性的假定,此法也称"刚性横梁法"。

根据在弹性范围内,某根主梁所承受到的荷载 R_i 与该荷载所产生的跨中弹性挠度 w_i 成正比例的原则,我们可以得出:在中间横隔梁刚度相当大的窄桥上,在沿横向偏心布置的汽车荷载作用下,总是靠近汽车荷载一侧的边主梁受载最大。下面,将介绍单位荷载 $P=1$ 作用在跨中任意位置(偏心距为 e)时,1 号主梁所承担的力 R_1。

取跨中 $x = l/2$ 截面,如图 2-3-15b)所示。通常情况下,各主梁的惯性矩 I_i 相等。显然,对于具有近似刚性中间横隔梁的结构,偏心荷载 $P = 1$ 可以用作用于桥轴线的中心荷载 $P = 1$ 和偏心力矩 $M = 1 \cdot e$ 来替代,分别求出这两种情况下 1 号主梁所承担的力,然后进行叠加,如图 2-3-15b)所示。

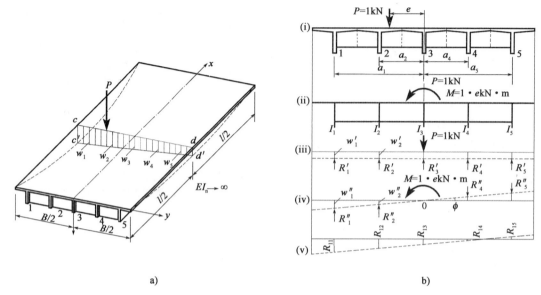

图 2-3-15　偏心压力法计算图式

① 中心荷载 $P = 1$ 的作用[图 2-3-15b)(iii)]

由于中心荷载作用下,刚性中横梁整体向下平移,则各主梁的跨中挠度相等,即

$$w'_1 = w'_2 = \cdots = w'_n = \overline{w} \tag{2-3-17}$$

根据材料力学,作用于简支梁跨中的荷载(即主梁所分担的荷载)与挠度的关系为

$$w'_i = \frac{R'_i l^3}{48EI_i} \tag{2-3-18}$$

式中:I_i——桥梁横截面内各主梁的抗弯惯性矩。

当各主梁截面相等时,即 $I_1 = I_2 = \cdots = I_n = I$,则由上两式得反力与挠度成正比的关系如下

$$\frac{R'_1}{w'_1} = \frac{R'_2}{w'_2} = \cdots = \frac{R'_i}{w'_i} = \cdots$$

$$\frac{R'_n}{w'_n} = \frac{48EI}{l^3} = C \quad (\text{常数})$$

由此得

$$R'_i = Cw'_i = C\overline{w} \tag{2-3-19}$$

根据静力平衡条件,有

$$(R'_1 + R'_2 + \cdots + R'_n) = 1$$

将式(2-3-19)代入上式,便有

$$C \cdot (w'_1 + w'_2 + \cdots + w'_n) = C \cdot n \cdot \overline{w} = 1$$

所以
$$C \cdot \bar{w} = \frac{1}{n} \tag{2-3-20}$$

再将上式代入式(2-3-19)后得
$$R'_i = \frac{1}{n} \tag{2-3-21}$$

②偏心力矩 $M = 1 \cdot e$ 的作用[图 2-3-15b)(iv)]

在偏心力矩 $M = 1 \cdot e$ 作用下，桥的横截面产生绕中心点 O 的转角 ϕ，因此各主梁的跨中挠度为
$$w''_i = a_i \tan\phi \tag{2-3-22}$$

式中：a_i——各片主梁梁轴到截面形心的距离。

根据力矩平衡条件，有
$$\sum_{i=1}^{n} R''_i \cdot a_i = 1 \cdot e \tag{2-3-23}$$

再根据反力与挠度呈正比的关系，有
$$R''_i = Cw''_i \tag{2-3-24}$$

或
$$R''_i = C \cdot a_i \tan\phi \tag{2-3-25}$$

将式(2-3-25)代入式(2-3-23)，使得
$$C \cdot \tan\phi \cdot \sum_{i=1}^{n} a_i^2 = 1 \cdot e$$

或
$$C \cdot \tan\phi = \frac{e}{\sum_{i=1}^{n} a_i^2} \tag{2-3-26}$$

将上式代入式(2-3-25)后，得
$$R''_i = \frac{a_i e}{\sum_{i=1}^{n} a_i^2} \tag{2-3-27}$$

③偏心距离为 e 的单位荷载 $P = 1$ 对 1 号主梁的总作用[图 2-3-15b)(v)]
$$R_{1e} = \eta_{1e} = \frac{1}{n} \pm \frac{ea_1}{\sum_{i=1}^{n} a_i^2} \tag{2-3-28}$$

这就是 1 号主梁的荷载横向影响线在各梁位处的竖标值。

注意：当上式中的荷载位置 e 和梁位 a_i 位于形心轴同侧时，取正号，反之应取负号。

当 $P = 1$ 位于第 k 号梁轴上($e = a_k$)时，对 1 号主梁的总作用可写成
$$\eta_{1k} = \frac{1}{n} \pm \frac{a_1 a_k}{\sum_{i=1}^{n} a_i^2} \tag{2-3-29}$$

④同理，当 $P = 1$ 位于第 k 号梁轴上($e = a_k$)时，对 i 号主梁的总作用
$$\eta_{ik} = \frac{1}{n} \pm \frac{a_i a_k}{\sum_{i=1}^{n} a_i^2} \tag{2-3-30}$$

由此也不难得到关系式

$$\eta_{1k} = R_{1k} = \eta_{k1} \tag{2-3-31}$$

⑤同理可得,当各主梁的惯性矩 I_i 不相等时,偏心荷载 $P=1$ 对各主梁的总作用

$$\eta_{ie} = \frac{I_i}{\sum\limits_{i=1}^{n} I_i} \pm \frac{ea_i I_i}{\sum\limits_{i=1}^{n} a_i^2 I_i} \tag{2-3-32}$$

当 $P=1$ 位于第 k 号梁轴上($e=a_k$)时,上式可写成

$$\eta_{ik} = \frac{I_i}{\sum\limits_{i=1}^{n} I_i} \pm \frac{a_i a_k I_i}{\sum\limits_{i=1}^{n} a_i^2 I_i} \tag{2-3-33}$$

[**例 2-3-4**] 一座计算跨径 $l=19.50\text{m}$ 的简支梁,其横截面如图 2-3-16a)所示,纵断面布置如图 2-3-11 所示。试求荷载位于跨中时 1 号边梁的荷载横向分布系数 m_{cq}(汽车荷载)和 m_{cr}(人群荷载)。

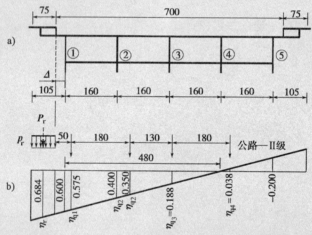

图 2-3-16 刚性横梁法计算横向分布系数图式(尺寸单位:cm)

[**解**] 从图 2-3-11 中可知,此桥设有刚度强大的横隔梁,且承重结构的跨宽比为

$$\frac{l}{B} = \frac{19.50}{5 \times 1.60} = 2.4 > 2$$

故可按偏心压力法来计算横向分布系数 m_c,其步骤如下:

① 求荷载横向分布影响线竖标。

本桥各根主梁的横截面均相等,梁数 $n=5$,梁间距为 1.60m,则

$$\sum_{i=1}^{5} a_i^2 = a_1^2 + a_2^2 + a_3^2 + a_4^2 + a_5^2$$

$$= (2 \times 1.60)^2 + 1.60^2 + 0 + (-1.60)^2 + (-2 \times 1.60)^2$$

$$= 25.60(\text{m}^2)$$

由式(2-3-29)得,1 号梁在两个边主梁处的横向影响线的竖标值为

$$\eta_{11} = \frac{1}{n} + \frac{a_1^2}{\sum\limits_{i=1}^{n} a_i^2} = \frac{1}{5} + \frac{(2 \times 1.60)^2}{25.60}$$

$$= 0.20 + 0.40 = 0.60$$

$$\eta_{15} = \frac{1}{n} - \frac{a_1 a_5}{\sum_{i=1}^{n} a_i^2} = 0.20 - 0.40 = -0.20$$

②绘出荷载横向分布影响线,并按最不利位置布载,如图2-3-16b)所示。
人行道缘石至1号梁轴线的距离 Δ 为

$$\Delta = 1.05 - 0.75 = 0.3(\text{m})$$

荷载横向分布影响线的零点至1号梁位的距离为 x,可按比例关系求得 x。

$$\frac{x}{0.60} = \frac{4 \times 1.60 - x}{0.2}; 解得 x = 4.80(\text{m})$$

并据此计算出对应各荷载点的影响线竖标 η_{qi} 和 η_r。

③计算荷载横向分布系数 m_c。

1号梁的活载横向分布系数分别计算如下:
汽车荷载

$$m_{cq} = \frac{1}{2}\sum \eta_q = \frac{1}{2} \cdot (\eta_{q1} + \eta_{q2} + \eta_{q3} + \eta_{q4}) = \frac{1}{2} \times \frac{0.60}{4.80} \times (4.60 + 2.80 + 1.50 - 0.30) = 0.538$$

人群荷载

$$m_{cr} = \eta_r = \frac{\eta_{11}}{x} \cdot x_r = \frac{0.60}{4.80} \times \left(4.80 + 0.30 + \frac{0.75}{2}\right) = 0.684$$

求得1号梁的各种荷载横向分布系数后,就可得到各类荷载分布至该梁的最大荷载值。

(3)修正偏心压力法

偏心压力法忽略了主梁的抵抗扭矩,这导致了边梁受力的计算结果偏大。为了弥补不足,国内外也广泛采用考虑主梁抗扭刚度的修正偏心压力法。

修正偏心压力法计算荷载横向分布,只要对偏心力矩 $M = 1 \cdot e$ 的作用进行修正即可。如图2-3-17所示,根据力矩的平衡条件,式(2-3-23)应改写成

$$\sum_{i=1}^{n} R_i'' \cdot a_i + \sum_{i=1}^{n} M_{Ti} = 1 \cdot e \tag{2-3-34}$$

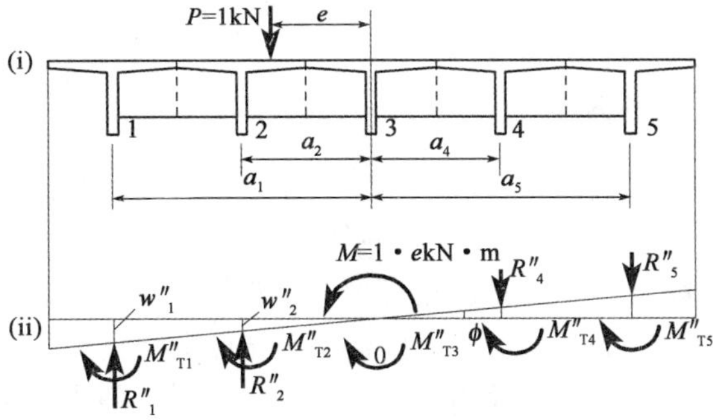

图2-3-17 修正刚性横梁法计算图式

由材料力学知,简支梁跨中截面扭矩 M_T 与扭角 ϕ 以及竖向力与挠度之间的关系为

$$\phi = \frac{lM_{Ti}}{4GI_{Ti}} \quad 和 \quad w_i'' = \frac{R_i'' l^3}{48EI_i} \tag{2-3-35}$$

式中：G——材料的剪切模量；

I_{Ti}——梁的抗扭惯性矩。

由几何关系知

$$\phi \approx \tan\phi = \frac{w_i''}{a_i} \tag{2-3-36}$$

将式(2-3-36)代入式(2-3-35)得

$$\phi = \frac{R_i'' l^3}{48 a_i E I_i} \tag{2-3-37}$$

将式(2-3-37)代入式(2-3-35)得

$$M_{Ti} = R_i'' \cdot \frac{l^2 G I_{Ti}}{12 a_i E I_i} \tag{2-3-38}$$

另由几何和刚度的比例关系，可知 1 号主梁的荷载为

$$\frac{R_i''}{a_i I_i} = \frac{R_1''}{a_1 I_1} \Rightarrow R_i'' = R_1'' \frac{a_i I_i}{a_1 I_1} \tag{2-3-39}$$

将式(2-3-39)代入式(2-3-38)，得

$$\sum R_1'' \frac{a_i^2 I_i}{a_1 I_1} + \sum \left(R_1'' \frac{a_i I_i}{a_1 I_1} \cdot \frac{l^2 G I_{Ti}}{12 a_i E I_i} \right) = e$$

或

$$R_1'' \cdot \frac{1}{a_1 I_1} \left(\sum a_i^2 I_i + \frac{G l^2}{12 E} \sum I_{Ti} \right) = e$$

则

$$R_1'' = \frac{e a_1 I_1}{\sum a_i^2 I_i + \frac{G l^2}{12 E} \sum I_{Ti}} = \frac{e a_1 I_1}{\sum a_i^2 I_i} \left(\frac{1}{1 + \frac{G l^2}{12 E} \frac{\sum I_{Ti}}{\sum a_i^2 I_i}} \right) = \beta \frac{e a_1 I_1}{\sum_{i=1}^{n} a_i^2 I_i} \tag{2-3-40}$$

即 1 号主梁所承担的总荷载为

$$R_{1e} = \eta_{1e} = \frac{I_1}{\sum_{i=1}^{n} I_i} \pm \beta \frac{e a_1 I_1}{\sum_{i=1}^{n} a_i^2 I_i} \tag{2-3-41}$$

式中：$\beta = \dfrac{1}{1 + \dfrac{G l^2}{12 E} \dfrac{\sum I_{Ti}}{\sum a_i^2 I_i}} < 1$。

任意主梁所承担的总荷载为

$$R_{ie} = \eta_{ie} = \frac{I_i}{\sum_{i=1}^{n} I_i} \pm \beta \frac{e a_i I_i}{\sum_{i=1}^{n} a_i^2 I_i} \tag{2-3-42}$$

修正偏心压力法比偏心压力法的计算精度要高，更接近于真实值，但是当主梁的片数增多，桥宽增加，横梁与主梁相对弯曲刚度比值降低，横梁不再能看作是无限刚性时，用修正偏心压力法计算仍会产生较大的误差。此时应采用刚接梁法计算，具体计算方法可参见第七篇相关内容。

3. 荷载横向分布系数 m 沿桥跨的变化

用杠杆原理法确定出位于支点处的荷载横向分布系数以 m_0 表示，用(修正)偏心压力法确定出位于跨中的荷载横向分布系数以 m_c 表示，其他位置的荷载横向分布系数 m_x 便可用图 2-3-18 所示的近似处理方法来确定。

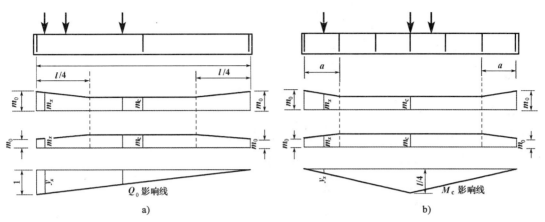

图 2-3-18 m 沿跨长变化图

对于无中间横隔梁或仅有一根中横隔梁的情况,跨中部分须用不变的 m_c,从离支点 $\frac{l}{4}$ 处起至支点的区段内 m_x 呈直线形过渡至 m_0[图 2-3-18a)];对于有多根内横隔梁的情况,m_c 从第一根内横隔梁起向支点的 m_0 直线形过渡[图 2-3-18b)]。

这样,主梁上的汽车荷载因其纵向位置不同,就应有不同的横向分布系数。

在实际应用中,当求简支梁跨内各截面的最大弯矩时,为了简化起见,通常均可按不变化的 m_c 来计算。只有在计算主梁梁端截面的最大剪力时,才考虑荷载横向分布系数变化的影响[图 2-3-18a)]。对于跨内其他截面的主梁剪力,也可视具体情况计及 m 沿桥跨变化的影响。

4. 汽车、人群作用效应计算

截面汽车、人群作用效应一般计算公式如下

$$S = (1+\mu) \cdot \xi \cdot \sum m_i P y_i \tag{2-3-43}$$

可见,对于汽车荷载,将集中荷载直接布置在内力影响线数值最大的位置,其计算公式为

$$S_{汽} = (1+\mu) \cdot \xi \cdot (m_c q_k \Omega + m_i P_k y_i) \tag{2-3-44}$$

而对于人群荷载,则计算公式为

$$S_{人} = m_c \cdot q_r \Omega \tag{2-3-45}$$

上述式中:S——所示截面的弯矩或剪力;

μ——汽车荷载的冲击系数;

ξ——汽车荷载横向车道布载系数,参见表 1-3-5;

m_c——跨中横向分布系数;

q_k——汽车车道荷载中,每延米均布荷载标准值;

Ω——弯矩、剪力影响线的面积;

m_i——沿桥跨纵向与集中荷载位置对应的横向分布系数,参见图 2-3-18;

P_k——车道荷载中的集中荷载标准值;

y_i——沿桥跨纵向与荷载位置对应的内力影响线坐标值;

q_r——纵向每延米人群荷载标准值。

应该注意的是,利用式(2-3-44)和式(2-3-45)计算支点截面剪力或靠近支点截面的剪力时,应另外计及支点附近因荷载横向分布系数变化而引起的内力增(或减)值,即

$$\Delta S = (1+\mu)\cdot \xi \cdot \frac{a}{2}(m_0 - m_c)q\bar{y} \tag{2-3-46}$$

式中：a——荷载横向分布系数 m 过渡段长度；

q——每延米均布荷载标准值；

$\bar{y}$——m 变化区荷载重心处对应的内力影响线坐标；

其余符号意义同前。

[**例 2-3-5**] 仍以例 2-3-2 所述五梁式装配式钢筋混凝土简支梁桥为例，计算边主梁在公路—Ⅱ级和人群荷载 $q_r = 3.0\text{kN/m}^2$ 作用下的跨中最大弯矩、最大剪力以及支点截面的最大剪力。对于已经计算过的数据，均汇总于表 2-3-7。

[**解**]（1）荷载横向分布系数汇总（表 2-3-7）

荷载横向分布系数　　　　　　　　　　　表 2-3-7

梁 号	荷载位置	公路—Ⅱ级	人群荷载	备 注
边主梁	跨中 m_c	0.538	0.684	按"偏心压力法"计算，见例 2-3-4
	支点 m_0	0.438	1.422	按"杠杆法"计算，见例 2-3-3

（2）均布荷载和内力影响线面积计算（表 2-3-8）

均布荷载和内力影响线面积计算表　　　　　　　表 2-3-8

类型	公路—Ⅱ级均布荷载 (kN/m)	人群荷载 (kN/m)	影响线面积	影响线图式
$M_{l/2}$	$10.5\times0.75=$ 7.875	$3.0\times0.75=$ 2.25	$\Omega = \frac{1}{8}l^2 = \frac{1}{8}\times 19.5^2 = 47.53(\text{m}^2)$	
$Q_{l/2}$	7.875	2.25	$\Omega = \frac{1}{2}\times\frac{1}{2}\times 19.5\times 0.5 = 2.438(\text{m})$	
Q_0	7.875	2.25	$\Omega = \frac{1}{2}\times 19.5\times 1 = 9.75(\text{m})$	

（3）公路—Ⅱ级中集中荷载 P_k 计算

计算弯矩效应时　　　$P_k = 0.75\times[2\times(19.5+130)] = 0.75\times 299 = 224.25(\text{kN})$

计算剪力效应时　　　$P_k = 1.2\times 224.25 = 269.10(\text{kN})$

（4）计算冲击系数 μ

简支梁桥基频计算公式见式(1-3-2)，则对于单根主梁

$A = 0.3902\text{m}^2$　　$I_c = 0.066146\text{m}^4$　　$G = 0.3902\times 25 = 9.76(\text{kN/m})$

$G/g = 9.76/9.81 = 0.995(\text{kN}\cdot\text{s}^2/\text{m}^2)$

C30 混凝土 E 取 $3\times 10^{10}\text{N/m}^2$，则

$$f = \frac{3.14}{2 \times 19.5^2} \times \sqrt{\frac{3 \times 10^{10} \times 0.066\ 146}{0.995 \times 10^3}} = 5.831(\text{Hz})$$

$$\mu = 0.176\ 7\ln f - 0.015\ 7 = 0.296$$

则

$$1 + \mu = 1.296$$

(5)跨中弯矩 $M_{l/2}$、跨中剪力 $Q_{l/2}$ 计算

因双车道不折减,故 $\xi=1$。跨中弯矩 $M_{l/2}$、跨中剪力 $Q_{l/2}$ 见表2-3-9。

表2-3-9

截面	荷载类型	q_k 或 q_r (kN/m)	P_k(kN)	$(1+\mu)$	m_c	Ω 或 y	S(kN·m 或 kN)	
							S_i	S
$M_{l/2}$	公路—Ⅱ级	7.875	224.25	1.296	0.538	47.53	260.98	1023.22
						$y=\frac{l}{4}=4.875$	762.24	
	人群	2.25	—	—	0.684	47.53	73.1	
$Q_{l/2}$	公路—Ⅱ级	7.875	269.10	1.296	0.538	2.438	13.39	107.20
						0.5	93.81	
	人群	2.25	—	—	0.684	2.438	3.75	

(6)计算支点截面汽车荷载最大剪力

绘制荷载横向分布系数沿桥纵向的变化图形和支点剪力影响线如图2-3-19b)、c)、d)所示。

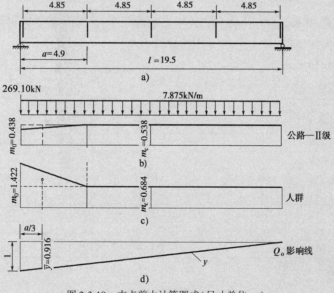

图2-3-19 支点剪力计算图式(尺寸单位:m)

横向分布系数变化区段的长度:

m 变化区荷载重心处的内力影响线坐标为

$$\bar{y} = 1 \times \frac{19.5 - \frac{1}{3} \times 4.9}{19.5} = 0.916$$

利用式(2-3-44)和式(2-3-46)计算,则得

$$Q_{0均} = (1+\mu)\xi q_k \left[m_c \Omega + \frac{a}{2}(m_0 - m_c)\bar{y} \right]$$

$$= 1.296 \times 1 \times 7.875 \times \left[0.538 \times 9.75 + \frac{4.9}{2} \times (0.438 - 0.538) \times 0.916 \right]$$

$$= 51.25(\text{kN})$$

$$Q_{0集} = (1+\mu) \cdot \xi \cdot m_i P_k y_i = 1.296 \times 1 \times 0.438 \times 269.10 \times 1.0 = 152.75(\text{kN})$$

则公路—Ⅱ级作用下,1号梁支点的最大剪力为

$$Q_0 = Q_{0均} + Q_{0集} = 51.25 + 152.75 = 204.00(\text{kN})$$

(7)计算支点截面人群荷载最大剪力

人群荷载引起的支点剪力按式(2-3-45)和式(2-3-46)计算

$$Q_{0r} = m_c q_r \Omega + \frac{a}{2}(m_0 - m_c) q_r \cdot \bar{y}$$

$$= 0.684 \times 2.25 \times 9.75 + \frac{1}{2} \times 4.9 \times (1.422 - 0.684) \times 2.25 \times 0.916$$

$$= 15.00 + 3.73 = 18.73(\text{kN})$$

三、主梁内力组合

钢筋混凝土及预应力混凝土梁桥,当按承载能力极限状态设计时,作用效应组合按表2-3-1规定采用。

[**例2-3-6**] 已知例2-3-2所示装配式钢筋混凝土简支梁中1号边梁的内力值最大,利用例2-3-5的计算结果,列表确定控制设计的计算内力。

[**解**] 控制设计的计算内力见表2-3-10。

表2-3-10

序号	荷载类别	弯矩 M(kN·m)			剪力 Q(kN)	
		梁端	四分点	跨中	梁端	跨中
1	结构自重	0	572.5	763.4	156.6	0
2	汽车荷载	0	767.42	1 023.22	204.0	107.20
3	人群荷载	0	54.9	73.1	18.7	3.8
4	1.2×(1)	0	687.0	916.1	187.9	0
5	1.4×(2)	0	1 074.39	1 432.51	285.6	150.08
6	0.75×1.4×(3)	0	57.65	76.76	19.64	3.99
7	S_{ud}=(4)+(5)+(6)	0	1 819.04	2 425.37	493.14	154.07

第三节 横隔梁内力计算

为了保证各主梁共同受力和加强结构的整体性,横隔梁本身或其装配式接头应具有足够的强度。对于具有多根内横隔梁的桥梁,通常就只要计算受力最大的跨中横隔梁的内力,其他横隔梁可偏安全地仿此设计。

下面将介绍按偏心压力法原理来计算横隔梁内力的实用方法。

一、作用在横梁上的计算荷载

对于跨中一根横隔梁来说,除了直接作用在其上的轮重外,前后的轮重对它也有影响。在计算中可假设荷载在相邻横隔梁之间按杠杆原理法传布,如图 2-3-20 所示。因此,纵向一列汽车车道荷载轮重分布给该横隔梁的计算荷载为

$$P_{0q} = \frac{1}{2}(q_k \Omega + P_k y_1) = \frac{1}{2}q_k l_a + \frac{1}{2}P_k y_1 \tag{2-3-47}$$

同理,人群荷载分布给该横隔梁的计算荷载为

$$P_{0r} = q_r \cdot \Omega = q_r l_a（影响线上布满荷载） \tag{2-3-48}$$

上述式中：Ω——按杠杆原理计算的纵向荷载影响线面积;

l_a——横隔梁的间距;

y_1——P_k 布置在中横隔梁上时,所对应的按杠杆原理计算的纵向荷载影响线竖坐标值,为 1;

其余符号意义同前。

对于横隔梁的计算,车道荷载与车辆荷载应分别作用,取其大者为设计值。

二、横隔梁的内力影响线

将桥梁的中横隔梁近似地视作竖向支承在多根弹性主梁上的多跨弹性支承连续梁,如图 2-3-21 所示。当桥梁在跨中有单位荷载 $P=1$ 作用时,各主梁所受的荷载将为 $R_1, R_2, R_3, \cdots, R_n$,这也就是横隔梁的弹性支承反力。因此,取 r 截面左侧为隔离体,如图 2-3-21c)所示,由力的平衡条件就可写出横隔梁任意截面 r 的内力计算公式。

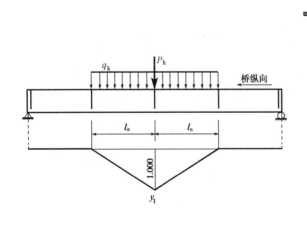

图 2-3-20 横隔梁上计算荷载的计算图式

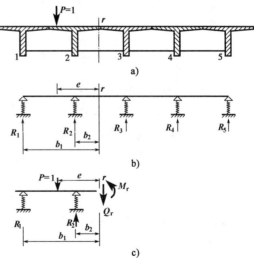

图 2-3-21 横隔梁计算图式

荷载 $P=1$ 位于截面 r 的左侧时

$$\left.\begin{aligned} M_r &= R_1 \cdot b_1 + R_2 \cdot b_2 - 1 \cdot e = \sum_{i}^{左} R_i b_i - e \\ Q_r &= R_1 + R_2 - 1 = \sum_{i}^{左} R_i - 1 \end{aligned}\right\} \tag{2-3-49}$$

荷载 $P=1$ 位于截面 r 的右侧时

$$\left.\begin{aligned} M_r &= R_1 \cdot b_1 + R_2 \cdot b_2 = \overset{左}{\sum} R_i b_i \\ Q_r &= R_1 + R_2 = \overset{左}{\sum} R_i \end{aligned}\right\} \tag{2-3-50}$$

上述式中：M_r、Q_r——横隔梁任意截面 r 的弯矩和剪力；

　　　　　e——荷载 $P=1$ 至所求截面的距离；

　　　　　b_i——支承反力 R_i 至所求截面的距离；

　　　　　$\overset{左}{\sum} R_i$——表示涉及所求截面以左的全部支承反力 R_i 的总和。

由此可以直接利用已经求得的 R_i 的横向分布影响线来绘制横隔梁上某个截面的内力影响线。

三、横隔梁内力计算

用上述的计算荷载在横隔梁某截面的内力影响线上按最不利位置加载，就可求得横隔梁在该截面上的最大（或最小）内力值。

$$S = (1+\mu) \cdot \xi \cdot P_{0q} \sum \eta \tag{2-3-51}$$

式中：η——横隔梁内力影响线竖标；

　　　μ、ξ——通常可近似地取用主梁的冲击系数 μ 和 ξ 值。

[**例 2-3-7**] 计算例 2-3-2 中所示装配式钢筋混凝土简支梁桥跨中横梁在 2 号和 3 号主梁之间 r-r 截面上的弯矩 M_r 和靠近 1 号主梁处截面的剪力 $Q_1^{右}$，荷载等级为公路—Ⅱ级。

[**解**] 1）确定作用在中横隔梁上的计算荷载

对于跨中横隔梁的最不利荷载布置如图 2-3-22 所示。

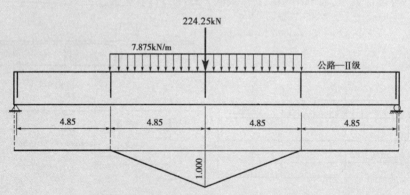

图 2-3-22　跨中横隔梁的受载图式（尺寸单位：m）

纵向一列车轮对于中横隔梁的计算荷载为

计算弯矩时

$$P_{0q} = \frac{1}{2}(q_k \Omega + P_k y) = \frac{1}{2} \times \left(7.875 \times \frac{1}{2} \times 4.85 \times 2 \times 1.0 + 224.25 \times 1.0\right)$$

$$= 131.22(\text{kN})$$

计算剪力时

$$P_{0q} = \frac{1}{2} \times \left(7.875 \times \frac{1}{2} \times 4.85 \times 2 \times 1.0 + 1.2 \times 224.25 \times 1.0\right) = 153.6(\text{kN})$$

2) 绘制中横隔梁的内力影响线

按例 2-3-4 的偏心压力法可算得 1、2 号梁的荷载横向分布影响线竖坐标值如图 2-3-23a) 所示,则 M_r 的影响线竖标可计算如下

$P=1$ 作用在 1 号梁轴上时 ($\eta_{11}=0.60, \eta_{15}=-0.20$)

$$\eta_{r1}^M = \eta_{11} \times 1.5d + \eta_{21} \times 0.5d - 1 \times 1.5d$$

$$= 0.6 \times 1.5 \times 1.6 + 0.4 \times 0.5 \times 1.6 - 1.5 \times 1.6 = -0.64$$

$P=1$ 作用在 5 号梁轴上时

$$\eta_{r5}^M = \eta_{15} \times 1.5d + \eta_{25} \times 0.5d$$

$$= (-0.20) \times 1.5 \times 1.6 + 0 \times 0.5 \times 1.6 = -0.48$$

$P=1$ 作用在 2 号梁轴上时 ($\eta_{12}=0.40, \eta_{22}=0.30$)

$$\eta_{r2}^M = \eta_{12} \times 1.5d + \eta_{22} \times 0.5d - 1 \times 0.5d$$

$$= 0.40 \times 1.5 \times 1.6 + 0.30 \times 0.5 \times 1.6 - 0.5 \times 1.6 = 0.40$$

由已学影响线的知识可知,M_r 影响线必在 r-r 截面处有突变,根据 η_{r5}^M 和 η_{r3}^M 连线延伸至 r-r 截面,即为 η_{rr}^M 值(0.92),由此即可绘出 M_r 影响线如图 2-3-23b) 所示。

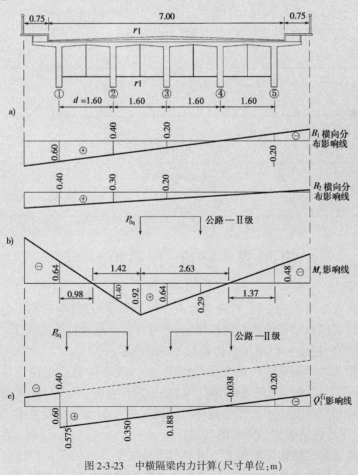

图 2-3-23 中横隔梁内力计算(尺寸单位:m)

3）绘制剪力影响线

对于 1 号主梁处截面的 $Q_1^{右}$ 影响线可计算如下

$P=1$ 作用在计算截面以右时

$$Q_1^{右} = R_1 \quad 即 \quad \eta_{1i}^{右} = \eta_{1i}$$

$P=1$ 作用在计算截面以左时

$$Q_1^{右} = R_1 - 1 \quad 即 \quad \eta_{1i}^{右} = \eta_{1i} - 1$$

绘成 $Q_1^{右}$ 影响线如图 2-3-23c）所示。

4）截面内力计算

将求得的计算荷载 P_{0q} 在相应的影响线上按最不利荷载位置加载，对于汽车荷载并计入冲击影响力 $(1+\mu)$，则得到表 2-3-11 所示结果。

表 2-3-11

公路—Ⅱ级	弯矩 M_r	$M_r = (1+\mu) \cdot \xi \cdot p_{0q} \cdot \Sigma\eta = 1.296 \times 1 \times 131.22 \times (0.92+0.29) = 205.77(\text{kN} \cdot \text{m})$
	剪力 $Q_1^{右}$	$Q_1^{右} = (1+\mu) \cdot \xi \cdot p_{0q} \cdot \Sigma\eta = 1.296 \times 1 \times 153.6 \times (0.575+0.350+0.188-0.038) = 214.00(\text{kN})$

5）内力组合（鉴于横隔梁的结构自重内力甚小，计算中可略去不计）

（1）承载能力极限状态内力组合，见表 2-3-12。

表 2-3-12

基本组合	$M_{\max,r} = 0 + 1.4 \times 205.77 = 288.1(\text{kN} \cdot \text{m})$
	$Q_{\max,1}^{右} = 0 + 1.4 \times 214.00 = 299.6(\text{kN})$

（2）正常使用极限状态内力组合，见表 2-3-13。

表 2-3-13

频遇组合	$M_{\max,r} = 0 + 0.7 \times 205.77/1.296 = 111.1(\text{kN} \cdot \text{m})$
	$Q_{\max,1}^{右} = 0 + 0.7 \times 214.00/1.296 = 115.6(\text{kN})$

第四节　挠度、预拱度计算

一座桥梁如果发生过大的变形，首先会给人一种不安全的感观，它不但会导致行车困难，而且容易使桥面铺装层和结构的辅助设备损坏，严重者甚至危及桥梁的安全。因此，必须计算梁的变形（通常指竖向挠度），以确保结构具有足够的刚度。

桥梁挠度分为永久作用挠度和可变荷载挠度。永久作用（包括结构自重、桥面铺装和附属设备的重力、预应力、混凝土徐变和收缩作用）是恒久存在的，其产生挠度与持续时间相关，可分为短期挠度和长期挠度。永久作用挠度可以通过施工时预设的反向挠度（又称预拱度）来加以抵消，使竣工后的桥梁达到理想的线形。

桥梁的预拱度通常按结构自重和 1/2 可变荷载频遇值计算的长期挠度值二者之和采用，这就意味着在使用阶段常遇荷载情况下桥面基本上接近设计高程。对于一般小跨径的钢筋混凝土梁桥,当由结构自重和汽车荷载所计算的长期挠度不超过计算跨径的 1/1 600 时,可以不设预拱度。对于位于竖曲线上的桥梁,应视竖曲线的凸起或凹下情况,适当增或减预拱度值,使竣工后的线形与竖曲线接近一致。

可变荷载挠度虽然是临时出现的,但是随着可变荷载的移动,挠度大小逐渐变化,在最不利的荷载位置下,挠度达到最大值,一旦汽车驶离桥梁,挠度就会消失。因此在桥梁设计中需要验算可变荷载挠度来体现结构的刚度特性。

《桥规 JTG 3362》规定,对于钢筋混凝土及预应力混凝土梁桥,用可变荷载频遇值计算的上部结构长期的跨中最大竖向挠度,不应超过 $l/600$,l 为计算跨径;对于悬臂体系,悬臂端点的挠度不应超过 $l'/300$,l' 为悬臂长度。

值得注意的是,全预应力混凝土构件因预加力大往往引起向上的挠度,也称上挠度,如图 2-3-24 所示。这种挠度甚至会由于混凝土徐变的作用而不断增加,其上挠值随张拉龄期的不同有较大的差异。这在跨度较大的装配式预应力 T 梁中表现得尤为明显。因此,在设计和施工时必须慎重,严格控制各片梁的初张拉龄期,结合荷载产生的向下挠度和合理控制预加应力来避免产生过大的上拱度。

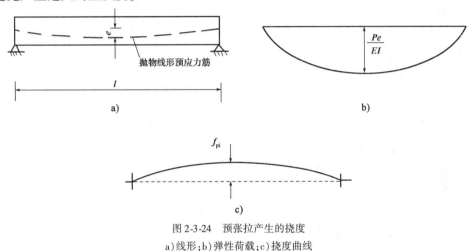

图 2-3-24 预张拉产生的挠度
a)线形;b)弹性荷载;c)挠度曲线

钢筋混凝土和预应力混凝土简支梁长期挠度值 f_c 可按下式计算

$$f_c = \eta_\theta f \tag{2-3-52}$$

式中:f_c——长期挠度值;

η_θ——挠度长期增长系数,当采用 C40 以下混凝土时,取为 1.60;当采用 C40~C80 混凝土时,取为 1.45~1.35,中间强度等级可按直线内插取用;计算预应力混凝土简支梁预加力反拱值时,取为 2.0;

f——按荷载短期效应组合计算的短期挠度值。

对于钢筋混凝土简支梁,按荷载短期效应作用下的跨中截面挠度 f 按下式近似计算为

$$f = \frac{5}{48} \cdot \frac{M_s l^2}{B} \tag{2-3-53}$$

$$B = \frac{B_0}{\left(\dfrac{M_{cr}}{M_s}\right)^2 + \left[1 - \left(\dfrac{M_{cr}}{M_s}\right)^2\right]\dfrac{B_0}{B_{cr}}} \tag{2-3-54}$$

$$M_{cr} = \gamma f_{tk} W_0 \tag{2-3-55}$$

$$\gamma = \frac{2S_0}{W_0} \tag{2-3-56}$$

式中：M_s——由荷载频遇组合计算的弯矩值；

l——计算跨径；

B——开裂构件等效截面的抗弯刚度；

B_0——全截面的抗弯刚度，$B_0 = 0.95 E_c I_0$；

B_{cr}——开裂截面的抗弯刚度，$B_{cr} = E_c I_{cr}$；

M_{cr}——开裂弯矩；

γ——构件受拉区混凝土塑性影响系数；

I_0——全截面换算截面惯性矩；

I_{cr}——开裂截面换算截面惯性矩；

f_{tk}——混凝土轴心抗拉强度标准值；

S_0——全截面换算截面重心轴以上(或以下)部分面积对重心轴的面积矩；

W_0——换算截面抗裂边缘的弹性抵抗矩。

对于预应力混凝土受弯构件，当计算短期弹性挠度时，对于全预应力和 A 类预应力构件，截面刚度采用 B_0，即 $0.95 E_c I_0$。对于允许开裂的 B 类预应力构件，M_{cr} 作用时，截面刚度采用 B_0；$(M_s - M_{cr})$ 作用时，截面刚度采用 B_{cr}，即 $E_c I_{cr}$，且 $M_{cr} = (\sigma_{pc} + \gamma f_{tk}) W_0$。$\sigma_{pc}$ 表示扣除全部预应力损失预应力钢筋和普通钢筋合力在构件抗裂边缘产生的混凝土预压应力，其他符号含义同前。

[**例 2-3-8**] 验算例 2-3-2 所示 C30 混凝土装配式钢筋混凝土简支梁桥的主梁变形，已知该主梁开裂构件等效截面的抗弯刚度 $B = 1.750 \times 10^9 \mathrm{N \cdot m^2}$。

[**解**] 根据例 2-3-6 可知跨中截面主梁结构自重产生的最大弯矩 M_{Gk} 为 763.4kN·m，汽车产生的最大弯矩(不计冲击力)为 789.5kN·m，人群产生的最大弯矩为 73.1kN·m。

(1) 验算主梁的变形

按《桥规 JTG 3362》规定，验算主梁的变形时，不计入结构自重产生的长期挠度，汽车不计入冲击力。

则可变荷载频遇值产生的跨中长期挠度为

$$f = 1.6 \times \frac{5(M_s - M_{Gk})L^2}{48B} = 1.6 \times \frac{5 \times (0.7 \times 789.5 + 0.4 \times 73.1) \times 10^3 \times 19.5^2}{48 \times 1.750 \times 10^9}$$

$$= 0.0211(\mathrm{m}) = 2.21\mathrm{cm} < \frac{L}{600} = \frac{1\,950}{600} = 3.25(\mathrm{cm})$$

(2) 判断是否设置预拱度

根据《桥规 JTG 3362》要求，当由荷载频遇组合并考虑长期效应影响产生的长期挠度超过计算跨径的 1/1 600 时，应设置预拱度。

$$f = 1.6 \times \frac{5 M_s L^2}{48B} = 1.6 \times \frac{5 \times (763.4 + 0.7 \times 789.5 + 0.4 \times 73.1) \times 10^3 \times 19.5^2}{48 \times 1.750 \times 10^9}$$

$$= 0.0487(\mathrm{m}) = 4.87\mathrm{cm} > \frac{L}{1\,600} = \frac{1\,950}{1\,600} = 1.22(\mathrm{cm})$$

(3)计算预拱度最大值

根据《桥规 JTG 3362》要求,预拱度值等于结构自重和 1/2 可变荷载频遇值所产生的长期挠度之和。

$$f = 1.6 \times \frac{5\left(M_{Gk} + \frac{1}{2}M_{可变频遇}\right)l^2}{48B}$$

$$= 1.6 \times \frac{5 \times [763.4 + (0.7 \times 789.5 + 0.4 \times 73.1)/2] \times 10^3 \times 19.5^2}{48 \times 1.750 \times 10^9} = 0.0382(\mathrm{m}) = 3.82(\mathrm{cm})$$

应做成平顺曲线。

第四章 混凝土连续体系梁桥计算

第一节 结构恒载内力计算

一、恒载内力计算特点

上一章所讨论的简支梁桥恒载内力计算，是按照成桥以后的结构图式进行分析的。然而对于连续梁桥等超静定结构，结构自重所产生的内力应根据它所采用的施工方法来确定其计算图式。对于桥面铺装等二期恒载的计算，也是如此。如果它是在成桥以后开始施工的话，那么就可按照整桥结构的图式进行分析，否则，也应按其相应施工阶段的计算图式单独地计算，然后进行内力或应力叠加。

以连续梁为例，综合国内外关于连续梁桥的施工方法，大体有以下几种：
(1) 有支架施工法。
(2) 逐孔施工法。
(3) 悬臂施工法。
(4) 顶推施工法等。

上述几种方法中，除有支架施工一次落梁法的连续梁桥可按成桥结构进行分析之外，其余几种方法施工的连续梁桥,都存在一个结构体系转换和内力(或应力)叠加的问题,这就是连续梁桥恒载内力计算的一个重要特点。

本节着重介绍如何结合施工程序来确定计算图式和进行内力分析以及内力叠加等问题，并且仅就大跨径连续梁桥中后两种施工方法——悬臂浇筑法和顶推施工法作为典型例子进行介绍。理解了对特例的分析思路以后，就会容易地掌握当采用其他几种施工方法时的桥梁结构分析方法了。

二、悬臂浇筑施工时连续梁的恒载内力计算

为了便于理解，现取一座三孔连续梁例子进行阐明，如图 2-4-1 所示。该桥上部结构采用挂篮对称平衡悬臂浇筑法施工，从大的方面可归纳为五个主要阶段，现按图分述如下。

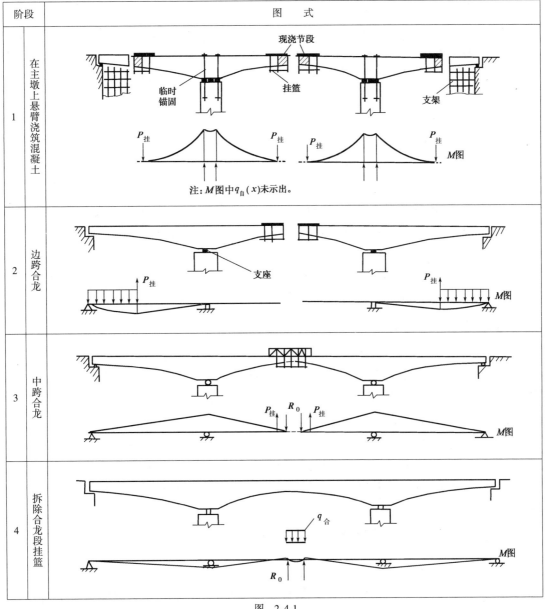

图 2-4-1

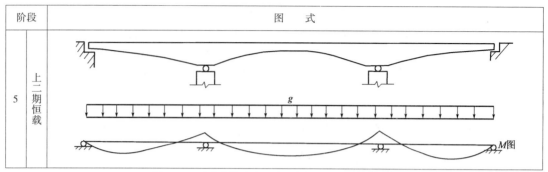

图 2-4-1 悬臂浇筑法施工时连续梁自重内力计算图式

1. 阶段1　在主墩上悬臂浇筑混凝土

首先在主墩上浇筑墩顶上面的梁体节段(称为零号块件),并用预应力筋及临时垫块将梁体与墩身临时锚固,然后采用施工挂篮向桥墩两侧分节段地进行对称平衡悬臂施工。此时桥墩上支座暂不受力,结构的工作性能犹如T形刚构。对于边跨不对称的部分梁段则采用有支架施工。

此时结构体系是静定的,外荷载为梁体自重 $q_自(x)$ 和挂篮重力 $P_挂$,其弯矩图与一般悬臂梁无异。

2. 阶段2　边跨合龙

当边跨梁体合龙以后,先拆除中墩临时锚固,然后便可拆除支架和边跨的挂篮。

此时由于结构体系发生了变化,边跨接近于一单悬臂简支梁,原来由支架承担的边段梁体质量转移到边跨梁体上。由于边跨挂篮的拆除,相当于结构承受一个向上的集中力 $P_挂$。

3. 阶段3　中跨合龙

当中跨合龙段上的混凝土尚未达到设计强度时,该段混凝土的自重 q 及挂篮重力 $2P_挂$ 将以2个集中力 R_0 的形式分别作用于两侧悬臂梁端部。由于此阶段的挂篮均向前移了,故原来向下的 $P_挂$ 现以方向向上的卸载力 $P_挂$ 作用在梁段的原来位置上。

4. 阶段4　拆除合龙段挂篮

此时全桥已经形成整体结构(超静定结构),拆除合龙段挂篮后,原先由挂篮承担的合龙段自重转而作用于整体结构上。

5. 阶段5　上二期恒载

在桥面均布二期恒载的作用下,可得到三跨连续梁桥的相应弯矩图。

以上是对每个阶段受力体系的剖析,若需知道某个阶段的累计内力时,则将该阶段的内力与在它以前几个阶段的内力进行叠加便得。成桥后的总恒载内力,将是这五个阶段内力叠加的结果。

三、顶推法施工时连续梁桥的恒载内力计算

1. 受力特点

用逐段顶推施工法完成的连续梁桥(简称顶推连续梁),一般将结构设计成等跨度和等高度截面的形式。当全桥顶推就位后,其恒载内力的计算与有支架施工法的连续梁完全相同。

顶推连续梁的主要受力特点反映在顶推施工的过程中,随着主梁节段逐段地向对岸推进,将使全桥每个截面的内力不断地从负弯矩→正弯矩→负弯矩……呈反复性的变化,图 2-4-2b)是这种结构在施工过程中的弯矩包络图。

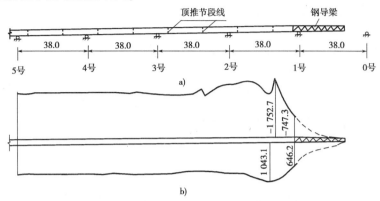

图 2-4-2　某桥顶推连续梁的布置与恒载弯矩包络图(尺寸单位:m;弯矩单位:kN·m)

为了改善这种施工方法带来的负面影响,一般采用以下措施:

(1)在顶推梁的最前端设置自重较轻且具有一定刚度的临时钢导梁(又称鼻梁),导梁长度约为主梁跨径 L 的 65%,以降低主梁截面的悬臂负弯矩。

(2)当主梁跨径较大(一般≥60m)时,可在每个桥孔的中央设置临时墩,或者在永久墩沿桥纵向的两侧增设三角形临时钢斜托,以减小顶推跨径。

(3)对于在成桥以后不需要布置正或负弯矩的钢束区,则根据顶推过程中的受力需要,配置适量的临时预应力钢束,施工完成后予以拆除。

2.施工中恒载内力计算

(1)计算假定

顶推连续梁通常是在岸边专门搭设的台座上逐段地预制、逐段向对岸推进的,它的形成是先由悬臂梁到简支梁再到连续梁,先由双跨连续梁再到多跨连续梁直至达到设计要求的跨数。为了简化计算,一般作了以下的假定:

①放在台座上的部分梁段不参与计算,也就是说,在计算图式中,靠近台座的桥台处可以假设为一个完全铰,如图 2-4-3 所示。

②每个顶推阶段均按该阶段全桥所处的实际跨径布置和荷载图式进行整体内力分析,而不是对同一截面的内力按若干不同阶段的计算内力进行叠加,也就是说,截面内力是流动的,而不是叠加的。

(2)最大正弯矩计算

顶推连续梁的内力呈动态型,其内力值与主梁和导梁两者的自重比、跨长比和刚度比等因素有关,很难用某个公式来确定图 2-4-2b)中最大正弯矩截面的所在位置,因此,只能借助有限元计算程序和通过试算来确定。但在初步设计中,可以近似地按图 2-4-4 的三跨连续梁计算图式估算(导梁完全伸出支点)。

其次,也可以参照以下近似公式计算。

$$M_{\max}^{+} = \frac{q_{自} l^2}{12}(0.933 - 2.96\gamma\beta^2) \qquad (2\text{-}4\text{-}1)$$

式中：$q_{自}$——主梁单位长自重；

γ——导梁与主梁的单位长自重比；

β——导梁长与跨长 l 的比例系数。

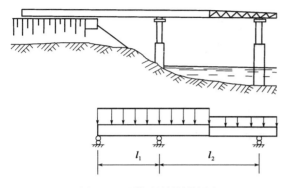

图 2-4-3　顶推连续梁计算图式　　　　图 2-4-4　顶推连续梁最大正弯矩截面的计算图式

（3）最大负弯矩计算

可根据以下两种图式的计算结果对比确定，选取二者的较大值作为顶推过程中的最大负弯矩。

①导梁接近前方支点（最大悬臂状态）（图 2-4-5）

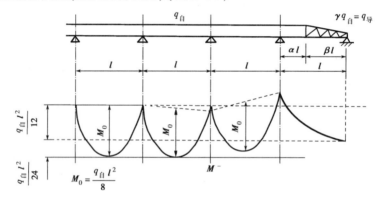

图 2-4-5　导梁接近前方支点时的自重内力图

此时的悬臂跨长最长，其计算公式为

$$M_{min}^{-} \approx -\frac{q_{自}l^2}{2}[\alpha^2 + \gamma(1-\alpha^2)] \tag{2-4-2}$$

式中：α——主梁悬臂伸出部分的长度与跨径 l 之比，参见图 2-4-5，其余符号同上。

②前支点支承在导梁约一半长度处（图 2-4-6）

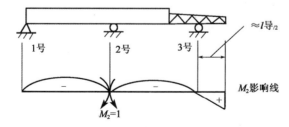

图 2-4-6　导梁支承在前支点上的计算图式

一般以取带悬臂的两跨连续梁图式计算最为不利，这也是根据支点截面的负弯矩影响线面积和的因素来判断的。该图式为一次超静定结构，虽然其中一跨梁存在刚度的变化，但计算并不困难。真正的最大负弯矩截面还需在靠近其两侧作试算和比较。

（4）一般梁截面的内力计算

对于导梁完全处在悬臂状态的情况，多跨连续梁可以分解为如图 2-4-7b)、c) 所示的两种情况，然后应用表 2-4-1 和表 2-4-2 的弯矩系数表分别计算后再进行叠加求得。

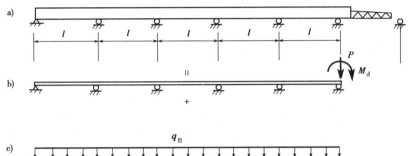

图 2-4-7 荷载的分解

等截面等跨径连续梁在端弯矩作用下支点弯矩系数 表 2-4-1

跨数 n	各支点截面弯矩系数 η_1										
	M_0	M_1	M_2	M_3	M_4	M_5	M_6	M_7	M_8	M_9	M_{10}
1	0	−1									
2	0	0.250 000	−1								
3	0	−0.066 667	0.266 667	−1							
4	0	0.017 857	−0.071 429	0.267 857	−1						
5	0	−0.004 785	0.019 139	−0.071 771	0.267 943	−1					
6	0	0.001 282	−0.005 128	0.019 231	−0.071 795	0.267 949	−1				
7	0	−0.000 344	0.001 374	−0.005 153	0.019 237	−0.071 797	0.267 949	−1			
8	0	0.000 092	−0.000 368	0.001 381	−0.005 155	0.019 238	−0.071 797	0.267 949	−1		
9	0	−0.000 025	0.000 097	−0.000 370	0.001 381	−0.005 155	0.019 238	−0.071 797	0.267 949	−1	
10	0	0.000 007	−0.000 026	0.000 099	−0.000 370	0.001 381	−0.005 155	0.019 238	−0.071 797	0.267 949	−1

等截面等跨径连续梁在自重作用下支点弯矩系数 表 2-4-2

跨数 n	各支点截面弯矩系数 η_2										
	M_0	M_1	M_2	M_3	M_4	M_5	M_6	M_7	M_8	M_9	M_{10}
1	0	0									
2	0	−0.125 000	0								
3	0	−0.100 000	−0.100 000	0							
4	0	−0.107 143	−0.071 428	−0.107 143	0						
5	0	−0.105 263	−0.078 947	−0.078 947	−0.105 263	0					
6	0	−0.105 769	−0.076 923	−0.086 538	−0.076 923	−0.105 769	0				
7	0	−0.105 634	−0.077 465	−0.084 507	−0.084 507	−0.077 465	−0.105 634	0			
8	0	−0.105 670	−0.077 320	−0.085 052	−0.082 474	−0.085 052	−0.077 320	−0.105 670	0		
9	0	−0.105 660	−0.077 358	−0.084 906	−0.083 019	−0.083 019	−0.084 906	−0.077 358	−0.105 660	0	
10	0	−0.105 663	−0.077 348	−0.084 945	−0.082 873	−0.083 564	−0.082 873	−0.084 945	−0.077 348	−0.105 663	0

各支点截面在端弯矩 M_d 作用下的弯矩 M_{id} 可按下式计算

$$M_{id} = \eta_1 M_d \tag{2-4-3}$$

各支点截面在主梁自重作用下的弯矩 M_{iq} 可按下式计算

$$M_{iq} = \eta_2 q_自 l^2 \tag{2-4-4}$$

各支点截面的总恒载弯矩 M_i 为

$$M_i = M_{id} + M_{iq} \tag{2-4-5}$$

上式中的 η_1 和 η_2 可从表 2-4-1 和表 2-4-2 中查得。当求得各支点的 M_i 之后,便不难按简支梁计算各截面的弯矩值。

[**例 2-4-1**] 为了理解上述计算公式与方法,下面以 $5 \times 40 \text{m}$ 顶推连续梁为例,如图 2-4-8a)所示。设主梁的荷载集度 $q_自 = 10 \text{kN/m}$,导梁长度 $l_导 = \beta l = 0.65 \times 40 = 26(\text{m})$ ($\beta = 0.65$),荷载集度 $q_导 = 1 \text{kN/m}(\gamma = 0.1)$,导梁与主梁的刚度比 $E_导 I_导/EI = 0.15$,试计算该主梁的最大和最小的弯矩值。

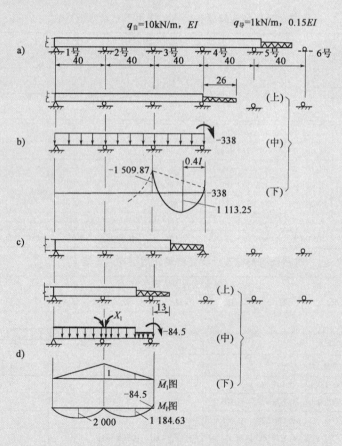

图 2-4-8 算例的结构布置及计算图式(尺寸单位:m;弯矩单位:kN·m)

[解] 计算步骤如下：
1）求主梁最大正弯矩值
方法1：按式(2-4-1)近似公式计算。

$$M_{max}^+ = \frac{q_{自}l^2}{12}(0.933 - 2.96\gamma\beta^2)$$

$$= \frac{10 \times 40^2}{12} \times (0.933 - 2.96 \times 0.1 \times 0.65^2) = 1\,077.25(kN \cdot m)$$

方法2：按图2-4-8b)（上）和应用表2-4-1和表2-4-2系数计算。
首先将悬出的钢导梁自重简化为作用于端支点处的集中力和节点弯矩 M_d [图2-4-8b)（中）]，集中力直接传递至桥墩，对梁内力不产生影响，故不予考虑。于是4号节点的弯矩 M_d 为

$$M_4 = M_d = -\frac{q_{导}(\beta l)^2}{2} = -\frac{1 \times 26^2}{2} = -338(kN \cdot m)$$

按三跨连续梁查表2-4-1和表2-4-2，得到3号中支点截面的弯矩系数分别为

$$\eta_1 = 0.266\,667, \qquad \eta_2 = -0.100\,0$$

代入式(2-4-3)~式(2-4-5)得3号支点总弯矩为

$$M_3 = 0.266\,667 \times 338 - 0.10 \times 10 \times 40^2 = -1\,509.87(kN \cdot m)$$

注：M_d 用正值代入是因为表2-4-1中的系数 η_1 均是按负值端弯矩求得的。
根据已知端弯矩 M_3、M_4 和均布荷载 $q_{自}$ 值，参看图2-4-8b)（下）不难算出距离4号节点 $0.4l = 16$m 处的弯矩值为

$$M_{0.4l} \approx M_{max}^+ = 1\,113.25 kN \cdot m \qquad (计算过程略)$$

此值与近似公式的计算值较接近，并且按此方法可以求算全梁各个截面的内力值。
2）求主梁最大负弯矩值
(1) 按导梁接近前方支点的计算图式[图2-4-8c)]和式(2-4-2)进行计算，得到

$$M_3 = M_{min}^- = -\frac{q_{自}l^2}{2}[\alpha^2 + \gamma(1-\alpha^2)]$$

按图中布置，$\alpha = 14/40 = 0.35$，于是得

$$M_{min}^- = -\frac{10 \times 40^2}{2}[0.35^2 + 0.1 \times (1-0.35^2)] = -1\,682(kN \cdot m)$$

(2) 按导梁中点支在3号墩顶的图式[图2-4-8d)（上）]计算
首先取图2-4-8d)（中）所示的基本结构，并将悬出部分的钢导梁简化为作用于3号支点处的集中力和节点弯矩，然后绘制单位荷载及外荷载弯矩图[图2-4-8d)（下）]。由于有一跨的不同节段存在刚度的差异，故在求算力法中的常变位和载变位时应进行分段积分（或图乘法）再求和，本例的两个变位值分别为

$$\delta_{11} = 29.26/EI, \qquad \Delta_{1p} = -57\,253.14/EI$$

$$X_1 = -\frac{\Delta_{1p}}{\delta_{11}} = \frac{57\,253.14}{29.26} = 1\,956.7(kN \cdot m) \qquad (同假定方向)$$

此值与有限元法程序的计算值 $-1\,958$kN·m 十分吻合。经比较，以按此图式算得的负弯矩值最大，该截面距主梁前端的距离约为27m。

第二节　箱梁剪力滞效应计算的有效宽度法

一、剪力滞概念

1. 定义

宽翼缘箱形截面梁受对称垂直力作用时,其上、下翼缘的正应力沿宽度方向分布是不均匀的,这种现象称为剪力滞或剪滞效应,如图2-4-9所示。位于腹板处的正应力最大,位于腹板两侧的正应力逐渐减小,这是与初等梁理论值的最根本差别。后者总是假定上、下翼缘的正应力是均匀分布的,如图2-4-9中的虚线所示。

为了说明这种不均匀分布的原理,下面举一个宽翼缘T形梁的简单例子进行剖析。图2-4-10a)是一根承受集中荷载P的矩形截面简支梁,如果加载之前在它的顶部两侧各扩宽一个矩形条带1号,构成了T形截面,如图2-4-10b)所示。显然,两侧条带1号与腹板(原矩形梁)之间的接触面

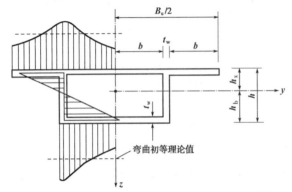

图 2-4-9　对称带悬臂板的单箱单室箱形截面的弯曲
应力分布(考虑剪力滞效应)

上将各产生一组大小相等方向相反的剪切力,这些剪切力对腹板而言,起到阻止上缘被压缩,从而减小了梁的跨中挠度;但对1号条带而言,便相当于受到一个偏心压力,其内侧的压应力大于其外侧的压应力。同理,在图2-4-10的两侧再扩大条带2号,又由于同样的剪力传递原因,使2号条带内侧的压应力比其外侧的大,如图2-4-10c)所示。如此类推,即构成了如图2-4-10d)所示的应力沿翼缘宽度方向不均匀分布的图形。根据这个简单道理,就完全可以理解图2-4-9中箱形截面梁应力分布的现象。

2. 研究剪滞效应的意义

试验和理论都证实,宽翼缘箱形截面梁(包括T形梁和I字形梁)存在剪力滞后现象,其最大正应力值σ_{max}一般大于按初等梁理论计算的平均值$\bar{\sigma}$,为此引入剪滞系数λ,它表示为

$$\lambda = \frac{\sigma_{max}}{\bar{\sigma}} \geq 1 \tag{2-4-6}$$

考虑剪力滞问题,在进行结构截面设计时,必须注意以下两点:

(1)采用适当的计算方法,如翼缘有效宽度法计算出截面的最大(最小)正应力值,并据此确定所需钢筋截面面积。

(2)有了准确的钢筋截面面积之后,在布置钢筋时,不可平均分配,而应大体上按应力变化的规律进行分配,才能保证结构的安全。实际工程中因忽略了这一点而使结构产生裂缝的例子也不少,应当引起注意。

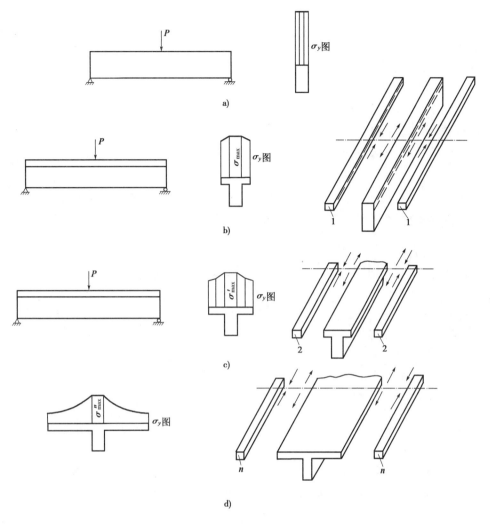

图 2-4-10 宽翼缘梁剪力滞现象分析举例

二、剪滞效应的实用计算法

1. 原理

在工程设计中,如果按照精确的剪力滞计算公式或空间有限元来分析结构的截面应力是十分不方便的。因此,工程上往往采用偏安全的实用计算方法——翼缘有效宽度法,其基本步骤是:①先按平面杆系结构理论计算箱梁各截面的内力(弯矩);②对不同位置的箱形截面,用不同的有效宽度折减系数将其翼缘宽度进行折减;③按照折减后的截面尺寸进行配筋设计和应力计算。

有效分布宽度的简单定义是:按初等梁理论公式算得的应力[图 2-4-11b)]与其实际应力峰值[图2-4-11a)]接近相等的那个翼缘折算宽度,称作有效宽度。例如,对于图中的有效宽度b_{e1},按下式换算求得

$$b_{e1} = \frac{t\int_0^c \sigma(x,y)\mathrm{d}y}{t\sigma_{\max}} \qquad (2\text{-}4\text{-}7)$$

式中：c——腹板至截面中线的净宽；

t——上翼缘厚度；

x——沿跨长方向的坐标；

y——沿横截面宽度方向的坐标；

$\sigma(x,y)$——翼板的正应力分布函数。

2. 规范规定

根据上述原理，我国现行的《桥规 JTG D60》，对于箱形截面梁在腹板两侧上、下翼缘的有效宽度 b_{mi}（图 2-4-12）的计算方法作了下列的规定。

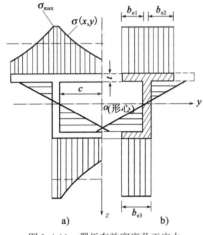

图 2-4-11 翼板有效宽度及正应力

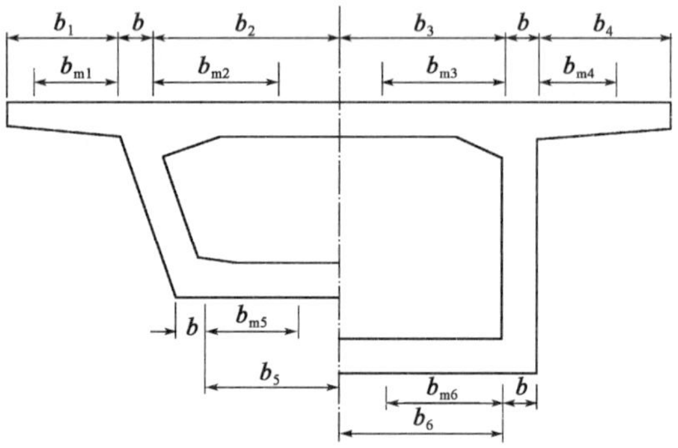

图 2-4-12 箱形截面梁翼缘有效宽度

（1）简支梁和连续梁各跨中部梁段，悬臂梁中间跨的中部梁段

$$b_{mi} = \rho_f b_i \qquad (2\text{-}4\text{-}8)$$

$$\rho_f = -6.44(b_i/l_i)^4 + 10.10(b_i/l_i)^3 - 3.56(b_i/l_i)^2 - 1.44(b_i/l_i) + 1.08 \qquad (2\text{-}4\text{-}9)$$

（2）简支梁支点，连续梁边支点及中间支点，悬臂梁悬臂段

$$b_{mi} = \rho_s b_i \qquad (2\text{-}4\text{-}10)$$

$$\rho_s = 21.86(b_i/l_i)^4 - 38.01(b_i/l_i)^3 + 24.57(b_i/l_i)^2 - 7.67(b_i/l_i) + 1.27$$

$$(2\text{-}4\text{-}11)$$

上述式中：b_{mi}——腹板上、下各翼缘的有效宽度（$i=1,2,3,\cdots$）；

b_i——腹板上、下各翼缘的实际宽度（$i=1,2,3,\cdots$）；

ρ_f——有关简支梁、连续梁各跨中部梁段和悬臂梁中间跨的中部梁段翼缘有效宽度的计算系数；

ρ_s——有关简支梁支点、连续梁边支点和中间支点、悬臂梁悬臂段翼缘有效宽度的计算系数。

(3)当梁高 $h \geq \dfrac{b_i}{0.3}$ 时,翼缘有效宽度采用翼缘实际宽度。

[**例 2-4-2**] 四跨等高度箱形截面连续梁。跨径组合及截面尺寸均示于图 2-4-13,试计算边跨和中跨中部以及中间支点处的翼缘有效宽度。

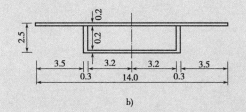
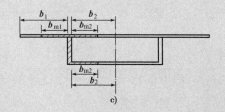

图 2-4-13 例题 2-4-2 结构尺寸示意图(尺寸单位:m)

[**解**] 计算步骤如下:

(1)按表 2-4-3 中的规定,计算欲求截面位置处的理论跨径 l_i

边跨 $\qquad l_1 = 0.8 l_s = 0.8 \times 35 = 28 (\mathrm{m})$

中跨 $\qquad l_2 = 0.6 l_s = 0.6 \times 40 = 24 (\mathrm{m})$

中支点 $\qquad l_3 = 0.2 (l_s + l_m) = 15 (\mathrm{m})$

ρ_s、ρ_f 的应用位置和理论跨径 l_i 　　　　表 2-4-3

结 构 体 系		理论跨径 l_i
简支梁		$l_i = l$
连续梁	边跨	边支点或跨中部分梁段 $l_i = 0.8l$

续上表

结构体系			理论跨径 l_i
连续梁	中间跨		跨中部分梁段 l_i = $0.6l$,中间支点 l_i 取 0.2 倍两相邻跨径之和
悬臂梁			$l_i = 1.5l$

注:1. a 取与所求计算宽度 b_{mi}(图 2-4-12)相应的翼缘宽度 b_i,但 a 不大于 $0.25l$。
2. l 为梁的计算跨径。
3. $c = 0.1l$。
4. 在长度 a 或 c 的梁段内,有效宽度可用直线插入法在 $\rho_s b_i$ 与 $\rho_f b_i$ 间求取。

(2) 计算翼缘实际宽度与理论跨径之比 b_i/l_i

边跨 $\quad\dfrac{b_1}{l_1}=\dfrac{3.5}{28}=0.125, \quad \dfrac{b_2}{l_1}=\dfrac{3.2}{28}=0.114$

中跨 $\quad\dfrac{b_1}{l_2}=\dfrac{3.5}{24}=0.146, \quad \dfrac{b_2}{l_2}=\dfrac{3.2}{24}=0.133$

中支点 $\quad\dfrac{b_1}{l_3}=\dfrac{3.5}{15}=0.233, \quad \dfrac{b_2}{l_3}=\dfrac{3.2}{15}=0.213$

(3) 根据计算得到的 b_i/l_i 值和式(2-4-9)、式(2-4-11)求对应的 ρ_f 和 ρ_s 值,再根据式(2-4-8)、式(2-4-10)计算所求截面的翼缘有效宽度 b_{mi}

边跨 $\quad$ 当 $\dfrac{b_1}{l_1}=0.125$ 时 $\quad \rho_f=0.863 \quad b_{m1}=0.863\times 3.5=3.02(\mathrm{m})$

$\quad\quad\quad$ 当 $\dfrac{b_2}{l_1}=0.114$ 时 $\quad \rho_f=0.884 \quad b_{m2}=0.884\times 3.2=2.83(\mathrm{m})$

中跨 $\quad$ 当 $\dfrac{b_1}{l_2}=0.146$ 时 $\quad \rho_f=0.822 \quad b_{m1}=0.822\times 3.5=2.88(\mathrm{m})$

$\quad\quad\quad$ 当 $\dfrac{b_2}{l_2}=0.133$ 时 $\quad \rho_f=0.847 \quad b_{m2}=0.847\times 3.2=2.71(\mathrm{m})$

中支点 $\quad$ 当 $\dfrac{b_1}{l_3}=0.233$ 时 $\quad \rho_s=0.400 \quad b_{m1}=0.400\times 3.5=1.40(\mathrm{m})$

$\quad\quad\quad$ 当 $\dfrac{b_2}{l_3}=0.213$ 时 $\quad \rho_s=0.429 \quad b_{m2}=0.429\times 3.2=1.37(\mathrm{m})$

上述的 b_i 和 b_{mi} 的几何意义如图 2-4-13c)所示。

第三节 预应力效应计算的等效荷载法

一、预应力次内力的概念

超静定结构(连续梁和连续刚构等)因各种强迫变形(例如预应力、徐变、收缩、温度及基础沉降等)而在多余约束处产生的附加内力,统称为次内力或二次内力。

预应力混凝土简支梁在预加力作用下只产生自由挠曲变形和预应力偏心力矩(初预矩),而不产生次力矩,如图 2-4-14a)所示。连续梁因存在多余约束,限制梁体自由变形,不仅在多余约束处产生垂直次反力,而且在梁体产生次力矩,如图 2-4-14b)所示,故它的总力矩为

$$M_总 = M_0 + M' \quad (2\text{-}4\text{-}12)$$

式中:M_0——初预矩,它是预加力 N_y 与偏心距 e 的乘积,即 $M_0 = N_y e$;

M'——预加力引起的次力矩,它可用力法或等效荷载法求解。

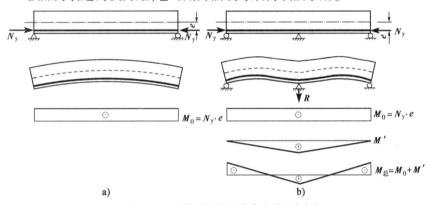

图 2-4-14 预加力引起的挠曲变形和次内力

由于力法原理在《结构力学》一书中已有详细介绍,故本节重点介绍等效荷载法的原理及其应用。

二、等效荷载法原理

1. 基本假定

为了简化分析,对于预应力混凝土梁作了以下的假定:

(1)预应力筋的摩阻损失忽略不计(或按平均分布计入)。

(2)预应力筋贯穿构件的全长。

(3)索曲线近似地视为按二次抛物线变化,且曲率平缓。

2. 曲线预应力索的等效荷载

图 2-4-15 为配置曲线索的预应力混凝土简支梁,其左端锚头的倾角为 θ_A 且偏离中轴线的距离为 e_A,其右端锚头的倾角为 θ_B、偏心距为 e_B,索曲线在跨中的垂度为 f。图中的符号规定是:索力的偏心距 e_i 以向上为正,向下为负;荷载以向上者为正,反之为负;倾角 θ 以逆时针

方向为正,顺时针方向为负。

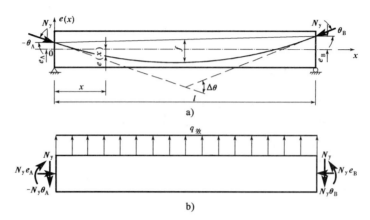

图 2-4-15 配置曲线索的等效荷载

基于上述符号规定,则此索曲线的表达式为

$$e(x) = \frac{4f}{l^2}x^2 + \frac{e_B - e_A - 4f}{l}x + e_A \tag{2-4-13}$$

预应力筋对中心轴的偏心力矩 $M(x)$ 为

$$\begin{aligned} M(x) &\approx N_y e(x) \\ &= N_y \left(\frac{4f}{l^2}x^2 + \frac{e_B - e_A - 4f}{l}x + e_A \right) \end{aligned} \tag{2-4-14}$$

由"材料力学"课程知识可知

$$q(x) = \frac{\mathrm{d}^2 M(x)}{\mathrm{d}x^2} = \frac{8f}{l^2}N_y = 常数 \tag{2-4-15}$$

$$\theta(x) = e'(x) = \frac{8f}{l^2}x + \frac{e_B - e_A - 4f}{l} \tag{2-4-16}$$

$$\theta_A = e'(0) = \frac{e_B - e_A - 4f}{l} \tag{2-4-17}$$

$$\theta_B = e'(l) = \frac{1}{l}(e_B - e_A + 4f) \tag{2-4-18}$$

将式(2-4-18)减式(2-4-17),得

$$\theta_B - \theta_A = \frac{8f}{l} \tag{2-4-19}$$

比较式(2-4-15)与式(2-4-19),得

$$q(x) = \frac{N_y}{l}(\theta_B - \theta_A) = \frac{N_y \Delta\theta}{l} = 常数 = q_{效} \tag{2-4-20}$$

上式表示荷载集度 q 的方向向上,且为正值,$\Delta\theta$ 为索曲线倾角的改变量,如图 2-4-15a)所

示。我们称此均布荷载 q 为预加力对此梁的等效荷载。它沿全跨长的总荷载 $q_{效}l$ 恰与两端预加力的垂直向下分力 $N_y(\theta_B - \theta_A)$ 相平衡。

3. 折线预应力索的等效荷载

按照同样的原理,可以写出如图 2-4-16 所示配置折线形索的索力线方程

$$
\begin{aligned}
AC \text{ 段} \quad & e_1(x) = e_A - \left(\frac{e_A + d}{a}\right)x \\
CB \text{ 段} \quad & e_2(x) = -d + \left(\frac{d + e_B}{b}\right)(x - a)
\end{aligned}
\quad (2\text{-}4\text{-}21)
$$

由此得

$$
\begin{aligned}
AC \text{ 段} \quad & Q_1(x) = M_1'(x) = -N_y\left(\frac{e_A + d}{a}\right) = -N_y\theta_A \\
CB \text{ 段} \quad & Q_2(x) = M_2'(x) = N_y\left(\frac{e_B + d}{b}\right) = N_y\theta_B
\end{aligned}
\quad (2\text{-}4\text{-}22)
$$

按式(2-4-22)可绘出此简支梁的剪力内力分布图[图 2-4-16b)],而此剪力分布图又恰与在梁的 C 截面处作用一个垂直向上的集中力 $P_{效}$ 的结果相吻合,此 $P_{效}$ 为

$$
P_{效} = N_y(\theta_B - \theta_A) \quad (2\text{-}4\text{-}23)
$$

它就是折线形预加力的等效荷载。

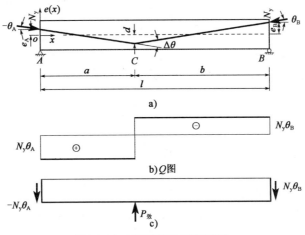

图 2-4-16 配置折线索的等效荷载

三、等效荷载法的应用

1. 计算步骤

现以如图 2-4-17a)所示的两跨连续梁为例来概述其计算步骤:

(1)按预应力索曲线的偏心距 e_i 及预加力 N_y 绘制梁的初预矩 $M_0 = N_y e_i$ 图,不考虑所有支座对梁体的约束影响[图 2-4-17b)]。

(2)按布索形式分别应用式(2-4-20)和式(2-4-23)确定等效荷载值[图 2-4-17c)]。

(3)用力法或有限单元法程序求解连续梁在等效荷载作用下的截面内力,得出的弯矩值称为总弯矩 $M_{总}$,它包含了初预矩 M_0 和次力矩 $M_{次}$。

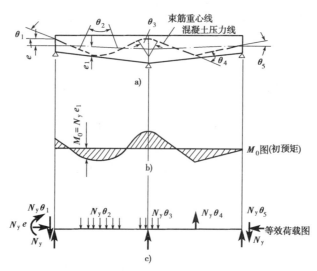

图 2-4-17 与预应力筋对应的初预矩及等效荷载图

(4)求截面的次力矩 $M_{次}$,它为

$$M_{次} = M_{总} - M_0 \tag{2-4-24}$$

2. 示例

[**例 2-4-3**] 两等跨等截面连续梁,索曲线的布置图式如图 2-4-18 所示,各段索曲线的偏心距 $e(x)$ 方程见表 2-4-4,端部预加力 $N_y = 1158\text{kN}$,试求中支点 B 截面的总弯矩 $M_{总}$ 和次力矩 $M_{次}$。

本例半结构索曲线方程   表 2-4-4

分 段 号	坐标原点	索曲线方程 $e_i(x)$
$a \sim d$ 段	a 点	$e_1(x) = 0.0079x^2 - 0.0933x$
$d \sim b$ 段	d 点	$e_2(x) = 0.18 + 0.12x - 0.03x^2$

[**解**] 由于结构及预加力均对称于中支点 B 截面,故可取一半结构进行分析,并视 B 截面为固定端。计算步骤如下:

(1)绘制预加力的初预矩图,即 $M_0(x) = N_y e_i(x)$,如图 2-4-18b)所示。
(2)计算预加力的等效荷载。
$a \sim d$ 段的端转角

$$e_1'(x) = 2 \times 0.0079x - 0.0933$$
$$e_1'(0) = \theta_a = -0.0933 (\text{rad})$$
$$e_1'(13.5) = \theta_d = 0.12 (\text{rad})$$

应用式(2-4-20)得 $a \sim d$ 段的等效荷载

$$q_1 = N_y \cdot \frac{\theta_d - \theta_a}{l_1} = 1158 \times \frac{0.0933 + 0.12}{13.5} = 18.2964 \approx 18.30 (\text{kN/m})(向上)$$

$d \sim b$ 段的端转角

$$e'_2(x) = 0.12 - 0.06x$$
$$e'_2(0) = \theta_d = 0.12\text{rad}$$
$$e'_2(2) = \theta_b = 0\text{rad}$$

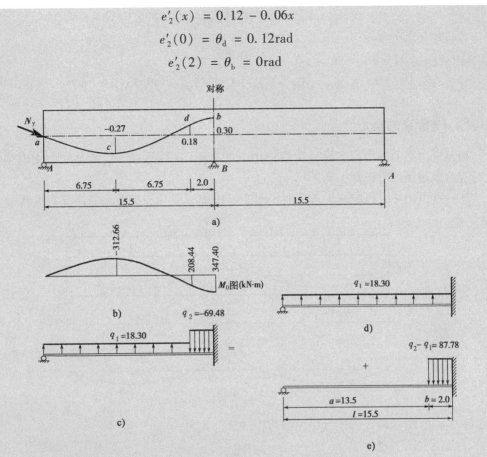

图 2-4-18 两跨连续梁的等效荷载(尺寸单位:m;均布荷载:kN/m)

$d \sim b$ 段的等效荷载为

$$q_2 = N_y \frac{\theta_b - \theta_d}{l_2} = 1\,158 \times \frac{0 - 0.12}{2} = -69.48(\text{kN/m})(\text{向下})$$

(3) B 支点总预矩 $M_{总}$ 计算。

计算图式如图 2-4-18c)所示,它可分解为图 2-4-18d)和图 2-4-18e)两种简单工况,然后应用《桥梁设计与计算(第二版)》中给出的公式计算。对于图 2-4-18d),B 支点的弯矩计算公式为

$$M_B = -\frac{ql^2}{8}$$

由于《桥梁设计与计算(第二版)》的计算公式中,q 是以向下为正,向上为负,故对于本例应以 $q_1 = -18.3\text{kN/m}$ 代入,得

$$M'_B = -\frac{(-18.3) \times 15.5^2}{8} = 549.57(\text{kN} \cdot \text{m})$$

对于图 2-4-18e),根部截面弯矩的计算公式为

$$M''_B = -\frac{qb^2}{8}\left(2 - \frac{b}{l}\right)^2 = -\frac{87.78 \times 2^2}{8} \times \left(2 - \frac{2}{15.5}\right)^2 = -153.64(\text{kN} \cdot \text{m})$$

B 支点的总弯矩为

$$M_{总} = M'_B + M''_B = 549.57 - 153.64 = 395.93(\text{kN} \cdot \text{m})$$

(4) B 支点次力矩 $M_{次}$。

由式(2-4-24)得

$$M_{次} = M_{总} - M_0 = 395.93 - 347.4 = 48.53(\text{kN} \cdot \text{m})$$

四、吻合束的概念

当预应力束的线形与实际外荷载作用下的弯矩图线形一致时，该预应力束即为吻合束。此时外荷载被预加力正好平衡。

这一点可用一个简单例子来证明。图 2-4-19 是承受均布荷载 q 的两等跨连续梁。

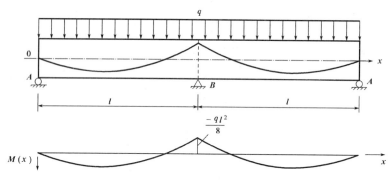

图 2-4-19 均布荷载下的束曲线线形

图 2-4-19 所示两等跨连续梁左跨弯矩计算公式为

$$M(x) = \frac{qlx}{8}\left(3 - 4\frac{x}{l}\right) \tag{2-4-25}$$

由于

$$M(x) = N_y \cdot e(x)$$

故

$$e(x) = \frac{qlx}{8N_y}\left(3 - 4\frac{x}{l}\right) \tag{2-4-26}$$

$$e'(x) = \frac{q}{N_y}\left(\frac{3l}{8} - x\right) \tag{2-4-27}$$

$$e'(0) = \theta_A = \frac{q}{N_y} \cdot \frac{3l}{8} \tag{2-4-28}$$

$$e'(l) = \theta_B = -\frac{q}{N_y} \cdot \frac{5l}{8} \tag{2-4-29}$$

将式(2-4-28)、式(2-4-29)代入式(2-4-20)得等效荷载为

$$q_{效} = \frac{N_y}{l}\left[\left(\frac{q}{N_y}\right)\left(-\frac{5l}{8} - \frac{3l}{8}\right)\right] = -q \tag{2-4-30}$$

从式(2-4-30)可以看出，$q_{效}$ 与 q 大小相等，方向相反，梁上荷载被完全平衡，对于其他结构可得到上述相同的结论。

第四节　混凝土徐变次内力计算的换算弹性模量法

一、徐变次内力概念

1. 名词定义

(1) 徐变变形

在长期持续荷载作用下，混凝土棱柱体继瞬时变形 Δ_e（弹性变形）以后，随时间 t 增长而持续产生的那一部分变形量 Δ_c，称之为徐变变形，如图 2-4-20 所示。

(2) 徐变应变

单位长度的徐变变形量称为徐变应变 ε_c，它可表示为徐变变形量 Δ_c 与棱柱体长度 l 之比值，即

$$\varepsilon_c = \frac{\Delta_c}{l} \quad (2\text{-}4\text{-}31)$$

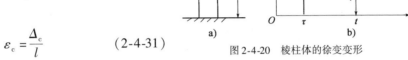

图 2-4-20　棱柱体的徐变变形

(3) 瞬时应变

瞬时应变又称弹性应变 ε_e，它是指初始加载的瞬间所产生的变形量 Δ_e 与棱柱体长度 l 之比，即

$$\varepsilon_e = \frac{\Delta_e}{l} \quad (2\text{-}4\text{-}32)$$

(4) 徐变系数

徐变系数是自加载龄期 τ_0 后至某个 t 时刻，棱柱体内的徐变应变值与瞬时应变（弹性应变）值之比，可表示为

$$\varphi(t,\tau_0) = \frac{\varepsilon_c}{\varepsilon_e} \quad (2\text{-}4\text{-}33)$$

或

$$\varepsilon_c = \varepsilon_e \cdot \varphi(t,\tau_0) = \frac{\sigma}{E} \cdot \varphi(t,\tau_0) \quad (2\text{-}4\text{-}34)$$

上式表明对于任意时刻 t，徐变应变与混凝土应力 σ 呈线性关系，称为线性徐变理论。

2. 徐变次内力

当超静定混凝土结构的徐变变形受到多余约束的制约时，结构截面内将产生附加内力，工程上将此内力称为徐变次内力。现举一个最简单的例子来说明。

设图 2-4-21a) 中的两条对称于中线的悬臂梁，在完成瞬时变形后，悬臂端点均处于水平位置，此时，悬臂根部的弯矩均为 $M = \dfrac{-ql^2}{2}$。随着时间的增长，该两个悬臂梁的端部，将发生随时间 t 而变化的下挠量 Δ_t 和转角 θ_t [图 2-4-21a)]，尽管如此，直到徐变变形终止，该梁的内力沿跨长方向是不发生改变的。

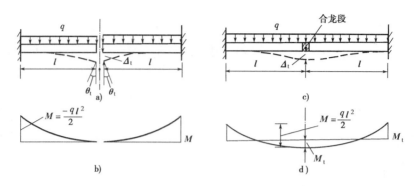

图 2-4-21 徐变变形与徐变次内力

现再考察图 2-4-21c)的情况,当两悬臂端完成瞬时变形后,立即将合龙段的钢筋焊接并浇筑接缝混凝土,以后虽然在接缝处仍产生随时间变化的下挠量 Δ_t,但转角 θ_t 始终为零,这意味着两侧悬臂梁相互约束着角位移,从而使结合截面上的弯矩从 $0 \rightarrow M_t$,而根部截面的弯矩逐渐卸载,这就是所谓的内力重分布(或应力重分布),直到徐变变形终止。结合截面上的 M_t 就是徐变次内力,但它与根部截面弯矩的绝对值之和仍为 $\dfrac{ql^2}{2}$。

由此可见,静定结构只产生徐变变形,而不产生次内力,超静定结构由于徐变变形受到了约束,将产生随时间 t 变化的徐变次内力。

二、徐变系数表达式

1. 三种理论

为了计算结构徐变变形和徐变次内力,就需要知道徐变系数变化规律的表达式。根据一些学者的长期观察和研究,一致认为徐变系数与加载龄期和加载持续时间两个主要因素有关。所谓加载龄期是指结构混凝土自养护之日起至加载之日的时间间距,用 τ_i 表示,$i=0,1,2,\cdots$,单位以天计;所谓持续荷载时间是指自加载之日 τ 起至所欲观察之日 t 的时间间距,即 $t-\tau$。但是,在采用具体的表达式时,却提出了以下三种不同的徐变理论。

(1)老化理论

该理论认为:不同加载龄期 τ 的混凝土徐变曲线在任意时刻 $\tau(t>\tau)$,其徐变增长率相同,如图 2-4-22a)所示。其中任意加载龄期 τ 的混凝土在 t 时刻的徐变系数计算公式为

$$\varphi(t,\tau) = \varphi(t,\tau_0) - \varphi(\tau,\tau_0) \tag{2-4-35}$$

式中:$\varphi(t,\tau_0)$——加载龄期为 τ_0 的混凝土至 $t(t>\tau_0)$ 时刻的徐变系数;

$\varphi(\tau,\tau_0)$——加载龄期为 τ_0 的混凝土至 τ($\tau>\tau_0$)时的徐变系数。

(2)先天理论

该理论认为:不同龄期的混凝土徐变增长规律都是一样的,如图 2-4-22b)所示。其中任意加载龄期的混凝土在 t 时刻的徐变系数计算公式为

$$\varphi(t,\tau) = \varphi(t-\tau,\tau_0) \tag{2-4-36}$$

式中:$\varphi(t,\tau) = \varphi(t-\tau,\tau_0)$——以 τ_0 为原点的徐变基本曲线上,加载持续时间为 $t-\tau$ 的徐变系数。

(3) 混合理论

兼有上述两种理论特点的理论称混合理论,试验研究表明,老化理论比较符合早期加载情况,先天理论比较符合后期加载情况,如图 2-4-22c)所示。

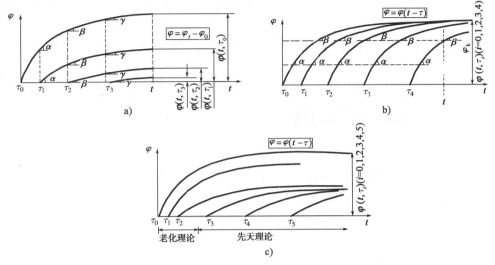

图 2-4-22 三种徐变理论曲线

2. 我国公路桥规关于徐变系数的表达式

基于上述理论研究,同时参考了国外的相关规定,我国公路桥规制定了关于混凝土徐变系数的计算公式,供设计时应用,即

(1) 一般表达式

$$\phi(t,t_0) = \phi_0 \cdot \beta_c(t-t_0) \qquad (2\text{-}4\text{-}37)$$

(2) 名义徐变系数 ϕ_0

$$\phi_0 = \phi_{RH} \cdot \beta(f_{cm}) \cdot \beta(t_0) \qquad (2\text{-}4\text{-}38)$$

其中

$$\phi_{RH} = 1 + \frac{1-RH/RH_0}{0.46(h/h_0)^{1/3}} \qquad (2\text{-}4\text{-}39)$$

$$f_{cm} = 0.8 f_{cu,k} + 8 \qquad (2\text{-}4\text{-}40a)$$

$$\beta(f_{cm}) = \frac{5.3}{(f_{cm}/f_{cm0})^{0.5}} \qquad (2\text{-}4\text{-}40b)$$

$$\beta(t_0) = \frac{1}{0.1 + (t_0/t_1)^{0.2}} \qquad (2\text{-}4\text{-}41)$$

(3) 加载后徐变随时间发展的系数 $\beta_c(t-t_0)$

$$\beta_c(t-t_0) = \left[\frac{(t-t_0)/t_1}{\beta_H + (t-t_0)/t_1}\right]^{0.3} \qquad (2\text{-}4\text{-}42)$$

其中

$$\beta_H = 150\left[1+\left(1.2\frac{RH}{RH_0}\right)^{18}\right]\frac{h}{h_0} + 250 \leqslant 1\,500 \qquad (2\text{-}4\text{-}43)$$

上述式中: t_0——加载时的混凝土龄期(d);

t——计算考虑时刻的混凝土龄期;

$\phi(t,t_0)$——加载龄期为 t_0,计算考虑龄期为 t 时的混凝土徐变系数;

RH——环境年平均相对湿度(%);

h——构件理论厚度(mm), $h = 2A/u$, A 为构件截面面积, u 为构件与大气接触的周边长度;

f_{cm}——强度等级 C20~C50 混凝土在 28d 龄期时的平均圆柱体抗压强度(MPa);

$f_{cu,k}$——龄期为 28d,具有 95% 保证率的混凝土立方体抗压强度标准值(MPa);

其余 $RH_0 = 100\%$; $h_0 = 100mm$; $t_1 = 1d$; $f_{cm0} = 10MPa$。

三、结构混凝土的徐变变形计算

1. 基本假定

当计算由混凝土徐变引起的结构徐变变形时,一般采用下列基本假定:

(1) 不考虑结构内配筋的影响。

(2) 混凝土的弹性模量假定为常值。

(3) 采用线性徐变理论。

2. 静定结构在恒定荷载条件下的徐变变形计算

现以如图 2-4-23 所示的等截面悬臂梁作为例子加以阐明。

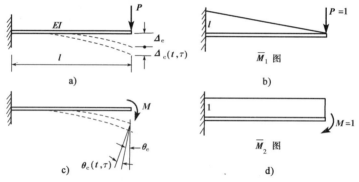

图 2-4-23 不变荷载作用下的徐变变形

设 Δ_e 和 θ_e 分别为悬臂梁端部作用有恒定垂直力 P 和恒定弯矩 M 时的弹性(瞬时)挠度和端转角,$\Delta_c(t,\tau)$ 和 $\theta_c(t,\tau)$ 分别为相应的加载龄期为 τ 且持续到 t 时刻的徐变挠度和徐变端转角(图 2-4-23)。于是便有下列关系式,即

$$\left.\begin{array}{l}\Delta_c(t,\tau) = \Delta_e\varphi(t,\tau) = P\overline{\Delta}_e \cdot \varphi(t,\tau)\\ \theta_c(t,\tau) = \theta_e\varphi(t,\tau) = M\overline{\theta}_e \cdot \varphi(t,\tau)\end{array}\right\} \quad (2\text{-}4\text{-}44)$$

式中:$\overline{\Delta}_e$——单位力 $P = 1$ 时,在其作用方向上的位移;

$\overline{\theta}_e$——单位力矩 $M = 1$ 时,在其作用方向上的转角。

按照结构力学中的虚功原理,$\overline{\Delta}_e$ 和 $\overline{\theta}_e$ 可以表示为

$$\left.\begin{array}{l}\overline{\Delta}_e = \delta_{11} = \int_0^l \dfrac{\overline{M}_1^2}{EI}dx\\ \overline{\theta}_e = \delta_{22} = \int_0^l \dfrac{\overline{M}_2^2}{EI}dx\end{array}\right\} \quad (2\text{-}4\text{-}45)$$

式中,$\overline{M}_1$、$\overline{M}_2$ 分别为在 $P=1$ 和 $M=1$ 作用下悬臂梁的弯矩分布图[图 2-4-23b)、d)]。将式(2-4-45)代入式(2-4-44),便有

$$\left.\begin{aligned}\Delta_c(t,\tau) &= P\cdot\int_0^l\frac{\overline{M}_1^2}{EI}\mathrm{d}x\cdot\varphi(t,\tau)\\ \theta_c(t,\tau) &= M\cdot\int_0^l\frac{\overline{M}_2^2}{EI}\mathrm{d}x\cdot\varphi(t,\tau)\end{aligned}\right\} \qquad (2\text{-}4\text{-}46)$$

3. 静定结构在随时间 t 变化的荷载作用下之徐变变形计算

本节前面介绍了随时间 t 变化的徐变次内力概念。现在以如图 2-4-24 所示先简支后连续的两等跨连续梁作为例子来阐明静定结构在随时间 t 变化的荷载作用下之徐变变形。从中支点截开,取两跨简支梁(静定结构)作为基本结构,如图 2-4-24b)所示。由于该结构是采用先分两跨吊装施工而后合龙的体系转换方法,故在此切口处的初始恒载弯矩 $M_0=0$,基本结构上只有垂直恒载 q 和随时间变化的徐变赘余次力矩 $M(t)$ 的作用。为了分析上的简单起见,暂假定左、右简支梁的徐变系数 $\varphi(t,\tau)$ 相同。这样,如图 2-4-24 所示,$M(t)$ 便可以应用两种方法求解:一个是建立微分方程式的狄辛格法;另一个是建立代数方程式的特劳斯德·巴曾法。

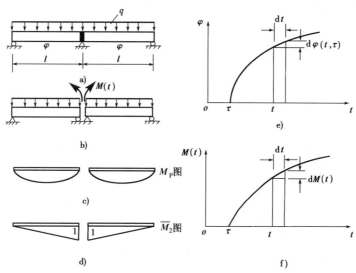

图 2-4-24 变化荷载下的徐变变形

应用狄辛格法时,在时间增量 $\mathrm{d}t$ 内,切口两侧变形增量的协调方程为

$$M(t)\delta_{22}\mathrm{d}\varphi + \mathrm{d}M(t)\delta_{22} + \Delta_{2P}\mathrm{d}\varphi = 0 \qquad (2\text{-}4\text{-}47)$$

应用巴曾法时,在任意时刻 t 时,切口两侧的变形协调方程则为

$$M(t)\delta_{22}(1+\rho\cdot\varphi) + \Delta_{2P}\varphi = 0 \qquad (2\text{-}4\text{-}48)$$

式中:δ_{22}、Δ_{2P}——在切口处分别由单位力矩 $\overline{M}=1$ 和恒载 q 引起截面两侧的相对弹性角位移;

ρ——老化系数,又称时效系数,它是考虑结构次内力的徐变因混凝土的老化而逐渐衰减的一个折减系数,其值小于 1;

$\mathrm{d}\varphi$——时间增量 $\mathrm{d}t$ 内的徐变系数增量。

从以上二式不难看出,式(2-4-47)在理论上是比较精确的,但当结构为高次超静定时,且各梁段的徐变系数 $\varphi(t,\tau)$ 又不相同时,必须建立庞大的微分方程组,求解十分困难。式(2-4-48)中的第二项是代表在 t 时刻由恒载 q 在切口处产生的相对徐变角位移,而第一项

是代表同一时刻由徐变次内力 $M(t)$ 在切口处产生的总的相对角位移,它可表示为

$$\theta_c(t,\tau) = M(t)\delta_{22}(1 + \rho \cdot \varphi) \tag{2-4-49}$$

它是将 $M(t)$ 假想地视为不随时间 t 变化的赘余力,通过老化系数 $\rho(t,\tau)$ 修正徐变系数 $\varphi(t,\tau)$ 以后,求得该次内力产生的总变形。但是在该式中却有两个未知量,即 $M(t)$ 和 $\rho(t,\tau)$,故不能求解。为此,我国的金成棣教授采取联立混合求解的方法,具体的思路是应用式(2-4-47)求解 $M(t)$,再将它代入式(2-4-48),便得到关于 $\rho(t,\tau)$ 的一般表达式,解得这个未知量后,再求解线性代数方程组就不成问题了。

下面简单介绍关于式(2-4-47)的求解。首先用 δ_{22} 除全式,且令 $M_e = \Delta_{2p}/\delta_{22}$ = 常数,则得

$$dM(t) + [M(t) + M_e]d\varphi = 0 \tag{2-4-50}$$

注意到 $dM_e = 0$,则上式可以写成

$$\frac{d[M(t) + M_e]}{M(t) + M_e} = -d\varphi \tag{2-4-51}$$

此微分方程的解为

$$\ln[M(t) + M_e] = -\varphi + C(\text{常数}) \tag{2-4-52}$$

利用图 2-4-24e)、f)中的边界条件,当 $t = \tau$ 时,$M(t) = 0$,$\varphi(t,\tau) = 0$,便解得常数 C 为

$$C = \ln(M_e) \tag{2-4-53}$$

再将式(2-4-53)代入式(2-4-52)后,得到

$$M(t) = -(1 - e^{-\varphi})M_e \tag{2-4-54}$$

式(2-4-47)也可以改写成如下的形式

$$M(t) = -\frac{\varphi}{1 + \rho \cdot \varphi}M_e \tag{2-4-55}$$

联立解式(2-4-54)、式(2-4-55),便得到老化系数 $\rho(t,\tau)$ 的一般表达式为

$$\rho(t,\tau) = \frac{1}{1 - e^{-\varphi}} - \frac{1}{\varphi} \tag{2-4-56}$$

最后,参照式(2-4-45),则完全可以应用式(2-4-49)计算出在随时间 t 变化的 $M(t)$ 荷载下切口处的徐变变形 δ_{2t},即

$$\delta_{2t} = \theta_c(t,\tau) = M(t) \cdot \left(2\int_0^l \frac{\overline{M}_2^2}{EI}dx\right)[1 + \rho(t,\tau) \cdot \varphi(t,\tau)] \tag{2-4-57}$$

4. 换算弹性模量概念

式(2-4-48)还可写成如下形式

$$M(t)\int_0^l \frac{\overline{M}_2^2}{EI}dx(1 + \rho\varphi) + \int_0^l \frac{\overline{M}_2 M_p}{EI}dx \cdot \varphi = 0$$

为了便于应用结构力学中的力法来求解超静定结构的徐变次内力问题,引入两个广义换算弹性模量:

(1)应用在不变荷载下徐变变形计算的换算弹性模量 E_φ

$$E_\varphi = \frac{E}{\varphi(t,\tau)} \tag{2-4-58}$$

(2)应用在随 t 变化荷载下徐变变形计算的换算弹性模量 $E_{\rho\varphi}$

$$E_{\rho\varphi} = \frac{E}{1 + \rho(t,\tau)\varphi(t,\tau)} \tag{2-4-59}$$

则式(2-4-48)成为

$$M(t) \cdot \int_0^l \frac{\overline{M}_2^2}{E_{p\varphi}I}dx + \int_0^l \frac{\overline{M}_2 M_p}{E_\varphi I}dx = 0$$

或

$$M(t) \cdot \delta_{22t} + \Delta_{2pt} = 0 \qquad (2\text{-}4\text{-}60)$$

式中：

$$\left.\begin{array}{l} \delta_{22t} = \int_0^l \dfrac{\overline{M}_2^2}{E_{p\varphi}I}dx \\[2mm] \Delta_{2pt} = \int_0^l \dfrac{\overline{M}_2 M_p}{E_\varphi I}dx \end{array}\right\} \qquad (2\text{-}4\text{-}61)$$

以上各式中，E 为混凝土的弹性模量，其余符号意义同前。

四、超静定梁的徐变次内力计算

1. 计算方法

目前，计算超静定梁的徐变次内力的方法有以下几种：

(1) 狄辛格方法。

(2) 扩展狄辛格方法。

(3) 换算弹性模量法。

(4) 以上述理论为基础的有限元法等。

本节重点介绍换算弹性模量法计算徐变次内力的原理和步骤，其余方法可参阅有关专著。

2. 换算弹性模量法

(1) 原理

上面已经介绍了关于按换算弹性模量计算静定结构的徐变变形问题。对于超静定结构所选取的基本结构，其被截开的截面或者被移去的多余支点（简称赘余约束）处，除了加上荷载产生的赘余力 X_i 外，还要施加随时间 t 变化的徐变赘余力 X_{it}，然后根据变形协调条件，所有外荷载及赘余力（X_i 和 X_{it}）在赘余约束处产生的徐变变形之和应为零，即

$$\sum \Delta_i = 0 \qquad (2\text{-}4\text{-}62)$$

根据上式便可求得徐变次内力，只是在计算外荷载以及赘余约束处的初始内力 X_i 所引起的徐变变形时，其换算弹性模量应取 E_φ [按式(2-4-58)计算]，在计算由待定的、随时间 t 变化的徐变赘余力 X_{it} 所引起的徐变变形时，其换算弹性模量应取 $E_{p\varphi}$ [按式(2-4-59)计算]，其余计算同一般力法原理。

(2) 计算步骤

对于同样一座连续梁，可以按照一次现浇成桥，也可以采用先简支后连续或者悬臂浇筑法等多种施工方式成桥。施工方法不同，各节段的加载龄期就不同，计算模式也不同，因而其徐变次内力也就不同。不论采用哪种成桥方式，其一般计算步骤可以大致归纳如下：

①选取基本结构的计算图式。

②按不同施工阶段计算恒载内力图 M_p。

③在赘余联系处分别施加各单位赘余力 $\overline{X}_i$，得到各 $\overline{M}_i$ 图。

④根据已知条件分别计算各梁段的老化系数 $\rho(t,\tau)$ [按式(2-4-56)计算]、E_φ [按

式(2-4-58)计算]和 $E_{p\varphi}$[按式(2-4-59)计算]。

⑤按换算弹性模量和图乘法分别计算所有恒定外力及徐变赘余力在赘余约束处产生的变位,即

常变位
$$\left.\begin{array}{l}\delta_{iit} = \sum \int_{l_i} \dfrac{\overline{M}_i^2}{E_{p\varphi}I}\mathrm{d}x \\ \delta_{ijt} = \sum \int_{l_i} \dfrac{\overline{M}_i \overline{M}_j}{E_{p\varphi}I}\mathrm{d}x\end{array}\right\}$$
(2-4-63)

载变位
$$\Delta_{iPt} = \sum \int_{l_i} \dfrac{M_P \overline{M}_i}{E_\varphi I}\mathrm{d}x$$

⑥由变形协调条件,解力法方程组求各徐变次内力 X_{it}

$$\left.\begin{array}{l}\delta_{11t}X_{1t} + \delta_{12t}X_{2t} + \cdots + \Delta_{1Pt} = 0 \\ \delta_{21t}X_{1t} + \delta_{22t}X_{2t} + \cdots + \Delta_{2Pt} = 0 \\ \cdots\end{array}\right\}$$
(2-4-64)

⑦按解得的徐变次内力 X_{it} 分别计算各梁段的内力及变位。

⑧将各施工阶段的恒载内力和变形与第 7 步骤的计算结果叠加,便得整个结构总的受力和变形状态。

(3) 计算示例

[**例 2-4-4**] 两等跨等截面连续梁每跨跨长 $l=48\mathrm{m}$,采用先预制吊装后合龙固结的施工方法,左半跨的徐变系数 $\varphi_1(\infty,\tau)=1$,右半跨的徐变系数 $\varphi_2(\infty,\tau)=2$,作用于桥上的均布恒载 $q=10\mathrm{kN/m}$(预制梁自重),E、I 分别为该结构的弹性模量和截面抗弯惯性矩,如图 2-4-25 所示,试求 $t=\infty$ 时中支点截面的徐变次力矩。

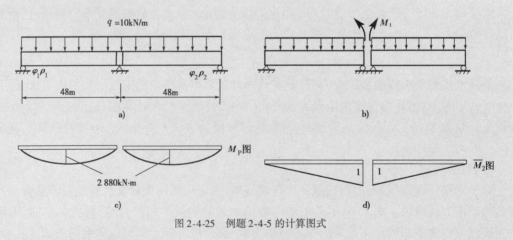

图 2-4-25 例题 2-4-5 的计算图式

[**解**] 计算步骤如下:
(1) 选取从跨中断开的两跨简支梁作为基本结构,由于合龙时,该截面的弯矩为零,即 $X_2=0$。
(2) 在赘余联系处仅施加一个赘余力,即待定的徐变次内力 M_t[图 2-4-25b)]。
(3) 计算老化系数及换算弹性模量。

$$\rho_1(\infty,\tau) = \frac{1}{1-e^{-\varphi_1}} - \frac{1}{\varphi_1} = \frac{1}{1-e^{-1}} - \frac{1}{1} = 0.582$$

$$\rho_2(\infty,\tau) = \frac{1}{1-e^{-\varphi_2}} - \frac{1}{\varphi_2} = \frac{1}{1-e^{-2}} - \frac{1}{2} = 0.657$$

$$E_{\varphi 1} = \frac{E}{\varphi_1(\infty,\tau)} = E$$

$$E_{\varphi 2} = \frac{E}{\varphi_2(\infty,\tau)} = \frac{E}{2} = 0.5E$$

$$E_{\rho\varphi 1} = \frac{E}{1+\rho_1(\infty,\tau)\varphi_1(\infty,\tau)} = \frac{E}{1+0.582\times 1} = 0.632E$$

$$E_{\rho\varphi 2} = \frac{E}{1+\rho_2(\infty,\tau)\varphi_2(\infty,\tau)} = \frac{E}{1+0.657\times 2} = 0.432E$$

(4) 常变位和载变位计算（图乘法）。

$$\delta_{22t} = \frac{1}{E_{\rho\varphi 1}I}\left(\frac{1}{2}\times 1\times 48\times \frac{2}{3}\right) + \frac{1}{E_{\rho\varphi 2}I}\left(\frac{1}{2}\times 1\times 48\times \frac{2}{3}\right) = 62.35\frac{1}{EI}$$

$$\Delta_{2Pt} = \frac{1}{E_{\varphi 1}I}\left(\frac{2}{3}\times 48\times 2\,880\times \frac{1}{2}\right) + \frac{1}{E_{\varphi 2}I}\left(\frac{2}{3}\times 48\times 2\,880\times \frac{1}{2}\right) = 138\,240\frac{1}{EI}$$

(5) 解力法方程。

$$62.35M_t + 138\,240 = 0$$

$$M_t = -2\,217\text{kN}\cdot\text{m}$$

弯矩 M_t 即为徐变完成后中支点的最终弯矩。此算例表明对于先简支后连续的非预应力结构，徐变将引起支点负弯矩增大，而跨中正弯矩减小。

[例2-4-5] 两等跨等截面连续梁，跨长为 $2\times 20\text{m}$，按图2-4-26a)和图2-4-26c)的图式分两阶段施工，中支点两侧采用对称悬浇法，两端采用在支架上进行合龙，设中间梁段的徐变系数 $\varphi_1(\infty,\tau)=1$，两端梁段的徐变系数 $\varphi_2(\infty,\tau)=2$，自重均布荷载 $q=10\text{kN/m}$，E、I 分别为该结构的弹性模量和截面抗弯惯性矩，试求 $t=\infty$ 时在中支点截面的总弯矩。

[解] 计算步骤如下：

(1) 取如图2-4-26e)所示的两跨简支梁作为基本结构，应用结构力学的方法计算出两个施工阶段在中支点截面产生的初始弯矩 $M_0 = -1\,280 - 39.2 = -1\,319.2(\text{kN}\cdot\text{m})$。

(2) 由于徐变系数与例2-4-5相同，故换算弹性模量也相同，即

$$E_{\varphi 1} = E \quad E_{\varphi 2} = 0.5E$$

$$E_{\rho\varphi 1} = 0.632E \quad E_{\rho\varphi 2} = 0.432E$$

(3) 常变位与载变位计算。

由于结构及荷载均为对称的，故常变位和载变位可取其中一跨进行计算，计算中部分利用图乘法，部分采用分段积分法，即

$$\delta_{11t} = \frac{1}{E_{\rho\varphi1}I} \cdot \frac{16}{6} \times [2 \times (0.2^2 + 1^2) + 2 \times 1 \times 0.2] + \frac{1}{E_{\rho\varphi2}I}\left(\frac{4 \times 0.2}{2} \times \frac{2}{3} \times 0.2\right)$$

$$= \frac{6.6133}{E_{\rho\varphi1}I} + \frac{0.0533}{E_{\rho\varphi2}I} \approx 10.5876 \frac{1}{EI}$$

$$\Delta_{1qt} = \frac{1}{E_{\varphi1}I}\int_4^{20}\left(100x - \frac{10}{2}x^2\right)\frac{x}{20}dx + \frac{1}{E_{\varphi2}I}\int_0^4\left(100x - \frac{10}{2}x^2\right)\cdot\frac{x}{20}dx$$

$$= \frac{1}{E_{\varphi1}I}\left(\frac{5}{3}x^3 - \frac{x^4}{16}\right)\bigg|_4^{20} + \frac{1}{E_{\varphi2}I}\left(\frac{5}{3}x^3 - \frac{x^4}{16}\right)\bigg|_0^4$$

$$= \frac{3242.67}{E_{\varphi1}I} + \frac{90.67}{E_{\varphi2}I} = 3424\frac{1}{EI}$$

$$\Delta_{1M_0t} = -\left(\frac{6.6133}{E_{\varphi1}I} + \frac{0.0533}{E_{\varphi2}I}\right) \times 1319.2 = -8865.02\frac{1}{EI}$$

$$\Delta_{1Pt} = \Delta_{1qt} + \Delta_{1M_0t} = (3424 - 8865.02)\frac{1}{EI} = -5441.02\frac{1}{EI}$$

$$X_{1t} = -\frac{\Delta_{1Pt}}{\delta_{11t}} = -\frac{-5441.02}{10.5876} = 513.9(\mathrm{kN\cdot m})$$

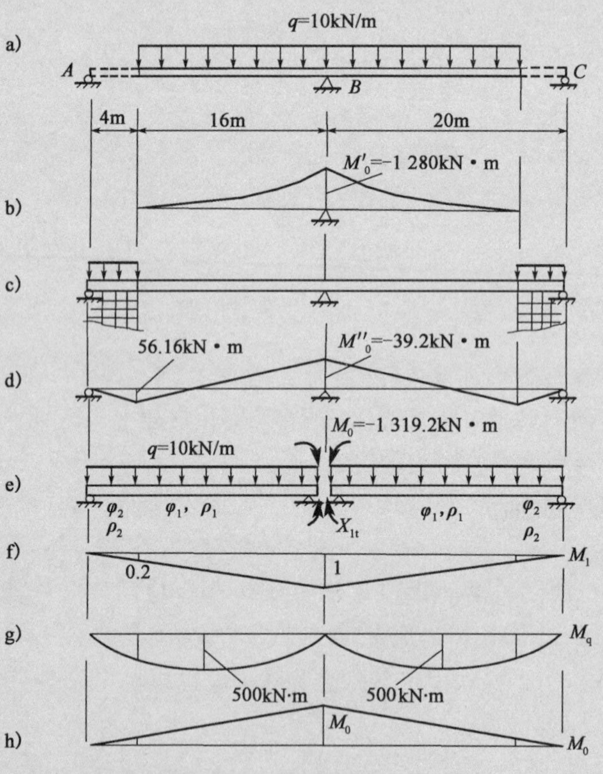

图 2-4-26 例题 2-4-6 的计算图式

(4) 中支点截面的最终弯矩值。

$$M_B = M_0 + X_{1t} = -1319.2 + 513.9$$
$$= -805.3(\mathrm{kN\cdot m})$$

此算例表明对于悬臂施工的连续结构,徐变将引起支点负弯矩减小,而跨中正弯矩增大。

[**例2-4-6**] 结构尺寸及荷载同例2-4-6,施工方法采用在支架上一次浇筑法完成,$\varphi(\infty,\tau)=2$,试求在$t=\infty$时中支点的徐变次力矩(图2-4-27)。

[**解**] 计算步骤如下:

(1)仍取两跨简支梁的基本结构,其换算弹性模量同上例,即

$$E_{\rho\varphi}=0.432E, E_{\varphi}=0.5E$$

(2)支点截面的初弯矩M_0

$$M_0=-\frac{ql^2}{8}=-500\text{kN}\cdot\text{m}$$

(3)常变位及载变位计算

$$\delta_{11t}=\frac{1}{E_{\rho\varphi}I}\left(\frac{20\times1}{2}\times\frac{2}{3}\times1\right)\times2$$

$$=30.864\frac{1}{EI}$$

$$\Delta_{1qt}=\frac{1}{E_{\varphi}I}\left(\frac{2}{3}\times500\times20\times\frac{1}{2}\right)\times2$$

$$=13\ 333.3\frac{1}{EI}$$

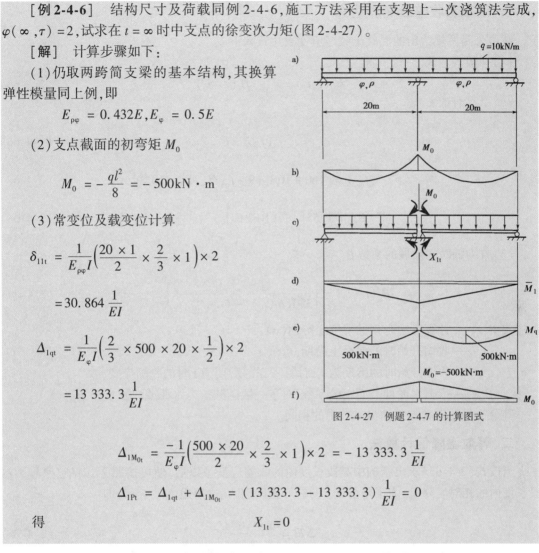

图2-4-27 例题2-4-7的计算图式

$$\Delta_{1M_0t}=\frac{-1}{E_{\varphi}I}\left(\frac{500\times20}{2}\times\frac{2}{3}\times1\right)\times2=-13\ 333.3\frac{1}{EI}$$

$$\Delta_{1Pt}=\Delta_{1qt}+\Delta_{1M_0t}=(13\ 333.3-13\ 333.3)\frac{1}{EI}=0$$

得 $X_{1t}=0$

本例表明,一次浇筑的超静定结构,其徐变次内力为零,但产生徐变变形,它可按图2-4-27c)的图式,叠加两种不变荷载q和M_0工况下的徐变变形后而得到。

第五节 混凝土收缩次内力计算

混凝土结构杆件的收缩并不是因外力才产生,而是由结构材料本身的特性引起的。混凝土收缩应变也是随时间变化的,它的增长速度受空气温度及湿度等条件的影响。它的收缩方向是三维的,但在结构分析中主要考虑它沿杆件方向的变形量。对于连续梁桥结构,一般只计算结构的收缩位移量,但对于墩-梁固结的连续刚构体系桥梁,则必须考虑因收缩引起的结构次内力。

下面将分别介绍收缩应变的表达式和混凝土收缩次应力的近似计算方法。

一、混凝土收缩应变表达式

我国公路桥规给出的混凝土收缩应变表达式如下。

(1) 一般表达式

$$\varepsilon_{cs}(t,t_s) = \varepsilon_{cs0} \cdot \beta_s(t-t_s) \tag{2-4-65}$$

(2) 名义收缩系数

$$\varepsilon_{cs0} = \varepsilon_s \cdot (f_{cm}) \cdot \beta_{RH} \tag{2-4-66}$$

其中

$$\varepsilon_s \cdot (f_{cm}) = [160 + 10\beta_{sc}(9 - f_{cm}/f_{cm0})] \times 10^{-6} \tag{2-4-67}$$

$$\beta_{RH} = 1.55[1 - (RH/RH_0)^3] \tag{2-4-68}$$

(3) 收缩随时间发展的系数 β_s

$$\beta_s(t-t_0) = \left[\frac{(t-t_s)/t_1}{350(h/h_0)^2 + (t-t_s)/t_1}\right]^{0.5} \tag{2-4-69}$$

上述式中:t——计算考虑时刻的混凝土龄期(d);

t_0——收缩开始时的混凝土龄期,可假定为 3~5d;

$\varepsilon_{cs}(t,t_s)$——收缩开始时的龄期为 t_s,计算考虑的龄期为 t 时的收缩应变;

β_{sc}——依据水泥种类而定的系数,对于一般硅酸盐类水泥或快硬水泥,$\beta_{sc} = 5.0$;

其余符号的定义与式(2-4-43)中的相同。

二、等效温降值计算法

当按式(2-4-65)求出结构中某段长度内的收缩应变量以后,便可按照下式将它换算为这段长度内的相对温降量,为了与龄期 t 的符号相区别,在这里用 ΔT_S 表示,即

$$\Delta T_S = \frac{\varepsilon_{cs}(t,t_s)}{\alpha} \tag{2-4-70}$$

式中,α 为材料的温度胀缩系数。具体的计算可按年平均温差的工况和用手算或用电算程序来完成(参看本章第八节相关内容)。

第六节 基础沉降次内力计算

关于超静定连续梁结构因沉降产生的次内力计算问题,在"结构力学"课程中已有详细的叙述。对于图 2-4-28 所示的三跨连续梁,当中墩基础分别产生不等的地基沉陷 $\Delta_{1\Delta}$ 和 $\Delta_{2\Delta}$ 时,可取图 2-4-28b)的基本结构,它的力法方程为

$$\left.\begin{aligned}\delta_{11}X_1 + \delta_{12}X_2 + \Delta_{1\Delta} &= 0 \\ \delta_{21}X_1 + \delta_{22}X_2 + \Delta_{2\Delta} &= 0\end{aligned}\right\} \tag{2-4-71}$$

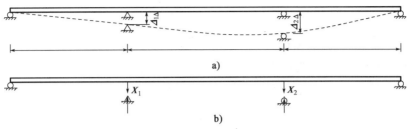

图 2-4-28　连续梁因基础沉陷的计算图式

求解此线性方程组并无多大困难,关键问题在于如何确定基础沉降量 $\Delta_{1\Delta}$ 和 $\Delta_{2\Delta}$。从设计原则上讲,连续梁桥的桥墩基础应奠基在坚硬的岩石上。但当它必须修建在非岩石的地基土上时,就必须计入基础沉降引起的结构次内力。有关地基沉降量的具体计算方法,详见《地基与基础》教程和《公路桥涵地基与基础设计规范》(JTG 3362—2019)。但地基设计规范中有下列的规定:

(1)相邻墩台间不均匀沉降差值(不包括施工中的沉降),不应该使桥面形成大于 0.2% 的附加纵坡(折角)。

(2)外超静定结构桥梁墩台间不均匀沉降差值,还应满足结构的受力要求。

第七节　温度次内力和自应力计算

一、基本概念

1. 温度梯度

温度梯度是指当桥梁结构受到日照温度影响后,温度沿梁截面高度变化的形式。各国桥梁规范对梁式结构沿梁高方向的温度梯度大体上有如图 2-4-29b)~f)所示的几种,这些都属于日照温差(或局部温差)的表现形式。此外,图 2-4-29g)反映的是气温随季度发生周期性变化时,在构件截面上假定为平均变化的年温差表现形式。这个形式在各国都是一致的,只是取值上有差异。

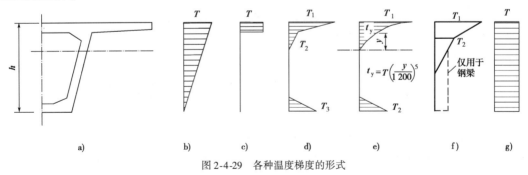

图 2-4-29　各种温度梯度的形式

2. 温度次内力

结构因受到自然环境温度的影响(升温或降温)将产生伸缩或弯曲变形,当这个变形受到多余约束时,便会在结构内产生附加内力,工程上称此附加内力为温度次内力。现举两种呈线性变化形式的温度梯度来说明。

(1) 年平均温差

图 2-4-30a)、b) 是表示悬臂梁(静定结构)和连续梁(超静定结构)在年温差(温升)时,只产生纵向水平位移,而不产生次内力;但图 2-4-30c) 中的连续刚构在同样条件下由于受固结桥墩的约束,故不但使主梁产生水平位移,而且使墩和梁均产生弯曲变形和支点反力,从而导致截面内产生次内力。

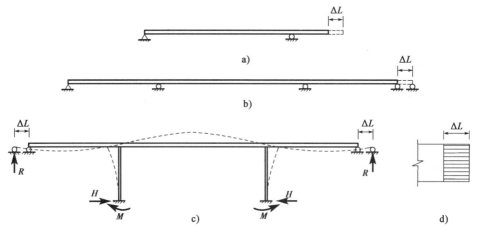

图 2-4-30 年温差对不同结构的影响

(2) 呈线性变化的温度梯度

图 2-4-31a) 表示静定的简支梁在线性温度梯度的影响下,结构只产生弯曲变形;图 2-4-31b) 表示在同样温度影响下,由于存在中支座的多余约束,限制梁体变形,使中支座产生向下的垂直拉力,从而导致梁体内产生次内力。

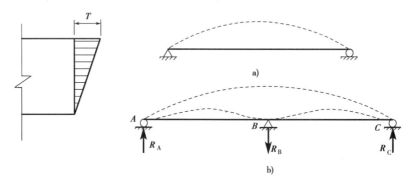

图 2-4-31 线性温度梯度对结构的影响

3. 温度自应力

结构在非线性温度梯度影响下产生挠曲变形时,因梁要服从平截面假定,致使截面内各纤维层的变形不协调而互相约束,从而在整个截面内产生一组自相平衡的应力,我们称此应力为温度自应力。下面将用图 2-4-32 中受非线性温度梯度影响的简支 T 梁作为例子来说明。

此 T 形梁仅在翼板内受 +5℃ 的温度影响,从整个结构来说,将同样会产生向上挠的变形[图 2-4-32c)]。但截面内会出现正应力(自应力),这是因为当翼板与腹板完全脱开时,翼板

两端将会各产生 $\Delta l/2$ 的伸长量[图 2-4-32b)],应变值 $\varepsilon'_{上} = \Delta l/l$。然而,翼板与腹板实际是一个整体,将使这个伸长趋势因结合面的剪切力而受到制约,最后使梁顶面纤维层的应变值只能达到 $\varepsilon''_{上}$($<\varepsilon'_{上}$),而使腹板原来的无应力状态因平面变形而转化为有应力状态,结合面处翼板侧受压、腹板侧受拉,如图 2-4-32c)所示。虽然如此,但整个截面内的应力合力(水平力)仍为 0,即 $\sum \sigma_i \Delta A_i = 0$,$\Delta A_i$ 是截面自上而下的微段面积,σ_i 为所对应截面的正应力。

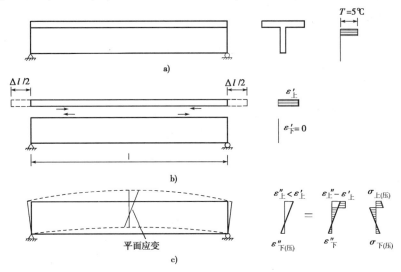

图 2-4-32 非线性温度梯度对结构影响

由此不难理解,此简支梁若再受到外部多余约束时,将同样会产生温度次内力。这样,对于受非线性温度梯度的超静定结构,其总的温度应力将是自应力 $\sigma_{自}$ 与由温度次内力产生的次应力 $\sigma_{次}$ 之和,即

$$\sigma_{总} = \sigma_{自} + \sigma_{次} \tag{2-4-72}$$

由于受线性温度梯度影响的超静定结构内力计算在《结构力学》中已有详述,故本节着重讨论受非线性温度影响的超静定结构次内力计算问题。

二、基本结构上的温度自应力计算

为了使求解的问题一般化,下面将用一个沿梁高连续分布的任意曲线 $T(y)$ 来代表截面上的温度梯度,如图 2-4-33b)所示。现取梁中的一个单元进行分析,并且假定全截面是匀质的,忽略钢筋的影响,则当纵向纤维之间互不约束,各自作自由伸缩时,沿梁各点的自由变形为

$$\varepsilon_T(y) = \alpha T(y) \tag{2-4-73}$$

式中:α——材料的线膨胀系数。

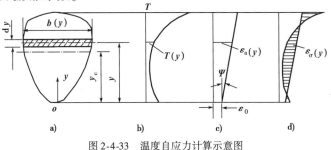

图 2-4-33 温度自应力计算示意图

前面已述,实际梁截面的变形是服从平截面假定的,它的应变变化可表示为(图2-4-33)

$$\varepsilon_a(y) = \varepsilon_0 + \Psi y \tag{2-4-74}$$

式中:ε_0——$y=0$处的应变值;

Ψ——单元梁段挠曲变形后的曲率。

式(2-4-73)与式(2-4-74)的应变之差,即图2-4-33d)中阴影部分的应变,是由纵向纤维之间的约束产生的,即温度自应变$\varepsilon_\sigma(y)$,它可表示为

$$\varepsilon_\sigma(y) = \varepsilon_T(y) - \varepsilon_a(y) = \alpha T(y) - (\varepsilon_0 + \Psi y) \tag{2-4-75}$$

由此可得任意纤维层的自应力为

$$\sigma_{自}(y) = E\varepsilon_\sigma(y) = E[\alpha T(y) - (\varepsilon_0 + \Psi y)] \tag{2-4-76}$$

上式中的E为材料的弹性模量,由于自应力是自平衡状态的应力,可以利用截面上应力合力的总和为零及对截面中和轴的力矩之和为零两个条件求得ε_0和Ψ两个未知量。

由$\sum N=0$,便有(其中,h为截面高度)

$$\begin{aligned} N &= E\int_h \varepsilon_\sigma(y) \cdot b(y)\mathrm{d}y = E\int_h [\alpha \cdot T(y) - (\varepsilon_0 + \Psi y)]b(y)\mathrm{d}y \\ &= E\left[\alpha\int_h T(y)b(y)\mathrm{d}y - \varepsilon_0 A - A \cdot y_c \cdot \Psi\right] = 0 \end{aligned} \tag{2-4-77}$$

由$\sum M=0$,便有

$$\begin{aligned} M &= E\int_h \varepsilon_\sigma(y) \cdot b(y)(y-y_c)\mathrm{d}y \\ &= E\int_h [\alpha \cdot T(y) - (\varepsilon_0 + \Psi y)] \cdot b(y)(y-y_c)\mathrm{d}y \\ &= E\left[\alpha\int_h T(y)b(y)(y-y_c)\mathrm{d}y - \Psi I\right] = 0 \end{aligned} \tag{2-4-78}$$

其中

$$\left.\begin{aligned} A &= \int_h b(y)\mathrm{d}y \\ I &= \int_h b(y)y(y-y_c)\mathrm{d}y \\ y_c &= \frac{1}{A}\int_h y b(y)\mathrm{d}y \end{aligned}\right\} \tag{2-4-79}$$

联立求解式(2-4-77)和式(2-4-78),得到

$$\left.\begin{aligned} \Psi &= \frac{\alpha}{I}\int_h T(y)b(y)(y-y_c)\mathrm{d}y \\ \varepsilon_0 &= \frac{\alpha}{A}\int_h T(y)b(y)\mathrm{d}y - \Psi \cdot y_c \end{aligned}\right\} \tag{2-4-80}$$

对于图 2-4-29 中的各种非线性温度梯度,均可应用式(2-4-80)的一般表达式分段进行积分,以求出 ε_0 和 Ψ 值,最后代入到式(2-4-76)中,就可求得各纤维层的温度自应力,下面将举一个简单例子来阐明其应用。

[**例 2-4-7**] T形截面梁的几何尺寸示于图 2-4-34,试求在翼板内受5℃温度差的影响时,截面的 Ψ 和 ε_0 值。

[**解**] 该截面的 y_c 和 I 可以很容易地由式(2-4-79)求得,代入到式(2-4-80),得

$$\Psi = \frac{\alpha b_1}{I}\int_0^{h_1} 0\cdot(y-y_c)\mathrm{d}y + \frac{\alpha b}{I}\int_{h_1}^{h} 5(y-y_c)\mathrm{d}y$$

$$= 0 + \frac{5\alpha b}{I}\left(\frac{y^2}{2} - y_c\cdot y\right)\bigg|_{h_1}^{h} = \frac{5\alpha A_f}{I}\left(\frac{h+h_1}{2} - y_c\right)$$

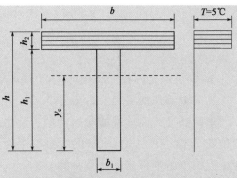

图 2-4-34 受非线性温度梯度作用的T形截面梁

$$\varepsilon_0 = \frac{\alpha b_1}{A}\int_0^{h_1} 0\cdot \mathrm{d}y + \frac{\alpha b}{A}\int_{h_1}^{h} 5\cdot \mathrm{d}y - \Psi\cdot y_c = \frac{5\alpha b}{A}\cdot h_2 - \frac{5\alpha A_f}{I}\left(\frac{h+h_1}{2} - y_c\right)\cdot y_c$$

式中,$A_f = b\cdot h_2$,其余符号意义同前。

三、连续梁温度次内力计算

超静定结构温度次内力计算的有限元法参见第七篇第二章相关内容,以下介绍用力法求解连续梁温度次内力的基本方法。

1. 等截面连续梁的温度次内力

以两跨连续梁为例,取两跨简支梁为基本结构,在中支点切口处的赘余力矩为 M_{1T},如图 2-4-35 所示,于是可以列出力法方程为

$$\delta_{11}M_{1T} + \Delta_{1T} = 0 \qquad (2\text{-}4\text{-}81)$$

式中:δ_{11}——$\overline{M}_{1T}=1$ 时在赘余力矩方向上引起的相对转角;

Δ_{1T}——因温度变化在赘余力矩方向上引起的相对转角。

Δ_{1T} 的计算步骤如下:

(1)按式(2-4-80)分别计算 AB 跨和 BC 跨简支梁的挠曲线曲率 Ψ_1 和 Ψ_2,由于该两跨的截面尺寸完全相同,故当不计钢筋影响时,$\Psi_1 = \Psi_2 = \Psi$。

(2)按《材料力学》公式分别计算该两跨在各自两个端点切线之间的夹角,即

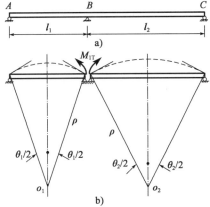

图 2-4-35 连续梁在非线性温度梯度作用下的挠曲变形

$$\theta_1 = \int_A^B \frac{M}{EI}\mathrm{d}x = \Psi\int_A^B \mathrm{d}x = \Psi l_1$$

$$\theta_2 = \int_B^C \frac{M}{EI}\mathrm{d}x = \Psi\int_B^C \mathrm{d}x = \Psi l_2$$

$$\left(\Psi = \frac{1}{\rho} = \frac{M}{EI}, \rho \text{ 为曲率半径}\right)$$

(3)由于连续梁是采用等截面的,故基本结构中每跨梁两端的转角对称且相等,各等于 $\theta/2$,于是

$$\Delta_{1T} = -\left(\frac{\theta_1 + \theta_2}{2}\right) = -\frac{\Psi}{2}(l_1 + l_2) \tag{2-4-82}$$

Δ_{1T} 取负值是因相对转角方向与所设赘余力矩 M_{1T} 的方向相反。

2. 变截面连续梁的次内力计算

求两跨变截面连续梁次内力的力法方程同式(2-4-81)。现在的问题是如何计算其中的常变位 δ_{11} 和载变位 Δ_{1T}。求解的方法有平面杆系有限元法、图解解析法和纽玛克法等。本节仅介绍应用图解解析法的计算步骤。

(1)δ_{11} 的计算步骤

①绘 $\overline{M} = 1$ 的分布图 $\overline{M}(x)$,如图2-4-36b)所示。

②绘曲率分布图[图2-4-36c)]。

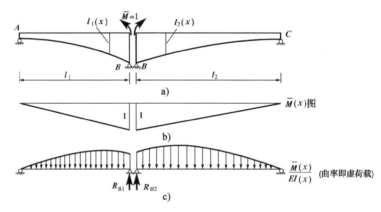

图 2-4-36　变截面梁 δ_{11} 的计算图式

③以曲率分布图作为虚荷载,用总和法计算 B 支点的虚反力 R_{B1} 和 R_{B2},此虚反力便是它们在中支点处的端转角。

④按下式计算 δ_{11},即

$$\delta_{11} = R_{B1} + R_{B2} \tag{2-4-83}$$

(2)Δ_{1T} 的计算步骤

求解的步骤与求 δ_{11} 的基本相似,只需应用式(2-4-80)分别求全梁若干段截面的 $\Psi(x)$ 值来取代图2-4-36c)中的 $\dfrac{\overline{M}(x)}{EI(x)}$,所得到 B 支点的反力之和便是 Δ_{1T}。

3. 连续梁内的总温度应力

当解力法方程求得赘余力矩 M_{1T} 之后,便可得到全梁各个截面的温度次内力 $M_{次}(x)$,再应用《材料力学》中的公式可以得到截面上所承受的温度次应力为

$$\sigma_{次} = \frac{M_{次}(x) \cdot y}{I} \qquad (2\text{-}4\text{-}84)$$

将式(2-4-84)及式(2-4-76)代入式(2-4-72),便可得到连续梁总温度应力的一般表达式为

$$\sigma_{总}(y) = E[\alpha T(y) - (\varepsilon_0 + \Psi y)] + \frac{M_{次} y}{I} \qquad (2\text{-}4\text{-}85)$$

式中的各个符号意义同前。

第八节 悬臂施工时挠度和预拱度计算

在本篇第三章第四节里,全面介绍了钢筋混凝土和预应力混凝土桥梁在作变形计算时所应取的截面刚度、规范规定的容许变形量以及预拱度的设置等内容。简支梁桥一般采用场外预制而后安装或者就地有支架法施工,它在制作过程中,梁体本身是不受力的,故它的计算图式就是成桥后的计算图式,计算也就简单。然而,对于采用悬臂施工的 T 形刚构桥和连续体系梁桥来说,其受力状况要比简支梁桥复杂得多,尤其是后者还存在一个体系转换的问题,图 2-4-1 已对施工过程作了描述。

本节主要介绍悬臂施工时主梁挠度的计算要考虑哪些因素,如何在悬臂施工中对每个节段设置预拱度,使成桥以后的桥面高程符合设计要求等问题。至于挠度的具体计算公式则可应用一般结构力学中所介绍的方法以及前面几节所介绍的关于次内力计算的内容。

一、一期恒载作用下的挠度计算和预拱度设置

悬臂法施工中的一期恒载主要包括结构自重和施加预应力两大部分,前者的计算比较容易,后者可应用本章第三节的等效荷载法进行计算。为了分清悬臂施工与有支架施工在挠度计算和设置预拱度的差别,这里先简单提一下有支架施工的特点。

1. 有支架施工的悬臂梁

现取由 4 节段组成的悬臂梁为例,如图 2-4-37 所示。如果只计结构恒载应设的预拱度,那么,每个节点的预拱度 Δ_i 可用下式表示

$$\begin{bmatrix} \Delta_{11} & \Delta_{12} & \Delta_{13} & \Delta_{14} \\ \Delta_{21} & \Delta_{22} & \Delta_{23} & \Delta_{24} \\ \Delta_{31} & \Delta_{32} & \Delta_{33} & \Delta_{34} \\ \Delta_{41} & \Delta_{42} & \Delta_{43} & \Delta_{44} \end{bmatrix} \begin{bmatrix} 1 \\ 1 \\ 1 \\ 1 \end{bmatrix} = \begin{bmatrix} \Delta_1 \\ \Delta_2 \\ \Delta_3 \\ \Delta_4 \end{bmatrix} \qquad (2\text{-}4\text{-}86)$$

式中: $\Delta_1 \sim \Delta_4$ ——悬臂梁上 4 个节点在卸架后由结构恒载引起的总变形;

$\Delta_{ij}(i,j=1,2,3,4)$ ——j 节段自重(G_1,G_2,G_3,G_4)及预应力对 i 节点产生的弹性变形。

2. 悬臂拼装结构

如果图 2-4-37 中的悬臂梁是由四个预制节段用悬臂拼装法逐段拼装而成,那么,由于结构恒载而应设置的预拱度 Δ_i 就应该按式(2-4-87)计算

$$\begin{bmatrix} \Delta_{11} & \Delta_{12} & \Delta_{13} & \Delta_{14} \\ 0 & \Delta_{22} & \Delta_{23} & \Delta_{24} \\ 0 & 0 & \Delta_{33} & \Delta_{34} \\ 0 & 0 & 0 & \Delta_{44} \end{bmatrix} \begin{bmatrix} 1 \\ 1 \\ 1 \\ 1 \end{bmatrix} = \begin{bmatrix} \Delta_1 \\ \Delta_2 \\ \Delta_3 \\ \Delta_4 \end{bmatrix} \tag{2-4-87}$$

这是因为悬臂结构是逐段拼装而成,后节段的恒载对先拼节段会产生弹性变形,而先拼的节段已完成了本身恒载的变形,不再对后续节段产生影响,这可用图2-4-38的分析加以说明。

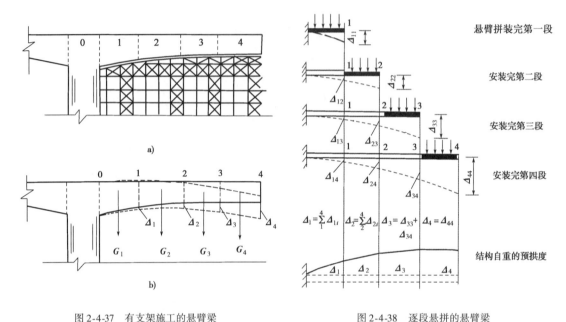

图2-4-37 有支架施工的悬臂梁

图2-4-38 逐段悬拼的悬臂梁

3. 挂篮施工的悬浇结构

和悬臂拼装工艺的最大差别在于:第一,挂篮在施工过程中固定在先完成的节段上,它的自重也使结构产生变形,但在挂篮拆除后,又使原来的变形得到恢复;第二,挂篮设备上伸出的悬臂,又因浇筑混凝土时结构质量不断增加而使挂篮自身产生挠曲变形,从而导致永久性结构发生同样的变形,值得重视的是,在挂篮拆除后,这部分变形却不能得到恢复。

(1) 现浇1号节段

一般说来,在现浇1号节段混凝土时,挂篮设备的自重全部落在墩顶上的0号节段上。但是,在悬浇过程中,混凝土质量不断增加,使挂篮设备上的伸臂发生弹性变形 δ_{1g},它使底模板前端的高程也发生同样变形,如图2-4-39所示。类似的变形将同样地会发生在以后各节段的施工中,即用 δ_{2g}、δ_{3g} 和 δ_{4g} 表示之。因此,在各节点的预拱度值中,均应分别计入这个影响,但也可以通过调整挂篮的吊带来解决。

(2) 挂篮自重引起的结构变形

当现浇2号以后节段混凝土时,挂篮设备一般将分拆成两截,分别固定在(或者部分地落在)已完成的悬臂节段上。由于挂篮具有一定的自重,尤其在大跨度桥梁的悬臂施工中,挂篮设备的重心距悬臂梁根部的力臂较大,造成已完成梁段发生变形,从而使待浇段模板也下垂,如图 2-4-40 中的 Δ_{2G} 和 $\Delta_{3G}(\approx\Delta_{2G})$。但是正如前面所指出,这种变形将随挂篮的拆除而最后恢复。因此,在设置预拱度时,应该预先从应设置的预拱度中扣除这部分影响。

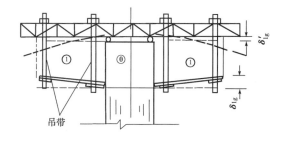

图 2-4-39 1 号节段浇筑时挂篮变形

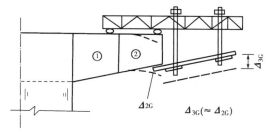

图 2-4-40 其余节段浇筑时的变形

弄清上述拱度设置的原理以后,不难理解,当逐段施加预应力时,它对各节点产生的变形值,仍可写成与式(2-4-88)相类似的形式,不过它的方向一般向上挠曲,因此也要从应设的预拱度中减去这部分影响。

二、设置预拱度应考虑的因素

上面仅讨论了一期恒载对设置预拱度的影响。事实上,当悬臂梁合龙转换成连续体系以后,还有二期恒载、次内力(二次预应力、徐变、收缩及温度影响)和 1/2 汽车活载的影响。为了施工的简化,通常可以将这些影响值的总和作为跨中预拱度的最大值,以两桥墩支点为零,其余各点可以近似地按二次抛物线进行分配。为了有一个全面的了解,现将悬臂梁施工中预拱度的设置和方法汇总于表 2-4-5。表中挂篮伸臂的挠曲,可通过调整吊带长度预先消除。

悬臂施工的连续体系梁桥预拱度设置内容   表 2-4-5

阶段	影响因素	增(+)减(-)	施工方法		计算方法	预拱度分配
			悬拼	悬浇		
悬臂施工阶段	一期恒载	+	√	√	按悬臂梁逐段计算	按式(2-4-88)叠加值
	施加预应力	-	√	√		
	挂篮设备自重	-		√		
	挂篮伸臂挠曲	+		√		
	收缩徐变	+	√	√		
合龙后及通车	二期恒载 次应力	+	√	√	按连续梁计算跨中最大值	按二次抛物线比例分配
	二次预应力	±	√	√		
	收缩徐变	+	√	√		
	1/2 汽车荷载(不计冲击力)	+	√	√		

注:"+"表示预拱向上;"-"表示预拱向下(或扣除)。

第九节 主梁下挠、开裂的原因和对策

大跨度预应力混凝土连续梁桥(连续刚构桥)经长期使用后,容易出现一些病害。主要有:①跨中下挠;②梁体开裂。下面分别介绍原因和对策。

一、跨中下挠的原因和预防对策

根据对国内外已建大跨度梁桥的调查,跨中下挠是较为普遍的现象,例如1978年建成通车的帕劳共和国科罗巴岛桥,为主跨241m的PC连续刚构桥,1990年通车12年后检测,发现跨中下挠达1.2m,后虽经加固,还是于1996年9月倒塌。国内黄石长江大桥等大跨梁桥也同样出现了严重的跨中主梁下挠现象。

大跨预应力混凝土连续梁桥(连续刚构桥)的跨中下挠十分普遍,主要原因包括:①主梁的有效纵向预应力不足,预应力体系未达最优;②混凝土徐变造成主梁纵向预应力长期损失大,支点附近箱梁底板偏薄导致其徐变变形较大,引起主梁转动下挠;③箱梁开裂造成其刚度降低,进一步促进跨中下挠;④设计计算时未考虑大交通量的"恒载效应"。

跨中下挠往往伴随着跨中段出现横向裂缝或大量斜裂缝,造成严重病害、防止过大下挠的主要对策如下。

1. 控制负弯矩区域截面的应力梯度

考察如图2-4-41a)所示的最大负弯矩区域,如果此区域内主梁上、下缘的应力差(梯度)过大[图2-4-41b)],按照徐变理论,构件的徐变应变与其承担的应力呈线性关系,则下缘徐变压应变将显著大于上缘,主梁将产生大的弯曲徐变下挠变形。

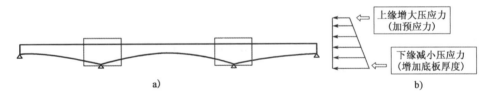

图2-4-41 连续体系梁桥最大负弯矩区的应力梯度

因此,对于大跨度梁桥,控制徐变下挠的措施之一是减小主梁截面的应力梯度,建议在主梁根部区段,悬臂节段的自重完全由预应力抵消(零弯矩配索)。内支点上方箱梁底板厚度宜不小于跨径的1/140。

2. 提高主梁的正截面和斜截面强度

鉴于跨中下挠往往与横向裂缝与斜裂缝一起发生,相互促进恶化,因此保证主梁有足够的正截面强度和斜截面强度是首要的。计算中要充分考虑徐变将导致内力转移的不利影响。

3. 在设计文件中作出若干规定

主梁出现过大的徐变下挠往往与施工不当密切相关,为了尽可能避免风险,建议在设计文件中提出以下几点规定。

(1)混凝土加载龄期至少应在7d以上,强度和弹性模量至少在90%以上。

(2)宜采用真空压浆,减小管道摩阻、防止漏浆,同时预应力筋定位需准确。

(3)严格控制预应力施工质量及混凝土超方量。

(4)可预留体外预应力转向块和张拉锚固装置。

4. 特大跨径梁桥中的跨中区段轻型化

对于特大跨径梁桥,自重往往占总设计荷载的90%以上,特别是跨中区段的恒载重力,对主梁应力的影响很大,因此若在跨中区段采用高强轻质主梁,对于控制主梁徐变下挠是十分有利的。不同部位主梁自重对其应力的影响如图2-4-42所示。

5. 徐变计算适当考虑活载影响

徐变计算不应仅针对恒载,还应适当考虑大交通量活载的影响。苏通长江大桥辅航道桥设计考虑了两个车道的汽车荷载参与徐变计算,值得借鉴。

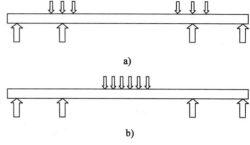

图2-4-42 不同部位主梁自重对其应力的影响
a)在桥墩附近的荷载(自重)对应力的影响不大;
b)在跨中间的荷载(自重)对应力的影响最大

二、梁体开裂的原因和预防对策

1. 腹板斜裂缝

1)腹板计算应考虑空间效应

已建箱梁桥的腹板斜裂缝一般与梁轴线呈25°~50°,斜裂缝的另一个特征是箱内腹板斜裂缝要比箱外腹板斜裂缝严重。这已为一些大跨径梁桥的检查结果所证实。出现这一现象的原因之一是以往设计中仅考虑腹板面内受力的计算,未充分考虑面外受力的影响,面外受力的主要因素如下。

(1)温度影响

图2-4-43为日照温差作用下自由板和箱梁顶板的受力变形状况的示意图,图中左侧的无约束自由板,在日照温差作用下,板将只产生上拱变形而基本无内力。再看右侧箱梁顶板同样在日照温差作用下的情形,此时板的上拱受到两侧腹板的约束,所产生的弯矩 M 使得腹板内侧受拉,根据计算,日照作用下腹板内侧的拉应力可达2MPa。

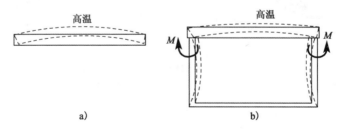

图2-4-43 日照温差作用下自由板和箱梁顶板的受力变形状况
a)无约束的自由板;b)箱梁顶板

(2)后期索影响

如图2-4-44所示,跨中张拉后期索导致腹板受弯拉、底板受弯,仅靠面内分析只能得到后期索的径向分力对腹板产生的轴拉力,不能得到弯曲引起的应力,而这在计算中是必须充分考虑的。

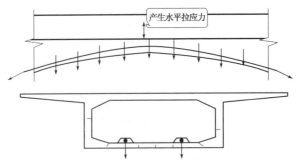

图 2-4-44 跨中张拉后期索导致腹板受弯拉、底板受弯

2) 应设置高效竖向预应力

腹板竖向预应力以往通常采用精轧螺纹钢锚固体系,正如《桥规 JTG 3362》条文说明第 6.3.3 条所指出的,竖向预应力不足是箱梁腹板出现斜裂缝的主要原因之一。

精轧螺纹钢预应力筋于 1956 年由德国 Dywidag(地伟达)公司研发成功,60 多年以来,短索基本采用这一技术,没有明显改进,这种锚固体系存在以下不足:①应力等级低,伸长量小;②刚性索,施工稍有偏差,螺母就拧不到位;③为提高力筋效率,张拉时往往将控制应力设定在破断应力的 90%,易出现断筋现象,断筋后难以更换;④施工质量无法检验。

从基本原理上看,钢绞线具有柔性好、强度高和延伸量大的优势,只要解决了回缩量大的问题,在短索上应用时,其效率和可靠性将强于精轧螺纹钢筋,为此,腹板竖向预应力推荐采用如图 2-4-45 所示的新型二次张拉低回缩预应力钢绞线锚固体系,通过两次张拉,可基本消除钢绞线的回缩损失。

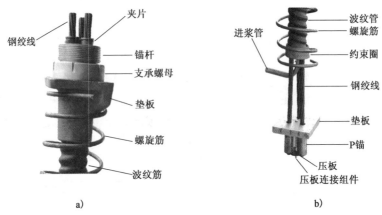

图 2-4-45 新型二次张拉低回缩预应力钢绞线锚固体系
a)低回缩二次张拉锚具构造;b)P 型锚具系统锚具构造

2. 纵向裂缝——顶、底板裂缝

(1)限制超载

超载特别是超重车轴荷载的作用,对横桥向的影响比纵桥向更大,这是由于纵向弯矩自重占绝大部分;而横向弯矩则主要由活载引起,轴重超过规范时,易出现顶板下缘的纵向裂缝。因此,为防止顶板出现纵向裂缝,限制超载十分必要。

(2)纵向应力的泊松效应

混凝土的计算泊松比为 0.2,由泊松效应可知,若混凝土顶、底板承受的纵向压应力为

10MPa,则相应的横向拉应力可达2MPa,计算中泊松效应的不利影响必须考虑。

(3) 顶板厚度

顶板内需布置纵、横向预应力束和普通钢筋,若顶板偏薄,横向预应力筋的位置就难以准确定位,一旦偏差较大,预应力就不能发挥应有效果,顶板下缘就会出现纵向裂缝。

另外,顶板薄将导致活载作用下混凝土应力变幅过大,容易出现混凝土疲劳裂缝。因此,建议顶板厚度在满足表2-2-2的同时,不宜小于30cm。

(4) 变截面箱梁跨中区域底板常见病害

变截面箱梁跨中区域底板常见病害有以下三种,基本由底板后期束直接引起。①底板混凝土局部区域崩裂;②底板上、下层钢筋网分层;③底板下缘的纵向裂缝。

预防前两种病害,可在底板上下层钢筋之间,布置可靠的防崩钩筋。

施加后期预应力产生的径向力对这种裂缝有重要影响,如图2-4-44所示,当底板横向配筋不足,就会在底板横向跨中下缘及横向两侧底板加腋开始的上缘,出现纵向裂缝。

(5) 沥青混合料高温摊铺的作用

桥面常采用沥青混凝土铺装,而沥青混凝土摊铺时要求高温操作,摊铺温度往往高达150℃。导致结构温度急速升高,形成非常大的梯度温度。

相关文献对沥青混合料进行了有限无热分析,得到如下结论:①对于沥青混合料铺装层,温度在最初的一段时间内下降非常快,30min之内,温度下降了将近50℃。②顶板不同深度处不同时间达到的温度差异很大。③约40min时顶板达到应力峰值。④一般4h之后梁体温度趋向均匀。

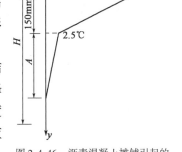

图2-4-46 沥青混凝土摊铺引起的最大温度梯度

通过参数分析,得到应力峰值时相应的温度梯度如图2-4-46所示,最大温差 T 的取值见表2-4-6。

最大温差 T 的取值(℃) 表2-4-6

梁体初始温度(℃)	10	20	30
最大温差 T(℃)	35	32	30

建议按施工荷载考虑上述高温沥青混合料对桥面的影响。

3. 横向裂缝

大跨径梁桥通常采用全预应力设计。对于全预应力或部分预应力A类构件,都不应该出现横向裂缝。若出现了横向裂缝,反映了正截面强度的不足,主要原因和对策有:

(1) 有效预应力不足

①过早加载,预应力徐变损失大;②沿管道预应力损失偏大;③预应力筋因管道压浆不饱满和浆体离析而锈蚀。

(2) 对剪力滞影响考虑不够

靠近腹板区域的上下翼缘纵向拉应力大于平均应力,因此纵向预应力筋的布置应符合纵向应力分布规律。

(3)梁体下挠,内力转移过大

徐变导致内力重分布,使得内支点区域负弯矩减小,跨中正弯矩增大。因此在跨中区域应配置足够的后期束防止正弯矩增大引起的底板开裂,如图 2-4-47 所示。

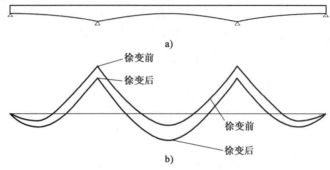

图 2-4-47 徐变导致主梁内力重分布

(4)摩擦桩不均匀沉降导致开裂

连续体系梁桥属高次超静定结构,墩柱的不均匀沉降将导致主梁产生次内力,继而造成开裂,因此,对于采用摩擦桩基础的桥梁,应慎用连续结构。

第五章
刚架桥简介

在上一章里,已经介绍了几种常用的刚架桥,即连续刚构桥和刚构-连续组合体系桥等。这几种桥型的共同特点是:由于采用墩梁固结的构造,使之既可省掉昂贵的支座装置,又可在施工中不用进行体系的转换;特别是在恒载条件下,桥墩两侧梁体结构的受力状态接近平衡,桥墩接近中心受压,主梁以受弯为主,仍属于梁桥的受力状态,因此将它们放在同一章里进行介绍。

然而,刚架桥的类型尚不止这一些,还包括门式刚架桥、斜腿刚架桥、全无缝式连续刚构桥等。因此,本章将对这几种刚架桥型进行简单的补充介绍。

第一节 门式刚架桥

一、结构特点及其适用范围

图 2-5-1 是一座跨越城市交通干线的门式刚架桥,它的主要特点是将桥台台身与主梁固结,既省掉了主梁与桥台之间的伸缩缝,改善了桥头行车的平顺性,又提高了结构的刚性。在竖向荷载作用下,可以利用固结端的负弯矩来部分地降低梁的跨中弯矩,从而达到减小梁高的

目的。在城市中当遇到线路立体交叉或需要跨越不太宽的河流时,采用这种桥型,就能降低线路高程,改善纵坡和减少路堤土方量。当桥面高程已经确定时,采用这种桥型可以增加桥下净空。

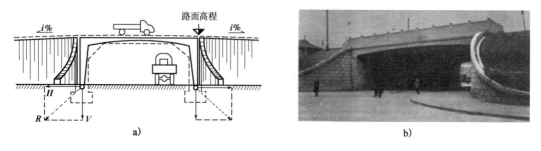

图 2-5-1　门式刚架桥示例

另一方面,它由于台梁固结,使其受力状态介于梁桥和拱桥之间,由此也带来以下一些缺点:

(1) 薄壁台身(或立柱)除承受轴向压力外,还承受横向弯矩,并且在基脚处还产生水平推力。因此,必须要求有良好的地基条件,或者采用较深的基础和特殊的构造措施来抵抗水平推力的作用。

(2) 基脚无论是采用固结还是铰接构造,都会因预应力、徐变、收缩、温度变化以及基础变位等因素,而产生较大的次内力,如图 2-5-2 所示。

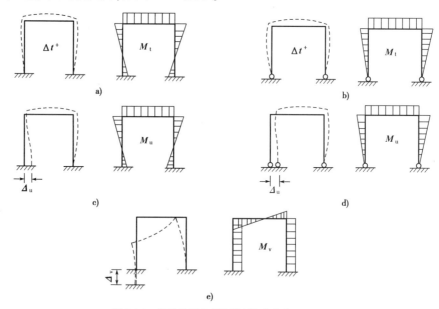

图 2-5-2　温升及基础变位引起的次内力

(3) 当基脚采用铰接构造时(图 2-5-3),固然可以改善基底的受力状态,使地基应力趋于均匀,但铰的构造比较复杂,特别是当铰支承修建在河水中或被接线路堤掩埋时,不仅施工困难,而且易于腐蚀,难以养护和维修。

(4) 角隅节点(台身与主梁连接处)的截面承受较大的负弯矩,因此节点内缘的混凝土会产生很高的压应力,而节点外缘的拉应力虽然由钢筋来承担,但此处的主拉应力常常也会使角隅截面产生劈裂的裂缝,如图 2-5-4a)所示。因此,工程设计中必须在此处设置防劈钢筋予以特别加强,如图 2-5-4b)所示。

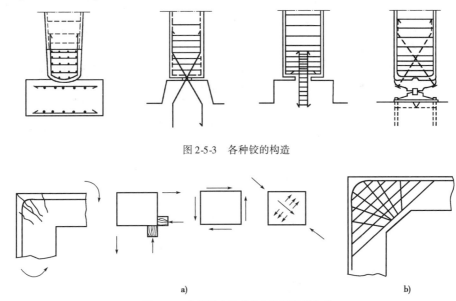

图 2-5-3　各种铰的构造

图 2-5-4　角隅节点的受力与防劈钢筋构造
a)角隅节点受力示意图；b)角隅节点普通钢筋的设置

(5)这种桥型宜采用有支架的整体浇筑法施工,相对于采用普通的装配式简支梁桥而言,施工工期往往拖延较长。

基于以上一些原因,故这种桥型在目前较少采用。

二、门式刚架桥的几种形式

1. 两铰立墙式刚架桥(图 2-5-1)

由于立墙承受来自接线路堤的主动土压力,这对抵抗基脚处的水平推力是有利的,但却加大了角隅处的负弯矩。

2. 两铰立柱式刚架桥

如图 2-5-5 所示,两端桥台台身由三根立柱构成。为了不让接线路堤的土伸入桥孔以内,便将桥面构造向路堤方向延伸 3m,桥面的两侧支承在耳墙上。这种短悬臂桥面结构可以部分地平衡主跨内结构的自重,减小主孔跨中弯矩和基脚处的水平推力。立柱[图 2-5-5c)]常设计成变宽度的,这符合立柱的弯矩图形,也有利于改善角隅节点处的应力状态。但也存在另一个缺点,即当车辆行驶到跨中时,两悬臂端容易向上翘起,时起时落,易破坏路堤,最终造成桥头跳车的不良后果。

3. 重型门式刚架桥

如图 2-5-6 所示,为了克服上述短悬臂桥面结构起翘的缺点,可将悬臂板置于台身的底部,使它与三个沿桥轴线方向的立墙和前墙构成类似于薄壁式的 U 形桥台,底板与基础之间仍设计成铰接的构造。底板以上的填土相当于施加巨大的压重,再通过悬臂作用来减小主跨内的跨中弯矩和基脚处的水平推力;三片较高的立墙可以承担较大的负弯矩,从而改变了上述的单独由角隅节点截面承受负弯矩的不利状态,因此受力比较合理,使用性能较好。但因为它的构造复杂,且跨径又不能太大,以致在后来的工程中没有得到进一步的推广。

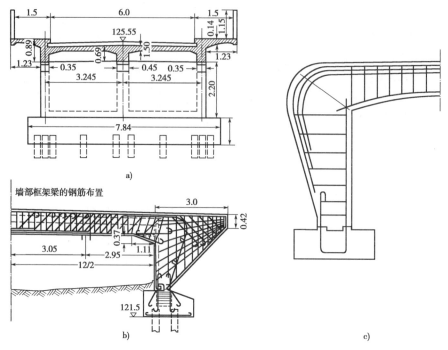

图 2-5-5　两铰立柱式刚架桥(尺寸单位:m;高程单位:m)
a)横剖面;b)半纵剖面;c)门式刚架桥刚构处的配筋形式

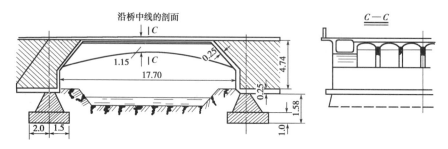

图 2-5-6　重型门式刚架桥构造图(尺寸单位:m)

第二节　斜腿刚架桥

一、结构特点及应用范围

由一对斜置的撑杆与梁体固结后来承担车辆荷载的桥梁称之为斜腿刚架桥(图 2-5-7)。这种桥型可以克服门式刚架桥中所存在的某些缺点。

(1)斜腿刚架桥的主跨相当于一座折线形拱桥,其压力线接近于拱桥的受力状态,斜腿以受压为主,比门式刚架的立墙或立柱受力更合理,故其跨越能力也大。

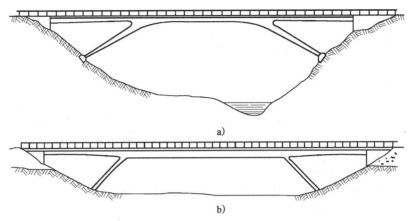

图 2-5-7 斜腿刚架桥
a)跨越有坚岩陡坡或谷地上的刚架桥;b)高速公路上的跨线桥

(2)斜腿刚架桥的两端具有较长的伸臂长度,通过调整边跨与中跨的跨长比,可以使两端支座成为单向受压铰支座而不致向上起翘,从而改善行车条件,同时在恒载作用下边跨对主跨的跨中弯矩也能起到卸载作用,有利于减薄主跨梁高。

(3)斜腿下端的铰支座一般坐落在岸边的坚硬岩石上或者桥台上,不会被水淹没或者被土堤掩埋,故在施工上和维护保养上都比门式刚架桥简单和容易些。

因此,斜腿刚架桥常常建造在跨越深谷地带或用在跨越其他线路(公路或铁路)的立交桥上。

然而,斜腿刚架桥也存在有某些与门式刚架桥相类似的缺点:

(1)主梁的恒重和车辆荷载都是通过主梁与斜腿相交处的横隔板[图 2-5-8a)、b)],再经过斜腿传至地基上。这样的单隔板或呈三角形的隔板将使此处梁截面产生较大的负弯矩峰值,使得通过此截面的预应力钢筋十分密集,在构造布置上比较复杂[图 2-5-8c)]。

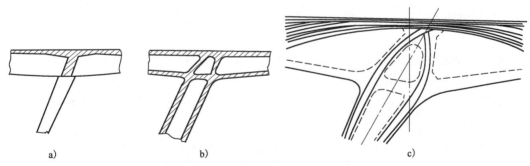

图 2-5-8 斜腿与主梁相交节点构造
a)、b)横隔板形式;c)节点预应力钢筋

(2)预加力、徐变、收缩、温度变化以及基础变位等因素都会使斜腿刚架桥产生次内力,受力分析上也相对较复杂。因此,为了减少超静定次数,同时使斜腿基脚处的地基应力均匀些,一般将斜脚基脚处设计成铰支座。

此外,斜腿刚架桥还存在另一个缺点,那就是它具有与地面呈 40°~50°夹角的斜腿,造成施工上有一定的难度,这也是限制这种桥型获得进一步推广的主要原因之一。

下面将按照不同的施工方法,简单地介绍几种斜腿刚架桥的实例,有关具体的施工方法和细节,将在后面有关梁桥施工和拱桥施工的章节中详述。

二、用不同施工方法建造的斜腿刚架桥实例

1. 悬臂浇筑法施工的桥例——法国博诺姆桥

图 2-5-9 是法国莫尔比昂省跨越布拉韦河的博诺姆桥,建成于 1974 年,两斜腿支承铰之间的跨长为 186.26m。该桥是迄今为止最大跨度的预应力混凝土斜腿刚架桥。该桥有以下特点:

(1)边跨跨长约为中跨的一半,这不但可以改善整个主梁的受力状况,而且有利于借助临时支架对主梁进行对称悬臂施工。

(2)主梁和斜腿均采用抗扭刚度大的单箱单室截面,在斜腿的顶、底板以及腿-梁相交节点处的横隔板内都设置了预应力钢筋。

(3)在斜腿基脚铰支承块与基础之间设有扁千斤顶的调整装置,这样保证了斜腿的轴压力与基础的中线吻合,以减小铰支座承担的剪切力。

(4)采用双悬臂平衡法施工,首先在临时支架上分阶段浇筑斜腿的混凝土,然后浇筑斜腿顶部的一段主梁,最后在该段主梁上安装挂篮,向两侧对称分段地悬臂浇筑主梁混凝土,待合龙后再拆除临时支架,完成桥面其他的工作。

2. 悬臂拼装法施工的桥例——江西洪门大桥

图 2-5-10 是建成于 1987 年的江西遂川洪门大桥立面图,介于两斜腿基脚之间的跨径为 60m,也是一座预应力混凝土斜腿刚架桥,该桥有以下特点:

(1)边跨与中跨的跨长比约为 1:2,主梁与斜腿也采用箱形截面,但在斜腿基脚处采用固结构造。

(2)设临时墩和临时支架,对斜腿及斜腿顶部一段梁段采用现浇混凝土施工,然后利用悬臂吊机进行对称悬臂拼装预制节段。

(3)悬拼时的体内预应力筋,布置在梁的顶板和腹板内,悬拼完毕后,在箱梁顶板、底板的锚座上设置体外无黏结筋,力筋穿入到硬聚氯乙烯管内,张拉锚固后再向管内压入水泥浆用以防腐。

(4)现浇斜腿之前,用高强度水泥浆整平 1m×5m 的基础斜面,并钻出为布置抗剪钢筋用的锚孔,然后插入抗剪钢筋并浇注 C40 水泥浆,抗剪钢筋外露 1.5m,为的是将它与斜腿根部相连接,形成简单铰,待全桥施工完毕 2 个月后,再行立模和浇筑混凝土,将斜腿根部转换为固结。

3. 在钢桁拱架上施工的桥例——山西浊漳河桥

图 2-5-11 是建成于 1981 年,位于山西境内邯长公路上的浊漳河桥,这是一座单线铁路桥,斜腿基脚之间的跨径为 82m,也是一座预应力混凝土斜腿刚架桥。该桥的特点是:

(1)边跨与中跨的跨长比约为 1:2,保证端支点不出现负反力,斜腿基脚采用铰支承,主梁和斜腿均采用箱形截面。

(2)大部分预应力钢束布置为水平直线形,只有边跨沿下缘是曲线的,且曲率很小,这就使张拉时的摩阻损失大大地减小,这是与上述两座桥的不同点。

(3)整个结构是在由钢拱架和万能杆件组拼成的钢桁梁支架上就地灌注混凝土,然后张拉钢束。施工分三个阶段进行,如图 2-5-12 所示,只是在浇筑两条斜腿时,需在拱顶附近临时压重,以消除拱架的变形。

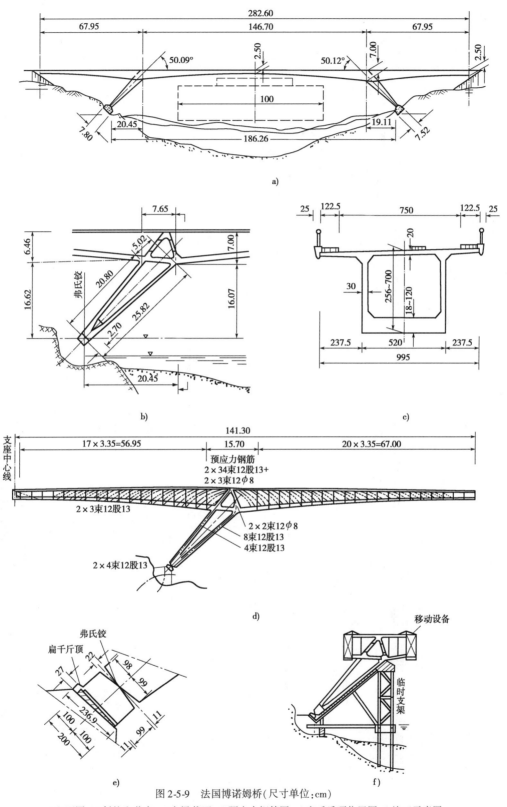

图 2-5-9 法国博诺姆桥(尺寸单位:cm)
a)立面图;b)斜柱和节点;c)主梁截面;d)预应力钢筋图;e)扁千斤顶位置图;f)施工示意图

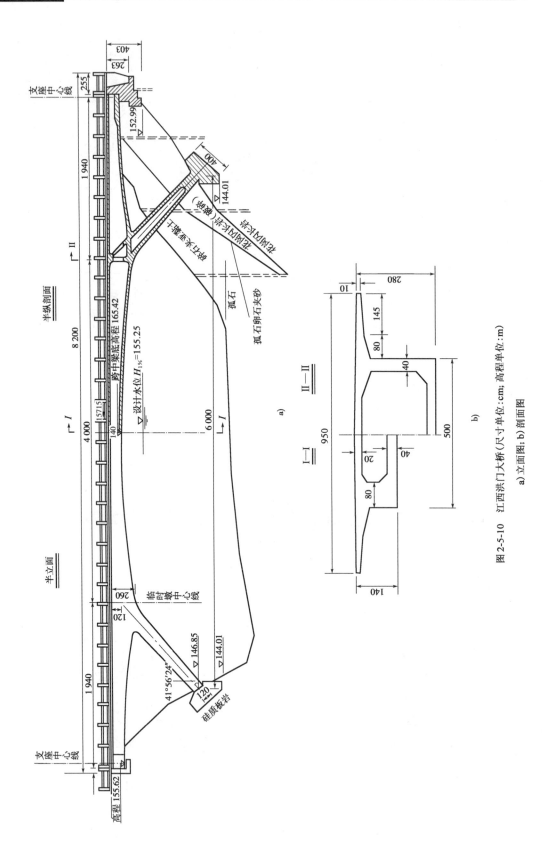

图 2-5-10 江西洪门大桥（尺寸单位：cm；高程单位：m）
a) 立面图；b) 剖面图

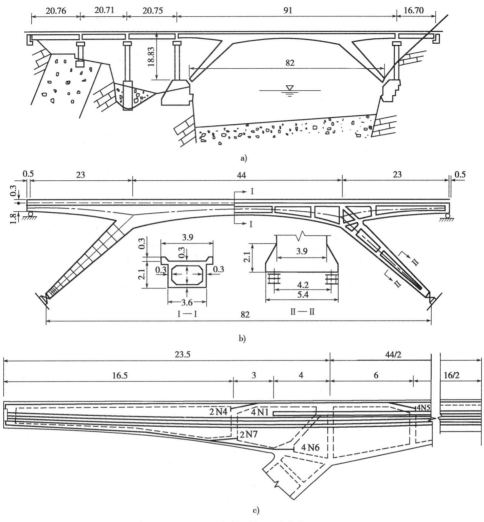

图 2-5-11 山西浊漳河桥(尺寸单位:m)
a)全桥立面图;b)主要尺寸及构造图;c)钢束布置图

4. 竖向转体法施工的桥例——陕西安康汉江桥

图 2-5-13a)是建成于 1982 年,位于陕西安康县跨越汉江的铁路桥梁,这是一座钢斜腿刚构桥,斜腿基脚之间的跨长为176m,是目前同类型铁路钢桥中的跨径最大者。该桥的特点是:

(1)它属于斜腿刚构—连续组合体系桥梁,其跨径组合为 56m + 3×64m + 56m,主梁为等高度薄壁钢箱,斜腿为变高度薄壁钢箱,斜腿基脚设计为铰支承。

(2)由于钢箱梁的自重较轻,加之主跨位于河中,故适合采取竖向转体施工法,其主要步骤[图 2-5-13b)]为:

①竖直拼装斜腿;
②将斜腿竖直旋转就位;
③在斜腿顶部安装起吊设备,将浮船上组拼的中孔64m 梁段整体起吊,并与两斜腿合龙成拱;
④向两端对称悬臂拼装其余的 64m 和 56m 的桥孔。

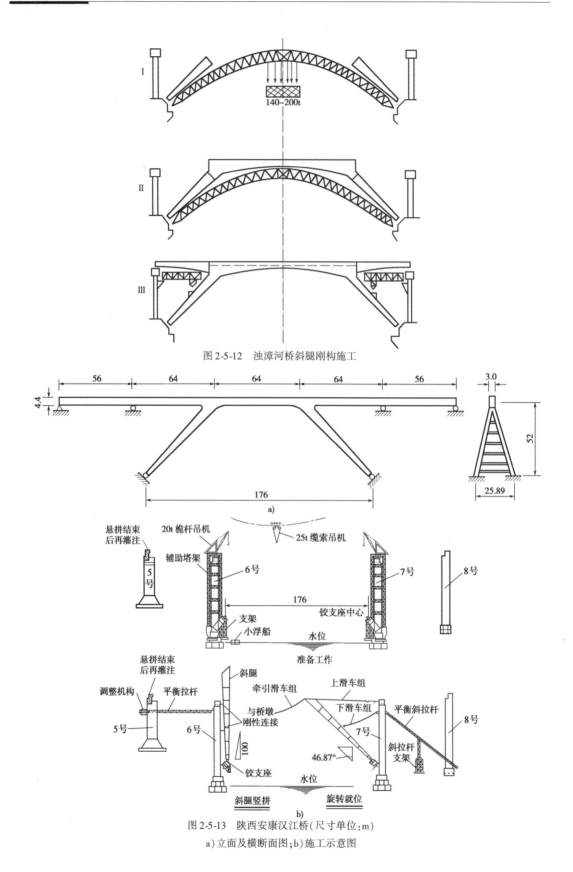

图 2-5-12 浊漳河桥斜腿刚构施工

图 2-5-13 陕西安康汉江桥(尺寸单位:m)
a)立面及横断面图;b)施工示意图

5. 平面转体法施工的两座桥——江西小港桥和贵溪桥示例

图 2-5-14a)是 1991 年建成的江西德兴市小港桥,主跨净跨径为 62m;图 2-5-14b)是建成于 1985 年的江西贵溪市跨铁路的桥梁,跨长 38.6m。这两座桥梁均采用质量较轻的桁架片结构,桁架片之间设置横系梁,形成整体。施工时利用地形,先在两岸用支架浇筑拱片结构,然后将两个半桥结构作平面转体就位[图 2-5-14c)]后,绑扎接头钢筋和浇筑接头混凝土,待达到设计强度后,再进行桥面板结构的施工。

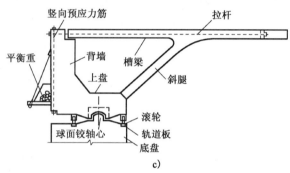

图 2-5-14 平面转体施工的斜腿刚架桥
a)江西小港桥;b)江西贵溪桥;c)平面转体施工的半桥结构

第六章 梁桥支座

按照梁桥受力的要求,在桥跨结构和墩台之间常须设置支座,其主要作用是将上部结构的支承反力(包括结构自重和可变作用引起的竖向力和水平力)传递到桥梁墩台,同时保证结构在汽车荷载、温度变化、混凝土收缩和徐变等因素作用下能自由变形,以使上、下部结构的实际受力情况符合结构的静力图式(图2-6-1)。

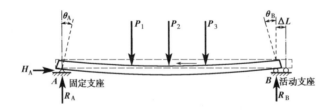

图 2-6-1　简支梁的静力图式

按支座变形的可能性,梁桥的支座一般分成固定支座和活动支座两种。固定支座既要固定主梁在墩台上的位置并传递竖向压力,又要保证主梁发生挠曲时在支承处能自由转动,如图 2-6-1 左端所示。活动支座只传递竖向压力,但要保证主梁在支承处既能自由转动又能水平移动,如图 2-6-1 右端所示。

第一节 常用支座的类型和构造

一、简易垫层支座

跨径小于 5m 的涵洞,可不设专门的支座结构,而采用由几层油毛毡或石棉做成的简易支座。为了防止墩、台顶部前缘与上部结构相抵,通常应将墩、台顶部的前缘削成斜角(图2-6-2),并且最好在板或梁端底部以及墩、台顶部内增设 1~2 层钢筋网予以加强。实践表明,这种简易垫层的变形性能较差。

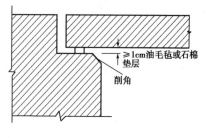

图 2-6-2 简易垫层支座

二、橡胶支座

橡胶支座具有构造简单、加工方便、造价低、结构高度小、安装方便和使用性能良好的优点。此外,它能方便地适应任意方向的变形,故特别适应于宽桥、曲线桥和斜交桥。橡胶的弹性还能削减上、下部结构所受的动力作用,对抗震十分有利。在当前,橡胶支座已经得到越来越广泛地使用。

橡胶支座一般可分为板式橡胶支座、四氟橡胶滑板式支座、球冠圆板式橡胶支座和盆式橡胶支座四类。

1. 板式橡胶支座

板式橡胶支座由几层橡胶和薄钢片叠合而成,如图 2-6-3 所示。它的活动机理是:利用橡胶的不均匀弹性压缩实现转角 θ;利用其剪切变形实现微量水平位移 Δ。

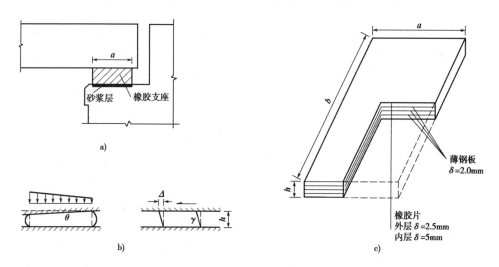

图 2-6-3 板式橡胶支座

我国桥规规定支座成品的物理力学性能应满足表 2-6-1 的要求。

支座成品的物理力学性能　　　　　　　　　　　　　　表 2-6-1

项　目	指　标	项　目	指　标
极限抗压强度(MPa)	≥70	橡胶片容许剪切正切值	不计制动力≤0.5 计制动力≤0.7
抗压弹性模量 E_e(MPa)	$5.4 G_e S^2$	支座与混凝土表面摩擦系数 μ	≥0.3
常温下抗剪弹性模量 G_e(MPa)	1.0	支座与钢板摩擦系数 μ	≥0.2

注：表中形状系数 $S = \dfrac{a \cdot b}{2(a+b)\delta_1}$，其中 δ_1 为中间层橡胶片厚度，a 为支座短边尺寸(顺桥向)，b 为支座长边尺寸(横桥向)。

板式橡胶支座一般不分固定支座和活动支座，这样能将水平力均匀地传递给各个支座且便于施工，如有必要设置固定支座可采用不同厚度的橡胶支座来实现。

目前我国生产的板式橡胶支座的竖向支承反力为 100~10 000kN 左右，可选择氯丁胶、天然胶、三元乙丙胶三种胶种，最高适宜温度为 +60℃，最低达 -45℃(三元乙丙胶种)。

矩形板式橡胶支座的平面尺寸，目前常用的有 0.12m×0.14m、0.14m×0.18m、0.15m×0.20m 等。橡胶片的厚度为 5mm，薄钢板厚为 2mm，支座厚度可根据橡胶支座的剪切位移而采用不同层数组合而成，一般从 14mm(两层钢板)开始，以 7mm 为一个台阶递增。

对于斜桥或圆形柱墩的桥梁可采用圆形板式橡胶支座。

安装橡胶支座时，支座中心尽可能对准上部构造的计算支点。为防止支座受力不均匀，应使上部结构底面及墩台顶面不仅保持表面清洁和粗糙，而且都能与支座接触面保持水平和紧密贴合，以增加接触面的摩阻力而避免相对滑动，必要时可先铺一薄层水灰比不大于 0.5 的 1:3 水泥砂浆垫层。

2. 聚四氟乙烯滑板式橡胶支座

聚四氟乙烯滑板式橡胶支座是按照支座平面尺寸大小，在普通板式橡胶支座上黏附一层聚四氟乙烯板(厚 2~4mm)而成。它除具有普通板式橡胶支座的优点外，还能利用聚四氟乙烯板与梁底不锈钢板之间的低摩擦系数(通常 μ = 0.06)，使得桥梁上部构造的水平位移不受限制。

聚四氟乙烯滑板式橡胶支座适应于较大跨度的简支梁桥、桥面连续的桥梁和连续桥梁；此外，还可用作连续梁顶推施工的滑块。

3. 球冠圆板式橡胶支座

球冠圆板式橡胶支座是一种改进后的圆形板式支座，其中间层橡胶和钢板布置与圆形板式橡胶支座完全相同，而在支座顶面用纯橡胶制成球形表面，球面中心橡胶最大厚度为 4~10mm，如图 2-6-4 所示。

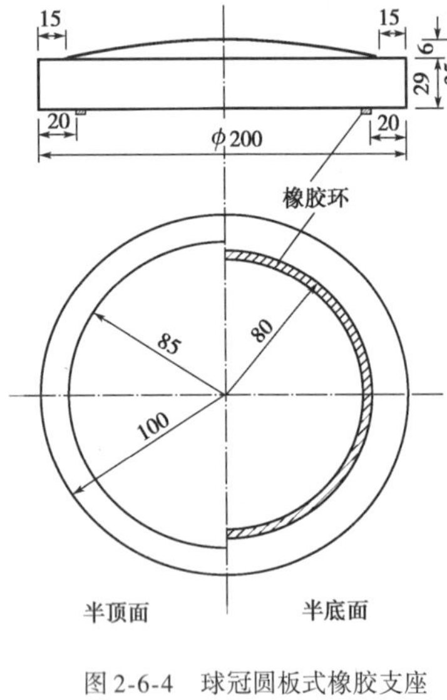

球冠圆板橡胶支座传力均匀，可明显改善或避免支座底面产生偏压、脱空等不良现象，特别适应于纵横坡度较大 (3%~5%) 的立交桥及高架桥。但公路桥涵在纵坡较大时，不宜使用带球冠或带坡形的板式橡胶支座。

图 2-6-4　球冠圆板式橡胶支座
(尺寸单位：mm)

4.盆式橡胶支座

当竖向力较大时则应使用盆式橡胶支座(图2-6-5)。它由不锈钢滑板、聚四氟乙烯板、盆环、氯丁橡胶块、钢密封圈、钢盆塞及橡胶防水圈等组成。它是利用设置在钢盆中的橡胶板达到对上部结构承压和转动的功能,利用聚四氟乙烯板和不锈钢板之间的平面滑动来适应桥梁的水平位移要求。

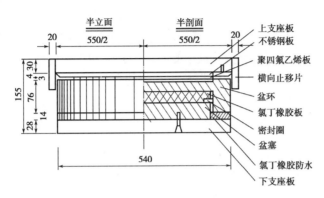

图2-6-5　盆式橡胶支座构造(尺寸单位:cm)

盆式橡胶支座按其工作特征可以分为固定支座、多向活动支座和单向活动支座三种。与板式橡胶支座相比,盆式橡胶支座具有承载能力大、水平位移量大、转动灵活等优点,因此特别适宜在大跨度桥梁上使用。

我国目前生产的盆式橡胶支座竖向承载力为1 000~50 000kN,有效水平位移量为±40~±250mm,支座的容许转角为40′,设计摩阻系数为0.05。可依据不同情况选购使用。

三、特殊功能的支座

1.球形钢支座

为了适应多向转动且转动量较大的情况,还可选择使用球形钢支座,如图2-6-6所示。它具有受力均匀、转动量大(设计转角可达0.05rad以上)且各向转动性能一致等优点,特别适用于曲线桥和宽桥。由于球形支座不再使用橡胶承压,不存在橡胶变硬或老化等不良影响,因此特别适用于低温地区。

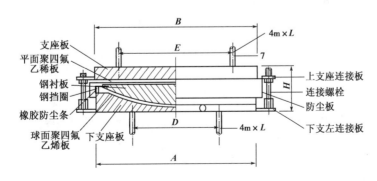

图2-6-6　球形钢支座构造示意

球形支座有固定支座、单向活动支座和多向活动支座之分。活动支座主要由下支座凹板、中间球形钢衬板、上支座滑板、不锈钢位移板、聚四氟乙烯滑板(平面和球面各一块,简称四氟板)及橡胶密封圈和防尘罩等部件组成。

目前球形支座已在国内独柱支承连续弯板结构、独柱支承的连续弯箱梁结构、双柱支承的连续 T 构及大跨度斜拉桥中获得广泛应用。

2. 拉力支座

在连续梁桥、悬臂梁桥、斜桥、宽悬臂翼缘箱梁桥以及小半径曲线桥上,在某些会出现拉力的支点处,必须设置拉力支座,以便抗拉且承受相应的转动和水平位移。

球形支座、盆式和板式橡胶支座都能变更功能作为拉力支座。板式橡胶拉压支座(图 2-6-7)适用于拉力较小的桥梁,对于反力较大的桥梁,则用球形抗拉钢支座或盆式拉力支座更适合。

3. 抗震支座

易发生地震的地区,桥梁应使用具有抗震和减震功能的支座。减隔震支座的作用是尽可能地将结构或部件与可能引起破坏的地震地面运动分离开来,以大大减小传递到上部结构的地震力和能量。目前国内主要的减隔震支座、抗震支座的类型有抗震型球形钢支座(图 2-6-8)、铅芯橡胶支座和高阻尼橡胶支座等。

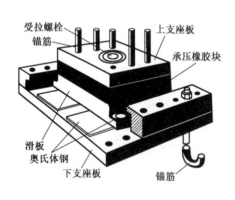

图 2-6-7 板式橡胶拉压支座

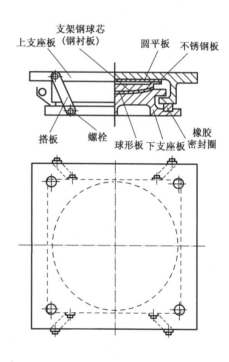

图 2-6-8 KQGZ 抗震型球形钢支座结构

第二节 支座布置

支座的布置,应以有利于墩台传递纵向水平力、有利于梁体的自由变形为原则。根据梁桥的结构体系以及桥宽,支座在纵、横桥向的布置方式主要有以下几种:

(1)对于坡桥,宜将固定支座布置在高程低的墩台上。同时,为了避免整个桥跨下滑,影响车辆的行驶,当纵坡大于1%或横坡大于2%时,应使支座保持水平,通常在设置支座的梁底面,增设局部的楔形构造,如图2-6-9所示。

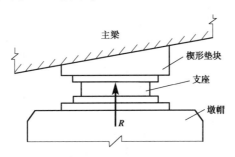

图2-6-9 坡桥楔形垫块

(2)对于简支梁桥,每跨宜布置一个固定支座,一个活动支座;对于多跨简支梁,一般把固定支座布置在桥台上,每个桥墩上布置一个(组)活动支座与一个(组)固定支座。若个别墩较高,也可在高墩上布置两个(组)活动支座。

图2-6-10a)为地震区单跨简支梁常用布置,也称为"浮动"支座布置;图2-6-10b)为整体简支板桥或箱梁桥常用支座布置。

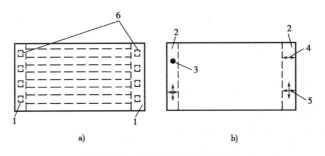

图2-6-10 单跨简支梁桥支座布置
1、2-桥台;3-固定支座;4-单向活动支座;5-多向活动支座;6-橡胶支座

(3)对于连续梁桥及桥面连续的简支梁桥,一般在每一联设置一个固定支座,并宜将固定支座设置在靠近温度中心,以使全梁的纵向变形分散在梁的两端,其余墩台上均设置活动支座。在设置固定支座的桥墩(台)上,一般采用一个固定支座,其余为横桥向的单向活动支座;在设置活动支座的所有桥墩(台)上,一般沿设置固定支座的一侧,均布置顺桥向的单向活动支座,其余均为双向活动支座。图2-6-11为连续结构支座布置示意图。

(4)对于悬臂梁桥,锚固孔一侧布置固定支座,一侧布置活动支座;挂孔支座布置与简支梁相同。

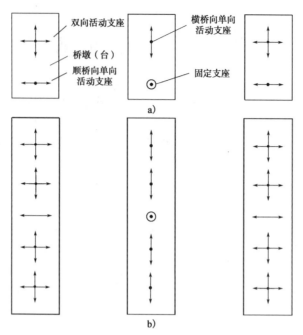

图 2-6-11 连续结构支座布置
a) 双支座桥梁；b) 多支座宽桥

第三节 支 座 计 算

一、支座反力的确定

在进行桥梁支座尺寸的选定和稳定性验算时，必须先求得每个支座上所承受的竖向力和水平力。

1. 竖向力

支座上的竖向力有结构自重的反力、汽车荷载的支点反力及其影响力。在计算汽车荷载的支点反力时，应按照最不利的状态布置荷载计算，对于汽车荷载的作用，应计入冲击影响力；在可能出现拉拔力的支点，应分别计算支座的最大竖向力和最大上拔力；对于上部结构可能被风力掀离的桥梁，应计算其支座锚栓及有关部件的支承力。

2. 水平力

正交直线桥梁的支座，一般仅需计算纵向水平力。斜桥和弯桥，还需要计算由于汽车荷载的离心力或风力所产生的横向水平力。

支座上的纵向水平力，包括由于汽车荷载的制动力、风力、支座摩阻力或温度变化、支座变形等引起的水平力，以及桥梁纵坡等产生的水平力。

对于由支座来分担的汽车制动力，《桥规 JTG D60》已有规定：①设有板式橡胶支座的简支梁、连续桥面简支梁或连续梁排架式柔性墩台，应根据支座与墩台的抗推刚度的刚度集成情况分配和传递制动力；②设有板式橡胶支座的简支梁刚性墩台，按单跨两端的板式橡胶支座的抗推刚度分配制动力;③设有固定支座、活动支座(滚动或摆动支座、聚四氟乙烯板支座)的刚性墩台传递的汽车制动力,根据梁体受力的不同、墩(台)位置的不同以及支座类型按不同规定采用,且规定每个活动支座传递的制动力不得大于其摩阻力,当大于摩阻力时,按摩阻力计算。

二、板式橡胶支座的设计计算

板式橡胶支座的设计与计算包括确定支座尺寸、验算支座受压偏转情况以及验算支座的抗滑稳定性。

1. 确定支座的平面尺寸

橡胶支座的平面尺寸 $a \times b$ 要全面考虑橡胶板本身的抗压强度,梁部、墩台顶混凝土的局部承压强度三方面因素后确定。在一般情况下,尺寸 $a \times b$ 多由橡胶支座的强度,即式(2-6-1)来控制。

对于橡胶板
$$\sigma = \frac{R_{ck}}{A} = \frac{R_{ck}}{a \times b} \leq [\sigma_c] \qquad (2-6-1)$$

式中:R_{ck}——支座压力标准值,汽车荷载应计入冲击系数;

$[\sigma_c]$——橡胶支座使用阶段的平均压应力限值,$[\sigma_c] = 10\ 000\text{kPa}$。

2. 确定支座的厚度

板式橡胶支座的重要特点是:梁的水平位移要通过全部橡胶片的剪切变形来实现,如图 2-6-12 所示。显然,橡胶片的总厚度 t_e 与梁体水平位移 Δ 之间应满足下列关系

$$\tan\gamma = \frac{\Delta}{t_e} \leq [\tan\gamma] \qquad (2-6-2)$$

式中:t_e——橡胶片的总厚度;

[$\tan\gamma$]——橡胶片的容许剪切角正切值,对于硬度为55°~60°的氯丁橡胶,《桥规 JTG 3362》规定,当不计汽车荷载制动力作用时采用0.5,计及汽车荷载制动力时可采用0.7。

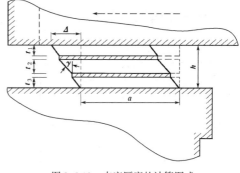

图 2-6-12 支座厚度的计算图式

由此上式可写成

$$t_e \geq 2\Delta_l \qquad (2-6-3)$$

以及
$$t_e \geq 1.43\Delta_l \qquad (2-6-4)$$

当板式橡胶支座在横桥向平行于墩台帽或盖梁顶横坡设置时,支座橡胶层总厚度应符合下列条件:

不计制动力时
$$t_e \geq 2\sqrt{\Delta_l^2 + \Delta_t^2} \qquad (2-6-5)$$

计入制动力时
$$t_e \geq 1.43\sqrt{\Delta_l^2 + \Delta_t^2} \qquad (2-6-6)$$

式中:t_e——支座橡胶层总厚度;

Δ_l——由上部结构温度变化、混凝土收缩和徐变等作用标准值引起的支座剪切变形和纵向力标准值(计入制动力标准值)产生的支座剪切变形,以及支座直接设置于

不大于1%纵坡的梁底面下、在支座顶面由支座反力设计值顺纵坡方向分力产生的剪切变形之和，$\Delta_l = \Delta_g + \Delta_p$；

Δ_g——上部结构在结构自重作用下由温度变化等因素引起作用于一个支座上的水平位移；

Δ_p——由汽车荷载制动力引起于一个支座上的水平位移，$\Delta_p = \dfrac{F_{bk}t_e}{G_e ab}$；

F_{bk}——作用于一个支座上的汽车荷载制动力；

G_e——橡胶的剪切模量，见表2-6-1；

Δ_t——支座在横桥向平行于不大于2%的墩台帽或盖梁顶横坡上设置，由支座反力设计值平行于横坡方向分力产生的剪切变形。

同时，考虑到橡胶支座工作的稳定性，《桥规 JTG 3362》还规定 t_e 不应大于支座顺桥向边长的0.2倍。

确定了橡胶片总厚度 t_e，再加上金属加劲薄板的总厚度，就可得到所需支座的总厚度 h。

3. 验算支座的偏转情况

主梁受荷后发生挠曲变形时，梁端将引起转角 θ，如图2-6-13所示。此时支座伴随出现线性的压缩变形，梁端一侧的压缩变形量为 δ_1，梁体一侧的为 δ_2。为了确保支座偏转时橡胶与梁底不发生脱空而出现局部承压的现象，则必须满足条件

$$\delta_1 \geq 0 \quad (2\text{-}6\text{-}7)$$

即 $$\delta_{c,m} = \dfrac{R_{ck}t_e}{abE_e} + \dfrac{R_{ck}t_e}{abE_b} \geq \dfrac{a\theta}{2} \quad (2\text{-}6\text{-}8)$$

式中：$\delta_{c,m}$——平均压缩变形（忽略薄钢板的变形）；

E_e——支座抗压弹性模量，见表2-6-1；

E_b——橡胶弹性体体积模量，按《桥规 JTG 3362》取用；

θ——梁端转角。

此外，《桥规 JTG 3362》还规定橡胶支座的竖向平均压缩变形 $\delta_{c,m}$ 应不超过 $0.07t_e$。

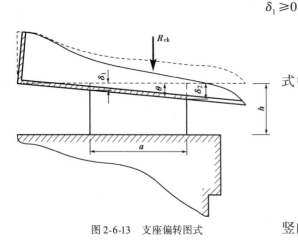

图2-6-13 支座偏转图式

4. 验算支座的抗滑稳定性

为了保证橡胶支座与梁底或墩台顶面之间不发生相对滑动，应满足以下条件

不计入汽车制动力时

$$\mu R_{Gk} \geq 1.4 G_e A_g \dfrac{\Delta_l}{t_e} \quad (2\text{-}6\text{-}9)$$

计入汽车制动力时

$$\mu R_{ck} \geq 1.4 G_e A_g \dfrac{\Delta_l}{t_e} + F_{bk} \quad (2\text{-}6\text{-}10)$$

式中：R_{Gk}——由结构自重引起的支座反力标准值；

R_{ck}——由结构自重标准值和0.5倍汽车荷载标准值（计入冲击系数）引起的支座反力；

μ——支座与接触面的摩擦系数,按《桥规 JTG 3362》取用;
G_e——支座剪切模量,见表 2-6-1;
Δ_l——由上部结构温度变化、混凝土收缩和徐变等作用标准值引起的支座剪切变形和纵向力标准值(不计入制动力标准值)产生的支座剪切变形,以及支座直接设置于不大于1%纵坡的梁底面下、在支座顶面由支座反力设计值顺纵坡方向分力产生的剪切变形之和;
F_{bk}——由汽车荷载引起的制动力标准值;
A_g——支座平面毛面积。

[**例 2-6-1**] 钢筋混凝土五片式 T 形梁桥全长为 19.96m,计算跨径 l = 19.5m,如图 2-6-14 所示。主梁采用 C40 混凝土,支座处梁肋宽度为 30cm。梁的两端采用等厚度的橡胶支座。

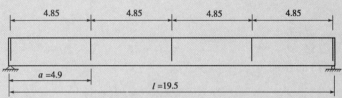

图 2-6-14 例题 2-6-1 示意图(尺寸单位:m)

已知由第二篇第三章所述方法计算得支座压力最大的 2 号梁标准值 R_{ck} = 391.93kN,其中结构自重引起的支座反力标准值为 R_{Gk} = 162.7kN,公路—Ⅱ级引起的支座反力标准值为 221.76kN,人群荷载引起的支座反力标准值为 7.47kN;公路—Ⅱ级和人群荷载 p_r = 3.0kN/m² 作用下产生的跨中挠度 f = 2.27cm,根据当地的气象资料,主梁的计算温差 ΔT = 36℃。试设计板式橡胶支座。

[**解**] 1)确定支座平面尺寸
选定支座的平面尺寸为 $a \times b$ = 20 × 20 = 400(cm²),采用中间层橡胶片厚度 t = 0.5cm。
(1)计算支座的平面形状系数 S
$$S = \frac{ab}{2t(a+b)} = \frac{20 \times 20}{2 \times 0.5 \times (20+20)} = 10 > 5,并且 < 12$$
(2)计算橡胶支座的弹性模量
$$E_j = 5.4 G_e S^2 = 5.4 \times 1.0 \times 10^2 = 540(\text{MPa}) \quad (公式见表 2-6-1)$$
(3)验算橡胶支座的承压强度
$$\sigma_j = \frac{R_{ck}}{a \times b} = \frac{391.93}{0.20 \times 0.20} = 9\,798(\text{kPa}) < [\sigma_j] = 10\,000\text{kPa} \quad (合格)$$

2)确定支座的厚度
(1)主梁的计算温差为 ΔT = 36℃,温度变形由两端的支座均摊,则每一支座承受的水平位移 Δ_g 为
$$\Delta_g = \frac{1}{2} \alpha \cdot \Delta t \cdot l' = \frac{1}{2} \times 10^{-5} \times 36 \times (1\,950 + 20) = 0.355(\text{cm})$$

(2)为了计算汽车荷载制动力引起的水平位移 Δ_p,首先要确定作用在每一支座上的制动力 F_{bk}。

对于19.5m桥跨,一个设计车道上公路—Ⅱ级车道荷载总重为:$7.875 \times 19.5 + 224.25 = 377.8(kN)$,则其制动力标准值为 $377.8 \times 10\% = 37.8(kN)$;但按《桥规 JTG D60》,不得小于90kN。经比较,取总制动力为90kN参与计算,五根梁共10个支座,每个支座承受水平力 $F_{bk} = \dfrac{90}{10} = 9(kN)$。

(3)确定需要的橡胶片总厚度 t_e。

不计汽车制动力
$$t_e \geq 2\Delta_g = 2 \times 0.355 = 0.710(cm)$$

计入汽车制动力
$$t_e \geq 1.43\Delta_l = 1.43\left(\dfrac{F_{bk}t_e}{G_e ab} + \Delta_g\right) = 1.43 \times \left(\dfrac{9t_e}{1.0 \times 10^{-1} \times 20 \times 20} + 0.355\right) = 0.747(cm)$$

《桥规 JTG 3362》的其他规定
$$t_e \leq 0.2a = 0.2 \times 20 = 4.0(cm)$$

选用4层钢板和5层橡胶片组成的支座,上下层橡胶片厚0.25cm,中间层厚0.5cm,薄钢板厚0.2cm,则橡胶片总厚度
$$t_e = 3 \times 0.5 + 2 \times 0.25 = 2.0(cm) > 0.747cm,并 < 4.0cm \quad (合格)$$

(4)支座总厚度。
$$h = t_e + 4 \times 0.2 = 2.0 + 0.8 = 2.8(cm)$$

3)验算支座的偏转情况

(1)由式(2-6-8)计算支座的平均压缩变形。
$$\delta_{c,m} = \dfrac{R_{ck}t_e}{abE_e} + \dfrac{R_{ck}t_e}{abE_b} = \dfrac{391.93 \times 0.020}{0.20 \times 0.20 \times 540} + \dfrac{391.93 \times 0.020}{0.20 \times 0.20 \times 2\,000} = 0.046\,1(cm)$$

按《桥规 JTG 3362》规定,尚应满足 $\delta \leq 0.07t_e$,即
$$0.046\,1cm \leq 0.07 \times 2.0 = 0.140(cm) \quad (合格)$$

(2)计算梁端转角 θ。

由关系式 $f = \dfrac{5gl^4}{384EI}$ 和 $\theta = \dfrac{gl^3}{24EI}$ 可得
$$\theta = \dfrac{5l}{16} \cdot \dfrac{gl^3}{24EI} \cdot \dfrac{16}{5l} = \dfrac{16f}{5l}$$

设结构自重作用下,主梁处于水平状态。已知公路—Ⅱ级荷载下的跨中挠度 $f = 2.27cm$,代入上式得
$$\theta = \dfrac{16 \times 2.27}{5 \times 1\,950} = 0.003\,73(rad)$$

(3)验算偏转情况。
$$\delta_{c,m} \geq \dfrac{a\theta}{2}$$

即 $0.046\ 1\text{cm} > \dfrac{20 \times 0.003\ 73}{2} = 0.037\ 3(\text{cm})$ （合格）

4）验算支座的抗滑稳定性

（1）计算温度变化引起的水平力。

$$H_t = abG_e \dfrac{\Delta_g}{t_e} = 0.20 \times 0.20 \times 1.0 \times 10^3 \times \dfrac{0.355}{2.0} = 7.1(\text{kN})$$

（2）由式（2-6-9）和式（2-6-10）验算滑动稳定性。

$$\mu R_{ck} = 0.3 \times \left(162.7 + \dfrac{1}{2} \times 221.76\right) = 82.07(\text{kN})$$

$$1.4H_t + F_{bk} = 1.4 \times 7.1 + 9.0 = 18.94(\text{kN})$$

则 $82.07\text{kN} > 18.94\text{kN}$ （合格）

以及 $\mu N_G = 0.3 \times 162.7 = 48.81(\text{kN}) > 1.4H_t = 22.54\text{kN}$ （合格）

结果表明，支座不会发生相对滑动。

5. 成品板式橡胶支座的选配

板式橡胶支座早已有系列成品可供选择，例如 GJZ300×400×47(CR) 表示公路桥梁矩形、平面尺寸 300mm×400mm、厚度为 47mm 的氯丁橡胶支座，GYZF4300×54(NR) 表示公路桥梁圆形、直径 300mm、厚度为 54mm、带聚四氟乙烯滑板的天然橡胶支座。只需根据标准成品支座的目录，选配合适的产品。

当用成品目录进行选型时，先根据支座反力、梁肋宽度和梁体水平位移初选出支座，再通过偏转验算和抗滑性能的验算，最终确定支座类型。原理和步骤与例 2-6-1 类似。

三、盆式橡胶支座的选用

盆式橡胶支座的设计验算内容有：确定聚四氟乙烯板和氯丁橡胶板的尺寸；确定钢盆环的直径；盆塞的计算（包括底面积尺寸、盆塞厚度、盆塞的抗滑验算等）；钢密封环的设计；橡胶密封圈的设计；盆环顶偏转的控制；钢盆环与顶板之间的焊缝应力验算等。而实际工程中，设计人员主要是根据支座反力和变形直接在成品目录上选配适合的支座，同时考虑温度和地震两个因素，以确定适配常温型和耐寒型支座和采用何种抗震型支座或抗震措施。

我国成品盆式橡胶支座系列主要有中交公路规划设计院设计的 GPZ 系列，以及原铁道部科学研究院设计的 TPZ-1 系列等，支座竖向承载力一般为 1 000~50 000kN，最多分为近 40 个级，并有 DX（单向）、SX（双向活动）及 GD（固定）之分，有效水平位移量为 ±40~±250mm，支座的容许转角为 40′，GDZ 则为抗震型固定支座的代号。

合适的支座不仅应满足结构变形的需要，其最大支撑反力一般不超过支座容许承载能力的 5%，最小反力不低于容许承载力的 80%，以确证支座具有良好的滑移性能。例如计算得到一个支座的最大反力为 4 100kN，最小反力为 3 700kN，则宜选择承载力为 4 000kN 的盆式支座，而不宜选用承载力为 5 000kN 的支座。这是因为 4 000kN 的支座允许反力变化范围是 3 200~4 200kN，而 5 000kN 的支座允许反力变化范围是 4 000~5 200kN。

第七章 混凝土斜、弯梁桥简介

第一节 斜 梁 桥

一、斜梁桥的主要类型

高等级公路上的中、小型桥梁,往往为了服从线路的总走向,而将桥梁的中轴线与水流方向设计成斜交的,工程上将这样布置的梁桥称之为斜梁桥。表征斜梁桥偏斜程度的斜交角有两种方法:一种是用图 2-7-1b)中的 α 表示,它是指中轴线与支承线构成的小于 90°的夹角;另一种是用同一图中的 φ 表示,它是指中轴线的垂线与支承线的夹角。显然,角 α 与角 φ 互余。为了与桥涵水文中关于水流方向的斜交角定义相一致,一般均定义图 2-7-1 中的 φ 为斜交角。

斜梁桥按其截面形式可以分为:

(1)斜板桥

同直梁桥相似,斜板桥的截面形式主要有实心板和空心板两种。按照制作工艺,钢筋混凝土斜实心板又可以分为整体式和预制装配式两种,装配式

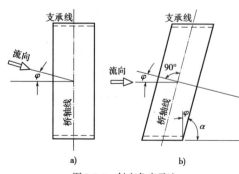

图 2-7-1 斜交角表示法

钢筋混凝土斜空心板标准跨径分为6m、8m、10m、13m四种;装配式预应力混凝土空心板的最大跨径可达30m。

(2)斜肋梁桥

斜肋梁桥的最大跨径可达40m,考虑到吊装设备的起重能力,可以采用装配式结构和装配-整体式结构。图2-7-2a)是装配式斜T形梁,图2-7-2b)~e)是装配-整体式斜肋形梁,其中预制的部分截面为I字形、槽形和箱形,安装就位后,再在其上现浇桥面板,使之结合成整体。

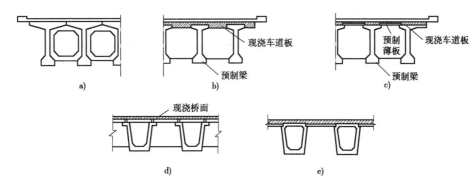

图2-7-2 多梁式斜梁桥截面形式

上述几种截面形式,除闭合箱因抗扭刚度较大外,其余的均须设置中横隔板以加强梁肋之间的联系和整个桥跨结构工作的整体性。

(3)斜箱梁桥

箱形截面斜梁桥多用在连续体系的桥梁上,其截面的抗扭刚度较大,更适应斜梁的受力特点。按截面形式一般为单箱单室和单箱双室,而以后者居多。由于其支座是斜置的,故不宜采用悬臂法施工,而一般采用有支架的施工。图2-7-3是其中一例,它的中墩采用墩梁固结,其余均为斜置双铰支承。

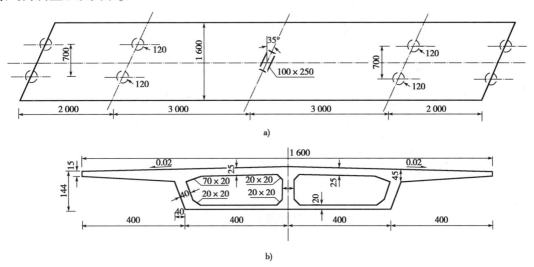

图2-7-3 连续斜箱梁桥示例(尺寸单位:cm)
a)平面布置;b)横断面

二、斜板桥的受力特点与构造

1. 受力特点

国外学者对简支斜板桥进行过三种荷载工况的模型试验,这三种工况是:①满布均布荷载;②集中荷载作用于斜板中心点 E;③集中荷载作用于斜板边缘的中点 F,如图 2-7-4 所示。根据试验结果,可以把斜板的受力性能简单地用一个三跨连续梁相比拟,如图 2-7-4a)、b)所示。具体归纳为如下几点:

(1)支承边反力

支承边的反力是呈不均匀分布的,以钝角 B、C 处的反力最大,以锐角 A、D 处的最小,甚至可能出现负反力,使锐角向上翘[图 2-7-4c)]。

(2)跨中主弯矩

对于宽跨比较大的斜板,其中心处的主弯矩方向接近与支承边正交。但在斜板的两侧,则无论斜板宽跨比的大小,其主弯矩方向接近平行自由边[图 2-7-4d)、e)];并且,弯矩值沿板宽分布也是不均匀的,对于均布荷载,中部弯矩值大于两侧,对于集中荷载,则以荷载点处的最大。

(3)钝角负弯矩

如同连续梁的中支点截面一样,在钝角 B、C 处产生负主弯矩,有时它的绝对值比跨中主弯矩还要大,其负主弯矩的方向接近与钝角的二等分线相正交。

(4)横向弯矩

斜板的最大纵向弯矩,虽比同等跨径的直桥要小,但横向弯矩却比同等跨径的直桥要大得多,并且沿自由边的横向弯矩还出现反号,靠近锐角处为正,靠钝角处为负[图 2-7-4e)]。

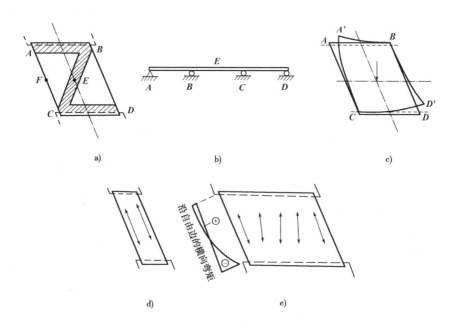

图 2-7-4 斜板桥的受力状态

(5)扭矩

图2-7-4c)所示的A、D点,有起翘的趋势,如果固定A、D两点,那么将使斜板在两个方向产生扭矩,这也是斜板的一个重要特点,但它的分布十分复杂,图2-7-5是满布均布荷载下的扭矩分布示意图。

掌握了上述几点关于斜板的工作性能以后,就可以应用近似方法计算得来的结果,合理地配置斜板的钢筋。

2.钢筋构造

(1)主钢筋

根据斜交角的大小,主钢筋有两种布置方式,下面分别介绍。

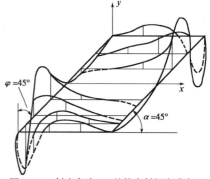

图2-7-5 斜交角为45°的简支斜板在满布均布荷载下的扭矩分布示意图

①斜交角φ不大于15°的情况。此时斜交板的受力特性与正交板相近,主钢筋可平行于桥纵轴线方向布置(图2-7-6中钢筋1)。

②斜交角φ大于15°的情况。在两钝角之间,底层主钢筋垂直于支承边(图2-7-6中钢筋2),在靠近两侧自由边,主钢筋平行于自由边布置(图2-7-6中钢筋3),直至与中间部分的主钢筋完全衔接为止,如图2-7-7所示。这种布置恰与上述的第2点力学特性吻合。

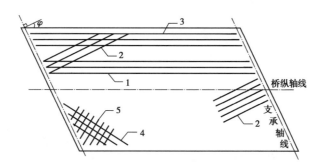

图2-7-6 斜板中几种主要钢筋

1-顺桥向沿桥纵轴线的钢筋;2-与支承轴线正交的钢筋;3-自由边钢筋;4-垂直于钝角平分线的钝角钢筋;5-平行于钝角平分线的钝角钢筋

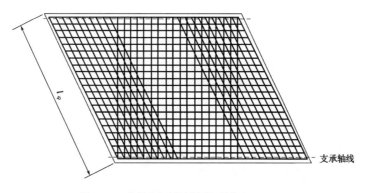

图2-7-7 大斜交角斜板底层钢筋构造

(2) 其他钢筋

① 钝角处加强钢筋

根据上述第1、3两点的力学特征,在两钝角处存在较大的支反力和负弯矩,故在钝角处约1/5的跨径范围内,应配置局部加强钢筋,其底层的布筋方向与钝角二等分线平行(图2-7-6中钢筋5),其上层的布筋方向则与二等分线垂直(图2-7-6中钢筋4)。加强钢筋的直径不小于12mm,间距10~15cm。

② 横向钢筋

平行于支承边布置,考虑到上述第4点力学特征,在靠近钝角区段内存在横向负弯矩的因素,在支座附近的顶层应增设平行于支座轴线的分布钢筋。

③ 顶层边缘纵向钢筋

鉴于在靠近自由边的区段内有较大的扭矩(图2-7-5),故应在顶层的两侧约 $l_\varphi/5$ 的范围内布置平行于自由边的纵向钢筋(图2-7-6中钢筋3)。

3. 构造实例

我国新编制的斜跨径为16m的装配式预应力混凝土斜空心板标准图中,斜交角分为0°、15°和30°三种,垂直于桥轴线的板宽为125cm,不包括后浇混凝土的板高为80cm。图2-7-8示出了斜跨长为 $l_\varphi=16m$、斜交角为30°的空心板钢筋构造。从中可以看出,承受主弯矩的预应力钢绞线是平行于自由边布置的。由于空心板较高,其高宽比(h/b)比装配式的钢筋混凝土实心板的大许多,故在每块预制板的底板钝角处没有布置平行于二等分角线的局部加强钢筋,而仅在两侧边板顶面钝角处设置了抵抗负弯矩的加强钢筋。

三、斜肋梁桥的受力特点与构造

1. 受力特点

斜肋梁桥主要由纵向梁肋、横隔板和桥面板三部分构成。关于简支斜肋梁桥的受力特点如下。

图2-7-9所示是一座斜交角为 φ 的五梁式斜肋梁桥,各主梁截面尺寸相同。为了剖析这类桥梁的受力特点,暂设主梁之间没有横隔板,并且将这座桥的桥面从相邻两梁肋之间截开,于是每片主梁在自重作用下的跨中挠度虽然相等,但不在同一个横截面上,并且沿相邻梁接缝线上的每一点处,两侧翼板均产生挠度差,如图2-7-9c)所示。

由此不难理解:

(1) 每片主梁翼板接合面上的垂直剪切力分布是反对称于其跨中截面的,图2-7-9d)仅示出了1号边主梁靠内侧翼缘接合面上的剪力分布图。

(2) 由于上述的反对称剪力导致各主梁内产生扭矩。

(3) 由于各根主梁之间存在变形差,故在设计预制构件时,其翼板和横隔梁不宜从相邻两梁之间的中界线上划分,而应预留有一定宽度的纵向现浇接缝条带,以协调它们之间的变形差。

2. 构造实例

我国新编制的装配式后张法预应力混凝土工字形组合梁斜桥标准图,斜跨径分为20m、25m、30m、35m和40m五种,斜交角 φ 分为0°、15°和30°三种。图2-7-10示出了斜跨长20m、斜交角为30°的五梁式斜桥。从图中可以看出,它充分考虑了斜肋梁桥的力学特性,即

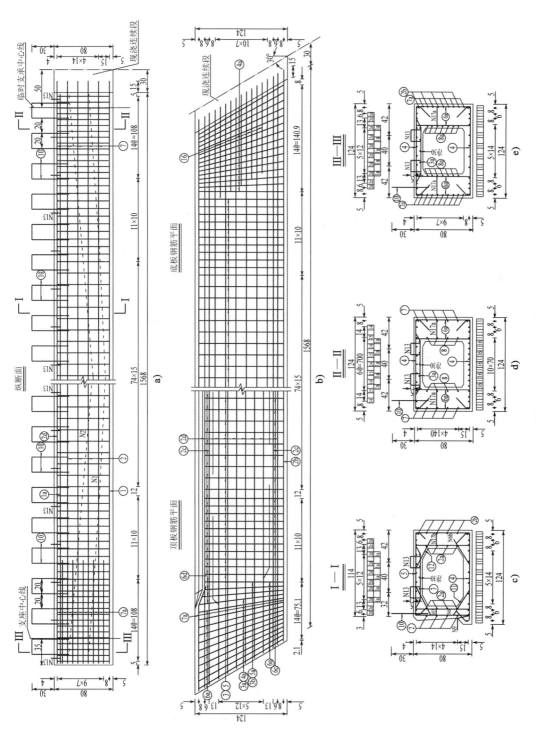

图 2-7-8 装配式预应力空心板构造实例（尺寸单位：cm）

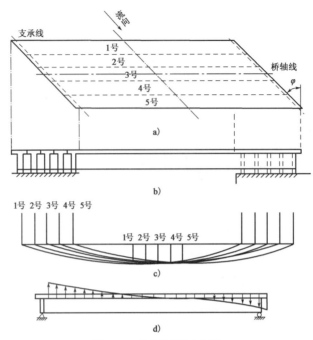

图 2-7-9 斜肋梁桥受力剖析
a)平面;b)立面;c)各主梁独立时的跨中挠度;d)1 号主梁翼板处的剪力分布

(1)横隔板的布置方式,它采用了与主梁斜交的布置方式。
(2)选择装配-整体式的施工工艺,它的施工程序是:
①安装预制的预应力混凝土工字形梁肋;
②现浇梁肋间的横隔板接头混凝土;
③现浇 T 梁翼缘板湿接缝;
④绑扎桥面板钢筋并浇筑桥道板混凝土,使整个桥面形成整体,共同受力,其余工序同钢筋混凝土桥梁。

采用这样的工序,首先解决了图 2-7-9 中存在着自重荷载下各主梁挠度不一致的矛盾,从而大大减少了恒载产生的扭矩,其次,采用集整为零的工艺,可以减轻主梁的起吊质量。

(3)充分考虑斜桥的扭转特性。由于斜梁桥中存在较大的扭矩,故应在桥面板的上、下层布置足够的构造钢筋来抵抗扭转应力。其布置方式是:在桥跨的两端按平行于支撑边布置,如图 2-7-10d)、e)所示。

四、连续斜箱梁桥的支座布置与受力特点

1. 支座布置

连续斜箱梁桥的两端桥台上,一般布置具有抗扭功能的双支座,但在中间桥墩顶面上,支座的布置形式却是多种多样的,归纳起来,大体上有以下几种。

(1)A 型——全桥各个墩(台)上均布置双支座[图 2-7-11a)]

这种布置方式对于抵抗上部结构的偏载扭矩十分有利,也是在高速公路上常采用的方式。其缺点是:①采用的支座数量相对较多;②一般采用斜置的双柱式桥墩,这将有损于城市立交桥的桥下美观,若采用独柱式墩,则要求桥墩具有较强的斜向抗弯刚度。

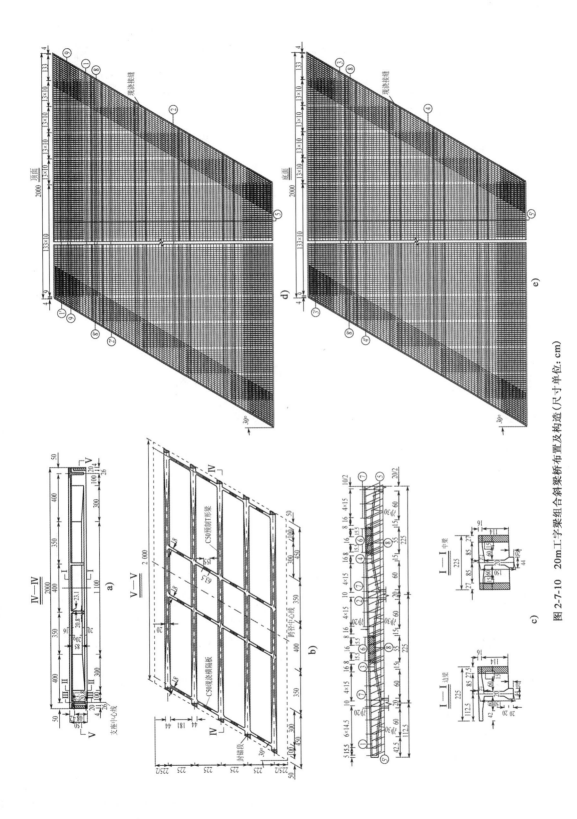

图 2-7-10 20m 工字梁组合斜梁桥布置及构造（尺寸单位：cm）

(2) B 型——两端为抗扭双支座,中墩均为单点铰支座[图 2-7-11b)]

这种布置方式的优点是可以将中间桥墩设计成独柱式的,对于城市立交桥可以增强美观,若修建于河中可以减小阻水面积;但其主要缺点是不利于抵抗上部结构的扭矩,因此,它一般用在跨数不多(3~4 跨),全桥不太长和桥不太宽的场合。

(3) 混合型——部分中墩为单点铰支座,其余均为抗扭双支座

这种方式实际上是综合了 A 型和 B 型中的优点,典型的桥例如图 2-7-11c) 所示,它是跨越沪宁高速公路上的一座互通式立交桥,单箱双室截面,桥宽 16m,跨径为 20m + 2 × 30m + 20m,斜角为 25°,仅中墩为独柱式支承。

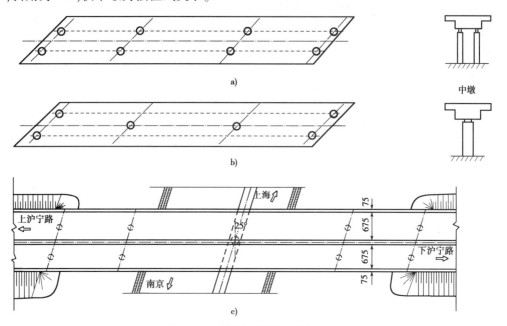

图 2-7-11　支座的布置(尺寸单位:cm)

此外,工程设计中还会结合桥位处的实际条件,采用其他的布置方式,虽然如此,但基本上仍是上面三种基本类型的变化。

2. 受力特点

如果我们把连续斜梁桥中所有中间支座反力都视作外荷载,则桥两端的受力特性有许多与简支斜梁桥相同,尤其是钝角部位。例如:钝角处的支座反力比锐角处的大,有时在锐角处也会出现支座脱空现象;钝角处承受有较大的负弯矩,且随斜交角的增大而增大等。这些共同特点对桥头两端的钢筋构造和支座布置都有重要参考价值。

然而,影响连续斜梁桥受力特性的因素要比简支体系的复杂得多,例如连续跨的跨数、支座的布置形式、荷载形式、斜交角 φ 以及截面的弯扭刚度比 $k = \dfrac{EI}{GI_\mathrm{T}}$ 等。下面将着重介绍 B 型三跨连续斜梁桥在均布荷载 p 作用下的内力值与 φ 及 k 的关系供参考,如图 2-7-12 所示。从中可以归纳以下几点:

(1) 斜交角 φ 的影响

在常用的斜交角 $\varphi \leqslant 45°$ 的范围内,随着斜交角 φ 的增大:①边跨跨中和中支点的弯矩绝对值逐渐减小,而中跨跨中弯矩逐渐增大;②截面的扭矩绝对值也是逐渐增大;③对中支点处

的截面剪力影响较小。

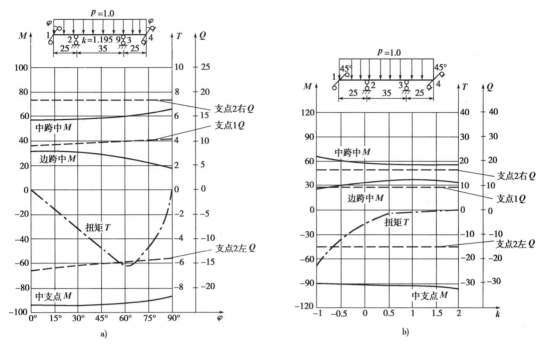

图 2-7-12 连续梁桥内力与 φ、k 的关系(尺寸单位:m)
a)三跨 B 型连续斜梁在均布荷载 p 作用下的内力随 φ 的变化规律;b)三跨 B 型连续斜梁在均布荷载 p 作用下的内力随 k 的变化规律

(2)弯扭刚度比 k 的影响

在 $k=0.5\sim2.0$ 的范围内,随着 k 值的增大:①边跨跨中和中支点处的弯矩绝对值逐渐增大,而中跨跨中的弯矩值逐渐减小;②当 φ 值一定时,扭矩的绝对值逐渐减小;③对中支点处的截面剪力影响同样较小。

五、斜梁桥近似计算简介

求解斜交板的弹性理论解答迄今尚未问世,故长期以来,国内外许多学者多从三种途径来求得它的近似解,即有限差分法、有限单元法和模型试验。然后编制出实用图表,供设计人员使用。下面仅介绍如何应用这些实用图表对斜梁进行受力分析的要点。详细内容,可直接查阅《桥梁设计与计算(第二版)》。附带说明,我国《桥规 JTG 3362》还规定,对于整体式或装配式斜桥,当斜交角等于或小于15°时,可按正交板计算。

1. 整体式简支斜板桥近似计算法

(1)恒载内力计算

近似计算法是假设桥面构造(包括斜板自重)的重力均匀分布于整个桥面上,然后按照下面的一般表达式计算斜板中央点、自由边中点和钝角位置处在两个正交方向上单位板宽的主弯矩 M_1、M_2(图 2-7-13),即

$$M_1 = k_1 q l^2 \tag{2-7-1}$$

$$M_2 = k_2 q l^2 \tag{2-7-2}$$

式中：q——斜板在单位面积上的荷载集度；
l——斜板的斜跨跨长；
k_1、k_2——分别为 M_1、M_2 方向的弯矩系数，它与斜交角 φ 及宽跨比有关（表 2-7-1）。

弯矩系数 k_1 和 k_2 表 2-7-1

位置	b/l	弯矩系数	斜交角 φ				
			0	15°	30°	45°	60°
板跨中央	0.5	k_1	0.125	0.118	0.096	0.068	0.040
		k_2	0	−0.003	−0.011	−0.015	−0.009
	1.0	k_1	0.125	0.118	0.095	0.067	0.039
		k_2	0	−0.002	−0.004	−0.006	−0.003
	2.0	k_1	0.125	0.117	0.094	0.065	0.036
		k_2	0	0	−0.001	−0.001	−0.001
自由边中央	0.5~2.0	k_1	0.125	0.118	0.095	0.067	0.035
		k_2	0	−0.006	−0.018	−0.024	−0.019
钝角部分	0.5	k_1	0.016	0.029	0.034	0.028	0.018
		k_2	−0.016	−0.049	−0.101	−0.159	−0.249
	1.0	k_1	0.031	0.040	0.040	0.031	0.019
		k_2	−0.031	−0.067	−0.120	−0.173	−0.250
	2.0	k_1	0.063	0.063	0.053	0.038	0.021
		k_2	−0.063	−0.105	−0.160	−0.124	−0.268

主弯矩 M_1 的方向角 γ 随斜交角 φ 的变化而异，它可从图 2-7-14 的相应图表中查得。对于斜梁桥钝角位置的主弯矩 M_1 的方向角可用 $\gamma = 90° - \varphi/2$ 来表示。

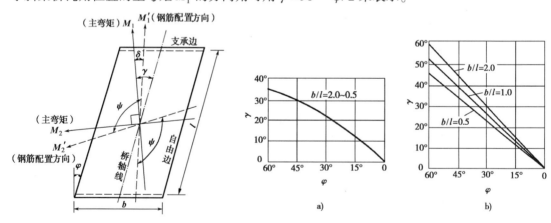

图 2-7-13 斜板的主弯矩与钢筋方向

图 2-7-14 主弯矩 M_1 方向
a) 自由边中点；b) 跨中中点

拟配置的钢筋方向的弯矩 M_1' 和 M_2' 可根据主弯矩值按下式求算。

$$\left.\begin{aligned}M_1' &= \frac{1}{\sin\psi}\{M_1\cos\delta\sin(\psi-\delta) + M_2\cos^2(\psi-\delta) + \\ &\quad [M_1\sin\delta\cos\delta - M_2\cos\delta\cos(\psi-\delta)]\} \\ M_2' &= \frac{1}{\sin\psi}\{M_1\sin^2\delta + M_2\cos\delta\sin(\psi-\delta) + \\ &\quad [M_1\sin\delta\sin(\psi-\delta) - M_2\sin(\psi-\delta)\cos(\psi-\delta)]\}\end{aligned}\right\} \quad (2\text{-}7\text{-}3)$$

当 $\psi = 90°$ 时(即纵横向钢筋配置互相垂直时)

$$\left.\begin{aligned}M_1' &= M_1\cos^2\delta + M_2\sin^2\delta + (M_1 - M_2)\sin\delta\cos\delta \\ M_2' &= M_1\sin^2\delta + M_2\cos^2\delta + (M_1 - M_2)\sin\delta\cos\delta\end{aligned}\right\} \quad (2\text{-}7\text{-}4)$$

上述式中:δ——钢筋配置方向与主弯矩方向之间的夹角;

ψ——纵横两个方向钢筋之间的夹角(图 2-7-13)。

(2)活载内力计算

活载内力可按如图 2-7-15 所示步骤及公式进行计算,其中斜交板桥弯矩及扭矩折减系数值($k_y^\varphi = M_y^\varphi/M_y^0$,$k_x^\varphi = M_x^\varphi/M_x^0$,$k_{xy}^\varphi = M_{xy}^\varphi/M_{xy}^0$)见表 2-7-2,可供公路—Ⅰ、Ⅱ级荷载作近似分析时的参考。

表 2-7-2

位置	角度	汽车—20级超20级			位置	角度	汽车—20级超20级		
		k_y^φ	k_x^φ	$k_{xy}^{\varphi*}$			k_y^φ	k_x^φ	$k_{xy}^{\varphi*}$
板跨中央	0	1.000	1.000	1.000	自由边中点	0	1.000	1.000	1.000
	15°	0.985	1.052	∓3.442		15°	1.000	1.210	∓5.159
	30°	0.897	1.116	∓6.711		30°	0.868	1.563	∓7.940
	45°	0.667	1.148	∓10.276		45°	0.539	1.874	∓9.795
	60°	0.481	1.861	∓12.655		60°	0.217	3.788	∓13.512

注:表中带"*"号者,从支承线垂线到自由边的旋转角为顺时针者取正号,反之取负号。

正交板桥跨中横向弯矩与扭矩折减系数值见表 2-7-3。

表 2-7-3

荷载等级	位置	$k_x^0 = M_x^0/M_y^0$	$k_{xy}^0 = M_{xy}^0/M_y^0$
汽车—20级	板跨中央	0.274	0.017
汽车—超20级	自由边中点	0.099	0.039

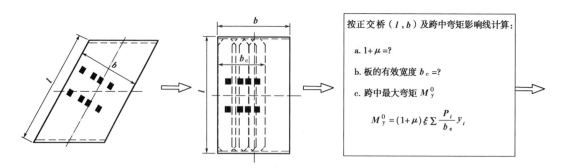

位置	纵向弯矩		横向弯矩		扭矩		
	k_y^φ	$M_y^\varphi = k_y^\varphi M_y^0$	k_x^0	$M_x^\varphi = k_x^0 k_x^\varphi M_y^0$	k_{xy}^0	k_{xy}^φ	$M_{xy}^\varphi = k_{xy}^0 k_{xy}^\varphi M_y^0$
跨中中央							
自由边中央							

列表计算斜板纵、横向弯矩及扭矩（单位：kN·m）

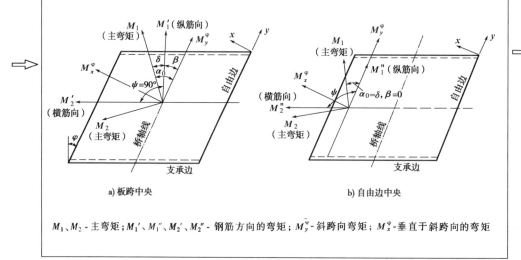

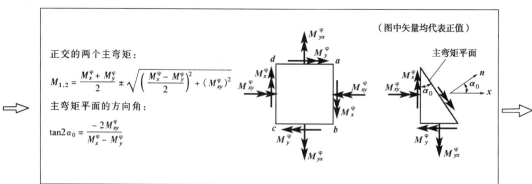

图 2-7-15　斜板活载内力计算步骤及公式

在以上各表及图中：

M_y^φ、M_x^φ、M_{xy}^φ——斜交角为 φ 时的斜跨向跨中弯矩、垂直于斜跨向的弯矩、扭矩；

M_y^0、M_x^0、M_{xy}^0——以斜跨长作为正交板跨径（$\varphi=0$）的跨中弯矩、横向弯矩及扭矩；

k_y^φ、k_x^φ、k_{xy}^φ——斜跨向的跨中弯矩、垂直于斜跨向的弯矩及扭矩的折减系数；

k_x^0、k_y^0——正交板桥（$\varphi=0$）的横向弯矩与扭矩的折减系数；

ξ——汽车荷载横向折减系数；

β——从桥轴线以逆时针旋转至纵筋设定方向之间的夹角；

α_0——从 M_y^φ 至主弯矩 M_1 之间的夹角，当 α_0 为正值时，代表以逆时针旋转，反之，为顺时针方向旋转；

δ——主弯矩 M_1 方向与纵筋 M'_1 设定方向之间的夹角，其值为 $\delta=\alpha_0-\beta$，当 δ 为正值时，表示纵筋位于主弯矩 M_1 之右，反之，位于其左；

ψ——纵、横筋 M'_1 与 M'_2 两个设定方向之间的夹角，一般按图 2-7-13 的方向设定。

2. 装配式铰接简支斜板桥近似计算法

铰接简支斜板活载内力的实用计算方法和整体式板的计算方法相似，即采用斜交角折减系数法，所不同的是，整体式板是取"有效宽度"内的单位宽板条进行计算，而装配式板是取其中的各单块板分别计算，因此，它需先求出各块板的荷载横向分布系数 m_i。图 2-7-16 示出装配式铰接简支斜板活载内力的计算步骤，其中的斜交角折减系数 k_φ 载于《桥梁设计与计算（第二版）》（附表Ⅰ）中，表 2-7-4 仅示出五板式桥中的 1 号板的有关系数示例。

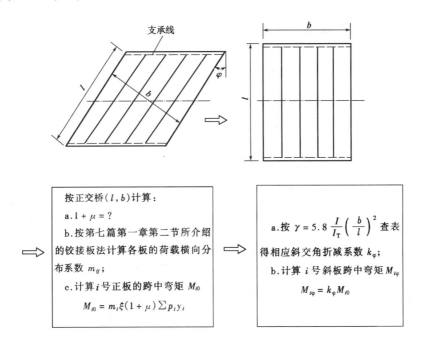

图 2-7-16 装配式铰接板活载内力计算步骤及公式

铰接板桥荷载横向分布影响线及斜交折减系数表（摘录）　　　表 2-7-4
（梁 5-1）

γ	影响线坐标					斜交折减系数 k_φ			
	η_{11}	η_{12}	η_{13}	η_{14}	η_{15}	15°	30°	45°	60°
0.010	0.240	0.217	0.193	0.179	0.171	0.979	0.911	0.807	0.690
0.020	0.272	0.230	0.187	0.161	0.149	0.979	0.911	0.809	0.691
⋮	⋮					⋮			
0.090	0.416	0.277	0.152	0.090	0.065	0.979	0.912	0.806	0.682
0.100	0.430	0.280	0.148	0.084	0.058	0.979	0.909	0.800	0.673
0.150	0.486	0.290	0.128	0.061	0.036	0.978	0.906	0.794	0.665
0.200	0.527	0.294	0.112	0.045	0.022	0.977	0.903	0.789	0.659
⋮	⋮					⋮			
0.800	0.724	0.261	0.014	0.001	0.000	0.969	0.875	0.741	0.614
1.000	0.753	0.248	−0.001	0.000	0.000	0.962	0.854	0.710	0.592
2.000	0.830	0.199	−0.34	0.006	−0.001	0.958	0.840	0.693	0.581

这里要指出的是，在斜板桥中，板跨间的最大弯矩值并不在跨中截面，而是随斜交角的增大而向钝角的方向偏移，如图 2-7-17 所示。因此，弯矩包络图也不是对称于跨中截面。但是，在实际设计中，往往把它设计成对称于跨中截面的。所以，在绘制包络图时，要注意峰值顶点不应该从跨中开始，可以偏安全地在跨中保留一个平直段。平直段的长度，根据试验结果，可在跨中截面的两侧各取 $l/8$。其值大小假定等于按上述方法算得的弯矩值。对于较重要的桥梁，为慎重起见，还要在八分点截面用不折减的弯矩值作比较来确定设计弯矩值，取其中较大者。对于恒载的作用，也可近似地按活载的折减系数 k_φ 进行计算。

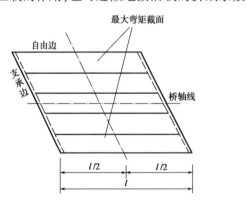
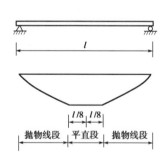

图 2-7-17　弯矩包络图

3. 刚性连接简支斜肋梁桥的荷载横向分布影响线

我国目前颁布的简支斜肋梁桥标准设计图均为中部横隔梁与斜主梁正交，端横梁与支承线平行，如图 2-7-18 所示。

根据国内一些学者对这种构造布置的研究，当斜梁桥中间矩形部分的长宽比 $(l - B\tan\varphi)/$

$B \geqslant 2$ 时,可以近似地假定中部横隔梁在自身平面内的刚度为无穷大,完全可以应用前面对正梁桥所述的"刚性横梁法"原理求荷载横向分布影响线。但在具体推导中却与正交梁桥的受力性能存在以下的差别:

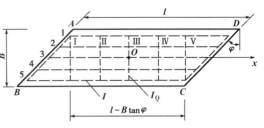

图 2-7-18 斜肋梁桥横隔梁布置

(1)正交梁桥各截面的扭转中心均位于中主梁的垂直面内,即当荷载 P 垂直作用于中主梁时,整个横梁只发生垂直的刚性平移,而不发生转动;而斜梁桥却不同,它的扭转中心不仅与截面形状及尺寸有关,而且与斜交角、截面位置及抗弯抗扭刚度比等因素有关。例如,在图 2-7-18 中,Ⅲ号横梁处截面的扭转中心就位于 O 点的垂直线上,与正交梁桥相同,Ⅰ、Ⅴ横梁截面处的截面扭转中心就落在钝角的 A、C 点位置,显然,Ⅱ、Ⅳ号横梁处的截面扭转中心将分别介于 1~3 号主梁和 3~5 号主梁之间的某个位置。

(2)当正交梁桥中各主梁截面尺寸相同,且垂直荷载 P 作用于中心点 O 处时,各主梁不仅挠度相等,而且它们对横梁的反力也相等;而斜梁桥则不然,对于同一根横梁,虽然挠度相同,但由于它与各主梁的连接点离支点均不处在同一距离的位置,故各主梁对横梁提供的弹性反力 R_i 也是不相等的,这一点可以从图 2-7-9 的变形得到解释。

(3)正交梁桥在桥面中心处的集中荷载 P 作用下,主梁对横梁只产生垂直反力 R'_i,而斜梁桥在扭转中心处受垂直力 P 时,各主梁对横梁除产生弹性反力外,还将产生扭矩 T_i。

由以上特点可知,对于每一根斜主梁,其荷载横向分布系数 m_i 不仅沿跨长方向是变化的,而且也是不对称跨径中点的,朝钝角向半跨内的 m_i 值均比朝锐角向的要大。但是为了简化设计,可以偏安全地统一取其中某个较大值进行设计计算。

下面将以图 2-7-18 中的Ⅳ号横梁处的横截面为例,来推导荷载 P 位于 BC 边缘的一侧时的荷载横向分布计算公式,如图 2-7-19 所示。

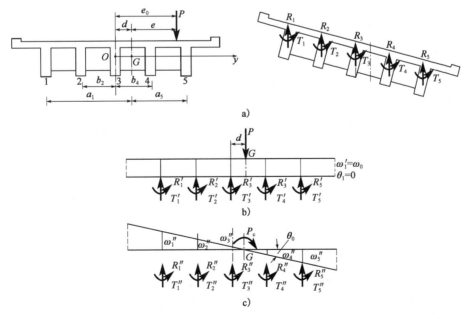

图 2-7-19 斜梁桥横梁的受力平衡及扭转中心

根据扭转中心的定义,由图 2-7-19b)可得平衡方程组,即

$$\left.\begin{array}{l} w'_i = R'_i \bar{w}_{Ri} + T'_i \bar{w}_{Ti} = \omega_0 = 常数 \\ \theta'_i = R'_i \bar{\theta}_{Ri} + T'_i \bar{\theta}_{Ti} = 0 \end{array}\right\} \quad (2\text{-}7\text{-}5)$$

解之得

$$\left.\begin{array}{l} R'_i = w_0 \dfrac{\bar{\theta}_{Ti}}{\bar{w}_{Ri}\bar{\theta}_{Ti} - \bar{w}_{Ti}\bar{\theta}_{Ri}} = w_0 K_{\omega Ri} \\ T'_i = -w_0 \dfrac{\bar{\theta}_{Ri}}{\bar{w}_{Ri}\bar{\theta}_{Ti} - \bar{w}_{Ti}\bar{\theta}_{Ri}} = -w_0 K_{\omega Ti} \end{array}\right\} \quad (2\text{-}7\text{-}6)$$

又根据对扭转中心 G 的力矩平衡得

$$\sum_{i=1}^{n} T'_i + \sum_{i=1}^{n} R'_i a_i = 0 \quad (2\text{-}7\text{-}7)$$

其中
$$a_i = b_i - d \quad (2\text{-}7\text{-}8)$$

将式(2-7-6)和式(2-7-8)代入式(2-7-7),化简后可得

$$d = \dfrac{\sum\limits_{i=1}^{n} K_{\omega Ri} b_i - \sum\limits_{i=1}^{n} K_{\omega Ti}}{\sum\limits_{i=1}^{n} K_{wRi}} \quad (2\text{-}7\text{-}9)$$

式中:$\bar{w}_{Ri}$——$R_i = 1$ 作用于 i 号主梁 x 处时在该处产生的竖向位移;

$\bar{w}_{Ti}$——$T_i = 1$ 作用于 i 号主梁 x 处时在该处产生的竖向位移,由变位互等定理,$\bar{w}_{Ti} = \bar{\theta}_{Ri}$;

$\bar{\theta}_{Ri}$——$R_i = 1$ 作用于 i 号主梁 x 处时在该处产生的转角;

$\bar{\theta}_{Ti}$——$T_i = 1$ 作用于 i 号主梁 x 处时在该处产生的转角;

a_i——i 号主梁至扭转中心 G 的水平距离,与 y 轴同向者为正,反之为负;

b_i——i 号主梁距中主梁 O 的距离,正负号意义同 a_i。

上述的 $\bar{w}_{Ri}$、$\bar{w}_{Ti}$、$\bar{\theta}_{Ri}$、$\bar{\theta}_{Ti}$ 的公式均可从《材料力学》中查到,w'_i、w_i、θ_i、w_0、θ_0、a_i、b_i 和 d 的几何意义如图 2-7-19 所示。

由于
$$\sum_{i=1}^{n} R'_i = P$$

得
$$w_0 = \dfrac{P}{\sum\limits_{i=1}^{n} K_{\omega Ri}}$$

于是式(2-7-6)可以写成

$$\left.\begin{array}{l} R'_i = \dfrac{K_{\omega Ri}}{\sum\limits_{i=1}^{n} K_{\omega Ri}} P \\ T'_i = \dfrac{-K_{\omega Ti}}{\sum\limits_{i=1}^{n} K_{\omega Ri}} P \end{array}\right\} \quad (2\text{-}7\text{-}10)$$

再由图 2-7-19 的平衡图式得 i 号主梁的挠度和转角为

$$\left.\begin{array}{l} w''_i = R''_i \bar{w}_{Ri} + T''_i \bar{w}_{Ti} = \theta_0 a_i \\ \theta''_i = R''_i \bar{\theta}_{Ri} + T''_i \bar{\theta}_{Ti} = \theta_0 \end{array}\right\} \quad (2\text{-}7\text{-}11)$$

解之,化简后得

$$\left.\begin{array}{l}R''_i = \theta_0(a_i K_{\omega Ri} - K_{\theta Ri})\\T''_i = \theta_0(K_{\theta Ti} - a_i K_{\omega Ti})\end{array}\right\} \quad (2\text{-}7\text{-}12)$$

其中

$$\left.\begin{array}{l}K_{\theta Ti} = \dfrac{\bar{w}_{Ri}}{\bar{w}_{Ri}\bar{\theta}_{Ti} - \bar{w}_{Ti}\bar{\theta}_{Ri}}\\[2mm]K_{\theta Ri} = \dfrac{\bar{w}_{Ti}}{\bar{w}_{Ri}\bar{\theta}_{Ti} - \bar{w}_{Ti}\bar{\theta}_{Ri}}\end{array}\right\} \quad (2\text{-}7\text{-}13)$$

其余的 $K_{\omega Ri}$ 和 $K_{\omega Ti}$ 参见式(2-7-6)。

由对扭转中心 G 的力矩平衡,可得

$$\sum_{i=1}^{n} T''_i + \sum_{i=1}^{n} R''_i a_i = Pe \quad (2\text{-}7\text{-}14)$$

将式(2-7-12)代入上式,得

$$\theta_0 = \frac{Pe}{\sum\limits_{i=1}^{n} a_i^2 K_{\omega Ri} - 2\sum\limits_{i=1}^{n} a_i K_{\omega Ti} + \sum\limits_{i=1}^{n} K_{\theta Ti}} \quad (2\text{-}7\text{-}15)$$

再将上式代入式(2-7-12)便得

$$\left.\begin{array}{l}R''_i = \dfrac{a_i K_{\omega Ri} - K_{\omega Ti}}{\sum\limits_{i=1}^{n} a_i^2 K_{\omega Ri} - 2\sum\limits_{i=1}^{n} a_i K_{\omega Ti} + \sum\limits_{i=1}^{n} K_{\theta Ti}} Pe\\[4mm]T''_i = \dfrac{K_{\theta Ri} - a_i K_{\omega Ti}}{\sum\limits_{i=1}^{n} a_i^2 K_{\omega Ri} - 2\sum\limits_{i=a}^{n} a_i K_{\omega Ti} + \sum\limits_{i=1}^{n} K_{\theta Ti}} Pe\end{array}\right\} \quad (2\text{-}7\text{-}16)$$

合并式(2-7-10)和式(2-7-16),可以得到 i 号梁被分配到的总竖向荷载和总扭转荷载

$$\left.\begin{array}{l}R_i = \dfrac{K_{\omega Ri}}{\alpha} P + \dfrac{h_{1i}}{\beta} Pe\\[2mm]T_i = \dfrac{K_{\omega Ti}}{\alpha} P + \dfrac{h_{2i}}{\beta} Pe\end{array}\right\} \quad (2\text{-}7\text{-}17)$$

式中:

$$\left.\begin{array}{l}\alpha = \sum\limits_{i=1}^{n} K_{\omega Ri}\\[2mm]\beta = \sum\limits_{i=1}^{n} a_i^2 K_{\omega Ri} - 2\sum\limits_{i=1}^{n} a_i K_{\omega Ti} + \sum\limits_{i=1}^{n} K_{\theta Ti}\\[2mm]h_{1i} = a_i K_{\omega Ri} - K_{\omega Ti}\\h_{2i} = K_{\theta Ti} - a_i K_{\omega Ti}\end{array}\right\} \quad (2\text{-}7\text{-}18)$$

当 $P=1$ 在横梁上移动时,i 号梁的竖向荷载和扭矩荷载影响线竖标为

$$\left.\begin{array}{l}\eta_{ie}^{\mathrm{p}} = \dfrac{K_{\omega Ri}}{\alpha} + \dfrac{h_{1i}}{\beta} e\\[2mm]\eta_{ie}^{\mathrm{T}} = -\dfrac{K_{\omega Ti}}{\alpha} + \dfrac{h_{2i}}{\beta} e\end{array}\right\} \quad (2\text{-}7\text{-}19)$$

有了荷载横向分布影响线的计算公式以后,便可按照正交梁桥的计算步骤进行其下面的运算。

4.连续斜交箱梁桥的计算

(1) A 型——各墩均设置抗扭支承的连续斜交箱梁桥[图 2-7-20a)]

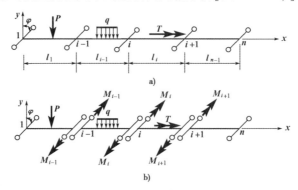

图 2-7-20 连续斜交梁桥支座布置——A 型

A 型连续斜交梁桥的分析方法完全可以参照连续正交梁桥的分析方法,将各中间支座断开后,用赘余力矩 $M_{i-1}, M_i, M_{i+1}, M_{i+2}, \cdots, M_{n-1}$ 置于断口处,得到其基本结构——简支超静定斜交梁——的计算图式。根据变形协调条件和力法原理可得 i 号支承处的三弯矩方程为

$$\delta_i(i-1)M_{i-1} + \delta_{ii}M_i + \delta_i(i+1)M_{i+1} + \Delta_{iP} = 0 \tag{2-7-20}$$

式中,常变位 δ_{ij} 表示赘余力矩 $M_j = 1$ 作用时在 i 支承处沿 M_i 方向产生的转角,它的一般式为

$$\delta_{ij} = \int \frac{\overline{M}_i \overline{M}_j}{EI} dx_1 + \int \frac{\overline{T}_i \overline{T}_j}{GI_T} dx_1 \tag{2-7-21}$$

荷载变位 Δ_{ip} 表示在外荷载作用下,在 i 支承处沿 M_i 方向产生的转角,它的一般式为

$$\Delta_{ip} = \int \frac{\overline{M}_i M_P}{EI} dx_1 + \int \frac{\overline{T}_i \overline{T}_P}{GI_T} dx_1 \tag{2-7-22}$$

其具体表达式可以直接从《桥梁设计与计算(第二版)》(附表Ⅱ)和相关参考文献查得。对于全梁截面相等且各支承线的斜交角 φ 均相同的连续斜交梁,常变位可以写成

$$\left.\begin{array}{l} \delta_{ii} = \dfrac{l_{i-1}}{6EI} \cdot \dfrac{1}{\cos^2\varphi} \dfrac{3(4K + \tan\varphi)}{2\gamma} + \dfrac{l_i}{6EI} \dfrac{1}{\cos^2\varphi} \dfrac{3(4K + \tan^2\varphi)}{2\gamma} \\ \delta_{i,i+1} = \dfrac{l_{i-1}}{6EI} \dfrac{1}{\cos^2\varphi} \dfrac{3(2K - \tan^2\varphi)}{2\gamma} \end{array}\right\} \tag{2-7-23}$$

其中

$$\left.\begin{array}{l} \gamma = 3(\tan\varphi + K) \\ K = \dfrac{EI}{GI_T} \end{array}\right\} \tag{2-7-24}$$

式中:E、G——分别为材料的弹性模量和剪切模量;

I、I_T——分别为材料的抗弯惯性矩和抗扭惯性矩。

列出各个支承的三弯矩方程以后,便可联立求解各赘余力矩,从而得到各个截面的内力。

(2) B 型——全桥同时设有抗扭支承和单点铰支承的连续斜交梁桥(图 2-7-21)

为了能够利用《桥梁设计与计算(第二版)》和参考文献中已有的关于超静定简支斜交梁桥的计算公式,可以将图 2-7-21a)中混合支承型结构从中间抗扭支承处断开,用一对赘余力矩

M_3 代替,化为两个超静定简支跨,同时又将两个单点铰支承用赘余反力 R_2 和 R_4 代替,然后利用赘余力处的变形协调条件,列出其力法方程组为

$$\left.\begin{array}{l}\delta_{22}R_2 + \delta_{23}M_3 + \delta_{24}R_4 + \Delta_{2P} = 0 \\ \delta_{32}R_2 + \delta_{33}M_3 + \delta_{34}R_4 + \Delta_{3P} = 0 \\ \delta_{42}R_2 + \delta_{43}M_3 + \delta_{44}R_4 + \Delta_{4P} = 0\end{array}\right\} \qquad (2\text{-}7\text{-}25)$$

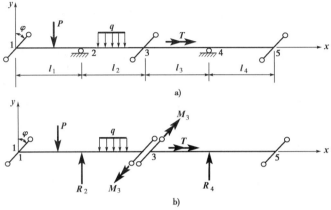

图 2-7-21 连续斜交梁桥支座布置——B 型

当按《桥梁设计与计算(第二版)》(附表 II-2)中的公式分别计算出 δ_{ii}、δ_{ij} 和 Δ_{iP} 后,便可解得赘余力 R_2、R_4 和 M_3,进而求得连续斜交梁各个截面的内力。事实上,对于本例,$\delta_{42} = \delta_{24} = 0$。

第二节 弯 梁 桥

一、弯梁桥的受力特点

平面弯曲的曲线梁桥又称弯梁桥,它的受力特点主要有以下三点:

第一,在外荷载作用下,梁截面内产生弯矩的同时,必然伴随产生"耦合扭矩",即所称的"弯-扭"耦合作用。

第二,在结构自重作用下,除支点截面以外,弯梁桥外边缘的挠度一般大于内边缘的挠度,而且曲线半径越小,这种差异越严重。

第三,对于两端均有抗扭支座的弯梁桥,其外弧侧的支座反力一般大于内弧侧,曲率半径 R 较小时,内弧侧还可能出现负反力。

产生这些现象的原因可以从以下两个方面来解释:

1. 荷载因素

(1) 体积重心的偏心

以等厚度矩形截面实心板为例,当在桥中心轴线上截取单位弧长,再从弯曲中心 O 引出两根射线与该弧长两端相连,便构成了两个扇形面积,如图 2-7-22a)所示。由于外弧侧的扇形面积大于内弧侧面积,全截面的体积重心将偏离轴线向外弧的一侧,其偏心距为 e。这就是说,即使桥面上为均布荷载,对弯梁桥的作用也可分解为一个作用于桥中心线的垂直分力和向外弧侧倾翻的扭矩。

(2) 桥面横坡的影响

弯梁桥桥面常设置横向坡度,其铺装层在外弧侧的厚度大于内弧侧的厚度,即 $t_2 > t_1$,工程上称之为路面超高,这样更加大了体积偏心。当然,在设计上可以将桥跨结构斜置,使桥面铺装做成等厚度的,以减小恒载偏心。

(3) 车辆行驶时的离心力

如图 2-7-22b) 所示,车辆在桥面上行驶时,除了轴重的垂直力 P_V 外,还有指向外弧且离桥面高度为 h_c 的离心力 P_H,该力对结构也要产生向外倾翻的扭矩 $T = P_H \cdot h_c$。

2. 力平衡条件

由图 2-7-22c) 可以看出,对于两端具有抗扭支座的单跨弯梁桥,当跨中 C 点有集中力 P 作用时,由于 A、B、C 三点不在同一直线上,且荷载点 C 距 AB 连线的垂距为 e,故支点除支反力 R_A 和 R_B 外,还有支点的反力扭矩 T_A 和 T_B。因此,在桥跨内每个截面上除了弯矩以外,还产生有扭矩,曲率半径越小,此扭矩值越大。如果将每个支点上的支反力和反力扭矩先进行分解再合成后,便会出现外侧支座反力大和内侧支座反力小甚至为负反力的现象。这些都是和直桥的最大差别。

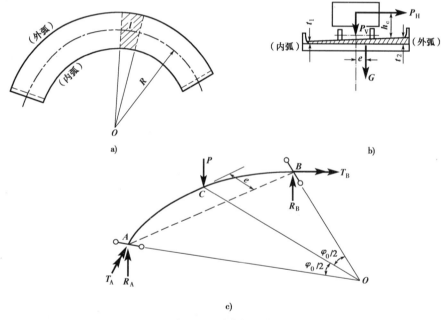

图 2-7-22 弯梁桥的受力

二、弯梁桥平面内变形的特点

引起弯梁桥在水平面内产生位移的因素有两类,且两类位移的方向有很大的差别。

1. 由于温度变化和混凝土收缩引起的水平位移

这类位移属于弧线段膨胀或缩短性质的位移,它只涉及曲率半径的变化,而圆心角不发生改变,即 $r_0 \rightarrow r$,而 $\varphi_0 = \varphi$,如图 2-7-23a) 所示。弯梁的左端为固定支座,其余为多向活动支座,当温降或者混凝土收缩时,位于 1 号、2 号、3 号支座处的桥面将分别产生 δ_1、δ_2 和 δ_3 的水平位移。虽然它们的位移方向并不相同,但均指向固定支座。

2. 由于预加力和混凝土徐变引起的水平位移

这类位移属于切线方向的位移。图 2-7-23b) 是在截面形心处施加预应力时由弹性压缩和徐变变形所引起的水平位移。此时,曲率半径不发生改变,$r_0 = r$,而圆心角却发生改变,即 $\varphi_0 \neq \varphi$。

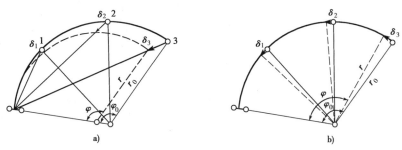

图 2-7-23 连续弯梁桥的两种平面内变形

三、弯梁桥的构造及布置

1. 截面形式

和直线梁桥一样,混凝土弯梁桥的截面形式有板式、肋板式、肋式和箱式等。从弯梁桥存在有较大扭矩的受力特点考虑,宜采用箱形截面的形式。常用的箱形截面有单箱单室、单箱双室、双箱单室和单箱多室等,如图 2-7-24a)~d) 所示。多室箱梁多用在宽桥上,但它在施工上比较麻烦,而且在横向受力分析上也比较复杂,因此常将一座宽桥设计成两座独立而平行的桥梁,即做成分离式弯箱梁桥。图 2-7-24e)、f) 所示的布置方式,便于悬臂施工,有利于适应桥梁基础在横桥向发生的不均匀沉降;并且由于横向抗弯刚度的减小,有利于当温度变化时,弯桥在横桥向的挠曲变形,从而有利于桥梁伸缩缝的设置。

另一方面,在现代的城市高架桥中,桥型美观常常被提到一定的高度。若桥不太宽,且跨径不太大时,也常采用板式截面,如图 2-7-25 所示。尤其是其中的鱼腹式曲线形断面,因其具有纤细、流畅的优美外形,大大减轻了城市高架桥对街道带来的压抑感。

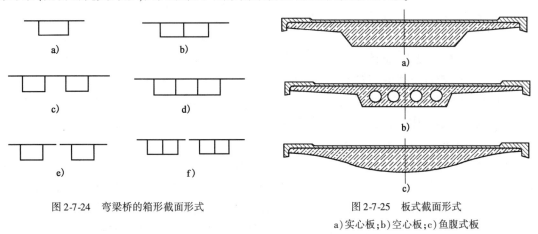

图 2-7-24 弯梁桥的箱形截面形式

图 2-7-25 板式截面形式
a) 实心板;b) 空心板;c) 鱼腹式板

2. 桥墩形式

弯梁桥桥台的形式一般与直桥无多大差别,这里着重介绍桥墩形式。当桥梁上部结构采用箱形截面时,可选用图 2-7-26 中的相应布置图式。

图 2-7-26a)为独柱式墩,当连续弯梁桥的曲率半径较小时,宜采用这种形式。当连续弯梁桥作为立交桥时,有利于墩位布置,占地范围小。若建在河中时,则其阻水面积小,并且有利于整个桥型的美观。但当桥梁的曲率半径较大时,则视具体情况,在中间适当的墩位处,采用能布置抗扭双支座的变宽度墩身,如图 2-7-26b)、d)所示。这样便可以保证全桥侧倾的稳定性。墩身可以采用上宽下窄,也可以采用上窄下宽的形式,这要视墩身的内力和地基的承载能力而定,但前一种形式可以增加立体上的美感,宜用在城市的高架桥上。如果桥面太宽或采用分离式双箱时,则桥墩也可采用分离式的桥墩,如图 2-7-26e)、f)所示。

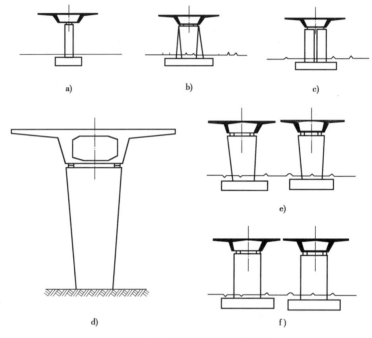

图 2-7-26 弯梁桥的桥墩横向布置

3. 支座布置

对于弯梁桥尤其是连续弯梁桥而言,支座布置是一个较复杂的问题。支座布置是否合理,不但会影响结构的受力,而且还会影响车辆的正常行驶。我国近年来在一些城市内所设计的连续弯梁桥中,常因支座的布置不当而出现故障,下面举几个例子进行说明。

(1)桥台处的双支座因不具有抗扭功能,加之设计中对支座反力和反力扭矩的验算又出现失误,致使在运营中,出现内弧侧的支座脱空,端部桥面向外弧侧偏移,而内弧侧朝上起翘,伸缩缝装置被破坏,行车被迫中断。

(2)桥台处的支座虽然设计成具有抗扭能力的固定支座,但在所有中间桥墩上均布置单点活动支座,且不具有限制桥面径向位移的功能,一旦气温升高,桥面发生伸长膨胀,当受到两端支座约束时,于是就像平置的双铰拱一样,朝径向起拱,桥面中轴线朝外弧的一侧偏移,从而加大了恒载偏心产生的扭矩,最后使整个桥面朝外弧侧产生不同程度的倾斜。

(3)为了克服上述的平面起拱现象,有的设计将连续弯梁桥的中墩设计成墩梁固结的圆柱式墩,但因墩身截面的抗弯刚度较弱,当温度升高时,中墩在径向的平面内仍然产生朝外弧侧的弯曲变形,墩身内弧侧的混凝土表面开裂,最后也使整个桥面仍然出现与上述相似的倾斜,如图 2-7-27 所示。

鉴于上述出现的一些问题,参考国内外的理论研究和设计经验,建议在布置连续曲梁桥的支座时,参考以下几点意见。

(1) 一般宜在两端的桥台上设置能使桥面结构作切线方向位移的抗扭支座,正中桥墩上的抗扭支座应是固定的,这是为了一方面满足因温度、收缩和预应力张拉等因素产生的变位,另一方面可以保证伸缩缝免遭破坏。

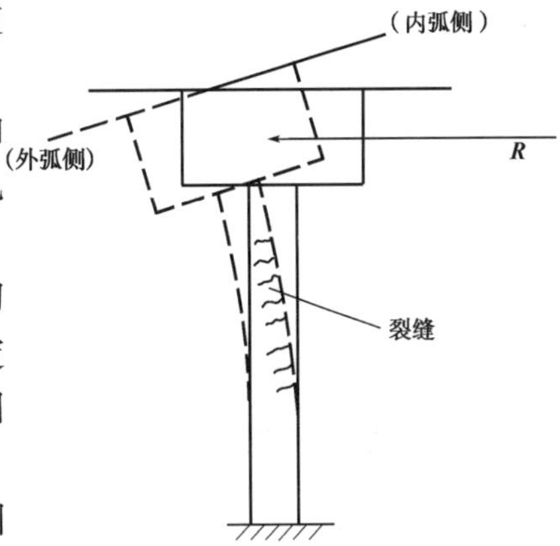

(2) 抗扭支座可以每间隔 3～4 跨布置一个,除了固定支座以外,所有其余抗扭支座均能作切向位移,并且还要将它们固定在具有足够横向(径向)抗弯刚度的桥墩上(双柱式墩或薄壁墩),对于其余各支点,则可以采用在独柱式墩上布置单点铰支座,如图 2-7-28a) 所示。

图 2-7-27 中墩的侧倾示意图

(3) 也可以将桥跨中间的一个支点设计成墩梁固结的形式。其余支点仍为单点铰支座,但此时两端桥台上的抗扭支座都应具有作切向位移的功能,如图 2-7-28b) 所示。

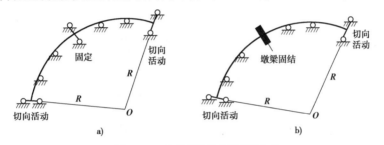

图 2-7-28 连续弯梁桥支座布置方式

(4) 为了达到人为地调整梁内扭矩分布的目的,对于中间各个单点铰支座,可以分别给予一定的预偏心,如图 2-7-29 所示。

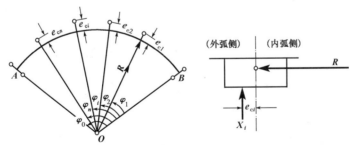

图 2-7-29 单点铰支座预偏心布置

(5) 采用图 2-7-28a) 的支座布置方式,固然可以限制连续弯梁桥只能作切向位移,但当温度升高时,由于弯梁桥所固有的温度位移性质[参见图 2-7-23a)],势必对每个抗扭支座产生径向压力 H_{zw} 和水平面内的弯矩 M_{zw},而使梁内产生水平面内的内力,如图 2-7-30 所示。因此,在这种情况下,上部结构的桥面不宜太宽,以降低横向抗弯刚度来适应平面内的弯曲。当桥面宽度较大时,宜设计成分离而并列的两座窄桥,同时还应对这些支座的水平方向受力情况做必要的验算。

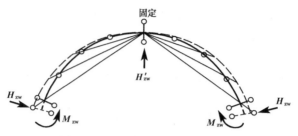

图 2-7-30　连续弯梁桥温升的变位趋势

四、连续弯梁桥的计算简介

前面已经提到,弯梁桥的受力特点之一是弯-扭耦合作用,而扭转荷载除了对曲线梁截面内产生扭转剪应力外,还将使截面内产生弯矩(用 M 表示)和挠曲双力矩(用 B 表示),与之相对应的变形为弯曲变形(转角)和截面翘曲变形。目前在许多文献中,为简化分析,不计截面的翘曲正应力,本章介绍《桥梁设计与计算(第二版)》中关于计入截面翘曲变形的计算方法。如果为了简化计算,则只需令公式中的所有赘余翘曲双力矩 B_i 等于零即可。

1. A 型——各墩均设置抗扭支承的连续斜弯梁桥[图 2-7-31a)]

如同分析连续斜梁桥一样,将中间的所有抗扭支承处的截面断开,分别用两个赘余未知力(弯矩 M 和翘曲双力矩 B)代替,得到如图 2-7-31b)所示的基本结构。再根据变形协调条件和力法原理,便可对每一个切口处,列出一对三力矩方程,即《桥梁设计与计算(第二版)》中所称的双三力矩方程。例如,对于 i 号支承处的截面,可以写出下列一般表达式

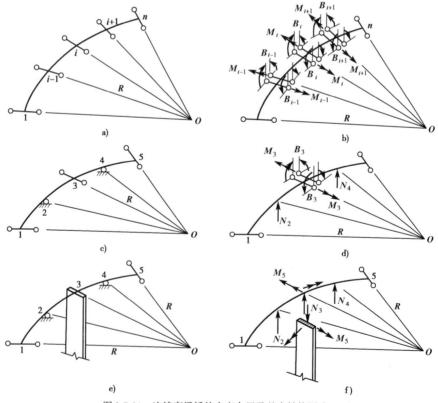

图 2-7-31　连续弯梁桥的支座布置及基本结构图式

$$\left.\begin{array}{l}\delta_{i(i-1)}^{M}M_{i-1} + \delta_{ii}^{M}M_i + \delta_{i(i+1)}^{M}M_{i+1} + \delta_{i(i-1)}^{B}B_{i-1} + \delta_{ii}^{B}B_i + \delta_{i(i+1)}^{B}B_{i+1} + \Delta_{iP} = 0 \\ f_{i(i-1)}^{M}M_{i-1} + f_{ii}^{M}M_i + f_{i(i+1)}^{M}M_{i+1} + f_{i(i-1)}^{B}B_{i-1} + f_{ii}^{B}B_i + f_{i(i+1)}^{B}B_{i+1} + F_{iP} = 0\end{array}\right\} \quad (2\text{-}7\text{-}26)$$

式中：δ_{ii}——i 支座由于 $M_i = 1$ 或 $B_i = 1$ 所引起的曲梁轴线相对角变；

$\delta_{ij}(j=i-1,i+1)$——i 支座由于 j 支座处的 $M_j = 1$ 或 $B_j = 1$ 所引起的曲梁轴线相对角变；

f_{ii}——i 支座由于 $M_i = 1$ 或 $B_i = 1$ 所引起的梁截面相对翘曲变形；

$f_{ij}(j=i-1,i+1)$——i 支座由于 j 支座处的 $M_j = 1$ 或 $B_j = 1$ 所引起的梁截面相对翘曲变形；

Δ_{iP}——i 支座由于其相邻两跨上外荷载所引起的曲梁轴线相对角变；

F_{iP}——i 支座由于其相邻两跨上外荷载所引起的截面相对翘曲变形。

以上各系数均可从《桥梁设计与计算（第二版）》中查到相应的计算公式。对每一切口处均可按此一般式写出一组方程，联立求解便得到各赘余力矩值，进而求得各截面的内力及变形。

2. B 型——全桥同时设有抗扭支承和单点铰支承的连续弯梁桥［图 2-7-31c)］

为了能利用《桥梁设计与计算（第二版）》中的表列公式，取如图 2-7-31d)所示的基本结构比较方便，按此可以写出以下力法方程组

$$\left.\begin{array}{l}\delta_{22}N_2 + \delta_{23}^{M}M_3 + \delta_{23}^{B}B_3 + \delta_{24}N_4 + \Delta_{2P} = 0 \\ \delta_{32}^{M}N_2 + \delta_{33}^{M}M_3 + \delta_{33}^{B}B_3 + \delta_{34}^{M}N_4 + \Delta_{3P} = 0 \\ f_{32}N_2 + f_{33}^{M}M_3 + f_{33}^{B}B_3 + f_{34}N_4 + F_{3P} = 0 \\ \delta_{42}N_2 + \delta_{43}^{M}M_3 + \delta_{43}^{B}B_3 + \delta_{44}N_4 + \Delta_{4P} = 0\end{array}\right\} \quad (2\text{-}7\text{-}27)$$

式中的系数 δ、f 中没有上角标者均是指各单点铰支承的变位，其余符号定义同式(2-7-26)。注意，对于本例，$\delta_{24} = \delta_{42} = 0$，同样，其余各系数可以通过变位互等定理，从《桥梁设计与计算（第二版）》中找到相应的计算公式。

3. C 型——中墩为墩梁固结的连续弯梁桥［图 2-7-31e)］

这里要分两种情况：①中墩的径向和环向抗弯刚度均很大；②中墩为薄壁墩，但径向抗弯刚度很大。对于第一种情况，则可视中墩处的梁截面为固支端，并可按力法求解弯梁各截面的内力。对于第二种情况，宜取图 2-7-31f)的基本结构，并可忽略弯梁对桥墩的翘曲力矩影响，于是可按力法原理写出一组方程：

$$\left.\begin{array}{l}\delta_{22}N_2 + \delta_{23}N_3 + \delta_{24}N_4 + \delta_{25}M_5 + \Delta_{2P} = 0 \\ \delta_{32}N_2 + \delta_{33}N_3 + \delta_{34}N_4 + \delta_{35}M_5 + \Delta_{3P} = 0 \\ \delta_{42}N_2 + \delta_{43}N_3 + \delta_{44}N_4 + \delta_{45}M_5 + \Delta_{4P} = 0 \\ \delta_{52}N_2 + \delta_{53}N_3 + \delta_{54}N_4 + \delta_{55}M_5 + \Delta_{5P} = 0\end{array}\right\} \quad (2\text{-}7\text{-}28)$$

上式中各系数的定义与结构力学中所赋予的定义相同，均可从《桥梁设计与计算（第二版）》中找到相应的计算公式，但应注意，在计算其中的系数 δ_{33}、δ_{35}、δ_{55} 时要计入薄壁墩的变形因素。

按上述的方法计算，工作量较大，故在目前的工程设计中，多应用专用的曲线梁格程序进行计算，有关程序编制的原理和应用方程，可以查阅相关程序的说明。

五、算例

下面将通过一个简单的例子进行手算，来阐明弯梁桥的受力特点。

[例 2-7-1] 图 2-7-32 所示的三跨连续弯箱梁桥，具有以下的技术参数。

抗弯惯性矩：$I = 2.9077\text{m}^4$，抗扭惯性矩：$I_d = 5.418\text{m}^4$；

截面面积:$A = 4.1125\text{m}^2$,重度 $\gamma = 26\text{kN/m}^3$;
截面形心:$y_{\text{上}} = 0.854\text{m}, y_{\text{下}} = 1.371\text{m}$;
弹性模量:$E = 3.5 \times 10^4 \text{MPa}$,剪切模量:$G = 0.43E$;
弯扭刚度比:$k = \dfrac{EI}{GI_d} = 1.248$,曲率半径:$R = 70\text{m}$。

其余尺寸均示于图 2-7-32 中,试计算该桥在结构自重作用下边跨和中跨跨中截面的正应力。

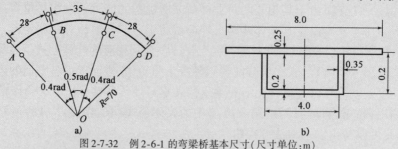

图 2-7-32　例 2-6-1 的弯梁桥基本尺寸(尺寸单位:m)

[解]　为了应用《桥梁设计与计算(第二版)》中的计算公式与图表,算例中的符号均取与《桥梁设计与计算(第二版)》中的一致,具体的计算步骤如下。

1)计算结构自重产生的均荷重 q 和均布扭矩 m_t

按照图 2-7-33 所示单位梁段的扇形面积及其分块,计算该梁段的体积重心位置(表 2-7-5)。

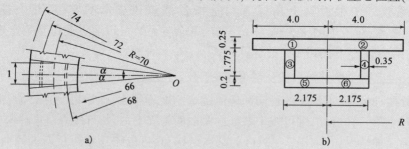

图 2-7-33　扇形梁段体积重心计算图式(尺寸单位:m)

体积及体积重心位置计算　　　　　　　　　　　表 2-7-5

分块号	曲线半径 R_i(m)	截面面积 A(m²)	板厚 t(m)	分块体积 V(m³)	分块形心 y_d(m)	体积矩 $V \cdot y_d$(m⁴)
①	74(外) 70(内)	4.1443	0.25	1.0286	72.0179	74.0776
②	70 66	3.8857	0.25	0.9714	68.0190	66.0737
③	72	1.8257	0.35	0.6390	72.0000	46.0080
④	68	1.7243	0.35	0.6035	68.0000	41.0380
⑤	72.175 70	2.2088	0.20	0.4418	71.0924	31.4086
⑥	70 67.825	2.1412	0.20	0.4282	68.9176	29.5105
合计			—	4.1125	—	288.1164

注:1. $A = \alpha(R^2 - r^2)$,R 为分块外侧半径;r 为分块内侧半径。

2. $y_d = \dfrac{2\sin\alpha}{3\alpha} \cdot \dfrac{R^3 - r^3}{R^2 - r^2}$,$\alpha$ 为单位梁段夹角的一半,$\alpha = \dfrac{1}{2R_0}$;$R_0 = 70\text{m}$。

3. 本例未设超高,故计算中不考虑超高部分的体积。

梁段的体积重心 y_e 按下式计算

$$y_e = \frac{\sum V y_d}{\sum V} = \frac{288.1164}{4.1125} = 70.0587(\text{m})$$

由此得体积的偏心距 e 为

$$e = y_e - R = 70.0587 - 70 = 0.0587(\text{m})$$

单位梁段的荷载集度 $\quad q = V\gamma = 4.1125 \times 26 = 107(\text{kN/m})$

单位梁段的扭矩集度 $\quad m_t = q \cdot e = 107 \times 0.0587 = 6.3(\text{kN} \cdot \text{m/m})$

2) 建立基本结构计算图式

本例属于 A 型连续弯梁桥,其基本结构计算图式如图 2-7-34 所示。

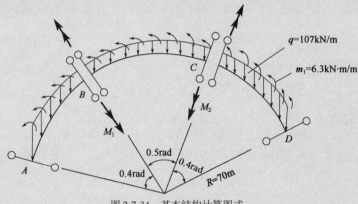

图 2-7-34 基本结构计算图式

3) 系数计算

(1) 常系数[按《桥梁设计与计算(第二版)》(附表Ⅲ-1)中相应公式计算]

$$\delta_{11} = \delta_{11}^{AB} + \delta_{11}^{BC}$$

$$= \frac{R}{2EI}\left\{\frac{1}{\sin^2\varphi_{01}}\left[(1+k)\varphi_{01} - \frac{1-k}{2}\sin 2\varphi_{01}\right] - \frac{2k}{\varphi_{01}}\right\}_{AB} +$$

$$\frac{R}{2EI}\left\{\frac{1}{\sin^2\varphi_{02}}\left[(1+k)\varphi_{02} - \frac{1-k}{2}\sin 2\varphi_{02}\right] - \frac{2k}{\varphi_{02}}\right\}_{BC}$$

将 $k = 1.248, \varphi_{01} = 0.4\text{rad}, \varphi_{02} = 0.5\text{rad}, R = 70\text{m}$ 代入上式,便得

$$\delta_{11} = 9.6652\frac{1}{EI} + 12.3246\frac{1}{EI} = 21.9898\frac{1}{EI}$$

$$\delta_{12} = \frac{R}{2EI}\left\{\frac{1}{\sin\varphi_0}\left[(1-k) - (1+k)\frac{\varphi_0}{\tan\varphi_0}\right] + \frac{2k}{\varphi_0}\right\} = 6.4115\frac{1}{EI}$$

$$\delta_{22} = \delta_{11}, \delta_{21} = \delta_{12}$$

(2) 载系数[按《桥梁设计与计算(第二版)》(附表Ⅲ-1)中相应公式计算]

$$\Delta_{1q} = \Delta_{1q}^{AB} + \Delta_{1q}^{BC}$$

$$= \frac{qR^3}{2EI}\left[(1+k)\tan\frac{\varphi_{01}}{2}\left(\frac{\varphi_{01}}{\sin\varphi_{01}}\right) - (1+3k)\tan\frac{\varphi_{01}}{2} + k\varphi_{01}\right]_{AB} +$$

$$\frac{qR^3}{2EI}\left[(1+k)\tan\frac{\varphi_{02}}{2}\left(\frac{\varphi_{02}}{\sin\varphi_{02}}\right) - (1+3k)\tan\frac{\varphi_{01}}{2} + k\varphi_{02}\right]_{BC}$$

$$= 103\,098.00\frac{1}{EI} + 207\,361.43\frac{1}{EI} = 310\,459.43\frac{1}{EI}$$

$$\Delta_{1t} = \Delta_{1t}^{AB} + \Delta_{1t}^{BC}$$
$$= \frac{m_t R^2}{2EI}(1+k)\left(\frac{\sin\varphi_{01} - \varphi_{01}}{1+\cos\varphi_{01}}\right)_{AB} + \frac{m_t R^2}{2EI}(1+k)\left(\frac{\sin\varphi_{02} - \varphi_{02}}{1+\cos\varphi_{02}}\right)_{BC}$$

由于本例的扭矩荷载作用方向与《桥梁设计与计算(第二版)》(附表Ⅲ-1)上的相反,故应取负值,即 $m_t = -6.3\text{kN} \cdot \text{m/m}$ 代入,于是得

$$\Delta_{1t} = 191.12\frac{1}{EI} + 380.22\frac{1}{EI} = 571.34\frac{1}{EI}$$

由此得

$$\Delta_{1p} = \Delta_{1q} + \Delta_{1t} = 310459.43\frac{1}{EI} + 571.37\frac{1}{EI} = 311030.77\frac{1}{EI}$$

$$\Delta_{2p} = \Delta_{1p}$$

4) 解赘余弯矩 M_1 和 M_2

将上述系数代入三弯矩方程中(即力法方程)中,便有

$$\left.\begin{array}{r}21.9898M_1 + 6.4115M_2 + 311030.77 = 0\\ 6.4115M_1 + 21.9898M_2 + 311030.77 = 0\end{array}\right\}$$

由于本例的结构与外荷载对称于中跨跨中,故知 $M_1 = M_2$。于是,上式的求解比较简便,它可化简为

$$(21.9898 + 6.4115)M_2 = -311030.77$$

从而得

$$M_1 = M_2 = -10951.29\text{kN} \cdot \text{m}$$

5) 求跨中截面弯矩

按照图 2-7-36 中每个超静定简支跨的计算图式,并应用《桥梁设计与计算(第二版)》(附表Ⅲ-3)中的相应公式便可计算出边跨和中跨的跨中截面弯矩。

(1) 边跨跨中截面

由 q 产生

$$M_q = qR^2\left(\frac{\sin\varphi + \sin\varphi'}{\sin\varphi_0} - 1\right)_{AB}$$

$$= 107 \times 70^2 \times \left(\frac{\sin\frac{0.4}{2} + \sin\frac{0.4}{2}}{\sin 0.4} - 1\right) = 10663.66(\text{kN} \cdot \text{m})$$

由 m_t 产生

$$M_t = -tR\left(\frac{\sin\varphi + \sin\varphi'}{\sin\varphi_0} - 1\right)_{AB}$$

$$= -(-6.3) \times 70 \times \left(\frac{\sin\frac{0.4}{2} + \sin\frac{0.4}{2}}{\sin 0.4} - 1\right) = 8.97(\text{kN} \cdot \text{m})$$

由 M_1 产生

$$M_{M1} = M_1\left(\frac{\sin\varphi}{\sin\varphi_0}\right)_{AB}$$

$$= -10951.29 \times \left(\frac{\sin\frac{0.4}{2}}{\sin 0.4}\right) = -5587.01(\text{kN} \cdot \text{m})$$

叠加上述结果便得

$$M_{\text{中}}^{\text{边}} = M_q + M_t + M_{M1} = 5\,085.62 \text{kN} \cdot \text{m}$$

(2)中跨跨中截面

同理可得

$$M_q = 16\,822.18 \text{kN} \cdot \text{m} \qquad M_t = 14.15 \text{kN} \cdot \text{m}$$

$$M_{M1,M2} = -11\,302.66 \text{kN} \cdot \text{m}$$

叠加后的最终结果为

$$M_{\text{中}}^{\text{中}} = 5\,533.67 (\text{kN} \cdot \text{m})$$

6)计算应力增大系数 λ

(1)边跨

按《桥梁设计与计算(第二版)》表 2-4-2 中的公式近似确定连续弯梁桥边跨的等代跨长 $l_e^{\text{边}} = 0.8l = 0.8 \times 28 = 22.4(\text{m})$,再按《桥梁设计与计算(第二版)》中的相关公式,计算可得

$$\lambda_q^{\text{边}} = \frac{w(e) - \theta(e) \cdot \frac{b}{2}}{w(e)} = 1.066\,1$$

(2)中跨

按《桥梁设计与计算(第二版)》表 2-4-2 中的公式,中跨的等代跨长 $l_e^{\text{中}} = 0.6l = 0.6 \times 35 = 21(\text{m})$,相应的 $\theta_0 = 0.3$,再按照与上述同样的计算过程,便得到

$$\lambda_q^{\text{中}} = 1.066\,8$$

它与边跨的计算结果接近相等。

7)跨中截面正应力计算

平均正应力 $\bar{\sigma}$ 按一般材料力学中的公式计算。

对于边跨跨中

$$\bar{\sigma}_{\text{下}}^{\text{上}} = \frac{M}{I} \times \binom{y_{\text{上}}}{y_{\text{下}}} = \frac{5\,085.62}{2.907\,7} \times \binom{-0.854}{1.371} = \frac{-1\,493.66}{2\,397.90} (\text{kN/m}^2)$$

上式中"-"值表示受压,"+"值表示受拉。

对于中跨跨中

$$\bar{\sigma}_{\text{下}}^{\text{上}} = \frac{5\,533.67}{2.907\,7} \times \binom{-0.854}{1.371} = \frac{-1\,625.26}{2\,609.16} (\text{kN/m}^2)$$

将应力增大系数 λ_q 分别乘外弧侧腹板上、下表面纤维层的正应力,内弧侧的保持不变,便得到该截面上最终正应力值,一并列出于表 2-7-6 中,并示于图 2-7-35。

截面正应力汇总表(kN/m²)   表 2-7-6

分项内容		边跨跨中		中跨跨中	
		外弧侧	内弧侧	外弧侧	内弧侧
应力增大系数 λ_q		1.066 1	1.000	1.066 8	1.000
腹板上、下缘	$\sigma_{\text{上}}$	-1 592.39	-1 493.66	-1 733.83	-1 625.26
	$\sigma_{\text{下}}$	2 556.40	2 397.90	2 783.45	2 609.16

注:正应力值为"—"者表示受压,为"+"者表示受拉。

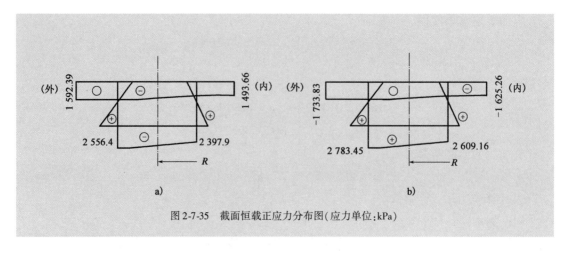

图 2-7-35 截面恒载正应力分布图(应力单位:kPa)

六、弯梁桥预应力筋的布置原则

1. 预应力筋的力学特性

预应力筋作为结构截面的组成部分,可以提高截面的承载能力,但对预应力筋施加的预加力却是一种外力,据以平衡曲线梁所承受的恒载和活载引起的内力。为了掌握连续曲线梁预应力索的配置原则,首先考察图 2-7-36 中预应力索对简支超静定梁(两端具有抗扭支承的梁)的受力特点。为了简单起见,先取左腹板(外弧侧)中的一条索进行研究。该索两端的锚固点距形心轴分别为 e_1 和 e_2,将曲梁展直后,索曲线为二次抛物线,跨中的垂度为 f[图 2-7-36a)],该索在平面上的投影是以 $(R+b)$ 为半径的圆弧线,因此该索在几何上是具有双曲率的空间索。当自索两端施加预加力 N_y 后,该索对结构产生一个垂直向上和一个水平径向的等效分布力 q_v 和 q_u[图 2-7-36b)、c)],q_v 作用于左腹板平面内,q_u 将按索位的高度不同连续分布在左腹板的正交方向[图 2-7-36d)、f)]。由这些力的分解不难推断出连续曲线梁在预加力作用下的一些特点:

(1)等效垂直分力 q_v 可以分解为作用于中轴线上的均布力 q_v 和均布扭矩 $q_v b$[图 2-7-36e)],等效分布径向力 q_u 除作为水平径向均布荷载 q_v 作用在"平拱结构"上外,还对扭转中心(扭心)产生非均匀分布的扭矩 $q_u \cdot z(\varphi)$[$z(\varphi)$ 是索位至截面扭心的距离],并且所有这些垂直力和扭矩都将对结构产生次内力。

(2)由于预应力索具有双曲率,故它的摩阻损失比直线梁中的要大,因此,当在连续曲线梁中采用贯通全长的长预应力索时,必须仔细分析各索段产生的预应力摩阻损失,至于其余的预应力损失则与直梁桥的计算相同。

(3)由于连续曲线梁桥存在弯-扭耦合作用,相邻两支座之间的次弯矩图不再呈线性变化,因此,连续直梁桥中通过调整中支座处索的竖向位置后梁内各截面的总预矩仍保持不变,而达到吻合力索的方法,就不再适用。

2. 简化假定

为简化预应力索对结构产生效应的分析,使配置索的线形接近合理,工程设计中做了以下的近似假定:

(1)图 2-7-36a)中,两端张拉力的倾角 θ_1、θ_2 甚小,影响可忽略不计,这样,等效垂直分布力 q_v 可以表示为

$$q_v = \frac{8f}{L^2}N_y \tag{2-7-29}$$

等效水平径向分布力 q_u 可表示为

$$q_u = \frac{N_y}{R} \tag{2-7-30}$$

上述式中：N_y——预应力筋的张拉力；

f——索曲线的垂度[图 2-7-36a]；

L——曲线梁中轴线的展直弧长；

R——曲线梁的曲率半径。

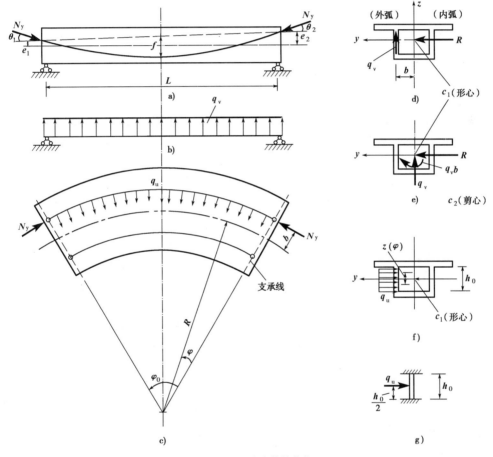

图 2-7-36 预应力等效荷载

(2) 径向水平分布力 q_u 对曲线梁桥的效应可分为三个部分考虑：

①非均匀分布扭矩 $q_u z(\varphi)$ 与扭矩 $q_v b$[图 2-7-36a]合并后，计入它对曲线梁产生的次内力影响；

②当 q_u 作为平置拱上径向分布荷载作用时，应着重考虑它对边孔端支座在水平平面内的受力和变形影响[图 2-7-36c]；

③近似地认为 q_u 作用于腹板净高 h_0 的中点[图 2-7-36g]，并将腹板视作嵌固于顶、底板之间的单向板，为了简化分析，也可取简支板跨中弯矩的 0.8 倍，即 $M_{max} = 0.8 M_{max}^0$，来验算腹

板的侧向承载能力,以避免腹板发生侧向崩裂。

3. 预应力筋的布置原则

鉴于上述的曲线梁桥受力的复杂性,难以像连续直梁桥一样配置较为理想的吻合索,因此,工程设计中常从实际出发,按照以下几项原则来解决连续曲线梁桥的预应力索的配置问题。

(1)预配索。由于连续曲线梁桥的跨径 L 大多在 $20\sim60\mathrm{m}$ 的范围内,其恒载内力一般超过总内力的 50%,故可先根据恒载内力和部分活载内力图,参照连续直梁桥的方法配置预应力索。

(2)局部补充索,对于各跨内预应力不足的部分区段采用增设"局部预应力索"。

(3)配置非预应力钢筋,对于残余内力采用非预应力的普通钢筋来解决。

(4)尽量在顶、底板中不要配置呈蛇形状的水平弯曲索来抵抗扭矩,以免造成布索困难。

(5)根据实际情况,内外弧侧的预应力筋张拉力可以取不等值,即 $N_{y(外)} \neq N_{y(内)}$,以适应内外腹板中的内力差。

(6)按图 2-7-36g)验算腹板局部抗弯强度,为了防止腹板发生侧崩,应将预应力索尽可能布置在腹板中朝外弧的一侧,使内侧混凝土具有足够的抵抗厚度,如图 2-7-37a)所示。对于个别靠内弧侧的预应力索,则应沿跨径方向设置防崩钢筋,扣住预应力索,并与钢筋骨架扎牢,如图 2-7-37b)所示。

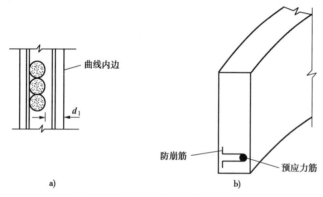

图 2-7-37 腹板内的力筋与防崩筋构造

第八章
混凝土梁桥的施工

当桥墩及其基础施工完毕后,为了将梁体结构落在设计位置,通常采用两种主要的施工方法,即就地浇筑法和预制安装法。

1. 就地浇筑法

就地浇筑法通过直接在桥跨下面搭设支架,作为工作平台,然后在其上面立模浇筑梁体结构。这种方法适用于两岸桥墩不太高的引桥和城市高架桥,或靠岸边水不太深且无通航要求的中小跨径桥梁。其主要优缺点如下。

(1)优点:它不需要大型的吊装设备和开辟专门的预制场地,梁体结构中横桥向的主筋不用中断,故其结构的整体性能好。

(2)缺点:支架需要多次转移,加长工期,如全桥多跨一次性立架,则投入的支架费用又将大大增高。

2. 预制安装法

当同类桥梁跨数较多、桥墩又较高、河水又较深且有通航要求时,通常将桥跨结构用纵向竖缝划分成若干个独立的构件,放在桥位附近专门的预制场地或者工厂进行成批制作,然后将这些构件适时地运到桥孔处进行安装就位。通常把这种施工方法称作预制安装法。它的优缺点恰与上一种方法相反,即

(1)优点:桥梁的上、下部结构可以平行施工,使工期大大缩短;无须在高空进行构件制作,质量容易控制,可以集中在一处成批生产,从而降低生产成本。

(2)缺点:需要大型的起吊运输设备,此项费用较高。由于在构件与构件之间存在拼接纵缝,例如简支T形梁之间的横隔板接头,施工时需搭设吊架才能操作,故比较麻烦;同时,拼接构件的整体工作性能不如就地浇筑法。

无论采用哪一种施工方法进行施工,对于混凝土简支梁结构本身来说,都必须经过如图2-8-1所示的基本施工工艺流程才能成型。

图 2-8-1 混凝土构件基本施工工艺流程

下面将对每一种施工方法的具体过程进行介绍。

第一节 就地现浇钢筋混凝土简支梁桥施工

一、支架

1. 常用的支架形式

为了完成钢筋混凝土简支梁桥的就地现浇施工,首先应根据桥孔跨径、桥孔下面覆盖土层的地质条件、水的深浅等因素,合理地选择支架形式。

支架按其构造分为立柱式支架、梁式支架和梁-柱式支架;按材料可分为木支架、钢支架、钢木混合结构和万能杆件拼装的支架等。图 2-8-2 示出了按构造分类的几种支架构造图。其中图 2-8-2a)、b)表示了立柱式支架,可用于旱桥、不通航河道以及桥墩不高的小桥施工;图 2-8-2c)、d)表示了梁式支架,钢板梁适用于跨径小于 20m,钢桁梁适用于大于 20m 的情况;图 2-8-2e)、f)表示了梁-柱式支架,适用于桥墩较高、跨径较大且支架下需要排洪的情况。

2. 支架的基础

为了保证现浇的梁体不产生大的变形,除了要求支架本身具有足够的强度、刚度以及具有足够的纵、横、斜三个方向的连接杆件来保证支架的整体性能外,支架的基础必须坚实可靠,以保证其沉陷值不超过施工规范的规定。对于跨径不大且采用满布式的木支架排架[图 2-8-2a)],可以将基脚设置在枕木上,枕木下的垫基层必须夯实;对于梁-柱式支架,因其荷载较集中,故其基脚宜支承在临时桩基础上[图 2-8-2e)、f)],也可直接支承在永久结构的墩身或基础的上面[图 2-8-2c)、d)]。

3. 支架的预拱度

为了使上部结构在卸架后能满意地获得设计规定的外形,必须在施工时设置一定数值的预拱度。在确定预拱度时应考虑以下的因素:

(1)卸架后由上部结构自重及活载一半所产生的挠度 δ_1。

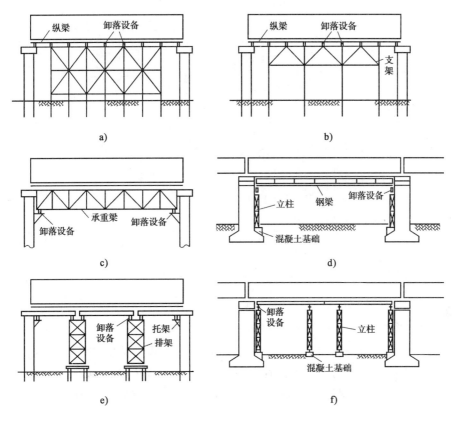

图 2-8-2 常用支架的主要构造

(2) 施工期间支架结构在恒载及施工荷载(施工人员、机具、设备等)作用下的弹性压缩 δ_2 和非弹性变形 δ_3。

(3) 支架基底土在荷载作用下的非弹性沉陷 δ_4。

(4) 由混凝土收缩及温度变化而引起的挠度 δ_5 等。

第(2)、(3)项引起的变形可通过对支架用同等荷载预压得到。根据梁的挠度和支架的变形计算出来的预拱度之和就是简支梁预拱度的最高值,它应设置在跨径的中点。其他各点的预拱度,则按直线或二次抛物线比例进行分配,在两端的支点处则为零。

二、模板

1. 模板的支立

钢筋混凝土空心板结构较少采用现场整体浇筑的施工工艺,其原因之一是板的高度较矮,从板孔中拆除内模很是不便。钢筋混凝土实心板结构的模板比较简单,故这里着重介绍肋板梁的模板。

跨径不大的肋板梁模板,一般用木料制作,安装时,首先在支架纵梁上安装横木,横木上钉底板,然后在其上安装肋梁的侧模板和桥面板底板[图 2-8-3a)]。当肋梁的高度较高时,其模板一般采用框架式,这时,梁的侧模及桥面板的底膜,可用木板或镶板钉在框架上,框架式模板底构造如图 2-8-3b)所示。

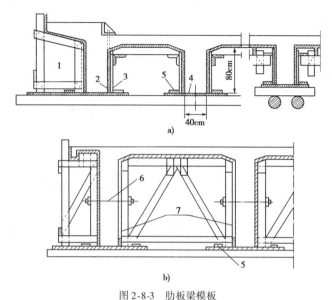

图 2-8-3 肋板梁模板
1-小柱架;2-侧面镶板;3-肋木;4-底板;5-压板;6-拉杆;7-填板

2. 模板的卸落

梁桥模板的卸落,应对称、均匀和有顺序地进行。卸架设备应放在适当的位置,当为满布式支架时应放在立柱处,当为梁式支架时应放在支架梁支点处(图 2-8-2)。

卸架设备一般采用木楔和砂筒,其构造分别如图 2-8-4 和图 2-8-14 所示。

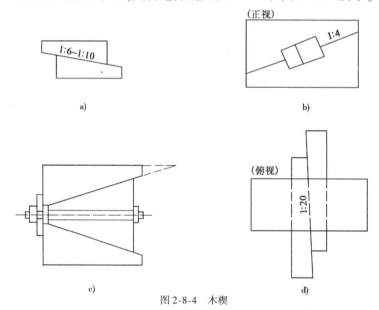

图 2-8-4 木楔
a)简单木楔;b)双向木楔(正视);c)组合木楔;d)双向木楔(俯视)

三、钢筋骨架

1. 钢筋骨架的组成

混凝土内的钢筋骨架是由纵向钢筋(主筋)、架立筋、箍筋、弯起钢筋(斜筋)、分布钢筋以及附加钢件构成。关于这些钢筋的作用及截面的计算详见《结构设计原理》一书。图 2-8-5 示出了普通矩形截面梁的钢筋骨架构造。

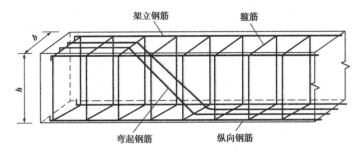

图 2-8-5 简支梁的钢筋构造梁的纵剖面

图 2-8-6 是计算跨径为 8.45m，整体现浇肋板梁桥的钢筋细部构造。其中的图 2-8-6a) 为主梁的钢筋布置，其基本构造与图 2-8-5 中的相似；图 2-8-6b) 为连续桥面板的钢筋布置。

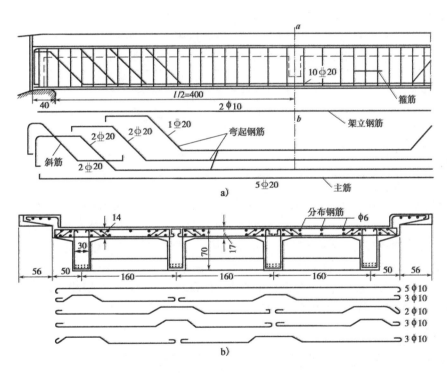

图 2-8-6 整体现浇肋板梁桥的钢筋构造示例 (尺寸单位：cm；钢筋直径：mm)
a) 梁的纵剖面；b) a—b 剖面

2. 钢筋骨架的成型

钢筋骨架都要通过钢筋整直→切断→除锈→弯曲→焊接或者绑扎等工序以后才能成型。除绑扎工序外，每个工序都可应用相应的机械设备来完成。对于就地现浇的结构，焊接或者绑扎的工序多放在现场支架上来完成，其余均可在工地附近的钢筋加工车间来完成。下面着重叙述一下对最后一道工序所应遵循的技术要求。

(1) 钢筋接头宜采用焊接接头和钢筋机械连接接头(套筒挤压接头、墩粗直螺纹接头),当有困难时,钢筋可以采用搭接绑扎的方法,但受拉钢筋之间的搭接长度不应小于表2-8-1中的规定,受压钢筋绑扎接头的搭接长度,应取受拉钢筋绑扎接头长度的0.7倍。

受拉钢筋绑扎接头搭接长度　　　　　　　　　　　　表2-8-1

钢筋种类	HPB300		HPB400、HPBF400、RRB400	HRB500
混凝土强度等级	C25	≥C30	≥C30	≥C30
搭接长度(mm)	40d	35d	45d	50d

注:1. 当带肋钢筋直径d大于25mm时,其受拉钢筋的搭接长度应按表值增加5d采用;当带肋钢筋直径小于25mm时,搭接长度可按表值减少5d采用。
2. 当混凝土在凝固过程中受力钢筋易受扰动时,其搭接长度应增加5d。
3. 在任何情况下,受拉钢筋的搭接长度不应小于300mm;受压钢筋的搭接长度不应小于200mm。
4. 环氧树脂涂层钢筋的绑扎接头搭接长度,受拉钢筋按表值的1.5倍采用。
5. 受拉区段内,HPB300钢筋绑扎接头的末端应做成弯钩,HRB400、HRB500、HRBF400和RRB400钢筋的末端可不做弯钩。

(2) 受力钢筋接头应设置在内力较小处,并应错开布置。在任一搭接长的区段内,有接头的受力钢筋截面面积占总截面面积的百分率不应超过表2-8-2的规定。

搭接长度区段内受力钢筋接头面积的最大百分率　　　　　　　　　　表2-8-2

接头形式	接头面积的最大百分率(%)	
	受拉区	受压区
主钢筋绑扎接头	25	50
主钢筋焊接接头	50	不限制
预应力钢筋对焊接头	25	不限制

注:1. 在同一根钢筋上应尽量少设接头。
2. 装配式构件连接处的受力钢筋焊接接头和预应力混凝土构件的螺丝端杆接头,可不受本条限制。

(3) 轴心受拉、小偏心受拉构件中的钢筋宜采用焊接。当采用搭叠式电弧焊接时,钢筋端都应预先折向一侧,使两接合钢筋轴线一致。搭接时,双面焊缝的长度不得小于5d,单面焊缝的长度不得小于10d(d为钢筋直径),如图2-8-7a)所示。

(4) 当采用夹杆式电弧焊接时,夹杆的总截面面积不得小于被焊钢筋的截面面积。夹杆长度,如用双面焊缝不小于5d,用单面焊时不应小于10d,如图2-8-7b)所示。

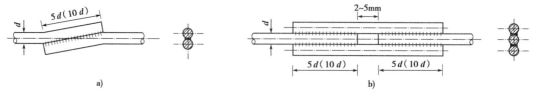

图2-8-7　钢筋接头焊缝形式(括号内数字为单面焊缝)
a)搭叠式电弧焊;b)夹杆式电弧焊

(5) 由于钢筋的混凝土保护层厚度(钢筋外缘或预应力管道外缘至混凝土表面的距离)对钢筋防腐和结构耐久性有重大影响,施工时必须满足《桥规 JTG 3362》的有关强制性规定。

四、浇筑及振捣混凝土

该施工过程包括混凝土搅拌、混凝土运输、浇筑混凝土、振捣密实四个工序。混凝土的砂石配合比及水灰比均应通过设计和实验室的试验来确定，拌制一般采用搅拌机。混凝土的振捣一般采用插入式振捣器、附着式振捣器、平板式振捣器或振动台等设备，这需依据不同构件和不同部位的需要来选用，目的是使模板内的软体混凝土密实，不能使混凝土内存在大的空洞、蜂窝和麻面。这里着重介绍其他两个工序的技术要求。

1. 混凝土的运输

（1）混凝土的运输能力应适应混凝土凝结速度和浇筑速度的需要，务必使混凝土在运到浇筑地点时仍保持均匀性和规定的坍落度。无论采用汽车运输还是搅拌车运输，其运输时间不宜超过表2-8-3中的规定。

混凝土拌和物运输时间限制　　　　　表2-8-3

气温（℃）	一般汽车运输（min）	搅拌车运输（min）
20～30	30	60
10～19	45	75
5～9	60	90

注：表列时间是指从加水搅拌至入模时间。

（2）采用泵送混凝土应符合下列规定：

①混凝土的供应必须保证输送混凝土泵能连续工作。

②输送管线宜直，转弯宜缓，接头应严密，如管道向下倾斜，应防止混入空气，产生阻塞。

③泵送前应先用水泥浆润滑输送管道内壁。混凝土出现离析现象时，应立即用压力水或其他方法冲洗管内混凝土，泵送间歇时间不宜超过15min。

④在泵送过程中，受料斗内应具有足够的混凝土，以防止吸入空气产生阻塞。

2. 混凝土的浇筑

跨径不大的简支梁桥，可在钢筋全部扎好以后，将梁与桥面板沿一跨全部长度用水平分层法浇筑，或者用斜层法从梁的两端对称地向跨中浇筑，在跨中合龙。

较大跨径的梁桥，可用水平分层法或用斜层法先浇筑纵横梁，然后沿桥的全宽浇筑桥面板混凝土。此时桥面板与纵横梁之间应设置工作缝，如图2-8-8a)中的虚线所示。采用斜层浇筑时，混凝土的适宜倾斜角与混凝土的稠度有关，一般可为20°～25°，如图2-8-8b)所示。

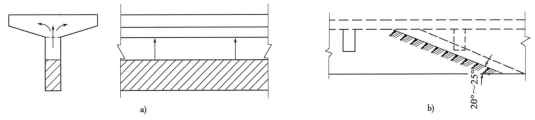

图2-8-8　混凝土的浇筑方法

当桥面较宽且混凝土数量较大时，可分成若干条纵向单元分别浇筑，每个单元的纵横梁也应沿其全长采用水平分层法或斜层法浇筑。当分成纵向单元浇筑时，也应在纵梁之间的横梁处按照单元的划分留置工作缝，待各纵向单元浇筑完成后，再填接缝混凝土。最后对于桥面板按全面积一次浇筑完成,不设工作缝。

当采用水平分层法浇筑和插入式振捣器振捣时,其分层厚度不宜超过0.3m,并且必须在前一层混凝土开始凝结之前,将后一层混凝土浇筑完毕。当气温在30℃以上时,前后两层浇筑时间相隔不宜超过1h,当气温在30℃以下时,不宜相隔1.5h,或由试验资料来确定相隔时间。当无法满足上述规定的间隔时间时,就必须预先确定施工缝预留的位置。一般将它选择在受剪力和弯矩较小且便于施工的部位,并应按下列要求进行处理:

(1)在浇筑接缝混凝土之前,先凿除老混凝土表层的水泥浆和较弱层。

(2)经凿毛的混凝土表面,应用水洗干净,在浇筑次层混凝土之前,对垂直施工缝宜刷一层净水泥浆,对于水平缝宜铺一层厚为10~20mm的1:2的水泥砂浆。

(3)对于斜面施工缝应凿成台阶状再进行浇筑。

(4)接缝位置处在重要部位或者结构物处在地震区时,则在灌筑之前应增设锚固钢筋,以防开裂。

五、养护及拆除模板

混凝土浇筑完毕后,应在收浆后尽快用草袋、麻袋或稻草等物予以覆盖和洒水养护。洒水持续时间,随水泥品种的不同和是否掺用塑化剂而异,对于用硅酸盐水泥拌制的混凝土构件不少于7昼夜,对于用矿渣水泥、火山灰水泥或在施工中掺用塑化剂的,不少于14昼夜。

混凝土构件经过养护后,达到了设计强度的25%~50%时,即可拆除侧模;达到了设计吊装强度并不低于设计强度等级的70%时,就可起吊主梁。

第二节 预制钢筋混凝土及预应力混凝土简支梁桥施工

一、预制钢筋混凝土简支梁的制作工艺

预制钢筋混凝土简支梁结构在工程上的应用比较广泛,它多属于标准设计的构件,便于成批生产,保证质量,降低成本。制作的场地可以是在桥梁工地附近的地面上,也可以是专门的构件制造厂。不论采用哪种方式预制好的成品构件,都包括构件运输(场内或场外)和构件安装两个重要施工过程。有关这两个施工过程后面还要专门介绍。这里仅介绍图2-8-1中关于支立模板的内容,其余的施工流程与上一节中就地浇筑法的相关内容相仿,不再重复。

常用的构件模板材料有木模和钢模两种,前者多用于就地浇筑或者非等跨结构的场合,后者多用于预先制作的装配式标准构件。

图2-8-9是目前常用于空心板的木制模板构造。除了构成截面形状的外模板(侧模板和底模板)和内模壳板外,还要沿构件的纵向每隔一定间距设置竖肋、衬挡和螺栓等来固定外模板,而固定内模则用骨架、活动撑板、拉杆和铁铰链等。脱模时,只要抽动拉杆将撑板从顶部拉脱,并借助铁铰链,便可拆除内模板。现在工程上更多地采用充气橡胶管来代替木制内模,因为它更容易被拆除,不过,在充气时,所施气压的大小要根据橡胶管管径、新筑混凝土的压力以及气温等因素计算确定;在浇灌混凝土之前要事先用定位钢筋或压块将橡胶管的位置加以固定,防止上浮和偏位;何时泄气抽出橡胶管,也要根据试验来确定,因为混凝土的强度与气温有关。

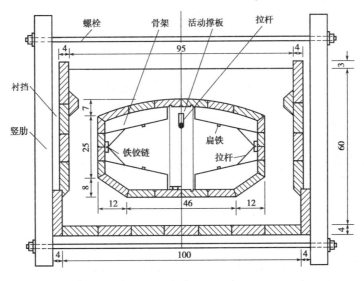

图 2-8-9 空心板梁芯模构造(尺寸单位:cm)

图 2-8-10 是用于制造 T 形梁的装拆式钢模板构造,它同样是除了用于截面成型的钢壳板以外,还要用角钢做成水平肋、竖向肋、斜撑、直撑、固定侧模板用的顶部和底部拉杆等部件来固定模板位置。不论采用何种模板,均需在浇筑混凝土之前,在模板的内表面涂上隔离剂,如石灰乳浆、肥皂水或废机油等,以防止壳板与混凝土粘连。

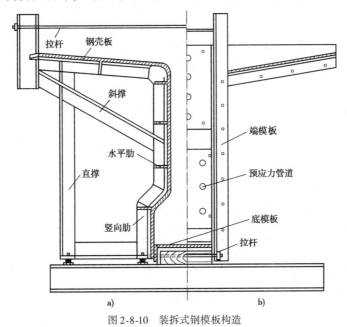

图 2-8-10 装拆式钢模板构造

二、先张法预应力混凝土简支板的制作工艺

先张法预制板梁的制作工艺是在浇筑混凝土之前先进行预应力筋的张拉,并将其临时固定在张拉台座上,然后完成图 2-8-1 中的基本施工工艺流程,待混凝土达到规定强度(但不得低于设计强度的 70%)时,逐渐将预应力筋松弛,利用力筋回缩和与混凝土之间的黏结作用,

使构件获得预应力。下面仅介绍它的制造工艺特点。

1. 台座

(1)墩式台座

墩式台座是靠自重和土压力来平衡张拉力所产生的倾覆力矩,并靠土壤的反力和摩擦力来抵抗水平位移。台座由台面、承力架、横梁和定位钢板等组成,如图 2-8-11 所示。

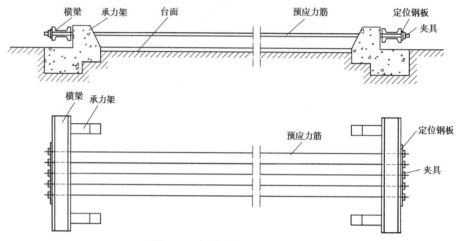

图 2-8-11　重力式台座构造示意图

台面有整体式混凝土台面和装配式台面两种,它是制梁的底模板。承力架承受全部的张拉力,横梁是将预应力筋张拉力传给承力架的构件,它们都须进行专门的设计计算。定位钢板是用来固定预应力筋的位置,其厚度必须保证承受张拉力后具有足够的刚度。定位钢板上的圆孔位置则按构件中预应力筋的设计位置确定。

(2)槽式台座

当现场地质条件较差,台座又不很长时,可以采用由台面、传力柱、横梁、横系梁等构件组成的槽式台座,如图 2-8-12 所示。传力柱和横系梁一般用钢筋混凝土做成,其他部分与墩式台座相同。

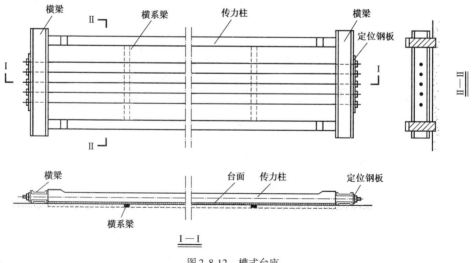

图 2-8-12　槽式台座

2. 预应力筋的放松

当混凝土达到了预期的强度以后，就要把台座上预应力筋的张拉力放松，逐渐将此力传递到混凝土构件上。放松的方法有多种，下面仅介绍常用的两种方法。

(1) 千斤顶放松：首先要在台座上重新安装千斤顶，先将预应力筋稍张拉至能够逐步扭松端部固定螺母的程度，然后逐渐放松千斤顶，让钢筋慢慢回缩完毕为止(图2-8-13)。

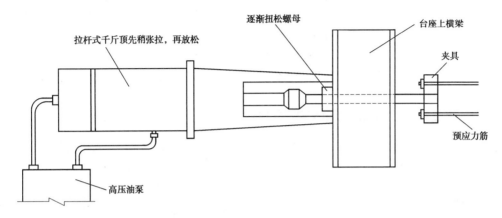

图 2-8-13　千斤顶放松示意图

(2) 砂筒放松：在张拉预应力之前，在承力架和横梁之间各放一个灌满被烘干细砂子的砂筒(图2-8-14)。张拉时筒内砂子被压实。当需要放松预应力筋时，可将出砂口打开，使砂子慢慢流出，活塞徐徐顶入，直至张拉力全部放松为止。本法易于控制放松速度，故应用较广。

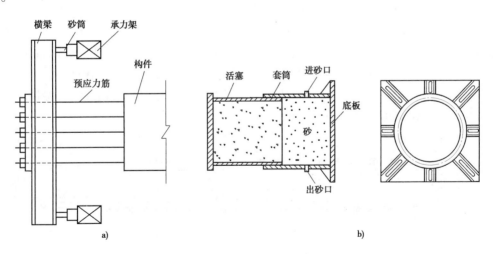

图 2-8-14　砂筒放松示意图

3. 张拉程序

先张法预应力筋的张拉应符合设计要求，若设计无规定时，其张拉程序可按表2-8-4中的规定进行。

为了避免台座承受过大的偏心力，应先张拉靠近台座截面重心处的预应力筋。

先张法预应力筋张拉程序 表2-8-4

预应力筋种类	张 拉 程 序
钢筋	0→初应力→$1.05\sigma_k$(持荷2min)→$0.9\sigma_k$→σ_k(锚固)
钢丝、钢绞线	对于夹片式具有自锚性能的锚具： 普通松弛力筋 　　0→初应力→$1.03\sigma_k$(锚固) 低松弛力筋 　　0→初应力→σ_k(持荷2min 锚固)

注：表中 σ_k 为张拉时的锚下控制应力。

三、后张法预应力混凝土简支梁的制作工艺

普通钢筋混凝土简支梁构件的预制较为简单，在地面专门的场地上，按照图2-8-1的基本施工工艺流程来完成构件的制作，然后堆放在场地的一侧，等待运到桥孔处进行安装。后张法预应力混凝土简支梁构件的预制过程也基本相同，所不同的主要有两点：第一，在绑扎钢筋成型这个施工过程的同时，要按照设计图中的位置布设制孔器，即在混凝土构件中预留孔道，供以后预应力筋的穿入；第二，当完成混凝土养护和拆除模板后，按照设计图中所规定的混凝土龄期强度，将制备好的预应力筋穿入预留的孔道中，完成张拉过程。由于它是在完成混凝土构件的制作之后再施加预应力，故把这种构件称作后张法预应力混凝土预制构件。

1. 预应力筋孔道的成型

在梁体内预留预应力筋孔道所用的制孔器目前主要有三种，即铁皮管、金属波纹管和橡胶管。前两种制孔器按预应力筋设计位置和形状固定在钢筋骨架中，本身便是孔道。橡胶管制孔器也按设计位置固定在钢筋骨架中，待混凝土抗压强度达到4~8MPa时，再将制孔器抽拔出以形成孔道。为了增加橡胶管的刚度和控制位置的准确，需在橡胶管内设置圆钢芯棒，以便在先抽出芯棒之后，橡胶管易于从梁体内拔出。对于曲线束筋的孔道，则用两段胶管在跨中对接，对接接头处套一段长为0.3~0.5m的铁皮管，如图2-8-15所示。抽拔时，该段铁皮管留在梁内，橡胶管则从梁的两端抽拔出来。

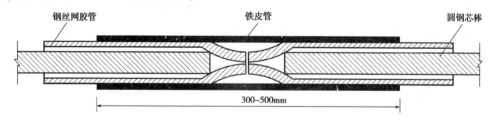

图2-8-15 橡胶制孔器的接头

2. 预应力筋的张拉

这一施工过程包括孔道检查与清洗→穿预应力筋→张拉预应力筋→孔道压浆→封锚固端混凝土等几道工序。到此步骤才能算完成了装配式构件的制作。孔道压浆的目的是保护预应力筋不受锈蚀，并使力筋与梁体的混凝土黏结成整体，共同受力，从而也减轻了锚具的受

力。用混凝土封固端部锚头除了达到防止锈蚀的目的外,还可以保持锚塞或者夹片不因在汽车运营中而被松动,以免造成滑丝的危险。这里简单地介绍一下张拉预应力筋所使用的几种设备。

(1)锥锚式千斤顶

图2-8-16是TD-60型锥锚式三作用千斤顶构造简图。这种千斤顶具有张拉、顶锚和退楔块三种功能,适用于锥形锚具的钢丝束。千斤顶的工作靠高压油泵的进油与回油来控制,施加预应力的大小靠油表读值及预应力筋延伸率大小来控制。

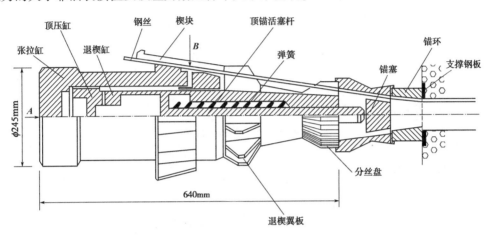

图2-8-16 TD-60型锥锚式三作用千斤顶构造

(2)拉杆式千斤顶

拉杆式千斤顶构造简单,操作方便,适用于张拉常用螺杆式和墩头式锚、夹具的单根粗钢筋、钢筋束或碳素钢丝束。图2-8-17为常用的GJ_zY-60A型拉杆式千斤顶构造示意图。张拉前先用连接器将预应力筋和张拉杆联结。

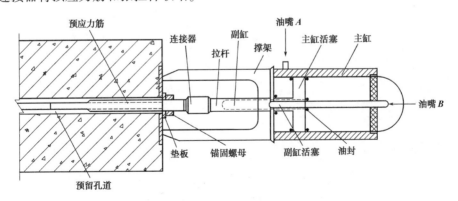

图2-8-17 GJ_zY-60A型拉杆式千斤顶构造示意图

(3)穿心式千斤顶

这种千斤顶主要用于张拉带有夹片式锚、夹具的单根钢筋、钢绞线或钢筋束和钢绞线束。图2-8-18给出了GJ_zY-60型穿心式千斤顶构造简图。张拉前先将预应力筋穿过千斤顶,在其后端用锥销式工具锚将预应力筋锚住,然后借助高压油泵完成张拉工作。

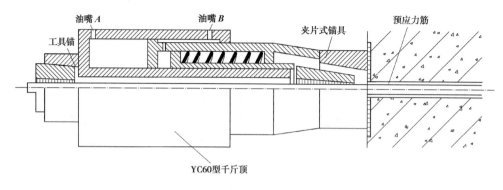

图 2-8-18　GJ_zY-60 型穿心式千斤顶构造

3. 张拉程序

不同预应力筋构件所采用的张拉程序见表 2-8-5。

后张法预应力筋张拉程序　　　　表 2-8-5

预应力筋		张拉程序
钢筋、钢筋束		$0 \to$ 初应力 $\to 1.05\sigma_k$（持荷 2min）$\to \sigma_k$（锚固）
钢绞线束	对于夹片式等具有自锚性能的锚具	普通松弛力筋： $0 \to$ 初应力 $\to 1.03\sigma_k$（锚固） 低松弛力筋： $0 \to$ 初应力 $\to \sigma_k$（持荷 2min 锚固）
	其他锚具	$0 \to$ 初应力 $\to 1.05\sigma_k$（持荷 2min）$\to \sigma_k$（锚固）
钢丝束	对于夹片式等具有自锚性能的锚具	普通松弛力筋： $0 \to$ 初应力 $\to 1.03\sigma_k$（锚固） 低松弛力筋： $0 \to$ 初应力 $\to \sigma_k$（持荷 2min 锚固）
	其他锚具	$0 \to$ 初应力 $\to 1.05\sigma_k$（持荷 2min）$\to 0 \to \sigma_k$（锚固）
精轧螺纹钢筋	直线配筋时	$0 \to$ 初应力 $\to \sigma_k$（持荷 2min 锚固）
	曲线配筋时	$0 \to \sigma_k$（持荷 2min）$\to 0$（上述程序可反复几次）$\to$ 初应力 $\to \sigma_k$（持荷 2min 锚固）

注：表中 σ_k 为张拉时的锚下控制应力。

四、装配式简支梁构件的运输和安装

为了把在预制构件厂或桥梁施工现场预制的简支梁或板安放到设计位置，还需要完成两个重要的施工过程，即构件的水平运输和构件的垂直向安装。下面分别叙述这两个方面的问题。

1. 预制构件的运输

从工地预制场至桥头处的运输，称为场内运输，通常需要铺设钢轨便道，在预制场地先用龙门吊机或木扒杆将预制构件装上平车后，再用绞车牵引运抵桥头。当采用水上浮吊架梁时，还需要在河岸适当位置修建临时栈桥（码头），再将钢轨便道延伸到这里，以便将预制构件运上驳船,再开往桥孔下面进行架设。

从预制构件厂至施工现场的运输称为场外运输,通常用大型平板车、驳船或火车等运输工具。不论采用哪类运输方式,都要求在运输过程中,构件的放置要符合受力方向,并在构件的两侧采用斜撑和木楔加以临时固定,防止构件发生倾倒、滑动或跳动,造成构件的损坏。

当运输道路坑洼不平、颠簸比较厉害时,可采用如图 2-8-19 所示的措施,防止构件产生负弯矩而断裂。构件装上平板拖车的垫木上后,在构件的中部设一立柱,用钢丝绳穿过两端吊环,中间搁在立柱上,并以花篮螺丝将钢绳拉紧,只有这样,构件在运输途中才不致发生负弯矩。

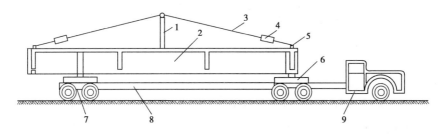

图 2-8-19　防止构件发生负弯矩的措施
1-立柱;2-构件;3-钢丝绳;4-花篮螺丝;5-吊环;6、7-转盘装置;8-连接杆(可伸缩);9-主车

2. 预制构件的安装

安装预制简支梁构件的机械设备和方法较多,这里不一一介绍,现仅就几种常见的架梁方法略加说明。

(1) 自行式起重机架梁

当桥梁跨径不大、质量较轻时可以采用自行式起重机(汽车起重机或履带起重机)架梁。如果是岸上的引桥或者桥墩不高时,可以视吊装质量的不同,用一台或两台起重机直接在桥下进行吊装[图 2-8-20a)];如果桥下是河道或桥墩较高时则将起重机直接开到桥上,利用起重机的伸臂边架梁、边前进[图 2-8-20b)]。不过,此时对于已经架好了的桥孔主梁,当横向尚未连成整体时,必须核算主梁是否能够承受起重机、被吊构件、机具以及施工人员的重力。

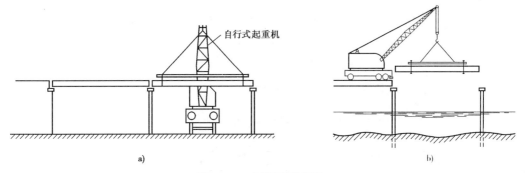

图 2-8-20　小跨径梁的架设

(2) 浮吊船架梁

浮吊船实际是起重机与驳船的联合体,它可在通航河道上的桥孔下面架桥,而装有成批预制构件的装梁船,则停靠在浮吊船的一旁,随时供浮吊船起吊,如图 2-8-21 所示。浮吊船宜逆

243

流而上,先远后近地安装。吊装前应先下锚定位,航道要临时封锁。

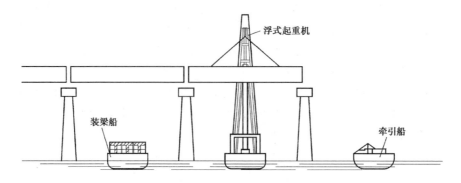

图 2-8-21 浮吊船架设法

(3)跨墩门式起重机架梁

当桥不太高,架桥孔数又多,且沿桥墩两侧铺设轨道不困难时,可以采用跨墩的门式起重机架梁(图2-8-22)。此时,尚应在门式起重机的内侧铺设运梁轨道,或者设便道用拖车运梁。

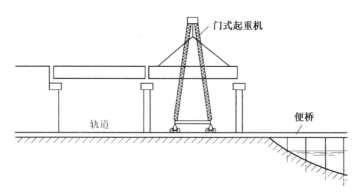

图 2-8-22 跨墩门式起重机架梁法

(4)宽穿巷式架桥机架梁

图2-8-23是用宽穿巷式架桥机架梁的示意图。其中的安装梁可用贝雷钢架或万能杆件拼组而成。

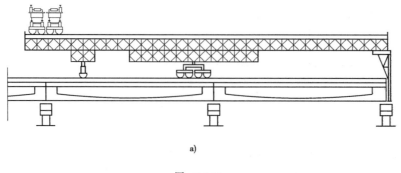

图 2-8-23

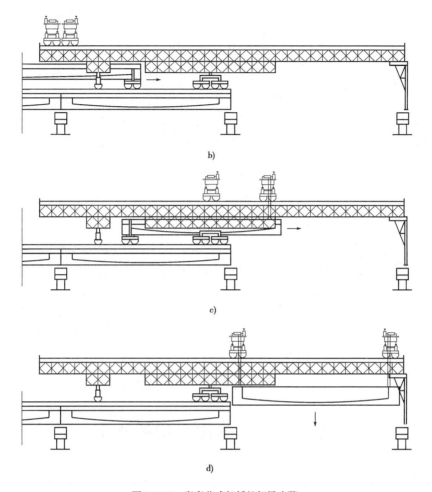

图 2-8-23 宽穿巷式架桥机架梁步骤

a)一孔架完后,前后横梁移至尾部作平衡重;b)架桥机向前移动一孔位置,并使前支腿支承在墩顶上;c)架桥机前横梁吊起 T 形梁,梁的后端仍放在运梁平车上,继续前移;d)架桥机后横梁也吊起 T 形梁,缓慢前移,对准纵向梁位后,先固定前后横梁,再用横梁上的吊梁小车横移落梁就位

由于这种架桥机的自重很大,所以当它沿桥面纵向移动时,一定要保持慢速行驶,并须注意前支点下的挠度,以保证安全。

3. 联合架桥机架梁

图 2-8-24 是用联合架桥机架梁的示意图,其架梁操作步骤是:

(1) 用绞车纵向拖拉导梁就位。

(2) 用托架将两个门式起重机移至待架桥孔两端的桥墩上。

(3) 由平车轨道运预制梁至架梁孔位,再由门式起重机将它起吊、横移并落梁就位 [图 2-8-24b)]。

(4) 将被导梁临时占住位置的预制梁暂放在已架好的梁上。

(5) 待用绞车将导梁移至下一桥孔后,再将暂放一侧的预制梁架设完毕。

如此反复,直到将各孔主梁全部架好为止。此法适用于孔数较多和较长的桥梁时才比较经济。

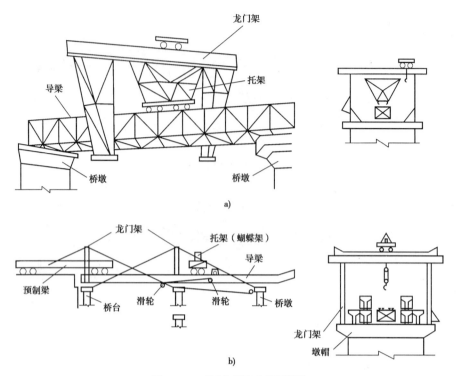

图 2-8-24　联合架桥机安装预制梁

第三节　连续体系梁桥施工

连续体系梁桥的最大特点是,桥跨结构上除了有承受正弯矩的截面以外,还有能承受负弯矩的支点截面,这也是它们与简支梁体系的最大差别。因此,连续体系梁桥的施工方式与简支梁大不相同。目前所用的施工方法大致可分为三类:

(1)逐孔施工法。它又可分为落地支架施工和移动模架施工两种。

(2)节段施工法。它是将每一跨结构划分成若干个节段,采用悬臂浇筑或者悬臂拼装(预制节段)两种方法逐段地接长,然后进行体系转换。

(3)顶推施工法。它是在桥的一岸或两岸开辟预制场地,分节段的预制梁身,并用纵向预应力筋将各节段连成整体,然后应用水平液压千斤顶施力,将梁段向对岸推动。若依顶推施力的方法又可分为单点顶推和多点顶推两类。

下面将分别介绍这些施工方法的各自特点。

一、逐孔施工法

1. 落地支架施工

落地支架施工方法与第一节中关于简支梁桥的就地浇筑法施工基本上是相同的。所不同的是连续梁桥在中墩处的截面是连续的,而且承担较大的负弯矩,需要混凝土截面连续通过。因此,必须充分重视两个方面的影响。

(1) 不均匀沉降的影响。桥墩的刚度比临时支架的刚度大得多,加之支架一般置于未经精心处理的土基上,因此,难以预见的不均匀沉陷往往导致主梁在支点截面处开裂。

(2) 混凝土收缩的影响。由于每次浇筑的梁段较长,混凝土的收缩又受到桥墩、支座摩阻力和先浇部分混凝土的阻碍,也是容易引起主梁开裂的另一个原因。

鉴于上述原因,一般采用留工作缝或者分段浇筑的方法。如图 2-8-25a) 所示的连续梁,仅在几个支点处设置工作缝,宽 0.8～1.0m,待沉降和收缩完成以后,再对接缝截面进行凿毛和清洗,然后浇灌接缝混凝土。当梁的跨径较大时,临时支架也会因受力不均,产生挠曲线,例如,图 2-8-25b) 中悬臂梁中跨的临时桥下过道处,将有明显的折曲,故在这些部位也预留工作缝。

有时为了避免设置工作缝的麻烦而采用如图 2-8-25c) 所示的分段浇筑方法。其中的 4、5 段须待 1、2、3 段达到足够强度后才能浇筑。

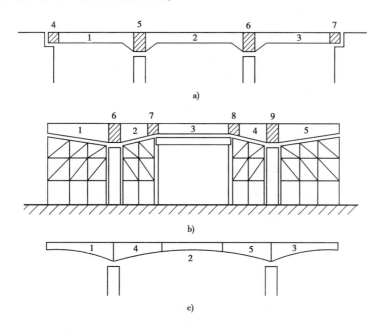

图 2-8-25　浇筑次序和工作缝设置(图中序号表示浇筑顺序)

2. 移动模架施工

移动模架施工法是使用移动式的脚手架和装配式的模板,在桥上逐孔浇筑施工。它像一座设在桥孔上的活动预制场,随着施工进程不断移动和连续现浇施工。图 2-8-26 是上承式移动模架构造图的一种。它由承重梁、导梁、台车、桥墩支承托架和模架等构件组成。在箱形梁两侧各设置一根承重梁,用来支承模架和承受施工重力。承重梁的长度要大于桥梁跨径,浇筑混凝土时承重梁支承在桥墩支承托架上。导梁主要用于运送承重梁和模架,因此,需要有大于两倍桥梁跨径的长度。当一孔梁的施工完成后便进行脱模卸架,由前方台车和后方台车在导梁和已完成的桥梁上面,将承重梁和模架运送至下一桥孔。承重梁就位后,再将导梁向前移动。

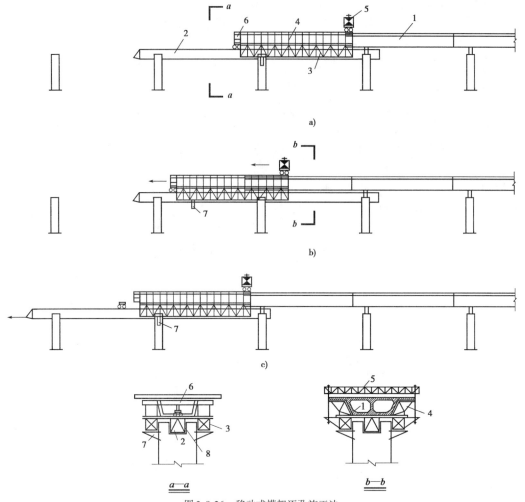

图 2-8-26 移动式模架逐孔施工法

a) 浇筑混凝土,施加预应力;b) 脱模移动模架;c) 模架就位后,移动导梁,完成浇筑混凝土前准备工作

1-已完成的梁;2-导梁;3-承重梁;4-模架;5-后端横梁和悬吊台车;6-前端横梁和支承台车;7-桥墩支承托架;8-墩台留槽

当采用移动模架施工时,连续梁分段时的接头部位应放在弯矩最小的部位,若无详细计算资料时,可以取离桥墩 $l/5$ 处。

二、节段施工法

1. 悬臂浇筑法

悬臂浇筑法一般采用移动式挂篮作为主要施工设备,以桥墩为中心,对称地向两岸利用挂篮浇筑梁节段的混凝土(图 2-8-27),待混凝土达到要求强度后,便张拉预应力束,然后移动挂篮,进行下一节段的施工。悬臂浇筑的节段长度要根据主梁的截面变化情况和挂篮设备的承载能力来确定,一般可取 2~8m。每个节段可以全截面一次浇筑,也可以先浇筑梁底板和腹板,再安装顶板钢筋及预应力管道,最后浇筑顶板混凝土,但需注意由混凝土龄期差而产生的收缩、徐变次内力。悬臂浇筑施工和周期一般为 6~10d,依节段混凝土的数量和结构复杂的程度而定。合龙段是悬臂施工的关键部位。为了控制合龙段的准确位置,除了需要预先设计好预拱度和进行严密的施工监控外,还要在合龙段中设置劲性钢筋定位,采用超早强水泥,选择最合适的梁的合龙温度(宜在低温)及合龙时间(夏季宜在晚上),以提高施工质量。

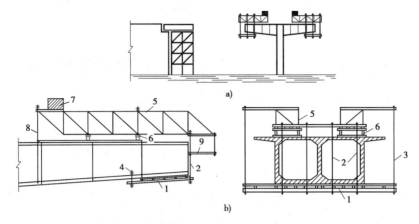

图 2-8-27 悬臂浇筑法施工
a)悬臂施工法概貌;b)挂篮结构简图
1-底模架;2、3、4-悬吊系统;5-承重结构;6-行走系统;7-平衡重;8-锚固系统;9-工作平台

2. 悬臂拼装法

悬臂拼装法是将预制好的梁段,用驳船运到桥墩的两侧,然后通过悬臂梁上(先建好的梁段)的一对起吊机械,对称吊装梁段,待就位后再施加预应力,如此下去,逐渐接长,如图2-8-28所示。用作悬臂拼装的机具很多,有移动式起重机、桁架式起重机、缆索式起重机、汽车起重机和浮式起重机等。图 2-8-28c)是桁架式悬臂起重机构造示意图,它由纵向主桁架、横向起重桁架、锚固装置、平衡重、起重系统、行走系统和工作吊篮等部分组成。起重系统是由电动卷扬机、吊梁扁担及滑车组等组成。起重机的整体纵移可采用钢管滚筒在临时轨道上滚移,由电动卷扬机牵引。工作吊篮挂于主桁前端的吊篮横梁上,供施工人员施加预应力和压浆等操作之用。这种起重机结构最简单,故使用最普遍。

图 2-8-28b)是菱形挂篮起重机构造示意图。它由菱形主体构架、支承与锚固装置、起吊系统、自行走系统和工作平台等部分组成。与桁架式起重机的最大不同点是它具有自行前移的动能,可以加快施工速度。

预制节段之间的接缝可采用湿接缝和胶接缝。湿接缝宽度为 0.1~0.2m,拼装时下面设临时托架,梁段位置调准以后,使用高强度等级的砂浆或细石混凝土填实,待接缝混凝土达到设计强度以后再施加预应力。胶接缝是用环氧树脂加水泥在节段接缝面上涂上厚约0.8mm的薄层,它在施工中可使接缝易于密贴,完工以后可提高结构的抗剪能力、整体刚度和不透水性,故应用较普遍。但胶接缝对梁段接缝的制造精度要求很高。

3. 悬臂施工法中的梁墩临时固结

对于连续刚构桥梁,因墩梁本身就是固结着的,所以不存在梁墩临时固结的问题。但对于连续梁桥来说,采用悬臂施工法时,就必须在 0 号块节段将梁体与桥墩临时固结或支承。图 2-8-29 是 0 号块节段与桥墩临时固结的构造示意图,只要切断预应力筋后,便解除了临时固结,完成了结构体系的转换。图 2-8-30 是几种不同的临时支承措施示意图。临时支承可用硫黄水泥砂浆块、砂筒或混凝土块等卸落设备,以便于体系转换和拆除临时支承。

249

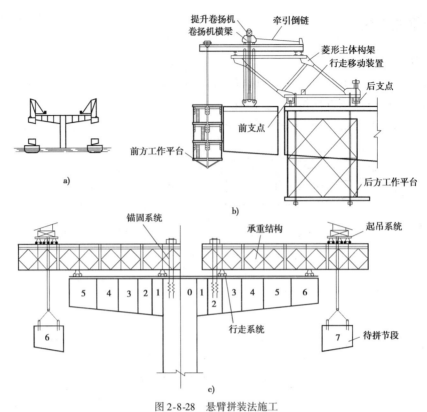

图 2-8-28 悬臂拼装法施工
a)悬臂拼装概貌;b)菱形挂篮起重机;c)桁架式悬臂起重机构造图

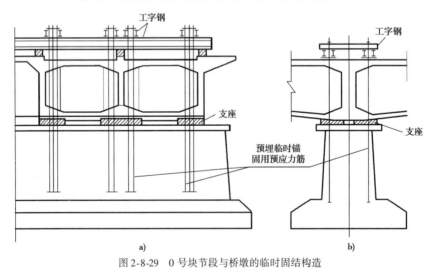

图 2-8-29 0号块节段与桥墩的临时固结构造

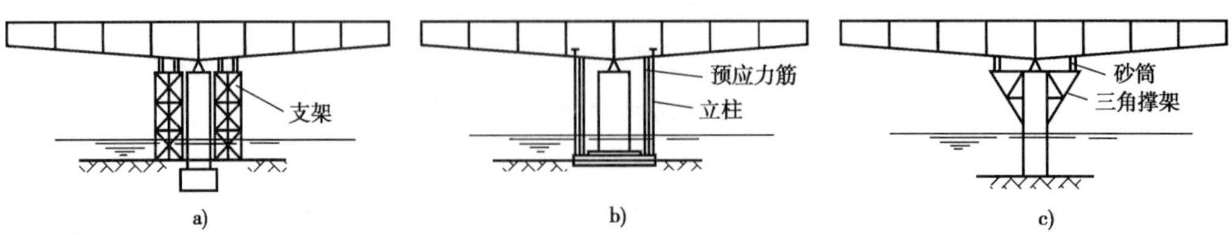

图 2-8-30 临时支架示意图

三、顶推施工法

1. 单点顶推

单点顶推又可分为单向单点顶推和双向单点顶推两种方式。只在一岸桥台处设置制作场地和顶推设备的称单向单点顶推[图 2-8-31a)];为了加快施工进度,也可在河两岸的桥台处设置制作场地和顶推设备,从两岸向河中顶推,这样的方法称为双向单点顶推[图 2-8-31c)]。

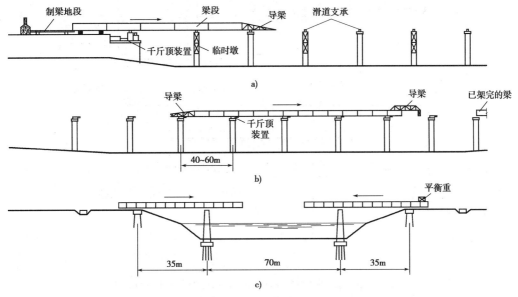

图 2-8-31 连续梁顶推法施工示意图
a)单向单点顶推;b)按每联多点顶推;c)双向单点顶推

在顶推中为了减少悬臂梁的负弯矩,一般要在梁的前端安装长度为顶推跨径0.6～0.7倍的钢导梁,导梁应自重轻而刚度大。顶推装置由水平千斤顶和竖直千斤顶组合而成,可以联合作用,其工序是顶升梁→向前推移→落下竖向千斤顶→收回水平千斤顶,如图 2-8-32 所示。

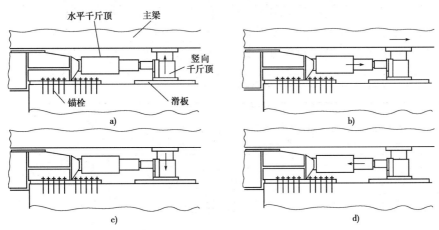

图 2-8-32 水平千斤顶与竖向千斤顶联用顶推
a)升顶;b)滑移;c)落下;d)复原

在顶推的过程中,各个桥墩墩顶均需布设滑道装置,它由混凝土滑台、不锈钢板和滑板组成。滑板则由上层氯丁橡胶和下层聚四氟乙烯板镶制而成,橡胶板与梁体接触使摩擦力增大,而四氟板与不锈钢板接触使摩擦力减至最小,借此就可使梁前进。图 2-8-33 是滑板从后一侧滑移到前一侧,落下后再转运到后侧供继续喂入的示意图。

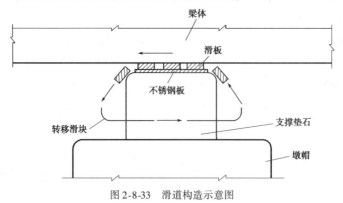

图 2-8-33 滑道构造示意图

每个节段的顶推周期为 6~8d,全梁顶推完毕后,便可解除临时预应力筋,调整、张拉和锚固后期预应力筋,再进行灌浆、封端、安装永久性支座,至此主体结构即告完成。

2. 多点顶推

它是在每个墩台上设置一对小吨位的水平千斤顶,将集中的顶推力分散到各墩上[图 2-8-31b)]。由于利用水平千斤顶传给墩台的反力来平衡梁体滑移时在桥墩上产生的摩阻力,从而使桥墩在顶推过程中只承受较小的水平力,因此,可以在柔性墩上采用多点顶推施工。多点顶推采用拉杆式顶推装置(图 2-8-34)。图 2-8-34a)的顶推工艺为:水平千斤顶通过传力架固定在桥墩(台)靠近主梁的外侧,装配式的拉杆用连接器接长后与埋固在箱梁腹板上的锚固器相连接,驱动水平千斤顶后活塞杆拉动拉杆,使梁借助梁底滑板装置向前滑移,水平千斤顶走完一个行程后,就卸下一节拉杆,然后水平千斤顶回油使活塞杆退回,再连接拉杆进行下一顶推循环。图 2-8-34b)是用穿心式千斤顶拉梁前进,在此情况下,拉杆的一端固定在梁的锚固器上,另一端穿过水平千斤顶后用夹具锚固在活塞杆尾端,水平千斤顶走完一个行程,松去夹具,活塞杆退回,然后重新用夹具锚固拉杆并进行下一顶推循环。

必须注意,在顶推过程中要严格控制梁体两侧的千斤顶同步运行。为了防止梁体在平面内发生偏移,通常在墩顶上梁体的旁边设置横向导向装置,如图 2-8-35 所示。

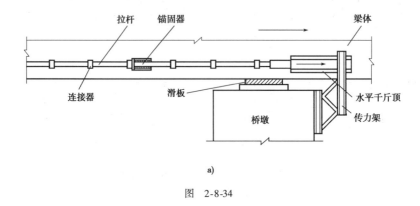

图 2-8-34

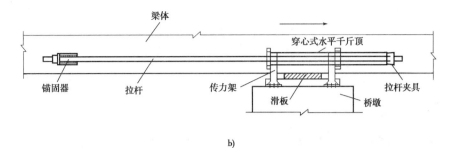

b)

图 2-8-34　拉杆式顶推装置

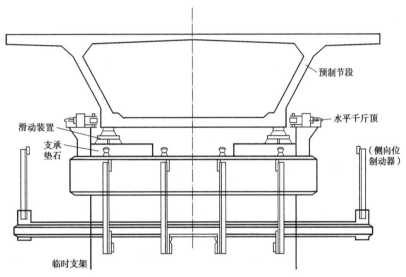

图 2-8-35　顶推施工的横向导向设施

顶推施工法适宜于建造跨度为 40~60m 的多跨等高度连续梁桥,当跨度更大时就需要在桥跨间设置临时支承墩,国外已用顶推法修建成跨度达 168m 的桥梁。多点顶推与单点顶推比较,可以免用大规模的顶推设备,并能有效地控制顶推梁的偏心。当顶推曲梁桥时,由于各墩均匀施加顶推力,能顺利施工,因此,目前此法被广泛采用。多点顶推法也可以同时从两岸向跨中方向顶推,但需增加更多的设备,使工程造价提高,因此较少采用。

第九章 梁桥实例

第一节 简支-连续梁桥实例
——大登Ⅲ号大桥简介

大登Ⅲ号大桥位于河南焦作至山西晋城高速公路焦作段 K3+482.10~K3+751.90，是一座跨径为50m的预应力混凝土简支-连续梁桥，全长269.8m，全桥仅在桥台处设伸缩缝。桥梁平面：部分位于直线上，部分位于缓和曲线内，部分位于圆曲线内。桥型布置如图2-9-1所示。

1. 上部结构

上部结构采用分离式桥面布置，跨径50m的预应力混凝土T梁先预制简支安装，后形成连续结构。

主梁间距为2.37m，T梁预制高度为2.52m，边、中梁预制宽度为1.6m，翼板间留有0.77m的横向湿接缝，边梁外翼板边设等厚现浇板。边、中梁预制断面相同，腹板厚度为18cm，马蹄宽度为50cm，如图2-9-2所示。

同一孔内T梁为平行布置，通过调整边梁悬臂长度来满足平曲线线形要求，为方便护栏施工，边梁翼板悬出护栏外5cm。

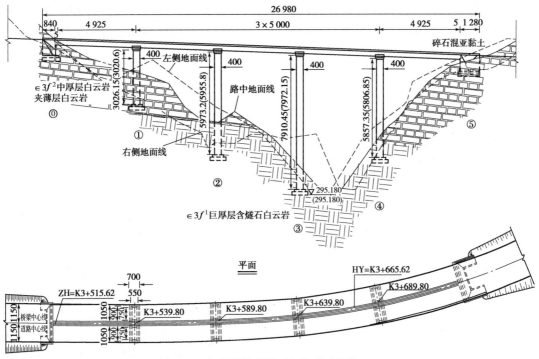

图 2-9-1　大登Ⅲ号大桥桥型布置(尺寸单位:cm)

注:括号内数据适用于左幅桥。

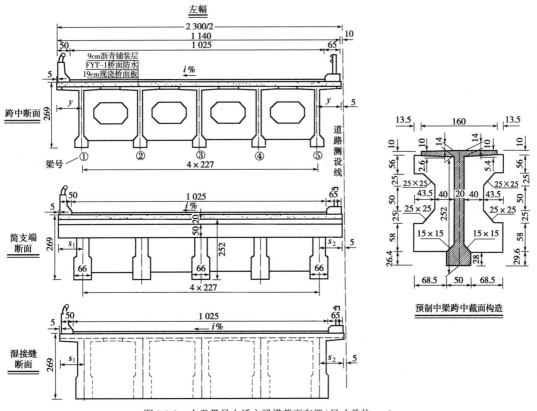

图 2-9-2　大登Ⅲ号大桥主梁横截面布置(尺寸单位:cm)

主梁预制长度均为48.5m,墩顶现浇段纵向长度为1.5m。上设17cm厚整体化混凝土,9cm厚沥青混凝土桥面铺装。预制T梁顶面设2%横坡,马蹄底面水平。墩顶纵向现浇湿接缝为实心断面(图2-9-3)。

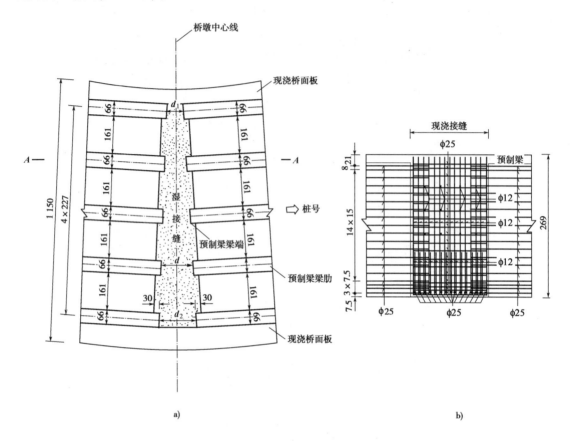

图2-9-3 主梁连续端湿接缝(尺寸单位:cm)
a)主梁连续端湿接缝一般构造；b)A—A断面钢筋构造

主梁设9道横隔板,横隔板留有孔洞及现浇段,以减轻吊装质量并给施工穿行及横向连接带来方便。

主梁、墩顶湿接缝、翼板横向湿接缝、现浇桥面板采用C50混凝土。

2. 预应力体系

全桥预制T梁预应力钢束布置共分两种,边跨边梁采用52根$\phi^j15.24$mm($\phi^j0.6''$)预应力钢绞线,边跨中梁、中跨采用48根预应力钢绞线,如图2-9-4所示。T梁为全预应力混凝土结构。

3. 下部结构

桥墩为钢筋混凝土空心薄壁式桥墩,扩大基础。桥台采用U形重力式桥台,桥墩按柔性排架墩计算墩身内力,桥墩处采用双排普通橡胶支座,桥台处采用四氟滑板橡胶支座。

桥墩盖梁、墩身采用C30混凝土;桥墩基础、桥台台帽、背墙、护栏、搭板采用C25混凝土。

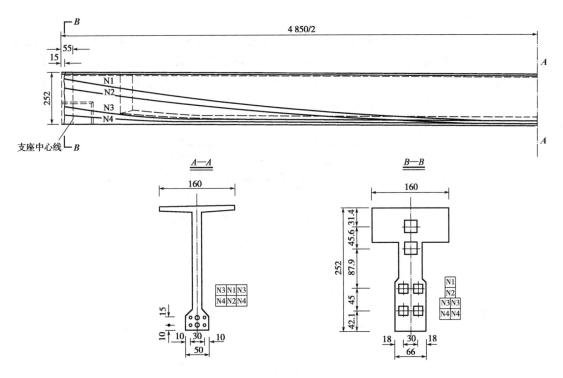

图 2-9-4　预制 T 形梁预应力钢束构造(尺寸单位：cm)

第二节　变截面连续梁桥实例❶
——湖南白沙大桥简介

位于湖南省道 1831 线上的湖南益阳市白沙大桥建成于 2002 年，主桥为四跨一联的预应力混凝土连续梁桥(50m + 90m + 150m + 90m)，桥梁全长 1 584.0m，如图 2-9-5 所示。大桥桥面宽度为 13m(包括 2 × 0.5m 防撞栏杆)，按汽—20 级、挂—100、人群荷载 3.5kN/m² 进行设计，通航等级为 Ⅲ—(3)级。

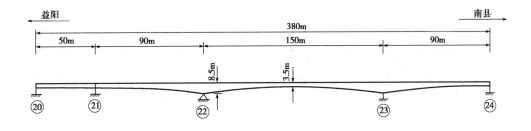

图 2-9-5　白沙大桥立面布置

---

❶本节资料由湖南省交通设计院李瑜高级工程师提供。

1. 上部结构

横截面布置采用 C50 双悬臂矩形单箱单室的变高度箱形截面,箱梁顶宽 13.0m,底板宽 7.0m,支点处梁高 8.5m,跨中梁高 3.5m,梁底立面及箱梁底板厚度均按二次抛物线变化。箱梁顶板厚度采用 28cm,腹板厚度则采用 70cm、55cm、40cm 三种,如图 2-9-6 所示。中跨箱梁在支点 $L/4$、跨中各设一道横隔板,以抵抗畸变变形。

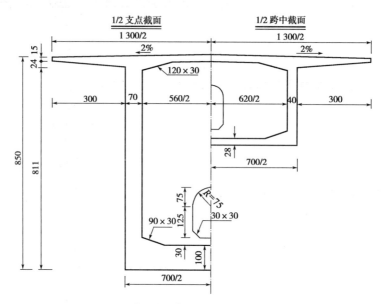

图 2-9-6 白沙大桥横截面布置(尺寸单位:cm)

2. 预应力体系

悬浇箱梁采用三向预应力。

(1)纵向预应力筋采用 $9\phi^j15.24$ 和 $7\phi^j15.24$ 钢绞线,如图 2-9-7 所示。

(2)横向预应力束(图 2-9-8)均采用 $2\phi^j15.24$ 钢绞线,一端张拉。沿纵向 A 类束和 B 类束按照 $\cdots \to A \to A \to B \to A \to A \to B \to \cdots$ 的顺序布置,间距为 35cm。

(3)竖向预应力采用 $\Phi32$ 精轧螺纹钢筋,纵向间距从墩顶附近的 35cm 扩大至 70cm。其横断面布置如图 2-9-9 所示。

3. 下部结构

根据钻探,桥位处主要地层有填筑土、淤泥、粉砂、黏土、亚黏土、细砂、砂砾卵石、砂卵砾石等。基岩埋置较深,因此全桥基础均采用钻孔灌注摩擦桩。如图 2-9-10 所示,22 号、23 号主墩采用高桩承台基础,每墩桩基分三排共 13 根直径 180cm 钻孔灌注桩,桥墩为圆端形实体墩。21 号、24 号均为两排直径 180cm 的钻孔灌注桩、直径 250cm 的双柱式圆柱墩。

4. 施工工艺

白沙大桥主梁按两个"T"对称悬臂浇筑施工,0 号梁段长 500cm,其余 1~21 号梁段分段长为 $5 \times 250\text{cm} + 5 \times 300\text{cm} + 11 \times 400\text{cm}$,0 号、1 号梁段采用搭设托架浇筑完成,其余梁段采用挂篮悬浇,南县岸边跨 14m 现浇梁段采用搭设支架现浇,沅江岸边跨 14m 梁段以及 50m 边跨均通过顶推形成,三个合龙段长为 200cm。具体施工程序见表 2-9-1。

施 工 程 序　　　　　　　　　　　　　　　　　表 2-9-1

序号	图　式	说　明
1		1. 在22号、23号墩上安装支座及托架,浇筑墩梁临时固结,浇筑0号、1号梁段。 2. 待0号、1号梁段混凝土强度达到80%以上时,张拉三向预应力,灌浆。 3. 安装挂篮,准备浇筑2号梁段
2	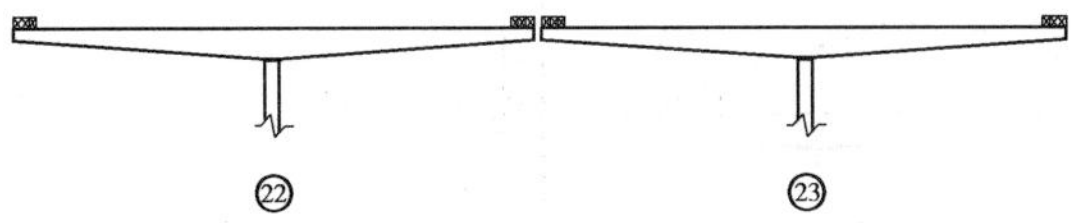	分段对称浇筑2～21号梁段,每梁段施工程序如下： 移动挂篮调平模板→(可分两次或三次)浇注梁段混凝土→待混凝土强度达到80%以上时,张拉三向预应力→灌浆→至下一梁段循环
3	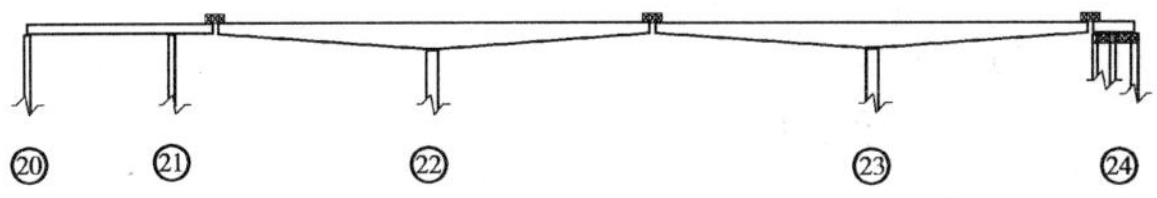	1. 安装24号墩上支座,搭设临时支架,现浇完成南县岸边跨梁段,益阳岸边跨20号、21号墩上梁段顶推到位。 2. 张拉边跨现浇段竖向、横向预应力筋。 3. 移动边跨挂篮,准备浇筑边跨合龙段混凝土,同时改装中跨挂篮
4	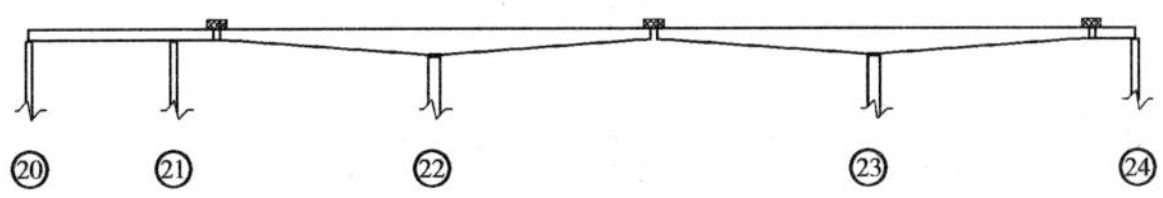	1. 对边跨合龙段进行临时固结,并在顶底板各张拉4根最短的预应力束,张拉力为设计值的50%,经过一昼夜温差后,如无异常方可浇筑混凝土。 2. 待混凝土强度达到80%以上时,张拉纵向、竖向、横向预应力筋,纵向后期束按先长束后短束顺序张拉,同时将原来已张拉50%设计值的束再补张拉到设计吨位,灌浆。 3. 拆除边跨现浇段临时支架、模板,拆除22号、23号墩上临时固结
5	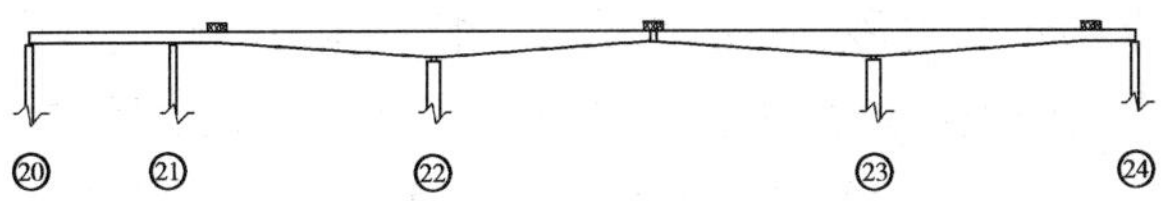	1. 对中跨合龙段进行临时固结,并在顶底板各张拉4根最短的预应力束,张拉力为设计值的50%,固结时要求温度为15℃,经过一昼夜温差后,如无异常方可浇筑混凝土。 2. 待混凝土强度达到80%以上时,张拉纵向、竖向、横向预应力筋,纵向后期束按先长束后短束顺序张拉,同时将原来已张拉50%设计值的束再补张拉到设计吨位,灌浆
6		1. 在以上程序完成后,即可分级对称拆除施工挂篮。 2. 在桥面清洗干净后,可进行桥面、栏杆系等附属设施的安装

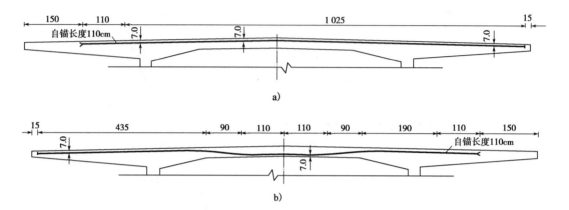

图 2-9-8　1/2 主跨横向预应力筋布置图(尺寸单位:cm)
a)A 类束大样图;b)B 类束大样图

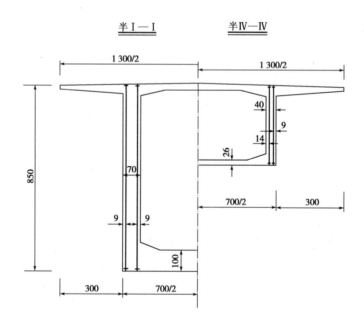

图 2-9-9　1/2 主跨竖向预应力筋布置图(尺寸单位:cm)

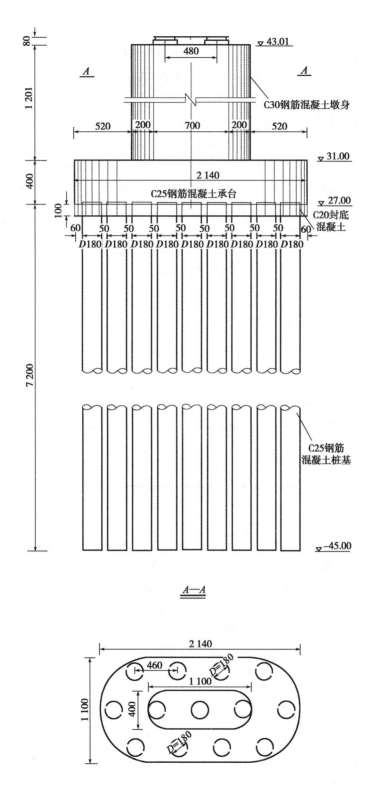

图 2-9-10　22 号、23 号主墩横断面布置图(尺寸单位:cm;高程单位:m)

第三节 连续刚构桥实例
——广东虎门大桥辅航道桥、挪威 Stolma 桥简介

实例一:广东虎门大桥辅航道桥

虎门大桥辅航道桥的跨径布置为 150m + 270m + 150m(图 2-9-11),设计荷载为汽车—超 20 级,验算荷载为挂车—120。桥面净宽 30m,6 个车道,设有中央分隔带、路缘带和紧急停车带。桥面纵坡 3%,横坡 2%。按 7 度设防。该桥已运营超过 20 年,状况良好,尚未出现任何裂缝。

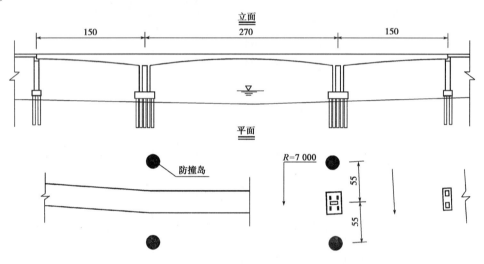

图 2-9-11 虎门大桥辅航道桥立面布置图(尺寸单位:m)

1. 上部结构

上部结构为变截面箱梁(图 2-9-12),三向预应力结构,采用双幅分离的单箱单室形式。设计者主要通过使用高强混凝土(C55)以及采用大吨位预应力体系来实现主梁的轻型化。

该桥采用上、下行两座独立桥,其主要优势在于:第一,采用上下行桥,每桥宽 15m,可以采用单室箱断面;而采用整桥,全宽 31m,可能不得不采用双室箱截面,边跨需设置三个支座,支座顶面很难保持相同高程,受力不很明确。第二,采用上下行桥,挂篮的数量要增加 1 倍,但挂篮的承重量相对较小,可以采用较长的节段,施工快,有利于使长悬臂施工避开台风季节。并且采用单室箱,模板也较简单。

2. 上部结构预应力体系

设计中采用取消弯束的纵向配束方式,如图 2-9-13 所示。

此种配束方案的特点是:腹板长度的 90% 内均无纵向预应力管道,从而方便了浇筑腹板混凝土;节约纵向预应力钢材 20% ~ 30%,经济效益显著(但是实践证明,这种布束方式仅靠竖向预应力抵抗主拉应力,容易产生裂缝,所以常规的预应力筋配束方案仍然值得推荐)。

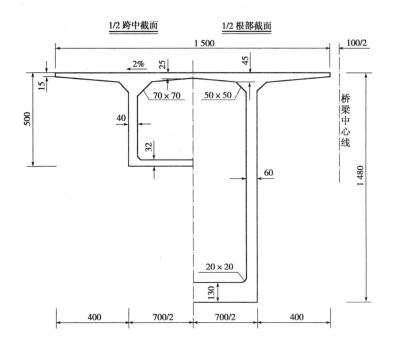

图 2-9-12 虎门大桥辅航道桥主梁横断面图(尺寸单位:cm)

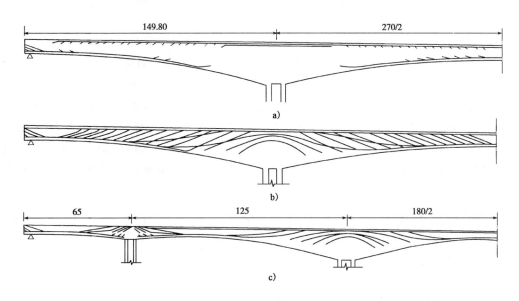

图 2-9-13 虎门大桥辅航道桥主梁配束方式(尺寸单位:m)
a)虎门大桥辅航道桥纵向预应力筋配束方案;b)国内外常规的纵向预应力筋配束方案;c)洛溪大桥纵向预应力筋配束方案

3.下部结构

主墩与基础构造及过渡墩与基础构造如图 2-9-14 所示。

上、下行桥的桥墩基础是连成整体的,共采用 32 根直径 2m 的钻孔灌注桩。由于弱风化岩强度较高,钻孔灌注桩的终孔深度以弱风化岩控制,按嵌岩桩设计,桩长 41.5m,承台厚度为

4m。为增加基础的抗扭能力,两分离基础承台间设置了两个比较强大的横系梁。承台底放置在最低水位线以上,为防止水位较低时,钻孔桩露出水面而影响桥梁美观,在承台四周设置了2m 深的围裙。钻孔灌注桩采用 C30 水下混凝土,承台采用 C35 混凝土。

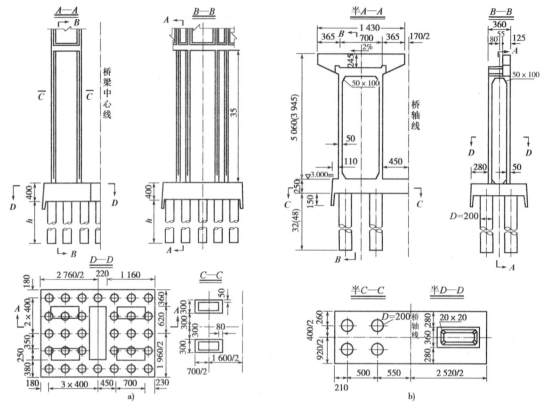

图 2-9-14 虎门大桥辅航道桥下部构造图(尺寸单位:cm)
a)主墩一般构造;b)主过渡墩一般构造

两幅桥墩的墩身是采用分离式结构,单幅桥沿纵桥向采用双壁墩身,墩高约 35m,中距为 9m,每片壁总厚为 3m,横桥向总宽取与箱梁底同宽 7m,每片壁的横截面采用单箱单室截面,具体截面尺寸示于图 2-9-14a)中。

为保证荷载传递顺畅,在墩身底内侧设置 150cm×20cm 的倒角。墩身采用 C50 钢筋混凝土。

4. 施工工艺

上部构造在墩顶(0 号块)处以横向贯通的横隔板将两单桥连为整体,以提高上部构造的施工稳定性。

上部构造用挂篮悬浇施工,箱梁纵向分成 31 个梁段:10 段长 3m,7 段长 4m,14 段长 5m。先边跨合龙,再中跨合龙。

实例二:挪威 Stolma 桥简介

1998 年 11 月,挪威建成两座特大跨径混凝土连续刚构桥:跨径布置 94m+301m+72m 的 Stolma 桥和 86m+202m+298m+125m 的 Raft Sundet 桥,前者首次将混凝土梁桥的跨径突破 300m,建成时跨径为同类型桥梁之最。这两座桥共同的特点是:①主跨中部采用轻质高强混凝土,重度仅为 19.5kN/m³;②截面为单室箱,底板、腹板厚度较小;③边跨配重。这两座桥的跨径布置都由地质条件所决定,Stolma 桥边跨很小,边、主跨之比仅为 0.239 和 0.312,为解决边主跨重力的不平衡,在 94m 边跨的 37m 和 72m 边跨的 53m 范围内,箱梁填以砾卵石。

Stolma 桥是连接挪威西岸 Stolma 岛和 Selbjørn 岛的一座重要桥梁。选用的方案是基于经济、景观、审美、历史和实际地质情况的考虑,最终采用 301m 的大跨径,两边跨均很小,且跨径不同,立面布置如图 2-9-15 所示。桥梁纵坡设计经过特殊的考虑,两个岛屿的不同高度导致不对称的桥梁曲线。

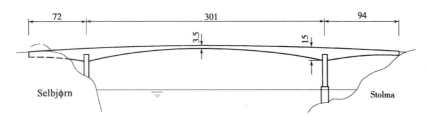

图 2-9-15　挪威 Stolma 桥立面布置(尺寸单位:m)

主梁在墩柱处高 15m,跨中高 3.5m,跨高比在主跨墩柱处为 20,跨中为 86,按抛物线变化。主梁顶板宽 9m,底板宽 7m。底板厚度从墩柱处的 105cm 变至跨中的 27cm。顶板的厚度则根据预应力索的数量来进行调整,其边跨为 70cm,主跨为 44cm。主跨的腹板厚从墩柱处的 45cm 变至跨中的 25cm。梁所有截面的边角都做成圆形,其半径顶板为 12.5cm,底板为 50cm。横断面布置如图 2-9-16 所示,视觉较柔和,并减少了风载效应。在这种情况下,两浇筑节段间的几何不对称也不显著。

墩柱处剪力的 90% 是由悬臂梁的自重产生的。因此优化自重是非常重要的,跨中的 182m 用轻质高强混凝土(LC60),而桥梁的其他部分采用 C65 混凝土。由于永久荷载很大以及裂缝限制的需要,含筋量很高。

墩柱 Selbjørn 岸侧的墩柱为空心横截面,外形尺寸 5m×8.2m,纵、横向壁厚分别为 70cm 和 105cm,墩柱刚度较大。Stolma 侧的墩柱为了提供所需沿桥轴向的柔度,以适应温度、徐变和收缩引起的主跨轴向变位,同样采用空心截面,纵、横向壁厚分别为 30cm 和 70cm。为了审美,两岸墩柱的外形尺寸相同。

Stolma 岸的边跨梁和 Selbjørn 岸边跨梁在岸边采用传统的地面支架施工。砾卵石控制桥梁的总体稳定。而其他主梁部位的施工则采用挂篮进行悬臂浇注。完成一个节段的时间从 3 天至两个星期不等。由于徐变、收缩和温度的原因,Stolma 侧的墩柱向主跨长期有约 150mm 的水平变位。因而 Stolma 岸的墩顶主梁在主跨合龙以前,利用墩柱的柔度,将该墩水平顶动 75mm,这减少了 Stolma 岸墩柱朝主跨方向的变位,消除了部分二次力的影响。

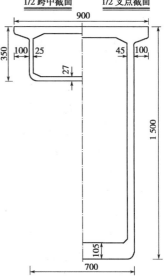

图 2-9-16　Stolma 桥主梁横截面布置
(尺寸单位:cm)

第四节　重庆石板坡长江大桥复线桥

一、概况

重庆石板坡长江大桥复线桥采用钢-混凝土组合的连续梁-刚构混合体系(图 2-9-17)。桥跨布置为 87.75m + 4×138m + 330m + 133.75m,桥面宽 19m,仅在桥台两端设置伸缩缝。新桥紧靠旧桥修建,为了改善原通航孔净空不足问题,去除了位于上下行航道间的桥墩,采用钢-混凝土组合结构体系使主跨达 330m,是当前世界上最大跨径的梁桥。

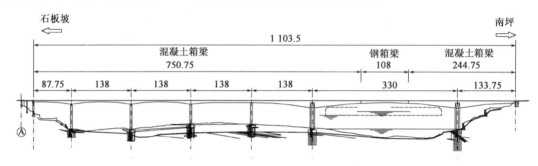

图 2-9-17　重庆石板坡长江大桥复线桥总体布置图(尺寸单位:m)

二、主要技术标准

设计基准周期:100 年。

设计行车速度:60km/h。

桥面宽度:19m(四车道),其中行车道宽度 15.5m,单侧防撞栏宽度 0.5m,单侧人行道宽度 3.0m。

横、纵坡:主桥桥面纵坡 0.0%,桥面双向横坡 1.5%。

汽车荷载:城—A 级。

温度荷载:桥址处极端最高气温 42.2℃,极端最低气温 -1.8℃,月平均最低气温 5.7℃,月平均最高气温 37.7℃,最大平均日温差 11.9℃。

设计合龙温度为 18~35℃;钢结构体系升温,42.2℃ - 18℃ = 24.2℃,体系降温,35℃ - (-1.8℃) = 36.8℃;混凝土结构体系升温,18.3℃ - 7.7℃ = 10.6℃,体系降温,18.3℃ - 5.7℃ = 12.6℃;日照温差,温差效应遵照《桥规 JTG D60》并参考 BS5400 取值。

地震荷载:地震基本烈度为Ⅵ度,结构物按Ⅶ度设防。

船舶撞击力:船舶撞击力:按国家Ⅰ级航道进行设计。主墩(5 号、7 号)基础及墩身采用横桥向(顺水流方向)12 000kN,顺桥向 6 000kN 船舶撞击力进行验算。其余基础及墩身采用横桥向(顺水流方向)1 300kN,顺桥向 1 050kN 船舶撞击力进行验算。

设计最高通航水位及最低通航水位:设计最高通航水位为 194.43m(黄海高程频率 5%),设计最低通航水位为 160.5m。

通航净空:净宽为单孔双向通航≥290.2m,净空高为最高水位时≥18m。

三、设计要点

1. 上部结构

主桥箱梁由预应力混凝土箱梁(图2-9-18)和钢箱梁(图2-9-19)组成。主跨箱梁墩顶梁高16m,跨中梁高4.5m,呈二次抛物线变化。箱梁底板宽9m,双侧对称悬臂5m,顶板全宽19m。主跨跨中108m节段采用钢箱梁(由两端各2.5m钢-混凝土接头加中间103m钢箱梁组成),其余各节段及边跨均采用预应力混凝土结构。预应力混凝土刚构主要采用C50和C60混凝土,钢箱梁主体结构采用Q345D钢材。

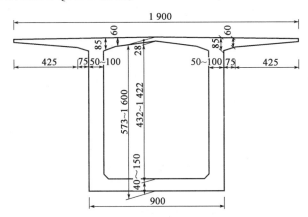

图2-9-18 预应力混凝土箱梁横截面(尺寸单位:cm)

连续刚构预应力箱梁采用全预应力混凝土结构,预应力索采用钢绞线群锚方式,顶板最薄为28cm,悬臂端部为20cm,根部为85cm。底板为40～150cm,腹板为50～110cm,横向采用15-3的钢绞线预应力扁锚体系,顺桥向按50cm布置。

钢箱梁整体在工厂制作,由拖船拖到现场吊装。钢箱梁整体质量大约为1415t,用钢绞线和千斤顶吊装。钢箱梁的外形几何尺寸与混凝土箱梁一致,顶板采用带U形闭口肋的正交异性板结构,横梁间距4m,顶板厚18mm,U肋厚8mm。底板根据受力大小在24～30mm间调整,同时设置加劲肋,腹板按受力区段变厚度设计为20～28mm,并按需要设置纵横加劲肋。箱体及节段间连接均采用焊接。

2. 钢-混凝土接头设计

钢-混凝土过渡段是重庆石板坡复线桥的关键部位。钢-混凝土接头受弯矩、剪力、轴力和扭矩共同作用,且弯矩有正有负,受力复杂。因此,要求设计时,各种荷载产生的内力传递平顺可靠,在荷载作用下具有一定的安全储备,刚度过渡良好,耐久性良好,抗疲劳性能好,尽量减少应力集中。该桥钢-混凝土接头采用填充混凝土板式结构,如图2-9-20所示。接头钢结构纵向长4m,其中钢箱长2.5m,内填充混凝土长1.5m,在结合面设置1块50mm厚的承压板,连接钢箱梁部分顶板采用加劲板,与混凝土部分内的加劲板(PBL)对应。PBL剪力板由带孔的钢板组成,在钢板孔中可以横穿钢筋,通过将钢箱梁端部的顶板、底板和腹板做成双壁板,使填充的混凝土与紧邻的混凝土箱梁端的顶板、底板和腹板通过PBL剪力板、预应力钢筋和普通钢筋等得到很好连接。再稍往前延伸将其与混凝土横隔板连接,预应力短束锚固在混凝土横隔板和钢箱横隔板上,预应力长束锚固在混凝土横隔板后梁段的顶板、底板的齿块上。

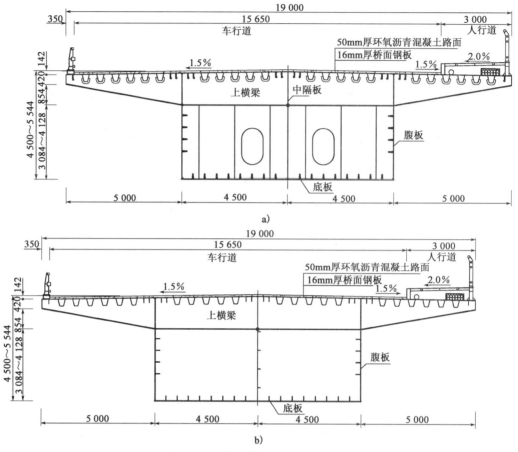

图 2-9-19 钢箱梁横断面(尺寸单位:mm)
a)标准横截面图(有横隔板);b)标准横截面图(无横隔板)

3. 体外索设计

该桥采用全预应力结构,成桥后全截面受压。为了防止箱梁截面出现拉应力,并控制梁体后期挠度,需对330m主跨施加预应力。但由于存在108m的钢箱梁,无法形成常规的预应力结构,需设置体外预应力索。

石板复线桥体外索设置在330m主跨桥墩的0号块之间。体外索线形设计以后期下挠曲线为参照,并结合活载下正弯矩图形,且考虑要具有部分调节主跨控制区域(0号块~1/8跨之间及跨中)应力的作用。设置体外索时,要求钢箱梁跨中顶底板的应力控制在120MPa以下,主梁根部顶缘预压应力储备不小于6.0MPa,收缩徐变所产生的下挠能通过体外索的后期张拉消除。经计算,石板坡复线桥采用27ϕ15.24钢绞线,全桥共布置16束,沿箱梁中心线对称布置,如图 2-9-21 所示。

4. 桥墩

主跨采用双肢薄壁桥墩,如图 2-9-22 所示。每个墩壁宽 2.8m,双壁间净距 5.4m,横桥向墩身总宽 10.2m,由两个 0.6m 的分水尖和 9m 的墩宽构成,墩身高 49.7m;双壁式主墩、能减少墩身的抗弯刚度,解决大跨连续刚构的水平位移问题,也能实现主墩为透空式墩身,有利于泄洪。墩身采用 C50 混凝土。

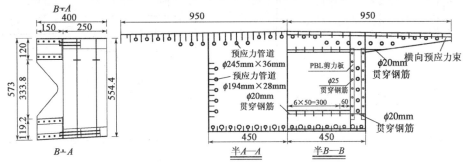

图 2-9-20 钢-混凝土结合段总体布置图(尺寸单位:cm)

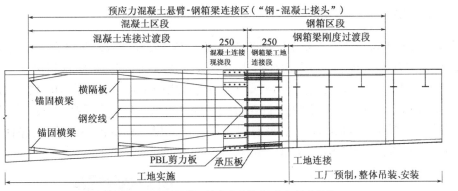

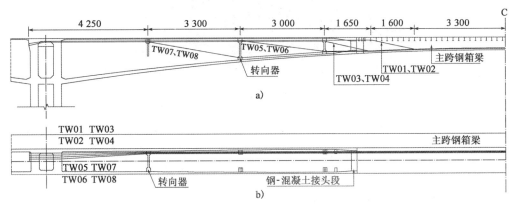

图 2-9-21 体外索布置示意图(尺寸单位:cm)
a)主跨体外预应力索纵向立面布置图;b)主跨体外预应力索纵向平面布置图

5. 基础结构

主跨桥墩基础采用钻孔灌注桩加承台基础形式,桩基直径为 2.5m,平面布置为 4×4 根,承台为 19m×19m×6m,如图 2-9-23 所示。

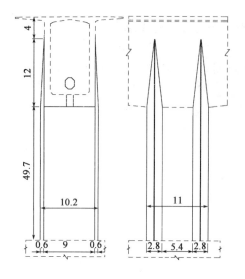

图 2-9-22 主桥桥墩构造图(尺寸单位:m)

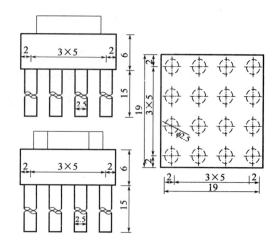

图 2-9-23 主跨桥墩基础构造图(尺寸单位:m)

四、施工工艺

石板坡复线桥主跨预应力混凝土主梁节段长度 2.75～5.5m 不等,质量为 320～380t。从 1 号块开始,预应力混凝土主梁均采用挂篮进行悬臂浇筑对称施工,跨中钢箱梁采用整体制作、整体浮运、整体吊装的施工工艺。钢箱梁吊装时,南北两岸各设置 4 台 DL418 千斤顶,共计 8 台;柴油泵南北岸各 1 台,共计 2 台;钢绞线采用 ϕ18,每一台千斤顶穿 24 根钢绞线,共计 192 根。南北岸千斤顶、柴油泵通过数据线连接,统一由北岸计算机控制室控制,保证 8 台千斤顶同步提升钢箱梁,如图 2-9-24 所示。

图 2-9-24 钢箱梁吊装

本篇思考题

1. 按静力体系划分，混凝土梁桥主要包括哪几种？简述各自的截面类型。
2. 整体式板桥有哪些优缺点？
3. 装配式板桥和T梁桥中，板与板之间、梁肋与梁肋之间的连接方式有哪几种？
4. T梁桥的腹板为何要做成变厚度形式？
5. 预应力T梁桥的预应力筋布置有哪些原则？
6. T梁桥的横隔梁应如何布置？
7. 组合梁桥中，梁肋和桥面板的内力分别应如何计算？
8. 简述等截面连续梁桥、变截面连续梁桥、连续刚构桥的适用范围。
9. 箱形横截面布置应考虑哪些因素？
10. 变截面连续体系梁桥边主跨比、箱梁的梁高及各种板厚应如何拟定？
11. 变截面连续箱梁桥三向预应力的作用分别是什么？应如何布置？
12. 什么叫"无缝桥梁"？简述其设计基本原理。
13. 板的荷载有效分布宽度的含义是什么？如何计算？
14. 简述杠杆原理法计算主梁荷载横向分布的要点和适用范围。
15. 简述偏心压力法计算主梁荷载横向分布的要点和适用范围。
16. 简支T梁的横隔梁应如何计算？
17. 什么叫作"预拱度"？简支梁应如何设置？
18. 悬臂施工时连续梁主梁内力如何计算？
19. 顶推施工时连续梁主梁内力如何计算？
20. 在桥梁结构内力分析中，如何计入箱梁剪力滞效应的影响？
21. 将预应力效应变为等效荷载的要点是什么？如何等效？
22. 什么叫作吻合索？设置吻合索后，梁的受力有何特点？
23. 什么叫作混凝土的徐变？徐变系数是如何定义的？
24. 用换算弹性模量法求解混凝土徐变次内力的要点是什么？
25. 什么叫作混凝土的收缩？如何计算收缩效应？
26. 基础沉降对连续梁桥将产生什么后果？如何计算？
27. 为什么日照温差会使箱梁产生横桥向次内力？
28. 悬臂施工时如何计算主梁的挠度和预拱度？
29. 防止大跨径连续箱梁桥过度下挠和开裂的设计要点有哪些？
30. 为什么预应力混凝土连续刚构桥的跨越能力较连续梁大？
31. 刚架桥有哪几种基本类型？简述各自的受力特点及适用范围。
32. 梁桥支座有哪些基本类型？简述各自的适用范围。
33. 斜板桥的受力有哪些特点？
34. 斜板桥的配筋有哪些要点？
35. 斜肋梁桥的受力有哪些特点？

36. 斜肋梁桥的配筋有哪些要点?
37. 如何进行斜梁桥的近似计算?
38. 弯梁桥有哪些受力特点?
39. 弯梁桥可采用哪些截面形式?
40. 弯梁桥的桥墩和支座布置应遵循哪些原则?
41. 弯梁桥预应力布置应遵循哪些原则?
42. 简述"就地浇筑法"和"预制安装法"各自的优缺点。
43. 简述就地现浇简支梁桥的施工要点。
44. 简述预制安装简支梁桥的施工要点。
45. 简述逐孔浇筑连续梁桥的施工要点。
46. 简述悬臂施工连续梁桥的施工要点。
47. 简述顶推施工连续梁桥的施工要点。

PART 3 | 第三篇
混凝土拱桥

第一章 概 述

第一节 拱桥主要特点

拱桥是我国公路上使用较广泛的一种桥型。拱桥与梁桥的区别,不仅在于外形不同,更重要的是两者受力性能有较大差别。拱式结构在竖向荷载作用下,两端将产生水平推力。正是这个水平推力,使拱内产生轴向压力,从而大大减小了拱圈的截面弯矩,使之成为偏心受压构件,截面上的应力分布[图3-1-1a)]与受弯梁的应力分布[图3-1-1b)]相比,较为均匀。因此,可以充分利用主拱截面材料强度,使跨越能力增大。

拱桥的主要优点是:①跨越能力较大;②能充分就地取材,与混凝土梁桥相比,可以节省大量的钢材和水泥;③耐久性能好,维修、养护费用少;④外形美观;⑤构造较简单。

但拱桥也有缺点,主要是:①自重较大,相应的水平推力也较大,增加了下部结构的工程量。当采用无铰拱时,施工风险较大。②由于拱桥水平推力较大,在连续多孔的大、中桥梁中,为防止一孔破坏而影响全桥的安全,需要采用较复杂的措施,例如设置单向推力墩,也会增加造价。③与梁桥相比,上承式拱桥的建筑高度较高,当用于城市立交及平原地区时,桥面高程的提高,使两岸接线长度增长,或者使桥面纵坡增大,既增加了造价又对行车不利。

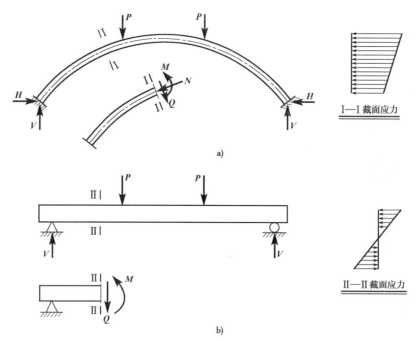

图 3-1-1 拱和梁横截面的应力分布

第二节 拱桥主要组成及主要类型

一、拱桥的主要组成

拱桥的上部结构和下部结构各主要组成部分的名称如图 3-1-2 所示。

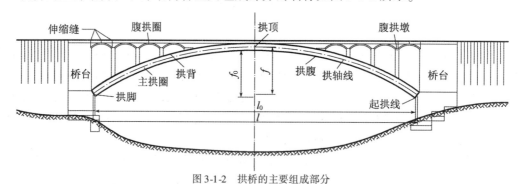

图 3-1-2 拱桥的主要组成部分
l_0-净跨径;l-计算跨径;f_0-净矢高;f-计算矢高;D-矢跨比,$D=f/l$(或 $D_0=f_0/l_0$)

拱桥上部结构由主拱圈和拱上建筑组成。主拱圈是拱桥的主要承重结构。桥面系与主拱圈之间需要有传力的构件或填充物,以使车辆能在平顺的桥道上行驶。桥面系和这些传力构件或填充物统称为拱上结构或拱上建筑。

拱桥的下部结构由桥墩、桥台及基础等组成,用以支承上部结构,将上部结构的荷载传至地基。桥台还起到与两岸路堤相连接的作用,使路桥形成一个协调的整体。

拱圈最高处称为拱顶,拱圈和墩台连接处称为拱脚(或起拱面)。拱圈各横向截面(或换算截面)的形心连线称为拱轴线。拱圈的上曲面称为拱背,下曲面称为拱腹。起拱面与拱腹相交的直线称为起拱线。

下面介绍拱桥的几个主要技术名称:

净跨径(l_0)——每孔拱跨两个起拱线之间的水平距离。

计算跨径(l)——相邻两拱脚截面形心点之间的水平距离。因为拱圈(或拱肋)各截面形心点的连线称为拱轴线,故也就是拱轴线两端点之间的水平距离。

净矢高(f_0)——拱顶截面下缘至起拱线连线的垂直距离。

计算矢高(f)——拱顶截面形心至相邻两拱脚截面形心连线的垂直距离。

矢跨比(D 或 D_0)——拱圈(或拱肋)的净矢高与净跨径之比,或计算矢高与计算跨径之比,即 $D_0 = f_0/l_0$ 或 $D = f/l$。一般将矢跨比大于或等于 1/5 的拱称为陡拱;矢跨比小于 1/5 的拱称为坦拱。

二、拱桥的主要类型

拱桥的形式可以按照以下几种方式进行分类。

按照主拱圈所使用的建筑材料可以分为:圬工拱桥、钢筋混凝土拱桥、钢拱桥和钢-混凝土组合拱桥等。

按照拱上建筑的形式可以分为:实腹式拱桥和空腹式拱桥。

按照主拱圈线形可分为:圆弧线拱桥、抛物线拱桥和悬链线拱桥。

按照桥面的位置可分为:上承式拱桥、中承式拱桥和下承式拱桥(图 3-1-3)。

按照有无水平推力可分为:有推力拱桥和无推力拱桥。

按照结构受力图式可分为:简单体系拱桥和组合体系拱桥。

按照主拱圈截面形式可分为:板拱桥、板肋拱桥、肋拱桥、双曲拱桥、箱形拱桥、钢管混凝土拱桥、劲性骨架混凝土拱桥。

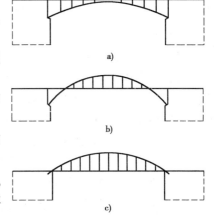

图 3-1-3 拱桥按桥面位置的分类
a) 上承式;b) 中承式;c) 下承式

下面仅按其中两种分类方式作一些介绍。

1. 按照结构受力图式分类

1) 简单体系拱桥

简单体系拱桥均为有推力拱,可以做成上承式、中承式和下承式。

按照主拱的静力体系,简单体系拱桥又可以分成如下三种(图 3-1-4):三铰拱、两铰拱和无铰拱。

图 3-1-4 简单体系拱桥
a) 三铰拱;b) 两铰拱;c) 无铰拱

(1) 三铰拱

三铰拱[图 3-1-4a)]属于外部静定结构。由于温度变化、混凝土收缩和徐变、墩台位移等因素引起的变形不会对它产生附加内力,故计算时无须考虑体系变形对内力的影响。三铰拱适合在地基条件很差的地区修建,但铰的存在使其构造复杂,施工困难,维护费用增高,而且减小了结构的整体刚度,降低了抗震能力,又由于拱的挠度曲线在顶铰处有转折,对行车不利,因此,三铰拱一般较少采用。

(2)两铰拱

两铰拱[图3-1-4b)]属于外部一次超静定结构。由于取消了拱顶铰,其结构整体刚度较相应三铰拱的大,但较无铰拱的小。由温度变化、混凝土收缩和徐变、墩台位移等引起的附加内力比相应无铰拱的要小,故可适应地基条件较差的情形,也可适用于坦拱结构。

(3)无铰拱

无铰拱[图3-1-4c)]属于外部三次超静定结构。在自重及外荷载作用下,拱内的弯矩分布比两铰拱均匀,材料用量省。由于没有设铰,结构的整体刚度大,构造简单,施工方便,维护费用少,因此在实际中使用最广泛。但由于无铰拱的超静定次数高,温度变化、混凝土收缩和徐变、特别是墩台位移会在拱内产生较大的附加内力,所以无铰拱一般在地基良好处修建,这在一定程度上限制了它的使用范围。

2)组合体系拱桥

组合体系拱桥一般由拱肋、系杆、吊杆(或立柱)、行车道梁(板)及桥面系等组成。

组合体系拱桥将梁和拱两种基本结构组合起来,共同承受桥面荷载和水平推力,充分发挥梁受弯、拱受压的结构特性及其组合作用,达到节省材料的目的。组合体系拱桥一般可划分为有推力的和无推力的两种类型。

(1)无推力的组合体系拱桥

无推力组合体系拱桥(也称为系杆拱桥)是外部静定结构,兼有拱桥的较大跨越能力和简支梁桥对地基适应能力强的两大特点。拱的推力由系杆承受,系杆的含义就是一个将两拱脚相互联系在一起的水平构件,因而墩台不承受水平推力。根据拱肋和系杆(梁)相对刚度的大小及吊杆的布置形式可以分为:具有竖直吊杆的柔性系杆刚性拱——系杆拱[图3-1-5a)];具有竖直吊杆的刚性系杆柔性拱——蓝格尔拱[图3-1-5b)];具有竖直吊杆的刚性系杆刚性拱——洛泽拱[图3-1-5c)]。以上三种拱,当用斜吊杆来代替竖直吊杆时,称为尼尔森拱[图3-1-5d)、e)、f)]。

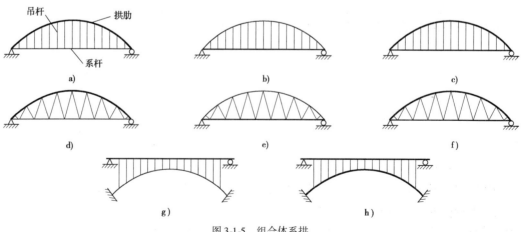

图3-1-5 组合体系拱

（2）有推力的组合体系拱桥

此种组合体系拱桥没有系杆，由单独的梁和拱共同受力，拱的推力仍由墩台承受。图 3-1-5g）是刚性梁柔性拱（倒蓝格尔拱）；图 3-1-5h）是刚性梁刚性拱（倒洛泽拱）。

2. 按照主拱圈截面形式分类

拱桥的主拱圈，沿拱轴线可以做成等截面或变截面的形式。

主拱圈所使用的建筑材料主要有圬工、钢筋混凝土、钢材和钢-混凝土组合结构等。根据材料的特性，圬工拱桥主要用于跨径小，并且能就地取材的情况，目前使用较少；钢拱桥主要用于大跨径拱桥，从已建拱桥看，我国大部分拱桥都采用钢筋混凝土结构，随着设计理论和施工工艺的完善，钢筋混凝土拱桥目前已是最具有竞争力的桥型之一；钢-混凝土组合结构是近几十年来发展起来的，主要有钢管混凝土拱桥和劲性骨架混凝土拱桥两种，下面分别作简要介绍。

1）板拱桥

主拱圈采用矩形实体截面的拱桥称为板拱桥[图 3-1-6a)]。它的构造简单、施工方便，但在相同截面面积的条件下，实体矩形截面比其他形式截面的抵抗矩小。通常只在地基条件较好的中、小跨径圬工拱桥中才采用这种形式。

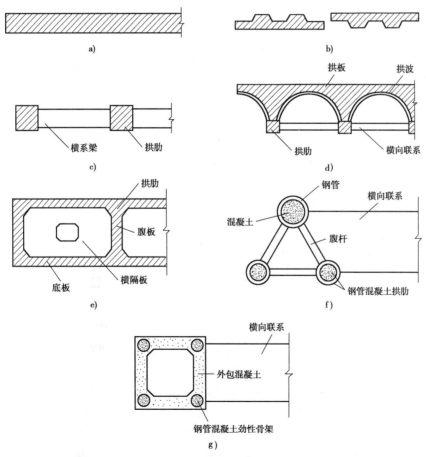

图 3-1-6 主拱圈横截面形式
a）板拱；b）板肋拱；c）肋拱；d）双曲拱；e）箱形拱；f）钢管混凝土拱；g）劲性骨架混凝土拱

如果在较薄的拱板上增加几条纵向肋,以提高拱圈的抗弯刚度,就构成板拱的另外一种形式,即板肋拱[图3-1-6b)],它的拱圈截面由板和肋组成。

2)肋拱桥[图3-1-6c)]

肋拱桥是在板拱桥的基础上发展形成的,它是将板拱划分成两条或多条分离的、高度较大的拱肋,肋与肋间用横系梁相连。这样就可以用较小的截面面积获得较大的截面抵抗矩,从而节省材料,减轻拱桥的自重,因此多用于大、中跨径的拱桥。

3)双曲拱桥[图3-1-6d)]

其主拱圈横截面由一个或数个横向小拱单元组成,由于主拱圈的纵向及横向均呈曲线形,故称之为双曲拱桥。这种截面抵抗矩较相同材料用量的板拱大,故可节省材料。施工中可采用预制拼装,较之板拱有较大的优越性,但存在着施工工序多、组合截面整体性较差和易开裂等缺点,一般用于中、小跨径拱桥。

4)箱形拱桥[图3-1-6e)]

这类拱桥主拱圈的、外形与板拱相似,由于截面挖空,箱形拱的截面抵抗矩较相同材料用量的板拱大很多,所以能节省材料,减轻自重,相应地也减少下部结构材料用量,对于大跨径拱桥则效果更为显著。另外,闭口箱形截面的抗扭刚度大,横向整体性和结构稳定性均较双曲拱好,故特别适用于无支架施工。但箱形截面施工制作较复杂,因此,大跨径拱桥采用箱形截面才是合适的。

5)钢管混凝土拱桥

钢管混凝土(Concrete Filled Steel Tube,CFST)结构属于钢-混凝土组合结构中的一种,主要用于以受压为主的结构。它一方面借助内填混凝土增强钢管壁的稳定性,同时又利用钢管对核心混凝土的套箍作用,使核心混凝土处于三向受压状态,从而使钢管混凝土结构具有更高的抗压强度和抗变形能力,如图3-1-6f)所示。此外,钢管混凝土拱桥尚具有以下几方面的优点:

(1)总体性能方面

由于钢管混凝土承载能力大,正常使用状态是以应力控制设计,外表不存在混凝土裂缝问题,因而可以使主拱圈截面及其宽度相对减小,这样便可以减小承重结构在桥面上,所占的宽度,提高中、下承式拱桥桥面宽度的使用效率。

(2)施工方面

钢管本身相当于混凝土的外模板,它具有强度高,质量轻,易于吊装或转体的特点,可以先将空管拱肋合龙,再压注管内混凝土,从而大大降低大跨径拱桥施工的难度,省去了支模、拆模等工序,并可适应先进的泵送混凝土工艺。

与所有材料一样,钢管混凝土材料也有它自身的缺点。对于管壁外露的钢管混凝土,在阳光照射下,钢管膨胀,容易使钢管与内填混凝土之间出现脱空现象;另外,由于施工中钢管先于管内混凝土受力,往往造成钢管应力偏高而混凝土不能发挥应有的作用。这些问题都需要予以解决。

6)劲性骨架混凝土拱桥

劲性骨架混凝土拱桥与普通钢筋混凝土拱桥的区别在于前者以钢骨拱桁架作为受力筋,它可以是型钢,也可以是钢管,采用钢管骨架的劲性骨架混凝土拱又可称为内填外包型钢管混凝土拱,如图3-1-6g)所示。它主要用在大跨度拱桥中,同时也解决了大跨度拱桥施工的"自架设问题",即首先架设自重轻、刚度和强度均较大的钢管骨架,然后在空钢管内压注混凝土形成钢管混凝土结构,使骨架进一步硬化,再在钢管混凝土骨架上外挂模板浇筑外包混凝土,形成劲性骨架混凝土拱桥。在这种结构中,钢管和随后形成的钢管混凝土主要是作为施工的劲性骨架来考虑的。成桥后,它也可以参与受力,但其用量通常是由施工设计控制。目前,世界最大跨径的钢筋混凝土拱桥——万州长江大桥即为采用钢管作劲性骨架的拱桥。劲性骨架混凝土拱桥跨越能力大、超载潜力大、施工方便,是一种极具发展前途的拱桥结构形式。

第二章 拱桥构造与设计

第一节　上承式拱桥构造与设计

上承式拱桥分为两大类：一类是普通型上承式拱桥，这类拱桥由主拱圈（也称为主拱、拱圈）、拱上传力构件、桥面系组成，主拱（圈）是主要承重结构；另一类是整体型上承式拱桥，这类拱桥则是由主拱片（指由拱圈与拱上传力构件组成的整体结构）和桥面系组成，主拱片是主要承重结构。

一、主拱构造与尺寸拟定

1. 普通型上承式拱桥

根据截面形式不同，主拱圈可分为板拱、板肋拱、肋拱、双曲拱和箱形拱等。

1）板拱

按照所用的建筑材料划分，板拱又可分为石板拱、混凝土板拱和钢筋混凝土板拱等。

（1）石板拱

砌筑石板拱主拱圈的石料主要有料石、块石和砖石等。用粗料石砌筑主拱圈时，拱石需要随拱轴线和截面形式不同而分别进行编号，以便加工。等截面圆弧拱[图 3-2-1a)]的拱石规格少,编号简单;变截面圆弧拱圈[图 3-2-1b)]的拱石类型较多,编号较复杂,施工不便。有的石拱桥也采用等截面或变截面的悬链线作为拱轴线,这时,拱石的编号更为复杂(图 3-2-2)。因此,目前石板拱桥大多采用等截面形式。

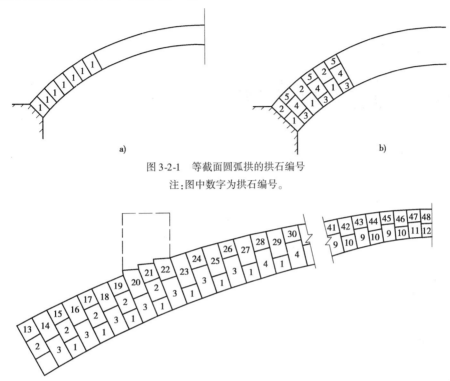

图 3-2-1 等截面圆弧拱的拱石编号
注:图中数字为拱石编号。

图 3-2-2 变截面拱圈的拱石编号

用于拱圈砌筑的石料应要求石质均匀,不易风化和无裂纹。石料强度等级不得低于 C30,砌筑拱石用的砂浆,对大、中跨径拱桥不得低于 C7.5,对于小跨径拱桥不得低于 C5。在必要时也可用小石子混凝土进行砌筑,小石子粒径一般不得大于 2cm。采用小石子混凝土砌筑的片石板拱,其砌体强度比使用同强度水泥砂浆的砌体强度要高,而且可以节约水泥 1/4~1/3。

根据拱圈的受力(主要承受压力,其次是弯矩)特点和需要,拱圈砌筑应满足下列构造要求。

①错缝

对料石拱,拱石受压面的砌缝应与拱轴线垂直,可以不错缝;当拱圈厚度不大时,可采用单层砌筑[图 3-2-1a)],但其横向砌缝必须错开且不小于 10cm;当拱圈厚度较大时,采用多层砌筑[图 3-2-1b)、图 3-2-2],但其垂直于受压面的顺桥向砌缝[图 3-2-3a)],拱圈横截面内拱石竖向砌缝[图 3-2-3b)、c)]必须错开且不小于 10cm,以免因存在通缝而降低砌体的抗剪强度或削弱其整体性。对于块石拱,应选择较大平面与拱轴线垂直,拱石大头在上,小头在下,砌缝错开且不小于 8cm。对于片石拱,拱石较大面与拱轴线垂直,大头在上,砌缝交错。

②限制砌缝宽度

拱石砌缝宽度不能太大,因砂浆强度比拱石低得多,缝太宽必将影响砌体强度和整体性。通常,对料石拱砌缝宽度不大于 2cm,对块石拱不大于 3cm,对片石拱不大于 4cm;采用小石子混凝土砌筑时,块石拱砌缝宽度不大于 5cm,片石拱砌缝宽度不大于 47cm。

③设五角石

拱圈与墩台以及拱圈与空腹式拱上建筑的腹孔墩连接处,应采用特别的五角石[图 3-2-4a)],以改善该处的受力状况。为避免施工时损坏或被压碎,五角石不得带有锐角,为了简化施工,目前常用现浇混凝土拱座及腹孔墩底梁[图 3-2-4b)]代替石质五角石。

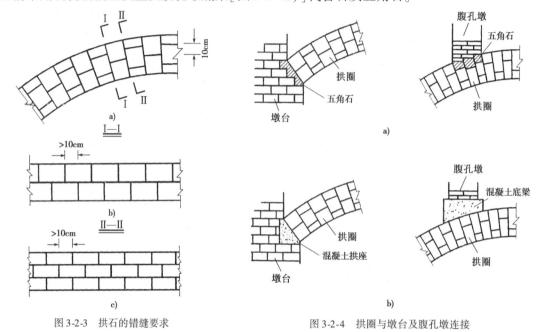

图 3-2-3 拱石的错缝要求

图 3-2-4 拱圈与墩台及腹孔墩连接

小跨径等截面石板拱的拱圈厚度可按下式估算

$$h = \beta k \sqrt[3]{l_0} \tag{3-2-1}$$

式中:h——拱圈厚度(cm);

l_0——拱圈净跨径(cm);

β——系数,一般为 4.5~6.0,取值随矢跨比的减小而增大;

k——荷载系数,一般取 1.2。

(2) 钢筋混凝土板拱

这类拱桥构造简单、外表整齐、轻巧美观,如图 3-2-5 所示。根据桥宽需要可做成单条整体拱圈或多条平行板肋拱圈。钢筋混凝土等截面板拱的拱圈高度可按跨径的 1/60~1/70 初拟,跨径大时取小者。

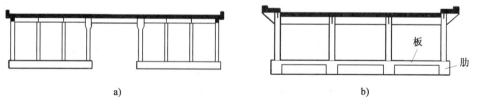

图 3-2-5 钢筋混凝土板拱的横截面

2) 肋拱

肋拱桥是由两条或多条分离的拱肋、横系梁、立柱和由横梁支承的行车道部分组成,如图 3-2-6 所示。

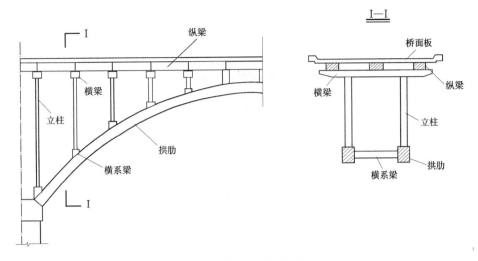

图 3-2-6 肋拱桥立面布置图

拱肋是主要承重结构,可由混凝土、钢筋混凝土、钢管混凝土、劲性骨架混凝土做成。拱肋的数目和间距以及截面形式主要综合考虑桥梁宽度、肋形、材料性能、荷载等级、施工条件、拱上结构等各方面决定。为了简化构造,一般在吊装能力满足要求的情况下,宜采用少肋形式。通常,桥宽在 20m 以内时均可考虑采用双肋式,当桥宽在 20m 以上时,宜采用分离的双幅双肋拱,以避免由于肋中距增大而使肋间横系梁、拱上结构横向跨度与尺寸增大太多。上下游拱肋最外缘的间距一般不宜小于跨径的 1/20,以保证肋拱的横向整体稳定性。

拱肋的截面形式分为实体矩形、工字形、箱形、管形和劲性骨架混凝土箱形等。矩形截面构造简单、施工方便,一般仅用于中、小跨径的肋拱桥,肋高可取跨径的 1/60 ~ 1/40,肋宽可为肋高的 0.5 ~ 2.0 倍。工字形截面常用于大、中跨径的肋拱桥,肋高一般为跨径的 1/35 ~ 1/25,肋宽为肋高的 0.4 ~ 0.5 倍,腹板厚度常为 30 ~ 50cm。管形肋拱桥是指采用钢管混凝土结构作为拱肋的拱桥,其肋高与跨径之比常为 1/65 ~ 1/45。当肋拱桥的跨径大、桥面宽时,拱肋还可采用箱形截面,这样可减少更多的圬工体积。

箱形肋拱由双肋或多肋组成,肋间设置系梁使之形成整体。

箱形肋拱拱肋尺寸根据受力需要确定,初拟时一般肋高取为跨径的 1/70 ~ 1/50,或按式(3-2-2)估算。肋宽取为肋高的 1.0 ~ 2.0 倍。箱形拱肋之间的系梁除可增强肋拱横向整体稳定性外,还可起到横向分布荷载的作用,要求具有足够的强度和刚度,并与拱肋固结。肋间系梁常用钢筋混凝土材料,目前有三种截面类型,如图 3-2-7 所示。

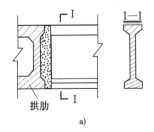
a)

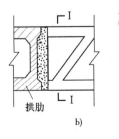
b)

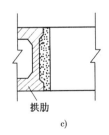
c)

图 3-2-7 箱形肋拱横系梁
a)工字形;b)桁片;c)箱形

箱形肋拱通常采用等截面形式,以方便施工。对于特大跨径的箱形肋拱也可采用受力更为合理的变截面形式。

3) 箱形拱

主拱圈截面为多室箱的拱称为箱形拱,如图 3-2-8 所示。

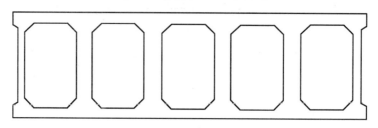

图 3-2-8 箱形拱拱圈截面示意

箱形拱的主要特点是:

(1) 截面挖空率大,挖空率可达全截面的 50%~60%,与板拱相比,可节省大量圬工体积,减轻质量。

(2) 箱形截面的中性轴大致居中,几乎具有相等的抵抗正负弯矩的能力,能较好地适应主拱圈各截面正负弯矩变化的需要。

(3) 箱形截面是闭合空心截面,抗弯和抗扭刚度大,拱圈的整体性好,应力分布较均匀。

(4) 单条箱肋刚度较大,稳定性较好,能单箱肋成拱,便于无支架吊装。

(5) 制作要求较高,吊装设备较多,主要用于大跨径拱桥。

箱形拱的拱圈,可以由一个闭合箱(单室箱)或由几个闭合箱(多室箱)组成,每一个闭合箱又由箱壁(侧板)、盖板(顶板)、底板及横隔板组成(图 3-2-9)。

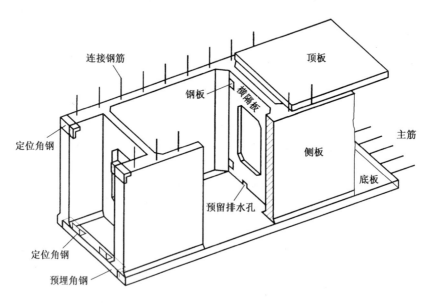

图 3-2-9 箱形拱闭合箱的构造

箱形拱截面的组成方式有以下几种:

(1) 由多条 U 形肋组成多室箱形截面[图 3-2-10a)]。

(2)由多条工字形肋组成多室箱形截面[图 3-2-10b)]。
(3)由多条闭合箱肋组成多室箱形截面[图 3-2-10c)]。
(4)整体式单箱多室截面[图 3-2-10d)]。

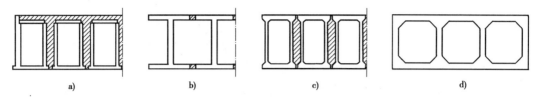

图 3-2-10 箱形截面组成方式

箱形拱截面尺寸主要包括拱圈的高度、宽度,箱肋的宽度以及顶、底板和腹板尺寸。

拱圈的高度主要取决于拱的跨度,还与拱圈所用混凝土强度有很大关系。初拟拱圈的高度时,拱圈高度可取跨径的 1/55~1/75,或者按如下经验公式估算

$$h = \frac{l_0}{100} + \Delta \qquad (3\text{-}2\text{-}2)$$

式中:h——拱圈高度(m);
l_0——净跨径(m);
Δ——箱形拱为 0.6~0.7m,箱肋拱为 0.8~1.0m。

提高混凝土的强度,可以减少截面尺寸,从而减轻拱体本身的自重或加大跨径。目前常用 C40~C50 混凝土,对特大跨径拱桥应尽量采用强度等级更高的混凝土。

拟定拱圈的宽度时,可考虑采用悬挑桥面,减小拱圈宽度,即采用窄拱圈形式。拱圈宽度一般可为桥宽的 1.0~0.6 倍,桥面悬挑可达到 4.0m,但为保证其横向稳定性,一般希望拱宽不小于跨径的 1/20,但特大跨径桥的拱圈宽度常难以满足该条件,只要横向稳定性能得到保证即可。

箱肋是组成预制吊装施工的箱形拱桥的基本构件。拱圈宽度确定后,根据(缆索)吊装能力决定在横向划分为几个箱肋,即可确定箱肋的宽度。

对常用的由多条闭口箱肋组成的箱形拱(图 3-2-11),其顶、底板及腹板各部分尺寸采用何值,与跨径及荷载大小有关。顶、底板厚度 t_d 一般为 15~22cm,两外箱肋外腹板厚 t_{wf} 一般为 12~15cm,内箱肋腹板厚 t_{nf} 常取 5~7cm,以尽量减轻吊装质量,但需注意的是,拱圈顶板、底板、腹板太薄可能出现压溃,其原因除构造尺寸太小外,就是应力允许值用得太大(国际上对压板应力值限制很严),故应对这些部位做必要的局部应力验算。填缝宽度 t_f 根据受力大小确定(主要考虑轴力大小),一般采用 20~35cm。为保证填缝混凝土浇筑质量,Δ_1 不宜小于 15cm,Δ_2 为安装缝,通常为 4cm。

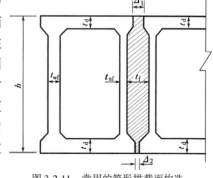

图 3-2-11 常用的箱形拱截面构造

箱形拱的构造与施工方法有密切的联系。修建箱形拱,可以采用预制拱箱无支架吊装或有支架现场浇筑等施工方法。若采用无支架施工,拱箱可分段预制,当吊装能力很大时,可以采用封闭式拱箱,这样可以增加拱箱在施工过程中的整

体稳定性,减少施工步骤。其具体过程为:在横向将拱截面划分为多条箱形肋,在纵向将箱形肋分段,先预制各箱肋段,然后安装各箱肋段成拱,最后现浇各箱肋间的填缝混凝土形成箱形拱。

4) 双曲拱

双曲拱通常由拱肋、拱波、拱板和横向联系等几部分组成,如图3-2-12所示。双曲拱桥的主要特点是将主拱圈以"化整为零"的方法按先后顺序进行施工,再以"集零为整"的组合式整体结构承重。施工时,先将拱圈划分成拱肋、拱波、拱板及横向联系四部分,并预制拱肋、拱波和横向联系,即"化整为零";然后吊装钢筋混凝土拱肋成拱并与横向联系构件组成拱形框架,在拱肋间安装拱波,随后浇筑拱板混凝土,形成主拱圈,即"集零为整"。双曲拱桥是我国于20世纪70年代提出的,当时的主要目的是减轻吊装质量。

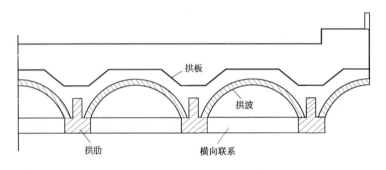

图3-2-12 双曲拱桥主拱圈横断面

双曲拱桥主拱圈截面,根据桥梁的跨径、宽度、设计荷载的大小、材料类型和施工工艺等各种情况,可以采用不同的形式(图3-2-13)。采用最多的是多肋多波的截面形式[图3-2-13a)、b)、c)]。一般说来,肋间距不宜过小,以免限制了拱波的矢高,减小拱圈的截面刚度,但同时肋间距受吊装机械控制又不宜过大,以免拱肋数量少而过分加大拱肋截面尺寸,增加吊装质量,给施工带来不便。在小跨径的双曲拱桥中,还可采用单波的形式[图3-2-13d)]。

拱肋是双曲拱桥主拱圈的骨架,它不仅参与拱圈共同承受全部恒载和活载,对主拱圈质量有重大影响,而且在施工过程中,在砌筑拱波和浇筑拱板时又要起支架作用,当拱波、拱板完成后,拱肋成为主拱圈的重要组成部分。因此,拱肋的设计,必须保证具有足够的强度和刚度。特别是采用无支架施工的双曲拱,除应满足吊装阶段的强度和纵横向稳定性以外,还需满足截面在组合过程中各阶段荷载作用下的强度要求。

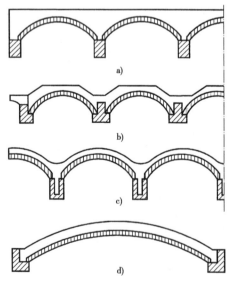

图3-2-13 双曲拱桥主拱圈截面形式

常用的拱肋截面形式有矩形、倒T形(凸形)、槽形和工字形等(图3-2-14)。一般根据跨径大小、受力性能、施工难易等条件综合选择合理的截面形式,要求所选拱肋截面有利于增强主拱圈的整体性,制作简单且能保证施工安全。

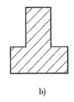 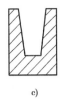 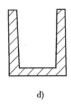

图 3-2-14　拱肋截面形式

拱肋一般为钢筋混凝土构件,常采用预制安装的方法施工。预制的拱肋,如果长度太大,不便于预制、运输和吊装,则常常分成几段。分段数目和长度应根据桥梁跨径大小、运输设备和吊装能力等条件来考虑。由于拱顶往往是受力最不利的截面,因此拱肋分段时接头不宜布置在拱顶。接头宜设置在拱肋自重作用下弯矩最小的地方,一般在跨径的 0.3 倍附近。这样,拱肋一般均可分为三段(图 3-2-15)。当跨径超过 80m 时,可以分为 5 段。

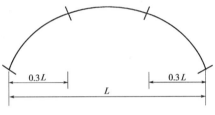

图 3-2-15　拱肋分段的接头位置

拱波一般都用混凝土预制,常做成圆弧形,矢跨比一般为 1/5 ~ 1/3,单波的矢跨比为 1/6 ~ 1/3。拱波跨度由拱肋间距确定,以 1.3 ~ 2.0m 为宜,单波截面以 3 ~ 5m 为宜。拱波厚度一般为 6 ~ 8cm,拱波沿桥梁纵向分成若干个小段,每个小段长度为 0.3 ~ 0.5m。拱波不仅是参与主拱圈共同承受荷载的组成部分,而且在浇筑拱板混凝土时,它又起模板的作用。

拱板在拱圈截面占有最大比重,而且现浇混凝土拱板又将拱肋、拱波连成整体,使拱圈能实现"集零为整"。因此,拱板在加强拱圈整体性方面起着重要的作用。

双曲拱桥主拱圈截面高度一般为跨径的 1/55 ~ 1/40,跨径大者取小值。

为使拱肋的变形在横桥向均匀,避免拱波顶出现纵向裂缝,需在拱肋间设置横向联系。常用的形式有横系梁和横隔板,通常布置在拱顶、腹孔墩下面、分段吊装的拱肋接头处等,间距一般为 3 ~ 5m,拱顶部分可适当加密。

2. 整体型上承式拱桥

整体型上承式拱桥包括桁架拱桥和刚架拱桥。这些桥型能够进一步减轻拱桥自重,增强桥梁结构的整体性,充分发挥装配式结构工业化程度高、施工进度快等优点,扩大了拱桥的使用范围。

1)桁架拱桥

桁架拱桥又称拱形桁架桥。桁架拱桥是一种有水平推力的桁架结构,其上部结构由桁架拱片、横向联结系和桥面组成。桁架拱片是主要承重结构,由上、下弦杆,腹杆和实腹段组成,其立面布置如图 3-2-16 所示。

(1)结构形式

根据构造不同,桁架拱桥可以分为斜(腹)杆式、竖(腹)杆式、桁肋式和组合式四种。

①斜(腹)杆式

斜(腹)杆式桁架拱桥如图 3-2-17 所示。斜(腹)杆式桁架拱片中的腹杆根数少,杆件的总长度最短,因此腹杆用料省,整体刚度较大。

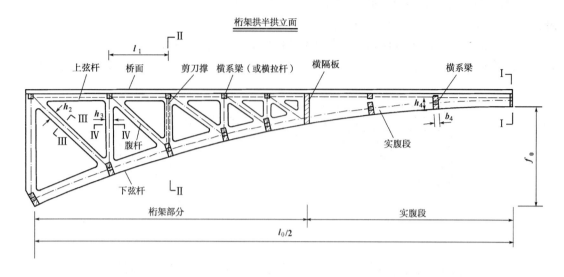

图 3-2-16 桁架拱桥的主要组成部分

图 3-2-17 斜(腹)杆式桁架拱桥

② 竖(腹)杆式

竖(腹)杆式桁架拱桥[图 3-2-18a)]外形美观,节点构造简单,施工较方便,但整体刚度较小,竖(腹)杆与上、下弦杆连接的节点处易开裂,故适用于荷载小、跨径较小的桥梁。

③ 桁肋式

桁肋式拱桥[图 3-2-18b)]实质上为普通型上承式拱桥,仅是将主拱圈改为桁架结构。桁肋自重轻,吊装方便,适宜于无支架施工。但由于桁架在拱脚处固结,基础变位、温度变化和混凝土收缩及徐变引起的附加内力较大,拱脚上弦杆易开裂。

④ 组合式

桁式组合拱与前面三种桁架拱的主要区别在于上弦杆断点位置不同。普通桁架拱的上弦杆简支于墩(台)上,上弦杆在墩(台)之间没有断缝(即断点),而桁式组合拱上弦杆却是在墩

(台)顶部至拱顶之间适当位置断开,形成一条断缝(即断点),从断点至墩(台)顶部形成一个悬臂桁架[与墩(台)固结],跨间两断点之间为一普通桁架拱,全桥下弦杆保持连续,如图3-2-19所示。桁式组合拱常用于100m以上的特大型预应力混凝土拱桥,设断缝对减小由于日照温差引起的附加内力有好处。

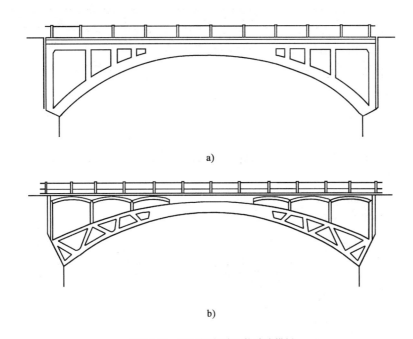

图 3-2-18 竖(腹)杆式和桁肋式拱桥
a)竖(腹)杆式;b)桁肋式

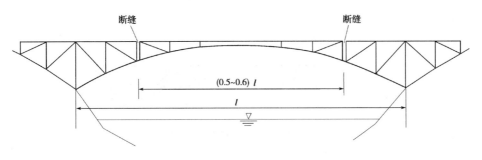

图 3-2-19 桁式组合拱桥的组成

(2)结构特点

作为主要承重结构的桁架拱片在施工期间单独受力,在竣工后与桥面板共同受力。其中下弦杆为拱形,上弦杆一般与桥道结构组合成一整体而共同工作。在跨中部分,因上、下弦杆很靠近而做成实腹段。桁架拱在荷载作用下具有水平推力,使跨中实腹段在恒载作用下弯矩减小,主要承受轴向压力,在活载作用下将承受弯矩,成为一偏心受压构件,即具有拱的受力特点。同时,由于它相当于把普通型上承式拱的传载构件(拱上结构)与拱肋连成整体,拱与拱上结构共同受力,相当于加大了拱圈高度,各杆件又主要承受轴力,所以又具有桁架的受力特点。由于桁架拱兼备了桁架和拱式结构的有利因素,因此能充分发挥材料的受力性能。

由于桁架拱外部通常采用两铰结构,因而基础位移、温度变化等产生的附加内力较小,适合软弱地基需要。钢筋混凝土普通桁架拱的应用范围以 20~50m 的中等跨径为宜。

(3)结构构造

①桁架拱片

从结构布置来看,上弦杆和实腹段构成桁架拱片的上边缘,上弦杆轴线平行于桥面,考虑到桥面板参与受力,上弦杆和实腹段轴线应是包括桥面板在内的截面重心之连线。下弦杆相当于桁架拱的拱肋。由于桁架拱为有推力体系,腹杆内力与桁架拱下弦杆轴线有关,下弦杆的轴线可以采用圆弧线、二次抛物线和悬链线等。通常是结构自重压力线越接近下弦轴线,腹杆内力越小。

②横向联系

为把桁架拱片连成整体,使之共同受力,并保证其横向稳定,需在桁架拱片之间设置横向联系。横向联系根据设置部位不同,分为横拉杆、横系梁、横隔板和剪刀撑等,如图 3-2-16 所示。

横拉杆和横系梁分别设置在上、下弦杆节点处,拱顶实腹段每隔 3~5m 也应设置横系梁。横拉杆常采用矩形截面,高度与上弦杆根部(翼缘)相同,宽 12~20cm。横系梁也采用矩形截面,高度同下弦杆,并不小于其长度的 1/15,宽 12~20cm。横隔板一般设在实腹段与桁架部分连接处及跨中,它在高度方向直抵桥面板,与横系梁同宽。横桥向的剪刀撑一般设在四分之一跨径附近的上、下节点之间及跨径端部,剪刀撑杆件常采用边长为 10~18cm 的正方形截面。

③桥面系

桁架拱桥桥面板既承受局部荷载,又与桁架拱片形成整体,共同受力。桥面结构形式很多,有横向微弯板、纵向微弯板和预应力混凝土空心板等。

④桁架拱片与墩(台)的连接

桁架拱片与墩(台)的连接形式包括上、下弦杆与墩(台)的连接和多孔桁架拱桥桥跨之间的连接。连接构造随上、下部结构的形式、施工方法、美观要求等而异。下弦杆与墩(台)的连接一般是在墩(台)帽上预留深 10cm 左右(或与肋高相同)的槽孔,将下弦杆插入并封以砂浆。在跨径较大时,由于墩(台)位移等原因,往往造成支承面局部承压,引起反力偏心和结构内力变化,故宜采用较完善的铰接。桁架拱上部在桥墩处的连接以及多跨拱间的连接分为悬臂式[图 3-2-20a)、b)]、过梁式[图 3-2-20c)、d)]和伸入式[图 3-2-20e)、f)]三种,一般以受力明确的过梁式为好。与桥台的连接分为过梁式和伸入式两种。

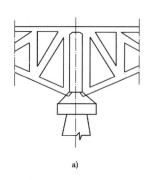 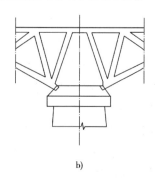 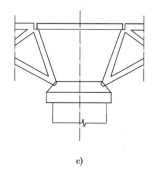

a)　　　　　　　　　　b)　　　　　　　　　　c)

图 3-2-20

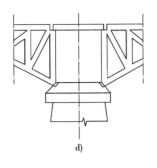 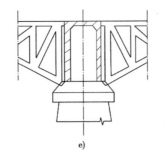 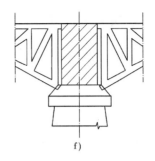

图 3-2-20　桁架拱与墩(台)的连接形式

2) 刚架拱桥

刚架拱桥的上部结构由刚架拱片、横向联结系和桥面等部分组成(图 3-2-21)。

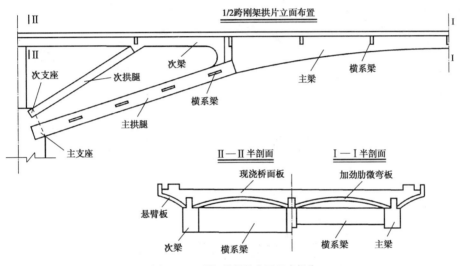

图 3-2-21　刚架拱桥的主要组成部分

拱片是刚架拱桥的主要承重结构,一般由跨中实腹段的主梁、空腹段的次梁、主拱腿(主斜撑)、次拱腿(次斜撑)等构成,与桥面板一起形成刚架拱的主拱片。主梁和主拱腿的交接处称为主节点,次梁和次拱腿的交接处称为次节点。节点构造一般均按固结设计。

主梁和主拱腿构成的拱形结构的几何形状是否合理,对全桥结构的受力有显著的影响,其设计原则是在恒载作用下弯矩最小。主梁和次梁的梁肋上缘线一般与桥面纵向平行,主梁下边缘线一般可采用二次抛物线、圆弧线或悬链线,使主梁成为变截面构件。主拱腿可根据跨径大小和施工方法等不同,设计成等截面直杆或微曲杆。有时从美观考虑,也可采用与主梁同一曲线的弧形杆,但需注意其受压稳定性。

横向联系的作用是将刚架拱片联成整体共同受力,并保证其横向稳定。

刚架拱片可以采用现浇或预制安装的方法施工,应根据运输条件和安装能力具体确定,目前大多数采用后者。为了减小吊装质量,可将主梁和次梁、拱腿(斜撑)等分别预制,用现浇混凝土接头连接。当跨径较大时,次梁还可分段预制。

刚架拱桥属于有推力的高次超静定结构,具有构件少、质量轻、整体性好、刚度大、施工简便、造价低、造型美观等优点,可在软土地基上修建,被广泛用于跨径为 25~70m 的桥梁。

二、拱上建筑构造

拱上建筑是拱桥的一部分,按照拱上建筑采用的不同构造方式,可将拱桥分为实腹式和空腹式两种。

1. 实腹式拱上建筑

实腹式拱上建筑构造简单,施工方便,但填料数量较多,恒载较重,所以,一般用于小跨径的拱桥。实腹式拱上建筑由拱腹填料、侧墙、护拱、变形缝、防水层、泄水管以及桥面系组成(图 3-2-22)。

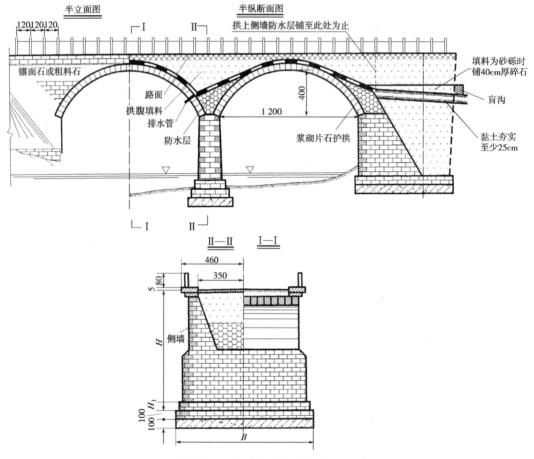

图 3-2-22 实腹式拱桥构造图(尺寸单位:cm)

拱腹填料分为填充式和砌筑式两种。填充式拱腹填料应尽量做到就地取材,通常采用透水性好、土侧压力小的砾石、碎石、粗砂或卵石类黏土等材料,分层夯实,还可采用其他轻质材料,如炉渣与黏土的混合物、陶粒混凝土等以减轻拱上建筑质量,使其适用于地质条件较差地区。砌筑式拱腹填料就是在散粒料不易取得时才采用的一种干砌圬工方式。侧墙用来围护拱腹上的散粒填料,设置在拱圈两侧,通常采用浆砌块、片石,若有特殊的美观要求,可用料石镶面。对混凝土或钢筋混凝土板拱,也可用钢筋混凝土护壁式侧墙。这种侧墙可以与主拱浇筑为一体。侧墙一般要求承受填料土侧压力和车辆作用下的土侧压力,故按挡土墙进行设计。

对浆砌圬工侧墙,顶面厚度一般为 50～70cm,向下逐渐增厚,墙脚厚度取用该处墙高的 0.4 倍。护拱设于拱脚段,以便加强拱脚段的拱圈,同时,便于在多孔拱桥上设置防水层和泄水管,通常采用浆砌块、片石结构。

2.空腹式拱上建筑

大、中跨径的拱桥,特别是当矢高较大时,应以空腹式拱上建筑为宜。空腹式拱上建筑除具有实腹式拱上建筑相同的构造外,还具有腹孔和腹孔墩。

1)腹孔

根据腹孔构造,可将空腹式拱上建筑分为拱式拱上建筑和梁式拱上建筑两种。

(1)拱式拱上建筑

拱式拱上建筑构造简单,外形美观,但质量较大,一般用于圬工拱桥。腹孔的形式和跨径的选择,要既能减轻拱上建筑的质量,又不致因荷载过分集中于腹孔墩处,给主拱圈受力状况造成不利影响,同时还要使拱桥外形协调美观。

腹孔一般对称布置在靠拱脚侧的一定区段内,其长度为跨径的 1/4～1/3[图 3-2-23a)],此时,跨中存在一实腹段。对于中小跨径拱桥,腹孔跨数以 3～6 孔为宜。目前也有采用全空腹形式[图 3-2-23b)],一般以奇数孔为宜。腹孔跨径,对中小跨径拱桥一般选用 2.5～5.5m,对大跨径拱桥则控制为主拱跨径的 1/15～1/8。腹孔构造宜统一,以便于施工和有利于腹孔墩的受力。

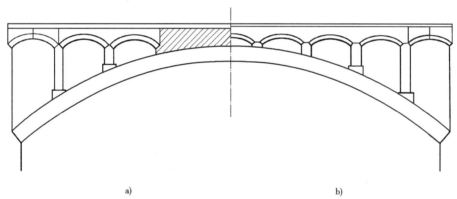

图 3-2-23 拱式拱上建筑
a)带实腹段的空腹拱;b)全空腹拱

腹拱圈一般采用矢跨比为 1/5～1/2 的圆弧线板式结构,或矢跨比为 1/12～1/10 的微弯板或扁壳结构。腹拱圈的厚度与它的构造形式有关,当跨径小于 4m 时,石板拱为 30cm,混凝土板拱为 15cm,微弯板为 14cm(其中预制 6cm,现浇 8cm);当跨径大于 4m 时,腹拱圈厚度则可按板拱厚度经验公式拟定或参考已成桥的资料确定。腹拱拱腹填料与实腹拱相同。

紧靠桥墩(台)的第一个腹拱,目前较多的有两种做法,一种是将腹拱的拱脚直接支承在墩(台)上[图 3-2-24a)、b)];一种是跨越桥墩,使桥墩两侧的腹拱圈相连[图 3-2-24c)],由于拱圈受力后变形较大,而墩台变形较小,容易造成第一个腹拱因拱脚变位而开裂,因而靠近墩台的第一个腹拱应做成三铰拱。

(2)梁式拱上建筑

梁式拱上建筑,可减轻拱上质量,降低拱轴系数(使拱上建筑的恒载分布接近于均布荷载),改善拱圈在施工过程中的受力状况,获得更好的经济效果。腹孔的布置与上述拱式拱上建筑的腹拱布置要求基本相同。

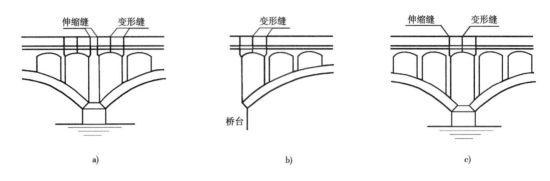

图 3-2-24　桥墩(台)上腹拱的布置方式

梁式腹孔结构有简支、连续和框架式等多种形式。

①简支腹孔(纵铺桥道板梁)[图 3-2-25a)、b)]

简支腹孔由底梁(座)、立柱、盖梁和纵向简支桥道板(梁)组成。这种形式的结构体系简单,基本上不存在拱与拱上结构的联合作用,受力明确,是大跨径拱桥拱上建筑主要采用的形式。

腹孔布置的范围及实腹段的构造与拱式腹拱相同[图 3-2-25a)]。由于拱顶段上面全部被覆盖,空腹、实腹段拱上荷载差异较大。目前,大跨径拱桥的梁式拱上建筑一般都取消拱顶实腹段,而采用全空腹式拱上建筑[图 3-2-25b)]。

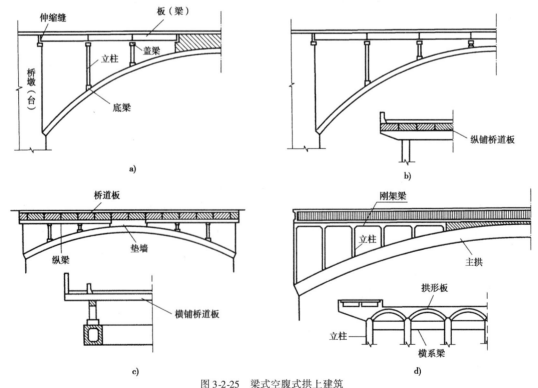

图 3-2-25　梁式空腹式拱上建筑
a)带实腹段的简支腹孔；b)全空腹式的简支腹孔；c)连续腹孔；d)框架式腹孔

全空腹式腹孔数宜采用奇数,避免拱顶设有立柱,使拱顶受力不利。通常先确定两拱脚的立柱位置,然后将其间距除以某个奇数后,即可确定各立柱位置和腹孔跨径,若得出的腹孔跨径不恰当,可调整孔数以满足受力需要。

②连续腹孔(横铺桥道板梁)[图3-2-25c)]

连续腹孔由立柱、纵梁、实腹段垫墙及桥道板组成。先在拱上立柱上设置连续纵梁,然后再在纵梁和拱顶段垫墙上铺设横向桥道板,形成拱上传载结构,这种形式主要用于肋拱桥。其特点是桥面板横置,拱顶上只有一个板厚(含垫墙)及桥面铺装厚,建筑高度很小,适合于建筑高度受限制的拱桥。

③框架腹孔[图3-2-25d)]

框架腹孔在横桥向需设置多片,每片通过系梁形成整体。

2)腹孔墩

腹孔墩可分为横墙式或排架式两种。

(1)横墙式[图3-2-26a)]

这种腹孔墩采用横墙式墩身,一般用圬工材料砌筑或现浇混凝土形成,施工简便。为了便于维修、减轻质量,可在横向挖一个或几个孔。横墙式腹孔墩,自重较大,但节省钢材,多用于砖、石拱桥中。腹孔墩的厚度,采用浆砌片、块石时,不宜小于0.60m,采用混凝土砌筑时,一般应大于腹拱圈厚度的1倍。底梁能使横墙传下来的压力较均匀地分布到主拱圈全宽上,其每边尺寸较横墙宽5cm,其高度则以使较矮一侧高度为5~10cm为原则来确定。底梁常采用素混凝土结构。墩帽宽度宜大于墙宽5cm,也采用素混凝土。

(2)排架式[图3-2-26b)]

排架式腹孔墩是由立柱和盖梁组成的钢筋混凝土排架结构。为了使立柱传递给主拱圈的压力不至于过分集中,通常在立柱下面设置底梁。立柱和盖梁常采用矩形截面。截面尺寸及钢筋配置除了满足结构受力需要外,还应考虑和拱桥的外形及构造相协调。腹孔墩的侧面一般做成竖直的,以方便施工。

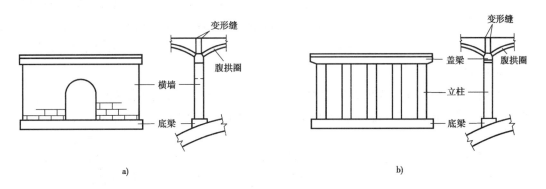

图3-2-26 腹孔墩构造形式

对于拱上结构与主拱联结成整体的钢筋混凝土空腹式拱桥,在活载或温度变化等因素作用下将引起拱上结构变形,在腹孔墩中产生附加弯矩,从而导致节点附近产生裂缝。为了使拱上结构不参与主拱受力,可以在腹孔墩的上下端设铰,使它成为仅受轴向压力的受力构件,以改善拱上建筑腹孔墩的受力情况。由力学知识可知,当腹孔墩的截面尺寸相同时,高度较大的腹孔墩的相对刚度要比矮腹孔墩小,因此附加内力的影响也较小。为了简化构造和方便施工,一般高立柱仍可采用固结形式,而只在靠近拱顶处的1~2根高度较小的矮立柱上、下端设铰(图3-2-27)。

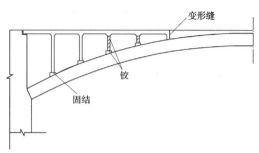

图3-2-27 立柱的连接方式

三、其他细部构造

有关桥面系的通用构造可参见第一篇第四章,以下仅就拱桥的特殊构造加以阐述。

1. 拱上填料、桥面及人行道

拱上建筑中的填料,一方面可以扩大车辆荷载作用的面积,同时还可以减小车辆荷载对拱圈的冲击,但也增加了拱桥的恒载质量。无论是实腹拱,还是空腹拱(除开无拱上填料的轻型拱桥),在拱顶截面上缘以上都作了拱腹填充处理。填充后,通常还需设置一层填料,即拱顶填料,在该填料以上才是桥面铺装(图3-2-28)。主拱圈及腹拱圈的拱顶处,填料厚度(包括路面厚度)均不宜小于30cm,根据《桥规 JTG D60》的规定,当拱上填料厚度(包括桥面铺装厚度)等于或大于50cm时,设计计算中不计汽车荷载的冲击力。

在地基条件很差的情况下,为了进一步减轻拱上建筑质量,可减薄拱上填料厚度,甚至可以不要拱上填料,直接在拱顶截面上缘以上铺筑混凝土桥面,此时应计入汽车荷载的冲击力。

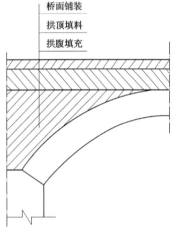

图3-2-28 拱上填料图式

2. 伸缩缝与变形缝

由于拱上建筑与主拱圈的共同作用,一方面拱上建筑能够提高主拱圈的承载能力,但另一方面,它对主拱圈的变形又起约束作用,在主拱圈和拱上建筑内均产生附加内力,使结构受力复杂。

为了使结构的计算图式尽量与实际的受力情况相符合,避免拱上建筑的不规则开裂,以保证结构的安全使用和耐久性,除在设计计算上应作充分的考虑外,还需在构造上采取必要的措施。通常是在相对变形(位移或转角)较大的位置设置伸缩缝,而在相对变形较小处设置变形缝。

对小跨径实腹拱,伸缩缝设在两拱脚的上方[图3-2-29a)],并在横桥向贯通全宽和侧墙的全高至人行道。伸缩缝多做成直线形,以使构造简单,施工方便。对拱式空腹拱桥[图3-2-29b)],通常将紧靠墩(台)的第一个腹拱做成三铰拱,并在紧靠墩(台)的拱铰上方设置伸缩缝,且应贯通全桥宽,而其余两拱铰上方设置变形缝。在大跨径拱桥中,还应将靠拱顶的腹拱做成两铰或三铰拱,并在拱铰上方也设置变形缝,以使拱上建筑更好地适应主拱的变形。对梁式腹孔,通常是在桥台和墩顶立柱处设置标准伸缩缝,而在其余立柱处采用桥面连续。

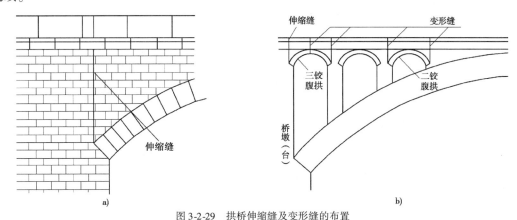

图 3-2-29 拱桥伸缩缝及变形缝的布置

伸缩缝宽 2~3cm,其缝内填料可用锯末屑与沥青按 1:1 的比例制成预制板,在施工时嵌入,并在上缘设置能活动而不透水的覆盖层,另外,也可采用沥青砂等其他材料填塞伸缩缝。变形缝不留缝宽,其缝可干砌、用油毛毡隔开或用低强度等级的砂浆砌筑。

3. 排水与防水层

对于拱桥,不仅要求将桥面雨水及时排除,而且要求将透过桥面铺装渗入拱腹的雨水及时排除。要排除桥面雨水,除了设置桥梁纵坡和桥面横坡外,一般还沿桥面两侧缘石边缘设置泄水管(图3-2-30)。通过桥面铺装渗入拱腹内的雨水,应由防水层汇集于预埋在拱腹内的泄水管排出,防水层和泄水管的设置方式,与上部结构的形式有关。

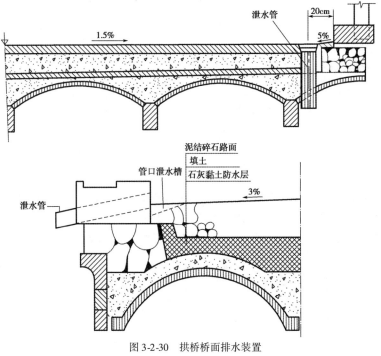

图 3-2-30 拱桥桥面排水装置

实腹式拱桥防水层应沿拱背护拱、侧墙铺设。如果是单孔,可以不设拱腹泄水管,积水沿防水层流至两个桥台后面的盲沟,然后沿盲沟排出路堤。如果是多孔拱桥,可在跨径1/4处设泄水管[图3-2-31a)]。对于空腹拱桥,防水层应沿腹拱上方与主拱圈跨中实腹段的拱背设置,泄水管也宜布置在1/4跨径处[图3-2-31b)]。对跨线桥、城市桥或其他特殊桥梁,需设置全封闭式排水系统。

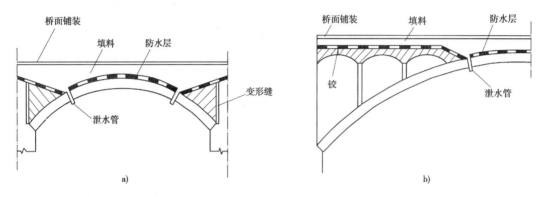

图3-2-31 防水层与拱腹泄水管的布置

防水层在全桥范围内不宜断开,通过伸缩缝或变形缝时应妥善处理,使其既能防水又可以适应变形。

4. 拱桥中铰的设置

拱桥中需要设置铰的情况有四种:

(1)按两铰拱或三铰拱设计的主拱圈。

(2)按构造要求需要采用两铰拱或三铰拱的腹拱圈。

(3)需设置铰的矮小腹孔墩,即将铰设置在墩上端与顶梁连接和设置在下端与底梁连接。

(4)在施工过程中,为消除或减小主拱圈的部分附加内力,以及对主拱圈内力作适当调整时,需要在拱脚处设置临时铰。

前面三种情况属于永久性拱铰,故对其要求较高,构造较复杂,需经常养护,费用较高。最后一种是临时性拱铰,一般待施工结束时,就将其封固,故构造较简单,但必须可靠。

常用的拱铰形式有:弧形铰、铅垫铰、平铰、不完全铰和钢铰。

(1)弧形铰(图3-2-32)

弧形铰由两个具有不同半径弧形表面的块件组成,一个为凹面(半径为R_2),一个为凸面(半径为R_1)。R_2与R_1的比值常在1.2~1.5。铰的宽度应等于构件的宽度,沿拱轴线的长度取为拱厚的1.15~1.20倍。铰的接触面应精加工,以保证紧密结合。由于构造复杂,加工难度大,故主要用于主拱圈的拱铰。弧形铰一般用钢筋混凝土、混凝土或石料等做成。

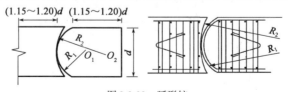

图3-2-32 弧形铰

(2)铅垫铰(图3-2-33)

铅垫铰利用铅的塑性变形达到支承面的自由转动,从而实现铰的功能;主要用于中小跨径的板拱或肋拱,此外,铅垫铰也可用作临时铰。铅垫铰一般由厚度1.5~2.0cm的铅垫板外包以锌、铜薄片(厚1.0~2.0cm)构成。垫板宽度为拱圈厚度的1/4~3/4,在主拱圈的全部宽度上分段设置。

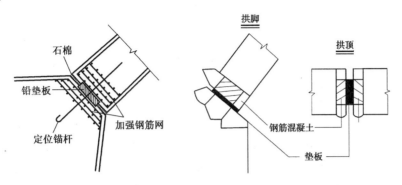

图3-2-33 铅垫铰

(3)平铰(图3-2-34)

平铰就是构件两端面(平面)直接抵承,其接缝可铺一层低强度等级砂浆,也可垫衬油毛毡或直接干砌,一般用在空腹式拱桥的腹拱圈上。

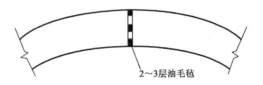

图3-2-34 平铰

(4)不完全铰[图3-2-35a)、b)、c)]

多用在小跨径或轻型的拱圈以及空腹式拱桥的腹孔墩柱上,其构造是将拱截面突然减小(一般为全截面的1/3~2/5),以保证该截面的转动功能。在施工时拱圈不断开,使用时又能起到铰的作用。由于截面突然变小而使其应力很大,容易开裂,故必须配以斜钢筋。

(5)钢铰

钢铰[图3-2-35d)]通常做成理想铰。钢铰除用于少数有铰钢拱桥的永久性铰结构外,更多用于施工需要的临时铰。

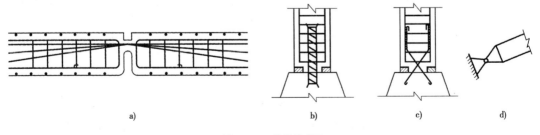

图3-2-35 其他类型铰

四、拱桥设计

1. 拱桥总体布置

拱桥总体布置应包括：拟定结构体系及结构形式；拟定桥梁长度、跨径、孔数，拱的主要几何尺寸，桥梁高度，墩台及其基础形式和埋置深度，桥上及桥头引道的纵坡等。

(1) 拟定桥梁长度及分孔

首先在平、纵、横三个方向综合考虑桥梁与两头路线的衔接，根据泄洪总跨径及其他方面的要求，确定两岸桥台之间的总长度，并确定桥台的位置。

在桥梁全长拟定后，再根据桥址处的通航、地形、地质等情况，并结合选用的结构体系、结构形式和施工条件，进一步选择单孔或是多孔。如果采用多孔拱桥，如何进行分孔，是总体布置中一个比较重要的问题。对于通航河流，在确定孔数与跨径时，一般分为通航孔和不通航孔两部分。通航孔跨径和通航高程的大小应满足航道等级规定的要求（参见第一篇第一章表1-2-2），并与航道部门协商。通航孔的位置多半布置在常水位时的河床最深处或航行最方便的地方。对于航道可能变迁的河流，必须设置几个通航的桥跨。对于不通航孔或非通航河段，桥孔划分可按经济原则考虑。

对于跨河桥梁，分孔完成后，应再次检查泄洪总跨径是否满足要求，否则应适当调整墩台位置。

(2) 拟定桥梁设计高程和矢跨比

拱桥的高程主要有四个，即桥面高程、拱顶底面高程、起拱线高程和基础底面高程（图3-2-36）。这几项高程的合理确定，是拱桥总体布置中的另一个重要问题。

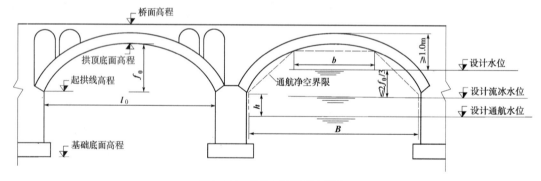

图3-2-36 拱桥主要高程示意图

桥面高程一般由两岸线路的纵断面设计控制。对跨越平原区河流的拱桥，其桥面最小高度一般由桥下净空所控制，并且还需满足宣泄设计洪水流量或不同航道等级所规定的桥下净空界限的要求。

当桥面高程确定之后，由桥面高程减去拱顶处的建筑高度（拱顶填料厚度和主拱圈厚度），就可得到拱顶底面的高程。

起拱线高程由矢跨比的要求确定。

基础底面的高程，应根据冲刷深度、地基承载能力等因素确定。

主拱圈矢跨比是拱桥的主要设计参数之一。它不但影响主拱圈内力，还影响拱桥的构造形式和施工方法的选择，应综合考虑上、下部结构受力、通航、泄洪等因素确定矢跨比。

拱桥的水平推力与垂直反力之比值，随矢跨比的减小而增大。当矢跨比减小时，拱的推力增大，反之则推力减小。众所周知，推力大，相应地在拱圈产生的轴向力也大，对拱圈自身的受力状况是有利的，但对墩台基础不利。同时，当拱圈受力后，其弹性压缩，或温度变化、混凝土收缩、墩台位移等，都会在无铰拱的拱圈内产生附加的内力，因而拱越坦（即矢跨比越小），附加内力越大。反之，当拱的矢跨比过大时，拱脚区段过陡，会给拱圈的砌筑或混凝土的浇筑带来困难。另外，拱桥的外形是否美观，与周围景物能否协调，也与矢跨比有很大的关系，因此在设计时，矢跨比的大小应经过综合比较后选定。通常，对于砖、石、混凝土板拱桥及双曲拱桥，矢跨比一般为 1/6～1/4，不宜超过 1/8；箱形拱桥的矢跨比一般为 1/8～1/6，钢筋混凝土拱桥的矢跨比一般为 1/10～1/6，或者再小一些，但也不宜小于 1/12。

2. 不等跨连续拱桥的处理方法

多孔连续拱桥最好选用等跨或分组等跨的分孔方案。但当受地形、地质、通航等条件的限制，或引桥很长，考虑与桥面纵坡协调一致时，或对桥梁的美观有特殊要求时，可以考虑采用不等跨分孔（图 3-2-37）。

图 3-2-37　不等跨分孔的拱桥桥型图

不等跨拱桥，由于相邻孔的恒载推力不相等，增加了恒载作用下桥墩和基础的不平衡推力。在采用柔性墩的多孔连续拱桥中，还需考虑恒载不平衡推力产生的连拱作用，使计算和构造复杂。为了减小这个不平衡推力，改善桥墩、基础的受力状况，节省材料和造价，可采用以下措施。

（1）采用不同的矢跨比

利用矢跨比与推力大小成反比的关系，在相邻两孔中，大跨径用较陡的拱（矢跨比较大），小跨径用较坦的拱（矢跨比较小），使两相邻孔在恒载作用下的不平衡推力尽量减小。

（2）采用不同的拱脚高程

由于采用了不同的矢跨比，致使两相邻孔的拱脚高程不在同一水平线上（图 3-2-38）。因大跨径孔的矢跨比大，拱脚降低，减小了拱脚水平推力对基底的力臂，这样可使大跨与小跨的恒载水平推力对基底产生的弯矩得到平衡。

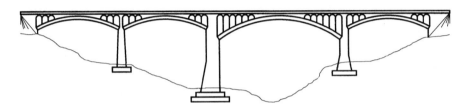

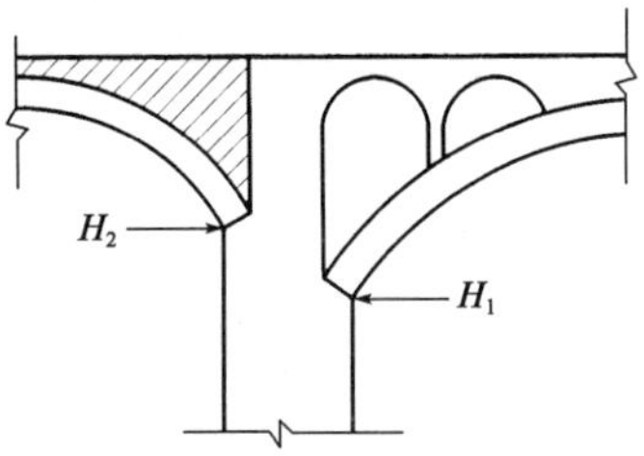

图 3-2-38　大跨与小跨的拱脚高程

（3）调整拱上建筑的恒载质量

当必须使相邻孔的拱脚放置在相同（或相接近）的高程上时，也可采用调整拱上建筑质量的方法来减小相邻孔间的不平衡推力。大跨径可用轻质的拱上填料或采用空腹式拱上建筑，小跨径用重质的拱上填料或采用实腹式拱上建筑，通过增加小跨径拱的恒载重力来增大其水平推力。

(4)采用不同类型的拱跨结构

常常是小跨径用板拱或厚壁箱拱结构,大跨径用分离式肋拱或薄壁箱拱结构,以减轻大跨径的恒载重力来减小恒载的水平推力。有时,为了进一步减小大跨径拱的恒载水平推力,可以将大跨径部分做成中承式肋拱。

在具体设计时,也可以将以上几种措施同时采用。如果不能达到平衡推力的目的,可加大桥墩和基础的尺寸;或将其做成不对称的形式。

3. 拱轴线的选择和拱上建筑的布置

理想的拱轴线是在各种荷载作用下拱圈截面只受轴向压力,而无弯矩作用,这就能充分利用圬工材料的抗压性能。但事实上是不可能获得这种拱轴线的,因为除结构自重外,拱圈还要受到活载、温度变化和材料弹塑性变形等的作用。考虑到公路拱桥的结构自重占全部荷载的比重较大,以结构自重压力线作为设计拱轴线,基本上是适宜的。

一般来说,拱桥设计中所选择的拱轴线应满足以下几方面的要求,即要求尽量减小拱圈截面的弯矩,使主拱圈在计入弹性压缩、温升温降、混凝土收缩徐变等影响后,各主要截面的应力较为均匀,且最大限度减小截面拉应力,最好是不出现拉应力;对于无支架施工的拱桥,尚应满足各施工阶段的要求,并尽可能少用或不用临时性施工措施,以便于施工。

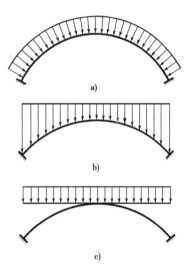

图 3-2-39 拱桥拱轴线形

拱桥常用的拱轴线线形有以下几种:

(1)圆弧线

在均布径向荷载作用下(如水压力),拱的合理拱轴线为一圆弧线[图 3-2-39a)]。这类拱桥,线形简单,施工方便。但在一般情况下,圆弧形拱轴线与结构自重压力线偏离较大,使拱圈各截面受力不够均匀。因此圆弧线常用于 20m 以下的小跨径拱桥。对于较大跨径的预制装配式钢筋混凝土拱桥,有时为了简化施工,也可采用圆弧形拱轴线。

(2)悬链线

实腹式拱桥的恒载集度,从拱顶向拱脚是均匀增加的(均变荷载),这种荷载分布图式的拱圈的压力线是一条悬链线[图 3-2-39b)]。因此,实腹式拱桥采用悬链线作为拱轴线。在结构自重作用下,当不计拱圈由结构自重弹性压缩产生的影响时,拱圈截面将只承受轴力而无弯矩。

(3)抛物线

在竖向均布荷载作用下,拱的合理拱轴线是二次抛物线[图 3-2-39c)]。对于结构自重集度比较接近均布的拱桥,往往可以采用二次抛物线作为拱轴线。

在某些大跨径拱桥中,由于拱上建筑布置的特殊性,为了使拱轴线尽可能与结构自重压力线相吻合,也可采用高次抛物线(如四次或六次抛物线)作为拱轴线。

综上所述,拱上建筑的形式及其布置,对于合理选择拱轴线形是有密切联系的。在一般情况下,小跨径拱桥可采用实腹式圆弧拱或实腹式悬链线拱;大、中跨径拱桥可采用空腹式悬链线拱;轻型拱桥或全透空的大跨径拱桥可以采用抛物线拱。

第二节　中、下承式钢筋混凝土拱桥构造与设计

一、概述

中承式拱桥的行车道位于拱肋的中部,桥面系(桥面板、纵梁、横梁、桥面铺装等)一部分用吊杆悬挂在拱肋下,一部分用刚架立柱支承在拱肋上,如图 3-2-40 所示。

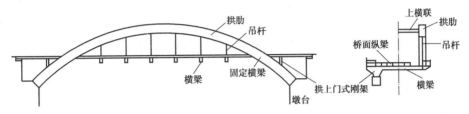

图 3-2-40　中承式钢筋混凝土拱桥的总体布置

下承式拱桥的桥跨结构由拱肋、悬吊结构和横向联结系三部分组成,如图 3-2-41 所示。由于车辆在两片拱肋之间行驶,所以,需要用吊杆将纵、横梁系统悬挂在拱肋下,在纵、横梁系统上支承桥面板,由纵横梁、桥面板等共同组成桥面系。桥面系和这些传力构件统称为悬吊结构。

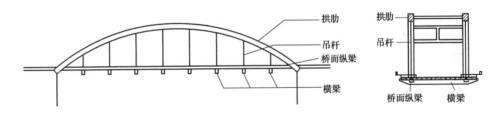

图 3-2-41　下承式钢筋混凝土拱桥的总体布置

从图 3-2-40、图 3-2-41 中可以看出,中、下承式拱桥仍保持了上承式拱桥的基本力学特性,可以充分发挥拱圈混凝土材料的抗压性能。更重要的一点是,当桥梁的建筑高度受到严格限制时,若采用上承式拱桥往往有困难或导致矢跨比过小,这时,可采用中、下承式拱桥满足桥下净空要求;在不等跨的多孔连续拱桥中,为了平衡左右桥墩的水平推力,将较大跨径一孔的矢跨比加大,做成中承式拱桥,可以减小其水平推力;在平坦地形的河流上,采用中、下承式拱桥可以降低桥面高度,有利于改善桥梁两端引道的纵面线形,减少引道的工程数量;有时为了满足当地景观和美学的需要,特别是多孔连续的中、下承式拱桥,以其波浪形起伏、构件轻巧给人以美感。

二、中、下承式拱桥基本组成和构造

1. 拱肋

中、下承式拱桥的主要承重构件是两个分离式的拱肋,组成拱肋的材料可以是钢筋混凝

土、钢管混凝土、劲性骨架混凝土或纯钢材,两片拱肋一般在两个相互平行的平面内。有时也可使两拱肋平面内倾,使之在水平面上的投影呈"X"形(即提篮式拱,如图3-2-42所示),以提高拱肋的横向稳定性和承载力。

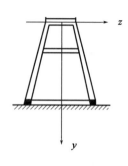

图 3-2-42 提篮式拱示意图

中、下承式拱桥由于行车道布置在两拱肋之间,因此,在相同桥面净宽的条件下,拱肋的间距比上承式拱桥的大。中、下承式拱桥的拱肋一般采用无铰拱形式,以保证其刚度。其恒载分布比较均匀,因此拱轴线形可采用二次抛物线,也可采用悬链线。钢筋混凝土拱肋的截面形状根据跨径的大小、荷载等级和结构的总体尺寸,可以选用矩形、工字形、箱形或管形(即构成钢管混凝土拱肋)。截面沿拱轴的变化规律可以为等截面或变截面。有时为了增强肋拱的横向刚度和稳定,可将拱脚段的肋宽增大。其截面尺寸的拟定及配筋与上承式肋拱一样。

矩形截面的拱肋施工简单,一般用于中、小跨径的拱桥,拱肋的高度为跨径的1/70~1/40,肋宽为肋高的0.5~1.0倍;工字形和箱形截面常用于大跨径的拱肋。拱顶肋高的拟定采用下列经验公式。

(1)跨径 $l_0 \leqslant 100\mathrm{m}$ 时

$$h_\mathrm{d} = \frac{1}{100}l_0 + \Delta \tag{3-2-3}$$

式中:l_0——拱的净跨径;

Δ——常数,取值范围为0.6~1.0m,跨径大时选用上限。

(2)当跨径 $100\mathrm{m} < l_0 \leqslant 300\mathrm{m}$ 时

$$h_\mathrm{d} = \frac{1}{100}l_0 + \alpha\Delta \tag{3-2-4}$$

式中:l_0——拱的净跨径;

α——高度修正系数,取值范围为0.6~1.0;

Δ——常数,取值范围为2.0~2.5m。

肋拱矢跨比的取值为1/7~1/4。拱肋可以在拱架上立模现浇,也可采用预制拼装。

2. 横向联系

为了保证两片拱肋的横向刚度和稳定性以承受作用在拱肋、桥面及吊杆上的横向水平力,一般须在两片分离的拱肋间设置横向联系。横向联系可做成横撑、对角撑或空格式构造等形式(图3-2-43),横撑的宽度不应小于其长度的1/15。横向联系的设置往往受桥面净空高度的限制,横向联系构件只容许设置在桥面净空高度范围之外的拱段(对于中承式拱肋,还可以设置在桥面系以下的拱段),有时为了满足规定的桥面净空高度要求,而不得不将拱肋矢高加大来设置横向构件。有时为了满足桥面净空要求和改善桥上的视野而取消行车道以上的横向构件,做成敞口式拱桥。

3. 悬吊结构

悬吊结构包括吊杆和桥面系等,吊杆将纵梁和横梁系统悬吊在拱肋下,桥面荷载通过吊杆和桥面系将作用力传递到拱肋上。

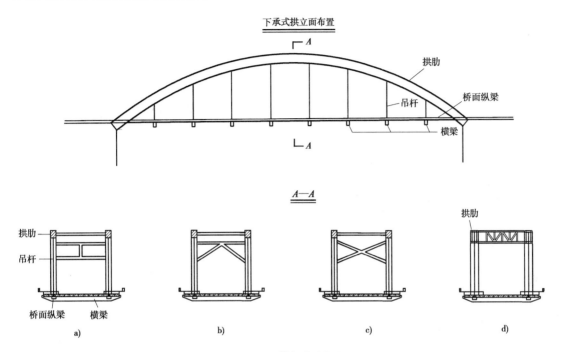

图 3-2-43 横向联系类型
a)一字形和 H 形横撑;b)K 形对角撑;c)X 形对角撑;d)空格式构造

(1)吊杆

受拉吊杆根据其构造分为刚性吊杆和柔性吊杆两类。其中刚性吊杆多采用型钢、钢筋混凝土或预应力钢筋混凝土制作,对拱肋的横向刚度有一定的提升,但其施工程序多,工艺复杂,目前应用较少,本节主要介绍柔性吊杆。

柔性吊杆(图 3-2-44)一般用冷轧粗钢筋、高强钢丝或钢绞线等高强度钢材制作。高强度钢丝束做的吊杆通常采用镦头锚,而粗钢筋则采用轧丝锚与拱肋、横梁相连。

为了提高钢索的耐久性,必须防止钢索锈蚀,为此要求防护层有足够的强度、韧性、抗老化性和附着性,确保使用周期内防护层不开裂或脱落。钢索的防护方法很多,主要有缠包法和套管法等。目前主要用 PE 热挤索套防护工艺,直接在工厂制成成品索,简单可靠,且较经济。

中、下承式拱桥的吊杆长度相差较大,接近拱脚处的短吊杆设计应特别注意。吊杆较短时,其线刚度(EA/l)就较大,相应地,它比长吊杆承担更大的活载及活载冲击力,因而短吊杆内的应力及应力变幅均较大,需适当增大短吊杆的截面面积。另一方面,在温度变化的作用下,短吊杆下端随桥面一起产生水平位移,若设计处理不当,短吊杆的上下两个锚点偏离垂直线,形成很大的折角,致使吊杆护套破损,钢丝受力不匀,钢丝腐蚀断裂,为避免出现这种情况,可将短吊杆两端设计成铰接(图 3-2-45),或采取适当的措施减小短吊杆的水平位移(如设伸缩缝、改变局部构造等)。

吊杆的间距一般根据构造要求和经济美观等因素决定。吊杆的间距即为行车道纵梁的跨长。间距大时,吊杆的数目减少,但纵、横梁的用料增多;反之,吊杆数目增多,纵、横梁的用料减少。一般吊杆的间距为4~10m,通常吊杆取等间距。

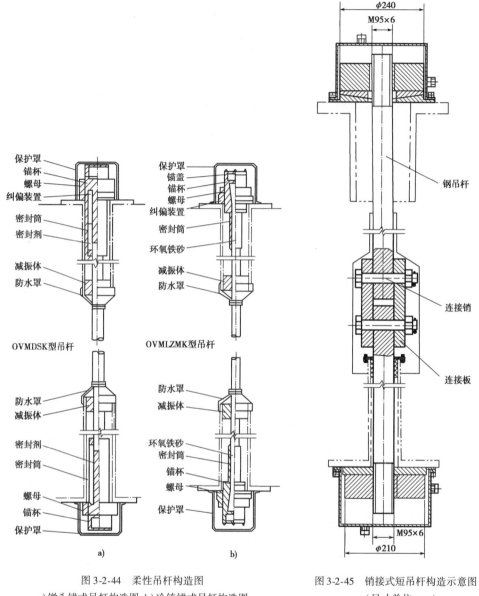

图 3-2-44 柔性吊杆构造图
a)镦头锚式吊杆构造图;b)冷铸锚式吊杆构造图

图 3-2-45 销接式短吊杆构造示意图
(尺寸单位:mm)

(2)横梁

中承式拱桥的桥面横梁可以分为固定横梁、普通横梁和刚架横梁三类。根据横梁间距的不同,横梁高度可取拱肋间距(横梁跨径)的1/15~1/10,为满足搁置和连接桥面板的需要,横梁上缘宽度不宜小于60cm。桥面系与拱肋相交处的横梁一般与拱肋刚性联结,其截面尺寸与刚度比其他横梁大,通常称为固定横梁;通过吊杆悬挂在拱肋下面的横梁称为普通横梁;通过立柱支承在拱肋之上的横梁称为刚架横梁。

固定横梁(图3-2-46)由于其位置特殊,既要能传递竖向荷载和水平横向荷载,有时还要传递纵向制动力以及从拱肋和桥面传来的弯矩、扭矩和剪力,因此必须与拱肋刚性联结,且其外形须与拱肋和桥面系相适应。因为在此处,主拱占去了一定宽度的桥面,为了保证人行道宽度不在此处颈缩,故固定横梁一般比普通横梁要长,常用的截面形式有工字形、不对称工字形和三角形等。

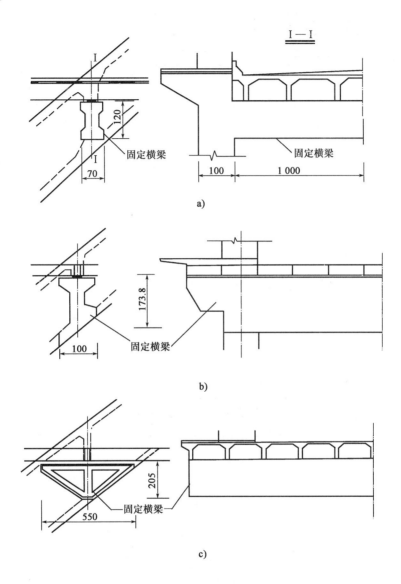

图 3-2-46 固定横梁构造图(尺寸单位:cm)
a)工字形固定横梁;b)不对称工字形固定横梁;c)三角形双室箱形固定横梁

普通横梁如图 3-2-47 所示,其截面形式常用的有矩形、工字形和土字形。

大型横梁也可以采用箱形截面,其尺寸取决于横梁的跨度(拱肋中距)和承担桥面荷载的长度(吊杆间距),一般为钢筋混凝土构件,跨度较大时,也可以采用预应力混凝土构件或钢构件。图 3-2-48 示出了下承式拱桥的横梁处横断面构造图。

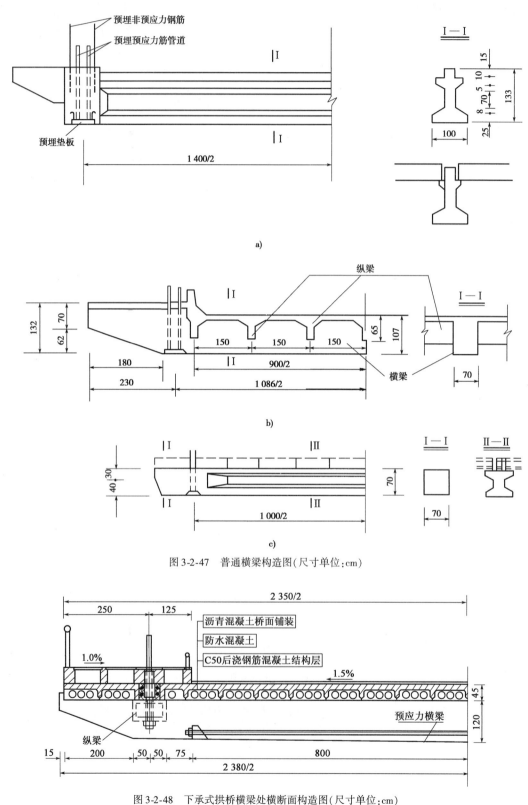

图 3-2-47　普通横梁构造图(尺寸单位:cm)

图 3-2-48　下承式拱桥横梁处横断面构造图(尺寸单位:cm)

(3)纵梁(图 3-2-49)

由于横梁的间距一般在 4~10m 之间,纵梁多采用 T 形、Π 形小梁,设计成简支梁结构或连续梁结构,或直接在横梁上满铺空心板、实心板。

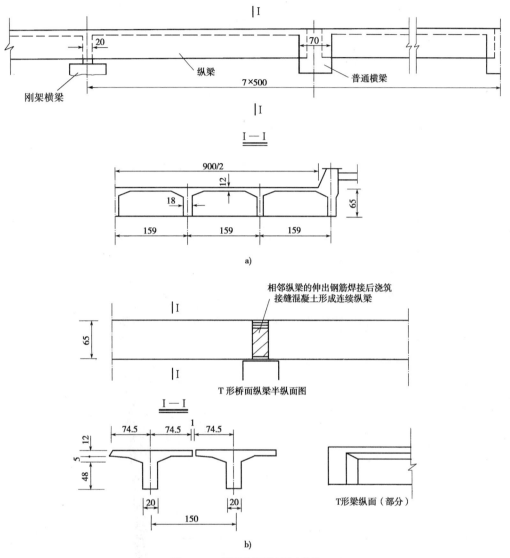

图 3-2-49 纵梁构造图(尺寸单位:cm)
a)T 形桥面简支纵梁构造图;b)T 形桥面连续纵梁构造图

(4)行车道系

行车道系由纵、横梁和行车道板组成。行车道板上铺桥面铺装,安设人行道和栏杆等。桥面板有时可与纵梁连成整体,形成 T 梁或 H 梁,也可在预制的纵梁上现浇桥面板形成组合梁。另一种方案是采用在横梁上密铺预制空心板或实心板来取代桥面板和纵梁两者的作用。桥面板一般为普通钢筋混凝土结构,也可采用预应力或部分预应力结构。

为减小横梁和横向联系的跨度,通常将人行道布置在吊杆的外侧。为确保安全,须在吊杆位于行车道一侧的桥面上设置防撞栏杆,以避免吊杆遭到车辆碰撞破坏,导致桥面垮塌的严重事故。

在布置行车道时,必须注意在适当位置设横向断缝,以避免由于拱肋的变形而拉坏桥面。在中承式拱桥中,行车道系与拱肋交会处,行车道系总是支承在固定横梁上(该横梁还起横撑的作用)而与拱肋连接在一起。如果行车道不设断缝,拱肋在外力(包括拱肋和桥面之间温度变化的影响)作用下发生变形时,行车道系将受到附加拉伸,行车道的防水层和混凝土可能被拉裂,因而影响桥梁的耐久性。

行车道的断缝可设于跨度中部,也可设于边上。

第三节 拱式组合体系桥构造与设计

一、概述

拱式组合体系桥是将梁和拱两种基本结构组合起来,共同承受荷载,充分发挥梁受弯、拱受压的结构特性及其组合作用,达到节省材料的目的,因此,也称为梁拱组合体系桥。根据拱肋和行车道梁联结方式的不同,拱式组合体系桥一般可划分为有推力的和无推力的两种类型。

无推力拱式组合体系桥(也称为系杆拱桥)是外部静定结构,兼有拱桥的较大跨越能力和梁桥对地基适应能力强的两大特点,故使用较多。当桥面高程受到严格限制而桥下又要求保证较大的净空,或当墩台基础地质条件不良易发生沉降,但又要保证较大跨径时,无推力拱式组合体系桥是较优越的桥型。

拱式组合体系桥的基本形式有以下几种。

1. 简支梁拱组合体系桥(图3-2-50)

这类桥梁只用于下承式,均为无推力拱式组合体系桥。拱肋结构一般为钢管混凝土和钢筋混凝土,桥面上常设置风撑。简支梁拱组合体系桥,外部为静定结构,内部为高次超静定结构,主要承重构件除拱肋外,还有加劲纵梁,它与横梁组成平面框架,由吊杆上下联系以达到共同受力的目的。

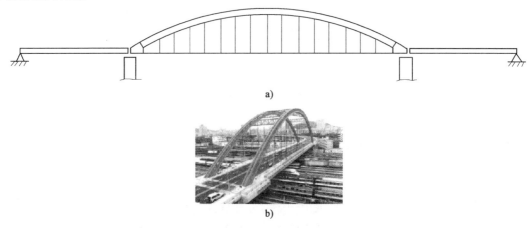

图3-2-50 简支梁拱组合体系桥
a)示意图;b)深圳北站跨铁路桥

根据拱肋和系杆(梁)相对刚度的大小,无推力拱式组合体系桥可划分为:柔性系杆刚性拱、刚性系杆柔性拱和刚性系杆刚性拱三种基本组合体系。

2. 连续梁拱组合体系桥(图 3-2-51)

这种体系可以是上承式、中承式及下承式,也可以是多肋拱、双肋拱或单肋拱与加劲梁组合。多肋拱及双肋拱的加劲梁的截面形式可类似于简支梁拱组合体系桥布置;而单片拱肋必须配置有箱形加劲梁,以加劲梁强大的抗扭刚度抵消偏载影响。这种桥型本身刚度大,跨越能力大,造型美观。

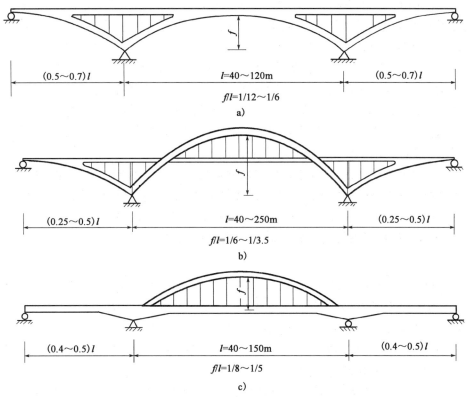

图 3-2-51　连续梁拱组合体系桥示意图
a)上承式;b)中承式;c)下承式

3. 单悬臂梁拱组合体系桥(图 3-2-52)

单悬臂梁拱组合体系桥只适用于上承式,采用转体施工特别方便。单悬臂梁拱组合体系桥实际上是将实腹梁挖空,用立柱代替梁腹板,原腹板剪力主要由拱肋竖向分力及加劲梁剪力平衡。这样的结构加劲梁受拉弯作用,加劲梁采用预应力混凝土,拱肋为钢筋混凝土。

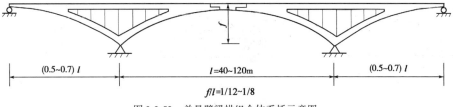

图 3-2-52　单悬臂梁拱组合体系桥示意图

二、拱式组合体系桥基本组成和构造

拱式组合体系桥一般由拱肋、系杆、吊杆(或立柱)及桥面系等组成。

1. 拱肋

对于柔性系杆刚性拱,拱肋的构造和截面形式基本上可参考普通的下承式肋拱桥,矢跨比一般在 1/5~1/4 之间取值。拱肋截面可根据跨径的大小和荷载等级选用矩形、工字形或箱形。对于公路桥,拱肋高度 $h=(1/50\sim1/30)l$,拱肋宽度 $b=(0.4\sim0.5)h$。一般矩形截面用于较小跨径的拱桥,当肋高超过 1.5~3.5m 时,采用工字形或箱形较为合理。

刚性系杆柔性拱以梁为受力主体,矢跨比通常为 1/7~1/5。拱肋在保证一定强度和稳定性的条件下,可将拱肋高度 h 从常用的 $(1/120\sim1/100)l$ 压缩到 $(1/160\sim1/140)l$,拱肋宽度一般采用 $b=(1.5\sim2.5)h$,对于公路桥,刚性系杆高度为 $h=(1/35\sim1/25)l$,跨度较大时,还可做成变截面。拱肋截面常采用宽矮实心矩形断面。若采用刚性吊杆,则横向刚度较大的拱肋与吊杆、横梁组成半框架,一般情况下,拱肋间可不设横撑,设计成敞口桥,使视野开阔。拱轴线通常采用二次抛物线。拱肋截面内的钢筋可采用普通钢筋、型钢及钢管,以缩小拱肋面积。为了增强混凝土的承压能力,可采用螺旋箍筋。

在刚性系杆刚性拱中,拱轴线常采用二次抛物线。为了方便支承节点处的构造连接,常将拱肋和系杆设计成相同的截面形式。中小跨径拱桥多采用工字形截面,当跨径较大时,常采用箱形截面。拱肋高度 $h=(1/80\sim1/50)l$,拱肋宽度 $b=(0.8\sim1.2)h$,系杆的梁高较柔性拱情形要小,具体尺寸应根据拱的刚度及桥面宽度、荷载情况确定。

2. 系杆

系杆的设置在系杆拱的设计中是个关键问题,一方面要考虑系杆与拱肋的连接,保证系杆能很好地与拱肋共同受力;另一方面又要考虑系杆与行车道之间的相互作用,避免桥面行车道因阻碍系杆的受拉而遭到破坏。构造上常见的处理方法有:

(1) 在行车道中设置横向断缝,使行车道不参与系杆的受力[图 3-2-53a)],行车道简支在横梁上。这种形式受力明确,应用较多。

(2) 系杆采用型钢或扁钢制作,与行车道完全不接触[图 3-2-53b)],为了防止行车道参与系杆受力,一般还要在行车道内设置横向断缝,其缺点是外露系杆易锈蚀,在温度变化时,外露金属系杆和钢筋混凝土拱肋的温度有差别,由此而产生附加应力。

(3) 采用独立的钢筋混凝土系杆[图 3-2-53c)],每个系杆由两部分组成,安放在吊杆两旁,自由地搁置在横梁上,一般尽量把系杆做得矮宽,以增加柔性,故常用于柔性系杆刚性拱中。

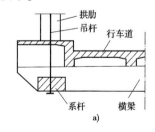
a)
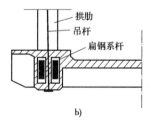
b)
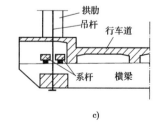
c)

图 3-2-53 系杆构造

（4）采用预应力钢筋混凝土系杆，为了方便连接，系杆截面形式与拱肋截面形式尽可能一致，行车道可设横向断缝，亦可不设，考虑行车条件，不设为宜。这种系杆较为合理，由于预加压力可克服混凝土承受的拉力，避免了混凝土的裂缝，维修费用比钢系杆低。

刚性系杆是偏心受拉构件，一般设计成箱形或工字形截面。由于截面正负弯矩的绝对值一般相差不大，故钢筋宜靠上下缘对称或接近对称布置。同时，沿截面高度应布置一定数量的分布钢筋，防止裂缝扩展。

值得注意的是，拱肋与系杆的连接构造是重要而又复杂的一部分，其构造形式随拱肋和系杆截面尺寸的不同而不同，具体连接构造方法可参考相关书目。

3. 吊杆

吊杆一般是长细构件，设计时通常将其作为轴向受力构件考虑，故顺桥向尺寸一般设计得较小，使之具有柔性而不承受弯矩，只承受拉力，横桥向尺寸设计得较大，以增强拱肋的稳定性。吊杆以前多采用钢筋混凝土或预应力混凝土构件，由于钢筋混凝土吊杆易产生裂缝，预应力混凝土吊杆施工麻烦，现在吊杆的发展趋势是采用高强度钢丝束或粗钢筋。

吊杆与拱肋及梁的连接方式可参考本章第二节的内容。

4. 横向联结系

参考本章第二节的有关内容。

三、拱式组合体系桥基本力学特征

1. 简支梁拱组合体系桥

简支梁拱组合体系桥相当于在简支梁上设置加强拱，梁拱端节点刚结，其间布置吊杆，通过调整吊杆张拉力，可使纵梁的受力状态处于最有利状态。可先按吊杆刚性无限大的假设进行计算，得到恒载状态下的弯矩、剪力和轴力图（图3-2-54）。从图中可以看出，体系中拱肋主要承担轴压力，梁内主要承担轴拉力，而弯矩及剪力主要受节间荷载的影响。

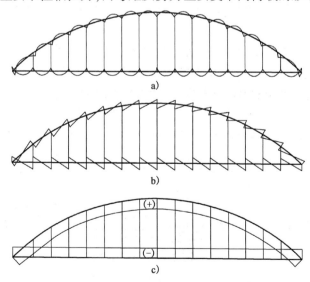

图 3-2-54　恒载状态下的弯矩、轴力及剪力图
a) 弯矩；b) 剪力；c) 轴力（+为压，-为拉）

了解了上述基本受力规律之后,通过模拟施工和运营过程,调整索力,使拱和梁处于均匀受力状态。

2. 连续梁拱组合体系桥

(1) 上承式连续梁拱组合体系桥

上承式梁拱组合结构,上弦加劲梁承受拉弯作用,下弦拱肋承受压弯作用。这类桥梁是一种用拱肋来加强的连续梁,由空腹范围内上弦产生的拉力,与拱内水平推力组成力矩来平衡截面内连续梁的弯矩;同时连续梁中墩附近的高度依靠拱来加大,使跨中弯矩减少。中墩位置处的较大负弯矩则靠梁内预应力来平衡。在跨径布置中,应尽可能减少边跨长度,使边跨上基本不出现正弯矩,以避免下弦出现拉应力。为了避免负反力出现,可在端部设置平衡重,或将边跨连续地向外延伸形成五跨连续的梁拱组合体系。预应力索可采用直索,通长布置,不仅可靠,而且可以减少锚头的用量及预应力沿管道损失。拱内剪力一般很小,不控制断面设计;同样加劲梁的剪力也是很小,不再是控制腹板厚度的因素。

(2) 中承式连续梁拱组合体系桥

中承式连续梁拱组合体系桥是目前我国在梁拱组合体系桥的设计与建造中采用较多的一种桥型,它的特点是结构布置合理,造型美观,施工方便。这类桥梁一般由三跨组成,它包括两个边跨的半拱和中跨全拱以及通长的加劲纵梁,其间设置立柱及吊杆。一般根据连续梁的弯矩图来布置加劲梁的拱肋,在负弯矩区用桥面以下两组拱腿来加强,在中跨正弯矩区用一组拱肋来加强,连续梁不仅承担弯矩与剪力,而且还需以轴向拉力来平衡拱的轴向压力,如图 3-2-55 所示。由于连续梁的弯矩图是根据梁的刚度变化而变化的,随着拱的加强,由梁拱所组合的连续梁刚度已非原来的连续梁刚度,其弯矩零点位置必然有所调整。但是梁与拱的弯矩、剪力与轴力的内部分配仍然服从同类上承式连续梁拱组合体系桥的基本原则。这类桥型一般用较大的矢跨比,对施工不会带来多大的困难,但可减少水平推力,也可以减少梁内的水平拉力。桥上、桥下矢高的分配,从美观的角度,桥上约占 $2f/3$,桥下约占 $f/3$。

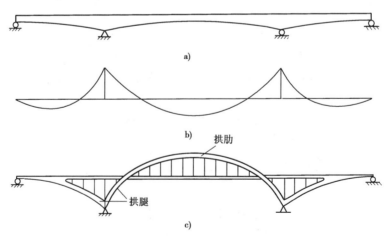

图 3-2-55 中承式连续梁拱组合体系桥

a) 连续梁示意图;b) 连续梁恒载弯矩示意图;c) 中承式连续梁拱组合体系桥示意图

(3) 下承式连续梁拱组合体系桥

三跨下承式连续梁拱组合体系桥实际上属于三跨变截面连续梁,如图 3-2-56 所示。当中孔用全拱加强后,通过张拉吊杆,显著地减小了中跨主梁的正负弯矩,使得主梁的建筑高度可以大幅度减小。两个边跨由于受到中跨拱的刚度影响,虽减小了负弯矩的负担,但边跨正弯矩比原来的有所增大,因而宜将边跨跨径适当减小。

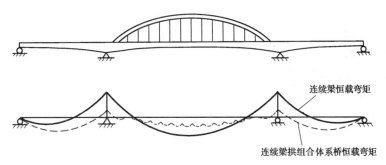

图 3-2-56　下承式连续梁拱组合体系桥

第三章 拱桥计算

第一节 上承式拱桥计算

本节所要讨论的是普通型上承式拱桥的计算问题,这类拱桥为多次超静定的空间结构。实际上存在有"拱上建筑与主拱的联合作用",但为了简化分析,一般偏安全地不去考虑它。在横桥向,不论活载是否作用在桥面的中心,在桥梁的横截面上都会出现应力的不均匀分布。拱上建筑为排架式时,应考虑活载的横向不均匀分布,拱上建筑为横墙式的板拱、双曲拱和箱形拱一般不考虑这个影响,对于刚架拱和桁架拱均应考虑活载的横向分布。

一、拱轴线方程的建立

1. 实腹式悬链线拱

实腹式悬链线拱是采用结构自重压力线(不计弹性压缩)作为拱轴线。实腹式拱的结构自重包括拱圈、拱上填料和桥面的自重[图 3-3-1a)],它的分布规律如图 3-3-1b)所示。实腹式悬链线拱的拱轴线方程就是在如图 3-3-1b)所示的结构自重作用下,根据拱轴线与压力线完全吻合的条件推导出来的。

取如图 3-3-1 所示的坐标系,设拱轴线即为结构自重压力线,故在结构自重作用下,拱顶截面的弯矩 $M_d = 0$,由于对称性,剪力 $Q_d = 0$,于是,拱顶截面仅有结构自重推力 H_g。对拱脚截

面取矩,则有

$$H_g = \frac{\sum M_j}{f} \tag{3-3-1}$$

式中：$\sum M_j$——半拱结构自重对拱脚截面的弯矩；
H_g——拱的结构自重水平推力（不考虑弹性压缩）；
f——拱的计算矢高。

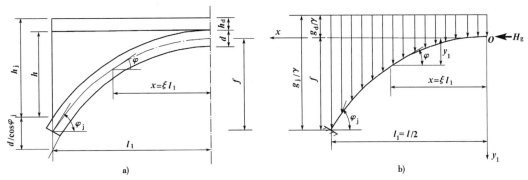

图 3-3-1 悬链线拱轴计算图式

对任意截面取矩,可得

$$y_1 = \frac{M_x}{H_g} \tag{3-3-2}$$

式中：M_x——任意截面以右的全部恒载对该截面的弯矩值；
y_1——以拱顶为坐标原点,拱轴上任意点的纵坐标。

式(3-3-2)即为求算结构自重压力线的基本方程。将上式两边对 x 求二阶导数,得

$$\frac{d^2 y_1}{dx^2} = \frac{1}{H_g} \cdot \frac{d^2 M_x}{dx^2} = \frac{g_x}{H_g} \tag{3-3-3}$$

式(3-3-3)即为求算结构自重压力线的基本微分方程式。为了得到拱轴线（即结构自重压力线）的一般方程,必须知道结构自重的分布规律。由图 3-3-1b)可知,任意点的结构自重集度 g_x 可以下式表示

$$g_x = g_d + \gamma y_1 \tag{3-3-4}$$

式中：g_d——拱顶处结构自重集度；
γ——拱上材料重度。

令

$$m = \frac{g_j}{g_d} \tag{3-3-5}$$

由式(3-3-4)、式(3-3-5)得

$$g_j = g_d + \gamma f = m g_d \tag{3-3-6}$$

式中：m——拱轴系数（或称拱轴曲线系数）；
g_j——拱脚处结构自重集度。

由式(3-3-6)得

$$\gamma = (m-1)\frac{g_d}{f} \tag{3-3-7}$$

将式(3-3-7)代入式(3-3-4)可得

$$g_x = g_d + (m-1)\frac{g_d}{f}y_1 = g_d\left[1 + (m-1)\frac{y_1}{f}\right] \tag{3-3-8}$$

再将上式代入基本微分方程(3-3-3),引入参数

$$x = \xi l_1, \text{则 } dx = l_1 d\xi$$

可得

$$\frac{d^2 y_1}{d\xi^2} = \frac{l_1^2}{H_g}g_d\left[1 + (m-1)\frac{y_1}{f}\right]$$

令

$$k^2 = \frac{l_1^2 g_d}{H_g f}(m-1) \tag{3-3-9}$$

则

$$\frac{d^2 y_1}{d\xi^2} = \frac{l_1^2 g_d}{H_g} + k^2 y_1 \tag{3-3-10}$$

上式为二阶非齐次常系数线性微分方程。解此方程,则得拱轴线方程为

$$y_1 = \frac{f}{m-1}(\text{ch}k\xi - 1) \tag{3-3-11}$$

上式一般称为悬链线方程。

对于拱脚截面:$\xi = 1, y_1 = f$,代入式(3-3-11),得

$$\text{ch}k = m$$

通常,m 为已知值,则 k 值可由下式求得

$$k = \text{ch}^{-1}m = \ln(m + \sqrt{m^2 - 1}) \tag{3-3-12}$$

当 $m = 1$ 时,则 $g_x = g_d$,表示结构自重是均布荷载。

将 $m = 1$ 代入式(3-3-9),解式(3-3-10)微分方程后可知,在均布荷载作用下的压力线为二次抛物线,其方程为

$$y_1 = f\xi^2$$

由悬链线方程(3-3-11)可以看出,当拱的矢跨比确定后,拱轴线各点的纵坐标将取决于拱轴系数 m,而 m 则取决于拱脚与拱顶的恒载集度比。各种 m 值的拱轴线坐标 y_1 值可直接由《公路桥涵设计手册——拱桥(上册)》(以下简称《拱桥》[11])附录(Ⅲ)表(Ⅲ)-1(本章涉及的《拱桥》附录可扫描右侧二维码查看)查出。

下面介绍实腹式悬链线拱拱轴系数的确定。

因为 $m = \dfrac{g_j}{g_d}$,由图 3-3-1 可知,拱顶处恒载集度为

$$g_d = h_d \gamma_1 + \gamma d \tag{3-3-13}$$

在拱脚处 $h_j = h_d + h$,则其恒载集度为

$$g_j = h_d \gamma_1 + h\gamma_2 + d/\cos\varphi_j \gamma \tag{3-3-14}$$

$$h = f + \frac{d}{2} - \frac{d}{2\cos\varphi_j} \tag{3-3-15}$$

式中:h_d——拱顶填料厚度,一般为 0.30~0.50m;

d——拱圈厚度;

γ——拱圈材料重度;

γ_1——拱顶填料及路面的平均重度;

γ_2——拱腹填料平均重度;

φ_j——拱脚处拱轴线的水平倾角。

从公式(3-3-13)和公式(3-3-14)可以看出,这两式中除了 φ_j 为未知数外,其余均为已知数。由于 φ_j 为未知,故不能直接算出 m 值,需用逐次逼近法确定:即先根据跨径和矢高假定 m 值,由《拱桥》[11]表(Ⅲ)-20 查得拱脚处的 $\cos\varphi_j$ 值,代入式(3-3-14)求得 g_j 后,再连同 g_d 一起代入式(3-3-5)算得 m 值。然后与假定的 m 值相比较,如算得的 m 值与假定的 m 值相符,则假定的 m 值即为真实值;如两者不符,则应以算得的 m 值作为假定值(为了计算方便,m 值应按表3-3-1所列数值假定),重新进行计算,直至两者接近为止。

当拱的跨径和矢高确定之后,悬链线的形状取决于拱轴系数 m,其线形特征可用 $l/4$ 点纵坐标 $y_{l/4}$ 的大小表示(图 3-3-2)。

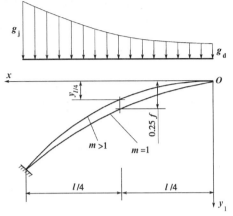

图 3-3-2 拱跨 $l/4$ 点纵坐标与 m 的关系

拱轴系数 m 与 $y_{l/4}/f$ 的关系表　　　　　表 3-3-1

m	1.000	1.167	1.347	1.543	1.756	1.988	2.240	2.514	2.814	3.142	3.500	…	5.321
$y_{l/4}/f$	0.250	0.245	0.240	0.235	0.230	0.225	0.220	0.215	0.210	0.205	0.200	…	0.180

拱跨 $l/4$ 点的纵坐标 $y_{l/4}$ 与 m 有下述关系:

$$当\ \xi = \frac{1}{2}\ 时,y_1 = y_{l/4}$$

代入式(3-3-11)得

$$\frac{y_{l/4}}{f} = \frac{1}{m-1}\left(\operatorname{ch}\frac{k}{2} - 1\right)$$

∴

$$\operatorname{ch}\frac{k}{2} = \sqrt{\frac{\operatorname{ch}k + 1}{2}} = \sqrt{\frac{m+1}{2}}$$

∴

$$\frac{y_{l/4}}{f} = \frac{\sqrt{\frac{m+1}{2}} - 1}{m - 1} = \frac{1}{\sqrt{2(m+1)} + 2} \tag{3-3-16}$$

由上式可见,$y_{l/4}$ 随着 m 的增大而减小,反之亦然。当 m 增大时,拱轴线抬高;反之,当 m 减小时,拱轴线降低(图 3-3-2)。在一般的悬链线拱桥中,结构自重从拱顶向拱脚增加,$g_j > g_d$,因而 $m > 1$。只有在均布荷载作用下,$g_j = g_d$ 时,方能出现 $m = 1$ 的情况。由式(3-3-16)可得,在这种情况下 $y_{l/4} = 0.25f$(图 3-3-2)。

g_j、g_d、m 与拱轴线(压力线)坐标的关系如图 3-3-3 所示。

$y_{l/4}/f$ 与 m 的对应关系见表 3-3-1。

2. 空腹式悬链线拱

空腹式拱桥中,桥跨结构的自重可视为由两部分组成,即主拱圈与实腹段自重的分布力以及空腹部分通过腹孔墩传下的集中力[图3-3-4a)]。由于集中力的存在,拱的结构自重压力线是一条在集中力下有转折的曲线,它不是悬链线,甚至不是一条光滑的曲线。在设计空腹式拱桥时,由于悬链线拱的受力情况较好,又有完整的计算表格可供利用,也多用悬链线作为拱轴线。为使悬链线拱轴线与其结构自重压力线接近,一般采用"五点重合法"确定悬链线拱轴线的 m 值,即要求拱轴线在全拱有五点(拱顶、两 $l/4$ 点和两拱脚)与其相应三铰拱结构自重压力线重合[图 3-3-4b)]。

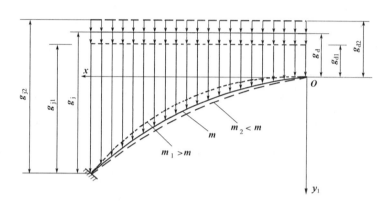

图 3-3-3 g_j、g_d、m 与拱轴线坐标的关系

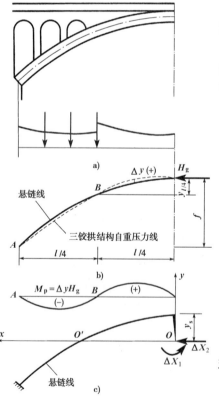

图 3-3-4 空腹式悬链线拱轴计算图式

由此,可以根据上述五点弯矩为零的条件确定 m 值。

由拱顶弯矩为零及结构自重的对称条件知,拱顶仅有通过截面重心的结构自重推力 H_g,相应弯矩 $M_d = 0$,剪力 $Q_d = 0$。

在图 3-3-4a)、b)中,由 $\sum M_A = 0$ 得

$$H_g = \frac{\sum M_j}{f} \tag{3-3-17}$$

由 $\sum M_B = 0$,得

$$H_g y_{l/4} - \sum M_{l/4} = 0$$

$$H_g = \frac{\sum M_{l/4}}{y_{l/4}}$$

将式(3-3-17)代入上式,可得

$$\frac{y_{l/4}}{f} = \frac{\sum M_{l/4}}{\sum M_j} \tag{3-3-18}$$

式中:$\sum M_j$——半拱结构自重对拱脚截面的弯矩;
$\sum M_{l/4}$——拱顶至拱跨 $l/4$ 点区域的结构自重对 $l/4$ 截面的弯矩。

等截面悬链线拱主拱圈结构自重对 $l/4$ 及拱脚截面的弯矩 $\sum M_{l/4}$、$\sum M_j$ 可由《拱桥》[11]附录(Ⅲ)表(Ⅲ)-19 查得。

求得 $y_{l/4}/f$ 之后，可由式(3-3-16)反求 m，即

$$m = \frac{1}{2}\left(\frac{f}{y_{l/4}} - 2\right)^2 - 1 \tag{3-3-19}$$

空腹式拱桥的 m 值，仍按逐次逼近法确定。即先假定一个 m 值，定出拱轴线，作图布置拱上建筑，然后计算主拱圈和拱上建筑的结构自重对 $l/4$ 和拱脚截面的力矩 $\sum M_{l/4}$ 和 $\sum M_j$，根据式(3-3-18)求出 $y_{l/4}/f$，然后利用式(3-3-19)算出 m 值，如与假定的 m 值不符，则应以求得的 m 值作为新假定值，重新计算，直至两者接近为止。

应当注意，用上述方法确定空腹拱的拱轴线，仅与其三铰拱结构自重压力线保持五点重合，其他截面，拱轴线与三铰拱结构自重压力线都有不同程度的偏离。计算证明，从拱顶到 $l/4$ 点，一般压力线在拱轴线之上；而从 $l/4$ 点到拱脚，压力线则大多在拱轴线之下。拱轴线与相应三铰拱结构自重压力线的偏离类似于一个正弦波[图3-3-4b)]。

由力学知识得到，压力线与拱轴线的偏离会在拱中产生附加内力。对于静定三铰拱，各截面的偏离弯矩值 M_p 可以三铰拱压力线与拱轴线在该截面的偏离值 Δy 表示（$M_p = H_g \cdot \Delta y$）；对于无铰拱，偏离弯矩的大小，不能以三铰拱压力线与拱轴线的偏离值表示，而应以 M_p 作为荷载，算出无铰拱的偏离弯矩值。

由结构力学知，荷载作用在基本结构上引起弹性中心（详见后文悬链线无铰拱的弹性中心）的赘余力为

$$\Delta X_1 = -\frac{\Delta_{1p}}{\delta_{11}} = -\frac{\int_s \frac{\overline{M}_1 M_p}{EI}ds}{\int_s \frac{\overline{M}_1^2 ds}{EI}} = -\frac{\int_s \frac{M_p}{I}ds}{\int_s \frac{ds}{I}} = -H_g \frac{\int_s \frac{\Delta y}{I}ds}{\int_s \frac{ds}{I}} \tag{3-3-20}$$

$$\Delta X_2 = -\frac{\Delta_{2p}}{\delta_{22}} = -\frac{\int_s \frac{\overline{M}_2 M_p}{EI}ds}{\int_s \frac{\overline{M}_2^2 ds}{EI}} = H_g \frac{\int_s \frac{y\Delta y}{I}ds}{\int_s \frac{y^2 ds}{I}} \tag{3-3-21}$$

式中：$\overline{M}_1 = 1, \overline{M}_2 = -y$；

M_p——三铰拱结构自重压力线偏离拱轴线所产生的弯矩，$M_p = H_g \cdot \Delta y$；

Δy——三铰拱结构自重压力线与拱轴线的偏离值[图3-3-4b)]。

由图3-3-4b)可见，Δy 有正有负，沿全拱积分 $\int_s \frac{\Delta y ds}{I}$ 的数值不大，由式(3-3-20)知，ΔX_1 数值较小。若 $\int_s \frac{\Delta y ds}{I} = 0$，则 $\Delta X_1 = 0$。

由计算得知，由式(3-3-21)决定的 ΔX_2 恒为正值（压力）。

任意截面之偏离弯矩[图3-3-4c)]为

$$\Delta M = \Delta X_1 - \Delta X_2 \cdot y + M_p \tag{3-3-22}$$

式中：y——以弹性中心为原点（向上为正）的拱轴纵坐标。

对于拱顶、拱脚截面，$M_p = 0$，偏离弯矩为

$$\left.\begin{array}{l}\Delta M_d = \Delta X_1 - \Delta X_2 \cdot y_s < 0 \\ \Delta M_j = \Delta X_1 + \Delta X_2(f - y_s) > 0\end{array}\right\} \tag{3-3-23}$$

式中:y_s——弹性中心至拱顶的距离。

空腹式无铰拱桥,采用"五点重合法"确定的拱轴线,与相应三铰拱的结构自重压力线在拱顶、两 $l/4$ 点和两拱脚五点重合,而与无铰拱的结构自重压力线(简称结构自重压力线)实际上并不存在五点重合的关系。由式(3-3-23)可见,由于拱轴线与结构自重压力线有偏离,在拱顶、拱脚都产生了偏离弯矩。研究证明,拱顶的偏离弯矩 ΔM_d 为负,而拱脚的偏离弯矩 ΔM_j 为正,恰好与这两截面控制弯矩的符号相反。这一事实说明,在空腹式拱桥中,用"五点重合法"确定的悬链线拱轴,偏离弯矩对拱顶、拱脚都是有利的。因而,空腹式无铰拱的拱轴线,用悬链线比用结构自重压力线更加合理。

3. 拱轴线的水平倾角 φ

将式(3-3-11)对 ξ 取导数,得

$$\frac{dy_1}{d\xi} = \frac{fk}{m-1}\mathrm{sh}k\xi \tag{3-3-24}$$

因为

$$\tan\varphi = \frac{dy_1}{dx} = \frac{dy_1}{l_1 d\xi} = \frac{2dy_1}{l d\xi}$$

将式(3-3-24)代入上式,得

$$\tan\varphi = \frac{2fk \cdot \mathrm{sh}k\xi}{l(m-1)} = \eta\mathrm{sh}k\xi \tag{3-3-25}$$

式中:$\eta = \dfrac{2fk}{l(m-1)}$。

由上式可见,拱轴水平倾角与拱轴系数 m 有关。拱轴线上各点的水平倾角 $\tan\varphi$ 值,可直接由《拱桥》[11]附录(Ⅲ)表(Ⅲ)-2 查出。

4. 悬链线无铰拱的弹性中心

在计算无铰拱的内力(结构自重、活载、温度变化、混凝土收缩和拱脚变位等引起的内力)时,为了简化计算工作,常利用拱的弹性中心的概念,目的是将求解三个赘余力的联立方程的问题解耦,从而变为解三个独立的一元一次方程的问题。

如图 3-3-5 所示,在荷载作用下,以半拱悬臂为基本结构,在拱顶处会产生三个赘余力 X_1、X_2、X_3,典型方程为

$$\left.\begin{array}{l}\delta_{11}X_1 + \delta_{12}X_2 + \delta_{13}X_3 + \Delta_{1p} = 0\\ \delta_{21}X_1 + \delta_{22}X_2 + \delta_{23}X_3 + \Delta_{2p} = 0\\ \delta_{31}X_1 + \delta_{32}X_2 + \delta_{33}X_3 + \Delta_{3p} = 0\end{array}\right\} \tag{3-3-26}$$

赘余力中弯矩 X_1 和轴力 X_2 是正对称的,剪力 X_3 是反对称的,故知副系数

$$\left.\begin{array}{l}\delta_{13} = \delta_{31} = 0\\ \delta_{23} = \delta_{32} = 0\end{array}\right\}$$

但仍有 $\delta_{12} = \delta_{21} \neq 0$。

如果能设法使 $\delta_{12} = \delta_{21}$ 也等于零,则典型方程中的全部副系数都为零,则求解联立方程的问题变为解三个独立的一元一次方程的问题,从而简化计算。

我们讨论的是对称拱,弹性中心在对称轴上。基本结构的取法有两种:图 3-3-6a)为以悬臂曲梁为基本结构,图 3-3-6b)为以简支曲梁为基本结构。

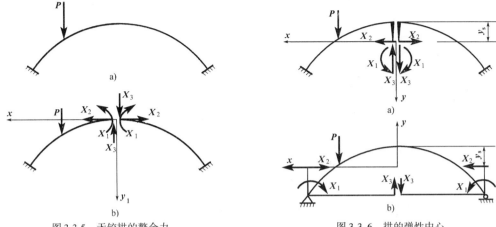

图 3-3-5 无铰拱的赘余力　　图 3-3-6 拱的弹性中心

以悬臂曲梁为基本结构[图 3-3-6a)]，图 3-3-7 为单位赘余力作用下的结构内力图，由计算得知，作用于弹性中心的三个赘余力以单位力分别作用时引起的内力为

$$\left.\begin{array}{l}\overline{M}_1 = 1, \overline{Q}_1 = 0, \quad \overline{N}_1 = 0 \\ \overline{M}_2 = y, \overline{Q}_2 = -\sin\varphi, \overline{N}_2 = \cos\varphi \\ \overline{M}_3 = x, \overline{Q}_3 = \cos\varphi, \quad \overline{N}_3 = \sin\varphi\end{array}\right\} \quad (3\text{-}3\text{-}27)$$

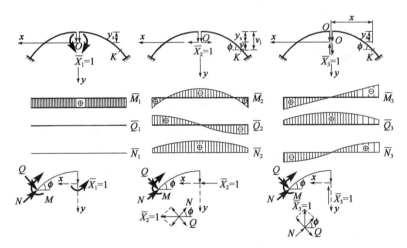

图 3-3-7 单位赘余力作用下的结构内力图

其中，x 轴向左为正；y 轴向下为正；弯矩以使拱下缘受拉为正，剪力以绕隔离体逆时针方向转动为正，轴力以压力为正；上式中 φ 在右半拱取正，左半拱取负，因此

$$\delta_{12} = \delta_{21} = \int_s \frac{\overline{M}_1 \cdot \overline{M}_2 \mathrm{d}s}{EI} + \int_s \frac{\overline{N}_1 \cdot \overline{N}_2 \mathrm{d}s}{EA} + \int_s k\frac{\overline{Q}_1 \cdot \overline{Q}_2 \mathrm{d}s}{GA}$$

$$= \int_s \frac{\overline{M}_1 \cdot \overline{M}_2 \mathrm{d}s}{EI} + 0 + 0$$

$$= \int_s y\frac{\mathrm{d}s}{EI} = \int_s (y_1 - y_s)\frac{\mathrm{d}s}{EI} = \int_s y_1 \frac{\mathrm{d}s}{EI} - \int_s y_s \frac{\mathrm{d}s}{EI}$$

令 $\delta_{12} = \delta_{21} = 0$，便可得到弹性中心距拱顶的距离为

$$y_s = \frac{\int_s \frac{y_1 \mathrm{d}s}{EI}}{\int_s \frac{\mathrm{d}s}{EI}} \tag{3-3-28}$$

式中：$y_1 = \frac{f}{m-1}(\mathrm{ch}k\xi - 1)$；

$$\mathrm{d}s = \frac{\mathrm{d}x}{\cos\varphi} = \frac{l}{2} \cdot \frac{1}{\cos\varphi}\mathrm{d}\xi。$$

其中
$$\cos\varphi = \frac{1}{\sqrt{1+\tan^2\varphi}} = \frac{1}{\sqrt{1+\eta^2\mathrm{sh}^2 k\xi}}$$

则
$$\mathrm{d}s = \frac{l}{2}\sqrt{1+\eta^2\mathrm{sh}^2 k\xi}\,\mathrm{d}\xi \tag{3-3-29}$$

将 y_1 及 $\mathrm{d}s$ 代入式(3-3-28)，并注意到等截面拱中 I 为常数，则

$$y_s = \frac{\int_s y_1 \mathrm{d}s}{\int_s \mathrm{d}s} = \frac{f}{m-1} \cdot \frac{\int_0^1 (\mathrm{ch}k\xi - 1)\sqrt{1+\eta^2\mathrm{sh}^2 k\xi}\,\mathrm{d}\xi}{\int_0^1 \sqrt{1+\eta^2\mathrm{sh}^2 k\xi}\,\mathrm{d}\xi} = \alpha_1 \cdot f \tag{3-3-30}$$

系数 α_1 可由《拱桥》[11]附录（Ⅲ）表（Ⅲ）-3 查得。

[**例3-3-1**] 某无铰拱桥，计算跨径 $l = 80\mathrm{m}$，主拱圈及拱上建筑结构自重简化为如图 3-3-8 所示的荷载作用，主拱圈截面面积 $A = 5.0\mathrm{m}^2$，重度 $\gamma = 25\mathrm{kN/m}^3$，试应用"五点重合法"确定拱桥拱轴系数 m，并计算拱脚竖向力 V_g、水平推力 H_g 以及结构自重轴力 N_g。

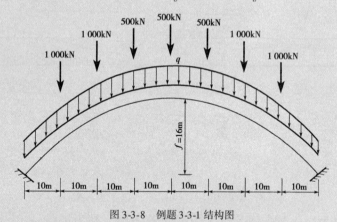

图 3-3-8 例题 3-3-1 结构图

[**解**] 取悬臂曲梁为基本结构，如图 3-3-9 所示。

因结构正对称，荷载也是正对称的，故在弹性中心的赘余力 $x_3 = 0$，仅有正对称的赘余力 x_1、x_2。

由式(3-3-16)、式(3-3-18)联立解得

$$\frac{1}{\sqrt{2(m+1)}+2} = \frac{y_{l/4}}{f} = \frac{\sum M_{l/4}}{\sum M_j}$$

由图 3-3-9 可以得到，半拱悬臂集中力荷载对拱跨 $l/4$ 截面和拱脚截面的弯矩为

$$M_{l/4} = 500 \times 10 + 250 \times 20 = 10\,000\,(\text{kN} \cdot \text{m})$$
$$M_j = 1\,000 \times 10 + 1\,000 \times 20 + 500 \times 30 + 250 \times 40 = 55\,000\,(\text{kN} \cdot \text{m})$$

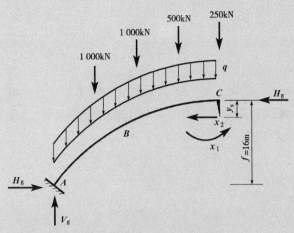

图 3-3-9　例题 3-3-1 半结构图

（1）假定拱轴系数 $m = 2.514$，因 $f/l = 16/80 = 1/5$，由《拱桥》[11]附录（Ⅲ）表（Ⅲ）-19 查得半拱悬臂自重对拱跨 $l/4$ 截面和拱脚截面的弯矩为

$$M_k = \frac{A\gamma l^2}{4} \times [\text{表值}]$$

故

$$M_{l/4} = \frac{5.0 \times 25 \times 80^2}{4} \times 0.126\,19 = 25\,238\,(\text{kN} \cdot \text{m})$$

$$M_j = \frac{5.0 \times 25 \times 80^2}{4} \times 0.523\,28 = 104\,656\,(\text{kN} \cdot \text{m})$$

所有半拱悬臂荷载对拱跨 $l/4$ 截面和拱脚截面的弯矩为

$$\sum M_{l/4} = 10\,000 + 25\,238 = 35\,238\,(\text{kN} \cdot \text{m})$$
$$\sum M_j = 55\,000 + 104\,656 = 159\,656\,(\text{kN} \cdot \text{m})$$

所以

$$\frac{1}{\sqrt{2(m'+1)} + 2} = \frac{35\,238}{159\,656} = \frac{1}{4.531} \quad \Rightarrow \quad m' = 2.202$$

$$|m - m'| = 0.312 > \text{半级}\left(= \frac{2.514 - 2.240}{2} = 0.137\right)$$

所以 m 与 m' 不符，需重新计算。

（2）假定拱轴系数 $m = 2.24$。

由《拱桥》[11]附录（Ⅲ）表（Ⅲ）-19 查得半拱悬臂自重对拱跨 $l/4$ 截面和拱脚截面的弯矩为

故

$$M_{l/4} = \frac{5.0 \times 25 \times 80^2}{4} \times 0.126\,25 = 25\,250\,(\text{kN} \cdot \text{m})$$

$$M_j = \frac{5.0 \times 25 \times 80^2}{4} \times 0.523\,54 = 104\,708\,(\text{kN} \cdot \text{m})$$

所有半拱悬臂荷载对拱跨 $l/4$ 截面和拱脚截面的弯矩为

$$\sum M_{l/4} = 10\,000 + 25\,250 = 35\,250(\text{kN} \cdot \text{m})$$

$$\sum M_j = 55\,000 + 104\,708 = 159\,708(\text{kN} \cdot \text{m})$$

所以

$$\frac{1}{\sqrt{2(m'+1)}+2} = \frac{35\,250}{159\,708} = \frac{1}{4.531} \Rightarrow m' = 2.202$$

$$|m - m'| = 0.038$$

m 与 m' 之差小于半级,因此取拱轴系数 $m = 2.24$。

(3) 由《拱桥》[11]附录(Ⅲ)表(Ⅲ)-19 查得半拱悬臂自重对拱脚截面的竖向剪力为

$$P_j = A\gamma l \times [\text{表值}] = 5.0 \times 25 \times 80 \times 0.551\,84 = 5\,518.4(\text{kN})$$

半拱悬臂集中力对拱脚截面的竖向剪力为

$$P_j = 1\,000 + 1\,000 + 500 + 250 = 2\,750(\text{kN})$$

半拱悬臂荷载对拱脚截面的竖向总剪力为

$$\sum P_j = 5\,518.4 + 2\,750 = 8\,268.4(\text{kN})$$

由前式可得

$$\frac{1}{\sqrt{2(m+1)}+2} = \frac{y_{l/4}}{f} = \frac{1}{4.531} \Rightarrow y_{l/4} = \frac{1}{4.531} \cdot f = 3.531\,\text{m}$$

故

$$H_g = \frac{\sum M_j}{f} = \frac{159\,708}{16} = 9\,981.8(\text{kN})$$

$$V_g = \sum P = 5\,518.4 + 2\,750 = 8\,268.4(\text{kN})$$

拱脚截面结构自重轴力

$$N_g = \sqrt{H_g^2 + V_g^2} = \sqrt{9\,981.8^2 + 8\,268.4^2} = 12\,961.6(\text{kN})$$

二、结构自重作用下拱的内力计算

当采用结构自重压力线作拱轴线而不考虑拱圈变形的影响时,拱圈各截面的结构自重内力均只有轴向压力,即拱圈处于纯压状态。实际上拱圈在结构自重作用下会产生弹性压缩,使拱轴长度缩短。由于无铰拱是超静定结构,它将会在拱中产生附加内力。但是,在设计中,为了计算的方便,往往将结构自重内力分为两部分,即不考虑弹性压缩影响的内力与仅因弹性压缩引起的内力。然后将两者相加,便得到结构自重作用下的总内力。

1. 不考虑弹性压缩的结构自重内力

(1) 实腹拱

如前所述,实腹式悬链线拱的拱轴线与结构自重压力线完全吻合,所以,在结构自重作用下,拱圈任何截面上都只存在轴向压力。此时,拱中的内力,可按纯压拱的公式计算。

由式(3-3-9)

$$k^2 = \frac{l_1^2 g_d}{H_g f}(m-1)$$

可得结构自重水平推力为

$$H_g = \frac{m-1}{4k^2} \cdot \frac{g_d l^2}{f} = k_g \frac{g_d l^2}{f} \tag{3-3-31}$$

式中:$k_g = \dfrac{m-1}{4k^2}$。

在结构自重作用下,拱脚的竖向反力为半拱的结构自重质量,即

$$V_g = \int_0^{l_1} g_x dx = \int_0^1 g_x l_1 d\xi$$

将式(3-3-8)、式(3-3-11)代入上式积分得

$$V_g = \frac{\sqrt{m^2-1}}{2\left[\ln(m+\sqrt{m^2-1})\right]} g_d l = k'_g g_d l \tag{3-3-32}$$

式中:$k'_g = \dfrac{\sqrt{m^2-1}}{2\left[\ln(m+\sqrt{m^2-1})\right]}$。

系数 k_g、k'_g 可自《拱桥》[11]附录(Ⅲ)表(Ⅲ)-4查得。

因为结构自重弯矩和剪力均为零,拱圈各截面的轴向力 N 按下式计算

$$N = \frac{H_g}{\cos\varphi} \tag{3-3-33}$$

(2)空腹拱

空腹式悬链线无铰拱,由于拱轴线与结构自重压力线有偏离,拱顶、拱脚和 $l/4$ 点都有结构自重弯矩。在设计中,为了计算的方便,空腹式无铰拱桥的结构自重内力又可分为两部分,即先不考虑偏离的影响,将拱轴线视为与结构自重压力线完全吻合,然后再考虑偏离的影响,计算由偏离引起的结构自重内力。两者叠加,即得空腹式无铰拱不考虑弹性压缩时的结构自重内力。

不考虑偏离的影响时,空腹拱的结构自重内力亦按纯压拱计算。此时,拱的结构自重推力 H_g 和拱脚竖向反力 V_g 可直接由静力平衡条件写出

$$H_g = \frac{\sum M_j}{f}$$

$$V_g = \sum P (半拱结构自重)$$

因为此时拱中的弯矩和剪力均为零,所以轴力可由下式计算

$$N = \frac{H_g}{\cos\varphi}$$

在设计中、小跨径的空腹式拱桥时,可偏安全地不考虑偏离弯矩的影响。大跨径空腹式拱桥,结构自重压力线与拱轴线的偏离一般比中、小跨径大,结构自重偏离弯矩是一种可供利用的有利因素。此时,应当计入偏离弯矩的影响。

2. 弹性压缩引起的内力

在结构自重轴力作用下,拱圈的弹性压缩表现为拱轴长度的缩短。拱圈的这种变形,会在拱中产生相应的内力。取悬臂曲梁为基本结构,弹性压缩会使拱轴在跨径方向缩短 Δl。由于实际结构中,拱顶并没有相对水平变位,则在弹性中心必有一个水平拉力 S[图3-3-10a)],使拱顶的相对水平变位变为零。

弹性压缩产生的赘余力 S，可由拱顶的变形协调条件求得，即

$$S\delta'_{22} - \Delta l = 0$$

则

$$S = \frac{\Delta l}{\delta'_{22}} \tag{3-3-34}$$

从拱中取出一微段 ds [图 3-3-10b)]，则 $dx = ds \cdot \cos\varphi$，在轴向力 N 作用下缩短 Δds，其水平分量为 $\Delta dx = \Delta ds \cdot \cos\varphi$，则整个拱轴缩短的水平分量为

$$\Delta l = \int_0^l \Delta dx = \int_s \Delta ds \cdot \cos\varphi = \int_s \frac{Nds}{EA}\cos\varphi \tag{3-3-35}$$

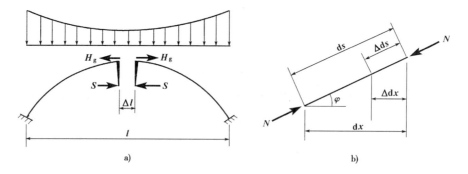

图 3-3-10 拱圈弹性压缩

将式(3-3-33)代入上式得

$$\Delta l = \int_0^l \frac{H_g dx}{EA \cdot \cos\varphi} = H_g \int_0^l \frac{dx}{EA \cdot \cos\varphi} \tag{3-3-36}$$

由单位水平力作用在弹性中心产生的水平位移（考虑轴向力影响）为

$$\delta'_{22} = \int_s \frac{\overline{M}_2^2 ds}{EI} + \int_s \frac{\overline{N}_2^2 ds}{EA} = \int_s \frac{y^2 ds}{EI} + \int_s \frac{\cos^2\varphi ds}{EA} = (1+\mu)\int_s \frac{y^2 ds}{EI} \tag{3-3-37}$$

式中：

$$\mu = \frac{\int_s \frac{\cos^2\varphi ds}{EA}}{\int_s \frac{y^2 ds}{EI}} \tag{3-3-38}$$

将式(3-3-36)、式(3-3-37)代入式(3-3-34)，得

$$S = H_g \frac{1}{1+\mu} \cdot \frac{\int_0^l \frac{dx}{EA\cos\varphi}}{\int_s \frac{y^2 ds}{EI}} = H_g \cdot \frac{\mu_1}{1+\mu} \tag{3-3-39}$$

式中：

$$\mu_1 = \frac{\int_0^l \frac{dx}{EA\cos\varphi}}{\int_s \frac{y^2 ds}{EI}} \tag{3-3-40}$$

为了便于制表计算，对于等截面拱，可将式(3-3-38)、式(3-3-40)的分子项改写为

$$\int_s \frac{\cos^2\varphi ds}{EA} = \frac{l}{EA}\int_0^l \cos\varphi \frac{dx}{l} = \frac{l}{EA}\int_0^1 \frac{d\xi}{\sqrt{1+\eta^2 sh^2 k\xi}} = \frac{l}{EvA} \tag{3-3-41}$$

$$\int_s \frac{\mathrm{d}x}{EA\cos\varphi} = \frac{l}{EA}\int_0^l \frac{1}{\cos\varphi} \cdot \frac{\mathrm{d}x}{l} = \frac{l}{EA}\int_0^1 \sqrt{1+\eta^2 \mathrm{sh}^2 k\xi}\,\mathrm{d}\xi = \frac{l}{Ev_1 A} \quad (3\text{-}3\text{-}42)$$

于是

$$\mu = \frac{1}{EvA\int_s \dfrac{y^2 \mathrm{d}s}{EI}} \quad (3\text{-}3\text{-}43)$$

$$\mu_1 = \frac{1}{Ev_1 A\int_s \dfrac{y^2 \mathrm{d}s}{EI}} \quad (3\text{-}3\text{-}44)$$

以上诸式中，$\int_s \dfrac{y^2 \mathrm{d}s}{EI}$ 可自《拱桥》[11]附录（Ⅲ）表（Ⅲ）-5 查得，v_1、v 可自表（Ⅲ）-8、表（Ⅲ）-10查得。等截面拱的 μ_1 和 μ，也可直接由表（Ⅲ）-9、表（Ⅲ）-11 查出。

《公路圬工桥涵设计规范》（JTG D61—2005）规定，对于砖石及混凝土的拱圈结构，在下列情况下，设计时可不计弹性压缩的影响：

（1）$l \leqslant 30\mathrm{m}$，$f/l \geqslant 1/3$。

（2）$l \leqslant 20\mathrm{m}$，$f/l \geqslant 1/4$。

（3）$l \leqslant 10\mathrm{m}$，$f/l \geqslant 1/5$。

3. 结构自重作用下拱圈各截面的总内力

在拱桥计算中，拱中内力的符号，采用下述规定：拱中弯矩以使拱圈下缘受拉为正，拱中剪力以绕脱离体逆时针转为正，轴向力则使拱圈受压为正。图 3-3-11 中 M、N、Q 均为正。

当不考虑空腹拱结构自重压力线偏离拱轴线的影响时，拱圈各截面的结构自重内力为：不考虑弹性压缩的结构自重内力[仅有按式(3-3-33)计算的轴向力 N]加上弹性压缩产生的内力（图 3-3-11）。

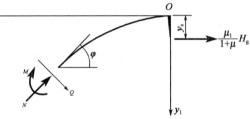

图 3-3-11 弹性压缩产生的内力

轴向力

$$N = \frac{H_g}{\cos\varphi} - \frac{\mu_1}{1+\mu}H_g\cos\varphi \quad (3\text{-}3\text{-}45)$$

弯矩

$$M = \frac{\mu_1}{1+\mu}H_g(y_s - y_1) \quad (3\text{-}3\text{-}46)$$

剪力

$$Q = \mp \frac{\mu_1}{1+\mu}H_g\sin\varphi \quad (3\text{-}3\text{-}47)$$

（剪力计算式中，上边符号适用于左半拱，下边符号适用于右半拱。）

从以上各式可见，考虑了结构自重弹性压缩之后，拱中便有结构自重弯矩和剪力，这就说明，不论是空腹式拱还是实腹式拱，考虑弹性压缩后的结构自重压力线，将无法与拱轴线重合。

按式(3-3-20)～式(3-3-22)计入偏离的影响之后，各截面的结构自重总内力为

$$\left.\begin{aligned} N &= \frac{H_g}{\cos\varphi} + \Delta X_2 \cos\varphi - \frac{\mu_1}{1+\mu}(H_g + \Delta X_2)\cos\varphi \\ M &= \frac{\mu_1}{1+\mu}(H_g + \Delta X_2)(y_s - y_1) + \Delta M \\ Q &= \mp \frac{\mu_1}{1+\mu}(H_g + \Delta X_2)\sin\varphi \pm \Delta X_2 \sin\varphi \end{aligned}\right\} \quad (3\text{-}3\text{-}48)$$

上式中的 ΔX_2、ΔM 按式(3-3-21)、式(3-3-22)计算。

[例 3-3-2] 续例题 3-3-1,截面抗弯惯性矩 $I = 1.0\,\mathrm{m}^4$,计算考虑弹性压缩影响后,拱脚竖向力 V_g、水平推力 H_g、结构自重轴力 N_g 以及弹性压缩引起的拱脚截面弯矩。

[解] 参考例题 3-3-1 可知,拱轴系数 $m = 2.24$。

(1) 不考虑弹性压缩时的 V_g、H_g 和 N_g

由例题 3-3-1 可知

$$H_g = \frac{\sum M_j}{f} = \frac{159\,708}{16} = 9\,981.2\,(\mathrm{kN})$$

$$V_g = \sum P = 5\,518.4 + 2\,750 = 8\,268.4\,(\mathrm{kN})$$

$$N_g = \sqrt{H_g^2 + V_g^2} = 12\,961.6\,\mathrm{kN}$$

(2) 由弹性压缩引起的 V_g、H_g 和 N_g

拱圈在结构自重轴力作用下产生弹性压缩,会使拱轴缩短,在弹性中心必有一个水平拉力 S,如图 3-3-12 所示。

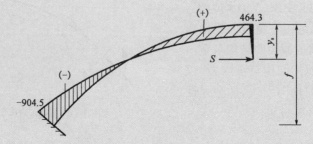

图 3-3-12 例题 3-3-2 图(力单位:kN;弯矩单位:kN·m)

由式(3-3-30)可知

$$y_s = \alpha_1 \cdot f$$

由《拱桥》[11]附录(Ⅲ)表(Ⅲ)-3 查得,$\alpha_1 = 0.339\,193$,故

$$y_s = 0.339\,193 \times 16 = 5.427\,(\mathrm{m})$$

由式(3-3-39)可知

$$S = H_g \cdot \frac{\mu_1}{1+\mu}$$

由《拱桥》[11]附录(Ⅲ)表(Ⅲ)-9 和表(Ⅲ)-11 查得

$$\mu_1 = [\text{表值}] \times \left(\frac{r}{f}\right)^2$$

因为

$$\mu = [表值] \times \left(\frac{r}{f}\right)^2$$

$$r = \sqrt{\frac{I}{A}} = \sqrt{\frac{1}{5}} = 0.4472(\text{m})$$

故

$$\mu_1 = 11.0501 \times \left(\frac{0.4472}{16}\right)^2 = 0.008632$$

$$\mu = 9.14719 \times \left(\frac{0.4472}{16}\right)^2 = 0.007146$$

所以

$$S = 9981.8 \times \frac{0.008632}{1 + 0.007146} = 85.55(\text{kN})$$

$$H_g = -S = -85.55\text{kN}$$

$$V_g = 0$$

$$N_g = -\sqrt{H_g^2 + V_g^2} = -85.55\text{kN}$$

$$M_j = -S \cdot (f - y_s) = -85.55 \times (16 - 5.427) = -904.5(\text{kN} \cdot \text{m})$$

$$M_d = S \cdot y_s = 85.55 \times 5.427 = 464.3(\text{kN} \cdot \text{m})$$

弯矩如图 3-3-12 所示。

(3) 考虑弹性压缩后的 H_g、V_g 和 N_g

考虑弹性压缩后的值为不考虑弹性压缩的内力值与弹性压缩引起的内力值的总和。

$$H_g = 9981.8 - 85.55 = 9896.25(\text{kN})$$

$$V_g = 8268.4\text{kN}$$

$$N_g = \sqrt{H_g^2 + V_g^2} = \sqrt{9896.25^2 + 8268.4^2} = 12895.8(\text{kN})$$

三、汽车和人群荷载的内力计算

汽车和人群荷载内力计算仍分两步进行：先计算不考虑弹性压缩的汽车和人群荷载内力，然后再计入弹性压缩对汽车荷载内力的影响。其中，考虑弹性压缩对汽车荷载内力的影响求解方式与自重作用下考虑弹性压缩相似，本节不再详述，读者可根据需要查阅相关图书。

超静定无铰拱桥汽车荷载内力计算的办法是：先计算赘余力影响线，然后用叠加的办法计算内力影响线，最后，根据内力影响线按最不利情况布载，求得最不利内力值。

1) 绘制赘余力影响线

(1) 以简支曲梁为基本结构[图 3-3-13a)]

为了便于编制影响线表，在求拱中内力影响线时，常采用简支曲梁为基本结构。根据结构力学知识和弹性中心的特性可求出单位荷载 $P=1$ 作用在图示位置时结构的赘余力 X_1、X_2、X_3。

(2) 计算赘余力影响线

为了计算赘余力的影响线，一般将拱圈沿跨径方向分成 48（或 24）等分。相邻两分点的

水平距离为 $\Delta l = l/48$（或 $l/24$），当 $P = 1$ 从图 3-3-14a)中的左拱脚向右拱脚以 Δl 步长移动时，即可利用结构力学知识计算出 P 在各个分点上 X_1、X_2、X_3 的影响线竖标。三个赘余力影响线的图形如图 3-3-13b)、c)、d)所示。

2) 内力影响线

有了赘余力的影响线之后，拱中任何截面的内力影响线，均可利用静力平衡条件建立计算公式并借助叠加的办法求得。

(1) 任意截面的弯矩影响线

由图 3-3-14 可得任意截面 i 的弯矩为

$$M = M_0 - H_1 y \pm X_3 x + X_1 \begin{pmatrix} \text{左半拱} \\ \text{右半拱} \end{pmatrix} \tag{3-3-49}$$

式中：M_0——相应简支梁弯矩。

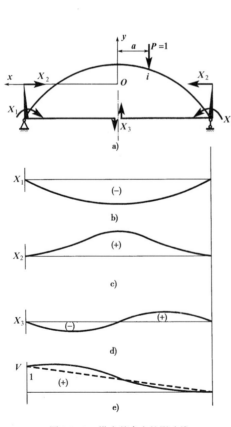

图 3-3-13 拱中赘余力的影响线

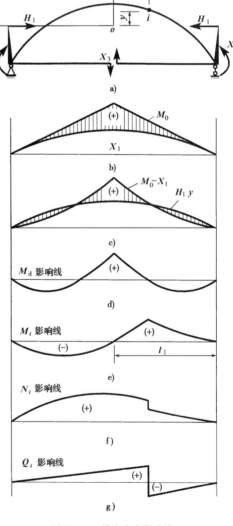

图 3-3-14 拱中内力影响线

现以拱顶弯矩 M_d 影响线为例,说明利用已知影响线相叠加求解未知影响线的方法。

因拱顶截面 $x=0$,故 $X_3 x = 0$。拱顶截面弯矩 M_d 为

$$M_\mathrm{d} = M_0 - H_1 y + X_1$$

由 $\Sigma X = 0$ 知,拱中任意截面的水平推力 $H_1 = X_2$;因此,H_1 的影响线与赘余力 X_2 的影响线是完全一致的。H_1 影响线的图形如图 3-3-13c) 所示,各点的影响线竖标可由《拱桥》[11] 附录(Ⅲ)表(Ⅲ)-12 查得。

先绘出简支梁影响线 M_0,减去 X_1 影响线,得 $M_0 - X_1$ 影响线 [图 3-3-14b) 有竖线的部分]。在图 3-3-14c) 中,以水平线为基线绘出 $M_0 - X_1$ 影响线,在此图上再与 $H_1 y$ 影响线相叠加,图中有竖线部分即为拱顶弯矩影响线。再以水平线为基线,即得 M_d 影响线如图 3-3-14d) 所示。

同理可得,拱中任意截面 i 的弯矩影响线 M_i [图 3-3-14e)]。

拱中各截面不考虑弹性压缩的弯矩影响线坐标由《拱桥》[11] 附录(Ⅲ)表(Ⅲ)-13 查得。

(2) 任意截面的轴向力 N 和剪力 Q 影响线

截面 i 的轴向力 N_i 及剪力 Q_i 的影响线,在截面 i 处均有突变 [图 3-3-14f)、g)]。故当集中荷载作用在 i 截面的左、右两边时,轴向力 N 及剪力 Q 均有较大的差异,不便于编制等代荷载,一般也不利用 N、Q 的影响线计算其内力。通常,先算出该截面的水平力 H_1 和拱脚的竖向反力 V,再按下式计算轴力 N 和剪力 Q。

$$\text{轴向力} \begin{cases} \text{拱顶}: N = H_1 \\ \text{拱脚}: N = H_1 \cos\varphi_\mathrm{j} + V\sin\varphi_\mathrm{j} \\ \text{其他截面}: N \approx H_1/\cos\varphi \end{cases} \quad (3\text{-}3\text{-}50)$$

$$\text{剪力} \begin{cases} \text{拱顶}: \text{数值很小,一般不计算} \\ \text{拱脚}: Q = H_1 \sin\varphi_\mathrm{j} - V\cos\varphi_\mathrm{j} \\ \text{其他截面}: \text{数值很小,一般不计算} \end{cases} \quad (3\text{-}3\text{-}51)$$

(3) 拱脚竖向反力 V 的影响线

将 X_3 移至两支点后,由 $\Sigma Y = 0$ 得

$$V = V_0 \mp X_3 \quad (3\text{-}3\text{-}52)$$

式中:V_0——简支梁的反力影响线。

式(3-3-52)中,上边符号适用于左拱脚,下边符号适用于右拱脚。

由 V_0 与 X_3 两条影响线叠加而成的竖向反力影响线 V,具有图 3-3-13e) 的形式(图中为左拱脚的竖向反力影响线),显而易见,拱脚竖向反力 V 影响线的总面积 $\omega = l/2$。

现以拱脚截面为例,说明拱中最大汽车荷载内力的计算方法。

[例 3-3-3] 等截面悬链线无铰拱,$l = 50\mathrm{m}$,$f = 10\mathrm{m}$,$m = 2.240$,计算荷载为公路—Ⅱ级车道荷载,求左拱脚 A 最大正弯矩及相应的轴向力。

[解] 公路—Ⅱ级车道荷载的均布荷载为 7.9kN/m,集中荷载为 270kN。图 3-3-14 为左拱脚 A 的弯矩 M_j 影响线、水平力 H_1 影响线和竖向反力 V 影响线。求拱脚的最大正弯矩时,应将均布荷载满布在弯矩影响线的正面积部分,集中荷载布置于弯矩影响线的最大正值处(图 3-3-15)。

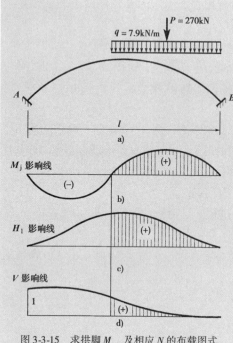

图 3-3-15 求拱脚 M_{max} 及相应 N 的布载图式

(1) 根据 $m=2.240$, $f/l=1/5$, 由《拱桥》[11] 附录(Ⅲ) 表(Ⅲ)-20(6) 得拱脚处水平倾角的正弦及余弦为: $\sin\varphi_j = 0.68284$; $\cos\varphi_j = 0.73057$。

(2) 根据 $m=2.240$, $f/l=1/5$, 由《拱桥》[11] 附录(Ⅲ) 表(Ⅲ)-14(43) 查得 M_{max} 的影响线面积为:
$\omega_M = 0.01905l^2$, $\omega_H = 0.09067l^2/f$, $\omega_V = 0.16622l$。

(3) 根据 $m=2.240$, $f/l=1/5$, 由《拱桥》[11] 附录(Ⅲ) 表(Ⅲ)-13(30)、表(Ⅲ)-12(6) 及表(Ⅲ)-7(6) 查得:

M_j 影响线最大峰值为 $0.05227l$;

相应 H_1 影响线的取值为 $0.19771l/f$;

相应 V 影响线的取值为 0.29307。

(4) 拱脚 M_{max} 及其相应的轴向力 N 计算如下。

$$M_{max} = 7.9 \times 0.01905 \times 50^2 + 270 \times 0.05227 \times 50 = 1081.88(\text{kN}\cdot\text{m})$$

相应的 $H_1 = 7.9 \times 0.09067 \times \dfrac{50^2}{10} + 270 \times 0.19771 \times \dfrac{50}{10} = 445.98(\text{kN})$

相应的 $V = 7.9 \times 0.16622 \times 50 + 0.29307 \times 270 = 144.79(\text{kN})$

由式(3-3-50)得

$$N = H_1 \cos\varphi_j + V\sin\varphi_j = 445.98 \times 0.73057 + 144.79 \times 0.68284 = 424.69(\text{kN})$$

本题求解过程一并得到拱脚相应的支反力,若只求内力,可由《拱桥》[11] 附录(Ⅲ) 表(Ⅲ)-21(30) 查得 M_j 影响线最大取值位置相应 N 影响线的取值为 0.92232;由表(Ⅲ)-14(43) 查得 $\omega_N = 0.44469l$;则拱脚最大弯矩相应的轴力为

$$N = 7.9 \times 0.44469 \times 50 + 270 \times 0.92232 = 424.68(\text{kN})$$

由以上求解过程可以看出,利用相关计算用表来计算拱桥可变作用内力还是相当方便的。人群荷载是一种均布荷载,它的内力计算步骤与汽车荷载相同。

在计算下部结构时,常以最大水平力控制设计,此时,应在 H_1 的影响线上按最不利情况加载,计算 H_{max} 及相应的弯矩 M 和竖向反力 V。

四、裸拱内力计算

采用早脱架施工(拱圈合龙达到一定强度后就卸落拱架)及无支架施工的拱桥,须计算裸拱自重产生的内力,以便进行裸拱强度和稳定性的验算。

取悬臂曲梁为基本结构,如图 3-3-16 所示。

对于等截面拱,任意截面 i 的结构自重集度 g_i 为

$$g_i = \frac{g_d}{\cos\varphi_i} \tag{3-3-53}$$

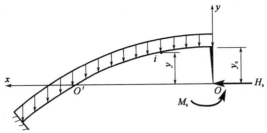

图 3-3-16 拱圈自重作用下内力计算图式

由于结构和荷载均为正对称,故在弹性中心仅有两个正对称的赘余力:弯矩 M_s 和水平力 H_s。由典型方程得

$$M_s = -\frac{\Delta_{1p}}{\delta'_{11}} = -\frac{\int_s \frac{\overline{M}_1 M_p ds}{EI}}{\int_s \frac{\overline{M}_1^2 ds}{EI}} = -\frac{\int_s \frac{M_p ds}{EI}}{\int_s \frac{ds}{EI}} \tag{3-3-54}$$

$$H_s = -\frac{\Delta_{2p}}{\delta'_{22}} = -\frac{\int_s \frac{\overline{M}_2 M_p ds}{EI}}{\int_s \frac{\overline{M}_2^2 ds}{EI} + \int_s \frac{\overline{N}^2 ds}{EA}} = \frac{\int_s \frac{M_p y}{EI} ds}{(1+\mu)\int_s \frac{y^2 ds}{EI}} \tag{3-3-55}$$

积分后可得

$$\left.\begin{aligned} M_s &= \frac{A\gamma l^2}{4} V_1 \\ H_s &= \frac{A\gamma l^2}{4(1+\mu)f} V_2 \end{aligned}\right\} \tag{3-3-56}$$

式中:γ——拱圈材料重度;

A——拱圈截面面积(净面积或实际面积);

V_1、V_2——系数,可自《拱桥》[11]附录(Ⅲ)表(Ⅲ)-15、表(Ⅲ)-16 查得。

由静力平衡条件得任意截面 i 的弯矩和轴向力为

$$\left.\begin{aligned} M_i &= M_s - H_s y - \sum_n^i M \\ N_i &= H_s \cos\varphi_i + \sum_n^i P \cdot \sin\varphi_i \end{aligned}\right\} \tag{3-3-57}$$

式中:$\sum_n^i M$——拱顶至 i 截面间裸拱自重对该截面的弯矩;

$\sum_n^i P$——拱顶至 i 截面间裸拱自重的总和;

n——拱顶截面的编号,在设计中 n 常采用 12 或 24。

$\sum_n^i M$、$\sum_n^i P$ 均可由《拱桥》[11]附录(Ⅲ)表(Ⅲ)-19 查得。

当拱的矢跨比为 1/10~1/5 时,裸拱结构自重压力线的拱轴系数 $m_0 = 1.079 \sim 1.305$,通常比拱轴线采用的 m 值小。计算表明,在裸拱的自重作用下,拱顶、拱脚一般都产生正弯矩。拱轴线的 m 与裸拱的 m_0 差得越多,拱顶、拱脚的正弯矩就越大。因而,采用无支架施工或早脱架施工的拱桥,宜适当降低拱轴系数。

五、均匀温度变化和拱脚变位的内力计算

在超静定拱中,温度变化、混凝土收缩和拱脚变位都会产生附加内力。特别是就地浇筑的混凝土在结硬过程中的收缩变形,会产生较大的附加内力,可使拱桥开裂。在软土地基上建造圬工拱桥,墩台发生变位,尤其是水平变位,对拱桥产生较大的影响,引起较大的附加内力。

1. 均匀温度变化产生的附加内力计算

根据热胀冷缩的道理,当大气温度比成拱时的温度(即主拱圈施工合龙时温度,称为合龙温度)高时,称为温度上升,引起拱体膨胀;反之,当大气温度比合龙温度低时,称为温度下降,引起拱体收缩。不论是拱体膨胀(拱轴伸长)还是拱体收缩(拱轴缩短)都会在拱中产生附加内力。

在图 3-3-17a)中,设温度变化引起拱轴在水平方向的变位为 Δl_t,与弹性压缩同样道理,必然在弹性中心产生一对水平力 H_t。由典型方程得

$$\left. \begin{array}{l} H_t = \dfrac{\Delta l_t}{\delta_{22}} \\ \Delta l_t = \alpha \cdot l \cdot \Delta T \end{array} \right\} \quad (3\text{-}3\text{-}58)$$

式中:ΔT——温度变化值,即最高(或最低)温度与合龙温度之差。温度上升时,ΔT 和 H_t 均为正;温度下降时,ΔT 及 H_t 均为负。

α——材料的线膨胀系数;混凝土或钢筋混凝土结构 $\alpha = 1 \times 10^{-5} \text{℃}^{-1}$;混凝土预制块砌体 $\alpha = 0.9 \times 10^{-5} \text{℃}^{-1}$;石砌体 $\alpha = 0.8 \times 10^{-5} \text{℃}^{-1}$。

由温度变化引起拱中任意截面的附加内力为[图 3-3-17b)]

弯矩
轴向力
剪力
$$\left. \begin{array}{l} M_t = -H_t y = -H_t(y_s - y_1) \\ N_t = H_t \cos\varphi \\ Q_t = \pm H_t \sin\varphi \end{array} \right\} \quad (3\text{-}3\text{-}59)$$

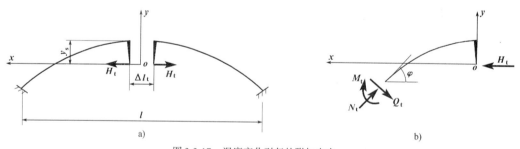

图 3-3-17 温度变化引起的附加内力
a)温度变化引起赘余力计算图式;b)温度变化引起拱中的内力

[例 3-3-4] 如图 3-3-18a)所示的等截面悬链线无铰拱,拱轴系数 $m = 2.24$,施工时的合龙温度为 15℃,主拱圈线膨胀系数 $\alpha = 1.0 \times 10^5 \text{℃}^{-1}$,弹性模量 $E = 3.0 \times 10^4 \text{MPa}$,主拱圈截面抗弯惯性矩为 $I = 2\text{m}^4$,试求大气温度为 -5℃ 时,拱顶和拱脚截面由温度变化引起的弯矩,并绘出弯矩图。

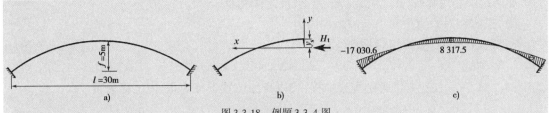

图 3-3-18 例题 3-3-4 图

[解] 取悬臂曲梁为基本结构,如图 3-3-18b)所示。

由《拱桥》[11]附录(Ⅲ)表(Ⅲ)-3 查得,$y_s = 0.332\,068 \cdot f$

由《拱桥》[11]附录(Ⅲ)表(Ⅲ)-5 查得,$\delta_{22} = \int_s \dfrac{y^2 \mathrm{d}s}{EI} = 0.095\,818 \cdot \dfrac{lf^2}{EI}$

由于温度下降,会在弹性中心产生一对水平赘余力 H_t,由典型方程可以得到

$$H_t = \dfrac{\Delta l_t}{\delta_{22}} \quad \Delta l_t = a \cdot l \cdot \Delta T$$

故

$$H_t = \dfrac{\Delta l_t}{\delta_{22}} = \dfrac{\alpha l \Delta T}{\delta_{22}} = \dfrac{10^{-5} \times 30 \times (-20)}{\dfrac{0.095\,818 \times 30 \times 5^2}{3 \times 10^7 \times 2}} = -5\,009.5\,(\mathrm{kN})$$

温度变化在各截面产生的弯矩如下:

拱顶截面产生的弯矩

$$M_d = -H_t \cdot y_s = -(-5\,009.5) \times 0.332\,068 \times 5 = 8\,317.5\,(\mathrm{kN \cdot m})$$

拱脚截面产生的弯矩

$$M_j = H_t \cdot (f - y_s) = (-5\,099.5) \times (f - 0.332\,068 f)$$
$$= -17\,030.6\,(\mathrm{kN \cdot m})$$

绘制温度变化产生的弯矩图如图 3-3-18c)所示。

2. 拱脚变位引起的附加内力计算

在软土地基上修建的拱桥以及桥墩较柔的多孔拱桥,拱脚变位是难以避免的。拱脚的变位包括拱脚的水平位移、竖向位移(沉降)和转动(角变),每一种变位都会在拱中产生附加内力。

(1)拱脚相对水平位移引起的附加内力

在图 3-3-19 中,两拱脚发生相对水平位移为

$$\Delta_h = \Delta_{hB} - \Delta_{hA}$$

式中:Δ_{hA}、Δ_{hB}——左、右拱脚的水平位移,自原位置右移为正、左移为负。

由于两拱脚发生相对水平位移 Δ_h,在弹性中心产生的赘余力为

$$X_2 = -\dfrac{\Delta_h}{\delta_{22}} = -\dfrac{\Delta_h}{\int_s \dfrac{y^2 \mathrm{d}s}{EI}} \tag{3-3-60}$$

如两拱脚相对靠拢(Δ_h 为负),X_2 为正,反之则相反。

(2)拱脚相对垂直位移引起的附加内力

在图 3-3-20 中,拱脚相对垂直位移为

$$\Delta_V = \Delta_{VB} - \Delta_{VA}$$

式中:Δ_{VA}、Δ_{VB}——左、右拱脚的垂直位移,均以自原位置下移为正,向上移为负。

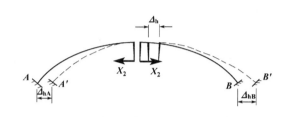
图 3-3-19 拱脚水平位移引起的附加内力计算图式

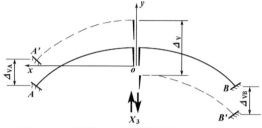
图 3-3-20 拱脚竖向位移引起的附加内力计算图式

由两拱脚相对垂直位移引起弹性中心的赘余力为

$$X_3 = -\frac{\Delta_V}{\delta_{33}} = -\frac{\Delta_V}{\int_s \frac{x^2 \mathrm{d}s}{EI}} \tag{3-3-61}$$

等截面悬链线拱的 $\int_s \frac{x^2 \mathrm{d}s}{EI}$ 可由《拱桥》[11]附录(Ⅲ)表(Ⅲ)-6 查得。

(3)拱脚相对角变引起的附加内力

在图 3-3-21a)中,拱脚 B 发生转角 θ_B(θ_B 以顺时针为正)之后,在弹性中心除产生相同的转角 θ_B 之外,还引起相对水平位移 Δ_h 和垂直位移 Δ_V。因此,在弹性中心会产生三个赘余力 X_1、X_2、X_3。

由典型方程得

$$\left.\begin{array}{r}X_1\delta_{11} + \theta_B = 0 \\ X_2\delta_{22} + \Delta_h = 0 \\ X_3\delta_{33} - \Delta_V = 0\end{array}\right\} \tag{3-3-62}$$

上式中 θ_B 为已知,Δ_h、Δ_V 不难根据图 3-3-21b)的几何关系求出。

$$\Delta_h = \theta_B(f - y_s)$$

$$\Delta_V = \frac{\theta_B \cdot l}{2}$$

将 Δ_h 及 Δ_V 代入式(3-3-62),得

$$\left.\begin{array}{r}X_1 = -\dfrac{\theta_B}{\delta_{11}} \\[2ex] X_2 = -\dfrac{\theta_B(f - y_s)}{\int_s \dfrac{y^2 \mathrm{d}s}{EI}} \\[2ex] X_3 = \dfrac{\theta_B \cdot l}{2\int_s \dfrac{x^2 \mathrm{d}s}{EI}}\end{array}\right\} \tag{3-3-63}$$

式中：$\delta_{11} = \int_s \frac{\overline{M}_1^2 \mathrm{d}s}{EI} = \int_s \frac{\mathrm{d}s}{EI} = \frac{l}{EI}\int_0^1 \frac{\mathrm{d}\xi}{\cos\varphi} = \frac{l}{EI} \times \frac{1}{v_1}$。

$1/v_1$ 可自《拱桥》[11]附录（Ⅲ）表（Ⅲ）-8 查得。

拱脚相对角变位引起各截面的附加内力为[图 3-3-21c)]

$$M = X_1 - X_2 y \pm X_3 x \\ N = \mp X_3 \sin\varphi + X_2 \cos\varphi \\ Q = X_3 \cos\varphi \pm X_2 \sin\varphi$$ (3-3-64)

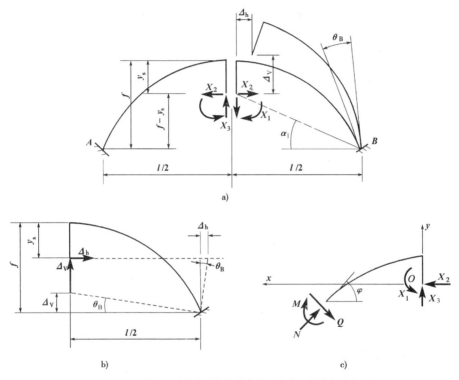

图 3-3-21 拱脚相对角变引起的赘余力及各截面的附加内力图

六、主拱验算

单跨无铰拱的验算包括强度验算和稳定验算这两项主要内容。

1. 强度验算

强度验算即作用效应组合值与结构抗力的比较。

当求出了各种作用的内力后，便可进行最不利情况下的作用效应组合。作用效应组合按照第一篇第三章的相关叙述采用，在前述基础上，当车道荷载引起的拱圈正弯矩参与组合时，应适当折减，拱顶、拱跨 $l/4$ 折减系数为 0.7，拱脚折减系数为 0.9，中间各个截面的正弯矩折减系数可用直线插入法确定。依此规定，例 3-3-3 中直接求得车道荷载作用下的拱脚最大正弯矩 $M_{\max}$ 为 1 081.88kN·m，在与其他作用效应组合以控制设计时，应当折减为 973.69kN·m。

一般无铰拱桥，拱脚和拱顶是主要控制截面。大跨度拱桥应验算拱顶、拱跨 $3l/8$、拱跨 $l/4$

和拱脚四个截面,对于中、小跨径拱桥,拱跨 $l/4$ 截面可不验算,特大跨径拱桥,除以上四个截面外,需视截面配筋情况,另行选择截面进行验算。如拱上建筑布置特殊,则视具体情况增加验算截面。

主拱圈的截面形式虽然各异,但它们都属于偏心受压构件。对于不同材料的截面强度,则应遵循不同桥梁设计规范中的规定,分别按极限状态法或者容许应力法进行验算。

圬工拱桥拱圈是不容许开裂的,因而仅对拱圈强度作验算,为确保全截面受压,规范对纵向力偏心距 e_0 作了限制,当实际偏心距 e_0 大于容许值 $[e_0]$ 时,因截面出现了拉应力,拱圈强度验算公式相应发生了变化,但任何时候,拱圈均不容许开裂。对于钢筋混凝土拱圈,验算内容包括强度、混凝土的拉压应力和裂缝宽度,如果不能满足要求,可通过增加配筋量、提高混凝土强度等级甚至加大拱圈的方法予以解决。对于钢拱圈,主要验算钢材的应力、局部稳定性以及连接构造。另外,对于拱圈承受拉力的部位,尚应验算其疲劳强度。

本节内重点介绍钢筋混凝土拱桥的相关计算内容。

根据《桥规 JTG 3362》规定,当构件按承载能力极限状态设计时,其计算以塑性理论为基础。拱圈截面基本上是偏心受压构件,其具体计算方法已在《结构设计原理》一书中有详细阐述,这里不再重复。有关具体的规定可查阅《桥规 JTG 3362》。

对于构件局部承压或拱圈截面出现偏心受拉或受弯的情况,可参考《桥规 JTG 3362》中的有关内容。

2. 稳定验算

拱圈或拱肋的稳定性验算分为纵向稳定(又称面内稳定)和横向稳定(又称面外稳定或侧倾稳定)。跨径不大的实腹式拱桥可以不验算其纵、横向稳定性;在拱上建筑完成后再卸落拱架的大、中跨径拱桥,由于拱上建筑与主拱圈的共同作用,不致产生纵向失稳,此时,无须验算拱的纵向稳定性。采用无支架施工或在拱上建筑完成前就脱架的拱桥,应验算施工过程中拱的纵向稳定。当拱圈宽度小于跨径的 $1/20$ 时,应验算拱的横向稳定。由于目前对于拱的横向稳定性尚无成熟的计算方法,本节主要介绍拱的纵向稳定性验算。

当拱的长细比不大,且矢跨比在 0.3 以下时,钢筋混凝土拱的纵向稳定性验算可表达为强度校核形式,即将拱肋换算为相当长度的压杆(图 3-3-22),按平均轴力采用钢筋混凝土轴向受压构件强度计算公式

$$\gamma_0 N_d \leqslant 0.9\varphi(f_{cd}A + f'_{sd}A'_s) \tag{3-3-65}$$

$$N_d = \frac{H_d}{\cos\varphi_m} \tag{3-3-66}$$

式中:N_d——轴向力组合设计值;

H_d——拱的水平推力组合设计值;

φ_m——拱脚至拱顶连线与水平线的夹角,$\cos\varphi_m = \dfrac{1}{\sqrt{1+4(f/l)^2}}$;

φ——轴压构件的稳定系数,按表 3-3-2 采用;

f_{cd}、f'_{sd}——混凝土抗压强度设计值和纵向钢筋抗压强度设计值;

A——构件截面面积,对于变截面拱,若拱截面变化不大,则直接取 $l/4$ 处拱的横截面面

积,当纵向配筋率大于3%时,A改用$A_h(A_h = A - A_s')$;

A_s'——全部纵向钢筋截面面积。

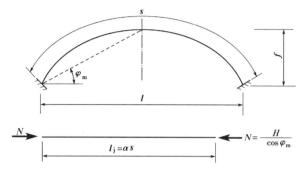

图3-3-22 拱肋纵向稳定验算

钢筋混凝土构件的纵向弯曲系数 φ 表3-3-2

l_0/b	≤8	10	12	14	16	18	20	22	24	26	28
$l_0/2r$	≤7	8.5	10.5	12	14	15.5	17	19	21	22.5	24
l_0/i	≤28	35	42	48	55	62	69	76	83	90	97
φ	1.0	0.98	0.95	0.92	0.87	0.81	0.75	0.70	0.65	0.60	0.56
l_0/b	30	32	34	36	38	40	42	44	46	48	50
l_0/d	26	28	29.5	31	33	34.5	36.5	38	40	41.5	43
l_0/r	104	111	118	125	132	139	146	153	160	167	174
φ	0.52	0.48	0.44	0.40	0.36	0.32	0.29	0.26	0.23	0.21	0.19

注:1. 表中 l_0 为构件计算长度,b 为矩形截面短边尺寸,r 为圆形截面直径,i 为截面最小回转半径。

2. 拱圈的计算长度:三铰拱为 $0.58s$,双铰拱为 $0.54s$,无铰拱为 $0.36s$(s 为拱圈的拱轴线长度)。

第二节 中、下承式钢筋混凝土拱桥计算

中、下承式钢筋混凝土拱桥计算的主要内容有:

(1)主拱内力计算及截面强度验算。

(2)主拱纵、横向稳定性验算。

(3)吊杆计算。

(4)桥面系计算等。

主拱截面强度验算的具体方法与普通型上承式拱桥并无大的差别,只是在进行内力计算和作用效应组合时,在车辆荷载的内力中应计入荷载横向分布系数,这是因为在中下承式拱桥的上面没有拱上结构联合作用的有利影响。荷载横向分布系数的计算方法一般采用杠杆法或者偏心压力法。对于验算内容的其余项也是如此,都应考虑荷载横向分布系数,这也是与上承式拱桥计算的一个最大差别。

其次,由于没有拱上建筑联合作用,中、下承式拱肋的稳定性验算要比上承式拱肋显得更为重要,尤其是无横向风撑连接的敞口式拱桥,其横向稳定性验算更不容忽视。但迄今尚无成熟的关于拱肋横向稳定性的计算方法,一般是借助有限元方法求解,而纵向稳定性验算与上承式拱桥的验算方法基本相同。故本节不再对拱肋稳定验算进行阐述。

本节将从吊杆的计算开始,介绍吊杆计算和桥面系计算相关内容。

一、吊杆的计算

中、下承式拱桥的吊杆通常分为柔性吊杆和刚性吊杆两类。

柔性吊杆只承受轴向拉力,而不承受弯矩,故按轴向受拉构件计算;刚性吊杆与拱肋及横梁的连接一般是刚性连接,吊杆兼受轴力和弯矩,故按偏心受拉构件计算。

刚性吊杆通常用预应力或部分预应力混凝土制作,当采用普通钢筋混凝土吊杆时,在施工上常在使钢筋承受全部结构自重拉力(或全部结构自重拉力+局部压重拉力)情况下浇筑混凝土,以防止产生较大的裂缝,实际上也是一种部分预应力混凝土构件。计算应包括承载能力极限状态和正常使用状态两种情况。前者应区分小偏心受拉和大偏心受拉两种情况,主要应满足强度要求;后者主要验算在使用荷载下的应力幅度和裂缝宽度,以确定不发生疲劳破坏和过大的裂缝。有关具体的计算公式已在《结构设计原理》中详细叙述过,这里不再重复。

二、桥面系的计算

中、下承式拱桥桥面系的计算通常包括以下三个方面。

1. 横梁计算

(1)由柔性吊杆支承的横梁计算

对于这种类型的横梁,一般按简支梁进行作用效应分析。

(2)与刚性吊杆固结的横梁计算

如图 3-3-23 所示,当横梁与刚性吊杆固结时,受力比较复杂,简化计算时,对于横梁上方有横撑的情形,可按图 3-3-23c)的模式计算;对于无风撑的情形,与吊杆相接处的负弯矩仍按图 3-3-23c)模式计算,跨中弯矩则按简支梁计算。

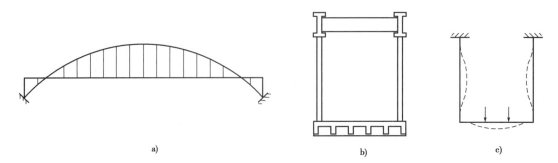

图 3-3-23 刚性吊杆和桥面横梁的受力变形示意图

精确计算应采用空间有限元法。

2. 纵梁计算

(1) 以横梁为支承点的连续纵梁计算

严格说来,它应按弹性支承连续梁进行分析,但是它的变形又受到拱肋及吊杆变形的耦联作用,使各支承的弹簧刚度不易确定,故目前多采用平面杆系的有限元法程序求解。如果忽略拱肋的变形,则弹簧支承刚度可按吊杆单位变形需要的竖向力来确定。如果完全忽略拱肋和吊杆的变形,则纵梁可近似地按刚性支承连续梁计算。

(2) 与桥面板整体连接的连续纵梁计算

对于这类结构构造,只能应用空间有限元法的计算机程序进行分析,并且可以同时得到拱肋、吊杆、纵梁及桥面板等各个部位的各种内力。

3. 简支-连续桥面板的计算

一般的中、下承式拱桥多采用这种桥面构造,它不仅受力明确,而且桥面板可以在场外预制,然后吊装就位,现浇接头形成连续板,从而加快施工进度。

(1) 预制板自重

预制板自重按简支板计算。

(2) 二期结构自重和汽车、人群荷载

二期结构自重和汽车、人群荷载计算可参照第二篇第三章桥面板的计算方法。

跨中弯矩 $M_{中} = 0.7 M_{简支}$

支点弯矩 $M_{支} = -0.7 M_{简支}$

式中:$M_{简支}$——按简支板计算的相应弯矩。

(3) 板内轴力

板内轴力包括温度变化、混凝土收缩和徐变及汽车制动力等引起的轴力。

第三节 其他类型拱桥计算特点

一、桁架拱桥

1. 受力特点

桁架拱桥的主要受力特点有以下几点:

(1) 桁架拱桥在受力上最主要的特点是拱上建筑参与拱圈的共同作用,使结构各个部分的材料都能得到充分利用。

(2) 拱形桁架部分各杆件主要承受轴向力,这与普通桁架拱的受力相似;实腹段部分承受轴向力和弯矩,与拱圈的受力相类似。

(3) 桁架部分的上弦杆除了作为整体桁架杆件承受轴向力外,在运营时还要直接承受局部荷载产生的弯矩,尤其是第一个节间,间距大,杆件长,局部荷载产生的弯矩最大,常是控制设计的杆件。

2. 基本假定及计算图式

为了简化桁架拱桥的计算工作,在试验研究的基础上,可采取下列假定:

(1)以 1 片桁架拱片作为计算单元,将空间桁架简化为平面桁架。荷载在横桥向的不均匀分布,以荷载横向分布系数来体现。

(2)考虑到桁架拱片两端仅有一小段截面不大的下弦杆插入墩台预留孔中,故假定桁架拱片两端与墩台的连接为铰接。此时,桁架拱可按外部一次超静定结构计算,在支点处(拱脚)仅产生水平反力和竖向反力,不产生弯矩。

(3)假定桁架拱的节点为理想铰接。试验研究证明,采用铰接的假定是容许的,由于节点固结产生的次弯矩,除下弦杆外可以不予考虑。

当用电算分析桁架拱时,可将各节点视为刚结,直接算出各杆件的内力。

根据以上假定,桁架拱桥就简化为外部一次超静定、内部静定的双铰桁架拱式结构,其简化计算图式如图 3-3-24 所示。

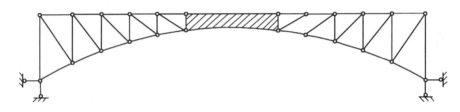

图 3-3-24　桁架拱桥的计算图式

二、刚架拱桥

1. 受力特点

如同桁架拱桥一样,刚架拱桥的拱上建筑也参与拱圈的共同作用。除了它两端的腹孔梁为受弯构件外,其余所有构件,如主拱腿、腹孔弦杆、斜撑及实腹段均有轴向压力,属于压弯构件。全桥没有受拉构件,这也体现了刚架拱桥在受力方面的优点。

其次,由于考虑了桥面与刚架拱片的共同作用,故在进行活载内力分析时应考虑活载横向不均匀分布的影响。试验表明,实测的横向分布曲线,与按弹性支承连续梁简化法计算的分布曲线比较接近。因而,刚架拱桥的荷载横向分布系数,可用弹性支承连续梁简化法计算。

2. 基本假定及计算图式

(1)结构自重作用时,假定主拱脚和斜撑脚均为铰接(施工时不封固);活载作用时,主拱脚已经封固,假定主拱脚为固结,斜撑脚为铰接,弦杆支座无论结构自重、活载,均作为允许水平位移的竖向链杆。

(2)结构自重全部由刚架拱片与横系梁组成的结构承担。考虑到施工过程中结构体系的变化,应按图 3-3-25 的次序分阶段计算结构自重内力,然后进行叠加。

(3)二期结构自重、活载和各种附加力由裸拱片与桥面系组成的整体结构承担(不包括桥面磨耗层),它的计算图式采用图 3-3-25 中的 4 阶段图式。

(4)在内力计算中,按单元全截面特征进行计算,在配筋计算中,应考虑桥面板剪力滞效应,采用有效宽度进行配筋计算,即受弯时由有效宽度承受,轴向力由单元全截面承受。

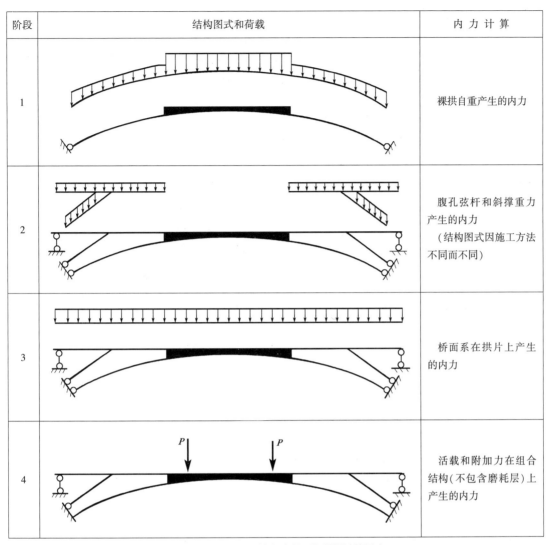

图 3-3-25 按施工顺序拟定的刚架拱桥计算图式

三、钢管混凝土拱桥计算特点

1.受力特点

钢管混凝土并不是一种专门的桥型,而只是采用它作为主拱承压用的结构材料。它可以被应用到上承式拱桥上,但比较多地被用在中、下承式拱桥上。因此,它的一般受力特点与所选用的桥型存在一些共性。然而,钢管混凝土拱桥有它独具的特点,在进行结构分析时,必须考虑以下因素:

(1)钢管混凝土拱桥内力计算与施工过程密切相关。受吊装能力限制,一般将拱肋分数段加工,然后吊装形成钢管拱肋桁架,此时钢管拱肋桁架重力由其自身承受。浇筑钢管内混凝土时,混凝土作为外荷载作用在钢管拱肋上,因此仍由钢管拱肋承受,应按钢结构计算。以后随着混凝土凝固和强度的提高,混凝土开始与钢管一起参与受力。后期拱上建筑、桥面系结构自重和活载均由钢管混凝土组合截面承担。因此,钢管混凝土拱桥应采用"应力叠加法"进行设计。

(2) 钢管混凝土作为一种钢-混凝土组合材料,一般采用合成法确定钢管混凝土的基本性能。所谓合成法,是指分别选定钢管和核心混凝土在轴心力作用下的本构关系,运用平衡条件和变形协调条件将两者的本构关系合成构件的组合关系,由此组合关系可得到钢管混凝土的各种物理力学组合性能指标。由于在钢管和混凝土的本构关系中包含有套箍力作用,因此在组合关系中也就包含了这种套箍效应。但是上述方法对大偏心受压构件不适用,此时仍采用钢筋混凝土截面的计算方法。

(3) 我国应用的钢管混凝土拱桥全是超静定结构,对于温度变化、混凝土收缩和徐变产生的次内力尚缺乏系统的试验和理论研究,因此在沿用现行的钢筋混凝土桥梁设计规范时,在缺乏可靠资料的情况下,应偏安全地取值。并应随时将来自各方面的设计和试验资料加以整理总结。

2. 基本假定及计算图式

(1) 钢管混凝土拱桥绝大部分是无铰拱,其计算和一般钢筋混凝土无铰拱一样,取悬臂曲梁为基本结构,首先进行截面计算。对于钢筋混凝土拱桥,计算超静定钢筋混凝土拱的赘余未知力时,其计算截面采用全部混凝土截面,不计钢筋的影响,这是由于钢筋混凝土拱桥的配筋率不大,截面计算时若不计及钢筋影响,对附加力影响不大,对结构总的受力影响很小。但是对于钢管混凝土拱桥,由于其截面含筋率较高,计算截面刚度时要考虑钢管的影响。实践证明,钢管混凝土拱肋截面刚度按钢筋混凝土的计算方法和按钢管混凝土的计算方法计算出来的结果相差很大。实用中钢管混凝土截面的刚度计算公式如下

$$EA = E_c A_c + E_s A_s \tag{3-3-67}$$

$$EI = E_c I_c + E_s I_s \tag{3-3-68}$$

式中:EA——钢管混凝土压缩和拉伸刚度;

EI——钢管混凝土弯曲刚度;

E_c、A_c、I_c——分别为混凝土的弹性模量、截面面积和惯性矩;

E_s、A_s、I_s——分别为钢管的弹性模量、截面面积和惯性矩。

(2)《桥规 JTG 3362》规定,当进行钢筋混凝土超静定结构变形计算时,允许开裂截面的刚度应采用 $0.8E_c I$,其中 E_c 为混凝土的弹性模量,I 为构件毛截面的惯性矩。这主要是考虑到钢筋混凝土构件中混凝土开裂对截面刚度削弱的影响。而对于钢管混凝土构件,混凝土的裂缝开展受到钢管的约束而较迟出现且不发育,弹性、塑性性能均强于钢筋混凝土结构,而且其含筋率较高,因此可以不考虑折减。

(3) 钢管混凝土拱桥由于材料强度高,主拱圈的刚度相对较小,而且桥面系一般均为梁板式结构(下承式多为柔性吊杆梁板式),活载横向分布作用明显,而拱上建筑联合作用较弱,因此在汽车、人群荷载计算时采用单根拱肋的计算模型。双肋拱拱肋的荷载横向分布系数计算一般采用杠杆法,如图 3-3-26 所示。

对于多肋拱拱肋,弹性支承连续梁法乃是一种有效的计算方法。对于自重,由于对称性不需考虑横向分布。

(4) 钢管混凝土温度变化、混凝土收缩徐变产生的内力计算中,当结构处于弹性阶段时,钢管混凝土拱桥与一般拱桥的不同主要是截面刚度和上述荷载的取值。

① 计算合龙温度。鉴于影响合龙温度的因素较多,当没有更精确与详细的资料时,建议在考虑温降计算时取合龙当月平均温度加上 4~5℃;计算温升时则以当月平均温度作为计算合龙温度。

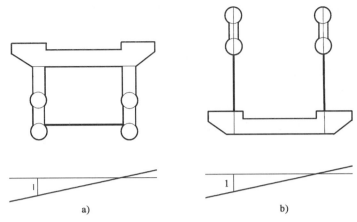

图 3-3-26 双肋拱横向分布计算图式

②钢管混凝土的收缩徐变目前还缺乏系统研究,仍然采用钢筋混凝土拱桥的计算方法,即将收缩影响当作额外的温度降低 15~20℃,徐变对结构内力的不利影响可不计,仅计及徐变对温度变化、混凝土收缩引起的附加内力的调整作用,即在无可靠资料时,温度变化内力和混凝土收缩产生的内力分别乘以 0.7 和 0.45 的徐变影响系数。

但是,混凝土的徐变将导致截面上原先由混凝土承担的应力部分向钢管转移,使钢管应力增大。因此,在钢管应力控制中必须考虑这一不利影响。

(5)钢管混凝土拱桥采用自架设施工方法,主拱圈是逐步形成的,因而各部分受力先后不一。强度验算有应力叠加法和内力叠加法两种。在施工过程中,以采用应力叠加法验算钢拱架的强度与稳定性较为合理,并用容许应力法进行验算。当管内混凝土达到设计强度后,则应采用内力叠加法计算内力,计算内力的截面刚度采用式(3-3-67)、式(3-3-68)进行计算。这时的验算方法则采用极限状态法。

(6)由于钢管对核心混凝土的套箍作用只有当构件处于轴心或小偏心受压状态,且混凝土进入塑性状态后才能显现,因而对于轴心或小偏心受压构件的承载能力极限状态验算,可考虑套箍作用的有利影响,其他情况一概不考虑。

(7)对于两根和两根以上钢管混凝土组成的拱肋除进行整体承载力验算外,还需进行组成构件的局部承载力验算,以防局部破坏。对于桁式断面,还应对腹杆、平联等进行局部受力验算。

(8)钢管混凝土肋拱面内承载力是二类稳定问题,它小于一类弹性稳定临界荷载,因此,钢管混凝土拱肋整体验算只需进行二类问题的验算。同时,还需进行钢管混凝土肋拱侧向极限承载力(即横向稳定性)的验算。

四、系杆拱桥

1. 受力特点

(1)柔性系杆刚性拱组合体系

如图 3-3-27 所示的柔性系杆刚性拱组合体系是将拱肋的推力传给下弦(即系杆)承受,使体系成为外部静定的结构。当基础发生不均匀位移时,结构内不产生附加内力。该体系设计过程中,比普通下承式拱桥多设了承受拱肋推力的受拉柔性系杆,因而假设系杆和吊杆均为柔性杆件,只承受轴向拉力,基本不承受弯矩;拱肋按普通拱桥的拱肋一样考虑,视为偏心受压构件。

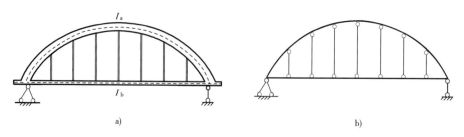

图 3-3-27　柔性系杆刚性拱组合体系计算图式

(2)刚性系杆柔性拱组合体系

如图 3-3-28 所示的刚性系杆柔性拱组合体系中,拱的推力传给刚性系杆承受,亦属外部静定体系。由于拱肋与系杆的刚度比相对小很多,可以认为拱肋只承受轴向压力,基本不承受弯矩;而系杆不仅承受拱的推力,还要承受弯矩,故它为拉弯组合的梁式构件。该体系以梁(系杆)为主要承重结构,柔性拱肋对梁只起加劲作用。

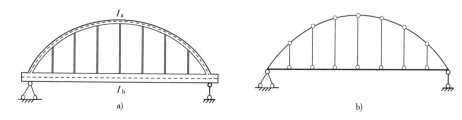

图 3-3-28　刚性系杆柔性拱组合体系计算图式

(3)刚性系杆刚性拱组合体系

如图 3-3-29 所示的刚性系杆刚性拱的受力特点介于柔性系杆刚性拱和刚性系杆柔性拱之间。系杆和拱肋均有一定的抗弯刚度,荷载引起的内力在系杆和拱肋之间按刚度分配,共同承担轴力和弯矩。系杆和拱肋的端部是刚性连接的,体系为外部静定而内部超静定结构,超静定次数为 $3+n$(n 为吊杆根数)。

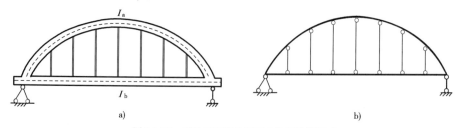

图 3-3-29　刚性系杆刚性拱组合体系计算图式

2.基本假定与计算简图

1)柔性系杆刚性拱组合体系

(1)基本假定

柔性系杆刚性拱组合体系计算分析的基本假定如下:

①系杆只承受拱肋传递的推力,即截面中只有拉力。

②拱肋为主要承重构件,由于它的刚度比系杆大得多,故其截面要承受弯矩、轴力和剪力。
③桥面系刚度不参与系杆刚度作用。
④对于变截面拱,一般拱肋截面惯性矩变化规律取:$I_{肋} = I_d/\cos\varphi$(I_d为拱肋顶部的惯性矩)。

根据上述基本假定,拟定计算简图时,所有吊杆均视作链杆,整个结构可简化为一带拉杆的两铰拱[图3-3-30a)]。分析时还可将系杆用水平弹簧支承等代,得到一次超静定体系的计算简图,如图3-3-30b)所示。

(2)计算要点

①柔性柔杆刚性拱组合体系属于外部静定,内部一次超静定的体系。取系杆拉力H为赘余未知力,原点为拱脚,坐标系如图3-3-30所示。分析中忽略吊杆拉力的影响,根据此基本体系可用力法方程求出赘余未知力H。

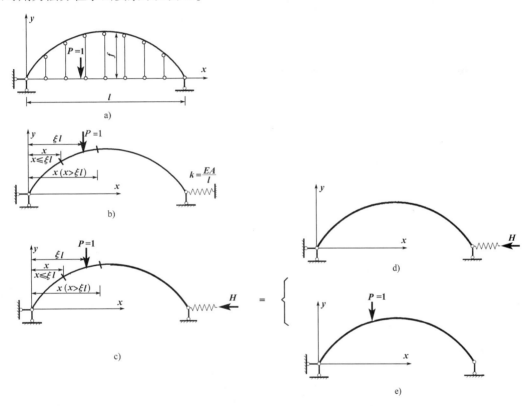

图3-3-30 柔性系杆刚性拱组合体系内力分析图式

结构自重内力计算时,可取系杆的拉压刚度EA趋于无穷大,弯曲刚度EI则为零,由此求得系杆的轴力,作为拟定系杆初张力的根据。

在任意荷载$P=1$作用下,结构内力分析步骤如图3-3-30所示。

当采用预应力钢筋混凝土系杆时,应在计算中采用换算的系杆面积。

②拱肋和系杆在温度变化、混凝土收缩时不一致,可能产生附加内力,计算中应考虑这种因素对内力的影响。

③根据如图3-3-30b)所示的计算图式,可先计算出赘余未知力H的影响线。然后据此计算拱肋各截面的内力计算图式,可导出拱肋内力影响线和拱肋截面内力。

2)刚性系杆柔性拱组合体系

(1)基本假定

刚性系杆柔性拱组合体系属于外部静定,内部一次超静定结构。拱肋刚度甚小,可以认为拱肋只承受轴力,系杆承受弯矩和剪力,结构可简化为一带链杆的加劲梁,如图3-3-32所示。

分析的基本假设如下:

①由于桥面系结构自重和拱肋结构自重沿跨度方向的分布大致均匀,从拱脚到拱顶的荷载集度大致一样,拱轴线一般采用二次抛物线。

②柔性拱肋的拱轴线可以是平滑曲线,为简化施工也可以采用内接二次曲线的曲多边形。

③当拱肋为曲多边形时,各吊杆的节点之间的拱肋是直杆构件,只承受其轴线方向的轴力,由于节点刚性连接产生的弯矩比刚性系杆中的弯矩小得多,而且在直杆拱肋段中引起的应力也远小于轴力引起的内力,工程上计算时略去此项弯矩。

④当拱肋是平滑曲线时,由于拱肋节点间的曲杆上相当于没有荷载(拱肋自重远小于吊杆传递的荷载),因此,每个节间的中点会出现较大的附加弯矩,其值等于轴向力 N 与节间拱段对其弦的矢高 Δf 之积:$\Delta M = N \cdot \Delta f$。附加弯矩仅在精确分析中需要。由于它引起的截面应力远小于轴力所引起的截面应力,在工程实用计算中可忽略不计。

(2)计算要点

①由于系杆端部节间的中点有较大的正弯矩,而当系杆轴线与拱轴线在支点轴线处相交时,该交点的弯矩为零,为了设计出经济的系杆截面,常将支座中线之上的拱轴线设计成与系杆不相交,如图3-3-31所示。这样,由于拱脚水平推力的偏心作用,可以造成支点负弯矩,从而减少正弯矩,使系杆截面较为经济。

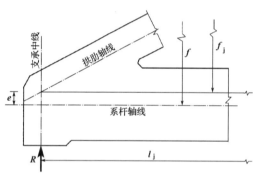

图3-3-31 系杆轴线、拱肋轴线与支承中线关系

②当分析在任意荷载 P 作用下的结构内力时,可以从拱顶将柔性拱肋切开,由于拱肋只承受轴力,故设拱顶的推力 H 为赘余未知力,计算图式如图3-3-32d)所示。

③计算拱顶赘余力 H 时,为了简化计算,可将分散布置的吊杆看作连续分布的薄膜,将吊杆内力[图3-3-32b)]转变为等效的薄膜分布内力[图3-3-32c)]。相应地,作用于系杆上的节点荷载也转化为分布荷载,如图3-3-32c)所示。计算分析中可将图3-3-32d)的计算图式分解为图3-3-32e)和图3-3-32f)。

假设薄膜内力的集度为 q,则 $H = \dfrac{ql^2}{8f}$,当 $H = 1$ 时,$q = \dfrac{8f}{l^2}$。

力法基本方程为

$$\delta_{HH} \cdot H + \Delta_{HP} = 0 \qquad (3\text{-}3\text{-}69)$$

式中:δ_{HH}——由图3-3-32e)内力图自乘得到;

Δ_{HP}——由图3-3-32e)与图3-3-32f)内力图互乘得到。

④这种拱虽属于外部静定体系,理论上在温度变化时不产生温变附加内力。但实际上拱肋和系杆在温度变化、混凝土收缩时是不一致的,计算中应考虑温度变化和混凝土收缩产生的附加力。

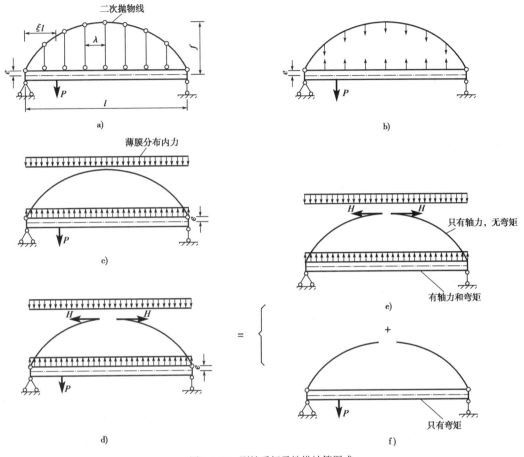

图 3-3-32 刚性系杆柔性拱计算图式

⑤刚性系杆柔性拱中,拱肋截面要求纤细,以达到柔性的特点,这样就增加了构件的长细比,因此全拱的结构稳定性非常重要。失稳状态以发生不对称失稳变形为最不利。

3)刚性系杆刚性拱组合体系

(1)基本假定

刚性系杆刚性拱组合体系桥,由于系杆及拱肋的刚度接近,拱肋和系杆均能承受弯矩和剪力,吊杆(竖杆)刚度通常较小,仍可视为两端设铰的链杆,其计算简图如图 3-3-33 所示,此时的体系为外部静定、内部为 $(n+3)$ 次超静定结构(n 为吊杆数)。

分析的基本假设如下:

①吊杆为轴向受力的柔性杆件,其两端点与拱肋及系杆铰接。

②拱轴线为左右对称的二次抛物线,且有几个相等的节间,如图 3-3-33 所示。

(2)计算要点

为了叙述简单明了起见,下面用一座仅有四根吊杆的组合体系拱桥来说明其计算原理,如图 3-3-33 所示。其中的图 3-3-33b)是所取的一般基本结构,它具有 $n+3=4+3=7$ 个赘余未知力 X_1、X_2、X_3、$\cdots$、X_6、X_7。为了减少力法方程中的副系数的计算,首先,可以按照第三篇第三章第一节中的原理,将拱肋上的三个赘余力 X_1、X_2、X_3 选在弹性中心处,如图 3-3-33c)所示。

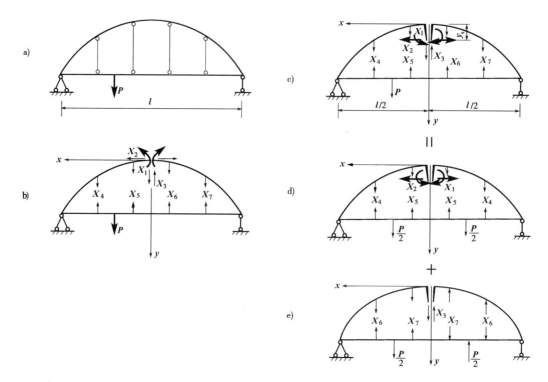

图 3-3-33　刚性系杆刚性拱组合体系内力分析图式

其次,再利用结构及荷载的对称性,进一步将图 3-3-33c)的基本结构分解为对称型[图 3-3-33d)]和反对称型[图 3-3-33e)]两种简单情况的叠加,从而大大简化了计算。

对称型的力法方程为

$$\begin{bmatrix} \delta_{11} & \delta_{12} & \delta_{14} & \delta_{15} \\ \delta_{21} & \delta_{22} & \delta_{24} & \delta_{25} \\ \delta_{41} & \delta_{42} & \delta_{44} & \delta_{45} \\ \delta_{51} & \delta_{52} & \delta_{54} & \delta_{55} \end{bmatrix} \begin{bmatrix} X_1 \\ X_2 \\ X_4 \\ X_5 \end{bmatrix} + \begin{bmatrix} \Delta_{1p} \\ \Delta_{2p} \\ \Delta_{4p} \\ \Delta_{5p} \end{bmatrix} = 0 \qquad (3\text{-}3\text{-}70)$$

其中 $\delta_{12} = \delta_{21} = 0$。

反对称型的力法方程为

$$\begin{bmatrix} \delta_{33} & \delta_{36} & \delta_{37} \\ \delta_{63} & \delta_{66} & \delta_{67} \\ \delta_{73} & \delta_{76} & \delta_{77} \end{bmatrix} \begin{bmatrix} X_3 \\ X_6 \\ X_7 \end{bmatrix} + \begin{bmatrix} \Delta_{3p} \\ \Delta_{6p} \\ \Delta_{7p} \end{bmatrix} = 0 \qquad (3\text{-}3\text{-}71)$$

分别解得上述两组力法方程中的赘余力后,然后进行相应力的内力叠加,便可以得到拱肋各截面及吊杆的内力。

本结构体系也可以直接应用第七篇中的有限单元法求解。

第四章
拱桥施工方法简介

混凝土拱桥的施工按其主拱圈成型的方法可分为三大类,具体如下。

第一节　就地浇筑法

就地浇筑法就是把拱圈混凝土的基本施工工艺流程(立模、扎筋、浇筑混凝土、养护及拆模等)直接在桥孔位置来完成,按照所使用的设备来划分,包括以下两种。

1. 有支架施工法

混凝土拱桥的有支架施工法与梁桥相类似,这里不再详细介绍。

2. 悬臂浇筑法

图 3-4-1 是采用悬臂浇筑法浇筑箱形截面主拱圈的示意图。它把主拱圈划分成若干个节段,并用专门设计的钢桁托架结构作为现浇混凝土的工作平台。托架的后端铰接在已完成的悬臂结构上,其前端则用刚性斜拉杆经过临时支柱和塔架,再由尾索锚固在岸边的锚碇上。由于钢桁托架本身较重,它的转移必须借助起重量大的浮吊船,而钢筋骨架和混凝土的运输则借助缆索吊装设备,施工比较麻烦,拱轴线上各点的高程也较难控制,故目前较少采用这种施工方法。

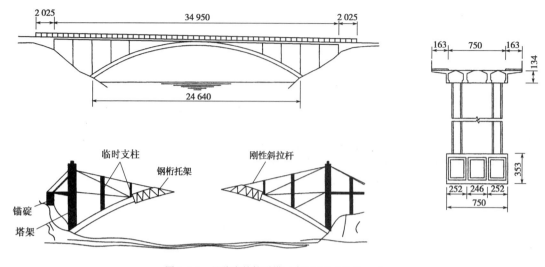

图 3-4-1 悬臂浇筑箱形拱示意图(尺寸单位:cm)

第二节 预制安装法

预制安装法按主拱圈结构所采用的材料可以分为整体安装法和节段悬拼法两种。

1. 整体安装法

这种施工方法适合于钢管混凝土系杆拱的整片起吊安装,因为钢管混凝土拱肋在未灌混凝土之前具有质量轻的优点。例如图 3-4-2 中,跨径为 45m 的系杆拱片,经组合后,其吊装质量仅为 18.7t,用起重量为 20t 的浮式起重机,仅用了一天就把两片拱片全部安装完毕。但被起吊的拱片应做以下三点验算:

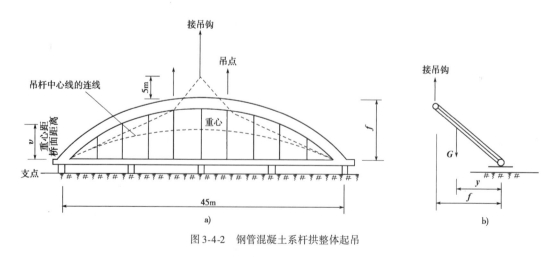

图 3-4-2 钢管混凝土系杆拱整体起吊

(1)拱肋从平卧到竖立的翻转过程中,形若一根简支曲梁,因此,应将此两个起吊点视为作用于其上的垂直集中力,来验算此曲梁的强度和刚度。

（2）在竖向吊运过程中，需验算吊点截面的强度。

（3）当两吊点间距较近时，需验算系杆在吊运过程中是否出现轴向压力及其面外的稳定性。

其次，应该科学地设计其施工顺序，使设计中对全桥横向稳定有利的杆件先安装或浇筑，以尽早发挥作用。例如先安装肋间横撑，浇筑支承节点和端横梁混凝土，再安装内横梁和沿系杆纵向分条安装桥面板直至合龙等。

2. 节段悬拼法

节段悬拼法是将主拱圈结构划分成若干节段，先放在现场的地面或场外工厂进行预制，然后运送到桥孔的下面，利用起吊设备提升就位，进行拼接，逐渐加长直至成拱。每拼完一个节段，必须借助辅助设备临时固定悬臂段。这种方法对钢筋混凝土或钢管混凝土主拱圈的施工都适用。根据所采用的起重设备，常用的有以下两种：

（1）缆索吊装设备

缆索吊装设备主要由主索、工作索、塔架和锚固装置四个基本部分组成。其中包括主索、起重索、牵引索、扣索、缆风索、塔架及索鞍、地锚、滑车、电动卷扬机等设备和机具。缆索吊装布置如图3-4-3所示。

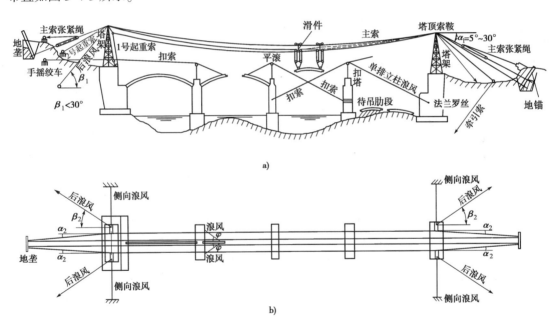

图 3-4-3 缆索吊装布置示意图
a）立面；b）平面

（2）伸臂式起重机

图3-4-4是利用伸臂式起重机在已拼接好了的悬臂端逐次起吊和拼接下一节段的施工示意图。每拼接好一个节段，即用辅助钢索临时拉住，每拼完三节，便改用更粗的主钢索拉住，然后拆除辅助钢索，供重复使用。这种方法适用于特大跨径的拱桥施工。

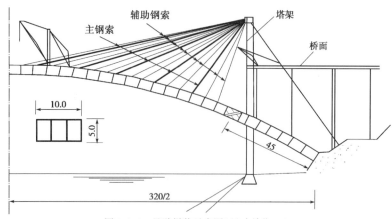

图 3-4-4 悬臂拼装示意图(尺寸单位：m)

第三节 转体施工法

转体施工法的特点是将主拱圈从拱顶截面分开，把本应高空作业主拱圈混凝土浇筑改为放在桥孔下面或者两岸进行，并预先设置好旋转装置，待主拱圈混凝土达到设计强度后，再将它就地旋转就位成拱。按照旋转的几何平面又可分为以下三种。

1. 平面转体施工法

图 3-4-5 是主拱圈正处在平面旋转过程中的示意图。这种施工方法特点是：将主拱圈分为两个半跨，分别在两岸利用地形作简单支架(或土牛拱胎)，现浇或者拼装拱肋，再安装拱肋间横向联系(横隔板、横系梁等)，把扣索的一端锚固在拱肋的端部(靠拱顶)附近，经引桥桥墩延伸至埋入岩体内的锚碇中，最后用液压千斤顶收紧扣索，使拱肋脱模，借助环形滑道和手摇卷扬机牵引，慢速地将拱肋转体 180°(或小于 180°)，最后再进行主拱圈合龙段和拱上建筑的施工。图 3-4-6 示出了拱桥转动体系的一般构造。其中的图 3-4-6a)是在转盘上放置平衡重来抵抗悬臂拱肋的倾覆力矩，转动装置利用摩阻系数特别小的聚四氟乙烯材料和不锈钢板制造，以利转动；图 3-4-6b)是无平衡重的转动体系，它是把有平衡重转体施工中的扣索直接锚固在两岸岩体中，这种方法仅适合于在山区地质条件好或跨越深谷的地形条件下采用。

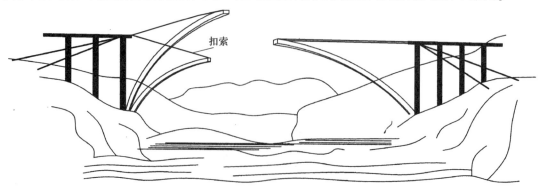

图 3-4-5 平面转体施工示意图

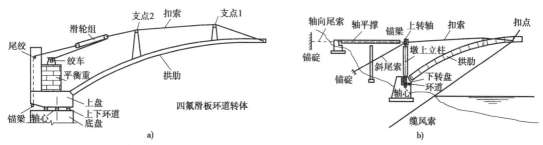

图 3-4-6 转动体系的一般构造

2. 竖向转体施工法

当桥位处无水或水很浅时,可以将拱肋分成两个半跨放在桥孔下面预制。如果桥位处水较深时,可以在桥位附近预制,然后浮运至桥轴线处,再用起吊设备和旋转装置进行竖向转体施工。这种方法最适宜于钢管混凝土拱桥的施工。因为钢管混凝土拱桥的主拱圈必须先让空心钢管成拱以后再灌筑混凝土,故在旋转起吊时,不但钢管自重相对较轻,而且钢管本身强度也高,易于操作。图 3-4-7 是采用扒杆吊装系统对钢管拱肋进行竖向转体施工的示意图。它的主要施工过程是,将主拱圈从拱顶分成两个半拱在地面胎架上完成,经过对焊接质量、几何尺寸、拱轴线形等验收合格后,由竖立在两个主墩顶部的两套扒杆分别将其旋转拉起,在空中对接合龙。拱脚旋转装置是采用厚度为 36mm 的钢板在工厂进行配对冲压而成,使两个弧形钢板密贴,两弧形钢板之间涂上黄油,以减小摩阻力,如图 3-4-8 所示。

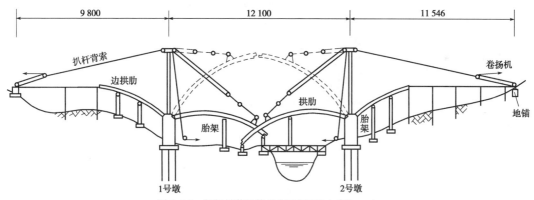

图 3-4-7 扒杆吊装系统总布置图(尺寸单位:cm)

3. 平-竖相结合的转体施工法

这种施工方法是在我国广州市丫髻沙大桥上——三孔连续自锚中承式钢管混凝土系杆拱桥——首先采用(图 3-4-9)。它综合吸收了上述两种转体施工方法的优点,具体体现在:

(1)利用竖向转体法的优点,变高空作业为地上作业,避免了长、大、重安装单元的运输和起吊。

(2)利用平面转体法的优点,将全桥三孔分为两段,放在主河道的两岸进行预制和拼装,将桥跨结构的施工对主航道航运的影响减少到最小程度。

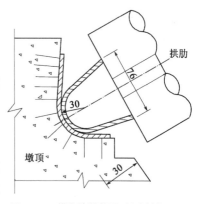

图 3-4-8 拱脚旋转装置(尺寸单位:cm)

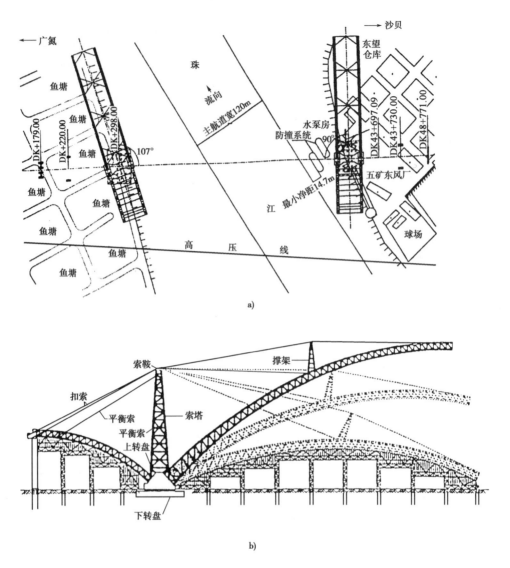

图 3-4-9　丫髻沙大桥转体施工示意图
a）施工平面布置；b）半结构的施工台座及竖转

（3）利用边孔作为中孔半拱的平衡重，使整个转体施工形成自平衡体系，免除了在岸边设置锚碇构造。

图 3-4-9a）是该桥转体施工的平面布置，图 3-4-9b）是它的半结构在岸边制作后竖向转体的示意图。

第五章 实 例

第一节 四川金沙江大桥

一、工程概况

金沙江大桥位于金沙江与岷江汇合口上游约 12km,水深流急,枯水时水深近 20m,水面宽 130m。通航要求河槽内不能设置桥墩和支架,根据材料供应及施工技术设备条件,确定采用无支架吊装的拱桥方案。金沙江大桥主孔跨径 150m,矢跨比 1/7;引桥跨径 65m,矢跨比 1/8,荷载等级为汽车—20 级,挂车—100,桥面行车道宽 7m,两边各设 1.5m 人行道,总宽 10m,全桥长 244.97m。

岸墩基础由于基岩向岸后方陡下,落到枯水位以下,因此采用了桩基与明挖的混合式基础,将基础前半部搁置在岩石上,后半部置于 5 根直径 1.8m 的钻孔灌注桩上,桩嵌入岩层。

全桥总体布置如图 3-5-1 所示。

二、构造设计

1. 主拱结构形式

从施工考虑,箱形拱的截面刚度大,稳定性好,操作安全,现浇混凝土程序较少,整体性也

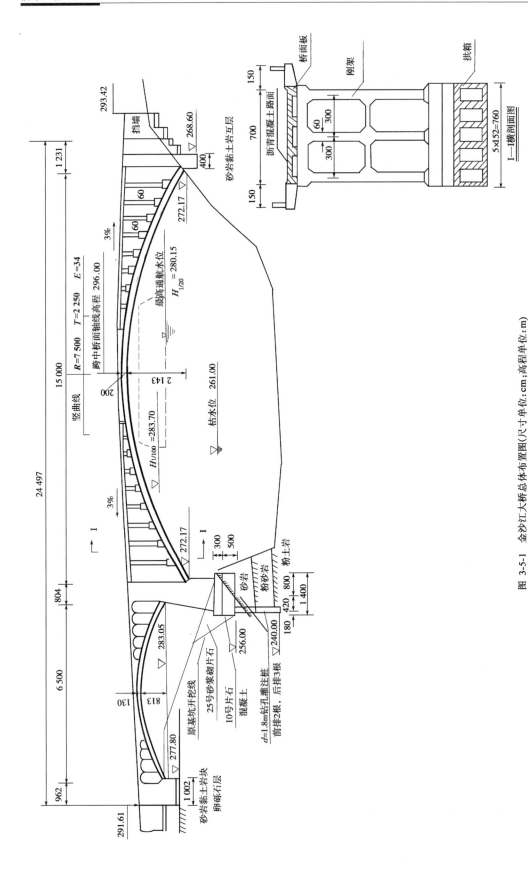

图 3-5-1 金沙江大桥总体布置图（尺寸单位：cm；高程单位：m）

较好,这些优点在跨径越大时越显著,因此采用箱形截面。无支架吊装的大跨拱桥,施工过程中的应力往往较大,成为控制设计的因素,闭合箱的惯性矩和截面模量大,其应力及配筋数量较少。

拱圈采用等截面悬链线,经电算选择与结构自重压力线最接近的拱轴系数 $m=1.45$,拱箱用 C40 混凝土,全高 200cm,预制箱高 185cm,底板厚 18cm,全部预制,顶板预制厚 10cm,以后现浇加厚 15cm,共 25cm,这对减轻吊装质量、调整各片拱箱顶面的平整度和整体化都是有益的,但从受力及钢筋布置来说,则不如一次全厚预制顶板合理。每个预制箱的顶、底板内各设 10 ⌽ 16 的纵向钢筋(两个边段内设 14 ⌽ 16 纵向钢筋),现浇顶板内设 φ6 钢筋网一层,侧板用 4~5cm 厚的钢筋混凝土薄板,纵横配 φ6 钢筋构成 7cm 网格,先分块平浇预制,然后与横隔板组装连接,浇筑底板及接头,再浇顶板,组合成闭合箱。主拱横截面见图 3-5-2。

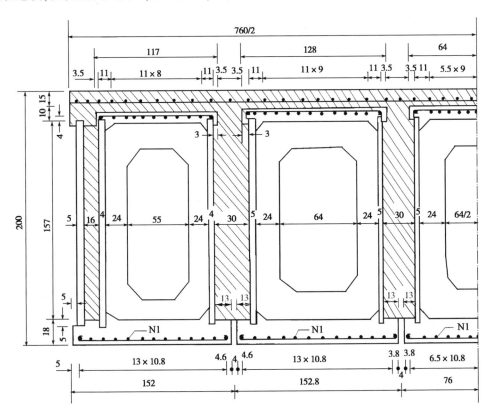

图 3-5-2 主拱横截面(尺寸单位:cm)

拱圈全宽 7.6m,宽跨比为 1/20,主要是考虑大跨拱桥拱圈圬工质量所占比重甚大,减窄拱圈宽度,可以节省工程数量,减少吊装工作量,经济效益显著,因此采用悬挑人行道。经验算,横向稳定系数 $K=16$,纵向稳定系数 $K=7.2$,表明其稳定性是足够的。

该桥拱圈系分片分段预制吊装,两片拱箱的横向接头如图 3-5-3 所示,两段拱箱的纵向接头如图 3-5-4 所示。为增强整个拱圈的横向稳定性,在拱圈两外侧的各段接头处加焊钢板连接。

该桥根据现有设备的吊装能力,将拱圈在横向分为 5 片,每片在纵向分为 5 段,最大吊装重力为 600kN(实际预制中,由于有些尺寸超厚,最大重力达 700kN)。

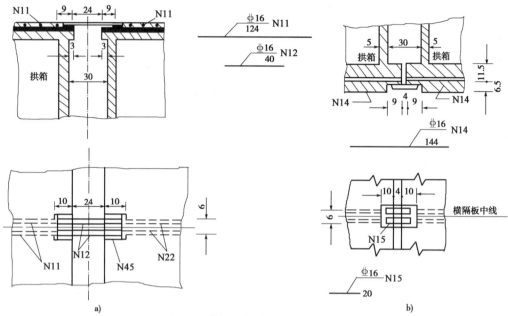

图 3-5-3 拱箱的横向接头(尺寸单位:cm)
a)顶板横向接头;b)底板横向接头

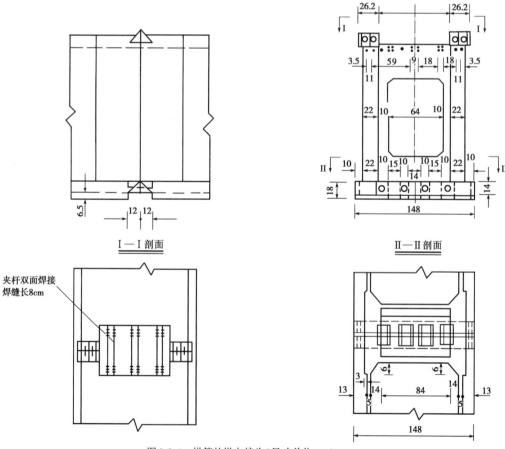

图 3-5-4 拱箱的纵向接头(尺寸单位:cm)

2. 拱上建筑

拱上建筑采用轻型结构,这对于大跨拱桥很有意义,减轻拱上自重就可以减小拱圈截面,或降低应力。该桥主跨每边布置9孔净跨6m简支钢筋混凝土肋板,为主拱跨径的1/25,肋板有4根梁肋,各宽46cm,高60cm,板厚12cm,根部加厚到20cm,侧边有两根悬臂伸出,以支承人行道,其中部连通作为肋板的横隔梁,整个肋板是一个梁格结构,一孔肋板用混凝土13.57m^3、钢筋240kg,如按10m宽桥面计算材料指标,则每平方米桥面用混凝土0.205m^3、钢筋37kg,钢材用量偏多,而混凝土用量则较小。

每孔肋板以中线纵向划分作两块进行预制安装。肋板支承在横向刚架上,刚架由横梁及三根主柱组成,较高者中部设有1~2道横系梁,整体预制吊装,靠近拱脚的1号刚架高达15.28m,分两段预制,安装就位后进行连接,其余刚架均为整块预制,最高为2号刚架,高12.08m,重力423kN。

刚架及肋板的构造见图3-5-1中的横剖面图。

刚架的柱脚与拱箱上的垫梁连接,柱脚下端于截面中部设一个30cm×30cm丁头,以便搁置在垫梁上,刚架调正以后,将柱四周伸出的钢筋与垫梁上露出的钢筋焊接,然后浇筑接头混凝土。

每半拱上的桥面板,在靠墩台的端头4号和7号刚架上设有三处钢板活动支座,目的是不让拱上建筑参与主拱圈的共同作用,减少次应力,并在该处设置伸缩缝。

三、施工方案

金沙江大桥采用劲性骨架钢管混凝土拱肋施工,其施工方案如下:

1. 拱箱预制

先预制好侧板及横隔板,然后在土牛胎上组装拱箱,土牛胎面上浇筑有一层厚8cm的混凝土,混凝土上铺油毛毡一层,在油毛毡与混凝土之间撒上滑石粉,以减小黏着力。准备完毕后,铺设底板钢筋,组装侧板及横隔板,采用焊接固定位置,检查尺寸无误后,即浇筑底板及其与各侧板以及横隔板的接头,待达到一定龄期拆模后,再于箱内安装内模,浇筑顶板,每段拱箱的两个端头采用钢模板,以使接头尺寸准确。

2. 吊装设施

在预制厂拱箱两端外各铺设平车轨道一条,用门式起重机提升拱箱,横移至桥头引道侧边,转给另一条轨道平车纵移至引桥下游,再用滚筒走板拖拉横移到缆索下起吊位置。

缆索跨径284m,设计垂度1/13,敷设两条运输线主索,每组运输线主索由8根ϕ47.5mm钢丝绳组成。

仅在一岸引桥台上设置索塔,用万能杆件拼装成两桅杆式索塔,高约48m,两桅杆式索塔间距为4m,其间采用硬连接。另一岸利用高山设置嵌入式地锚,主索与地锚相连。

扣索由两根ϕ47.5mm钢丝绳组成,拱脚段扣索通过墩台顶部引至桥台或锚碇,第二段拱箱的扣索在一岸通过塔顶引至锚碇,另一岸扣索通过锚碇轨道梁转向进入卷扬机。

八字抗风索在两岸各设4组,由ϕ15.5mm钢丝绳组成。

3. 拱箱吊装

吊装程序是先吊中央一片,其次是靠中央的两片,最后吊边箱。每片拱箱先吊拱脚段,第二段次之,最后吊拱顶合龙段。

两段拱箱正接后,上好接头螺栓,但不要旋得过紧,以利于调整。顶段拱箱运到安装位置时,缓缓放松吊点,当比设计高程高3cm时,即停止下降,此时对称放松第一、二段的扣索,并逐渐放松顶段吊点使接头接触,安装接头螺栓,合龙后的拱箱用松索及八字抗风索作拱轴线调整。松索的程序是按一段、二段、顶段的次序往复进行,待各接触面基本抵紧之后,即暂停松索,进行接头处理。在接头缝内填塞钢板,再次松索,使其抵紧,电焊接头角钢,用环氧树脂灌缝。

第二节 波司登长江大桥

一、工程概况

波司登长江大桥(图3-5-5)位于泸州市合江县榕山镇,是国家高速公路网成渝地区环线的一座特大型桥梁,为泸渝高速公路的控制性工程。桥宽30.6m,全桥长841m,主桥为跨径530m的特大型钢管混凝土中承式拱桥。拱肋净矢跨比为1/4.5,净矢高达111.1m,拱轴系数为1.45。主桥拱肋截面高度在拱脚处为16m,在拱顶处为8m。全桥分上下游2条拱肋,上下游拱肋间设置横撑,拱肋共分成36个节段制作,单肋18段。桥址处地表下为风化砂岩,地下深处则为弱风化砂岩。该桥于2013年建成通车。

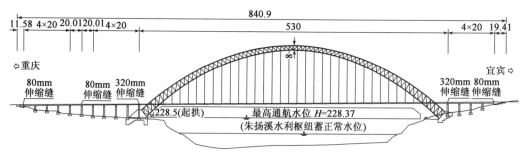

图3-5-5 波司登长江大桥总体布置图(尺寸单位:m)

二、主要技术标准

荷载等级:公路—Ⅰ级,人群荷载$2.5kN/m^2$;

桥面宽度:净$2 \times 10.75m + 2 \times 1.75m$(人行道)$+ 2 \times 0.5m$(栏杆)$+ 2m$(中央分隔带),全宽为28m;

设计洪水频率:1/300;

地震烈度:Ⅵ度,按Ⅶ度设防。

三、构造设计

1. 拱肋

拱肋为钢管混凝土桁架结构,主孔跨径为530m(净跨为500m),净矢跨比为1/4.5,拱轴系数为1.45。拱顶截面径向高为8.0m,拱脚截面径向高为16.0m,肋宽为4.0m;每条拱肋由上、下两根$\phi1320mm \times 22(26、36、34)mm$、内灌C60混凝土的钢管混凝土弦杆组成;弦杆是通过$\phi762mm \times 16mm$的横联钢管和竖向两根$\phi660mm \times 12mm$的钢管连接而构成的混凝土桁架。吊杆和拱上立柱间距为14.3m,吊杆处竖向两根腹杆(拱脚段为立柱处径向两根腹杆)间设横隔,加强拱肋横向连接。拱肋横隔构造形成如图3-5-6所示。

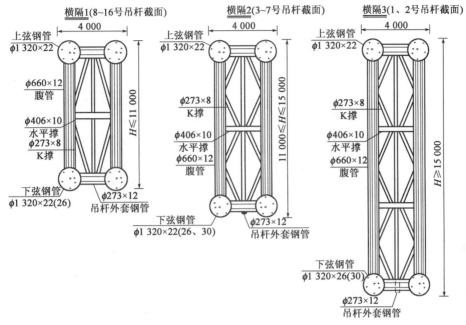

图3-5-6 拱肋横隔构造形式图(尺寸单位:mm)

主拱肋采用无支架缆索吊装千斤顶斜拉扣挂法施工,主拱拱肋单肋分18段拼装,每岸设6组永久扣索,3组临时扣索,永久扣索采用钢绞线,临时扣索采用钢丝绳;每岸设6组背索,采用钢绞线。各永久扣段之间采用法兰盘连接,合龙后焊接,各临时扣段间定位时采用法兰盘连接,本节段安装完成后焊接。采用扣吊合一的缆吊方案,扣塔底部固接,吊塔铰接于扣塔之上。

2. 横撑

拱肋中距为28.6m。两肋间桥面以上的拱圈上弦平面设置"△"形钢管横撑,吊杆处间隔设置竖向"Ⅰ"钢管桁架横撑,桥面以下的拱脚段设置径向钢管混凝土桁架横撑。

3. 吊杆

吊杆索体采用 $\phi15.2mm$ 预应力钢绞线挤压成型,极限抗拉强度为1 860MPa,两端采用定型耐久性锚具,人行道以上的吊杆外套哈佛管装饰。

4. 桥面梁

桥面梁由两道主纵梁(吊杆处)、三道次纵梁、吊杆处主横梁、吊杆主横梁间设置的四道次横梁组成格子桥面梁,主、次纵横梁均采用"工"字形截面。格子梁上桥面板采用钢-混凝土组合结构,桥面底面钢板厚8mm,桥面板总体厚度为14cm,桥面铺装为5cm厚的改性沥青混凝土,在水泥混凝土和沥青混凝土间设置防水卷材(纵横梁顶)和防水涂料(格子梁跨中)。

四、施工关键技术

波司登长江大桥施工总体上采用缆索吊装、斜拉扣挂悬臂施工工艺,即把在工厂制造的拱肋、钢格子梁用船运输到工地现场,再起吊安装。因其跨径大,吊装质量大、体量大,具有多项难点工程,为解决这些难题,采用了以下创新的关键技术。

（1）为有效降低混凝土的水化热，减少布设冷却水管带来的工期、成本、质量方面的副作用，大桥拱座使用了高掺量粉煤灰免冷却水管混凝土施工技术。

（2）拱肋采用斜拉扣挂施工工艺，扣索采用钢绞线，扣索合力达 54 000kN，扣地锚（图 3-5-7）设计难度相当大。经过反复比选，采用锚索式地锚锚碇设计与桥台相结合，充分发挥桥台质量及基础的嵌固作用。锚碇设置于桥台上下游端，位于拱肋轴线上。两个地锚节约了 5 000m³ 的混凝土，其经济效益十分显著。

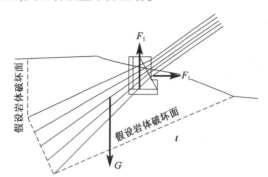

图 3-5-7　扣地锚设计和实施

图 3-5-8　扣地锚设计和实施

（3）本桥采用了全新的立式制作拱肋理念和工艺，即在法兰盘安装节段进行改进创新。不是在卧式时安装法兰盘，而是将拱肋节段翻转 90°。在胎架上采用多段"$N+1$"立式放样，调整好轴线、高程后，安装法兰盘，如图 3-5-8 所示。之后再打散，运输出场。这一工艺相当于同时完成一次立式预拼，此时的状态与安装时状态一致，降低了焊接及结构受力方向变化等产生的影响，保证了安装质量。

（4）为提高管内混凝土灌注的密实性，排除管内空气、水蒸气，减少混凝土脱空程度，采用了真空辅助灌注管内混凝土技术。在灌注施工过程中用拱顶抽真空泵将管内气压抽到 -0.8MPa，并保持这一负压，直到整根管灌筑完成。通过此措施可以将管内空气中水分和混凝土中产生的气泡，特别是拱顶附近节段拱管顶面处聚集的气泡抽走，大大减少了由于气泡、水分聚集而导致的钢管混凝土脱空现象，如图 3-5-9 所示。

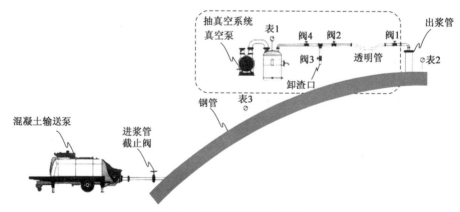

图 3-5-9　真空辅助灌注管内混凝土

第三节　重庆万州长江大桥

图 3-5-10 是我国于 1997 年建成的四川万县长江大桥(现改名为万州长江大桥),为上承式劲性骨架混凝土拱桥。

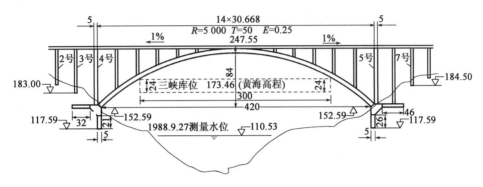

图 3-5-10　万州长江大桥桥孔布置图(尺寸单位:m;高程单位:m)

一、主要技术指标

荷载等级:汽车—超 20,挂车—120,人群 3.5kN/m²;
桥宽:净 2×7.5m 行车道 +2×3.0m 人行道,总宽 24m;
地震烈度:基本烈度 6 度,按 7 度验算;
通航等级:在三峡水库正常蓄水位 175m 以上通航净空为 24m×300m,双向可通行三峡库区规划的万吨级驳船队;
桥孔布置:自南向北为 5×30.688m+420m+8×30.668m,全长 856.12m。

二、主拱构造

主桥为劲性骨架钢筋混凝土拱桥,净跨 420m,拱圈宽 16m,高 7m,净矢高 84m,矢跨比 1/5,横向为单箱三室,细部尺寸如图 3-5-11 所示。

主拱圈拱轴系数经优化设计,并考虑到拱顶截面应有稍大的潜力,以满足施工阶段及后期徐变应力增量的受力需要,最后选定为 $m=1.6$。

三、劲性骨架构造

钢骨拱桁架由上弦杆、下弦杆、斜腹杆等组成。上弦杆和下弦杆根据材料的不同,可以采用型钢,也可以采用钢管。当钢管内填充混凝土后即成为钢管混凝土拱桁架。钢管混凝土桁架具有刚度大、用钢量省的特点。上弦杆和下弦杆是钢管拱桁架的主要受力构件,其截面尺寸应根据受力大小确定。竖杆和斜腹杆可以采用钢管、钢管混凝土或型钢。钢管或钢管混凝土刚度大,但需要浇筑管内混凝土,给施工带来困难;采用型钢,节点容易处理,可以省去向腹杆内浇注混凝土的工序,而且混凝土的包裹效果好。

该桥劲性骨架采用 5 个桁片组成,间距 3.8m,每个桁片上下弦为 $\phi420\text{mm}\times16\text{mm}$ 无缝钢管,腹杆与连接系杆为4肢∠75×75×10角钢组合杆件,骨架沿拱轴分为36节桁段,每个节段长约13m,高6.8m,宽15.6m。每个桁段横向由5个桁片组成,间距3.8m,每个节段质量约60t。节段间采用凸缘盘螺栓连接。因此在拼装过程中,高空除栓接外不再焊接,如图3-5-12所示。

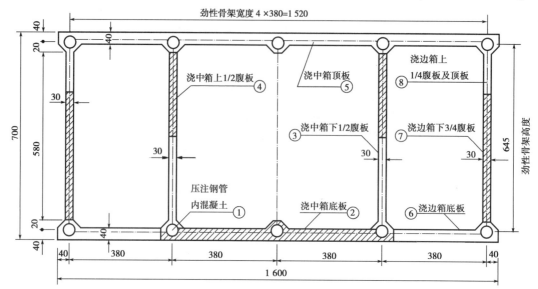

图3-5-11　万州长江大桥拱圈截面形式及形成步骤(尺寸单位:cm)

注:○内数字表示施工顺序。

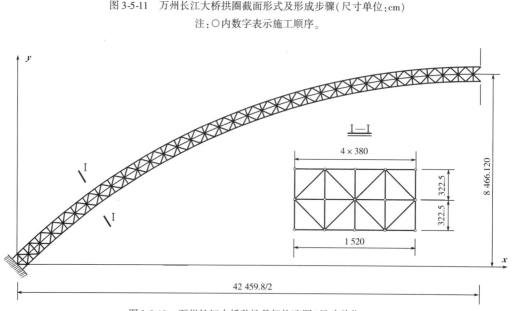

图3-5-12　万州长江大桥劲性骨架构造图(尺寸单位:cm)

四、混凝土浇筑

劲性骨架混凝土浇筑包括钢管内混凝土灌注和拱箱外包混凝土的浇筑。该桥劲性骨架混凝土的施工顺序示于图3-5-13中,也可参考图3-5-11中的主拱圈截面形成步骤。

钢管内混凝土灌注是在钢管骨架合龙以后开始进行的,待达到70%的设计强度后,再按先中箱后边箱及底板→腹板→顶板的顺序,分7环依次浇完全箱,两环之间设一个等待龄期,使先期浇筑的混凝土能参与结构受力,共同承担下环新浇混凝土重力。在纵向采用"六工作面法",对称、均衡、同步浇筑纵向每环混凝土,即将每拱环等分为 6 个区段,每段长约 80m,以 6 个工作面在各个区段的起点上连续向前浇筑混凝土,直至完成全环。整个浇筑过程中,骨架挠度下降均匀,基本上无上下反复现象,骨架上下弦杆及混凝土断面始终处于受压状态,应力变化均匀,使拱圈在施工过程中的强度、稳定性得到保证。

序号	示　意　图	内　容	序号	示　意　图	内　容
1	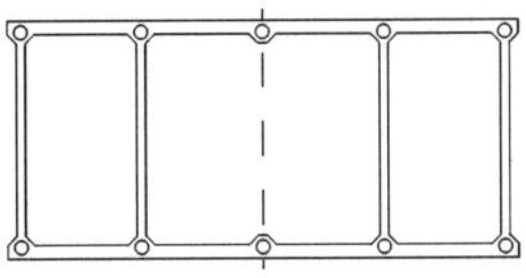	a. 安装劲性骨架; b. 灌注钢管混凝土	5	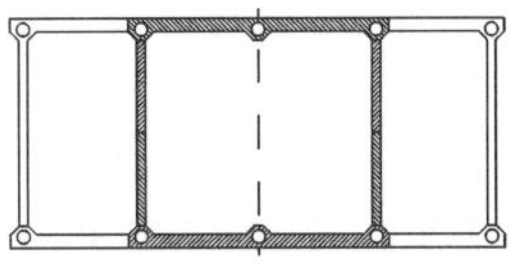	浇筑中室顶板混凝土
2	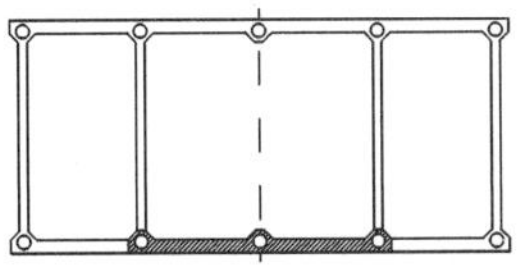	浇筑中室底板混凝土	6	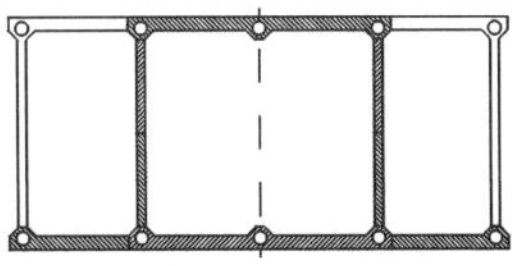	浇筑边室底板混凝土
3	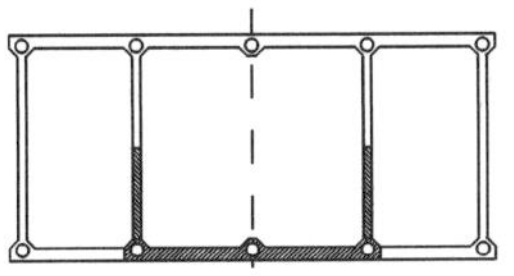	浇筑中室 1/2 高底板混凝土	7	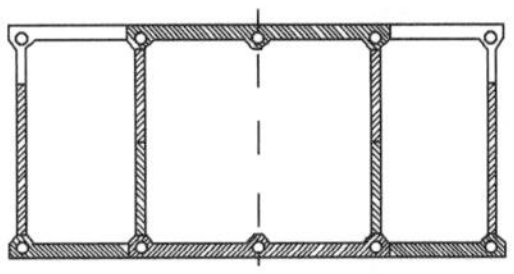	浇筑边室 3/4 高腹板混凝土
4	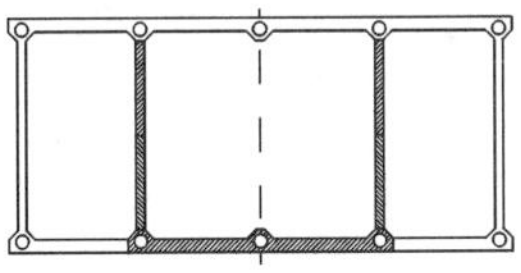	浇筑腹板混凝土至全高	8	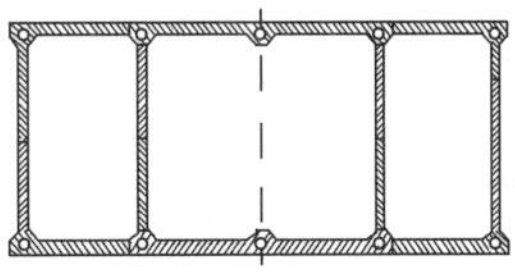	完成全截面混凝土浇筑

图 3-5-13　主拱圈施工顺序图

根据这个设计的施工顺序,在计算分析中要注意以下三个方面的特点:

(1)主拱圈前后共经历了三种不同结构的受力阶段,即

①钢结构(钢管内混凝土达到设计强度之前);

②钢管混凝土结构;

③劲性骨架混凝土结构(全截面混凝土完成且达到设计强度之后)。

(2)在主拱圈成拱之前,截面面积不断地改变,故应按应力叠加进行验算,成拱之后的荷载效应,则按内力叠加进行验算。

(3)需要认真研究应设置的预拱度,使成桥后达到预定的设计高程。因为这种施工方法完全不能按照有支架施工方法的规律来设置预拱度;又不像在悬臂法施工中存在有合龙段,可以在合龙之前通过扣索调整两边拱圈悬臂的高程和选择合适的温度(15℃左右)进行合龙;而是每完成一个施工阶段,结构整体刚度逐次地加大,成拱以后,其线形已无法调整。

因此,对于大跨径拱桥采用劲性骨架混凝土作主拱圈时,其设计计算必须紧密结合施工顺序综合考虑,并且在施工过程中,还必须严格按照设计要求进行监控。

五、施工方案

(1)混凝土运送。

(2)薄壁高墩(立柱)施工。

(3)劲性骨架的加工。
(4)骨架安装。
(5)主拱圈混凝土的浇筑。
(6)拱上立柱及桥面系施工。

第四节　福建莆田贤良路 2 号桥

莆田贤良路 2 号桥位于福建省莆田市妈祖城核心区域贤良路上,是一座跨径组合 50m + 99m + 55m 的三跨预应力连续梁拱组合桥梁。

一、主要技术标准

(1)道路设计等级:城市二级主干道,设计车速 40km/h;
(2)桥梁设计基准期:100 年;
(3)设计荷载:汽车为城—A 级;人群荷载按《城市桥梁设计荷载标准》(CJJ 77—98)取值为 2.28kPa;
(4)通航等级:航道净高 4m,净宽 20m;
(5)地震烈度:地震动峰值加速度系数为 0.15g,抗震设防烈度为 7 度。

二、设计要点

1. 总体布置

本桥采用三跨预应力连续梁拱组合桥型(图 3-5-14),中跨通航孔为 22m(宽)×4m(高)。桥面宽度组成为:$2 \times [0.25m(栏杆) + 2.0m(人行道) + 3.5m(非机动车道,含 0.5m 隔离墩) + 10.5m(机动车道)] + 3.5m(拱肋布置区) = 36.0m$。桥面纵坡为 ±2.5%,边坡点处设半径为 1000m 的曲线。横截面布置如图 3-5-15 所示。

2. 主梁设计

本桥主梁采用预应力钢筋混凝土整体式箱梁结构,截面形式为单箱五室斜腹板断面,箱梁等高,箱梁中线处高 2.75m,宽度为 36m,顶板两侧设置 1.5% 横坡,底板为平坡。两侧悬臂长 4.0m(预留 10cm 与人行道小纵梁一起浇筑),端部高 20cm,根部高 55cm;箱梁顶板厚 30cm,底板厚 25cm,中墩墩顶处底板加厚为 40cm,腹板厚 50cm,墩顶处加厚为 80cm。中跨横隔板每 5m 布置一道,与吊杆相对应;厚度为 50cm,吊杆位置加厚为 80cm。桥台处横梁宽度 1.5m,中墩处横梁宽度 2.5m。

箱梁预应力体系主要为纵向预应力体系和横向预应力体系。纵向预应力体系设置了顶板束、底板束和腹板束,采用 $15\phi^s15.2$ 和 $12\phi^s15.2$ 钢绞线,纵向预应力均采用两端张拉。箱梁横向预应力布置在各横隔板、横梁以及顶板内;顶板内每 50cm 桥长设置 1 束 $3\phi^s15.2$ 钢绞线,采用单端交叉张拉;横梁和横隔板分别设置 $12\phi^s15.2$ 和 $7\phi^s15.2$ 钢绞线,采用两端张拉;拱脚处设置直径 $\phi32mm$ 精轧螺纹钢筋和 $12\phi^s15.2$ 钢绞线。所有管道均采用 PE(聚乙烯)真空辅助压浆技术。

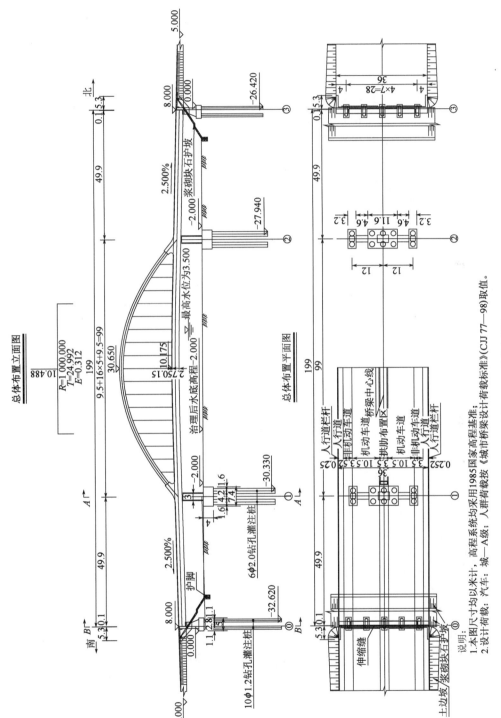

图 3-5-14 总体布置图

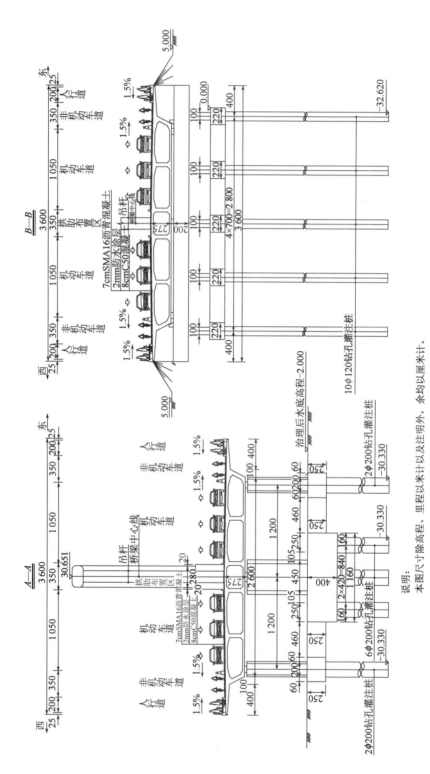

图 3-5-15 横截面布置图

说明:
本图尺寸除高程、里程以米计以及注明外,余均以厘米计。

3. 拱肋设计

本桥拱肋采用单片拱肋,设置于桥梁中央,拱肋断面形式为2 800mm×1 500mm矩形截面,四周设置半径500mm的倒圆角,壁厚25mm。计算跨径为99m,矢跨比为1/4.5。拱肋内均填充C50微膨胀混凝土,并设置纵向加劲肋和横隔板,纵向加劲肋沿拱肋管壁均布,规格为180mm(高)×20mm(厚);横隔板间距约为2.5m,厚度为16mm。拱轴线按二次抛物线设置预拱度,跨中预拱值为5.0cm,拱脚处预拱值为0.0cm。

4. 吊杆设计

吊杆均采用可置换式吊杆,纵桥向间距5.0m。吊杆采用91φ7高强度镀锌钢丝,外包PE制成,下端2.5m范围加设不锈钢套管,全桥共17对。吊杆为工厂生产,现场安装,拱肋上端张拉,锚具采用冷铸锚,最短吊杆自由长度约为5.20m。

三、施工步骤

本桥主要施工步骤:
(1) 基础施工,填筑临时便道;
(2) 基础和墩台施工,其间同时工厂制作上部钢结构;
(3) 搭设支架,浇筑主梁和拱脚混凝土,并安装拱脚段拱肋;待混凝土达到设计要求的强度和龄期后,张拉梁内和拱脚预应力;
(4) 在主梁上搭设支架,安装拱肋;灌注拱肋钢管内微膨胀混凝土;
(5) 待混凝土达到设计要求的强度和龄期后,拆除拱肋安装支架,安装拱肋吊杆,并对吊杆进行初张拉,单根吊杆张拉力为1 300kN;
(6) 拆除桥下支架,施工桥面铺装和桥面系,调整各吊杆成桥索力使其与设计索力相符;
(7) 成桥运营。

第五节 重庆朝天门大桥

一、概况

重庆朝天门长江大桥位于重庆朝天门(长江与嘉陵江交汇点)下游1.2km,是连接重庆市南岸与江北中央商业区的重要通道,建成之时是世界上跨度最大的拱桥。大桥全长1 741m,主桥长932m,采用190m+552m+190m的中承式连续钢桁系杆拱桥(图3-5-16),北引桥长314m,南引桥长495m,均为预应力混凝土连续箱梁桥。

二、主要技术标准

道路等级:主干道Ⅰ级;
设计行车速度:60km/h;
桥面布置:双层交通布置,上层桥面双向六车道,下层桥面双向两车道,桁外人行道宽度为2×2.5m,全桥宽36.5m;

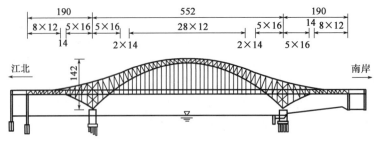

图 3-5-16　重庆朝天门长江大桥总体布置图(尺寸单位:m)

轻轨标准:双向轨道交通,线间距 4.2m;设计行车速度为 80~100km/h;

轻轨限界:净宽≥9.2m;轨顶以上净高≥6.5m;

设计荷载:汽车荷载为公路—I 级,并按照城—A 级荷载验算,轻轨荷载采用 B 型地铁车,5 辆车编组;人群荷载在总体计算时荷载集度采用 $2.5kN/m^2$,局部构件计算时荷载集度采用 $4.0kN/m^2$;设计温度为最高 +45℃,最低 -5℃,体系温度按 20℃ 计,温差按照 ±25℃ 考虑;设计风荷载按照平均最大风速 26.7m/s 计算。

三、设计要点

1. 结构总体特点

采用两片主钢桁,桁宽 29m,中跨为柔性系杆刚性拱的钢桁系杆拱,两侧边跨为变高度桁梁,拱顶至中间支点高度为 142m。拱肋上弦采用二次抛物线,并与边跨上弦之间采用 $R = 700m$ 的圆曲线进行过渡。拱肋下弦也采用二次抛物线,矢高为 128m,矢跨比 1/4.3。

主桁断面构造如图 3-5-17 所示。钢桁拱肋跨中桁高为 14m,中支点处桁高 73.13m(其中,拱肋加劲弦高 40.65m),边支点处桁高 11.83m。由于拱肋桁高变化幅度较大,为使腹杆布局合理且考虑主桁的美观性,全桥采用变节间布置,共有 12m、14m、16m 三种节间形式。中跨设有上下两层系杆,其中心间距为 11.83m,上系杆不贯通主桁,仅与拱肋下弦相连接,下系杆与加劲腿处中弦及边跨下弦贯通。

主桥采用铰支座的支承体系。纵向支承体系布置为江北侧中支点设置固定铰支座,其余各墩均设置活动铰支座。横向支承体系布置为中支点均设置固定支座,边支点设置横向活动支座,边支点下横梁中心设置两个横向限位支座。主桥采用大吨位球形铸钢铰支座的支承体系,中支座最大承载力达 145 000kN。

2. 钢主桁

朝天门大桥钢主桁各杆件在施工过程和运营状态中受力的大小相差悬殊,最大杆件内力达 89 520kN,最小内力仅为 2 290kN。如果采用传统的杆件,将导致大量杆件出现构造控制设计,影响结构的合理性和经济性。因此,主桁杆件采用了 Q345qD、Q370qD 和 Q420qD 三种钢材,最大板厚 50mm,同时根据各杆件受力的大小,不仅在杆件截面高度上进行变化,而且杆件采用了 1 200mm 和 1 600mm 两种截面宽度。为了便于控制杆件制造精度、降低制造难度,杆件的宽度和高度不同时变化。钢主桁弦杆采用箱形截面,腹杆采用箱形、H 形或王字形截面,如图 3-5-18 所示。考虑到加工的难度和制造成本的经济性,除中间支承节点外,其余的全部采用拼装式节点构造。中间支承节点由于受力非常集中,相邻杆件尺寸和板厚均较大,且需设置主梁起顶构造,采用整体节点,从而减小节点板尺寸。主桁节点板最大厚度达 80mm,为中间支承节点。

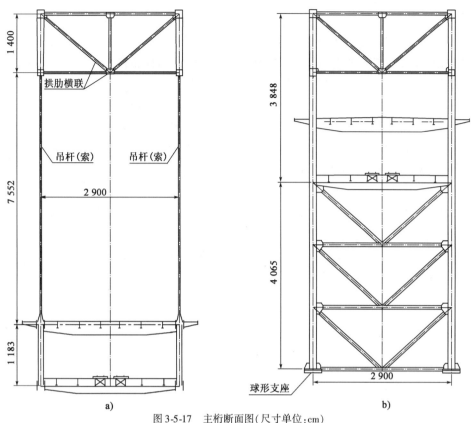

图 3-5-17 主桁断面图(尺寸单位:cm)
a)跨中主桁断面图;b)中间支点处主桁断面图

3. 钢系杆

为了便于拱肋与系杆的连接,主桁系杆采用钢制杆件,连接于拱肋下弦节点上。上层系杆为焊接 H 形截面,如图 3-5-19a)所示。下层采用组合式系杆,由焊接王字形截面和辅助系索(体外预应力高强钢绞线)组成,如图 3-5-19b)所示。鉴于该桥的受力特点,下层系杆内力是上层系杆的 2.5 倍。因此,采用辅助系索来降低下层系杆杆件的内力值,减小杆件板厚和轮廓尺寸。下层系杆每桁设 4 束辅助系索,利用内置锚箱结构锚固于下层系杆与拱肋下弦相连接的节点,每束由 55 根填充式环氧涂层钢绞线组成,预张拉力为 20 000kN/桁。

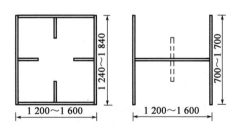

图 3-5-18 主桁杆件断面图(尺寸单位:mm)

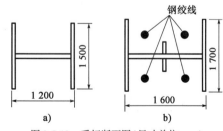

图 3-5-19 系杆断面图(尺寸单位:mm)
a)上层系杆;b)下层系杆

4. 吊杆

主桥吊杆采用高强平行钢丝成品索,规格有 PES7-127、PES7-139、PES7-151 三种。吊杆采用锚箱结构锚固于拱肋下弦及上层系杆的节点,每个吊点均设置双吊杆以便于吊杆的更换。

5.桥面系结构

主桥上、下层公路桥面均采用正交异性钢桥面板,桥面板厚16mm,采用8mm厚的U形闭口纵肋,沿顺桥向设置横隔板,其间距不大于3m,上层桥面沿横桥向设置6道纵梁,下层桥面每侧设置2道纵梁,纵梁支承于横梁,在主桁节点处设置1道横梁,横梁与主桁节点相连。桥面系设计的特点在于为适应下层桥面公路和轻轨的不同使用功能要求,采用了组合式桥面结构,两侧为正交异性钢桥面板,中间城市轻轨采用纵、横梁体系,其横梁与两侧钢桥面板的横梁共为一体。上层桥面在主桁节点外侧设置人行道托架,上置Ⅱ形正交异性钢人行道板。主桥上、下层桥面系构造如图3-5-20所示。

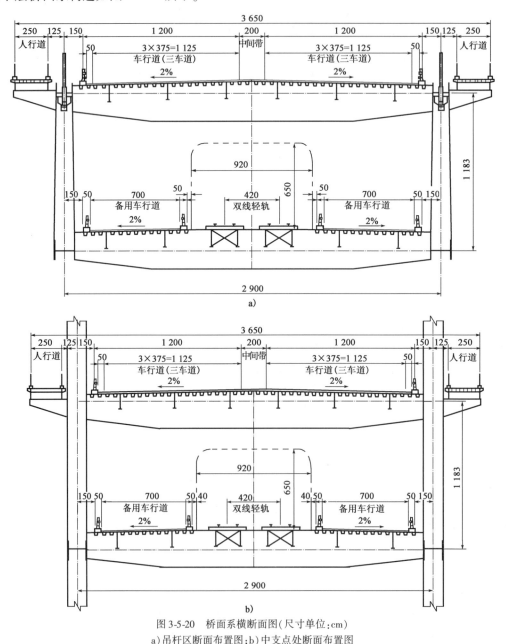

图 3-5-20 桥面系横断面图(尺寸单位:cm)
a)吊杆区断面布置图;b)中支点处断面布置图

6.联结系设置

钢主桁设置拱肋桁架上、下纵向平面联结系和下层桥面纵向平面联结系。考虑到主桥桁宽远大于节间长度,拱肋桁架上、下平联均采用菱形桁式,加劲弦平联采用 K 形桁式,各杆件为焊接箱形截面构件。下层桥面平纵联为交叉型设置,各节点处横梁兼作下平联撑杆。

钢桁拱肋每两个节间设置一副桁架式横联,位于拱肋上下平纵联米字形心处,可增强桁拱结构的空间刚度,同时减小平联斜杆的自由长度。加劲腿区段每个节间均设置一副桁架式横联,主桥边、中支点处均设置有竖向桥门架,在上、下层桥面与桁拱下弦杆相交处的桁拱下弦节间设置斜桥门架。边支点桥门架和斜桥门架为板式结构,中支点竖桥门架为桁架结构。

四、施工要点

主桥钢桁先架设边跨再架设主跨,施工顺序为:

(1)架设边跨,设置三个临时辅助墩,1 号、2 号节段时采用 1 000 t·m 塔式起重机架设,其余用 2 100 t·m 爬行架梁吊机悬臂吊装架设,边跨钢梁架至 3 号临时墩时脱空 1 号临时墩,架至 14 号节间菱形到主墩开始受力时脱空 2 号临时墩。

(2)采用先拱后梁的顺序架设中跨,钢桁架至 18 号节间时整体调整钢梁,使中支点和中支座位置精确对位,同时开始安装扣塔。

(3)架设至 21 号节间,脱空 3 号临时墩。

(4)钢梁架至 26 号节段时,挂 1 号扣索并完成一次性初张拉。

(5)继续悬臂拼装钢梁至 32 号节间时,挂 2 号扣索并完成一次性初张拉,悬臂拼装 33 号、34 号节间,南边架设 35 号节间,调整合龙口误差,架设北 35 号节间,实现主拱合龙。

(6)拆除临时节间钢梁和临时节间配重。

(7)挂设临时系杆并完成初张拉,架设刚性系杆至刚性系杆合龙。

(8)架设桥面板,同时拆除临时系杆→拆除 2 号扣索→拆除 1 号扣索→拆除扣塔→桥面焊接。

(9)张拉体外预应力索→桥梁附属结构安装→桥面铺装→全桥最后一次涂装→成桥验收。

朝天门大桥总体施工总体布置如图 3-5-21 所示。

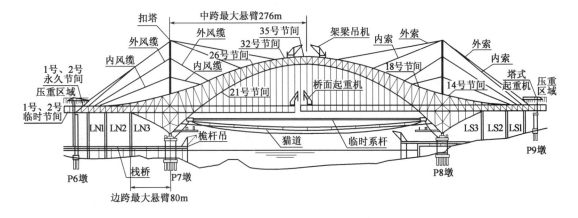

图 3-5-21 朝天门大桥施工总体布置示意图

本篇思考题

1. 拱桥有哪些优缺点?
2. 为什么说混凝土拱桥的承载潜力比梁桥要大?
3. 拱桥主要由哪几部分组成?
4. 按照桥面所处空间位置,拱桥分为哪几类?
5. 组合体系拱桥由哪几部分组成? 有哪几种基本类型?
6. 主拱圈的截面形式有哪几种? 分别由什么材料构成?
7. 钢管混凝土拱桥有哪些优缺点?
8. 混凝土板拱和肋拱的截面尺寸如何拟定?
9. 混凝土箱拱的截面尺寸如何拟定?
10. 拱上建筑有哪些类型? 简述各自的适用范围。
11. 上承式拱桥一般在哪些部位设置伸缩缝或变形缝? 为什么?
12. 净矢高、计算矢高和矢跨比是如何定义的?
13. 拱桥的总体设计有哪些要点?
14. 当多孔连续拱桥必须采用不等跨径时,可以采用哪些措施来平衡推力?
15. 拱桥设计中常用的拱轴线有哪些类型? 各有什么受力特点?
16. 简述中、下承式拱桥的适用场合。
17. 中、下承式拱桥的主要尺寸如何拟定?
18. 中、下承式拱桥中的短吊杆设计应特别注意哪些问题?
19. 连续梁拱组合式桥梁有哪些基本力学特征?
20. 悬链线拱桥设计中的"五点重合法"的含义是什么?
21. 自重作用下拱圈内力计算有哪些要点?
22. 对于拱脚弯矩 M、水平推力 H 和竖向反力 V,车道荷载分别如何作用将达到内力峰值?
23. 如何进行温度变化和拱脚变位作用下的主拱圈内力计算?
24. 主拱圈验算包括哪些内容?
25. 中、下承式拱桥计算包括哪些内容?
26. 中、下承式拱桥桥面系的横梁及纵梁有哪些计算要点?
27. 什么叫作系杆拱桥? 有哪几种主要类型?
28. 系杆拱桥计算包括哪些内容?
29. 拱桥有哪些主要的施工方法?
30. 请以重庆万州长江大桥为例,阐述劲性骨架混凝土拱圈中,钢管和混凝土的分期受力分别应如何计算?

PART 4 | 第四篇
斜 拉 桥

第一章 总体布置

第一节 概 述

1. 斜拉桥及其特点

斜拉桥主要由主梁、索塔和斜拉索三大部分组成。主梁一般采用混凝土结构、钢-混凝土组合结构或钢结构,索塔大都采用混凝土结构,而斜拉索则采用高强材料(高强钢丝或钢绞线)制成。斜拉桥中荷载传递路径是:斜拉索的两端分别锚固在主梁和索塔上,将主梁的恒载和车辆荷载传递至索塔,再通过索塔传至地基。因而主梁在斜拉索的各点支承作用下,像多跨弹性支承的连续梁一样,弯矩值得以大大降低,这不但可以使主梁尺寸极大地减小(梁高一般为跨度的 $1/50 \sim 1/200$,甚至更小),而且由于结构自重显著减轻,既节省了结构材料,又能大幅度地增大桥梁的跨越能力。需要指出的是,斜拉索对主梁的多点弹性支承作用,只有在拉索始终处于拉紧状态时才能得到充分发挥。因此在主梁承受荷载之前对斜拉索要进行预张拉。预张拉的结果是可以给主梁一个初始支承力,以调整主梁初始内力,使主梁受力状况更趋均匀合理,并提高斜拉索的刚度。图 4-1-1a)表示三跨连续梁及其恒载弯矩图,而图 4-1-1b)为三跨斜拉桥及其恒载弯矩、轴力图。从图中可以看出,由于斜拉索的支承作用,使主梁恒载弯矩显著减小。此外,斜拉索轴力产生的水平分力对主梁施加了预压力,从而可以增强主梁的抗裂性能,节约主梁中预应力钢材的用量。

斜拉桥属高次超静定结构,与其他体系桥梁相比,包含更多的设计变量,全桥总的技术经济合理性不宜简单地由结构体积小、质量轻或者满应力等概念准确地表示,这就为选定桥型方案和寻求合理设计带来一定困难。

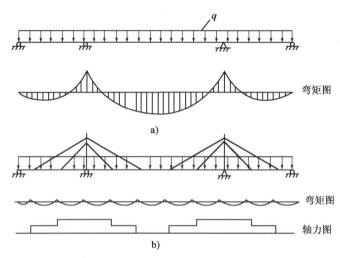

图 4-1-1　三跨连续梁和三跨斜拉桥的恒载轴力对比
a)三跨连续梁及其恒载弯矩图;b)三跨斜拉桥及其恒载弯矩、轴力图

2. 斜拉桥的发展及成果

现代斜拉桥的发展大致经历了以下三个阶段:

第一阶段,稀索布置,主梁较高,主梁以受弯为主,更换斜拉索不方便;

第二阶段,中密索布置,主梁较矮,主梁承受较大轴力和弯矩;

第三阶段,密索布置,主梁更矮,并广泛采用梁板式开口截面。

在斜拉桥的发展历史中,以下几座斜拉桥具有里程碑意义:

1955 年瑞典建成的第一座现代钢斜拉桥——主跨 182.6m 的斯特罗姆海峡桥。

1962 年委内瑞拉建成的第一座混凝土斜拉桥——主跨 5×235m 的马拉开波湖桥。

1978 年美国建成的第一座密索体系混凝土斜拉桥——主跨 299m 的 P-K(帕斯卡-肯尼斯克)桥。

1991 年我国自主建成上海南浦大桥,跨径为 423m,拉开我国自主建设大跨度桥梁的序幕。

1992 年挪威建成的斯卡恩圣特桥,为主跨 530m 的混凝土斜拉桥,梁高仅 2.15m,至今仍保持混凝土斜拉桥最大跨径的纪录。

1993 年上海建成的杨浦大桥,主跨 602m,为当时世界最大跨径的钢-混凝土组合梁斜拉桥。

1995 年法国建成的诺曼底大桥,主跨 856m,为当时世界最大跨径的主跨采用钢梁、边跨采用混凝土梁的混合梁斜拉桥。

2008 年建成的苏通长江大桥,主跨 1 088m,为第一座跨径超千米的斜拉桥。

2012 年俄罗斯建成的符拉迪沃斯托克俄罗斯岛跨海大桥,主跨 1 104m,是目前跨径最大的斜拉桥。

表 4-1-1 给出了国内外典型斜拉桥的主要参数。

国内外典型斜拉桥主要参数

表 4-1-1

序号	桥名	国家地区	跨径分布(m)	建成时间(年)	主梁材料	主跨主梁截面	梁高(m)	梁宽(m)	高跨比	宽跨比	高宽比	索距(m)	索塔形式	索塔数	索塔材料	塔高(m)
1	荆州长江公路大桥北汊桥	中国湖北	200+500+200	2002	混凝土	肋板式	2.4	26.5	1/208	1/18.9	1/11.0	8	H形	2	钢筋混凝土	150.2
2	鄂黄长江公路大桥	中国湖北	55+200+480+200+55	2002	混凝土	肋板式	2.4	27.7	1/200	1/17.3	1/11.5	8	H形	2	钢筋混凝土	172.3
3	重庆奉节长江大桥	中国重庆	30.4+202.6+460+174.7+25.3	2005	混凝土	肋板式	2.35	20.5	1/196	1/22.4	1/8.7	7.85	A形	2	钢筋混凝土	211.6
4	重庆忠县长江大桥	中国重庆	205+460+205	2008	混凝土	肋板式	2.7	26.32	1/170	1/17.5	1/9.7	8	H形	2	钢筋混凝土	247.5
5	四川宜宾长江大桥	中国四川	63.5+120.5+460+120.5+63.5	2008	混凝土	分离双箱	3.3	25	1/139	1/18.4	1/7.6	6	H形	2	钢筋混凝土	172.5
6	重庆长寿长江大桥	中国重庆	207+460+207	2007	混凝土	肋板式	2.7	23.4	1/170	1/19.7	1/8.7	8	H形	2	钢筋混凝土	144.3
7	重庆大佛寺长江大桥	中国重庆	198+450+198	2001	混凝土	肋板式	2.7	30.6	1/167	1/14.7	1/11.3	8.1	H形	2	钢筋混凝土	206.7
8	重庆涪陵石板沟长江大桥	中国重庆	200+450+200	2009	混凝土	肋板式	2.7	23	1/167	1/19.6	1/8.5	8	H形	2	钢筋混凝土	185.6
9	重庆长江二桥	中国重庆	53+169+444+169+53	1996	混凝土	肋板式	2.5	24	1/178	1/18.5	1/9.6	9	H形	2	钢筋混凝土	166.5
10	荣乌高速准格尔黄河大桥	中国内蒙古	160+440+160	2015	混凝土	分离双箱	2.874	27.4	1/153	1/16.1	1/9.5	8	A形	2	钢筋混凝土	228.5
11	铜陵长江公路大桥	中国安徽	80+90+190+432+190+90+80	1995	混凝土	肋板式	2.23	23	1/194	1/10.3	1/9.7	8	H形	2	钢筋混凝土	151
12	武汉长江二桥	中国湖北	180+400+180	1995	混凝土	两箱	3	29.2	1/133	1/9.7	1/10.3	8	H形	2	钢筋混凝土	124
13	沪苏通长江大桥	中国江苏	142+462+1092+462+142	2019	钢	桁梁	16	35	1/68.3	1/31.2	1/2.2	14	倒Y形	2	钢筋混凝土	345
14	苏通长江公路大桥	中国江苏	2×100+300+1088+300+2×100	2008	钢	箱梁	4	41	1/272	1/26.5	1/10.3	16	A形	2	钢筋混凝土	300.4
15	安徽芜湖长江公路二桥	中国安徽	100+308+806+308+100	2017	钢	箱梁	3.5	18	1/230.5	1/44.2	1/44.3		独柱形	2	钢筋混凝土	266

续上表

序号	桥名	跨径分布(m)	国家/地区	建成时间(年)	主梁材料	主跨主梁截面	梁高(m)	梁宽(m)	高跨比	宽跨比	高宽比	索距(m)	索塔形式	索塔数	索塔材料	塔高(m)
16	上海长江大桥	92+258+730+258+92	中国上海	2010	钢	分离双主梁	4	51.5	1/183	1/14.2	1/12.9	15	人字形	2	钢筋混凝土	209.32
17	毕都高速北盘江大桥	80+2×88+720+2×88+80	中国贵州	2016	钢	桁梁	8	27.9	1/90	1/26.7	1/3.5	12/8	H形	2	钢筋混凝土	269.2
18	上海闵浦大桥	4×63+708+4×63	中国上海	2010	钢	桁梁	9	43.6	1/78.7	1/16.2	1/4.8	15.1	H形	2	钢筋混凝土	210
19	宁波象山港大桥	82+262+688+262+82	中国浙江	2012	钢	箱梁	3.5	34	1/197	1/20.2	1/9.7	15	宝石形	2	钢筋混凝土	225.5
20	重庆丰都长江二桥	70.5+215.5+680+245.5+70.5	中国重庆	2017	钢	箱梁	3	28.5	1/227	1/23.9	1/9.5	15	宝石形	2	钢筋混凝土	224.1
21	福州琅岐闽江大桥	60+90+150+680+150+90+60	中国福建	2014	钢	箱梁	3.5	30.12	1/194	1/22.6	1/8.6	15	宝石形	2	钢筋混凝土	220
22	南京长江三桥	63+257+648+257+63	中国江苏	2005	钢	箱梁	3.2	37.2	1/203	1/17.4	1/11.6	15	A形	2	钢结构	215
23	中朝鸭绿江界河大桥	86+229+636+229+86	中国辽宁	2014	钢	箱梁	3.5	33.5	1/182	1/19.0	1/9.6	16	H形	2	钢筋混凝土	194.6
24	合福铁路铜陵公铁两用长江大桥	90+240+630+240+90	中国安徽	2015	钢	桁梁	15.5	35	1/40.6	1/18.0	1/2.3	15	倒Y形	2	钢筋混凝土	220
25	南京长江二桥	58.5+246.5+628+246.5+58.5	中国江苏	2001	钢	箱梁	3.5	38.2	1/179	1/16.4	1/10.9	15	宝石形	2	钢筋混凝土	195.4
26	舟山金塘大桥	77+218+620+218+77	中国浙江	2009	钢	箱梁	3	30.1	1/207	1/20.6	1/10.0	14	宝石形	2	钢筋混凝土	204.1
27	商合杭铁路芜湖大桥	99.3+238+588+224+85.3	中国安徽	2018	钢	桁梁	15	45.2	1/39.2	1/13.0	1/3.0		门形	2	钢筋混凝土	155
28	宁安铁路安庆长江铁路大桥	101.5+188.5+580+217.5+159.5+116	中国安徽	2015	钢	桁梁	3	30	1/193.3	1/19.3	1/10.0	14.5	倒Y形	2	钢筋混凝土	210

续上表

序号	桥名	跨径分布(m)	国家/地区	建成时间(年)	主梁材料	主跨主梁截面	梁高(m)	梁宽(m)	高跨比	宽跨比	高宽比	索距(m)	索塔形式	索塔数	索塔材料	塔高(m)
29	湖北黄冈公铁两用长江大桥	81+243+567+243+81	中国湖北	2014	钢	桁梁	15.5	27.5	1/36.6	1/20.6	1/1.8	13.5	H形	2	钢筋混凝土	190.5
30	蒙华铁路湖北公安公铁两用长江大桥	98+182+518+182+98	中国湖北	2017	钢	桁梁	13	25.2	1/39.8	1/20.6	1/1.9	14	H形	2	钢筋混凝土	182.5
31	安庆长江公路大桥	50+215+510+215+50	中国安徽	2004	钢	箱梁	3	30	1/170	1/17.0	1/10.0	15	宝石形	2	钢筋混凝土	184.8
32	武汉天兴洲长江大桥	98+196+504+198+98	中国湖北	2008	钢	桁梁	15.2	30	1/33.2	1/16.8	1/1.97	14	倒Y形	2	钢筋混凝土	190
33	武汉军山长江大桥	48+204+460+204+48	中国湖北	2001	钢	箱梁	3	38.8	1/153	1/11.9	1/12.9	12	H形	2	钢筋混凝土	163.5
34	港珠澳大桥青州航道桥	110+126+458+126+110	中国广东	2017	钢	三室箱	4.5	41.5	1/102	1/11.0	1/9.2	15	H形	2	钢筋混凝土	163
35	杭州湾跨海大桥北航道桥	70+160+448+160+70	中国浙江	2008	钢	箱梁	3.5	37.1	1/128	1/12.1	1/10.6	15	宝石形	2	钢筋混凝土	181.3
36	重庆东水门长江大桥	222.5+445+222.5	中国重庆	2013	钢	双层桁架	13	24	1/34.2	1/18.5	1/1.8	16	天梭形	2	钢筋混凝土	172.6
37	润扬长江公路大桥北汊桥	175.4+406+175.4	中国江苏	2005	钢	箱梁	3	37.4	1/135	1/10.9	1/12.5	15	H形	2	钢筋混凝土	146
38	湖北恩施忠建河大桥	46+134+400+134+46	中国湖北	2014	钢	桁梁	6	26.9	1/83.3	1/14.9	1/4.5		H形	2	钢筋混凝土	245
39	香港昂船洲大桥	3×70+80+1018+80+3×70	中国香港	2009	混合梁(主跨钢梁)	分离双箱	3.93	2×19.5	1/259	1/19.1	1/13.6	18	独柱形	2	钢-混凝土组合	298
40	湖北鄂东长江大桥	3×67.5+72.5+926+72.5+3×67.5	中国湖北	2010	混合梁(主跨钢梁)	两边箱	3.8	38	1/244	1/24.3	1/10.0	15	宝石形	2	钢筋混凝土	242.5
41	嘉鱼长江大桥	70+85+72+73+920+330+10	中国湖北	2019	混合梁(主跨钢梁)	箱梁	3.43	38.5	1/268.5	1/23.9	1/11.3		倒Y形	2	钢筋混凝土	251.41

续上表

序号	桥　　名	跨径分布(m)	国家/地区	建成时间(年)	主梁材料	主跨主梁截面	梁高(m)	梁宽(m)	高跨比	宽跨比	高宽比	索距(m)	索塔形式	索塔数	索塔材料	塔高(m)
42	安徽池州长江大桥	2×50+100+828+280+100	中国安徽	2019	混合梁（主跨钢梁）	箱梁	3.5	38.5	1/237	1/22.7	1/10.4		宝石形	2	钢筋混凝土	251.2
43	九江长江公路大桥	70+75+84+818+233.5+124.5	中国江西	2013	混合梁（主跨钢梁）	三室箱	3.6	38.9	1/227	1/21.0	1/10.8	15	H形	2	钢筋混凝土	242.3
44	湖北荆岳长江大桥	100+298+816+80+2×75	中国湖北	2010	混合梁（主跨钢梁）	两边箱	3.8	38.5	1/215	1/21.2	1/10.1	15	H形	2	钢筋混凝土	265.5
45	贵州鸭池河大桥	2×72+76+800+76+2×72	中国贵州	2016	混合梁（主跨钢梁）	桁梁	7	28	1/114.5	1/28.5	1/4.0		H形	2	钢筋混凝土	258.2
46	湖北赤壁长江大桥	90+240+720+240+90	中国湖北	2019	混合梁（主跨钢梁）	两边箱	3.18	36.5	1/226.5	1/19.7	1/11.5		H形	2	钢筋混凝土	233
47	广东江顺大桥	60+176+700+176+60	中国广东	2015	混合梁（主跨钢梁）	四室箱	3.5	39	1/200	1/17.9	1/11.1	15	H形	2	钢筋混凝土	183
48	武汉白沙洲长江公路大桥	50+180+618+180+50	中国湖北	2000	混合梁（主跨钢梁）	两边箱	3	30.2	1/206	1/20.5	1/10.1	12	宝石形	2	钢筋混凝土	174.8
49	浙江舟山桃夭门大桥	3×48+50+580+50+3×48	中国浙江	2003	混合梁（主跨钢梁）	四室箱	2.8	27.6	1/207	1/21.0	1/9.9	13	宝石形	2	钢筋混凝土	228
50	平潭海峡公铁两用大桥	133+196+532+196+133	中国福建	2019	混合梁（主跨钢梁）	桁梁	13.5	35.6	1/39.5	1/14.5	1/2.7		H形	2	钢筋混凝土	200
51	四川泸州黄舣长江大桥	39+48+53+520+53+5×48	中国四川	2014	混合梁（主跨钢梁）	箱梁	3.2	31	1/163	1/16.8	1/9.7		H形	2	钢筋混凝土	210
52	广东汕头礐石大桥	2×47+100+518+100+2×47	中国广东	1999	混合梁（主跨钢梁）	两边箱	3	30.95	1/173	1/16.8	1/10.3	12	宝石形	2	钢筋混凝土	144
53	广东湛江海湾大桥	60+120+480+120+60	中国广东	2006	混合梁（主跨钢梁）	三室箱	3	30.43	1/160	1/15.8	1/10.1	16	宝石形	2	钢筋混凝土	155.1

续上表

序号	桥 名	跨径分布(m)	国家/地区	建成时间(年)	主梁材料	主跨主梁截面	梁高(m)	梁宽(m)	高跨比	宽跨比	高宽比	索距(m)	索塔形式	索塔数	索塔材料	塔高(m)
54	内蒙古鄂尔多斯乌兰木伦河大桥	40+2×42+51+450+51+2×42+40	中国内蒙古	2012	混合梁(主跨钢梁)	三室箱	3.263	35	1/138	1/12.9	1/10.7	12	A形	2	钢结构	132
55	武汉青山长江大桥	3×73+74+938+74+3×73	中国湖北	2019	混合梁(主跨钢梁)	箱梁	4.5	48	1/208.5	1/19.6	1/10.8		A形	2	钢筋混凝土	279.5
56	上海徐浦大桥	40+3×39+45+590+45+3×39	中国上海	1997	主跨组合梁	三室箱	3	35.95	1/219	1/16.4	1/13.3	9	A形	2	钢筋混凝土	212
57	贵州罗甸红水河大桥	64.5+72.8+75.7+508+71+58+53	中国贵州	2016	主跨组合梁	箱梁	3.08	27.7	1/164	1/18.3	1/9.0		H形	2	钢筋混凝土	195.1
58	香港汲水门大桥	2×80+430+2×80	中国香港	1997	主跨组合梁	三室箱	7.46	35.2	1/57.6	1/12.2	1/4.7	8.7	H形	2	钢筋混凝土	133
59	广州金马大桥	60+283+283+60	中国广东	1998	混凝土	肋板式	2	28.5	1/141.5	1/9.9	1/14.3	7	H形	1	钢筋混凝土	102.7
60	泸州泰安长江大桥	208+270	中国四川	2007	混凝土	三室箱	3	29.5	1/90	1/9.2	1/10.5	6	H形	1	钢筋混凝土	145.2
61	宁波招宝山大桥	74.5+258+102+40.5+42.5+49.5	中国浙江	2003	混凝土	边箱中板	2.5	29.5	1/103	1/8.9	1/11.5	8	H形	1	钢筋混凝土	103.8
62	宜宾中坝金沙江大桥	252+105+2×35	中国湖北	2003	混凝土	肋板式	2.68	30	1/94	1/8.4	1/11.2	6	H形	1	钢筋混凝土	117.5
63	温州飞云江三桥	240+170+60	中国浙江	2004	混凝土	三室箱	3.2	36.8	1/75	1/6.5	1/11.5	6	宝石形	1	钢筋混凝土	122.2
64	株洲建宁大桥	240+134+2×42	中国湖南	1998	混凝土	三室箱	3.5	30	1/86.6	1/8.0	1/8.5	7	倒Y形	1	钢筋混凝土	114.4
65	福州三县洲闽江大桥	238+76+56+47	中国福建	1999	混凝土	三室箱	3.28	30	1/72.6	1/7.9	1/9.2	7	倒Y形	1	钢筋混凝土	105
66	武汉江汉四桥	232+75.4+34+28.6	中国湖北	1999	混凝土	三室箱	2.2	23.5	1/105	1/9.9	1/10.7	8	A形	1	钢筋混凝土	110.5
67	重庆石门大桥	200+230	中国重庆	1988	混凝土	三室箱	4	24.5	1/57.6	1/9.4	1/6.1	8	独柱形	1	钢筋混凝土	106
68	攀枝花炳草岗金沙江大桥	149+200+51	中国四川	1999	混凝土	肋板式	2.2	23.9	1/90.9	1/8.4	1/9.2	6	H形	1	钢筋混凝土	74.5
69	洞庭湖大桥	130+2×310+130	中国湖南	2000	混凝土	肋板式	2.5	23	1/124	1/13.5	1/9.3	8	宝石形	3	钢筋混凝土	125
70	夷陵长江大桥	38+38.5+43.5+2×348+43.5+38.5+38	中国湖北	2001	混凝土	三室箱	3	23	1/116	1/15.1	1/7.7	8	宝石形	3	钢筋混凝土	126

续上表

序号	桥 名	跨径分布(m)	国家/地区	建成时间(年)	主梁材料	主跨主梁截面	梁高(m)	梁宽(m)	高跨比	宽跨比	高宽比	索距(m)	索塔形式	索塔数	索塔材料	塔高(m)
71	赤石大桥	145+3×380+145	中国湖南	2016	混凝土	箱梁	3.2	28	1/118.5	1/13.5	1/8.8	8	双曲线形	4	钢筋混凝土	286
72	浙江嘉绍大桥	70+200+5×428+200+70	中国浙江	2013	钢	箱梁	4	22.2×2	1/107	1/19.3	1/5.5	12	独柱形	6	钢筋混凝土	175.9
73	香港汀九桥	127+448+475+127	中国香港	1998	主跨组合梁	钢板梁	1.75	18.5	1/271.5	1/25.7	1/10.5	13.5	独柱形	3	钢筋混凝土	157.35
74	平塘大桥	249.5+550+550+249.5	中国贵州	2019	主跨组合梁	工字梁	3.36	30.2	1/163.7	1/18.3	1/9.0	12	宝石形	3	钢筋混凝土	332
75	武汉二七长江大桥	90+160+616+160+90	中国湖北	2011	主跨组合梁	工字梁	3.5	31.4	1/164	1/19.6	1/8.3	13.5	宝石形	3	钢筋混凝土	206
76	多多罗大桥	270+890+320	日本	1999	混合梁(主跨钢梁)	三室箱	2.7	30.6	1/330	1/29	1/11		倒Y形	2	钢筋混凝土	215.2
77	诺曼底大桥	547.75+856+737.5	法国	1994	混合梁(主跨钢梁)	箱梁	3.05	22.3	1/281	1/38	1/7		A形	2	钢筋混凝土	202.7
78	韩国仁川大桥	80+260+800+260+80	韩国	2005	钢	箱梁	3	33.4	1/266.7	1/23.9	1/11.1		倒Y形	2	混凝土	238.5
79	Ilverich 莱茵河桥	63×2+287.5+63×2	德国	2002	钢	箱梁	3.92	38.5	1/73.3	1/7.5	1/9.8		倒Y形	2	混凝土	81
80	里翁一安提里翁大桥	286+560×3+286	希腊	2004	主跨组合梁	边工字组合梁	2.2	27.2	1/255	1/21	1/12		宝石形	4	钢筋混凝土	227.2
81	米约大桥	204+342×6+204	法国	2005	钢梁	三室箱	4.2	32	1/81	1/11	1/8		倒Y形	7	钢筋混凝土	360
82	金耳朵大桥	121+242×3+120	加拿大	2009	主跨组合梁	箱梁	3.07	27.2	1/78.8	1/8.9	1/8.9		H形	4	混凝土	86.1
83	桑尼伯格大桥	59+128+140+134+65	瑞士	1998	混凝土梁	边箱梁	1.83	12.37	1/77	1/11	1/7		H形	4	钢筋混凝土	77.2

第二节 孔跨布置

一、双塔三跨式

图 4-1-2 所示双塔三跨式斜拉桥是一种最常见的孔跨布置方式。由于它的主跨跨径较大,一般适用于跨越较大的河流。

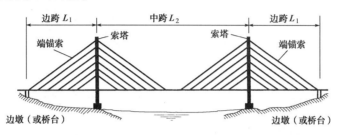

图 4-1-2　双塔三跨式斜拉桥

在这类桥型中,边跨与主跨的比例非常重要,为了在视觉上清楚地表现主跨,边主跨之比宜小于 0.5。从受力上看,边主跨之比与斜拉桥的整体刚度、端锚索的应力变幅有着很大的关系。当主跨有活载时,边跨梁端点的端锚索产生正轴力(拉力),而当边跨有活载时,端锚索又产生负轴力(拉力松减),由此引起较大应力幅,从而产生疲劳问题。边跨较小时,边跨主梁的刚度较大,边跨拉索较短,刚度也就相对较大,因而此时边跨对索塔的锚固作用就大,主跨的刚度也就相应增大。对于活载比重较小的公路和城市桥梁,合理的边主跨之比为 0.40 ~ 0.45,而对于活载比重大的铁路桥梁,边主跨之比宜为 0.20 ~ 0.25,同样道理,钢斜拉桥的边跨应比相同跨径混凝土斜拉桥的跨径小。

二、独塔双跨式

图 4-1-3 所示独塔斜拉桥也是一种较常见的孔跨布置方式,由于它的主孔跨径一般比双塔三跨式的主孔跨径小,适用于跨越中小河流和城市通道。

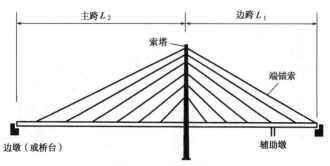

图 4-1-3　独塔斜拉桥

独塔双跨式斜拉桥的主跨跨径 L_2 与边跨跨径 L_1 之间的比例关系一般为 $L_1 = (0.5 \sim 1.0)L_2$,但多数接近于 $L_1 = 0.66L_2$。两跨相等时,由于失去了边跨及辅助墩对主跨变形的有效约束作用,因而这种形式较少采用。

三、三塔四跨式和多塔多跨式

三塔及以上的多塔多跨式斜拉桥(图4-1-4)刚度较低,根本原因是中间塔的塔顶区域没有端锚索有效地限制塔的水平变位,导致一侧主梁在活载作用下,中间塔和主梁的变形及内力过大,如图4-1-5a)所示,在同等跨径、同等荷载条件下,双塔斜拉桥的中跨跨中挠度要比三塔的小许多,如图4-1-5b)所示。

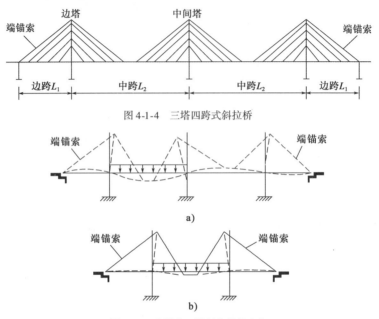

图4-1-4 三塔四跨式斜拉桥

图4-1-5 多塔和双塔斜拉桥的变位

由于斜拉桥的刚度主要靠索塔提供,因而可采取以下几种措施来提高多塔斜拉桥整体刚度。

(1)主塔采用 A 形或倒 Y 形塔(图4-1-6)

主塔在顺桥向设计成 A 形或倒 Y 形,通过提高塔自身的刚度来提高斜拉桥体系刚度。赤石特大桥就采用了这种方案,该桥为四塔预应力混凝土双索面斜拉桥,跨径布置为 165m + 3 × 380m + 165m = 1 470m,桥面全宽28.0m,主塔高283m,桥面以下塔柱高183m。

图4-1-6 赤石特大桥倒 Y 形塔与双肢薄壁塔柱

(2)中塔增设锚固斜缆(图4-1-7)

香港汀九大桥1997年建成,是一座具有高低塔的三塔斜索面斜拉桥,行车道由两个分离式桥面组成,中塔高194m。为了保证中塔的纵向稳定,在中塔塔顶增设两对钢索,分别锚固在两个边塔的桥面高度处;为了保证桥塔的横向稳定,每座塔柱在桥面上、下的两侧各用一对斜撑分别与桥面下的横梁固结,构成闭合框架。

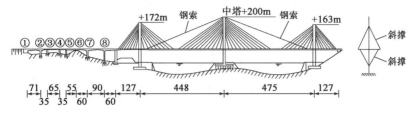

图 4-1-7 香港汀九大桥图式(尺寸单位:m)

(3)交叉索体系

主跨跨中斜拉索交叉形成桁架系统,当不平衡活载作用在其中一主跨上,桥塔的侧向位移将使另一主跨主梁上挠,此时设在另一跨交叉锚固的斜拉索与边塔连接发生卸载,可有效降低主梁的上挠。苏格兰福斯新桥采用的就是这种体系,如图 4-1-8 所示,该桥跨径布置为104m + 221m + 2×650m + 221m + 104m。

图 4-1-8 苏格兰福斯新桥图式(尺寸单位:m)

(4)"大小伞"体系

"大小伞"体系的构思源自对交叉索体系的优化。如图 4-1-8 所示的交叉索区域主梁由边塔拉索和中塔拉索共同支撑,受力和构造相对复杂,鉴于边塔拉索提供的支撑刚度远大于中塔拉索,因此可将交叉索区域的中塔拉索去掉,降低中塔相应的高度,与此同时,加粗交叉索区域的边塔拉索和边塔尾索,如图 4-1-9 所示。计算表明,该体系相比图 4-1-8 的交叉索体系具有更大的刚度。由于边塔的塔高及拉索范围均大于中塔,因而称为"大小伞"斜拉桥体系。

图 4-1-9 "大小伞"斜拉桥体系

四、辅助墩和边引跨

活载往往在边跨梁端附近区域产生很大的正弯矩,并导致梁体转动,伸缩缝易受损,在此情况下,可以通过加长边梁以形成引跨或设置辅助墩的方法予以解决,如图 4-1-10 所示。同时,设辅助墩可以减小拉索应力变幅,提高主跨刚度,又能缓和端支点负反力,是大跨度斜拉桥中常用的方法。

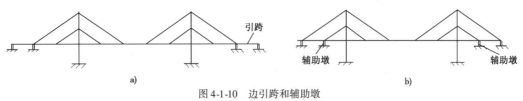

图 4-1-10 边引跨和辅助墩
a)设引跨;b)设辅助墩

第三节 索塔布置

一、索塔的形式

索塔是表达斜拉桥个性和增强视觉效果的主要结构物,因而对于索塔的美学设计应予足够的重视。索塔设计必须适合于拉索的布置,传力应简单明确,在恒载作用下,索塔应尽可能处于轴心受压状态。单索面斜拉桥和双索面斜拉桥索塔塔架的纵、横向布置形式如图4-1-11、图4-1-12所示。

索塔沿桥纵向的布置有独柱式、A字形、倒Y形等几种。单柱式主塔构造简单;A字形和倒Y形在顺桥向刚度大,有利于承受索塔两侧斜拉索的不平衡拉力;A字形还可减小搁置在塔上主梁的负弯矩。

索塔横桥方向的布置方式,可分为独柱形、双柱形、门形或H形、A形、宝石形或倒Y形等,如图4-1-12所示。

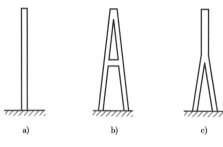

图 4-1-11 索塔的纵向布置形式
a)独柱式;b)A字形;c)倒丫形

索塔纵横向布置均呈独柱形的索塔,仅适用于单索面斜拉桥。当需要加强横桥向抗风刚度时,则可以配合采用图4-1-12g)或图4-1-12h)的形式。图4-1-12b)~d)一般适用于双平面索的情况;图4-1-12e)、f)和i)一般适用于双斜索面的斜拉桥上。

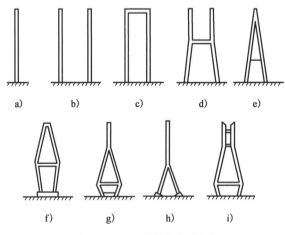

图 4-1-12 索塔的横向布置形式

二、塔的高跨比

索塔的高度H决定着整个桥梁的刚度和经济性,如图4-1-13所示。

若斜拉索截面面积A由容许应力$[\sigma_s]$控制设计,即$A = N/[\sigma_s]$,由于轴力N与倾角α有关,经简单推导可得斜拉索的材料用量$Q(=Al)$为

$$Q = \frac{2Pb}{[\sigma_s]\sin 2\alpha} \quad (4\text{-}1\text{-}1)$$

$$Q = \frac{2FH}{[\sigma_s]\sin 2\alpha} \quad (4\text{-}1\text{-}2)$$

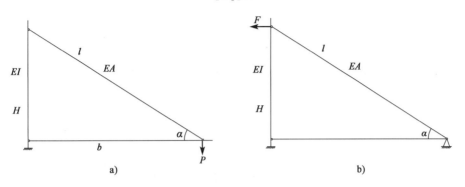

图 4-1-13 塔高和索长、倾角的相互关系
a) 普通索；b) 端锚索

由上述公式可知，对于图 4-1-13a)、b) 两种情形，斜拉索用量最经济时 α 均等于 45°。
综合考虑整体刚度和经济性的共同影响，双塔和独塔斜拉桥的常见高跨比范围如图 4-1-14 所示。

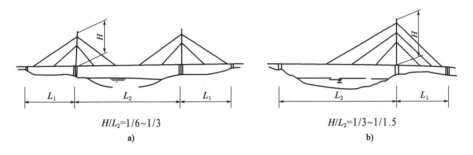

图 4-1-14 索塔高跨比范围

第四节 斜拉索布置

一、索面位置

索面位置一般有单索面、竖向双索面、斜向双索面三种类型，如图 4-1-15 所示。

从力学角度来看，采用单索面时，斜拉索对抗扭不起作用。因此，主梁应采用抗扭刚度较大的截面。单索面的优点是桥面上视野开阔。采用双索面时，作用于桥梁上的扭矩可由斜拉索的轴力来抵抗，主梁可采用较小抗扭刚度的截面。至于斜向双索面，它对桥面梁体抵抗风力扭振特别有利（斜向双索面限制了主梁的横向摆动）。倾斜的双索面应采用倒 Y 形、A 形索塔等。

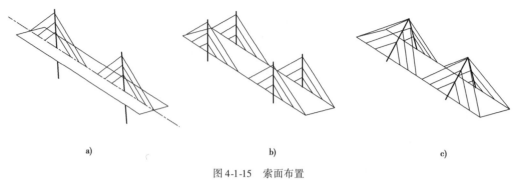

图 4-1-15 索面布置
a) 单索面；b) 竖向双索面；c) 斜向双索面

二、索面形状

索面形状主要有辐射形、竖琴形和扇形三种基本类型，如图 4-1-16 所示。它们各自的特点如下：

(1) 辐射形布置的斜拉索沿主梁均匀分布，在索塔上则集中于塔顶一点。由于其斜拉索与水平面的平均交角较大，故斜拉索的竖向分力对主梁的支承效果也大，与竖琴形布置相比，可节省钢材 15%～20%；但塔顶上的锚固点构造过于复杂。

(2) 竖琴形布置中的斜拉索呈平行排列，在索数少时显得比较简洁，并可简化斜拉索与索塔的连接构造，塔上锚固点分散，对索塔的受力有利；其缺点是斜拉索的倾角较小，索的总拉力大，故钢索用量较多。

(3) 扇形布置的斜拉索是不相互平行的，它兼有以上两种布置方式的优点，故在设计中获得广泛应用。

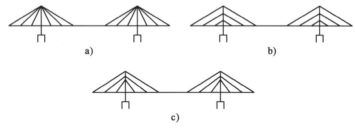

图 4-1-16 斜拉索立面布置方式
a) 辐射形；b) 竖琴形；c) 扇形

三、索距的布置

索距的布置可以分为"稀索"与"密索"。早期的斜拉桥中都为"稀索"（超静定次数少），现代斜拉桥则多为"密索"（必须利用电子计算机计算）。密索的优点如下：

(1) 索距小，主梁弯矩小。
(2) 索力较小，锚固点构造简单。
(3) 锚固点附近应力流变化小，补强范围小。
(4) 利于悬臂架设。
(5) 易于换索。

斜拉桥采用悬臂法架设时,索间距宜为 8～16m,混凝土主梁因自重大,索距应密些,较大的索距适合于钢或钢-混凝土组合主梁。

第五节　主要结构体系

斜拉桥的结构体系,可以有以下几种不同的划分方式:
(1)按照塔、梁、墩相互结合方式,可划分为漂浮体系、半漂浮体系、塔梁固结体系和刚构体系。
(2)按照主梁的连续方式,有连续体系和 T 构体系等。
(3)按照斜拉索的锚固方式,有自锚体系、部分地锚体系和地锚体系。
(4)按照塔的高度不同,有常规斜拉桥和矮塔部分斜拉桥体系。
现将几种主要的斜拉桥体系分别介绍如下。

一、漂浮体系

漂浮体系(图4-1-17)的特点是塔墩固结、塔梁分离。主梁除两端有支承外,其余全部用斜拉索悬吊,属于一种在纵向可稍做浮动的多跨弹性支承连续梁。空间动力分析表明,斜拉索是不能对梁提供有效的横向支承的,为了抵抗由于风力等引起主梁的横向水平位移,一般应在塔柱和主梁之间设置一种用来限制侧向变位的板式或聚四氟乙烯盆式橡胶支座,简称为侧向限位支座,如图4-1-18 所示。

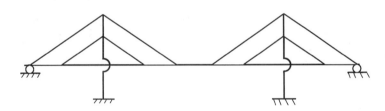

图 4-1-17　漂浮体系斜拉桥

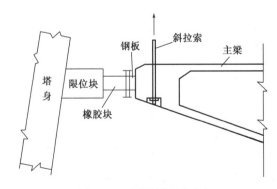

图 4-1-18　主梁侧向限位支座

该体系的主要优点是主跨满载时,塔柱处的主梁截面无负弯矩峰值;由于主梁可以随塔柱的缩短而下降,所以温度、收缩和徐变、次内力均较小。密索体系中主梁各截面的变形和内力的变化较平缓,受力较均匀;地震时允许全梁纵向摆荡,做长周期运动,从而达到吸震消能效果。目前,大跨斜拉桥(主跨400m以上)多采用此种体系。

漂浮体系的缺点是:当采用悬臂施工时,塔柱处主梁需临时固结,以抵抗施工过程中的不平衡弯矩和纵向剪力,由于施工不可能做到完全对称,成桥后解除临时固结时,主梁会发生纵向摆动。

为了防止纵向飓风和地震荷载使漂浮体系斜拉桥产生过大的摆动,影响安全,十分有必要在斜拉桥塔上的梁底部位设置高阻尼的主梁水平弹性限位装置。

二、半漂浮体系

半漂浮体系(图4-1-19)的特点是塔墩固结,在塔墩上为主梁设置竖向支承,成为具有多点弹性支承的三跨连续梁。该竖向支承可以是一个固定支座,三个活动支座;也可以是四个活动支座,但一般均设活动支座,以避免由于不对称约束而导致不均衡温度变位,水平位移将由斜拉索制约。

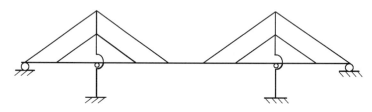

图4-1-19 半漂浮体系斜拉桥

半漂浮体系若采用一般支座来处理则无明显优点,因为当两跨满载时,塔柱处主梁有负弯矩尖峰,温度、收缩、徐变、次内力仍较大。若在墩顶设置一种可以用来调节高度的支座或弹簧支承来替代从塔柱中心悬吊下来的拉索(一般称为"零号索"),并在成桥时调整支座反力,以消除大部分收缩、徐变等的不利影响,这样就可以与漂浮体系相媲美,并且在经济性和减小纵向漂移方面会有一定好处。

三、塔梁固结体系

塔梁固结体系(图4-1-20)的特点是将塔梁固结并支承在墩上。主梁的内力与挠度直接同主梁与索塔的弯曲刚度比值有关。这种体系的主梁一般只在一个塔柱处设置固定支座,而其余均设为纵向可以活动的支座。

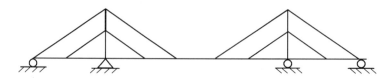

图4-1-20 塔梁固结体系斜拉桥

这种体系的优点是可显著地减小主梁中央段承受的轴向拉力,并且索塔和主梁中的温度内力极小。其缺点是中孔满载时,主梁在墩顶处转角位移导致塔柱倾斜,使塔顶产生较大的水平位移,从而显著地增大主梁跨中挠度和边跨负弯矩;另外上部结构重量和活载反力都需由支座传给桥墩,这就需要设置很大吨位的支座。在大跨径斜拉桥中,这种支座甚至达到上万吨级,这样使支座的设计制造及日后养护、更换均有较大的困难。

四、刚构体系

刚构体系(图4-1-21)的特点是塔梁墩相互固结,形成跨度内具有多点弹性支承的刚构。

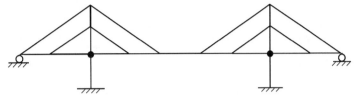

图4-1-21　刚构体系斜拉桥

这种体系的优点是既免除了大型支座,又能满足悬臂施工的稳定要求;结构的整体刚度比较好,主梁挠度较小。其缺点是主梁固结处负弯矩大,使固结处附近截面需要加大;再则,为消除温度应力,应用于双塔斜拉桥中时要求墩身具有一定的柔性,常用于高墩的场合,以避免出现过大的附加内力。另外,这种体系比较适合于独塔斜拉桥。

五、部分地锚体系

一般来说,悬索桥的主缆多数是地锚体系,而斜拉桥的斜拉索多数是自锚体系。只有在主跨很大、边跨很小等特殊情况下,少数斜拉桥才采用部分地锚体系。

部分地锚体系斜拉桥的实例如图4-1-22[西班牙卢纳桥(Barrios de Luna)]和图4-1-23(湖北郧阳汉江大桥)所示。

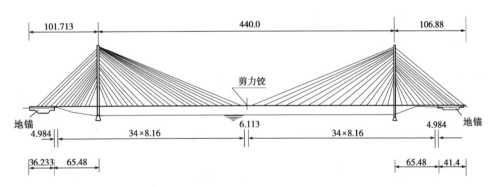

图4-1-22　西班牙卢纳桥(尺寸单位:m)

六、部分斜拉桥体系

矮塔部分斜拉桥如图4-1-24所示。由力学知识可知,在截面相同的情况下,索塔的抗水平变位刚度与塔高 h 的三次方成反比,因而塔高降低则塔身刚度迅速提高。但塔高降低后,斜拉索的水平倾角也将减小,斜拉索对主梁的支承作用减弱,而水平压力增大,这相当于斜拉索对主梁施加了一个较大的体外预应力。矮塔部分斜拉桥由于斜拉索不能提供足够的支承刚度,故要求主梁的刚度较大。因斜拉索只提供部分刚度,"部分斜拉桥"由此得名。其受力性能介于梁桥和斜拉桥之间。

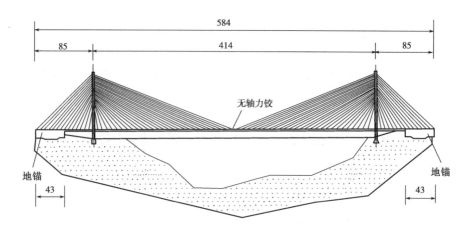

图 4-1-23　郧阳汉江大桥图式(尺寸单位:m)

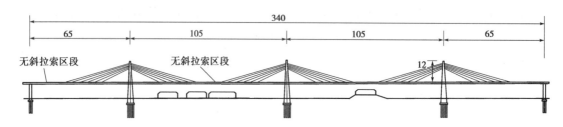

图 4-1-24　矮塔部分斜拉桥(尺寸单位:m)

矮塔部分斜拉桥具有以下特点:
(1)塔较矮。常规斜拉桥的塔高与跨度之比为 1/6~1/3,而部分斜拉桥为 1/10~1/6。
(2)梁的无索区较长,没有端锚索。
(3)边跨与主跨的比值较大,一般大于 0.5。
(4)梁高较大,高跨比为 1/45~1/35,甚至可做成变高度梁。
(5)斜拉索对竖向恒活载的分担率小于 30%,受力以梁为主,索为辅。
(6)由于梁的刚度大,活载作用下斜拉索的应力变幅较小,可按体外预应力索设计。

七、千米级超大跨径斜拉桥结构新体系

斜拉桥要在更大跨度上得到应用,一些关键技术仍需解决,其中最主要的问题是索塔区主梁轴压力过大。随着跨径的不断增大,斜拉索水平分力不断累积,在索塔附近梁段形成巨大的轴压力,主梁抗压成为控制设计的因素,而主梁截面的过度增大导致斜拉桥失去与悬索桥的竞争力。

下面介绍两种针对千米以上的超大跨径斜拉桥结构的新体系,即部分地锚斜拉桥和部分地锚交叉索斜拉桥。

1. 部分地锚斜拉桥

不同于自锚式斜拉桥全部主梁在恒载作用下受压,Niels J Gimsing 教授提出的部分地锚斜拉桥方案如图 4-1-25 所示,主梁恒载轴力分布如图 4-1-26 所示,通过增加地锚和改变施工顺序,使得跨中区段主梁受拉,主梁内压力显著减小,如图 4-1-27 所示。

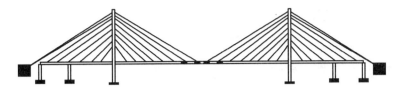

图 4-1-25 部分地锚斜拉桥

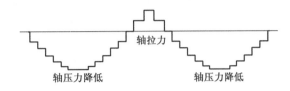

图 4-1-26 主梁恒载轴力分布图

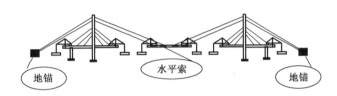

图 4-1-27 部分地锚斜拉桥施工过程

2. 部分地锚交叉索斜拉桥

部分地锚交叉索斜拉桥的主要特点是将长索交叉并锚固于地锚,使长索不对主梁产生水平压力,如图 4-1-28 所示。主梁恒载轴力分布如图 4-1-29 所示。

图 4-1-28 部分地锚交叉索斜拉桥

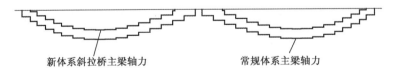

图 4-1-29 主梁恒载轴力分布图

交叉索对跨中区节段提供了双重支撑,但水平力相互平衡,如图 4-1-30 所示,因此长索倾角可以比自锚式斜拉桥长索倾角适当减小,从而可适当降低索塔高度。

部分地锚交叉索斜拉桥与自锚式斜拉桥相比,主梁压力显著减小,从而节约大量主梁钢材。以主跨 1 408m、交叉索区长 320m 为例,设计结果表明,主梁可节省钢材约 1/4,而地锚规模约为同跨度悬索桥的 28%。与同等跨径的常规斜拉桥方案相比,总造价可节省 11%。

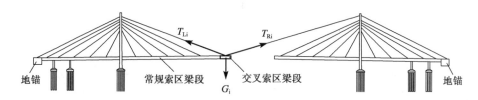

图 4-1-30 部分地锚交叉索斜拉桥跨中区段可实现"零轴力"架设

需要指出的是,若锚碇所建位置的地质情况不良或位于深水区,则不适合采用部分地锚斜拉桥体系。

第二章
斜拉桥构造

第一节 主 梁

主梁的主要作用有三个方面：

(1)将恒载、活载分散传给斜拉索。梁的刚度越小,则承担的弯矩越小。

(2)与斜拉索及索塔一起组成整个桥梁。主梁承受的力主要是斜拉索的水平分力所形成的轴压力,因而需有足够的刚度防止压屈。

(3)抵抗横向风载和地震荷载,并把这些力传给下部结构。

当斜拉索间距较大时,主梁由弯矩控制设计。对于单索面斜拉桥,主梁由扭转控制设计。而对于双索面密索体系,主梁设计主要应考虑轴压力因素以及整个桥的纵向弯曲。另外,应考虑在减小活载的情况下主梁有足够的强度和刚度以更换斜拉索,以及个别斜拉索偶然拉断或退出工作时结构仍具有足够的安全储备。

主梁高跨比的正常范围：

对于双索面情形为 1/150~1/100；

对于单索面情形为 1/100~1/50,且高宽比不宜小于 1/10。

一、实体梁式和板式主梁

实体梁式和板式截面的主梁一般仅适用于双索面斜拉桥,因为这种截面具有构造简单和施工方便的优点。特别是当斜拉索在实体的边主梁中锚固时,锚固构造非常简单,而且在索面内具有一定的抗弯刚度,在锚固点处可以避免产生大的横向力流。

梁高较小时,截面空气阻力小,在空气动力性能方面是合理与有效的,特别是当桥面宽度增大到整个截面近似于一块平板时。

实体梁式主梁是混凝土斜拉桥中比较简单的一种截面形式。图4-2-1为瑞典焦恩桥主梁截面,两主梁间用混凝土横梁和桥面板连接,斜拉索的锚固点设于桥面两侧人行道外,要设计专用的锚固块;图4-2-2为重庆大佛寺长江公路大桥主梁截面(主跨450m,2001年);图4-2-3为荆州长江公路大桥主梁截面(主跨500m,2002年)。

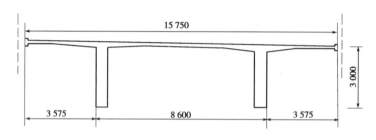

图4-2-1 瑞典焦恩桥主梁截面图示(尺寸单位:mm)

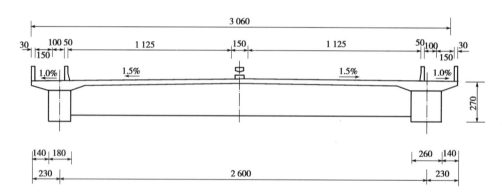

图4-2-2 重庆大佛寺长江公路大桥主梁截面图示(尺寸单位:cm)

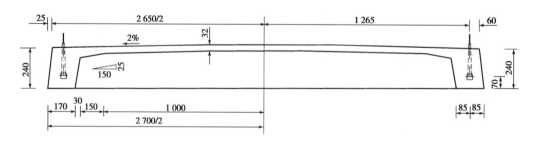

图4-2-3 荆州长江公路大桥主梁截面图示(尺寸单位:cm)

实体板式主梁(图4-2-4)包括纯板式和矮梁式截面形式,它们的出现是20世纪80年代以来斜拉桥主梁的跨高比一再增大、主梁高度相对减小的结果。所谓矮梁板式主梁,是指主梁位于两边,且梁高相对于桥宽来说很小,但两主梁间仍有横梁和桥面板相连,如图4-2-4所示。

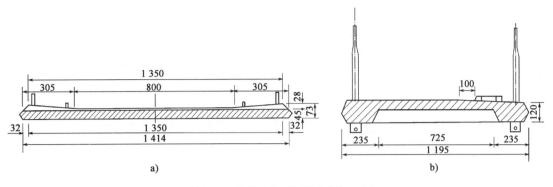

图 4-2-4 实体板式主梁(尺寸单位:cm)
a)希腊埃夫里普桥(跨径 215m);b)挪威海格兰德桥(跨径 425m)

二、箱形截面

混凝土箱形截面主梁是现代斜拉桥中经常采用的截面形式。这是因为它的抗弯和抗扭刚度大,能适应稀索、密索、单索面或双索面等不同斜拉索布置;其组合截面,也可以方便地形成封闭式的单箱形式或分离式的双箱形式,以适应不同桥宽的需要;截面的组合构造,可以部分预制、部分现场浇筑[如法国布鲁东纳(Brotonne)桥],为桥梁施工方案提供了更多的选择。

单索面布置的箱形截面,首创于法国布鲁东纳桥(主跨 320m,索距 6m,1977 年);而 10 年后建成的美国日照(Sunshine Skyway)桥(主跨 365.2m,索距 7.3m,1987 年),二者均为同一工程设计公司(Fiss & Muller Eng. Inc)的著名作品。如图 4-2-5 所示的这两座姐妹桥,其截面已成为世界混凝土斜拉桥标准截面形式之一。

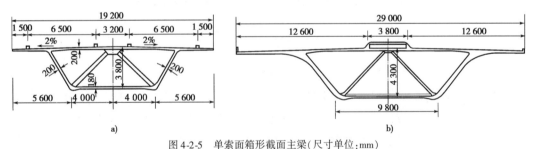

图 4-2-5 单索面箱形截面主梁(尺寸单位:mm)
a)法国布鲁东纳(Brotonne)桥;b)美国日照(Sunshine Skyway)桥

在双索面混凝土斜拉桥中,箱形截面的主梁常以分离式的两个箱体各自锚固于斜拉索,两箱之间则以横梁和桥面板连接。双箱梁的典型截面为倒梯形,如图 4-2-6 所示为武汉长江二桥倒梯形双箱梁截面(该桥主跨 400m,索距 8m,1996 年)。

在混凝土双箱梁截面的发展演化过程中,美国 P-K 桥(帕斯卡-肯尼斯克桥,主跨 299m,索距 9.3m,1978 年)首次采用三角形双箱梁,如图 4-2-7 所示。

在双箱梁的两个分离式箱体之间用底板将其封闭,即成为三室的单箱梁截面,双索面混凝土斜拉桥采用三室箱梁的实例很多,如法国诺曼底大桥边跨混凝土主梁部分的倒梯形三室箱梁截面。

挪威斯卡恩圣特桥主梁采用了三角形的箱形截面(图 4-2-8),该桥主跨为 530m,建于 1992 年。

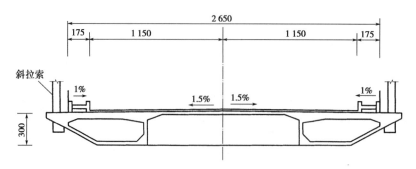

图 4-2-6　武汉长江二桥倒梯形双箱梁截面(尺寸单位:cm)

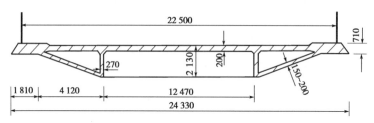

图 4-2-7　美国 P-K 桥三角形双箱梁截面(尺寸单位:mm)

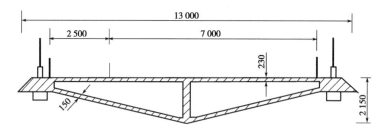

图 4-2-8　挪威斯卡恩圣特桥三角形箱形截面(尺寸单位:mm)

双索面桥与单索面桥的三室箱梁截面应有所不同。采用双索面时,应将两个中间竖腹板尽量拉大,使中室大于边室,以期取得较大的横向惯性矩;对于单索面,则应将其尽量靠拢,以便将斜拉索锚固于较小的中室内,如图 4-2-9 所示为长沙湘江北大桥(主跨 210m)的三室箱梁截面。

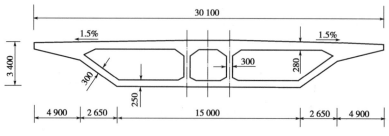

图 4-2-9　长沙湘江北大桥三室箱梁截面(尺寸单位:mm)

表 4-2-1 给出了若干种具有代表性的斜拉桥混凝土主梁的截面形式、特点和适用范围。

斜拉桥混凝土主梁的截面形式、特点和适用范围 表 4-2-1

截面形式	示意图	特点	适用范围
板式截面	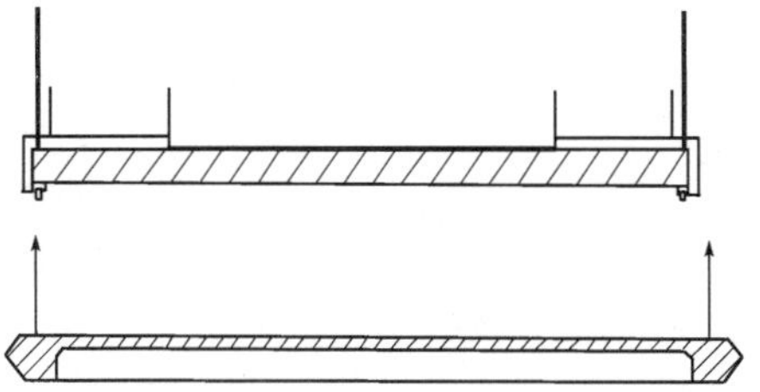	构造最简单,抗风性能好;但抗扭能力较差,截面效率较低	双面密索且宽度不太大的桥
双主梁截面	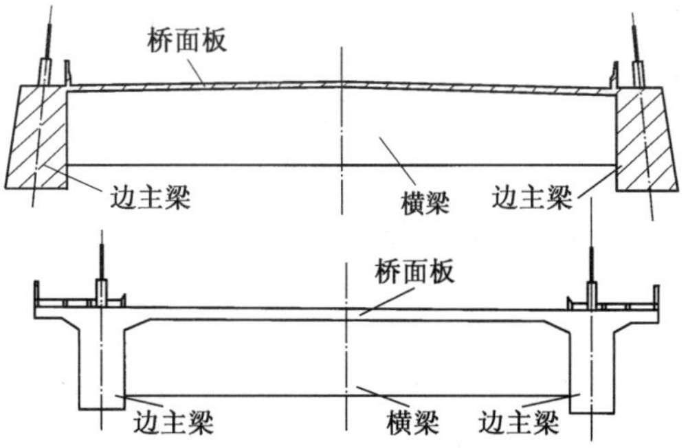	施工方便。采用悬臂法施工时,为了减轻挂篮的负荷,可以将两个边主梁先行浇筑,然后,在挂索后再浇筑横梁,最后浇筑桥面板混凝土,使形成整体,共同受力	双索面斜拉桥
半封闭式双箱梁	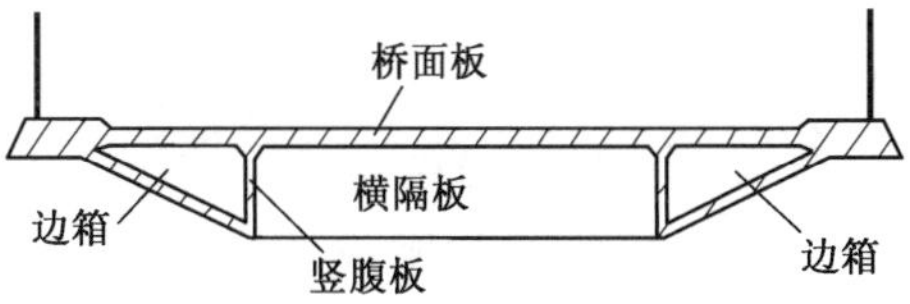	抗风性能良好,中部无底板,可减轻结构自重	双索面斜拉桥
单箱单室截面	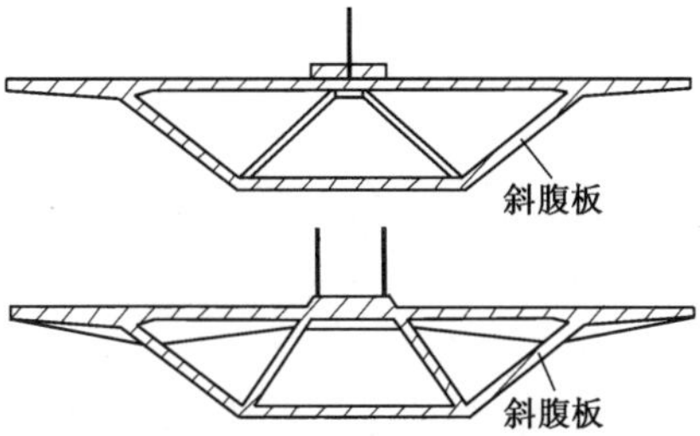	采用斜腹板,可以改善抗风性能,又可减小下墩台的宽度,且箱形截面的抗扭刚度大	单索面斜拉桥
单箱双室截面	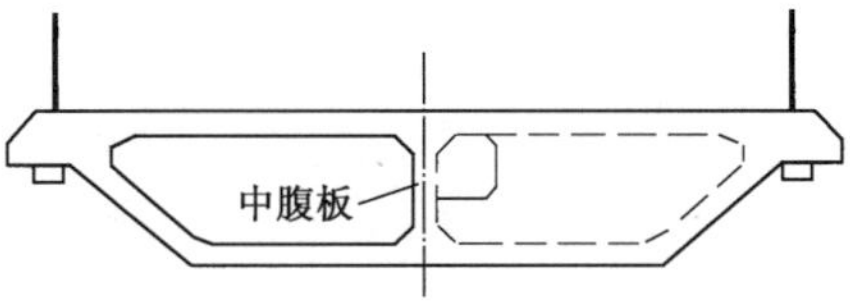	在上述单箱的基础上增加一道中腹板,虽然增加了自重,但可减小桥面板的计算跨径	单索面或双索面斜拉桥
单箱三室截面	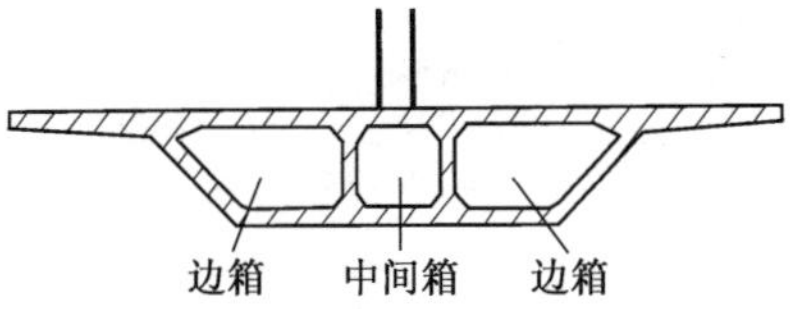	桥面全宽可达 30~35m,但在悬臂施工时,须将截面分成三榀,先施工中间箱,待挂完斜拉索后,再完成两侧边箱的施工,呈品字形前进,将截面构成整体	单索面斜拉桥

续上表

截面形式	示意图	特点	适用范围
准三角形三室箱形截面	（中腹板、边腹板）	和上述三室箱不同，中腹板间距较小，有利于单索面的传力，边腹板倾角更小，对抗风更有利	单索面斜拉桥
三角形箱形截面		三角形截面对抗风最有利	双索面或单索面斜拉桥

三、钢梁、钢-混凝土组合梁、钢-混凝土混合梁

1. 钢梁

钢梁有自重轻、吊装方便、抗风和抗震性能优异等特点。斜拉桥中的钢梁可分为钢箱梁和钢桁梁两大类。一般而言，钢箱梁的梁高较小，而钢桁梁的较高，且后者在公铁两用桥中应用更为广泛。

钢梁斜拉桥典型横截面如图 4-2-10 所示。

钢箱梁一般由顶板、底板、横隔板、中腹板、边腹板、锚箱、风嘴等组成。以港珠澳大桥的青州航道桥主梁为例进行介绍，如图 4-2-11 所示，该主梁为带风嘴的扁平流线型钢箱梁，总宽 41.8m，不计风嘴梁顶宽 33.8m，底板宽 21.2m，梁高 4.5m，标准节段长 15m。箱梁内设置 2 道实腹式中腹板，间距 18m，斜拉索锚固于边腹板外侧锚箱内。

2. 钢-混凝土组合梁

组合梁的自重和造价均介于钢梁和混凝土梁之间，在大跨径斜拉桥中常被采用。组合梁横截面一般由位于下方的钢梁和位于上方的混凝土组成，两者间通过栓钉等剪力键形成组合受力。

图 4-2-12 所示为武汉赤壁长江大桥的主梁标准横截面图，其主梁采用双边主梁 + 横梁的截面形式，其中混凝土桥面板厚 25cm。

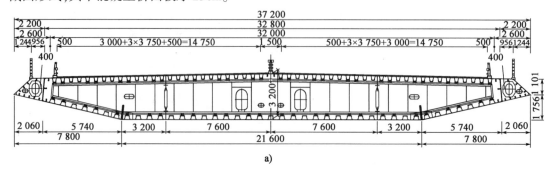

图 4-2-10

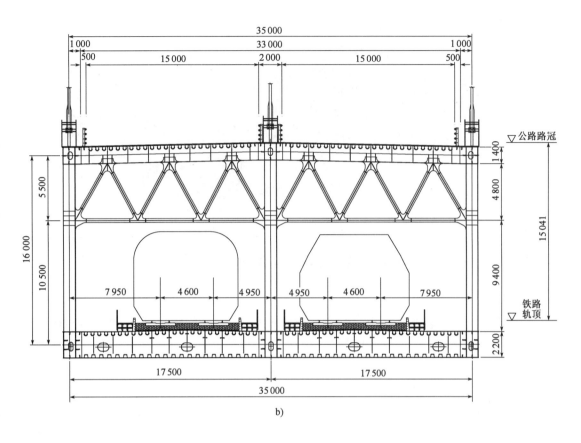

图 4-2-10 斜拉桥中的两类钢梁形式
a) 钢箱梁(南京长江三桥);b) 钢桁梁(沪苏通长江大桥)

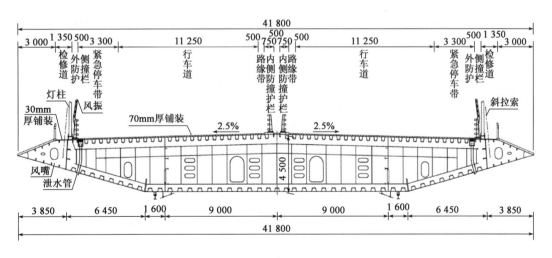

a)

图 4-2-11

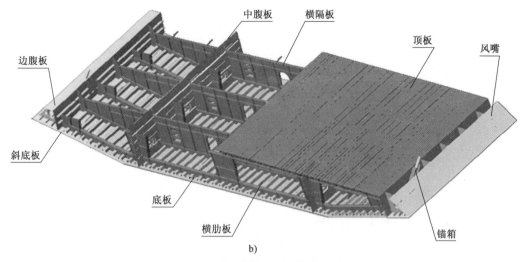

图 4-2-11　港珠澳大桥青州航道桥构造详图
a)钢箱梁横截面图;b)三维示意图

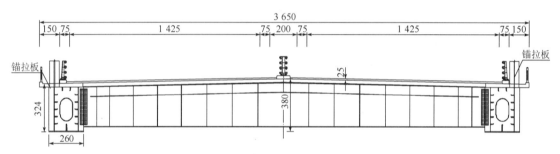

图 4-2-12　钢-混凝土组合梁斜拉桥横截面图(赤壁长江大桥)

3. 钢-混凝土混合梁

为了提高大桥的整体刚度,可采用混合梁的形式,主跨一般为钢梁,而边跨可以为混凝土梁或钢-混凝土组合梁。两个区域的梁体在截面外轮廓上相似,但内部构造不同。

图 4-2-13 为广东汕头礐石大桥主梁横截面图,该桥为主跨 518m 的斜拉桥。大桥主跨为钢梁、边跨为混凝土梁,两者过渡区域设置了钢-混凝土结合段。

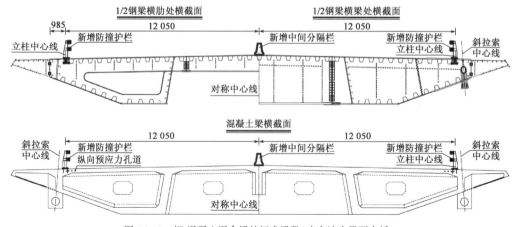

图 4-2-13　钢-混凝土混合梁的标准梁段(广东汕头礐石大桥)

武汉青山长江大桥为主跨938m的斜拉桥,主梁截面如图4-2-14所示,中跨主梁采用整体式钢箱梁,由钢主梁、正交异性钢桥面、钢箱梁横隔板组成,钢主梁高4.5m,设置4道纵腹板。钢箱梁横隔板边侧货车道采用实腹式,中间轻车道采用镂空的桁架式,横隔板间距2.5m;边跨主梁采用钢箱-混凝土组合梁,由槽型钢主梁与混凝土预制板通过湿接缝与剪力钉结合为整体,钢主梁高4.06m,除顶板外的横截面布置与中跨钢箱梁一致。钢箱梁与钢箱-混凝土组合梁结合面设于桥塔中跨侧18m。

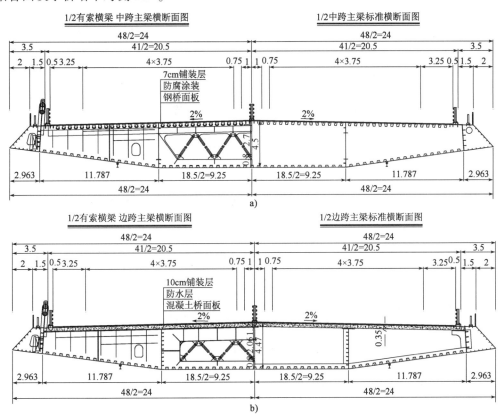

图4-2-14 钢-混凝土混合梁的标准梁段(武汉青山长江大桥)(尺寸单位:m)
a)主跨钢箱梁截面;b)边跨组合梁截面

四、不同材料主梁的适宜跨径

斜拉桥主梁有下列四种不同的组成方式:
(1)预应力混凝土梁,称为混凝土斜拉桥。
(2)钢-混凝土组合梁,称为组合梁(或称结合梁、叠合梁)斜拉桥。
(3)钢主梁,称为钢斜拉桥。
(4)主跨为钢主梁或钢-混凝土组合梁,边跨为混凝土梁,称为混合梁斜拉桥。

不同材料制作的主梁所对应的经济跨径是不同的。1995年,Svensson曾对200~1000m跨径斜拉桥选用不同材料主梁的经济性问题做过研究[67],认为跨径为200~400m时,采用混凝土主梁是最经济的,400~600m时,采用钢-混凝土组合梁是最经济的,大于600m时,应采用钢主梁。另外,当跨径处于400m和600m两个临界区域时,应综合考虑其他因素分别对两种不同材料主梁做经济性比较。

但 Svensson 的研究未考虑桥面宽度的影响。当桥面为六车道及以上时，混凝土横梁的质量将占相当大的比重，此时设计应考虑采用钢横梁方案。

主跨主梁和边跨主梁的设计理念是不同的。主跨必须有良好的动力特性，自重较轻。对于大跨度斜拉桥，边跨由于其斜拉索起着稳定索塔的作用，因而边跨应具有克服上提力的功能，这就需通过边跨的自重、刚度或设辅助墩的方式来解决。

各种材料主梁每平方米桥面的自重估计值如下[60]：

钢梁，$2.5 \sim 3.5 \text{kN/m}^2$；

钢-混凝土组合梁，$6.5 \sim 8.5 \text{kN/m}^2$；

混凝土梁，$10.0 \sim 15.0 \text{kN/m}^2$。

第二节 索 塔

斜拉桥的柔细感与直线感虽基本上来自梁体与斜拉索，但索塔的形状对全桥的景观也是至关重要的，它在美学上几乎起决定性的作用。因此，必须非常慎重地选择索塔的形状，精心设计优美的尺寸比例。具体的做法可借助于制作模型来进行比较，然后决定取舍并进行局部优化。

一、索塔构件组成

组成索塔的主要构件是塔柱，另外还有塔柱之间的横梁或其他联结构件（图 4-2-15）。

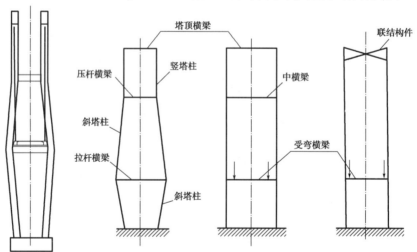

图 4-2-15 索塔构件组成

塔柱之间的横梁一般可分为承重横梁与非承重横梁。前者为设置主梁支座的受弯横梁，以及塔柱转折处的压杆横梁或拉杆横梁；后者为塔顶横梁和塔柱无转折的中间横梁。

二、混凝土索塔

混凝土索塔常采用的截面形式见表 4-2-2。实心索塔一般适用于中小跨度的斜拉桥，对于小跨度可采用等截面，对于中等跨度可采用空心截面。矩形截面索塔的构造简单，其四角宜做成倒角或圆角，以利抗风。由此看来，所有其他多边形截面的索塔均比矩形截面的索塔对抗风有利,而且还能增加桥梁外形的美观。八角形截面有利于配置封闭式环向预应力筋,但构造稍复杂。H形截面在立面上可以不使锚头外露,对美观有所改善。各种空心截面包括H形截面,一般均需在每一层拉索锚头处增设水平隔板,其作用如下:一是有利于将索力传递到塔柱全截面上;二是在施工阶段和养护时可将它作为工作平台。

混凝土索塔常采用的截面形式 表 4-2-2

类别	示意图	
	实心	空心
矩形	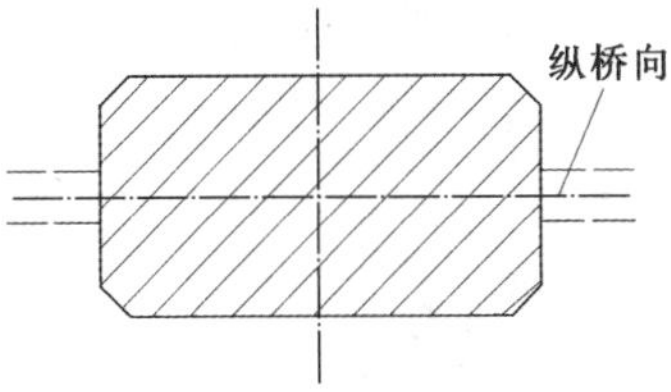	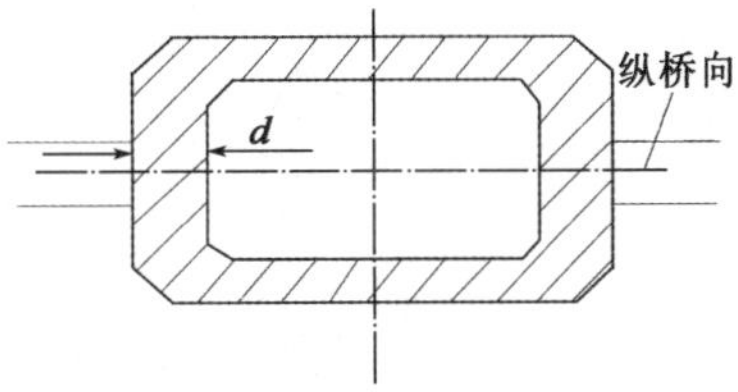
五角形	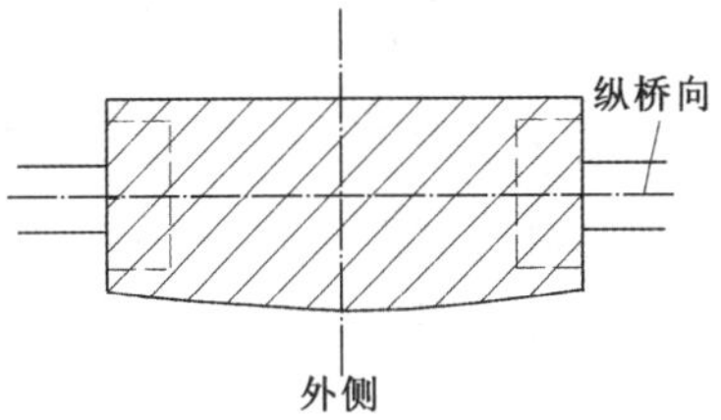	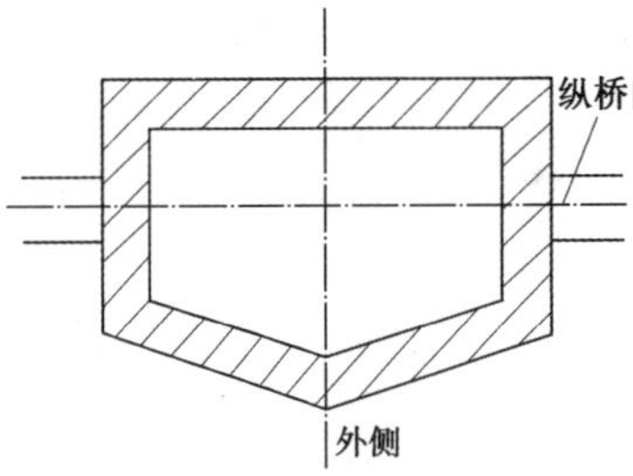
六角形	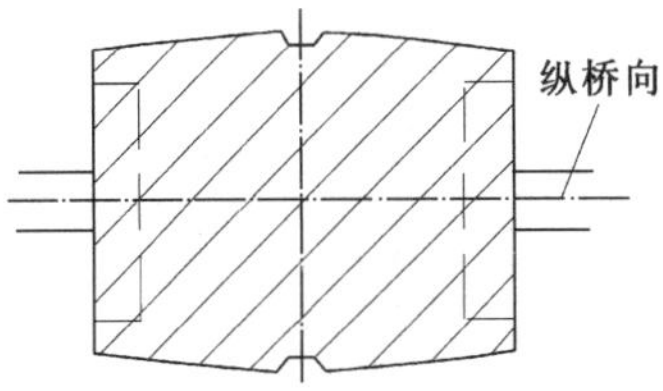	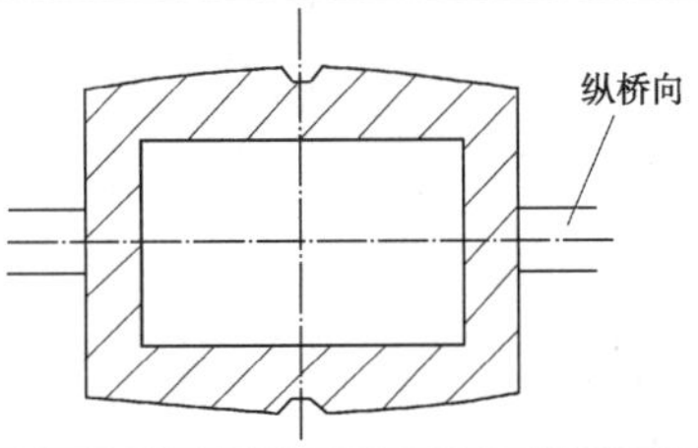
八角形	—	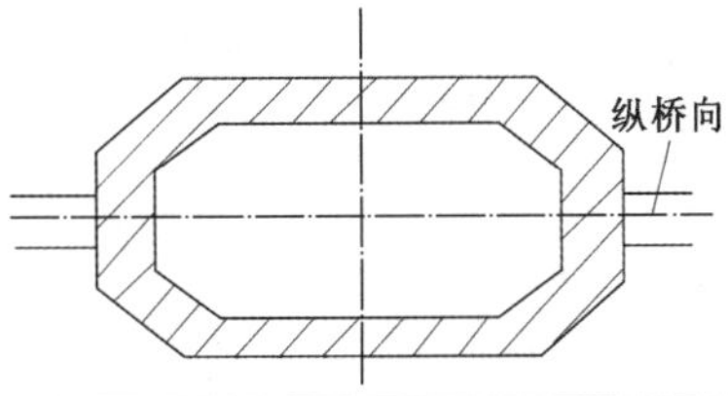
H形	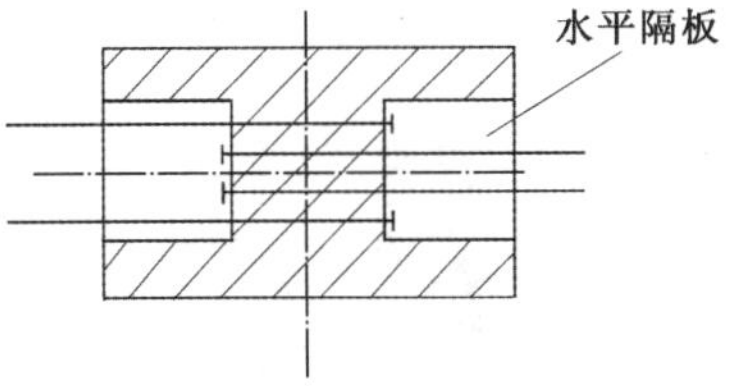	—

三、钢塔

钢塔具有抗震性能好、易于吊装施工等优点,但其造价昂贵,在我国大跨径斜拉桥中应用不是很普遍。下面以南京长江三桥为例,介绍钢塔的构造特点。

南京长江三桥主桥索塔采用"人"字形钢塔,如图 4-2-16 所示,塔柱外侧圆曲线部分半径

720m,高 215m,设四道横梁,其中下塔柱及下横梁为钢筋混凝土结构,其他部分为钢结构。下塔柱高 35.2m,塔柱截面横桥向宽度为 6.12~8.4m,顺桥向宽度为 8.0~12.0m,下横梁上缘长度为 33.724m,下缘长度为 37.046m,下缘呈弧形,均为混凝土结构。钢塔柱高 179.8m,截面尺寸上下相等,横桥向 5.0m,顺桥向 6.8m。钢塔分 22 个节段,节段最大质量为 158t,全桥钢塔柱用钢量共计约 12 000t。

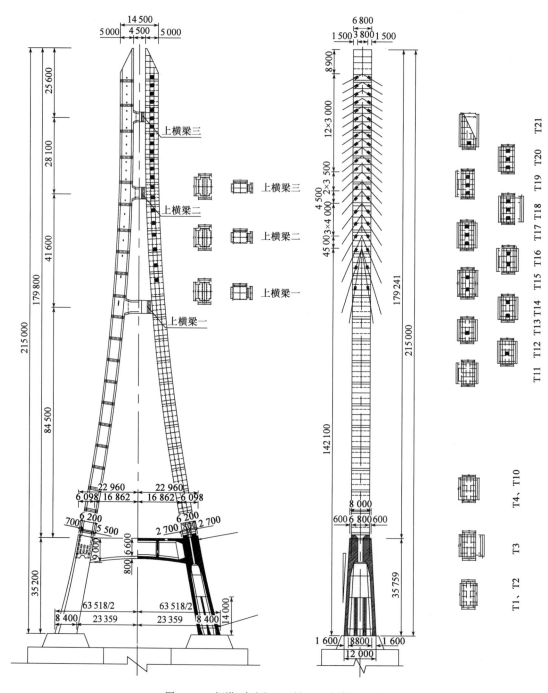

图 4-2-16 钢塔(南京长江三桥)(尺寸单位:mm)

钢塔柱与混凝土塔柱之间设钢-混凝土结合段,以钢-混凝土结合段内钢筋混凝土棒剪力键群(PBL)作为传递剪力的连接器,将上塔柱荷载分配到下塔柱混凝土中。除钢-混凝土结合段外,一个钢塔柱共分为 21 个节段,节段长 7.7～11.942m(标准节段长度 8m),其中,T1～T2、T19～T21 段位于直线段上,T3～T18 段中心轴线位于半径 720m 的圆弧段上,上横梁一、二、三分别位于 T11、T16、T19 段。T12～T21 段,每个节段有 1～3 个斜拉索锚箱,每个钢塔柱内总共 42 个锚箱。塔柱节段横截面尺寸为 5m×6.8m,四角均设 0.7m×0.8m 的切角。钢塔柱主体结构采用 Q370qD 钢,壁板厚 30～48mm,腹板厚 32mm,壁板加劲肋厚 22～24mm,腹板加劲肋厚 24mm,横隔板厚 14mm,横隔板加劲肋厚 10mm。节段间采用磨光顶紧传力方式,连接采用 M24 高强度螺栓及拼接板。

第三节 斜 拉 索

一、斜拉索构造

在近代大跨度斜拉桥中,斜拉索的构造基本上分为整体安装的斜拉索和分散安装的斜拉索两大类。前者的代表为平行钢丝索配冷铸锚,后者的代表为平行钢绞线索配夹片锚。

1. 平行钢丝索配冷铸锚

平行钢丝索的截面组成和冷铸锚如图 4-2-17 所示。

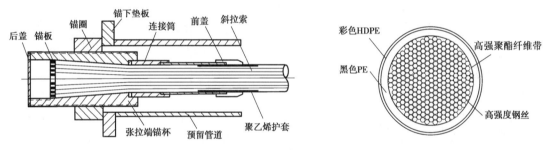

图 4-2-17 平行钢丝拉索

平行钢丝索配冷铸锚的斜拉索,在工厂整体制造。平行钢丝索由 ϕ5mm 或 ϕ7mm 高强度镀锌钢丝(抗拉强度 R_y^b = 1 860MPa 左右)组成,一般排列成六角形,表层由高强聚酯纤维带包扎定型后用热挤高密度聚乙烯 PE(高密度聚乙烯 HDPE)塑造成正圆形截面。这种斜拉索具有厚镀锌层(锌层 300g/m)和厚 PE 层(厚度 6mm)的双重防腐保护。

然后将钢丝束穿入冷铸锚中,钢丝尾镦头后锚定在冷铸锚的后锚板上,再在锚体内分段常温浇灌环氧树脂加铁丸和环氧树脂加岩粉(辉绿岩)等混合填料,使锚体与钢丝束之间的刚度匀顺变化,避免在索和锚的交界处刚度突变。最后,将冷铸锚头放入加热炉中加热养护,加热温度约 150℃。由于是在常温下浇铸填料,不同于传统的锌基合金填料的浇铸温度,故相对而言称为"冷铸锚"。冷铸锚的锚固力,由锚筒的圆锥体内腔和筒内填料的横向挤压力承受,在正常情况下镦头不受力,只是作为安全储备。

平行钢丝索配冷铸锚,以其性能(承载能力、疲劳强度和防腐措施)可靠的特点于 20 世纪 70 年代在欧洲和日本启用,至今已被广泛使用。但由于其要求整体制造、整体运输和整体安装,在某些特定环境下受到限制。

由于运输需求,斜拉索必须盘绕在圆筒上,为避免索的钢丝产生过高的弯曲应力和外包 PE 套被撕裂,一般规定圆筒直径不小于索径的 20~25 倍。因此,在跨度大、索也大的斜拉桥中,粗而长的斜拉索的索径可达 200mm 以上,索长在 200m 以上。如以索径 200mm 计,则圆筒直径超过 4m,绕索后的圆筒将更粗,这将给陆路运输(火车或汽车)造成困难,而在桥位处无水运条件(例如山区或内陆水库)时则更难解决。因此,在现代大跨度斜拉桥中提出拉索分散制作、现场安装成索的要求。这就是平行钢绞线索配夹片锚的拉索。

为方便平行钢丝索在圆筒上的盘绕,在工厂制造中常将索扭转一个 2°~4° 的小角(增加柔性),此小扭角不影响索的特性(弹性模量和疲劳性能)。

2. 平行钢绞线索配夹片锚

平行钢绞线索截面组成和夹片锚如图 4-2-18 所示。

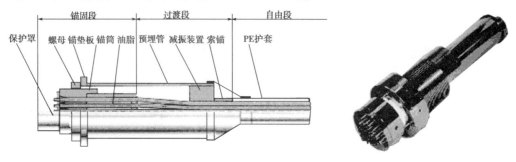

图 4-2-18 平行钢绞线索

将平行钢丝索中的钢丝换成等截面的钢绞线即成为平行钢绞线索。

钢索线在索中是平行排列的,有别于早期曾出现过的将多根钢绞线扭绞而成的螺旋形钢绞线索,故称为平行钢绞线索。

此种 $\phi 15mm$ 钢绞线为后张法体内预应力无黏结钢绞线(抗拉强度 $R_y^b = 1\,860$MPa),系将镀锌钢绞线表面涂油(或蜡)后外套两层 PE 管而成。将钢绞线成盘运至现场,在现场截取需要长度后除去两端部分长度的套管,逐根安装、张拉,两端裸线由夹片锚固定。

采用夹片锚的原因,是在现场施工中难以将 $\phi 15mm$ 的钢绞线镦头(镦头机体积太大)并保证其质量。

钢绞线在逐根张拉过程中,须使最终斜索中的各根钢绞线拉力相等。此张拉工艺被称为"等值张拉法"(iso-tension),最先由法国弗雷西奈公司提出。此法是在一群钢绞线中选定一"参照线",对该"参照线"拉力在张拉过程中进行同步精密标定,每张拉一根钢绞线,即按照此"参照线"的标定值确定该线的张拉值。待全部钢绞线张拉完毕后,各根钢绞线的拉力与"参照线"的相同,然后再用大能量小行程的张拉千斤顶将整索钢绞线同步张拉至预定索力。

对于平行钢绞线索配夹片锚的体系,需要注意的问题是:

(1)夹片锚的疲劳强度。

(2)夹片和锚孔之间的圆锥度配合要精确,否则咬合力将集中在夹片小端形成"切口效应",成为疲劳破坏之源。

(3)对夹片应设置防松脱装置,否则在较小索力(小于 $0.25R_y^b$)下受振动荷载时,夹片可能因咬合力不足而松脱导致事故。

(4)钢绞线进入锚管内有两处转折,一是在钢绞线散开的约束圈处;二是在钢绞线进入锚孔处。第二个转折处,也为斜拉索的锚固点,存在着固端弯矩。由于轴向索应力和挠曲应力的叠加,该处产生最大的应力幅。为分散应力幅,需在锚管内加设一"支承圈",据试验,该"支承圈"可分散80%以上的应力幅。

当前,在斜拉索中使用的平行钢绞线索配夹片锚共有4种体系,即弗雷西奈体系(法国),迪维达克体系(德国),VSL体系(瑞士)和强力(Stronghold)体系(英国)。

二、斜拉索的锚固

1. 斜拉索与混凝土梁的锚固

其常见形式大体上有5种,具体内容见表4-2-3,局部构造示于图4-2-19。

斜拉索与混凝土梁的锚固　　　　表4-2-3

序号	锚固形式	构造要点	力的传递	适用范围
1	顶板锚固块 [图4-2-19a)]	以箱梁顶板为基础,向上、下两个方向延伸加厚而成	斜拉索水平分力传至梁截面,竖向分力由加劲斜杆平衡	箱内具有加劲斜杆的单索面斜拉桥
2	箱内锚固块 [图4-2-19b)]	锚固块位于顶板之下和两个腹板之间,并与它们固结在一起	竖向分力通过锚固块左右的腹板传递	两个分离式单箱的双索面斜拉桥和带有中间箱室的单索面斜拉桥
3	斜隔板锚固 [图4-2-19c)]	锚头设在梁底外面,也可埋入斜隔板预留的凹槽内	竖向分力由斜隔板两侧的腹板以剪力形式传递	两个分离式单箱的双索面斜拉桥和带有中间箱室的单索面斜拉桥
4	梁底两侧设锚固块 [图4-2-19d)]	设在风嘴实体之下或边腹板之下	—	双索面斜拉桥
5	梁两侧设锚固块 [图4-2-19e)]	锚块设在梁底	—	双主梁或板式截面斜拉桥

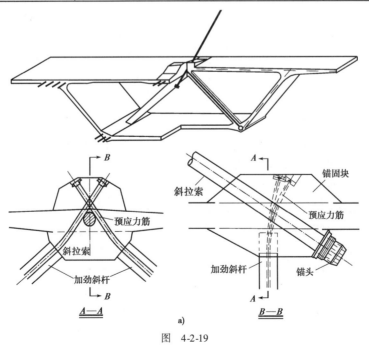

图 4-2-19

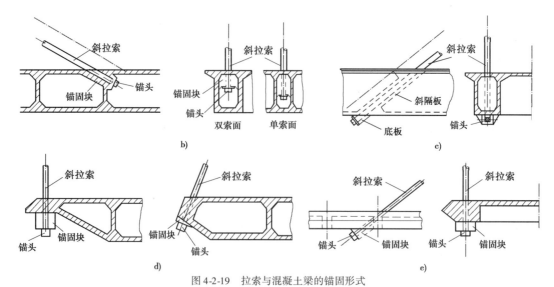

图 4-2-19 拉索与混凝土梁的锚固形式
a)顶板锚固块;b)箱内锚固块;c)斜隔板锚固;d)梁底锚固块;e)梁侧锚固块

2. 斜拉索与钢梁的锚固

斜拉索与钢梁的锚固主要包括锚箱式[图 4-2-20a)]、锚拉板式[图 4-2-20b)]和耳板式[图 4-2-20c)]。其中,锚箱式锚固应设置锚固梁,斜拉索锚固在锚固梁上,锚固梁用焊接或高强螺栓方式与主梁连接;锚拉板式锚固应在主梁顶板上或腹板上连接一块厚钢板作为锚拉板,在锚拉板上部开槽,槽口内侧焊接在锚筒外侧,斜拉索锚固于锚筒底部;耳板式锚固应在主梁的腹板上伸出一块耳板,斜拉索通过铰连接在耳板上。

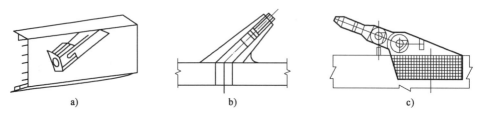

图 4-2-20 钢梁与斜拉索的锚固方式示意
a)锚箱式锚固;b)锚拉板式锚固;c)耳板式锚固

3. 斜拉索在混凝土索塔上的锚固

(1)在实体塔上交错锚固[图 4-2-21a)]。其具体构造是在塔柱中埋设钢管,再将斜拉索穿入后用锚头锚固在钢管上端的锚垫板上。

(2)在空心塔上进行非交错锚固[图 4-2-21b)]。其构造与在实体塔上交错锚固相同,但需在箱形桥塔的壁板内配置环向预应力钢筋,以抵抗斜拉索在箱壁内产生的拉力。

(3)采用钢锚固梁来锚固[图 4-2-21c)]。这是将钢锚固梁搁置在混凝土塔柱内侧的牛腿上,斜拉索通过埋设在塔壁中的钢管锚固在钢锚固梁两端的锚块上。

当塔柱两侧的索力及斜拉索倾角相等时,水平分力由钢梁的轴向受拉及两端的偏心弯矩来平衡,与塔柱无关。竖向分力则由钢锚固梁通过牛腿凸块传给塔柱。当塔柱两侧的索力或斜拉索倾角不等时,如图 4-2-22 所示,水平分力的不平衡值 $\Delta H = H_1 - H_2$ 由挡块传给柱壁;垂直反力 R_1 及 R_2 通过牛腿凸块传给塔柱。

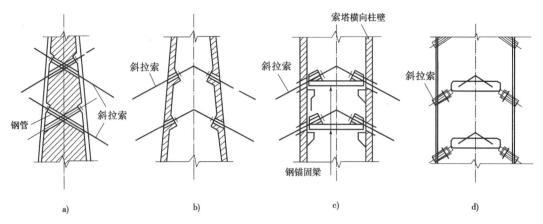

图 4-2-21 斜拉索与混凝土索塔的锚固形式

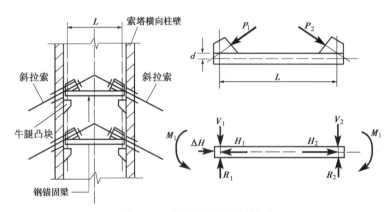

图 4-2-22 用钢锚固梁锚固斜拉索

(4)利用钢锚箱锚固[图 4-2-21d)],整个钢锚箱是由各层的钢锚箱通过上下焊接而成,然后用焊钉将锚箱与混凝土塔身连接,另外还要用环形预应力筋将锚箱夹在混凝土的塔柱内,以增加对拉索水平荷载的抵抗力。

4. 斜拉索在钢索塔上的锚固

斜拉索在钢索塔上的锚固方式主要包括鞍座支承式、鞍座锚固式、锚固梁式、支承板式等,如图 4-2-23 所示。

三、拉索的应力控制

拉索的应力控制需要考虑三个因素,即等效弹性模量、破断强度和抗疲劳能力。

根据 Ernst 公式,斜拉索的等效弹性模量 E_{eq} 为

$$E_{eq} = \frac{E}{1 + \dfrac{\gamma^2 l^2 E}{12\sigma^3}}$$

式中:E——斜拉索钢材的弹性模量;
γ——斜拉索的重度;
l——斜拉索的水平投影长度;

σ——斜拉索的应力。

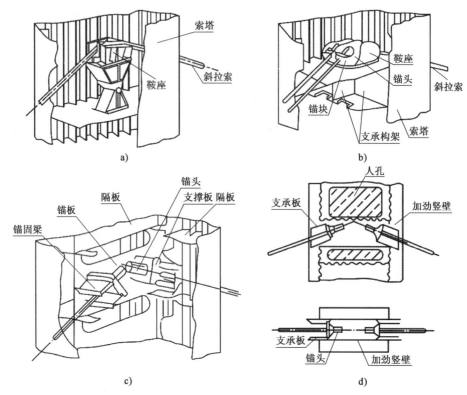

图 4-2-23 斜拉索与钢索塔的锚固方式示意
a) 鞍座支承式；b) 鞍座锚固式；c) 锚固梁式锚固；d) 支承板式锚固

若斜拉索的应力过低，则斜拉索的垂度大，等效弹性模量就小，这也反映了斜拉索必须采用高强度钢材的直接原因。由此可见，控制斜拉索的最小应力是十分必要的。

根据钢材的受力特性，当斜拉索的荷载超过破断荷载的 50% 时，钢的非弹性应变将快速增加，因而对于一般荷载组合，斜拉索的最大荷载只能到其破断强度的 40%。

另外，斜拉索应具有足够的抗疲劳能力，即在规定的应力变幅下，斜拉索在承受 200 万次的荷载循环后，其强度不小于原来强度的 95%。斜拉索的抗疲劳能力与钢材和锚具有关。

四、斜拉索的减振

斜拉索的风致振动现象在各种跨径和类型的斜拉桥上普遍存在，斜拉索的振动易导致疲劳和外包破损。目前对斜拉桥的斜拉索采取的减振措施主要有以下几种。

1. 气动控制法

该法是将斜拉索原来的光滑表面做成带有螺旋凸纹、条形凸纹、V 形凹纹或圆形凹点的非光滑表面，通过提高斜拉索表面的粗糙度，使气流经过斜拉索时在其表面边界层形成湍流，从而防止涡激共振的产生；斜拉索表面的凹凸纹还能阻碍下雨时斜拉索上、下缘迎风面水线的形成，从而防止雨振的发生。但该方法对塔、梁在外界激励下导致斜拉索两端的支座激振（又称为参数振动）无减振作用，且由于表面粗糙度的增加，会增大斜拉索对风的阻力。

2. 阻尼减振法

阻尼减振法的作用机理是通过安装阻尼装置,提高斜拉索的阻尼比,从而抑制斜拉索的振动。它对涡激共振、尾流驰振、雨振以及由支座激励引起的斜拉索共振和参数振动都能起到较好的抑制作用。根据与斜拉索的相互关系,阻尼装置又可分为安放在套筒内的内置式阻尼器(图4-2-24)和附着于斜拉索之上的外置式阻尼器(图4-2-25)。实践表明,国外引进的油阻尼器技术存在磨损漏油、使用寿命短等不足。为此,陈政清院士创新地提出了一种无机械摩擦、无工作流体、高耗能密度的大型电涡流阻尼新技术,从源头上革命性地解决了大型结构减振的技术难题,该技术已运用于苏通长江大桥等一批大型工程中。

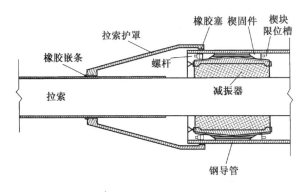

图 4-2-24 内置式阻尼器

图 4-2-25 外置式阻尼器

3. 改变斜拉索动力特性法

采用联结器(索夹)或辅助索将若干根索相互联结起来,辅助索可以采用直径比主要索小得多的索。其作用机理是:通过联结,将长索转换成为相对较短的短索,使斜拉索的振动基频提高,从而抑制索的振动。这对防止低频振动十分有效,同时也能降低雨振以及单根索振动发生的概率,但对通常以高阶形式出现的涡激振动抑制作用不明显。另外,辅助索易疲劳断裂,对桥梁景观有一定影响。

图4-2-26是法国诺曼底大桥采用这种方式的示意图,为避免索面内斜拉索的振动,在每个索面内布置了4对直线连接索,同时在斜拉索下端安装了阻尼器。

图 4-2-26 法国诺曼底大桥的制振索

第三章
斜拉桥计算

第一节 结构分析计算图式

斜拉桥是高次超静定结构,常规分析可采用平面杆系有限元法,即基于小位移的直接刚度矩阵法。

有限元分析首先是建立计算模型,对整体结构划分单元和节点,形成结构离散图,研究各单元的性质,并用合适的单元模型进行模拟。

对于柔性拉索,可用拉压杆单元进行模拟,同时按后面介绍的等效弹性模量方法考虑斜索的垂度影响,对于梁和塔单元,则用梁单元进行模拟。

斜拉桥与其他超静定桥梁一样,它的最终恒载受力状态与施工过程密切相关,因此结构分析必须准确模拟和修正施工过程。

图 4-3-1 是一座斜拉桥的结构分析离散图。

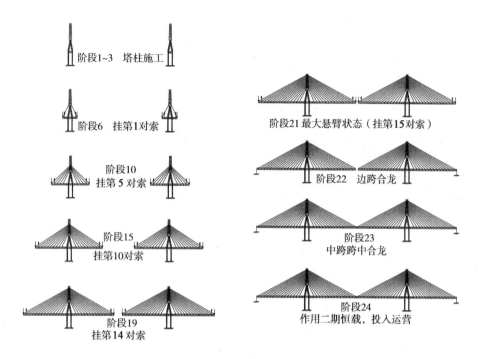

图 4-3-1 斜拉桥结构分析离散图

第二节 斜拉索垂度效应计算

一、等效弹性模量

斜拉桥的斜拉索一般采用柔性索,斜拉索在自重的作用下会产生一定的垂度,这一垂度的大小与索力有关,垂度与索力呈非线性关系。斜拉索张拉时,索的伸长量包括弹性伸长以及克服垂度所带来的伸长,为方便计算,可以用等效弹性模量的方法,在弹性伸长公式中计入垂度的影响。

等效弹性模量常用 Ernst 公式,推导如下:

如图 4-3-2 所示,q 为斜拉索自重集度,f_m 为斜拉索跨中的径向挠度。因索不承担弯矩,根据斜拉索跨中处索弯矩为零的条件,得到

$$T \cdot f_m = \frac{1}{8}q_1 l^2 = \frac{1}{8}ql^2 \cdot \cos\alpha$$

$$f_m = \frac{ql^2}{8T}\cos\alpha \tag{4-3-1}$$

索形应该是悬链线,但对于 f_m 很小的情形,可近似地按抛物线计算,索的长度为

$$S = l + \frac{8}{3} \cdot \frac{f_m^2}{l} \tag{4-3-2}$$

$$\Delta l = S - l = \frac{8}{3} \cdot \frac{f_m^2}{l} = \frac{q^2 l^3}{24T^2}\cos^2\alpha$$

$$\frac{\mathrm{d}\Delta l}{\mathrm{d}T} = -\frac{q^2 l^3}{12 T^3}\cos^2\alpha \tag{4-3-3}$$

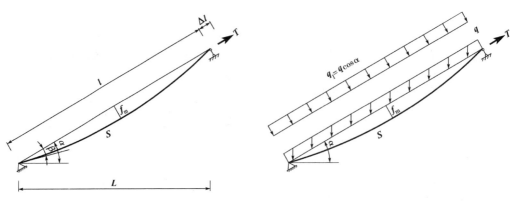

图 4-3-2　斜拉索的受力图式

用弹性模量的概念表示上述垂度的影响，则有

$$E_\mathrm{f} = \frac{\mathrm{d}T}{\mathrm{d}\Delta l}\cdot\frac{l}{A} = \frac{12lT^3}{Aq^2 l^3\cos^2\alpha} = \frac{12\sigma^3}{(\gamma L)^2} \tag{4-3-4}$$

式中：$\sigma = T/A$；

$q = \gamma A$；

L——斜拉索的水平投影长度 $L = l\cdot\cos\alpha$；

E_f——计算垂度效应的当量弹性模量。

在 T 的作用下，斜拉索的弹性应变为

$$\varepsilon_\mathrm{e} = \frac{\sigma}{E_\mathrm{e}}$$

因此，等效弹性模量 E_eq 为

$$E_\mathrm{eq} = \frac{\sigma}{\varepsilon_\mathrm{e} + \varepsilon_\mathrm{f}} = \frac{\sigma}{\dfrac{\sigma}{E_\mathrm{e}} + \dfrac{\sigma}{E_\mathrm{f}}} = \frac{E_\mathrm{e}}{1 + \dfrac{E_\mathrm{e}}{E_\mathrm{f}}}$$

即 $E_\mathrm{eq} = \dfrac{E_\mathrm{e}}{1 + \dfrac{(\gamma L)^2}{12\sigma^3}E_\mathrm{e}} = \mu E_\mathrm{e}\quad(\mu < 1)$

$$\tag{4-3-5}$$

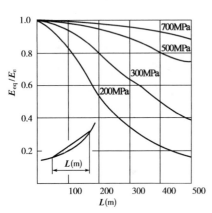

图 4-3-3　E_eq 与 L 的关系（$E_\mathrm{e} = 205\,000\,\mathrm{MPa}$，$\gamma = 98\,\mathrm{kN/m^3}$）

斜拉索等效弹性模量与斜拉索水平投影长 L 的关系如图 4-3-3 所示。

二、斜拉索两端倾角修正

安装斜拉索两端的钢导管时，必须考虑垂度引起的拉索两端倾角的变化量 β，否则将造成导管轴线偏位。一般情况下可按抛物线计算，即

$$\tan\beta = \frac{4f_\mathrm{m}}{l} = \frac{4}{l}\cdot\frac{ql^2}{8T}\cos\alpha = \frac{q}{2T}\cdot L = \frac{\gamma L}{2\sigma} \tag{4-3-6}$$

$$\beta = \tan^{-1}\left(\frac{\gamma L}{2\sigma}\right)$$

当斜拉索的水平投影长度很长时($L > 300\mathrm{m}$),按抛物线计算会带来一定的误差,因而应采用更精确的悬链线方程求解。

第三节 索力初拟和调整

一、恒载平衡法索力初拟

如图4-3-4所示,对于主跨,忽略主梁抗弯刚度的影响,则W_m为第i号索所支承的恒载重力,根据竖向力的平衡,得到

$$T_{\mathrm{m}i} = \frac{W_\mathrm{m}}{\sin\alpha_i} \tag{4-3-7}$$

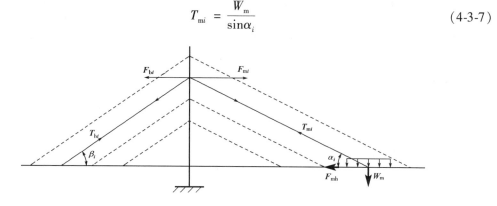

图4-3-4 索力初拟计算图式

斜拉索引起的水平力为

$$F_{\mathrm{m}i} = T_{\mathrm{m}i} \cdot \cos\alpha_i = \frac{W_\mathrm{m}}{\tan\alpha_i} \tag{4-3-8}$$

进一步考察边跨,忽略索塔的抗弯刚度,则主、边跨斜拉索的水平分力应相等,得到

$$T_{\mathrm{b}i} = \frac{F_{\mathrm{b}i}}{\cos\beta_i} = \frac{F_{\mathrm{m}i}}{\cos\beta_i} = \frac{W_\mathrm{m}}{\tan\alpha_i \cdot \cos\beta_i} \tag{4-3-9}$$

边跨第i号索支承的恒载重力W_b可依据$T_{\mathrm{b}i}$作相应的调整

$$W_\mathrm{b} = T_{\mathrm{b}i} \cdot \sin\beta_i = W_\mathrm{m} \cdot \frac{\tan\beta_i}{\tan\alpha_i} \tag{4-3-10}$$

二、合理成桥状态下的索力计算

在斜拉桥的设计中,通常先要确定一个合理的成桥状态,然后根据拟定的施工工序确定各合理施工状态。所谓合理的成桥状态是指斜拉桥在施工完成后,在所有恒载作用下,各构件受力满足某种理想状态,如梁、塔中弯曲应变能最小。斜拉桥合理成桥状态确定的过程实际上就

是按施工过程确定各斜拉索初张力的过程。合理成桥状态的确定通常可以先不考虑施工过程,只根据成桥状态的受力图式来计算,然后按施工过程将索的张拉程序逐个细化。分析方法有简支梁法、刚性支承连续梁法、可行域法等。

1. 简支梁法

选择一个合适的斜拉索初始张拉力,使主梁结构的恒载内力与主梁以斜拉索的锚固点为简支支承的简支梁内力一致。

2. 刚性支承连续梁法

将斜拉索和主梁锚固点处作为刚性支承点(零挠度)进行分析,计算出各支点反力。利用斜拉索索力的竖向分力与刚性支点反力相等的条件确定斜拉索的成桥状态索力,主梁的恒载内力图即为刚性支承连续梁的弯矩及支承反力产生的轴力图,如图4-1-1b)所示。计算方法可按一般的结构力学方法进行分析。这种方法的优点是力学概念明确,计算简单,且成桥索力接近"稳定张拉力",有利于减小徐变对成桥内力的影响。但是,通过施工来实施这种内力状态是困难的,因为跨中段的弯矩与一次张拉力无关(不计徐变时),成桥后必须设法消除由中间合龙段及二期恒载引起的正弯矩效应。这就要通过反复调索来实现,对密索体系较难控制。

3. 可行域法[71]

从控制主梁应力的角度来看,索力的过大或过小都有可能造成主梁上、下缘拉应力或压应力超限,因而期间必定存在一个索力可行域,使主梁在各种工况下各截面应力均在容许范围之内。

下面介绍可行域法调索计算的过程。

主梁截面的应力控制条件可按如下公式表示。

(1)拉应力控制条件

主梁截面上、下缘在恒载和活载共同作用下的上、下缘最大拉应力 σ_{tl}、σ_{bl} 应满足

$$\sigma_{tl} = -\frac{N_d}{A} - \frac{M_d}{W_t} + \sigma_{tm} \leqslant [\sigma_l] \qquad (上缘) \qquad (4\text{-}3\text{-}11)$$

$$\sigma_{bl} = -\frac{N_d}{A} + \frac{M_d}{W_b} + \sigma_{bm} \leqslant [\sigma_l] \qquad (下缘) \qquad (4\text{-}3\text{-}12)$$

(2)压应力控制条件

主梁截面上、下缘在恒载和活载组合作用下的上、下缘最大压应力 σ_{ta}、σ_{ba} 应满足

$$\sigma_{ta} = -\frac{N_d}{A} - \frac{M_d}{W_t} + \sigma_{tn} \geqslant [\sigma_a] \qquad (上缘) \qquad (4\text{-}3\text{-}13)$$

$$\sigma_{ba} = -\frac{N_d}{A} + \frac{M_d}{W_b} + \sigma_{bn} \geqslant [\sigma_a] \qquad (下缘) \qquad (4\text{-}3\text{-}14)$$

上述式中:N_d、M_d——全部恒载(包括预应力)产生的主梁截面轴力和弯矩,轴力以压为正,弯矩以下缘受拉为正;
    A——主梁的面积;
    W_t、W_b——上缘和下缘抗弯抵抗矩;

σ_{tm}、σ_{bm}——其他荷载(除恒载)引起的主梁截面上、下缘最大应力(应力以拉为正,压为负,下同);

σ_{tn}、σ_{bn}——其他荷载(除恒载)引起的主梁截面上、下缘最小应力;

$[\sigma_l]$、$[\sigma_a]$——容许拉、压应力(带正负号)。

(3)主梁恒载弯矩的可行域

在以上应力控制条件的关系式中,M_d是通过调索达到预期的恒载弯矩,系待求值,由式(4-3-11)~式(4-3-14)可得

$$\left. \begin{aligned} M_d &\geq \left\{ -\frac{N_d}{A} - [\sigma_l] + \sigma_{tm} \right\} W_t = M_{dl1} (\text{控制上缘拉应力}) \\ M_d &\leq \left\{ \frac{N_d}{A} + [\sigma_l] - \sigma_{bm} \right\} W_b = M_{dl2} (\text{控制下缘拉应力}) \\ M_d &\leq \left\{ -\frac{N_d}{A} - [\sigma_a] + \sigma_{tn} \right\} W_t = M_{da1} (\text{控制上缘压应力}) \\ M_d &\geq \left\{ \frac{N_d}{A} + [\sigma_a] - \sigma_{bn} \right\} W_b = M_{da2} (\text{控制下缘压应力}) \end{aligned} \right\} \quad (4\text{-}3\text{-}15)$$

在式(4-3-15)中,令$M_{d2} = \min(M_{dl2}, M_{da1})$(控制恒载正弯矩),$M_{d1} = \max(M_{dl1}, M_{da2})$(控制恒载负弯矩),则主梁恒载弯矩可行域(图4-3-5)为

$$M_{d1} \leq M_d \leq M_{d2} \quad (4\text{-}3\text{-}16)$$

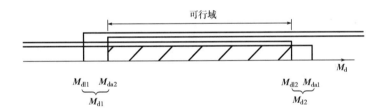

图4-3-5 弯矩可行域

在主梁上施加预应力可增大可行域的范围,调索最终的结果不仅应使主梁恒载弯矩全部进入可行域,而且索力分布应较均匀。

(4)恒载弯矩计算的影响矩阵法

为了达到通过调索,使主梁各截面的恒载弯矩进入上述可行域内的目的,可按下述影响矩阵法计算各斜拉索的初张力:

①按前面所述的恒载平衡法初拟索力T'_i。

②依据主梁安装程序和各初拟索力T'_i,计算各控制截面恒载的内力M'_d、N'_d和可变作用引起的应力σ'_m、σ'_n。

③按上述应力控制条件,计算各控制截面的恒载弯矩可行域M_d。

④将各控制截面当前恒载弯矩M'_d与M_d中值的差值作为索力调整的弯矩增量目标

$$\Delta M = M'_d - M_d \quad (4\text{-}3\text{-}17)$$

⑤计算斜拉索恒载弯矩影响系数。模拟主梁安装程序,求出张拉斜拉索时各截面的弯矩

M_0。张拉 j 号斜拉索时,i 截面所产生的弯矩 M_{ij} 与张拉力 T_j 之比值,称为斜拉索 j 对 i 截面的弯矩影响系数,用 $a_{ij} = M_{ij}/T_j$ 表示。

⑥建立索力增量影响矩阵(悬臂施工情形)。

$$a_{11}\Delta T_1 + a_{12}\Delta T_2 + a_{13}\Delta T_3 + \cdots + a_{1n}\Delta T_n = -\Delta M_1$$
$$a_{22}\Delta T_2 + a_{23}\Delta T_3 + \cdots + a_{2n}\Delta T_n = -\Delta M_2$$
$$\cdots$$
$$a_{nn}\Delta T_n = -\Delta M_n$$
$$\boldsymbol{A} \cdot \Delta \boldsymbol{T} = -\Delta \boldsymbol{M} \tag{4-3-18}$$

索力调整增量为

$$\Delta \boldsymbol{T} = -\boldsymbol{A}^{-1} \cdot \Delta \boldsymbol{M}$$

调整后的索力为

$$\boldsymbol{T} = \boldsymbol{T}' + \Delta \boldsymbol{T} \tag{4-3-19}$$

控制截面的位置,对于密索体系的斜拉桥宜选在拉索锚固截面,对于稀索体系的斜拉桥则宜选在两锚固点间的跨中。

⑦将新求得的初始索力 $\boldsymbol{T}$,重新代回步骤②继续计算,直到所有控制截面的恒载弯矩全部落入可行域内为止。

需要指出的是,对于斜拉索一次张拉的情形,合龙段的内力与初始索力大小无关,若合龙段的内力过大,则须在合龙后对部分拉索作二次张拉。

图 4-3-6 为岳阳洞庭湖大桥布置预应力后,主梁恒载弯矩可行域以及调索后的恒载弯矩图,从图中可见,恒载弯矩全部进入了可行域内。

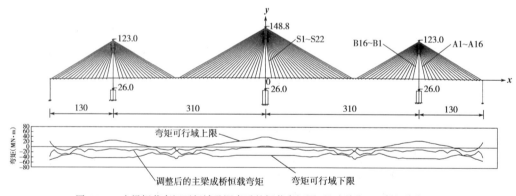

图 4-3-6 主梁恒载弯矩可行域及调索后的恒载弯矩图(尺寸单位:m;高程单位:m)

三、悬臂施工时合理施工状态的确定

斜拉桥采用悬臂法施工时,随着梁体的伸长,拉索的数量逐渐增加,后期梁体悬挂和拉索张拉必然对前期各拉索的索力、梁体高程和应力产生影响。因而在确定了合理成桥状态的索力 $\boldsymbol{T}$ [式(4-3-19)] 及成桥状态梁体高程之后,必须以此为目标确定相应施工阶段各索的初张力 T_p 和梁段初始安装高程。

1. 拉索初张力 T_p 的计算

对于一次张拉的情形,索力的相互影响可用下式表示。

第 1 对索力 $T_1 = b_{11} \cdot T_{1P} + b_{12} \cdot T_{2P} + \cdots + b_{1n} \cdot T_{nP} + T_{1Q}$
第 2 对索力 $T_2 = b_{22} \cdot T_{2P} + \cdots + b_{2n} \cdot T_{nP} + T_{2Q}$
……
第 n 对索力 $T_n = b_{nn} \cdot T_{nP} + T_{nQ}$

$$T = B \cdot T_P + T_Q \tag{4-3-20}$$

索力初张力为

$$T_P = B^{-1} \cdot (T - T_Q) \tag{4-3-21}$$

式中：T——斜拉索的最终索力；

T_P——施工阶段斜拉索的初张力；

T_Q——体系转换、二期恒载、徐变等引起的索力变化量；

b_{ij}——j 号索的单位张拉索力引起第 i 号索的索力变化量（$i,j = 1,2,\cdots,n$），计算中不仅应考虑新增梁段的影响，还需考虑各种施工设备等临时荷载的影响。

斜拉索的索力发生变化后，等效弹性模量也发生了变化，在施工模拟计算中，这一因素必须加以考虑。

2. 施工中各梁段高程的确定

梁体各控制点高程在施工过程中的变化情况可用下式表示。

第 1 号梁段高程 $H_1 = H_{10} + \delta_{11} + \delta_{12} + \cdots + \delta_{1n} + \delta_{1Q}$
第 2 号梁段高程 $H_2 = H_{20} + \delta_{22} + \cdots + \delta_{2n} + \delta_{2Q}$
……
第 n 号梁段高程 $H_n = H_{n0} + \delta_{nn} + \delta_{nQ}$

$$H = H_0 + \delta + \delta_Q \tag{4-3-22}$$

施工中梁体的初始高程为

$$H_0 = H - \delta - \delta_Q \tag{4-3-23}$$

式中：H——成桥后主梁各控制点的设计高程；

H_0——施工中主梁各控制点的安装初始高程；

δ_Q——体系转换、二期恒载、收缩、徐变等引起的高程变化量；

δ_{ij}——j 段梁安装或浇筑、预应力筋张拉及斜拉索张拉后引起 i 点高程的变化值（$i,j = 1,2,\cdots,n$），当 $i = j$ 时，尚须考虑悬浇过程中挂篮负重变形的影响。

在确定了各索的初张力和梁体各控制点的初始高程之后，须作施工模拟计算，以确保施工过程中梁和塔的应力不超限，并确认成桥后恒载弯矩在可行域内。

第四节 温度和徐变次内力计算

一、温度次内力计算

斜拉桥是高次超静定结构，必须计算温度引起的次内力，温度效应可归结为以下两种情况：

1. 年温差

此时主梁及索塔的整体温度变化量均匀且相等,而斜拉索的温变幅度更大,这是因为斜拉索尺寸小且钢材导热性能较混凝土大。计算以合龙温度为起点,考虑年最高气温和最低气温两种不利情况的影响。

2. 日照温差

在日照作用下,斜拉桥主梁的上、下缘,索塔的左、右侧及斜拉索的温度变化量均是不同的,一般情况下,索塔左、右侧的日照温差均取 ±5℃,其间温度梯度按线性分布。斜拉索与混凝土主梁、索塔间的温差取 ±10 ~ ±15℃,斜拉索与钢主梁的温差取 ±10℃。

二、徐变次内力计算

徐变是混凝土应力不变的情况下,其应变随时间而增长的现象。弹性变形 ε_e 与徐变变形 ε_c 的总和 ε 为

$$\varepsilon = \varepsilon_e + \varepsilon_c = [1 + \varphi(t,\tau)]\varepsilon_e \tag{4-3-24}$$

其中,$\varphi(t,\tau) = \dfrac{\varepsilon_c}{\varepsilon_e}$ 便是加载龄期 τ、观察时刻 t 的混凝土徐变系数。

徐变大小与混凝土的加载龄期、材料组成、结构所处周围环境、持荷时间等因素有关。超静定结构在长期荷载作用下,因混凝土徐变产生的变形受到约束而引起次内力,造成结构内力重分布。在混凝土斜拉桥的梁、塔、索三个构件中,梁和塔会发生徐变,而斜拉索一般为钢构件,没有徐变问题。徐变的影响将造成主梁缩短和下挠,索塔缩短和偏移,并造成斜拉索的倾角和内力发生变化。

斜拉桥的索塔和主梁一般是分次浇筑或拼装成型的,各段混凝土的持荷时间不同,进行徐变计算时应考虑这一因素。

第四章

斜拉桥施工

第一节 主梁施工方法

前面所介绍的关于梁桥和拱桥的施工方法中，大体上可以归纳为：①有支架施工法；②悬臂施工法；③顶推施工法；④转体施工法四种。虽然这几种方法同样可以用在斜拉桥的建造上，但是最适宜斜拉桥施工的方法是悬臂施工法，其余三种方法一般只能用在河水较浅或者修建在旱地上的中、小跨径斜拉桥上，主要有以下两个原因：

（1）斜拉桥的跨径一般较大，常在 200m 以上，其主跨一般要跨越河水较深、地质情况较复杂的通航河道。如果不采用悬臂施工法而采用其他三种方法都会给施工带来更大的困难，增大施工临时设施费用，甚至影响到河道的通航。

（2）在斜拉桥上采用悬臂施工法要比 T 形刚构桥、连续梁桥和连续刚构桥上采用更为有利，这可通过图 4-4-1 两种桥型的对比来说明。

梁桥若要增大悬臂施工的跨长，必须依靠增大梁高来实现，但当达到一定的跨长之后，即使再增大梁的高度，所提高的强度和刚度都将被其本身的自重和挂篮的重量所抵消，这是梁桥跨径受到限制的根本原因。而斜拉桥通过斜拉索提供的弹性支承可以大幅提高结构的强度和刚度，在施工过程中，它类似于多个弹性支承的悬臂梁，通过调整索力来减小主梁内力，这样就可以减小梁高和减轻自重，增大桥梁的跨越能力，因而斜拉桥成为大跨度桥梁中具有竞争力的一种桥型。

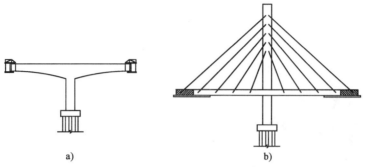

图 4-4-1 两种桥型应用悬臂浇筑法的对比

斜拉桥的悬臂施工也有悬臂拼装法和悬臂浇筑法两种,下面将分别介绍。

一、悬臂拼装法

悬臂拼装法主要用在钢主梁(桁架梁或箱形梁)的斜拉桥上。钢主梁一般先在工厂加工制作,再运至桥位处吊装就位。钢梁预制节段长度应从起吊能力和方便施工考虑,一般以布置 1~2 根斜拉索和 2~4 根横梁为宜,节段与节段之间的连接分全断面焊接和全断面高强度螺栓连接两种,连接之后必须严格按照设计精度进行预拼装和校正。常用的起重设备有悬臂起重机、大型浮式起重机以及各种自制起重机。这种方法的优点是钢主梁和索塔可以同时在不同的场地进行施工,因此具有施工快捷和方便的特点。

图 4-4-2a)是双塔斜拉桥在采用悬臂拼装法施工时直到全桥合龙之前的全貌,图4-4-2b)示出其中一座索塔从两侧逐节扩展的过程,它的大体步骤图中说明已给出。

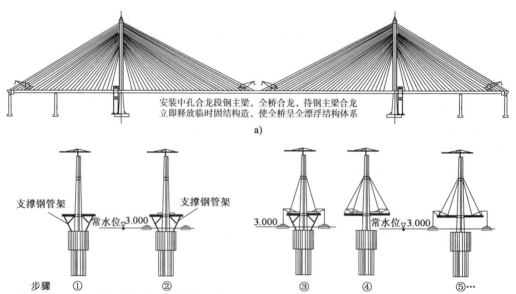

图 4-4-2 悬臂拼装程序(高程单位:m)

二、悬臂浇筑法

悬臂浇筑法主要用在预应力混凝土斜拉桥上。其主梁混凝土的悬臂浇筑与一般预应力混凝土梁桥的基本相同。这种方法的优点是结构的整体性好,施工中不需用大吨位悬臂起重机和运输预制节段块件的驳船;但其不足之处是在整个施工过程中必须严格控制挂篮的变形和混凝土收缩、徐变的影响。相对于悬臂拼装法而言其施工周期较长。

图 4-4-3 所示是斜拉桥采用悬臂浇筑法的施工程序图。

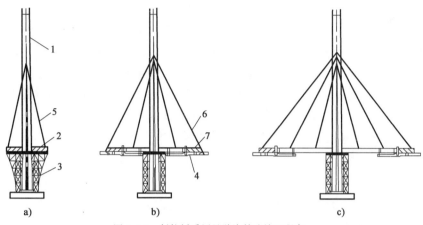

图 4-4-3 斜拉桥采用悬臂浇筑法施工程序
a)支架现浇 0 号及 1 号块并挂索;b)拼装挂篮,对称悬浇梁段;c)挂篮前移,依次悬浇梁段
1-索塔;2-现浇梁段;3-现拼支架;4-前支点挂篮;5-斜拉索;6-前支点斜拉索;7-悬浇梁段

其中的现拼支架仍可利用如图 4-4-2 中的塔式起重机进行安装,桁架结构前支点挂篮构造如图 4-4-4 所示,它的工作原理是利用待浇梁段斜拉索作为挂篮的前支点,施工过程中将挂篮后端锚固在已浇梁段上,它能充分发挥斜拉索的效用,由斜拉索和已浇梁段共同来承担待浇节段的混凝土梁段的质量。待主梁混凝土达到设计强度后,拆除斜拉索与挂篮的连接,使节段重力转换到斜拉索上,再前移挂篮。前支点挂篮的优越性在于它使普通挂篮中的悬臂梁受力变成简支梁受力,使节段悬浇长度及承重能力均大为提高,加快了施工进度。该方法的不足之处是在浇筑一个节段混凝土过程中要分阶段调索,工艺复杂,挂篮与斜拉索之间的套管定位难度较大。

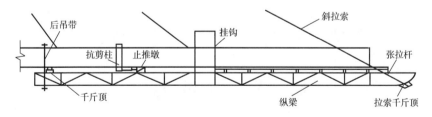

图 4-4-4 桁架结构前支点挂篮构造示意图

三、悬臂施工法中的其他问题

1. 塔梁临时固结

不论采用上述哪一种悬臂施工法,都存在塔与梁之间在施工过程中临时固结的问题,除非

所设计的斜拉桥本身就是塔梁固结体系。斜拉桥主梁施工临时固结的措施主要有以下两种。

(1) 加临时支座并锚固主梁(图 4-4-5)

这种方法构造简单,制作和装拆方便,安全可靠。即在下横梁上设置 4 个混凝土临时支座,将粗螺纹钢的下端预埋在主塔下横梁中,钢筋中段穿过支座和梁体并锚在 0 号梁段顶部;钢筋的数量由施工反力计算确定。为便于拆除,在每个支座中间可设 20mm 厚的硫黄砂浆夹层。

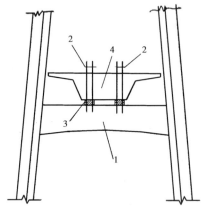

图 4-4-5　设临时支座锚固主梁
1-下横梁;2-锚筋;3-临时固结支座;4-0 号块

(2) 设临时支承

在塔墩两旁设立临时支承与临时支座共同承担施工反力,临时支承常用钢管桩或钢护筒。在下塔柱上设置预埋件作为临时支承的锚座。

如果塔两侧的主梁不对称,拆除临时支承时漂浮体系会引起体系转换,梁向一端(通常是向岸端)水平移动,索力重新分布,如该水平位移很大,而且是突然发生时,会引起事故,因此拆除支承时应特别注意。

2. 边孔局部梁段的施工

如前所述,斜拉桥的边跨对主跨起到锚固作用,故在悬臂施工过程中,边跨往往先于主跨合龙,以增加斜拉桥施工中的安全性。基于这个原因,如果在主梁靠岸的局部区段内水不太深时,则可以采用满布支架进行主梁的施工,尽可能早地将它与用悬臂施工法的梁段或整体相连,发挥锚固跨的作用,如图 4-4-6 所示。当水较深时,设计时应适当减小边跨长度,以方便用导梁或者移动模架快速合龙。

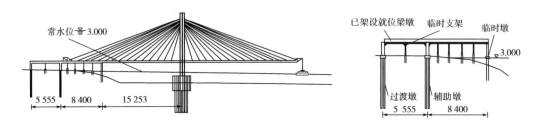

图 4-4-6　边跨局部区段的有支架施工(尺寸单位:cm;高程单位:m)

第二节　索塔施工

一、索塔施工顺序

一般来讲,钢塔采用预制拼装的办法施工,混凝土塔的施工则有搭架现浇、预制拼装、滑升模板浇筑、翻转模板浇筑、爬升模板浇筑等多种施工方法可供选择。

根据斜拉桥的受力特点,索塔要承受巨大的竖向轴力,还要承受部分弯矩。斜拉桥设计中对成桥后索塔的几何尺寸和轴线位置的准确性要求都很高。混凝土塔柱施工过程受施工偏差,混凝土收缩、徐变、基础沉降、风荷载,温度变化等因素影响,其几何尺寸、平面位置将发生变化,如控制不当,则会造成缺陷,影响索塔外观质量,并且会产生次内力。因此,不管是何种结构形式的索塔,采用哪种施工方法,施工过程中都必须实行严格的施工测量控制,确保索塔施工质量及内力分布满足设计及规范要求。

混凝土索塔的基本施工顺序如图4-4-7所示。施工要点包括:①在塔座上施工下塔柱和中塔柱,当施工中塔柱的拉应力较高时可张拉预应力筋;②当下塔柱和中塔柱施工到一定高度时在索塔的两支间设置临时横杆,以防止侧向倾覆;③继续施工塔柱,并根据需要设置临时横杆;④施工上塔柱并施工下横梁,拆除临时横杆,完成索塔施工。

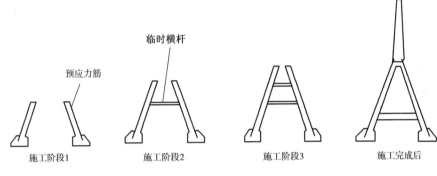

图4-4-7 混凝土索塔基本施工顺序

二、劲性骨架施工

混凝土塔柱的塔壁内往往需设置劲性骨架,劲性骨架在工厂分节段加工,在现场分段超前拼接,精确定位。劲性骨架安装定位后,可供测量放样、立模、钢筋绑扎及斜拉索钢套管定位使用,也可承受部分施工荷载。劲性骨架在倾斜塔柱中,其功能作用更大,它的设计往往结合构件受力需要设置。当倾斜塔柱为内倾或外倾布置时,应考虑在两塔肢之间每隔一定的高度设置受压横杆(塔柱内倾)或受拉横杆(塔柱外倾),以减小斜塔柱的受力和变形,具体的布置间距应根据塔柱构造经过设计计算确定。

三、起重设备

目前大多数索塔施工起重设备均采用塔式起重机辅以人货两用电梯。

1. 塔式起重机

斜拉桥索塔施工中,一般均采用附着式自升塔式起重机,其起重力矩为600~2500kN·m不等。起重力可达100kN以上,吊装高度可达150m以上,典型的塔式起重机结构如图4-4-8所示。实际施工时,可综合索塔构造特点、工期要求、塔柱施工方法等因素

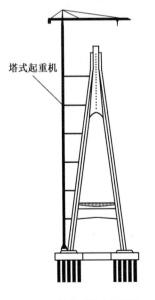

图4-4-8 附着式塔式起重机

来确定应选用的塔式起重机型号和布置方式。塔式起重机选择应考虑如下几点：①塔式起重机性能参数满足施工要求；②起重能力和生产效率满足施工进度的要求，匹配合理，功率大小合适；③适应施工现场的环境，便于进场、安装架设和拆除退场。

2. 人货两用电梯

用于斜拉桥索塔施工的人货两用电梯一般有直爬式和斜爬式两种，主要由轨道架、轿箱、驱动机构、安全装置、电控系统、提升接高系统等几大部分组成，具有构造简单、适用性强、安装可靠等特点，能极大地方便施工人员的上下及小型机具与材料的运输。电梯一般布置在顺桥向索塔的一侧，并附着在塔柱上。电梯布置如图4-4-9所示。施工中应根据索塔的高度和形状选用合适的电梯。

图4-4-9 电梯布置示意图

四、索塔施工模板

索塔施工的模板按照结构形式不同可分为提升模板和滑模。提升模板按其吊点不同可分为依靠外部吊点的单面整体提升模板、交替提升多节模板（翻转模板）及自备爬架的提升模板（爬模）。滑模因只适用于等截面的竖直塔柱，有较大的局限性，目前已较少采用，而提升模板因适应性强、施工快捷的特点被大量采用。无论采用提升模板还是采用滑模，均可以实现索塔的无支架现浇。

1. 单面整体提升模板

对于截面尺寸相同、外观质量要求一般的混凝土索塔施工，可采用单面整体提升模板。施工时先制作和组拼模板，分块组装，模板下端夹紧塔壁以防止漏浆，然后进行混凝土全模板高度浇筑，待混凝土达到规定的设计强度后，将模板拆成几块后提升到下一待浇节段并组装，继续施工。单面整体提升模板可分为组拼式钢模和自制钢模。模板一次浇筑分节高度一般为3~6m。

单面整体提升模板施工简便，在无起重机的情况下，可利用索塔内的劲性骨架作支撑，用手动葫芦提升。但在索塔截面尺寸变化较大，混凝土接缝质量要求高的情况下，其使用有一定的局限性，目前此法已很少采用。

2. 翻转模板（交替提升多节模板）

每套翻转模板由内、外模、对拉螺杆、护栏及内工作平台等组成，不必另设内外脚手架，如图4-4-10所示。模板分节高度及分块大小，应根据起重设备吊装能力和塔柱构造要求确定。一般情况下，每套模板沿高度方向分为底节、中节和顶节三个分节，每个分节高度为1~3m。施工时先安装第一层模板，浇筑混凝土，完成第一层基本节段的施工；再以已浇混凝土为依托，拆除已浇节段的下两个分节模板，顶节不拆，向上提升并接于顶节之上，安装对拉螺杆和内撑，完成第二层模板安装。如此由下至上依次交替上升，直至达到设计的施工高度为止。

翻转模板系统依靠混凝土对模板的黏着力自成体系，制造简单，构件种类少，模板的大小可根据施工能力大小灵活选用。混凝土接缝较易处理，施工速度快，能适应各种结构形式的斜拉桥索塔施工，目前被大量使用，特别是折线形索塔使用翻转模板施工更有优势，但此类模板自身不能爬升,要依靠塔式起重机等起重设备提升翻转循环使用,因而对起重设备要求较高。

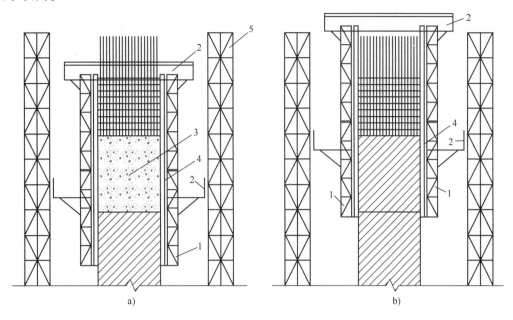

图 4-4-10 翻转模板布置示意图
a) 浇筑混凝土,绑扎钢筋;b) 模板交替上升
1—模板桁架;2—工作平台;3—已浇塔身;4—外模板;5—脚手架

3. 爬模(自备爬架的提升模板)

爬模系统一般由模板、爬架及提升系统三大部分组成,根据提升方式不同又可分为倒链手动爬模、电动爬架拆翻模、液压爬升模等几种。

爬模系统所配模板一般采用钢模,且沿竖向将模板分为 3~4 节,模板分节高度根据塔柱构造特点、混凝土浇筑压力、爬架本身提升能力等因素确定,一般分节高度为 1.5~4.5m。

爬架可用万能杆件组拼,也可采用型钢加工,主要由网架和联结导向滑轮提升结构组成。爬架沿高度方向分为两部分,下部为附墙固定架,包括两个操作平台;上部为操作层工作架,包括两个以上操作平台。爬架总高度及结构形式根据塔柱构造特点、拟配模板组拼高度及施工现场条件综合确定,常用高度一般为 15~20m。

爬架提升系统由爬架自提升设备和模板拆翻提升设备两部分组成,如图 4-4-11 所示。爬架自提升设备一般可采用倒链葫芦、电动机或液压千斤顶,模板拆翻提升设备则可采用倒链葫芦、电动葫芦或卷扬机。要求提升速度不可太快,以确保同步平稳。

爬模施工前须先施工一段爬模安装锚固段,俗称爬模起始段。待起始段施工完成后拼装爬模系统,依次循环进行索塔的爬模施工。根据爬模的施工特点,无论采用何种提升方式,相对其他施工方法均有施工速度快、安全可靠、对起重设备要求不高的特点。但此法对折线形索塔适应性较差,故一般在直线形索塔施工中应用较为广泛。

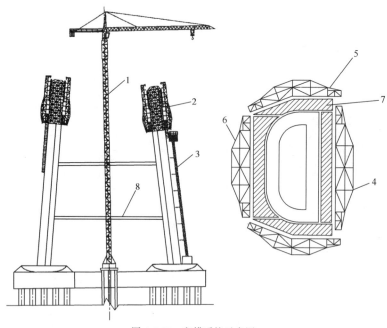

图 4-4-11 爬模系统示意图
1-塔式起重机;2-爬模;3-电梯;4-1 号爬架;5-2 号爬架;6-3 号爬架;7-活动脚手架;8-临时支架

第三节 斜拉索施工

一、斜拉索安装

斜拉索安装就是将成品拉索架设到索塔锚固点和主梁锚固点之间的位置上。施工中应考虑以下几点。

1. 拖曳力估算

安装斜拉索前应计算出克服索自重所需的拖曳力,以便选择卷扬机、起重机及滑轮组配置方式。塔部安装张拉端时,先要计算出各施工阶段的索力,然后选择适当的牵引工具和安装方法进行拉索安装。由理论分析可知,当矢跨比小于 0.15 时,可以用抛物线代替悬链线来计算曲线长度。

索的垂度公式

$$f_\mathrm{m} = \sqrt{\frac{3(L' - L)L}{8}} \tag{4-4-1}$$

式中:f_m——计算垂度值;
L——两锚固点之间的距离;
L'——索长。

拖曳力的水平分力公式为(未计入弹性伸长)

$$H = \frac{qL^2\cos^2\alpha}{8f_m} \tag{4-4-2}$$

式中：H——拖曳力的水平分力；

q——斜拉索的重度；

α——斜拉索与水平面夹角。

2. 起重机的选择

(1) 卷扬机组安装

采用卷扬机组安装拉索时，一般为单点起吊，如图 4-4-12 所示，当斜拉索上到桥面以后，便可从索塔孔道中放下牵引绳，连接斜拉索的前端，在离锚具下方一定距离设一个吊点，索塔吊架用型钢组成支架，配置转向滑轮。当锚头提升到索孔位置时，采用牵引绳与吊绳相互调节，使锚头位置准确，牵引至索塔孔道内就位后，将锚头固定。

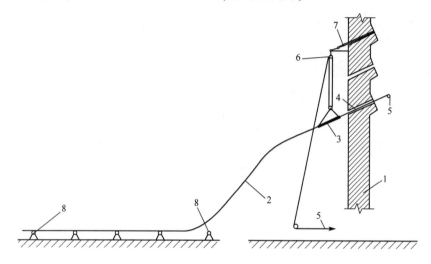

图 4-4-12 采用单吊点法安装拉索

1-索塔；2-待安装拉索；3-吊运索夹；4-锚头；5-卷扬机牵引；6-滑轮；7-索孔吊架；8-滚轮

单吊点法施工简便、安装迅速，缺点是起重索所需的拉力大，斜拉索在吊点处弯折角度较大，故一般适用于较柔软的斜拉索。

(2) 起重机安装

采用索塔施工时的提升起重机，用特制的扁担梁捆扎斜拉索起吊。斜拉索前端由索塔孔道内伸出的牵引索引入索塔斜拉索锚孔内，下端用移动式起重机提升。起重机法操作简单快速，不易损坏拉索，但要求起重机有较大的起重能力。

二、斜拉索张拉与索力量测

1. 斜拉索张拉

斜拉索的张拉一般可分为拉丝式（夹片群锚钢绞线）锚具张拉和拉锚式锚具张拉两种。其中拉锚式锚具张拉因施工操作方便及现场工作量较少等优点被更多地采用。根据设计要求及现场实际情况，有采用塔部一端张拉的，有采用梁部一端张拉的，也有采用塔、梁部两端张拉的，其中以塔部一端张拉使用最为广泛。

(1)拉丝式夹片群锚钢绞线斜拉索的张拉

对于配装拉丝式夹片群锚锚具的钢绞线斜拉索,挂索时先要在斜拉索上方设置一根粗大钢缆作为辅助索,斜拉索的聚乙烯套管先悬挂在辅助索上,然后逐根穿入钢绞线,用单根张拉的小型千斤顶调好每根钢绞线的初应力,最后用群锚千斤顶整体张拉。新型的夹片群锚斜拉索锚具,第一阶段张拉使用拉丝方式,调索阶段使用拉锚方式。

(2)拉锚式斜拉索的张拉

拉锚式斜拉索张拉均为整体张拉。根据目前的技术水平,国内外斜拉索锚具、千斤顶、斜拉索的设计吨位已达到"千吨"级水平,大吨位斜拉索整体张拉工艺已十分成熟。无论是一端张拉还是两端张拉,一般情况下都需在斜拉索端头接上张拉连接杆,之后使用大吨位穿心式千斤顶实施斜拉索的张拉调索。为方便施工,张拉杆大都采用分节接长,而非整根通长,如图4-4-13所示。

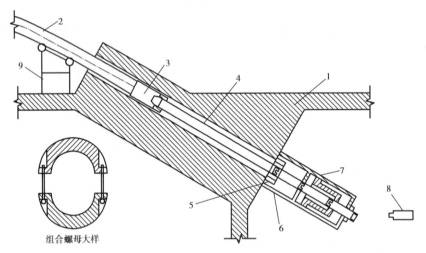

图4-4-13 拉杆接长法牵引和锚固拉索

1-梁体;2-斜拉索;3-斜拉索锚头;4-长拉杆;5-组合螺母;6-撑脚;7-千斤顶;8-短拉杆;9-滚轮

2. 索力量测

斜拉索的索力正确与否,是斜拉桥设计施工成败的关键之一,必须有可靠的方法准确量测索力。目前常用的索力量测方法有压力表测定法、压力传感器测定法和频率法三种。

压力表测定法是利用千斤顶的液压与张拉力之间的直接关系,在张拉过程中通过读取油压,而后换算成索力的测定方法。压力传感器测定法是通过串联一个压力传感器,张拉时直接从传感器的仪表上读取索力。频率法是利用索的振动频率与索力之间的关系,通过测定频率,间接量测索力的方法。

第五章 实 例

第一节 铜陵长江公路大桥

一、概况

铜陵长江公路大桥(图 4-5-1)是国家"八五"重点建设项目,位于安徽省铜陵市西南约 10km 的羊山矶下游 600m 处,上游距九江大桥约 230km,下游距南京长江大桥 220km,是连接徐州—合肥—铜陵—黄山的南北公路咽喉,全桥总长 2 592m,于 1995 年建成通车。

二、主要技术标准

荷载等级:汽车—超 20 级,挂车—120,人群荷载 $3.5kN/m^2$;
桥面宽度:2.5m(人行道)+15m(行车道)+2.5m(人行道),总宽 20m;
洪水频率:300 年一遇,设计水位 15.362m;
最高通航水位:14.262m;
通航净空:下行航道通航净宽不小于 210m,上行航道通航净宽不小于 182m,高 24m。

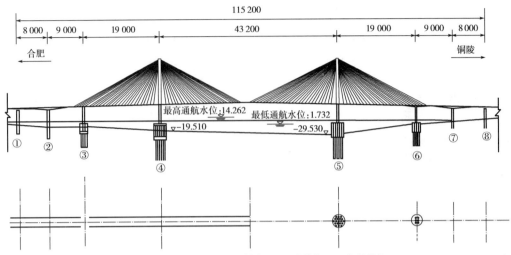

图 4-5-1　铜陵长江公路大桥总体布置(尺寸单位:cm;高程单位:m)

三、设计要点

1. 结构体系

采用半漂浮体系,塔墩固结,各墩都设盆式支座。孔跨布置为 80m + 90m + 190m + 432m + 190m + 90m + 80m 的 7 孔一联、总长为 1 152m 的双塔双索面预应力混凝土斜拉桥,如图 4-5-1 所示,连续长度在国内罕见。

2. 主梁

铜陵大桥主梁采用轻型肋板截面(图 4-5-2),边实心梁高 2m,顶宽 1.5m,底宽 1.7m,全宽 23m,板厚 0.32m。高跨比为 1/194。梁上索距 8m,每 8m 节段设一横梁。

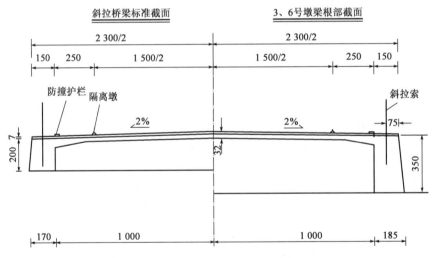

图 4-5-2　肋板式主梁横断面(尺寸单位:cm)

3 号、6 号墩由于悬臂施工每侧 28m 的需要,根部肋板式截面梁高度增大至 3.5m。河侧悬臂 28m 处,高度降至标准节段的 2m;岸侧悬臂 28m 处,高度降至 2.5m,并带底板,以便与 2、7 号墩悬臂施工的箱梁连接。

3. 索塔

如图4-5-3所示,采用H形塔,总高153.03m,桥面以上塔高105.5m,高跨比0.244。下塔柱横桥向底宽20.4m,逐步向上放宽,至中、下塔柱交界的下横梁处(放置梁处)最宽,为33m。中塔柱向上略收窄,至上横梁处宽26m,竖直至塔顶。顺桥向下塔柱底宽13m,逐步缩小至7m,直至塔顶。

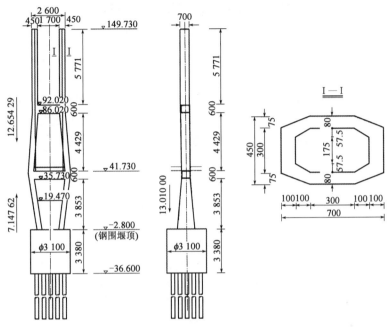

图4-5-3 塔身构造(尺寸单位:cm;高程单位:m)

塔截面呈八角形,在下塔柱中部以下为四室箱截面,外壁厚1m,内壁厚0.5m。下塔柱中部以上均为单室箱截面,外壁厚1m。

索塔采用了环向预应力束来平衡斜拉索力产生的弯矩和轴力,为了方便施工,塔柱内设劲性骨架。

4. 主塔基础

如图4-5-4所示,采用灌注桩与钢围堰相结合的组合基础。

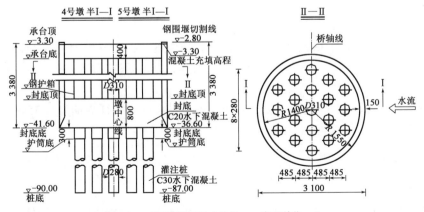

图4-5-4 索塔基础(尺寸单位:cm;高程单位:m)

钢围堰直径31m,井壁厚1.5m(内浇筑水下混凝土)。围堰高:4号主墩为54.6m,5号主墩为49.6m,其上部15.8m在塔柱完成后切除。围堰沉至岩面后封底,封底厚8m。围堰既作为围水结构,又用作桩的施工平台。

每墩有19根直径2.8m钻孔灌注桩,其护筒直径3.1m,承台为圆形,厚4m。

第二节 赤石大桥

一、概况

赤石大桥(图4-5-5)是国道主干线厦门至成都高速公路湖南郴州宜章段的一座超高墩四塔混凝土斜拉桥,跨径布置为165m+3×380m+165m,总长1 470m,建成时为世界第一大跨径高墩多塔混凝土斜拉桥索塔最高达287m、最大桥墩高182m,建成时为世界第一高混凝土斜拉桥桥墩;采用了新颖的双曲线索塔设计,不仅解决了多塔斜拉桥刚度偏小的问题,四个"小蛮腰"也构成了大桥的独特景观。大桥于2016年竣工通车。

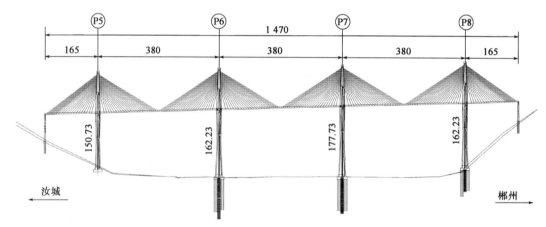

图4-5-5 赤石大桥总体布置图(尺寸单位:m)

二、主要技术标准

设计车速:80km/h;

设计荷载:公路—Ⅰ级;

桥梁宽度:主桥全宽为28m,布置为1.75m(斜拉索区)+0.5m(护栏)+11m(行车道)+2×0.75m(分隔带)+11m(行车道)+0.5m(护栏)+1.75m(斜拉索区);

通航要求:无;

地震基本烈度:地震动峰值加速度<0.05g,地震动反应谱特征周期为0.35s;

基本风速:设计基准风速24.1m/s。

三、设计要点

1. 结构体系

主桥为四塔预应力混凝土双索面斜拉桥,采用边塔支承、中塔塔梁墩固结体系,边、中跨之比为0.434,主桥各塔均布置23对斜拉索,拉索横向为平行索面,纵向呈扇形布置。

2. 主梁

主梁为单箱四室箱形截面,如图4-5-6所示。主梁中心高3.2m,箱梁顶宽27.50m,风嘴部分宽为2×0.25m,桥面设2%的双向横坡;箱梁底板宽16.17m,斜腹板部分宽4.62m。箱梁截面有三种形式,标准截面顶板、底板、斜腹板厚度均为0.28m,中腹板厚0.30m;加厚截面箱梁顶板、底板、斜腹板及中腹板加厚至0.60m;其余为过渡截面。

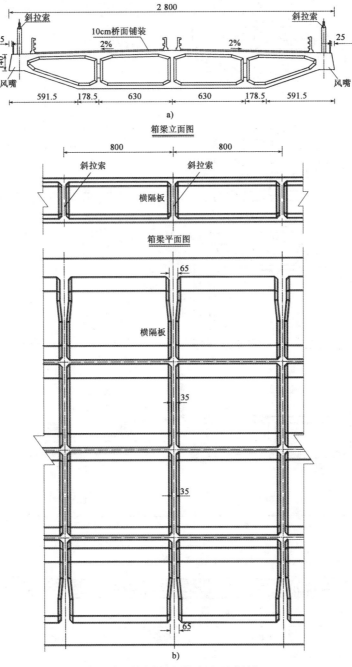

图4-5-6　赤石特大桥主梁构造图(尺寸单位:cm)

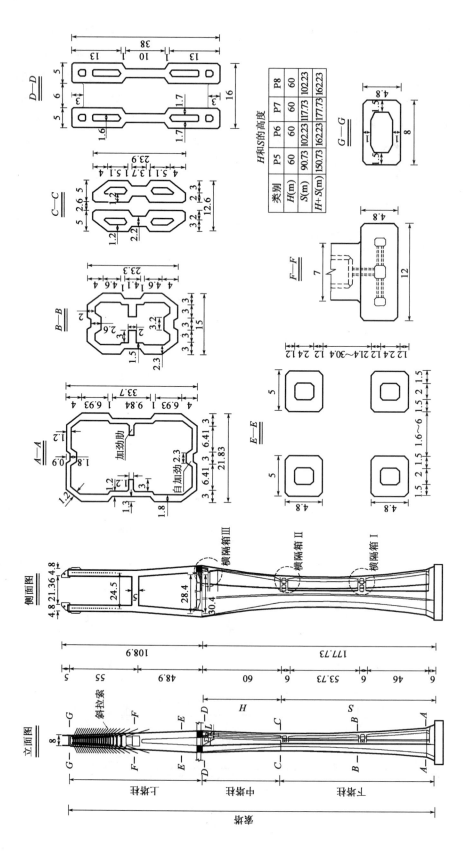

图 4-5-7 P7索塔构造图（尺寸单位：m）

每对斜拉索与主梁相交处均设置横梁。横梁在桥梁中心线处高3.20m,厚度为0.35m,至近拉索区厚度过渡到0.65m;箱梁端部无索区设置端横梁,全桥横梁均张拉有预应力束。

3. 索塔及基础

赤石大桥索塔由上塔柱、中塔柱、下塔柱、塔座及 $A \sim D$ 横梁等组成,如图4-5-7所示。

赤石大桥为多塔斜拉桥体系,且塔柱很高,因而体系刚度较弱的问题突出。提高刚度最有效的措施是加大中塔的截面尺寸,但影响美观。经分析发现,索塔受力两头大中间小,因而将塔柱中间尺寸适当减小,做成独特的双曲线形,横桥向束腰处截面最小宽度为22.0m,顺桥向束腰处截面最小宽度为12.6m。塔柱截面采用自加劲八边形箱形截面,以提高曲线索壁的自身刚度,且在塔墩顶部高60m范围内,将塔墩分叉,以适应水平向温度变位。

5号索塔采用扩大基础,其余索塔采用群桩基础,每塔布置34根直径2.8~3.1m的钻孔灌注桩,均为嵌岩桩。承台厚6.5m,平面布置为矩形。

4. 斜拉索

横向索距26.16m,顺桥向塔上索距为1.5m,梁上标准索距为8m,在边跨梁端附近索距调整为6m、4m,中跨跨中附近索距调整为6m。索长66.89~192.39m。斜拉索采用43ϕ15.2、55ϕ15.2、61ϕ15.2、73ϕ15.2四种规格的带PE环氧涂层的低松弛钢绞线,抗拉标准强度为1 860MPa,钢绞线200万次疲劳寿命对应的疲劳强度不小于160MPa,弹性模量为1.95×10^5MPa。

第三节 贵州都格北盘江大桥

一、概况

北盘江大桥坐落于云南宣威与贵州水城交界处,横跨云贵两省,是杭瑞高速公路贵州省毕节至都格镇(黔滇界)公路的三座大桥之一,桥面到谷底垂直高度565m,相当于180层楼高,是世界最高的大桥。大桥全长1 341.4m,其中主桥长1 232m,引桥长109.4m,工程于2012年开工建设,2016年12月竣工通车。

二、主要技术标准

公路等级:高速公路;
设计行车速度:80km/h;
设计荷载:公路—Ⅰ级;
桥面宽度:净宽23m,双向四车道;
设计洪水频率:1/300;
抗震设防标准:地震设防烈度Ⅵ度,地震动水平峰值加速度0.067g。

三、设计要点

1. 结构体系

如图4-5-8所示,大桥主桥采用主跨720m钢桁架梁斜拉桥,纵向漂浮体系,全桥桥跨布置为80m+88m+88m+720m+88m+88m+80m(主桥)+3×34m(引桥),全桥长为1341.4m,为目前世界最大跨径的钢桁架梁斜拉桥。

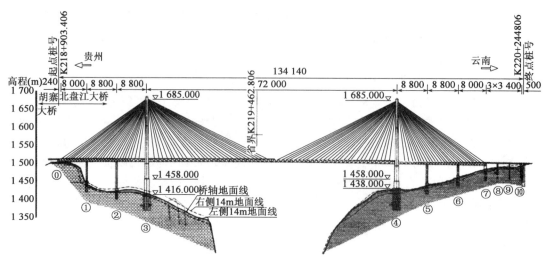

图 4-5-8 北盘江大桥桥型布置图(尺寸单位:cm;高程单位:m)

2. 主梁

主梁由钢桁架和正交异性钢桥面板两部分组成。主桁架采用普拉特式结构,由上弦杆、下弦杆、竖腹杆和斜腹杆组成,桁高 8.0m,主跨节间长分别为 12.0m,边跨节间长分别为 12.0m、8.0m,两片主桁中心间距 27.0m。正交异性钢桥面板由桥面板、U 形加劲肋、次横梁和倒 T 形小纵梁组成,桥面板厚 16mm。正交异性钢桥面板参与钢桁梁结构总体受力,以增强结构的抗弯和抗扭刚度。

主梁横断面如图 4-5-9 所示。

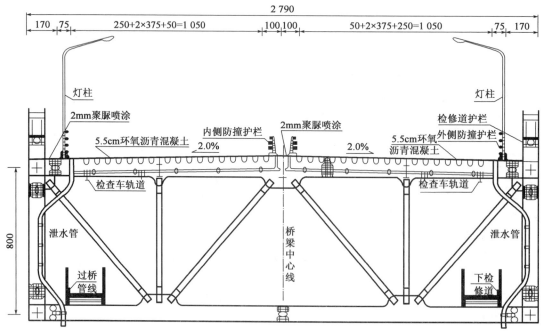

图 4-5-9 主梁横断面(尺寸单位:cm)

3. 索塔

索塔采用 H 形桥塔,贵州岸索塔高 269m,云南岸索塔高 246.5m。

4. 斜拉索

斜拉索采用双索面扇形布置,上端锚固在上塔柱内的钢锚梁上,下端锚固在主桁架上弦杆节点处的钢锚箱上。主梁上主跨索距为 12.0m,边跨标准索距为 8.0m,塔上标准索距为 2.5m。全桥共有 112 对斜拉索。

5. 主塔基础

主塔基础采用 24 根直径 2.8m 群桩基础,按嵌岩桩设计。云南岸主塔承台尺寸为 37.5m × 21.8m × 7m,分两次浇筑,第一次浇筑高度为 4m,第二次浇筑高度为 3m。

第四节 苏通长江公路大桥

一、概况

苏通长江公路大桥(图 4-5-10)位于江苏省东南部长江口南通河段,连接苏州(常熟)和南通两市,是国家高速公路沈阳至海口通道和江苏省公路主骨架的重要组成部分。上游距江阴长江公路大桥约 82km,下游离长江入海口约 108km。主桥为主跨 1 088m 的双塔双索面斜拉桥,边跨设置三个桥墩,其跨径布置为 100m + 100m + 300m + 1 088m + 300m + 100m + 100m = 2 088m,是当前世界上跨径第二的斜拉桥。

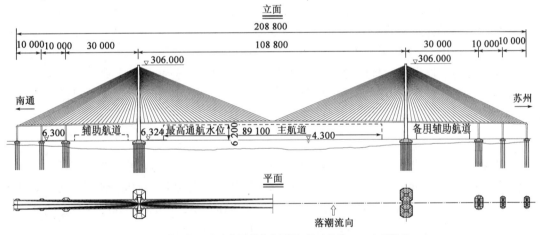

图 4-5-10 苏通长江公路大桥总体布置图(尺寸单位:cm;高程单位:m)

二、主要技术标准

公路等级:平原微丘区全封闭双向六车道高速公路。
设计速度:100km/h。
车辆荷载等级:汽车—超 20 级,挂车—120。
桥面净空:桥梁标准宽度为 34m,净空高度为 5m。
桥面纵坡:≤3%。
桥面横坡:2%。
平、纵曲线半径:平曲线不设超高,最小半径为 5 500m,凸形竖曲线一般最小半径为

17 000m,凹形竖曲线一般最小半径为6 000m。

抗震设防标准:桥位区地震基本烈度Ⅵ度。

抗风设计标准:使用阶段设计重现期为100年;施工阶段设计重现期为30年;桥位10m高处100年一遇基本风速为38.9m/s,30年一遇基本风速为35.4m/s;与汽车荷载组合的风力按桥面风速25m/s计算,超过25m/s不与汽车荷载组合。

设计洪水频率:1/300。

通航净空尺度和通航孔数量:经交通运输部批准,主桥通航净空尺寸和通航孔数量见表4-5-1。

主桥通航净空尺寸和通航孔数量一览表 表4-5-1

通航孔名称	航道类型	代表船型	通航净空尺寸(m)		通航孔数量
			净宽	净高	
主通航孔	单孔双航道	5万吨级集装箱船(3 800TEU) 远期4.8万吨级大型驳船队	891	62	1
专用通航孔	单孔双航道	7 000吨级散杂船	220	39	1
洪水季上行孔	单孔单航道	1 000吨级江轮	70	15	1

三、设计要点

1. 结构体系

采用设纵向弹性约束的半漂浮体系,塔墩固结,索塔与主梁之间设置横向抗风支座和纵向具有限位功能的黏滞阻尼器,不设竖向支座。黏滞阻尼器对脉动风、制动和地震引起的动荷载具有阻尼耗能作用,但不约束温度和汽车引起的缓慢位移。当静风、温度和汽车引起的塔梁相对纵向位移在阻尼器设计行程以内时,不约束主梁运动,超出行程时,对主梁运动产生固定作用。黏滞阻尼器设置于塔、梁之间,每个索塔处设置4个,全桥共8个。主梁与过渡墩及辅助墩之间设置纵向滑动支座,并限制横向相对位移。

2. 主梁

主梁采用扁平流线型钢箱梁(图4-5-11),并在两侧设置风嘴,提高结构的抗风性能。外腹板、索塔区段顶底板和锚箱构件采用Q370q钢材,其他构件采用Q345q钢材。钢箱梁含风嘴全宽4 100cm,不含风嘴顶板宽3 540cm,底板宽为900cm+2 300cm+900cm;中心线处高度400cm;节段标准长度1 600cm,边跨尾索区节段标准长度为1 200cm。

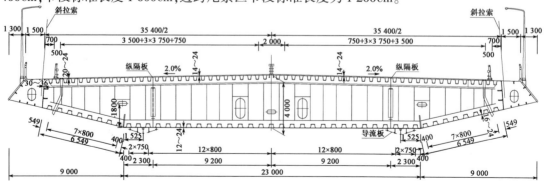

图4-5-11 主梁构造(尺寸单位:mm)

根据受力特点,顶板在顺桥向采用 14~24mm 的厚度,横桥向靠近外腹板 2.55m 范围内采用 20mm 和 24mm 两种厚度,设置 8~10mm 厚的 U 形加劲肋;底板在顺桥向采用 12~24mm 的厚度,设置 6~8mm 厚的 U 形加劲肋。钢箱梁内设置横隔板,其标准间距为 400cm,在竖向支承、索塔附近梁段适当加密。横隔板采用整体式,由上、下两块板组成,上、下板熔透对接,非吊点处横隔板一般为 10mm 厚,斜拉索吊点处横隔板采用变厚度,即外腹板附近 16mm 厚,中间为 12mm 厚。钢箱梁内设置两道纵隔板,除竖向支承区、压重区和索塔附近梁段采用实腹板式外,其余均为桁架式。斜拉索在主梁上的锚固采用锚箱式,锚箱安装在主梁腹板外侧,并与其焊接。

3. 索塔

索塔采用倒 Y 形,如图 4-5-12 所示,在主梁下方设置一道下横梁。索塔总高 300.40m,桥面以上高度为 230.41m,高跨比为 0.212。塔柱采用空心箱形截面,上塔柱为对称单箱单室,外尺寸由 900cm×800cm 变化到 1 080cm×1 740cm,壁厚在斜拉索锚固面为 100cm,非锚固面为 120cm;中、下塔柱为不对称单箱单室断面,外尺寸由 1 082cm×650cm 变化到 1 500cm×800cm,壁厚 120cm、150cm。斜拉索在索塔上的锚固,第 1~3 对直接锚固在上塔柱的混凝土底座上,其他采用钢锚箱锚固。钢锚箱包裹在上塔柱混凝土中。钢锚箱采用节段制作,节段长 711.8~851.7cm,宽 240cm,高 230~355cm,节段间采用高强度螺栓连接;钢锚箱与索塔之间侧向接触面采用剪力钉连接,最下端直接支撑于混凝土底座上。

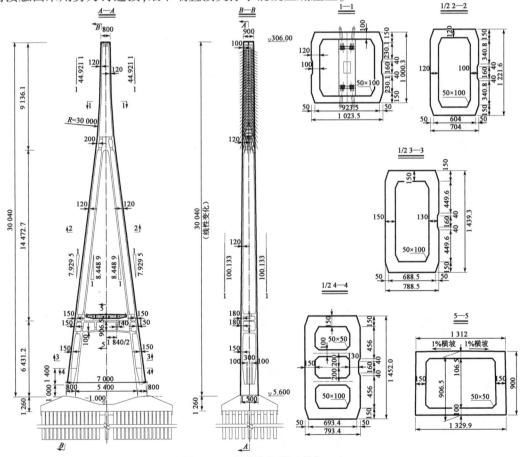

图 4-5-12 塔身构造(尺寸单位:cm)

4. 斜拉索

斜拉索采用 1 770MPa 平行钢丝,规格为 PES7-139～PES7-313,单根最大成桥恒载索力、索长及索重分别为 7 200kN、577m 和 590kN。斜拉索在钢箱梁上锚固点的标准间距为 1 600cm,边跨尾索区为 1 200cm,塔上锚固点间距为 230～270cm。考虑其可更换性,斜拉索设计寿命为 50 年。

5. 墩身

辅助墩与过渡墩均采用普通钢筋混凝土分离式矩形薄壁墩,墩高约 60m,单幅桥墩平面尺寸 850cm×500cm,标准壁厚为 50cm。过渡墩顶由于支座布置等构造需要,距墩顶 450cm 范围内向主桥侧各加宽 150cm,墩顶平面尺寸为 850cm×800cm。

6. 索塔基础

如图 4-5-13 所示,索塔基础采用 131(另设 4 个备用桩位)根 $D280cm/D250cm$ 钻孔灌注桩基础(钢护筒内径分别为 280cm 和 250cm),呈梅花形布置,4 号主墩桩长 117m,5 号主墩桩长 114m。承台为哑铃形,在每个塔柱下承台平面尺寸为 5 135cm×4 810cm,其厚度由边缘的 500cm 变化到最厚处的 1 332.4cm;其顶部与下塔柱中心线垂直;两承台之间采用 1 105cm×2 810cm 系梁连接,厚度为 600cm。

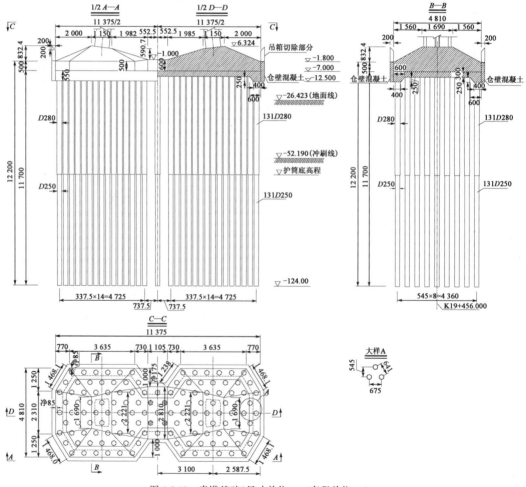

图 4-5-13 索塔基础(尺寸单位:cm;高程单位:m)

第五节　多多罗大桥

一、概况

多多罗大桥位于日本本州—四国联络线的西线——尾道今治线的中央部位,如图4-5-14所示,是连接生口岛(广岛县)和大三岛(爱媛县)的一座特大桥梁,跨越西濑海的多多罗崎1 000多米的海峡,桥下净空26m,最大水深50m,大桥于1999年建成通车。

二、设计标准

跨径布置:270m + 890m + 320m = 1 480m;
设计车速:80km/h;
车道:双向四车道(9.5m×2) + 人行道(2.5m×2);
设计基准风速:主梁,46.1m/s;索塔,54.4m/s;斜拉索,53.7m/s。

三、设计要点

1. 结构体系

如图4-5-14所示,多多罗大桥是一座三跨连续混合箱梁斜拉桥,边跨布置因地形原因是不对称的,其边、主跨之比分别为0.3和0.34,由于边跨较小,在荷载作用下边跨将产生上拔力,所以在两边跨端部各布置了一段预应力混凝土主梁(PC梁),在靠近生口岛侧,PC梁长105.5m,靠近大三岛侧PC梁长62.5m,同时两边跨还分别布置了两排和一排辅助墩。桥梁其余部分都是钢箱梁。

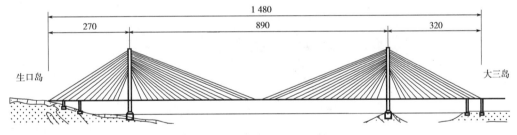

图4-5-14　多多罗大桥立面(尺寸单位:m)

主梁的支承体系采用了弹性固定于双塔的方案。

2. 主梁

如图4-5-15所示,根据风洞试验,钢箱梁选定带有风嘴的扁平三室宽箱梁,梁高2.7m,梁高与主跨径之比为1/330,梁相对纤细,轴压力起控制作用。斜拉索与主梁连接的锚固构造,设置在腹板之外和风嘴的下部,以利安装、调索、维修和保养。

预应力混凝土梁的外形与钢箱梁相同,因其有收缩徐变等问题,由此造成的影响在设计中应予重视。钢箱梁与PC梁结合部位如图4-5-16所示,结合部位采用高流动性混凝土填实,确保两者紧密结合。

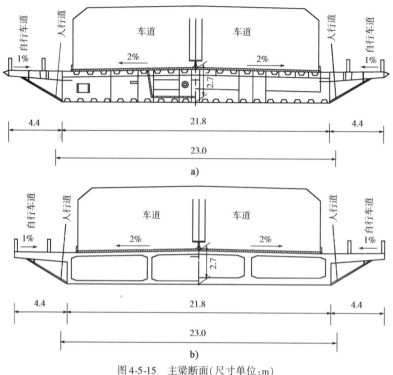

图 4-5-15　主梁断面(尺寸单位:m)
a)钢梁横截面图;b)混凝土梁横截面图

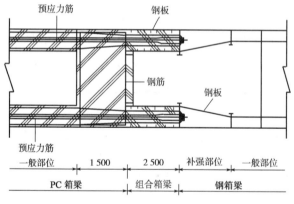

图 4-5-16　钢箱梁与 PC 箱梁的连接(尺寸单位:mm)

3. 索塔

索塔经美学设计和多方案比较,采用双子形钢塔,如图 4-5-17 所示。塔柱的断面形式为矩形,并切去四个角隅以利抗风。截面尺寸为$(12.0 \sim 5.6)\mathrm{m} \times (8.5 \sim 5.9)\mathrm{m}$。塔高 220m,共 23 段,段与段之间采用高强螺栓连接。

4. 索塔基础

索塔基础直接支承在风化的花岗岩上,采用沉井基础,尺寸为 43.0m×25.0m,2 号主墩基础水深 33m,沉井高 39m,3 号基础水深 13m,沉井高 19m,桥基处最大流速为 4 海里/h(7.4km/h)。

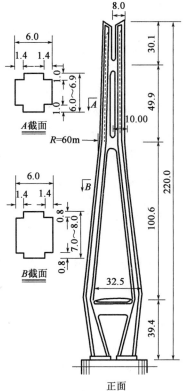

图 4-5-17　索塔构造(尺寸单位:m)

第六节　沪苏通长江大桥

1. 概况

沪苏通长江大桥上海至南通铁路的控制性工程,桥位位于江阴长江公路大桥下游约 45km,苏通长江公路大桥上游约 40km。为节省工程总投资,充分利用宝贵的桥位资源,大桥采取沪通铁路与通苏嘉城际铁路、锡通高速公路共通道建设方式。

沪苏通长江大桥全长 11.072km,公铁合建桥梁长 6 993.062m。其中正桥钢梁总长 5 831.3m。正桥范围桥梁孔跨布置及桥型如下:

主航道桥:142 + 462 + 1 092 + 462 + 142 = 2 300(m),两塔五跨斜拉桥(图 4-5-18);

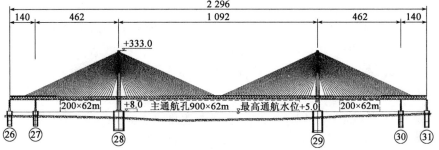

图 4-5-18　主航道桥布置图(尺寸单位:m;高程单位:m)

跨北岸大堤：2 孔 112m 简支钢桁梁；
天生港航道桥：140+336+140=616(m)，刚性梁柔性拱方案；
跨横港沙区段桥梁：21 孔 112m 简支钢桁梁；
跨南岸大堤：3 孔 112m 简支钢桁梁。

沪苏通长江大桥设计施工中开创性地采用了大量新结构、新装备、新材料：大桥主航道桥为箱桁组合新结构，采用两节间焊接、桥位整体吊装施工，起重质量达 1700t，两节间全焊接，两节段整体制造架设为国内首次采用；主桥首次采用伸缩量 2000mm 的桥梁轨道温度调节器和梁端伸缩装置；桥梁采用 Q500q 高强度钢及 2000MPa 级高强度耐久型平行钢丝斜拉索新型材料，主塔采用 C60 高性能混凝土。

沪苏通长江大桥混凝土合计用量 2454861m³，钢材合计用量 250774t，总投资额约 150 亿元。工程于 2014 年开工建设，2020 年建成通车。

2. 设计条件

沪通铁路为双线 I 级客货共线铁路，设计行车速度 200km/h，设计荷载为中—活载。城际铁路为双线客运专线，行车速度目标值 250km/h，设计荷载为 ZK 荷载。高速公路按照 I 级公路 6 车道设计，行车速度 100km/h。

主通航孔代表船型为 5 万 t 级集装箱船和 10 万 t 级散货船，代表船队为 48000t 4 排 4 列驳船队，专用航道桥代表船型为 5.7 万 t 级散杂船。桥址处设计最高通航水位为 5m（85 国家高程标准），设计最低通航水位为 -1.27m。主航道桥为双向通航，通航净宽 900m，通航净高 62m；专用航道桥为单向通航，通航净宽 284m，通航净高 45m。

主航道桥及专用航道桥通航孔桥墩按代表船型船撞力进行设计，同时主桥主墩按 15 万 t 级散货船舶（减载进港）的船撞力进行检算，其余水中桥墩根据水深所能通航船舶大小进行设防。

大桥设计基本风速 38.2m/s。桥址区工程地质场地稳定，新构造运动较弱，全新活动断裂未进入桥位。基岩埋深在 300m 以下，覆盖层主要为淤泥质粉质黏土、粉土、砂类土。多遇地震、设计地震、罕遇地震的水平地震动峰值加速度分别为 $0.075g$、$0.13g$ 和 $0.19g$。

3. 主梁

主航道桥为主跨 1092m 的钢桁梁斜拉桥。其主梁为三主桁结构，桁宽 2×17.5m，采用箱桁组合双层桥面形式，N 形桁式，节间长度为 14m。标准段主梁边桁桁高为 16.0m，中桁桁高 16.308m。

4. 索塔

索塔塔身采用 C60 混凝土，塔高 325m，主塔基础采用沉井基础，平面尺寸 86.9m×58.7m，如图 4-5-19、图 4-5-20 所示。施工顺序为：沉井基础施工→塔座施工→主塔施工→钢桁梁架设→桥面附属工程及轨道四电（通信工程、信号工程、电力工程、电气化工程）施工。沉井采用吸泥法下沉，索塔采用爬模法施工，钢桁梁采用两节间整体架设。

5. 斜拉索

斜拉索采用直径 7mm 平行钢丝拉索，标准抗拉强度为 2000MPa，采用三索面布置。全桥共有斜拉索 432 根，最大规格截面由 451 根钢丝组成，最大长度为 576m，最大索质量为 83.5t。

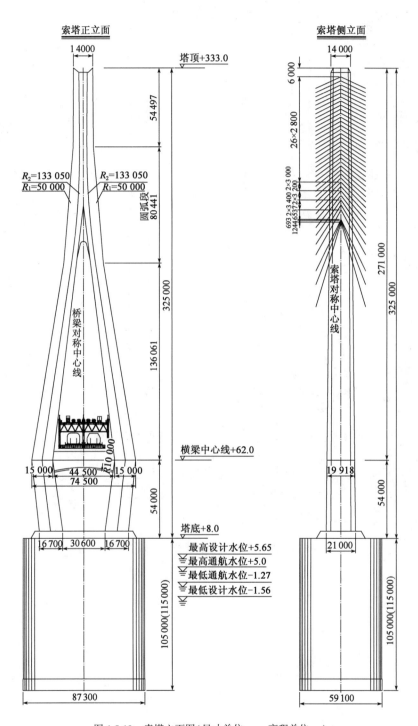

图 4-5-19 索塔立面图(尺寸单位:mm;高程单位:m)

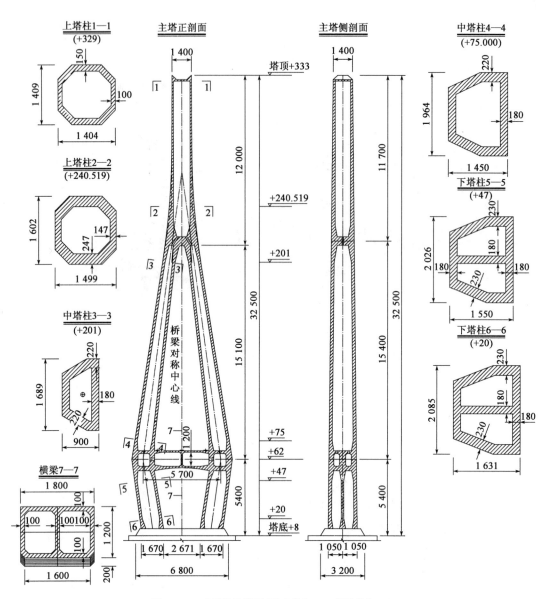

图 4-5-20 索塔构造详图(尺寸单位:cm;高程单位:m)

本篇思考题

1. 斜拉桥由哪几个主要部分组成?各部分处于何种受力状态?
2. 简述斜拉桥的主要受力特点。
3. 斜拉桥的边跨和主跨之比在什么范围内比较合适?简述辅助墩的作用?
4. 为何多跨多塔斜拉桥的体系刚度较弱?可采取哪些措施提高刚度?
5. 索塔有哪些基本类型?
6. 索塔高度和斜拉索倾角的确定应考虑哪些因素?
7. 斜拉索索面有哪几种布置形式?各有何特点?
8. 索塔设计如何与索面布置有机结合?
9. 按塔、梁、墩结合方式划分,斜拉桥分为哪几种体系?
10. 斜拉索在梁上和塔上的间距如何拟定?
11. 什么叫作矮塔部分斜拉桥?它有什么特点?
12. 超千米级斜拉桥的技术难题是什么?有何解决途径?
13. 混凝土主梁有哪些特点和截面形式?
14. 钢梁、钢-混凝土组合梁、钢-混凝土混合梁有哪些特点?
15. 如何根据跨径选择不同材料的主梁结构?
16. 混凝土索塔和钢索塔各有什么优缺点?
17. 斜拉索有哪几种类型?各有何特点?
18. 斜拉索在主梁上和索塔上有哪些基本锚固方式?
19. 斜拉索的应力控制需考虑哪些因素?
20. 斜拉索可以采用哪些抗风减振措施?
21. 斜拉索修正弹性模量的意义是什么?设计中如何考虑它的影响?
22. 为何要考虑斜拉索两端的倾角修正?如何修正?
23. 什么叫作调索计算的可行域法?当可行域过窄时,可采取何种措施使其变宽?
24. 斜拉桥悬臂法施工主梁时,合理的施工状态指的是什么?如何确定?
25. 简述斜拉桥施工悬臂拼装法和悬臂浇筑法的优缺点。
26. 索塔施工有哪些要点?
27. 斜拉索施工有哪些要点?

PART 5 | 第五篇
悬 索 桥

第一章
概 述

悬索桥(也称吊桥)是一种古老的桥型,是用悬挂在塔架上的强大缆索作为主要承重结构的桥梁。现代悬索桥由主缆、索塔(包括基础)、锚碇、吊索、加劲梁、鞍座及桥面系等组成,如图 5-1-1 所示。其中,主缆、索塔和锚碇构成主要承重结构,被称为第一承重体系;而悬索桥的梁主要起提供桥面、传递荷载及维持抗风稳定的作用,因而被称为加劲梁(stiffening girder),不被称为主梁(main girder)。

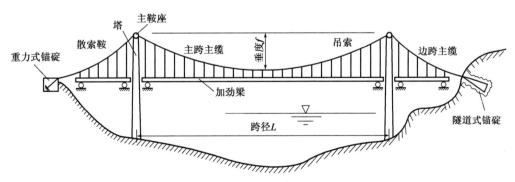

图 5-1-1 悬索桥构造示意

悬索桥的索塔通常采用混凝土、钢或钢-混凝土组合结构,主索和吊索为钢丝束(或绳),加劲梁主跨一般采用钢结构,边跨可采用钢、混凝土或组合梁结构。在受力特点上,悬索桥以高强度钢丝作为主要承重材料,高强度钢丝具有自重轻、柔度大、跨越能力强的特点,极限跨径可达5 000m左右。由于悬索桥刚度较小,通常采用抗风控制设计,应用于铁路桥时难度较大。

20世纪80年代以来,随着亚洲经济的发展,悬索桥建设的重心逐渐从欧美转向亚洲。日本修建了一系列特大跨径的悬索桥,进入90年代,我国现代悬索桥得到了快速发展,先后建成了香港青马大桥、广东虎门大桥、江苏江阴长江大桥、厦门海沧大桥等一批各具特色的大跨径悬索桥。进入21世纪以来,随着我国交通事业的迅猛发展,我国特大桥建设进入黄金时期,相继建成了舟山西堠门大桥、湖南吉首矮寨大桥、江苏泰州长江大桥等具有世界先进水平的千米以上特大跨径悬索桥。这些悬索桥的成功修建,标志着我国悬索桥发展水平已经跻身于世界先进行列。

随着经济、技术、材料的发展,部分超大跨度桥梁的建设逐步提上议事日程,其中包括洲际跨海工程,如欧非两大洲之间的直布罗陀海峡、位于俄罗斯和美国之间的白令海峡等。我国在21世纪也将建设一批跨海工程,其中包括渤海湾海峡工程、琼州海峡工程等跨海通道工程,这些超级工程为悬索桥的发展提供了广阔的前景。

第二章
总 体 布 置

第一节 主要结构体系

一、按悬索桥加劲梁的支承构造分类

按照悬索桥中加劲梁支承构造的不同,悬索桥可分为单跨两铰、三跨两铰和三跨连续悬索桥三种常用形式,如图 5-2-1 所示。

加劲梁在索塔区设铰或连续通过的优缺点如下。

(1)优点:首先,加劲梁可以不从塔柱之间直接通过,而支承在塔柱顺桥向两侧的短悬臂牛腿上,这样塔柱可以竖直布置(不倾斜),主缆和吊索的吊点在加劲梁的宽度范围内;其次,就施工而言,在索塔处相邻跨度的梁段无须连接,施工简便。

(2)缺点:相邻两跨梁端的相对转角和伸缩量以及跨中的挠度均较大,特别是当中跨跨径很大时,在风荷载作用下会使加劲梁产生很大的横向水平变位。在这种情况下,对于公铁两用的桥梁,则以选用三跨连续加劲梁方案比较合适,但它又带来了在索塔处加劲梁的支点负弯矩过大等不利影响。为了克服这个缺点,有的三跨连续悬索桥在索塔处不设常规的竖向支座,而在索塔区域设置特别的吊索,以降低加劲梁的负弯矩。

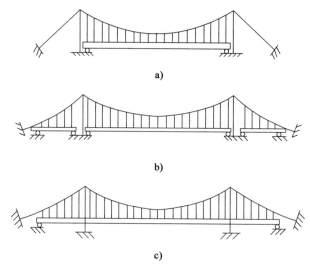

图 5-2-1 按支承构造划分的悬索桥形式
a)单跨两铰;b)三跨两铰;c)三跨连续

美国早期建造的悬索桥多为非连续的,自1959年在法国建成的坦克维尔桥开始,越来越多的大跨度悬索桥加劲梁采用连续支承体系,这对整体抗风及运营平顺性和舒适性均有利。

二、按悬吊跨数分类

按跨数不同,悬索桥可分为单跨悬索桥[图 5-2-2a)]、三跨悬索桥[图 5-2-2b)]和多跨悬索桥[图 5-2-2c)],其中单跨悬索桥和三跨悬索桥最为常见。

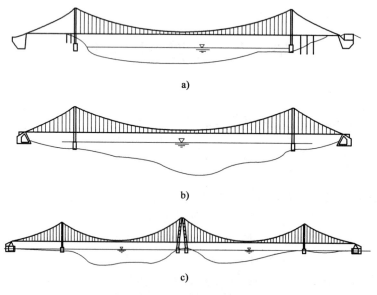

图 5-2-2 悬吊跨数不同的悬索桥
a)单跨悬索桥;b)三跨悬索桥;c)多跨悬索桥

1. 单跨悬索桥

单跨悬索桥常用于边跨位于浅水区或岸上,或者道路的接线受到限制,使得平面曲线布置不得不进入大桥边跨的情况。就结构特性而言，单跨悬索桥由于边跨主缆的垂度较小，主缆长度相对较短，对中跨荷载变形控制较为有利。

2. 三跨悬索桥

三跨悬索桥适用于边跨位于深水区，或边跨有通航要求的情形。三跨悬索桥柔畅的建筑外形更符合人们的审美。

如果一侧边跨用立柱支承更经济，另一侧边跨需用吊索支承，这就形成了不对称的两跨悬索桥，例如香港青马大桥。

3. 多跨悬索桥

四跨及以上的悬索桥统称为多跨悬索桥，适合于超宽的水面中间有礁石等方便立中塔或锚碇的情形。

以三塔悬索桥为例，简要说明多跨悬索桥的受力特点。

与双塔悬索桥相比，三塔悬索桥多了一个中塔和一个主跨，主缆对中塔塔顶的约束比边塔弱得多。当一个主跨满布活荷载，另一个主跨空载时，如果中塔刚度很大，则悬索桥整体刚度大，但中塔需主要承担活载引起主缆水平力，而空载跨主缆拉力增加不多，因而中塔两侧主缆缆力差值大；如果中间主塔刚度小，则中塔产生一定的塔顶纵向位移，空载跨主缆缆力增加，因而中塔两侧主缆缆力差值变小，但中塔的挠曲使得加载跨竖向位移增大，导致悬索桥整体刚度变小。

因此三塔悬索桥在结构设计上存在一对矛盾：要满足加劲梁的挠跨比，则要求中塔有较大的刚度，但这可能导致中塔顶主鞍两侧不平衡水平力过大，塔顶主缆鞍座的抗滑移安全性难以保证；反之，中塔柔性，虽可以满足鞍座的抗滑移安全性要求，但跨中挠度大。因此，多塔悬索桥的设计要点主要包括中间塔的刚度问题和主缆鞍座抗滑移问题两大方面。

具体做法及实例：

(1) 用两个三跨悬索桥联袂布置，中间共用一个锚碇锚固两桥的主缆，如日本本州四国联络线中的南北备赞濑户大桥 [图 5-2-3a)]。

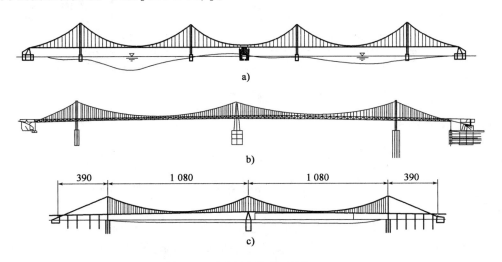

图 5-2-3 多跨悬索桥(尺寸单位：m)
a)联袂共用锚碇方案；b) A 形中间塔方案；c)"人"字形钢中塔方案

(2)将中间塔沿纵向作 A 形布置,以提高刚度,与之相应的塔顶主缆采取特殊锚固措施,以克服两侧较大的不平衡水平拉力,如温州瓯江北口大桥[图 5-2-3b)]。

(3)中塔采用纵向"人"字形钢桥塔,如图 5-2-3c)所示泰州长江大桥。人字形主塔在分岔点以上是单柱结构,分岔点以下是双柱结构,可通过调节分岔点高度、塔柱张开量、截面尺寸实现中塔纵向刚度的调节,拓宽中塔刚度调节的范围,以利于兼顾中塔纵向刚度和抗滑移安全度。另外,钢结构本身适应变形的能力强,从材料上为适应中塔塔顶适量位移提供了保障。

三、按主缆的锚固方式分类

按主缆的锚固方式的不同,悬索桥可分为地锚式悬索桥和自锚式悬索桥。

1. 地锚式悬索桥

绝大多数悬索桥都采用地锚式锚固主缆(图 5-1-1),即主缆通过重力式锚碇或者隧道式锚碇将荷载产生的拉力传至大地来达到全桥的受力平衡。这是大跨度悬索桥最佳的受力模式。

2. 自锚式悬索桥

在较小跨度的悬索桥中,也有自锚式锚固主缆的形式,如图 5-2-4 所示。这种自锚式悬索桥的主缆在边跨两端将主缆直接锚固于加劲梁上,主缆的水平拉力由加劲梁提供轴压力自相平衡,不需要另外设置锚碇。这种桥式的加劲梁要先于主缆安装施工,因此加劲梁在施工中必须被临时支撑,可能对通航和泄洪产生影响。同时,在 200~400m 的同等跨径条件下,自锚式悬索桥相对于其他体系桥梁(如斜拉桥、拱桥等),造价较高。为减小主缆对加劲梁产生的轴压力,应取较大的垂跨比,为 1/6~1/5。

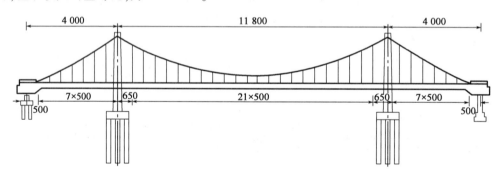

图 5-2-4 自锚式悬索桥的一般构造(尺寸单位:cm)

四、按悬索桥主要形式分类

1. 美国式悬索桥

美国是悬索桥的先驱,1883 年建成第一座悬索桥——布鲁克林(Brooklyn)桥,中跨 486m。其主要特点如下:

(1)主缆采用空中编缆法(Air Spinning Method 即 AS 法)架设成缆。

(2)加劲梁采用非连续的桁架式,适应双层桥面,并在索塔处设伸缩缝。

(3)采用竖直骑挂式钢丝绳吊索。

(4)索夹分为左右两半,用高强度螺栓水平向紧固。

(5)鞍座采用大型铸钢结构,由辊轴滑移支撑。

(6)桥面采用混凝土板。

2.英国式悬索桥

英国的悬索桥于20世纪60年代起步,以1964年建成的福斯桥为标志,主要有以下特点:

(1)以流线型扁平钢箱梁作为加劲梁。

(2)早先采用两端销接的斜吊索,经塞文桥、博斯普鲁斯一桥以及亨伯尔桥的实践之后,在博斯普鲁斯二桥改回用垂直吊索。

(3)索夹分为上下两半,在其两侧用垂直于主缆的高强度螺栓紧固。

(4)采用钢桥面板和沥青混合料铺装。

3.日本式悬索桥

20世纪70年代日本开始兴建悬索桥,已形成自己的流派,主要有以下特点:

(1)主缆采用预制平行索股法(Prefabricated Parallel Wire Strand Method,即PPWS法)架设成缆。

(2)加劲梁主要采用钢桁架式。

(3)索塔采用钢结构,主要采用焊接方式。

(4)吊索采用骑跨式钢丝绳竖吊索。

(5)主缆采用预应力锚固。

4.带斜拉索的悬索桥(协作体系悬索桥)

协作体系悬索桥除了有一般悬索桥的缆索体系外,还设有若干加强用的斜拉索。其优点是悬索桥在 $L/4$ 的区域往往刚度最小,设置斜拉索能显著提高该区域的刚度,从而提高全桥的刚度和抗风稳定性。缺点是斜拉和悬索两种体系刚度差异很大,在活载和温度作用下,过渡区的斜拉索、吊索和加劲梁疲劳问题需要解决。

2016年建成的土耳其博斯普鲁斯海峡三桥采用了这种形式,如图5-2-5所示,该桥跨径1 408m,斜拉索支承与悬索桥主缆和吊索的悬吊支承这两种结构组合创造了3处有显著特征的区域:加劲区域是指梁的两侧完全由斜拉索支承的区域,长332m;悬吊区域是指跨中由吊索支承的区域,长312m;过渡区域是指吊索居中和斜拉索两侧共同支撑的区域,长216m。

图5-2-5 土耳其博斯普鲁斯海峡三桥——协作体系悬索桥

第二节　纵、横断面布置

悬索桥的纵、横断面布置主要包括以下几项内容：

1. 边跨与主跨的跨度比

索塔把主桥划分为一个中跨和两个边跨，边跨与中跨的长度往往受经济因素、锚碇远近及锚固点高低等客观条件限制，边跨与中跨之比，常采用 0.25~0.45。

2. 主缆的垂跨比

从总体受力角度出发，要求边跨和主跨的主缆恒载水平分力在塔顶处互相平衡，以减少塔柱所承受的弯矩，这要通过调整边跨与主跨主缆的垂跨比来保证。

垂跨比是指主缆在主跨的垂度 f 与主孔跨度 L 之比。垂跨比的大小一方面直接影响主缆的拉力；另一方面还对悬索桥的整体刚度有一定的影响，垂跨比越小，刚度越大，但缆中拉力也越大。因此，在实桥设计中，应结合对刚度的要求和主缆的用钢量来选取合适的垂跨比，通常取值在 $1/11 \sim 1/9$ 之间。

3. 加劲梁的尺寸

对大跨度悬索桥而言，悬索桥加劲梁的高度尺寸，似乎不存在与跨度的固定比例关系。设计中主要根据抗风理论分析和风洞试验来验证所取的加劲梁外形、高度和宽度是否具备优良的抗风性能。通常桁式加劲梁的梁高为 6~14m，箱形加劲梁的梁高为 2.5~4.5m；加劲梁的宽度则由车道宽度及桥面构造布置等决定，一般不宜小于跨径的 1/60。

4. 纵坡

根据悬索桥的景观特点，悬索桥的纵坡取决于两岸的地形、航道净空、路面排水和加劲梁的最大挠度等因素。已建成的长大悬索桥的中跨纵坡多为 1%~1.5%。

第三章
悬索桥构造

第一节 主 缆

一、主缆截面的组成

主缆由镀锌高强度钢丝组成。钢丝直径大都在 5mm 左右。每根主缆可以包含几千根乃至几万根钢丝,钢丝分成几十股乃至一百多股,每股内的丝数大致相等,各股分别锚固,组成 1 根主缆。为了保护钢丝,并使主缆的外周长最小,需要将主缆钢丝压紧呈一圆形截面,用软质钢丝加以缠绕捆扎,最后在其外部涂装防腐油漆,如图 5-3-1 和图 5-3-2 所示。主缆防腐的另一方法是通过向密闭的主缆内输入干空气,以达到主缆防腐的目的。

二、主缆截面面积 A

根据整体分析所得到的 1 根主缆所受最大拉力 T,按下式可求得 1 根主缆的截面面积 A

$$A \geqslant \frac{T}{[\sigma_a]} \tag{5-3-1}$$

式中:$[\sigma_a]$——钢丝的容许拉应力。

三、主缆直径 D

考虑主缆中存在着一定的空隙率 α,故一侧主缆的直径 D 可由下式反算确定

$$A = \frac{\pi D^2}{4}(1-\alpha) \tag{5-3-2}$$

当直径超过 1m 时,主缆往往会因弯曲而产生较大的二次应力。此时,应研究是否在一侧使用 2 根较细的缆索或者采用其他技术措施。

四、钢丝束股数 n_1 的确定

首先选定钢丝的直径 ϕ,并由式(5-3-1)得出的 A 可以计算得到 1 根主缆所含钢丝的总数 n,然后根据主缆的编制方法来确定 1 根主缆应有多少钢丝束股数 n_1 和每根钢丝束股应含多少根钢丝 n_2,即 $n = n_1 \times n_2$。

1. 空中编缆法(AS 法)

采用 AS 法时每根束股的直径大,每缆所含的束股数较少,为 30~90 束股,但每根束股所含的钢丝数 n_2 可多达 300~500 根,如图 5-3-1 所示。由于其单根束股较大,锚固空间相对集中,故可减小锚固面积。

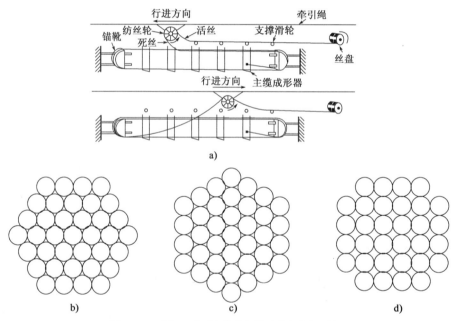

图 5-3-1 采用 AS 法时主缆索股排列形式及索股断面
a) AS 法编缆示意;b)、c)、d) 索股断面

2. 预制平行索股法(PPWS 法)

采用此法时要求每根束股都应制作成正六边形,以减小主缆的空隙率。由每股丝数通常取值为 61、91、127、169 等组成稳定的正六边形,如图 5-3-2 所示。每根主缆的束股数 n_1 可多达 100~300 束,故锚固空间也相对较大。因其采用工厂预制,故现场架索施工时间相对缩短,受气候影响小,使成缆工效提高。

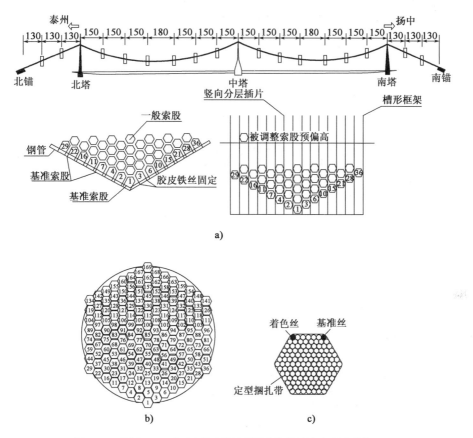

图 5-3-2 采用 PPWS 法时主缆索股排列形式及索股断面(尺寸单位:m)
a)PPWS 法编缆示意;b)主缆断面;c)索股断面

第二节 索 塔

一、索塔塔身的基本形式

索塔主要是对主缆起支承作用,悬索桥上的车辆活载和恒载(包括桥面系、加劲梁、吊索、主缆及其附属结构)都将通过主缆传给塔身及其基础,同时在风和地震荷载作用下,对全桥结构总体稳定提供安全保证。索塔塔柱下端一般固支在沉井基础或者群桩基础的承台上,按照索塔塔身形式的不同,其主要有3种形式,即桁架式[图5-3-3a)]、刚构式[图5-3-3b)]、组合式[图5-3-3c)]。为了能使连续加劲梁从两塔间通过,不少悬索桥的索塔被设计成倾斜的形式,如图5-3-3d)所示。按照索塔塔身建造材料分类,有钢筋混凝土索塔、钢索塔和钢-混凝土组合索塔等,我国多采用钢筋混凝土索塔。

二、钢筋混凝土索塔

钢筋混凝土索塔具有建造和维修养护费用低、外形可塑性强的特点。英国亨伯尔桥是第一座采用钢筋混凝土索塔的特大跨径悬索桥,我国建成的大跨度悬索桥也大都采用了钢筋混凝土索塔,图 5-3-4 为润扬长江公路大桥钢筋混凝土索塔构造图。

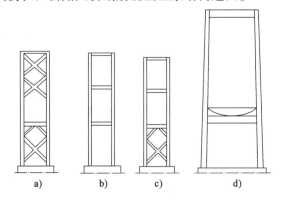

图 5-3-3 索塔塔身基本形式
a)桁架式;b)刚构式;c)组合式;d)刚构式斜塔

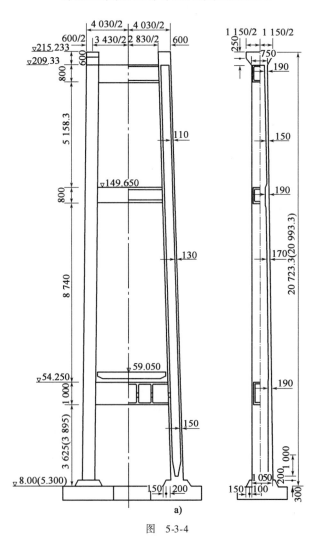

图 5-3-4

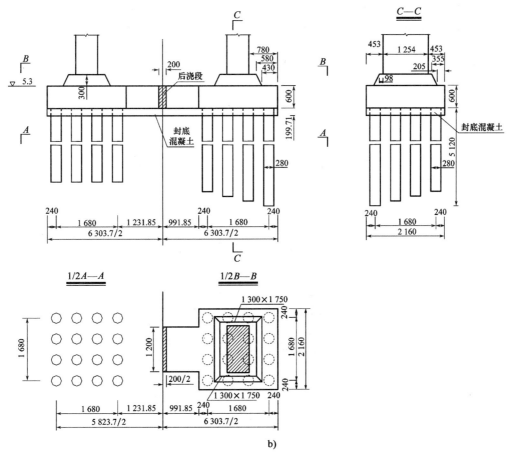

图 5-3-4 润扬长江公路大桥钢筋混凝土索塔构造图
a)索塔构造(尺寸单位:cm);b)索塔基础(尺寸单位:mm;高程单位:m)

钢筋混凝土索塔多采用刚构式,其塔柱截面一般以选用箱形截面较合理,截面形式可以是D形或具有切角的矩形。钢筋混凝土索塔的各层横系梁一般为预应力混凝土空箱结构。通常采用滑模法或爬模法逐节浇筑混凝土的方法进行塔柱的施工。

三、钢索塔

钢索塔施工速度快、质量更容易保证、抗震性能好、耐久性好,但造价较高。钢索塔在欧美和日本应用较多,我国悬索桥钢索塔目前仅在泰州长江大桥和马鞍山长江大桥采用,图 5-3-5 给出了金门大桥钢索塔示意图。

早期钢索塔采用由钢板与角钢连接而成的多格室铆接结构,如图 5-3-6a)所示。由于格室内净空较小和因室内油漆释放的气体易引起铅中毒,致使施工时十分不便。自从栓接和焊接技术发展以后,钢索塔均改用了周边带有加劲肋条的大格室截面,如图 5-3-6b)所示。关于塔柱节段之间的水平接缝处理,日本的做法是:先将由工厂焊接制造的塔柱大节段运到索塔施工现场,再用大型浮式起重机吊架设就位,然后用高强度螺栓进行大节段之间的拼装。土耳其的博斯普鲁斯二桥采用了新颖的接缝方法:将外板和竖直肋的端部接触面刨平到100%的平整度,以利于直接传递垂直轴压力;用 $\phi 60$mm 的高强度螺杆作为拉杆来抵抗挠曲拉应力,用

M24mm 高强度螺栓来抵抗剪切力，如图 5-3-7 所示。

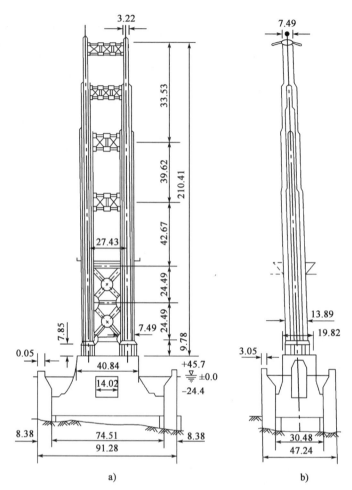

图 5-3-5　金门大桥钢索塔图(尺寸单位：m)
a)横立面；b)纵立面

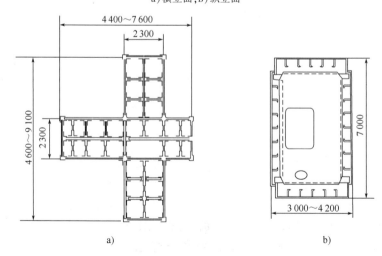

图 5-3-6　钢塔柱的两种典型截面(尺寸单位：mm)

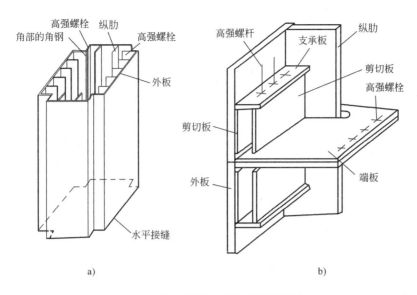

图 5-3-7 塔柱截面的水平接缝构造示意图

图 5-3-8 是土耳其博斯普鲁斯二桥塔柱底节与塔墩之间的连接构造,将钢塔柱的底部埋置于桥墩顶部的混凝土中。埋入段的外板上焊有剪切板,外板的剪切板上面均焊有带头锚杆。塔柱的垂直力由剪切板和带头锚杆等来承受;弯矩和剪力则由在 $\phi 60\mathrm{mm}$ 的锚固螺杆中施加预应力后与混凝土构成的整体来承受。这种采用张拉加铆钉连接的方法,与以往将塔柱底节预埋在混凝土墩顶中的锚固构架之间的方法相比,虽然多费一些材料,但施工简便、工期较短。

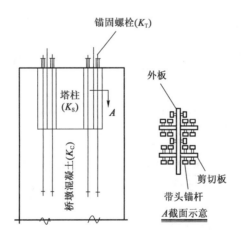

图 5-3-8 钢塔柱底节的连接构造示意图

四、钢-混凝土组合索塔

钢-混凝土组合索塔,有塔柱采用钢-混凝土混合型的,即上塔柱和横梁(剪力斜撑)采用钢结构,下塔柱采用混凝土结构,如安徽马鞍山长江大桥中塔(图 5-3-9);也有塔柱采用混凝土结构,横梁或剪刀撑采用钢结构的,如武汉阳逻长江大桥索塔。该类型索塔应处理好钢-混凝土之间结合面的构造,避免因两种不同材料的差异而出现裂缝。

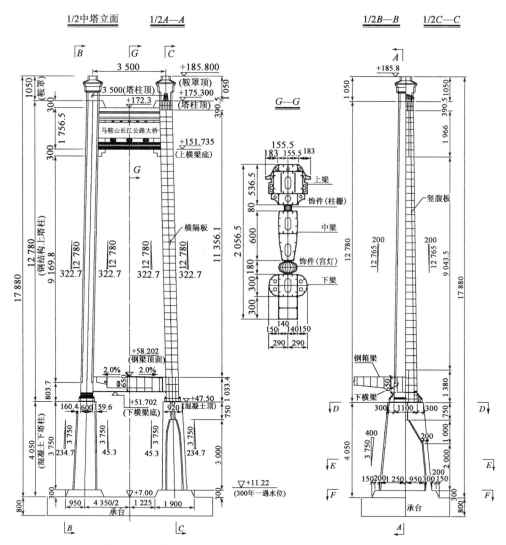

图 5-3-9 马鞍山长江大桥中塔结构图(尺寸单位:cm,高程单位:m)

第三节 锚 碇

一、锚碇形式

悬索桥按主缆索股锚固形式的不同,可分为自锚式悬索桥和地锚式悬索桥。自锚式悬索桥不需要设置锚碇结构,而将主缆直接锚固在加劲梁梁体上,一般仅适用于中、小跨径悬索桥。地锚式悬索桥则将主缆索股锚于重力式锚碇、隧道式锚碇或岩锚锚碇上,如图 5-3-10 所示。

(1) 重力式锚碇

重力式锚碇包括锚体(锚块、散索鞍、缆索防护构造、散索鞍支承构造、锚固系统)和基础,为一庞大的混凝土结构,依靠其自重来平衡主缆的拉力。锚碇中预埋锚碇架,它是由钢锚杆和支撑架构成,主缆束股通过锚头与锚杆连接,再由锚杆通过支撑架分散至整个混凝土锚体。

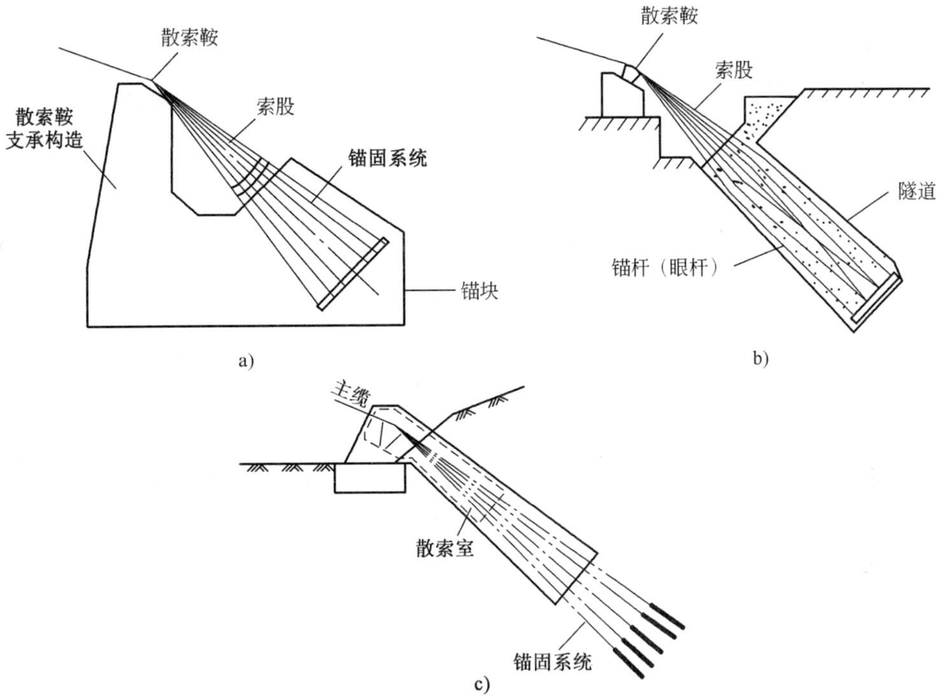

图 5-3-10 锚碇主要形式
a)重力式锚碇;b)隧道式锚碇;c)岩锚锚碇

(2)隧道式锚碇

隧道式锚碇:先在两岸天然完整坚固的岩体中开凿隧道,将锚碇架置于其中后,用混凝土浇筑而成。其利用岩体强度对混凝土锚体形成嵌固作用,达到锚固主缆拉力的目的,因而隧道式锚碇混凝土用量比重力式锚碇大为节省,经济性更为显著。但由于隧道式锚碇一般应用在基岩外露的桥址处,国外已建桥梁中采用这种锚碇形式的并不太多,而大量采用的是重力式锚碇。

(3)岩锚锚碇

岩锚的作用是利用高质量的岩体,将主缆拉力分散在单个岩孔中锚固,取消或减少锚塞体混凝土用量,可节约工程材料。但岩锚围岩受力范围小、应力集中现象突出,对围岩强度要求高。

二、主缆与锚碇的锚固构造

主缆通过散索鞍后,其截面便散开,变成为一股一股呈喇叭形扩散的钢丝束股,束股的端部或端部锚头与锚块前表面的拉杆(锚杆)相连。

1. AS 法主缆的锚固构造

当采用 AS 法编制主缆时,钢丝束股是用束股靴套连接在锚固系统中的眼杆或锚杆上,如图 5-3-11a)或图 5-3-11b)所示。两种锚固构造的共同点是:①钢丝束股都是环绕在具有沟槽的索股靴套或者半圆形厚钢饼上;②无论是眼杆或者是高强度钢锚杆,它们的尾端都是连接在埋入混凝土内锚碇架尾端的锚梁上。两者的一个重要差别是在调整钢丝束股长度误差时所使用的装置不同。图 5-3-11a)是应用千斤顶将索股靴套与销栓脱开,然后在两者之间的空隙中按需要塞进一个带凹槽形(与销栓匹配)的垫片;图 5-3-11b)则是通过位于半圆形钢饼平直侧的一对螺母沿着钢螺杆进行调节。

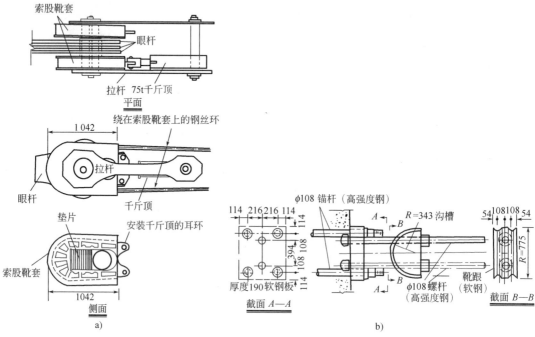

图 5-3-11　AS 法的钢丝束股与锚杆的连接构造(尺寸单位:mm)

2. PPWS 法主缆的锚固构造

当采用 PPWS 法的主缆时,主缆的端部已有束股锚头,为了锚接,采用焊接而成的工字形钢梁作为锚杆,尾端仍与锚碇架上的锚梁连接,锚杆的前端焊有承压杆和加劲板,如图 5-3-12a)所示。束股长度(或张力)通过附加撑脚,将千斤顶与束股锚头连接后进行调整,如图 5-3-12b)所示。

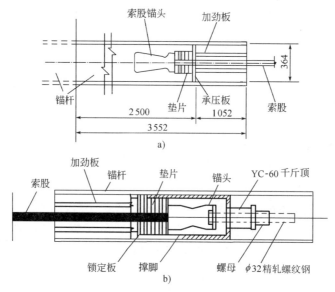

图 5-3-12　PPWS 法的钢丝束股与锚杆的连接构造(尺寸单位:mm)
a)索股锚杆锚固示意;b)锚股张力调整示意

第四节 加 劲 梁

主跨加劲梁一般采用钢结构,其刚度对悬索桥的总体刚度贡献不大,而抗风稳定性是加劲梁设计中需要重点考虑的因素。由于抗风稳定性与加劲梁的抗扭刚度密切相关,因而加劲梁应设计成闭口截面,以提高抗风能力。梁的截面类型主要有桁架式、扁平钢箱式、板-桁结合式等。确定悬索桥加劲梁的结构类型与横截面外形方案时,一般须进行风洞试验来验证其颤振、涡振等抗风性能。

一、钢桁加劲梁

国内外已建桥梁中的钢桁加劲梁横截面形式,按照车道位置的布置不同,主要有以下三种:

(1) 具有双层公路桥面的钢桁加劲梁横截面

图 5-3-13a)是美国乔治·华盛顿大桥的钢桁加劲梁横断面。由于桥的下层有车辆行驶,不能在其间设置斜向支撑。因此,控制这类截面在荷载作用下横向畸变变形是设计中须注意的一个十分重要的问题。为减小畸变,必须将其上下主横梁设计成具有足够的抗弯刚度,并且使之与两侧主桁架以及上、下水平面内的横向支撑结合成刚性的空间框架。

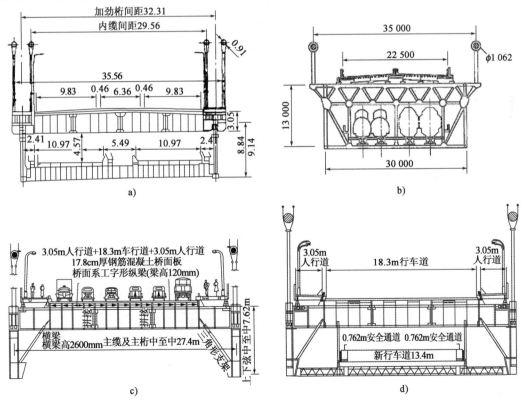

图 5-3-13 钢桁架横截面实例

a)美国乔治·华盛顿大桥(尺寸单位:m);b)日本南备赞大桥(尺寸单位:mm);c)美国金门大桥;d)1954 年增设了下平联的美国金门大桥

(2) 公铁两用双层桥面的钢桁加劲梁横截面

图 5-3-13b) 是日本南备赞大桥公铁两用悬索桥的钢桁加劲梁横断面。由于它承受比双层公路悬索桥更大的荷载,对抗横向畸变的刚度要求更高,故通过加大桁宽和桁高,以便在横断面平面内设置必要的斜撑,其余与主桁架之间的连接构造,均与上述基本相似。

(3) 单层桥面的钢桁加劲梁横断面

图 5-3-13c) 是美国金门大桥的钢桁加劲梁横断面。单层桥面的钢桁加劲梁分为下翼缘为封闭式的钢桁加劲梁横断面和下翼缘为开口式的钢桁加劲梁横断面。就抗扭刚度而言,显然开口式的钢桁加劲梁横断面不如闭口式的钢桁加劲梁横断面,故 1937 年建成的金门大桥,于 1954 年增设了下平纵联和横联,使之变为封闭式横断面,如图 5-3-13d) 所示,以提高抗风稳定性。

二、钢箱加劲梁

1. 钢箱加劲梁的横截面形式

钢箱加劲梁包括整体式钢箱加劲梁[图 5-3-14a)~c)]和分离式钢箱加劲梁[图 5-3-14d)]。为了提高抗风性能,采取以下设计:①横截面两侧设置导风尖角,如图 5-3-14a)、b) 所示;②在导风尖角的外侧增设抗风分流板,如图 5-3-14c)、d) 所示;③用分离式钢箱梁,即在箱形梁中间设置一道纵向通风孔,供空气上、下对流,同时减弱涡流,并在加劲梁每个吊杆处均用抗弯刚度较强的横梁将一对分离箱梁连接成整体,共同受力,图 5-3-14d) 为我国西堠门大桥钢箱加劲梁横截面。

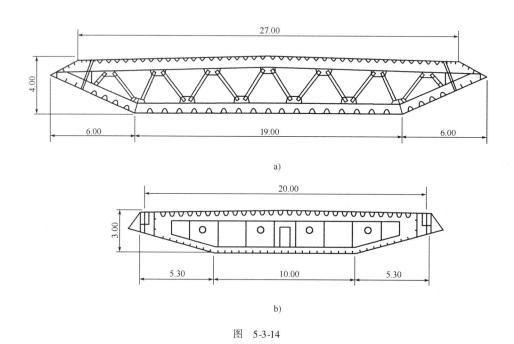

图 5-3-14

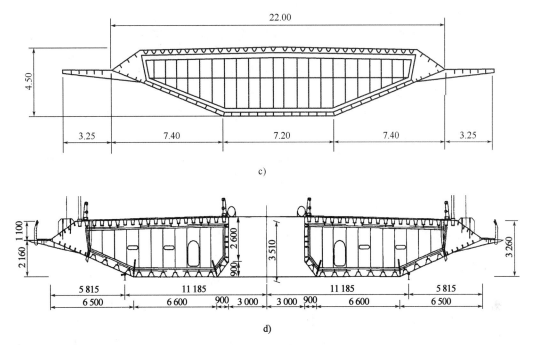

图 5-3-14　钢箱加劲梁横截面形式

a)丹麦大贝尔特桥(尺寸单位:m);b)中国西陵长江大桥(尺寸单位:m);c)英国亨伯尔桥(尺寸单位:m);d)中国西堠门大桥(尺寸单位:mm)

2. 横隔板

(1)形式:常用的横隔板形式有肋式[图 5-3-14a)]和实腹式[图 5-3-14b)~d)]。我国多采用后一种形式,但应注意在实腹板上设置检修过人孔、通风换气孔和各种过桥管线孔。

(2)间距:横隔板顺桥向的间距是由桥面板的纵肋跨度要求决定的,但在吊索处一定要设置横隔板。当桥面板采用开口纵向加劲肋时,其初拟间距取 1.2~2.0m;当采用闭口纵向加劲肋时,其初拟间距取 2.0~4.5m,最后依据车辆轮载,对面板和加劲肋的局部承压稳定性进行计算分析。

(3)板厚:横隔板的厚度,除因锚箱局部根据受力及构造的需要予以加厚外,通常取值为 8~10mm。

3. 纵向加劲肋

钢箱梁各板件均需用加劲肋加劲,其目的是防止局部失稳和提高局部刚度。纵向加劲肋的基本形式有两种,即开口式和闭口式,如图 5-3-15a)、b)所示。闭口加劲肋具有较大的抗扭刚度,屈曲稳定性好,常用在箱梁的顶板和底板上。L 形和倒 T 形开口加劲肋有时也用在箱梁的腹板和底板上。在箱梁两侧的伸臂上一般采用开口加劲肋。

理想闭口加劲肋的截面形状及尺寸如图 5-3-15c)所示。两纵肋之间间距 S 与钢盖板的厚度 t 有关,一般在 300mm 左右,但等间距($S=a$,a 为 U 肋上端水平距离)的受力及变形性能较理想。原联邦德国规范规定位于行车道部分的间距 $S \leqslant 28.5t$。考虑腐蚀和制造运输等因素,闭口肋的板厚 t 通常取 6~10mm。至于开口肋的板厚 t,因刚度决定加劲肋板的厚度增加,故可取 10~25mm。

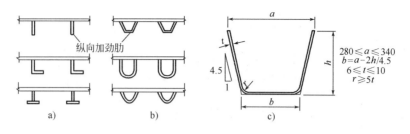

图 5-3-15 纵向加劲肋(尺寸单位:mm)
a)开口式;b)闭口式;c)理想的纵肋截面

三、板-桁结合加劲梁

板-桁结合加劲梁是将正交异性钢桥面板与桁架梁结合成整体,作为加劲梁共同工作。由于桥面板提高了加劲梁的抗扭刚度,因而可适当降低桁架高度,2007年建成的美国塔科马新桥采用了这种加劲梁形式,如图 5-3-16 所示,我国的洞庭湖二桥也采用了这种加劲梁。

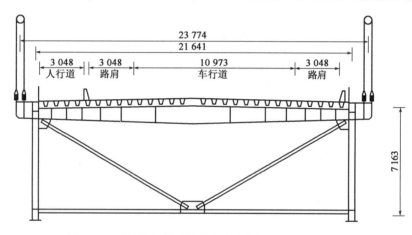

图 5-3-16 美国塔科马新桥的板-桁结合加劲梁(尺寸单位:mm)

第五节 吊 索

一、吊索的形式

吊索是将加劲梁悬吊于主缆并将加劲梁的荷载(包括加劲梁一、二期恒载,车辆荷载及风荷载等)传递到主缆的构件,通常按等间距和等截面布置。其下端通过锚头与梁体两侧的吊点联结,上端通过索夹与主缆联结。立面布置上,有常规的竖直式吊索和英式斜置式吊索(很少采用)两种形式,如图 5-3-17 所示。迄今为止,国内外绝大部分悬索桥都采用竖直式吊索。斜置式吊索存在的主要缺点是:①中跨跨中斜置式吊索易因汽车荷载引起的变化应力而导致吊索的疲劳破坏;②吊索在制作上因难以避免的误差而易使斜置式吊索松弛,故目前较少应用。

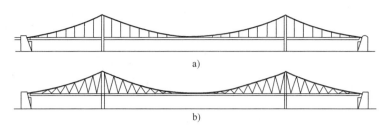

图 5-3-17　吊索的布置形式
a)竖直式；b)斜置式

二、吊索的材料

1. 钢丝绳索

图 5-3-18a)所示的钢丝绳索,是由位于中央的一股钢丝绳作绳心,再在其外围用 6 股由 7 丝或 19 丝或 37 丝扭绞组成的钢丝束股扭绞组成。束股的扭绞方向与每一束股中钢丝扭绞方向相反。

2. 平行钢丝索

图 5-3-18b)所示的吊索是近年来在悬索桥中陆续采用的平行钢丝索。其截面组成一般为几十根乃至百余根 $\phi 5 \sim \phi 7$ mm 镀锌钢丝,外加 PE 套管保护。每个索夹处的竖直吊索都包括 2 根平行钢丝索。

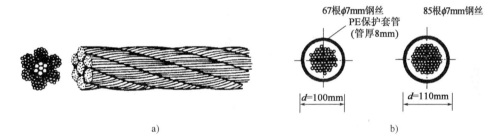

图 5-3-18　吊索材料类别
a)吊索用钢丝绳索；b)吊索用平行钢丝索

三、吊索的索夹

1. 吊索与索夹的连接方式

（1）四股骑跨式

如图 5-3-19a)所示,四股骑跨式的吊索是用两根两端带锚头的钢丝绳骑跨在索夹顶部的嵌索槽中,并使四个锚头在下端与加劲梁体连接。将四股骑跨式的索夹按左右方向分为两半,再在索夹的上方用水平方向的高强度预应力杆将它们夹紧连在一起,使索夹依靠它与主缆之间的摩阻力将自己固定在主缆上。显然,四股骑跨式的吊索是不宜采用平行钢丝索的。

（2）双股销铰式

如图 5-3-19b)所示,双股销铰式的吊索,用两根下端带锚头、上端带连接套筒的钢丝绳或平行钢丝索,将其上端用销铰与带耳板(吊板)的下索夹连接,吊索的下端用锚头或同样用销铰与加劲梁体连接。双股销铰式的索夹是按上下方向分为两半,同样用高强度预应力杆从索夹的左右侧将它们夹紧连在一起。

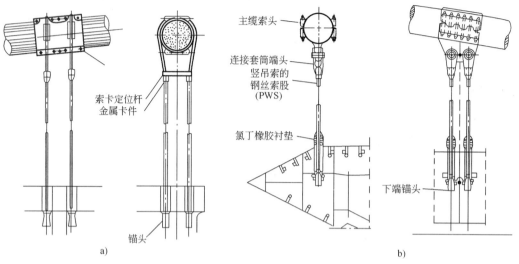

图 5-3-19 吊索与索夹的连接方式
a) 四股骑跨式；b) 双股销铰式

2. 索夹的设计内容

(1) 索夹内孔直径 d_c

$$d_c = \sqrt{\frac{d_w^2 n_{tot}}{1-V_C}} \tag{5-3-3}$$

(2) 确定螺栓数目 n

$$n \geqslant \frac{vT_n \sin\theta}{\mu m N} \tag{5-3-4}$$

(3) 索夹壁厚拉应力 σ 的验算

$$\sigma = \frac{nN}{2Lt} \leqslant \frac{1}{3}\sigma_r \tag{5-3-5}$$

其中,N 为单根螺栓的设计夹紧力,它可表示为

$$N = A\sigma_e \tag{5-3-6}$$

$$\sigma_e = \frac{1}{2}\sigma_s \tag{5-3-7}$$

上述式中:d_w——主缆中单根钢丝直径；

n_{tot}——单根主缆中钢丝总根数；

V_C——主缆在索夹内的设计空隙率,按 PPWS 法,$V_C = 0.16 \sim 0.18$；按 AS 法,$V_C = 0.17 \sim 0.2$；

T_n、θ——分别为 n 号吊索索力及在该吊索处主缆的水平倾角；

A、σ_e、σ_s——分别为单根螺栓有效截面面积、设计拉应力和材料的屈服应力；

L、t、σ_r——分别为索夹沿主缆方向的长度、壁厚和材料的屈服应力；

μ、v——分别为索夹与主缆之间的摩阻系数、抗滑安全系数,一般取 $\mu = 0.15$,$v = 3.0$；

m——与索夹内压力分布有关的系数,考虑到索夹与主缆之间的摩擦因素,取 $m=2.8$。

四、吊索与加劲梁的连接

通常把柔性吊索的钢丝绳或钢绞线的端头散开并伸入连接套筒内,然后浇入合金,使之与套筒联结成整体而形成锚头,吊索下端通过套筒与加劲梁的连接件连接。下面列举 2 个连接构造实例。

1. 吊索与钢桁加劲梁的连接

图 5-3-20 表示了吊索与钢桁加劲梁连接构造的三种类型。

(1)固定在加劲梁弦杆的翼缘上,如图 5-3-20a)所示。其优点是直观、维修管理简便;缺点是影响美观,索梁之间的传力构造细部较复杂。

(2)穿过加劲梁弦杆翼缘的固定方法,如图 5-3-20b)所示。其缺点是截面受到损伤时检查维修工作不太方便。

(3)固定于加劲梁腹杆的外侧,如图 5-3-20c)和图 5-3-20d)所示。其优点是受力合理;缺点是为了连接,需要在加劲梁的钢节点板上焊接锚固件。

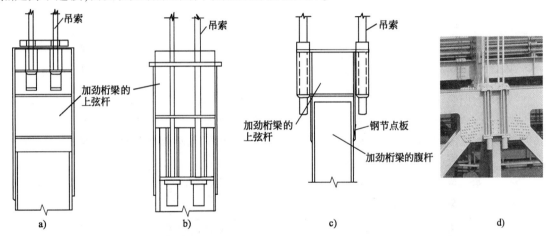

图 5-3-20 吊索与钢桁加劲梁上端的固定
a)固定于翼缘上;b)穿过翼缘固定;c)腹杆外侧;d)腹杆外侧实物图

2. 吊索与钢箱加劲梁的连接

(1)锚箱式

图 5-3-21a)是我国西陵长江大桥的锚箱式构造,该桥在每个吊点布置处采用 2 根骑跨式钢丝绳吊索,各有 4 个吊索锚头,布置在伸出箱外的主横隔梁与小纵梁形成的十字架内。这类构造制作简单、传力明确、检修养护便利,且无箱内积水腐蚀的隐患。

(2)耳板式

图 5-3-21b)是英国亨伯尔桥斜吊索上所采用的吊点构造。每侧吊点各有两根沿顺桥方向斜向布置的销栓式吊索锚固。吊点布置在箱梁侧腹板尖角处,采用直接加焊的带销孔耳板与吊索的叉形锚头连接。该吊点构造简单,加工及焊接质量要求高,但存在应力集中的问题。

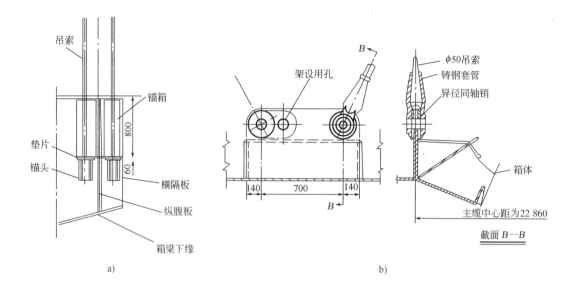

图 5-3-21 吊索与钢箱加劲梁的连接(尺寸单位:mm)
a)锚箱式吊点;b)耳板式吊点

五、中央扣

悬索桥在汽车荷载及风荷载作用下,加劲梁和主缆在纵、横向都将发生位移,特别是在跨中区域,这种位移导致短吊索弯折受力明显,易造成疲劳破坏,因此在跨中设中央扣,可以防止这种疲劳破坏。中央扣可分为柔性中央扣和刚性中央扣两种,如图 5-3-22 所示。

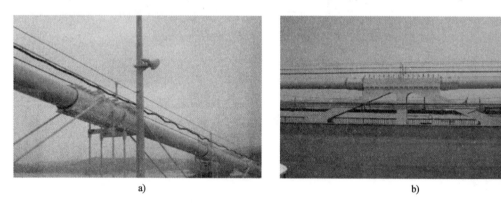

图 5-3-22 中央扣
a)柔性中央扣;b)刚性中央扣

第六节 鞍 座

鞍座的作用是为主缆提供支撑,并平顺地改变线形方向。鞍座均布在主缆几何线形的转折处。

一、主索鞍座

1. 主索鞍座的构造

主索鞍座置于塔顶用以支撑主缆,并将主缆所受到的竖向力传至主塔。主索鞍座主要由鞍槽、座体和底板三部分组成,如图 5-3-23 所示。鞍座常采用全铸钢或铸焊组合方式制造。由于其结构尺寸及质量较大,通常在纵向分成两节或三节铸造及施工吊装,但须在拼合后进行整体机械加工。

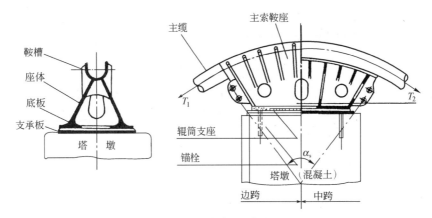

图 5-3-23 主索鞍座构造

鞍槽在顺桥向呈圆弧状,半径为主缆直径的 8~12 倍,用来支撑主缆束股;鞍槽在横桥向呈台阶状,与主缆束股的圆形排列相适应,台阶宽度与束股尺寸接近。座体是鞍座传递竖向压力的主体,由一道或两道纵主腹板和多道横肋构成,上部与鞍槽连为一体,下部与底座板相连。底板预先埋置在塔的顶面,起着均匀分布鞍座垂直压力的作用。为了满足悬索桥在施工过程中鞍座的预偏或复位滑移的需要,底板与座体之间需设滑动装置,如辊轴、四氟滑板或采取其他减摩技术措施。成桥以后,塔主索鞍座便与塔顶固结,因此鞍座下辊轴直径的确定没有像确定一般桥梁支座的下辊轴直径那样严格。

2. 主索鞍座的抗滑稳定性

为了防止主缆在鞍座内滑动,在索槽中应设置衬垫,并且规定鞍座与主缆之间的抗滑动安全系数 $K \geq 2$。其验算公式如下:

$$K = \frac{\mu \alpha_s}{\ln(F_{ct}/F_{cl})} \qquad (5\text{-}3\text{-}8)$$

式中:μ——摩阻系数,可取 $\mu = 0.15$;

α_s——鞍座圆弧线夹角或主缆在鞍槽上的包角(rad),见图 5-3-23;

F_{ct}——主缆紧边拉力(N),按作用标准值计算;

F_{cl}——主缆松边拉力(N),按作用标准值计算。

二、散索箍和散索鞍座

1. 散索箍和散索鞍座的构造

散索箍又称为展束套,它用于主缆直径较小而又不需要转向支承的条件下,能起到分散束股的作用,在整体上呈喇叭形,实际上为两半拼合的铸钢结构,如图5-3-24a)所示。

散索鞍座位于主缆支架顶面上,它对主缆起着支承、转向和分散束股的作用。为了适应主缆因受力及温度变化而产生的顺桥向移动,目前悬索桥中大多采用摇柱式散索鞍座,构造形式如图5-3-24b)所示。曾被使用的辊轴式鞍座,因辊轴易生锈而产生较大的摩阻力,故后来较少采用。鞍座制造可采用全铸钢和铸焊组合两种形式,后者即为一部分采用铸钢件,其他部分用厚钢板焊接。

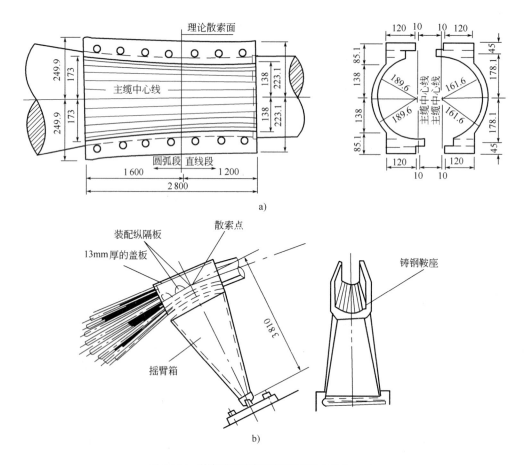

图 5-3-24 散索箍和散索鞍座构造(尺寸单位:mm)
a)散索箍;b)摇柱式散索鞍座

2. 散索鞍座的设计

根据受力状况,对散索鞍座的结构、形状有以下三个方面的要求。

(1)在主缆的入口处散索鞍座的鞍槽形状应与主索鞍座鞍槽的形状相同。

(2)在束股散开的一侧,所有束股上端的延长线应交汇于一点,其下端则指向各自的锚固点。

(3)为了使鞍座上的束股压力沿顺桥向均匀分布,鞍座在纵向的曲率半径应由大逐渐变小。变化的曲率半径可按下列近似公式计算:

$$R_i = \frac{T_{缆} - \sum T_{i散}}{q} \tag{5-3-9}$$

其中,主缆对鞍槽圆弧面的径向压力集度 q 为

$$q = \frac{T_缆}{R_0} \tag{5-3-10}$$

式中：$T_缆$、R_0——分别为主缆在鞍座入口处的拉力和鞍槽的曲率半径；
　　　$T_{i散}$——脱离鞍槽的 i 号束股拉力；
　　　R_i——与尚留在鞍槽内所有束股拉力相对应的曲率半径。

在实际设计中，R_i 不一定做到呈连续性变化，只要采用复合圆曲线，将 R_i 改变 4~5 次就可以了。

第七节　桥面及铺装

一、传统的正交异性钢桥面及沥青铺装体系

1. 正交异性钢桥面板构造

钢桥的桥面通常采用正交异性钢桥面板，由面板及焊接于其下的纵肋和横肋（横隔板）组成，由于纵、横两个垂直方向的加劲方式不同，使得钢桥面板纵、横向刚度不同，因而称为"正交异性"。正交异性钢桥面板具有自重轻、承载力大等特点，是钢桥的主要桥面结构形式。正交异性钢桥面板的厚度通常为 14~18mm。

加劲肋的作用主要是提高桥面板的刚度，以满足车辆荷载及承压稳定性的要求。按照纵向加劲肋的构造，正交异性钢桥面板可以划分为开口截面纵肋和闭口截面纵肋两种，如图 5-3-25 所示。

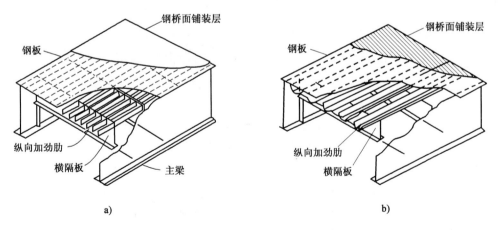

图 5-3-25　正交异性钢桥面示意图
a) 开口截面纵向肋；b) 闭口截面纵向肋

2. 钢桥面铺装构造

正交异性钢桥面铺装一般采用沥青混合料，包含防锈层、防水黏结层、沥青混凝土铺装层等，总厚度为 35~100mm。

目前常用的钢桥面铺装材料主要包括：热拌沥青混凝土或改性密级配沥青混凝土、浇筑式

沥青混凝土、改性沥青 SMA、环氧沥青混凝土等。图 5-3-26 为国内两种钢桥面铺装形式。

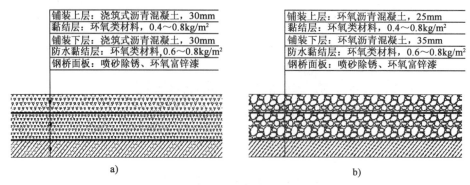

图 5-3-26 钢桥面铺装形式
a) 双层浇筑式沥青混凝土；b) 双层环氧沥青混凝土

3. 传统沥青铺装正交异性钢桥面板存在的问题

传统沥青铺装正交异性钢桥面体系存在两种典型的病害问题，即钢桥面铺装层破损和正交异性钢桥面结构疲劳开裂。

钢桥面铺装层破损现象较为普遍，主要包括裂缝、车辙、脱层及推移、坑槽等病害形式，如图 5-3-27 所示。病害的主要原因是正交异性钢桥面的受力环境复杂。与国外相比，国内的钢桥面铺装层破损病害问题更加严重，这与我国重载交通比例大、南方气温高等特点有一定的关联性。

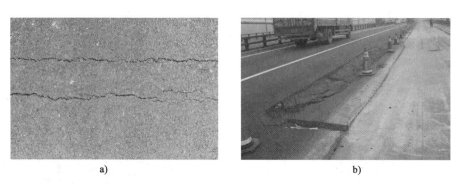

图 5-3-27 钢桥面铺装层病害图示
a) 钢桥面铺装层的横向裂缝；b) 脱层及推移破坏

疲劳开裂是正交异性钢桥面的另一个棘手问题。国内外存在许多钢桥面疲劳开裂的例子，其内因是钢材或焊接材料不可避免地存在细微裂纹，外因则是车轮荷载作用在薄的钢桥面上，局部变形大，反复应力循环(尤其是拉应力)导致疲劳损伤累积。

正交异性钢桥面中，疲劳裂纹易在以下几个位置出现：纵肋-面板连接位置、面板与纵肋角焊缝位置、纵肋-横肋连接位置、纵肋对接位置，如图 5-3-28 所示。

二、新型钢板-UHPC 组合桥面结构体系

造成铺装层频繁破损、钢桥面易疲劳开裂的根本原因是，钢面板经纵横肋加劲后，虽然整体刚度得到了很大的提高，但由于不是连续加劲，面板的局部刚度低、变形大，而且沥青与钢板

黏结困难。因而,根治上述难题的出路是如何在不增加自重的前提下,大幅提高桥面系刚度,同时避免沥青与钢板直接黏结。

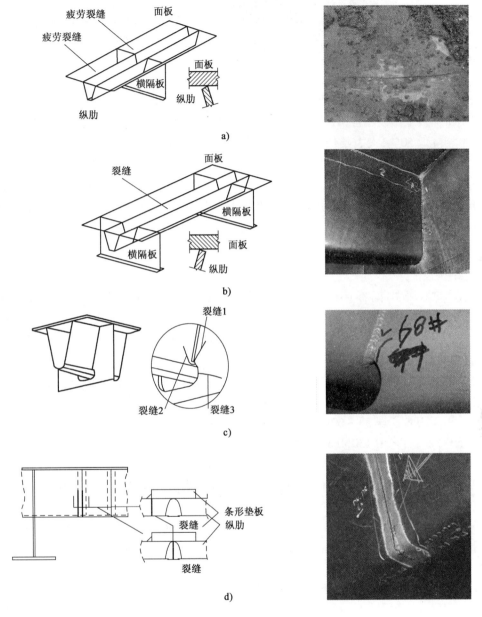

图 5-3-28　正交异性钢桥面疲劳开裂
a)纵肋-面板连接位置;b)面板与纵肋角焊缝位置;c)纵肋-横肋连接位置;d)纵肋对接位置

1. 钢板-UHPC 轻型组合桥面结构构造

在钢桥面板上增设永久性的超高性能混凝土(Ultra-High Performance Concrete,UHPC)层,UHPC 层厚约 50mm,其内布置钢筋网,并通过栓钉等剪力连接件将超高性能混凝土结构层与钢桥面连接,形成轻型组合桥面结构,然后在顶面铺筑沥青铺装层。钢板-UHPC 轻型组合桥面结构构造如图 5-3-29 所示。

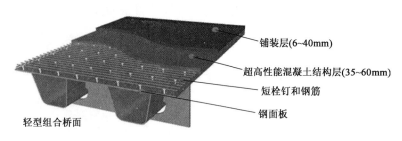

图 5-3-29 钢板-UHPC 轻型组合桥面结构构造示意图

在钢桥面板上增设刚性 UHPC 层后,正交异性钢桥面的截面刚度可提高 30 倍以上,钢桥面应力平均降低 50%,大大延长钢桥面疲劳寿命;同时将昂贵的钢桥面铺装转变为经济的混凝土桥面铺装,降低巨额维修成本。该技术最早实践于广东肇庆马房大桥桥面加固工程,并同时与其他四种方案进行了实践比较。经过多年实践表明,该技术方案表现优异,获得工程界广泛认可,近年来已被广泛用于实际工程中,破解了正交异性桥面板疲劳开裂和铺装层破坏的世界性难题。可见,解决工程难题,不仅要勇于创新,更需要经得起实践考验。

2. 设计要点

(1)结构性能

一系列试验表明:配筋 UHPC 层的抗裂强度可达 40MPa,完全能够承担实桥荷载作用下的拉应力,各层间联结牢固可靠。此外,由于各层结构均较薄,组合桥面的总质量与传统沥青钢桥面铺装层持平,因而不会影响旧桥改造中主桥结构的安全性。

(2)构造参数取值范围

钢板-UHPC 组合桥面结构设计的关键在于:一是保证 UHPC 层具有足够的抗拉强度;二是层间的联结可靠。具体反映在以下构造特点上:

①厚度:UHPC 层厚 35~60mm,磨耗层厚 10~40mm,桥面层总厚 45~90mm。

②UHPC 层:可采用 130MPa 级,通过掺钢纤维、密布钢筋等措施提高其抗拉强度及韧性;浇筑 UHPC 层后,通过蒸汽养护消除收缩变形的影响。

③UHPC 层内钢筋:沿纵、横桥向布置钢筋网,其中横桥向钢筋布置在上层。钢筋的直径可为 10~12mm,布置间距宜为 30~50mm。

④钢板-UHPC 层界面连接:可以采用栓钉、焊接钢筋网等方式连接钢面板与 UHPC 层。若采用栓钉,其直径一般可为 13mm,布置密度根据界面抗剪要求确定。栓钉布置应与加劲肋焊接位置错开。

⑤磨耗层-UHPC 层连接:采用抛丸进行处理。

第四章 悬索桥计算

第一节 计算基本步骤

悬索桥计算步骤与其他桥型的计算步骤基本相同,主要包括:

(1)基本参数计算

根据设计方案中的初拟结构尺寸,确定各杆件的材料性能和几何技术特性等参数。

(2)整体受力分析

整体受力分析包括静力分析和动力分析。目前的分析方法主要有基于有限元法的电算程序和基于经典理论的算法。本篇仅介绍后者。

(3)结构承载能力极限状态和正常使用极限状态验算

这些内容均可按《公路钢结构桥梁设计规范》(JTG D64—2015)中的规定和公式进行计算,大多属于《结构设计原理》中的内容。

(4)结构构造及尺寸的局部调整

通过上述分析后,对不满足规范要求的杆件尺寸或构造做适当调整,必要时重复上述计算。

第二节 结构分析的内容

一、结构整体分析

主要内容有：
(1)索塔、主缆、加劲梁的内力及变形计算。
(2)索塔、主缆、加劲梁受横向风力的计算。
(3)结构自振频率计算等。

二、结构杆件的应力及稳定性验算

除了根据整体分析中得到的内力对索塔、主缆和加劲梁的各个截面进行验算以外，还需进行以下验算和计算：
(1)索塔基础的承载力及位移、变形验算。
(2)锚碇及其基础的结构内力分析，抗滑、抗倾覆稳定性验算。
(3)吊索及索夹的内力及应力验算。
(4)主索鞍及散索鞍的应力验算。
(5)支座计算等。
本篇仅介绍悬索桥主缆系统计算的内容。

第三节 主缆系统计算

一、主缆线形解析计算理论

1. 基本假设

现代大跨度悬索桥的主缆一般由钢丝集束而成，相对抗弯刚度很小，基本上可作为完全柔性索来处理。悬索桥主缆的计算方法通常基于以下三条基本假定：

(1)索是理想柔性的，既不能受压也不能受弯。索曲线有转折的地方，只要转折的曲率半径足够大，局部弯曲也可不计。

(2)索的材料符合胡克定律。用于悬索桥的高强度钢丝索在正常使用范围内，应力与应变呈线性关系。

(3)悬索桥主缆横截面面积在外荷载作用下变化量十分微小，可忽略这种变化的影响。

如图 5-4-1 所示为受 X、Y 两个方向任意非均布荷载的一根悬索。根据第一条假定，索的张力 T 只能沿索的切线方向作用。由微分单元的静力平衡条件得

$$\left. \begin{aligned} \sum X = 0, & \quad \frac{\mathrm{d}H}{\mathrm{d}y}\mathrm{d}y + q_x \mathrm{d}y = 0 \\ \sum Y = 0, & \quad \frac{\mathrm{d}}{\mathrm{d}x}\left(H\frac{\mathrm{d}y}{\mathrm{d}x}\right)\mathrm{d}x - q_y \mathrm{d}x = 0 \end{aligned} \right\} \tag{5-4-1}$$

由式(5-4-1)中的后一方程得

$$\frac{d}{dx}\left(H\frac{dy}{dx}\right) - q_y = 0 \qquad (5\text{-}4\text{-}2)$$

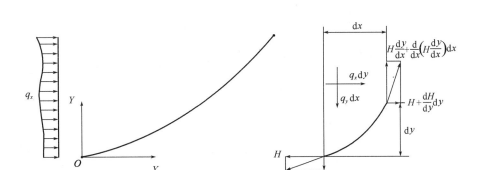

图 5-4-1　索段微分单元

式(5-4-1)和式(5-4-2)为索的基本平衡微分方程。在悬索桥的主缆线形计算中,一般索段的水平分布荷载 $q_x = 0$,则根据式(5-4-1)得出张力的水平分量 H 为常量,因而式(5-4-2)又可以写成

$$H\frac{d^2 y}{dx^2} - q_y = 0 \qquad (5\text{-}4\text{-}3)$$

如果 q 沿任意曲线 p 分布,则

$$q_y dx = q dp, \quad dp = \sqrt{dx^2 + dy^2} \qquad (5\text{-}4\text{-}4)$$

其中,竖向荷载 q_y 为沿跨度分布的荷载,由式(5-4-4)得

$$q_y = \frac{q dp}{dx} = q\sqrt{1 + \left(\frac{dy}{dx}\right)^2} \qquad (5\text{-}4\text{-}5)$$

将 $\sqrt{1+\left(\frac{dy}{dx}\right)^2}$ 按级数展开得

$$\sqrt{1+\left(\frac{dy}{dx}\right)^2} = 1 + \frac{1}{2}\left(\frac{dy}{dx}\right)^2 - \frac{1}{8}\left(\frac{dy}{dx}\right)^4 + \frac{1}{16}\left(\frac{dy}{dx}\right)^6 - \frac{5}{128}\left(\frac{dy}{dx}\right)^8 + \cdots \qquad (5\text{-}4\text{-}6)$$

如果荷载分布曲线 p 与索曲线重合,即荷载沿索曲线分布时,则索曲线为悬链线;如果 $q = 0$,则索曲线为直线;如果荷载分布曲线 p 为直线,即当 $dy/dx \approx \text{const}$ 时,则索曲线为抛物线。特殊地,如果为小垂度悬索,即悬索较平坦,dy/dx 很小,则式(5-4-6)可仅取前面的第一项,表示 q_y 简化为与 q 近似相等,这就是荷载沿跨度分布的抛物线悬索。可见,由于对沿索分布荷载简化的不同,导致了不同的悬索计算线形。

2. 悬链线理论

(1) 自重作用下的悬链线理论

当作用在索上的力只有自重 q_1 时,按照图 5-4-2 所示的坐标体系,式(5-4-3)变成

$$H\frac{\mathrm{d}^2 y}{\mathrm{d}x^2} + q_1\sqrt{1+\left(\frac{\mathrm{d}y}{\mathrm{d}x}\right)^2} = 0 \tag{5-4-7}$$

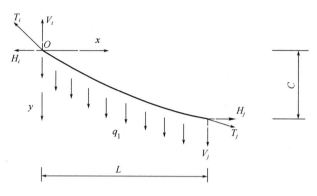

图 5-4-2 悬链线受力计算图

对上式积分两次,并代入边界条件: $x=0, y=0$; $x=L, y=C$,得

$$y = -\frac{H}{q_1}\mathrm{ch}\left(\frac{q_1 x}{H} - \alpha\right) + \alpha_1 \tag{5-4-8}$$

其中

$$\left.\begin{array}{l} \alpha_1 = \dfrac{H}{q_1}\mathrm{ch}\alpha \\[2mm] \alpha = \mathrm{sh}^{-1}\left(\dfrac{\beta C/L}{\mathrm{sh}\beta}\right) + \beta \\[2mm] \beta = \dfrac{q_1 L}{2H} \end{array}\right\} \tag{5-4-9}$$

当两塔等高时, $C=0$, $\alpha = \beta = \dfrac{q_1 L}{2H}$, 式(5-4-8)变为

$$y = \frac{H}{q_1}\left[\mathrm{ch}\alpha - \mathrm{ch}\left(\frac{q_1 x}{H} - \alpha\right)\right] \tag{5-4-10}$$

当 $x = \dfrac{L}{2}$ 时, $y = f$, 则

$$f = \frac{H}{q_1}(\mathrm{ch}\alpha - 1) \tag{5-4-11}$$

悬链线索的形状长度 S 和无应力长度 S_0 分别为

$$S = \int_0^S \mathrm{d}s = \int_0^L \left[1 + \left(\frac{\mathrm{d}y}{\mathrm{d}x}\right)^2\right]^{\frac{1}{2}} \mathrm{d}x = \frac{H}{q_1}\left[\mathrm{sh}\left(\frac{q_1 L}{H} - \alpha\right) + \mathrm{sh}\alpha\right] \tag{5-4-12}$$

$$\begin{aligned} S_0 &= S - \Delta S = S - \int \frac{T\mathrm{d}s}{EA} = S - \int_0^L \frac{T(x)}{EA}\sqrt{1+\left(\frac{\mathrm{d}y}{\mathrm{d}x}\right)^2}\mathrm{d}x = S - \frac{H}{EA}\int_0^L\left[1+\left(\frac{\mathrm{d}y}{\mathrm{d}x}\right)^2\right]\mathrm{d}x \\ &= S - \frac{H}{EAq_1}\left\{\frac{1}{2}q_1 L + \frac{1}{8}H\left[\mathrm{e}^{-2(\alpha-2\beta)} - \mathrm{e}^{2(\alpha-2\beta)} - \mathrm{e}^{-2\alpha} + \mathrm{e}^{2\alpha}\right]\right\} \end{aligned} \tag{5-4-13}$$

（2）分段悬链线理论

悬索桥在成桥状态下,对于主缆而言,所受荷载为沿弧长均布的主缆自重(包括缠丝和防护等)及通过吊索传递的局部荷载,后一部分可近似作为集中荷载处理,它包括索夹、吊索及锚头自重,以及通过吊索传递的加劲梁恒载。因此,悬索桥的主缆受力图可简化为承受沿弧长的均布荷载 q 加吊索处作用集中荷载的柔性索,如图 5-4-3 所示。成桥状态下的主缆设计即转化为求这种柔性索结构的索长及线形设计。

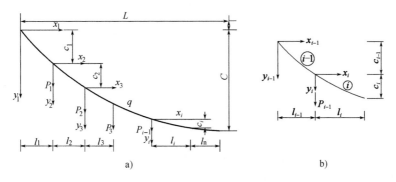

图 5-4-3　分段悬链线索的结构及受力计算图

图 5-4-3a)为上述柔性索的结构及受力计算图,直接求解该问题比较困难,可建立如图 5-4-3b)所示的局部坐标系,坐标原点建立在集中荷载作用点中心。在集中荷载之间,主缆只承受沿弧长的均布荷载,如图 5-4-3b)所示。对于图 5-4-3b)所示柔性索,索曲线为悬链线,满足边界条件的索曲线方程为

$$\left.\begin{aligned} y_i(x_i) &= \frac{H}{q}\left[\operatorname{ch}\alpha_i - \operatorname{ch}(2\beta_i x_i/l_i - \alpha_i)\right] \\ \alpha_i &= \operatorname{sh}^{-1}\left(\frac{\beta_i c_i/l_i}{\operatorname{sh}\beta_i}\right) + \beta_i \\ \beta_i &= \frac{ql_i}{2H} \end{aligned}\right\} \quad (5\text{-}4\text{-}14)$$

若集中力将索分为 n 段,则由式(5-4-14)表示的 n 段索应满足如下力的平衡及变形相容条件:

① $\sum_{i=1}^{n} c_i = C$; $\qquad(5\text{-}4\text{-}15)$

②对于主跨,跨中或索上任意点应通过给定点(对悬索桥来说,一般预先给定跨中矢高);

③根据主塔塔顶无偏位,可知边跨水平力等于主跨水平力;

④各局部坐标原点处满足力的平衡条件,即

$$H\frac{\mathrm{d}y_{i-1}}{\mathrm{d}x_{i-1}}\bigg|_{x_{i-1}=l_{i-1}} - H\frac{\mathrm{d}y_i}{\mathrm{d}x_i}\bigg|_{x_i=0} = P_{i-1} \qquad (5\text{-}4\text{-}16)$$

对于成桥状态计算,式(5-4-14)中一单跨索(主跨或边跨)有 H、$c_i(i=1,2,3,\cdots,n)$ 共 $n+1$ 个未知量。

已知条件如下:

主跨:①、②及④共 $n+1$ 个;

边跨:①、③及④共 $n+1$ 个。

因而，无论是主跨还是边跨，式(5-4-14)的分段悬链线方程均有唯一解，可通过下方的二分迭代逼近法求解非线性方程。

①计算主缆索力水平分量 H_0 的迭代区间 $[H_{01}, H_{02}]$，$H_0 = \dfrac{H_{01} + H_{02}}{2}$，其中迭代区间可由抛物线理论解加一个正负步长确定。

②假定左支座处的竖向分力为 V_0，迭代区间 $[V_{01}, V_{02}]$，$V_0 = \dfrac{V_{01} + V_{02}}{2}$。

由式(5-4-14)第一式可得：

$$\left.\frac{dy_1}{dx_1}\right|_{x_1=0} = sh(\alpha_1)$$

又

$$\left.\frac{dy_1}{dx_1}\right|_{x_1=0} = \frac{V_0}{H_0}$$

则有 $H_0 sh\alpha_1 = V_0$，于是可以求得 α_1，又由(5-4-14)第三式可求得 β_1，同时：

$$c_1 = \frac{H_0}{q}[ch\alpha_1 - ch(2\beta_1 - \alpha_1)]$$

$$\left. H_0 \frac{dy_1}{dx_1}\right|_{x_1=l_1} = -H_0 sh(2\beta_1 - \alpha_1)$$

即可求得 c_1。

③由式(5-4-16)可建立第一段索和第二段索共有节点在局部坐标系下的平衡方程：

$$\left. H_0 \frac{dy_1}{dx_1}\right|_{x_1=l_1} - \left. H_0 \frac{dy_2}{dx_2}\right|_{x_2=0} = P_1$$

又

$$\left.\frac{dy_2}{dx_2}\right|_{x_2=0} = sh(\alpha_2)$$

由此可求得 α_2 和 β_2，再由式(5-4-14)建立 α_2 和 β_2 与 c_2 之间的关系，求得 c_2。依此类推，可求得 $c_3、\cdots、c_n$。

④求 $\sum\limits_{i=1}^{n} c_i$，若 $\left|\sum\limits_{i=1}^{n} c_i - C\right| \leqslant \varepsilon$（$\varepsilon$ 为预先给定的误差限），则继续往下计算，否则二分 V_0 的迭代区间，重新进行②~④的循环，直到满足条件为止。

⑤检验索是否通过指定点，若不能满足，则二分 H_0 的迭代区间，重新进行①~⑤的循环，直到索通过指定点。

⑥计算各索段的索形状长度、弹性伸长量、无应力长度及各点的索曲线坐标和端点坐标。

如果 H_0 已知（对于边跨），则省略步骤①和步骤⑤的计算。根据以上公式和条件，分段悬链线线形计算流程如图5-4-4所示。

(3) 算例

两支座等高的悬索，跨度 $L = 880.0m$，主缆恒荷载集度 $q_1 = 54.0kN/m$，加劲梁恒载集度分别为 $q_2 = 50kN/m、100kN/m、200kN/m$，吊索间距12m，跨中矢高分别为 $f = 60m、80m、100m$，索材料弹性模量 $E = 2.0 \times 10^5 MPa$，面积 $A = 0.6m^2$。用分段悬链线法和抛物线法分别计算的索力水平分量 H、索无应力长度 S_0 及 $y(x)|_{x=216m}$ 的值并列于表5-4-1。

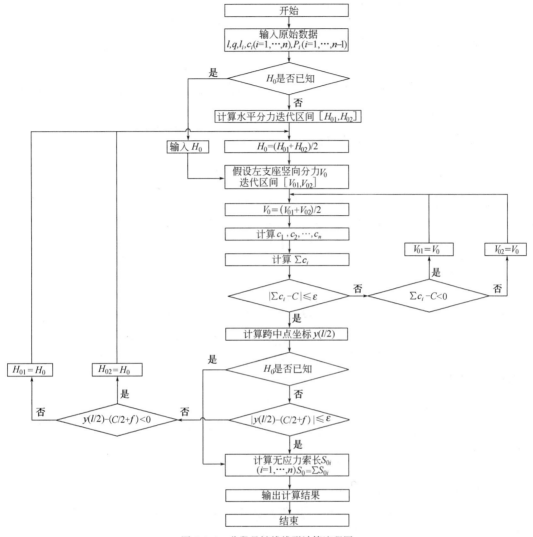

图 5-4-4　分段悬链线线形计算流程图

几种计算方法结果比较　　　　　　　　　　　　　　　　　　　　表 5-4-1

工况		H(kN)		S_0(m)		$y(x)\|_{x=216m}$(m)	
q_2(kN/m)	f(m)	分段悬链线解	抛物线解	分段悬链线解	抛物线解	分段悬链线解	抛物线解
50	60	171 386.7	170 851.2	897.407 7	897.338 7	44.214 6	44.178 2
	80	128 847.8	128 138.4	905.903 2	905.789 8	58.989 8	58.904 3
	100	103 390.4	102 510.7	916.446 3	916.263 9	73.795 3	73.630 4
100	60	253 526.5	252 991.2	896.780 5	896.686 5	44.202 9	44.178 2
	80	190 453.7	189 743.4	905.414 3	905.274 8	58.962 0	58.904 3
	100	152 675.5	151 794.7	916.026 8	915.825 2	73.742 0	73.630 4
200	60	417 807.7	417 271.2	895.531 8	895.382 0	44.193 1	44.178 2
	80	313 664.0	312 953.4	904.452 3	904.244 6	58.939 4	58.904 3
	100	251 244.4	250 362.7	915.223 8	914.947 8	73.698 2	73.630 3
0	60	89 246.1	88 711.2	898.043 7	897.990 9	44.248 4	44.178 2

比较表5-4-1的结果可以得出以下结论：

①对于索力，采用抛物线法理论误差较大，相对误差在1/500~1/100之间。

②从线形方面来看，精确的计算方法是分段悬链线法，抛物线法的误差较大，相对误差在1/1 000~1/200之间，这种误差范围不能满足吊索制作精度的要求。

③对于主缆无应力长度，在悬索桥常用的参数范围内，近似方法与精确方法的相对误差在1/50 000左右。

二、成桥线形要求和有关原理

1. 成桥线形的要求状态

成桥状态要求达到的线形状态是：主缆的理论顶点和锚固点在设计指定的位置，主跨主缆为设计的垂跨比，加劲梁达到设计的加劲梁线形。设计者根据加劲梁的跨中高程和最短吊索（或中央扣）长度可以确定主跨主缆的跨中高程，然后根据选定的主缆垂跨比可以确定索塔塔顶的高程。

2. 缆索无应力长度不变原理

这一原理是联系结构成桥设计状态与构件各个施工状态的纽带，对于悬索桥来说，一旦主缆丝股架设完成，丝股和索鞍就不能有相对位移；在成桥后锚固点间的距离也是固定的。也就是说，不论是在架缆状态还是架梁状态，虽然主缆有不同的线形，但是各索夹之间、索鞍中心之间主缆的无应力长度应是同一数值，且与成桥状态相等。

3. 成桥线形计算原理

设计者确定了成桥状态主缆的理论顶点、锚固点和主跨的垂跨比之后，通过下列条件可以完全确定出主跨主缆的成桥线形：

（1）主缆各分点的水平位置。

（2）主缆通过给定点，即跨中的高程。

（3）由于索塔或者索鞍要求在恒载下不产生偏位，所以在各索鞍两侧的主缆水平分力相等。

上述成桥状态（图5-4-5）：$n-1$个吊索将主跨主缆分为n段，由式(5-4-14)~式(5-4-16)，可以计算出主跨和边跨各缆索段参数$c_i(i=1,2,3,\cdots,n)$以及水平力H，得到每段缆索的索曲线方程；再由式(5-4-12)、式(5-4-13)进一步求得主跨各缆索段的无应力索长$S_{0i}(i=1,2,3,\cdots,n)$。

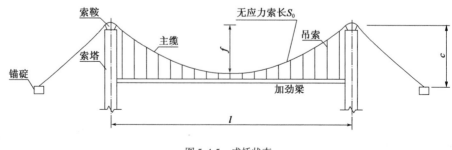

图5-4-5 成桥状态

三、施工阶段的计算

1. 索鞍预偏原理

成桥状态下,索鞍在塔顶没有偏位,塔底没有弯矩,因此各索鞍在成桥恒载状态下也就没有剪力。但在架梁施工过程中,主、边跨作用在主缆上的外荷载并不相等,中跨较长,荷载较重,而边跨荷载较轻,甚至没有吊索荷载。此时如果索鞍仍保持成桥状态的位置,势必产生强大的不平衡力,导致鞍座内索股滑丝,索塔承受的弯矩过大。

解决上述问题的有效办法就是索鞍预偏。由于跨度的改变能够引起跨中垂度的显著改变,从而显著改变悬索的内力,所以可以将滑板式索鞍预先偏离成桥设计位置,架梁过程中,当鞍座一侧(如主跨)水平力较大时,将鞍座向水平力大的一侧顶推,可使该侧主缆水平力迅速降低,另一侧主缆水平力迅速升高,从而使得相邻两跨主缆水平力在索鞍处保持平衡。

2. 施工过程计算

施工过程计算示意如图 5-4-6 所示。

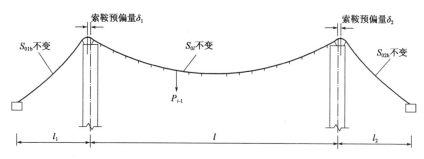

图 5-4-6 施工过程计算示意图

以三跨悬索桥为例,假设主跨有 $n-1$ 个吊索,两边跨分别有 n_1-1、n_2-1 个吊索,即主跨及两边跨分别有 n、n_1、n_2 个索段,分析任一施工阶段如下:

(1)未知条件

① 主跨有 H,$c_i,l_i(i=1,2,3,\cdots,n)$,$\delta_1,\delta_2$,共 $2n+3$ 个;

② 边跨 1 有 H_1,$c_i,l_i(i=1,2,3,\cdots,n_1)$,$\delta_1$,共 $2n_1+2$ 个;

③ 边跨 2 有 H_2,$c_i,l_i(i=1,2,3,\cdots,n_2)$,$\delta_2$,共 $2n_2+2$ 个。

对于塔顶,预偏量 δ_1、δ_2 为主、边跨共有的未知量,故任一施工阶段下主、边跨未知量共计 $2n+2n_1+2n_2+5$ 个。

(2)已知条件

① $H\dfrac{\mathrm{d}y_{i-1}}{\mathrm{d}x_{i-1}}\bigg|_{x_{i-1}=l_{i-1}} - H\dfrac{\mathrm{d}y_i}{\mathrm{d}x_i}\bigg|_{x=0} = p_{i-1}$,共 $(n-1)+(n_1-1)+(n_2-1)$ 个;

② 施工阶段各索段无应力索长等于成桥状态下对应各索段的无应力索长 S_{0i},共 $n+n_1+n_2$ 个;

③ $\sum\limits_{i=1}^{n} l_i = l + \delta_1 + \delta_2$(主跨)、$\sum\limits_{i=1}^{n_1} l_i = l_1 - \delta_1$(边跨 1)、$\sum\limits_{i=1}^{n_2} l_i = l_2 - \delta_2$(边跨 2),共 3 个;

④ $\sum\limits_{i=1}^{n} c_i = C$(主跨)、$\sum\limits_{i=1}^{n_1} c_i = C_1$(边跨 1)、$\sum\limits_{i=1}^{n_2} c_i = C_2$(边跨 2),共 3 个;

⑤两个塔顶主、边跨水平力 H 相等，$H_1=H$，$H_2=H$，共 2 个。

合计上述已知条件共 $2n+2n_1+2n_2+5$ 个，因而对于任何施工阶段，悬链线方程组都有唯一解。

当所有 $P_i=0$ 时，对应的计算结果就是空缆悬挂状态，空缆状态的 $l_i(i=1,2,3,\cdots,n)$ 就是索夹的安装位置。

悬索桥施工过程的计算流程如图 5-4-7 所示。

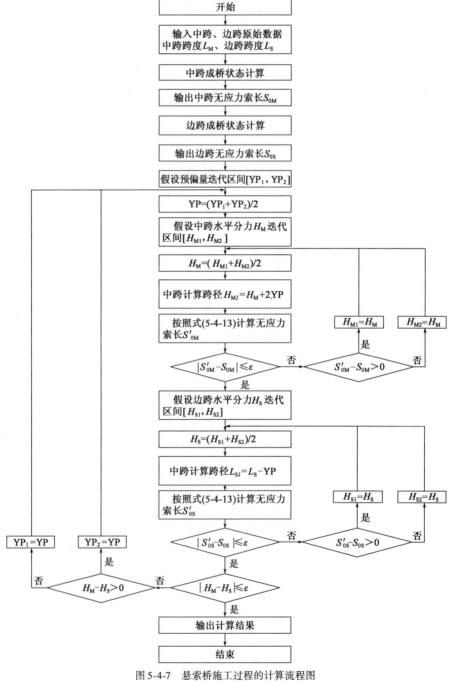

图 5-4-7　悬索桥施工过程的计算流程图

3. 案例分析

一双塔单跨悬索桥跨径 $l=1~000\text{m}$,矢跨比 $n=1/10$,边跨 $l_1=300\text{m}$,$C=105\text{m}$,两条主缆的钢丝总截面面积为 $A=1.10\text{m}^2$,主缆的弹性模量 $E=1.9\times10^5\text{MPa}$,每延米主缆的重量为 90kN,加劲梁及吊索等恒载的重量合计 200kN/m,二期恒载为 60kN/m。悬索桥的计算示意如图 5-4-8 所示。

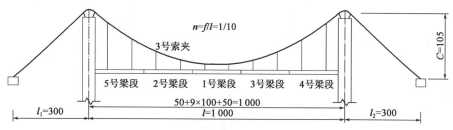

图 5-4-8 悬索桥的计算示意图(尺寸单位:m)

试用分段悬链线法计算:

(1)成桥状态主缆水平力、最大应力和总长度,边跨主缆的跨中垂度;
(2)主缆的无应力下料长度;
(3)假定主跨共 10 个吊杆($x_1=50\text{m}$,$x_2=150\text{m}$,…),每个吊杆力 20 000kN,加劲梁分 5 段安装(每段 2 个吊杆),试计算每段梁安装后塔顶索鞍的预偏量,并计算和绘出届时索形;
(4)计算索夹的成桥坐标、安装坐标和鞍座坐标(不计吊索重)。

计算结果:

(1)成桥状态下主缆水平力:438 990.76kN;
主缆的最大应力:430 025.27MPa;
主缆的总长度:1 662.190 6m;
边跨主缆的跨中垂度:2.443 8m。

(2)主缆的无应力下料长度:1 658.561 5m;
主跨的无应力下料长度:1 024.198 7m;
边缆的无应力下料长度:317.181 4m。

(3)各施工阶段主缆线形如图 5-4-9 所示。

(4)整体坐标系建立在左侧塔顶中心,向右为 x 轴正向,向下为 y 轴正向。计算得到的索夹成桥坐标见表 5-4-2,安装坐标见表 5-4-3。

索夹成桥坐标 表 5-4-2

吊杆点编号	1	2	3	4	5	6	7	8	9	10
x(m)	50	150	250	350	450	550	650	750	850	950
y(m)	19.791 6	51.823 7	75.803	91.767 6	99.743 4	99.743 4	91.767 6	75.803	51.823 7	19.791 6

索夹安装坐标 表 5-4-3

吊杆点编号	1	2	3	4	5	6	7	8	9	10
x(m)	49.5	150	250.2	350.2	450.1	549.9	649.8	749.8	850	950.5
y(m)	17.981 8	47.857 6	70.050 2	84.737 8	92.048 3	92.048 3	84.737 8	70.050 2	47.857 6	17.981 8

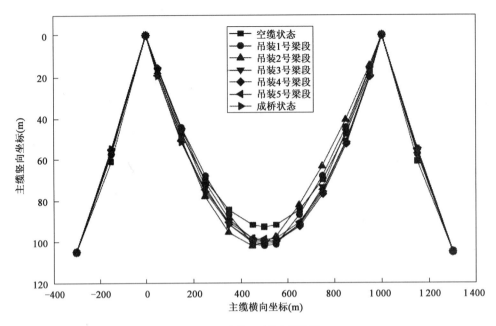

图 5-4-9　各施工阶段主缆线形

各工况参数计算结果汇总于表 5-4-4。

各工况参数计算结果汇总表　　　　　　　　　表 5-4-4

工况	塔顶索鞍预偏量（m）	主跨跨中垂度（m）	边跨跨中垂度（m）	主缆水平力（kN）	主缆最大拉力（kN）	3 号索夹坐标（m）
空缆	1.0893	92.96	8.67	1.2292×10^5	1.3128×10^5	(250.20, 70.05)
吊装 1 号梁后	0.5846	101.95	5.33	2.0071×10^5	2.1133×10^5	(251.50, 68.23)
吊装 2 号梁后	0.3832	100.37	4.06	2.6354×10^5	2.7993×10^5	(249.00, 78.12)
吊装 3 号梁后	0.2418	101.01	3.33	3.2134×10^5	3.3843×10^5	(250.60, 73.65)
吊装 4 号梁后	0.1891	99.70	3.10	3.4534×10^5	3.6243×10^5	(251.30, 71.49)
吊装 5 号梁后	0.1402	98.83	2.91	3.6850×10^5	3.9643×10^5	(250.00, 74.89)
成桥	0.00	100.00	2.44	4.3899×10^5	4.7303×10^5	(250.00, 75.80)

第五章 实　例

第一节　香港青马大桥

一、概况

青马大桥横跨香港青衣岛和马湾岛之间宽约 2km 的马湾海峡,为双跨悬吊的大跨度悬索桥,主跨跨度是 1 377m,是目前世界上最长的公铁两用悬索桥,现已成为香港的标志性工程。大桥于 1997 年建成通车。

二、主要技术指标

双层加劲梁:上层六车道高速公路,下层全天候双向单车道及双轨铁路;

设计车速:公路 100km/h,铁路 135km/h;

桥梁宽度:加劲梁宽 41m;

通航净空:通航净高 62m,净宽 1 000m;

设计风速:阵风 86m/s,平均风速 50m/s;

车辆荷载:HA+45,单位 HB(根据英国运输部标准 BD37/88);

铁路荷载:BL(根据英国标准 BS 5400 第二册);

设计使用年限:120年。

三、设计施工要点

1. 桥型布置

香港青马大桥为双跨悬吊式连续梁悬索桥,全长2 160m,主跨1 377m,加劲梁结构布置为流线型中央开孔钢桁架结构梁,大桥巨大的荷载由两条主缆及两座钢筋混凝土桥塔承托,主缆锚固在两座采用重力式结构的巨型锚碇上。每组吊索由4根竖直的直径75mm钢丝绳组成。从马湾岛端开始,桥跨布置为63m + 76.5m + 355.5m + 1 377m + 72m + 72m + 72m + 72m = 2 160m,如图5-5-1所示。

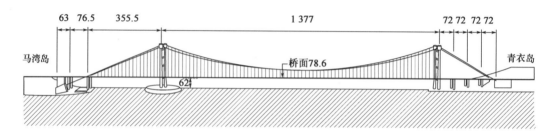

图5-5-1 主桥桥型布置(尺寸单位:m;高程单位:m)

2. 主缆

大桥主缆采用空中编缆法建造,边跨共有97组缆束,主跨则有91组。两条主缆均由直径5.38mm的镀锌高拉力钢丝并列织成。主跨部分,每条主缆由33 400根钢丝组成。边跨部分,由于主缆角度陡,需承受较大拉力,因此组成主缆的钢丝多达35 224根。主缆进入锚碇内的缆束张拉室,经过散索鞍座后分成多组缆束,每组缆束回绕,由钢铸成的半月形缆束索靴将缆力传至锚体。

3. 索塔

索塔用钢筋混凝土建造,高206m,能承受的最大荷载约为400 000kN,桥柱以柔和的弧线向上收窄,如图5-5-2所示。两条支柱,由四道横梁连成一体。每座索塔各有两个竖井,并安装升降机、爬梯及工作台。支柱顶安放铸钢鞍座及不锈钢上盖覆罩。索塔支柱采用滑模建造法成对建造。为保证在建筑期间塔柱能抵御台风或狂风吹袭,承建商预先对索塔模型进行风洞试验。

两座索塔的顶部共安装4个鞍座,每个重约500t,采用三节分体式结构,以降低吊装能力的限制。鞍座下装有格床,格床与鞍座之间设置一个滑动支座,在架设加劲梁时分三个阶段将鞍座顶回,鞍座的最大预偏量为1 200mm。工程竣工后,滑动支座即被永久锁紧。

4. 锚碇

采用重力式锚碇,承受每根主缆超过500 000kN的巨大拉力。青衣岛侧锚碇重约20万t,深埋于地下,如图5-5-3所示;而马湾岛侧锚碇则局部埋藏于地下,重约25万t。锚碇状似一个嵌入石床内的混凝土箱,锚碇的底部建有永久排水道。主缆锚固采用前锚式,再通过两束施加4 000kN预应力拉索将缆力传至锚体。

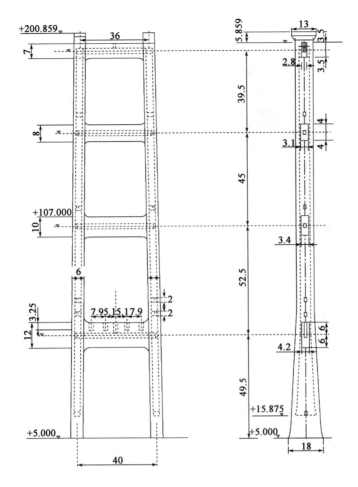

图 5-5-2　索塔(尺寸单位:m;高程单位:m)
注:所有高度以主水平基准计。

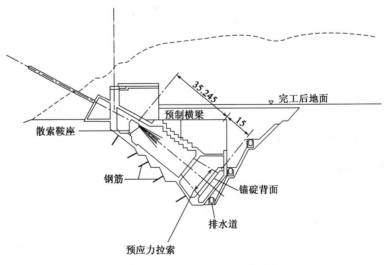

图 5-5-3　青衣岛侧的锚碇截面(尺寸单位:m)

5. 加劲梁

大桥加劲梁宽 41m，高 7.2m，采用首创的流线型中央开孔双向钢桁架结构，如图 5-5-4 所示，纵向及横向分别采用华伦式桁架及空腹式桁架，上下层桥面铺正交异性钢板，具有自重轻及刚度大的优点。加劲梁采用剖面异形设计，两边外缘安装经特别设计的流线型不锈钢覆面风嘴。加劲梁在上下层桥面中央预留一道气隙，可提高加劲梁的气动稳定性。

图 5-5-4　加劲梁结构

根据节段和全桥模型风洞试验结果，施工状态在最不利的 +5°风攻角时的颤振临界风速，在低紊流度（$I_u = 9\%$）和高紊流度（$I_u = 16\%$）分别大于 48m/s 及 45m/s；成桥状态在 0°风攻角时颤振临界风速大于 95m/s，建成后的大桥能抵御风速高达 342km/h 的台风，完全满足抗风稳定性要求。

6. 桥面铺装

上层车道铺装 40mm 厚沥青玛蹄脂，表面撒花岗岩碎石，以加强车道防滑作用。在铺筑沥青玛蹄脂前，需铺经特别设计的防水胶膜，该防水胶膜可抵御施工时 220~240℃ 的高温。下层车道只在紧急事故或修护时使用，选用 7mm 厚环氧树脂钢砂料铺装。

7. 主要技术特点

（1）大桥加劲梁创新性地采用流线型中央开孔钢桁架结构，流线型桥身加上独特的中央通风设计有效降低了加劲梁底面风致压差，大大提高加劲梁的气动稳定性。加劲梁下层采用全天候密封式设计，确保公铁交通在恶劣天气情况下的正常运行。

（2）大桥上安装了一套精密的交通控制及监控系统，以便高效管理及提升道路安全水平，确保大桥及邻近的道路网络交通畅顺。

第二节　西堠门大桥

一、概况

西堠门大桥是连接舟山本岛与宁波的舟山连岛工程五座跨海大桥中技术要求最高的特大型跨海桥梁，大桥于 2009 年建成通车。

二、主要技术指标

设计车速：80km/h；
荷载等级：公路—Ⅰ级；
桥梁宽度：全宽 36m，桥面净宽 23m，双向四车道；
通航净空：主通航孔通航净宽 630m，通航净高 49.5m；
基本风速：41.12m/s。

三、设计施工要点

1. 桥型布置

大桥为主跨 1650m 的两跨连续钢箱梁全飘浮体系悬索桥,孔跨组合为 578m + 1650m + 485m,如图 5-5-5 所示。南引桥采用两联 6×60m 预应力混凝土连续箱梁,塔锚均设置在岸上,不入水。

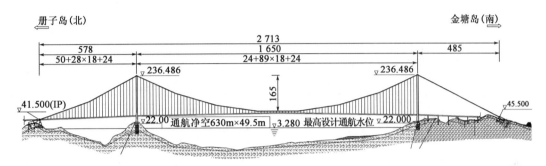

图 5-5-5 西堠门大桥桥型布置(尺寸单位:m;高程单位:m)

2. 缆索系统

主缆垂跨比为 1/10,全桥两根主缆总质量为 21450t,采用工厂预制平行钢丝索股法(PPWS)施工。每根索股含 127 根镀锌钢丝,钢丝直径为 5.25mm,抗拉强度不小于 1770MPa。每根主缆中跨索股为 169 根、南北边跨分别为 171 根和 175 根。吊索采用钢丝绳,索夹为左右对合的铸钢件,吊索上端骑跨于索夹,下端与加劲梁销接。顺桥向吊点标准间距 18m。吊索钢丝绳直径为 60mm、80mm 和 88mm,对应的公称抗拉强度分别为 1770MPa、1860MPa 和 1960MPa。悬吊长度大于 20m 的各吊点,在吊索中部两索之间设置一道抑振装置。鞍座采用铸焊混合结构,锚室及鞍罩内均设置除湿装置。

3. 索塔

索塔采用钢筋混凝土门架式框架结构,高 211.286m,塔柱间设置 3 道横梁连接。基础均采用 24 根 $\phi 2.8m$ 的钻孔嵌岩桩。南塔设置下横梁,以布置加劲梁的各种约束装置;北塔(图 5-5-6)未设下横梁,在承台间设置横系梁。为改善索塔的抗涡振性能,在塔柱断面的角点部位设置尺寸为 $0.7m \times 0.7m$ 的凹槽。

图 5-5-6 索塔

4. 锚碇及锚固系统

根据场地工程地质条件,选择弱~微风化基岩作锚碇持力层。北锚碇采用重力式扩大基础锚,南锚碇采用重力式嵌岩锚,如图 5-5-7 所示。每个锚碇混凝土方量约 8 万 m^3。

预应力锚固系统为"镀锌钢绞线 + 防腐油脂"的无黏结式可更换预应力体系,在该系统夹片后设置防松装置,钢管及前后锚头防护帽内均充满专用防腐油脂,前后锚室内设置除湿机,以防止后锚头及防护帽腐蚀,预应力筋可以单根更换。

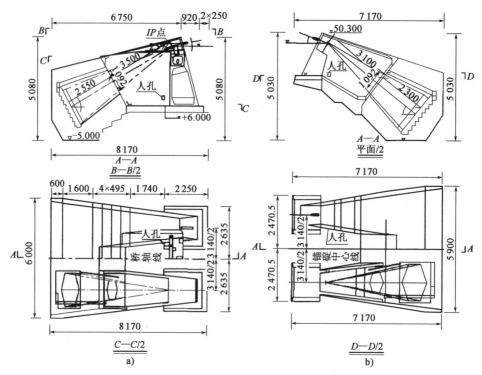

图 5-5-7 北、南锚碇一般构造(尺寸单位:cm;高程单位:m)
a)北锚碇一般构造;b)南锚碇一般构造

5. 加劲梁

加劲梁采用分离式双箱断面钢箱梁,如图 5-5-8 所示,全宽 36m,梁高 3.5m,两箱之间通过箱形横梁和工字梁连接,经数值风洞分析优选,两箱间距为 6m 时颤振临界风速最大。钢箱梁连续长度 2 228m,为目前世界上钢箱梁连续长度之最。

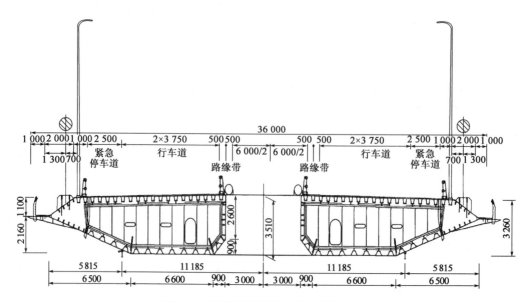

图 5-5-8 钢箱梁标准横断面(尺寸单位:mm)

全桥共划分梁段 126 个,标准节段长 18m,重约 250t,最大梁段重约 310t。箱梁总用钢量约 3.3 万 t。

由于首次在实桥中采用该类加劲梁,因而进行了数值风洞分析、节段模型风洞试验、全桥气弹模型试验等一系列风洞试验研究,对中央槽宽、断面形状、涡振、颤振、抖振、静风稳定性、结构阻尼比的影响等进行了多项系统化研究。结果表明,成桥状态颤振检验风速达 78.74m/s,施工状态颤振检验风速为 67.1m/s。

6. 主要技术特点

首次采用分离式钢箱梁断面。

第三节 矮寨大桥

一、概况

矮寨大桥位于湖南省湘西州吉首市矮寨镇,采用塔梁完全分离的结构设计方案。该桥于 2012 年建成通车。

二、主要技术指标

设计车速:80km/h;

荷载等级:公路—Ⅰ级;

桥梁宽度:桥面全宽 24.5m,四车道高速公路,即 0.5m(防撞护栏)+11.0m(行车道)+0.5m(防撞护栏)+0.5m(中央分隔带)+0.5m(防撞护栏)+11.0m(行车道)+0.5m(防撞护栏);

基本风速:34.9m/s。

三、设计施工要点

1. 桥型布置

该桥为采用塔梁分离钢桁加劲梁的悬索桥,跨径布置为 242m+1 176m+116m,加劲梁全长 1 000.5m,如图 5-5-9 所示。

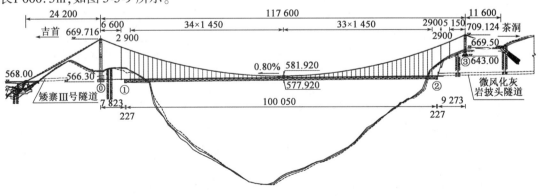

图 5-5-9 桥型布置(尺寸单位:cm,高程单位:m)

2.缆索系统

(1)主缆

主缆垂跨比为1/9.6,主缆横向间距为27m。采用预制平行钢丝索股(PPWS),索股由127根直径为5.25mm的镀锌钢丝组成。每根主缆中有通长索股169股;吉首岸边跨另设背索(6根索股)在吉首岸主索鞍上锚固。索夹内空隙率为17%,索夹外空隙率为19%。

(2)吊索

吊索标准间距为14.5m,端吊索间距为29m。吊索(图5-5-10)采用钢丝绳骑跨式,靠近主塔的吉首岸侧的1对吊点、茶洞岸侧2对吊点分别设置3根吊索,通过预应力岩锚将其锚固在基岩上。其余吊点设2根吊索,与钢桁架采用销铰式连接。吊索由镀锌高强度钢丝互捻而成,有两种结构形式:J00~J01、C00~C02,吊索因拉力或应力幅较大而采用直径88mm的8×55SWS+IWR钢丝绳;其余吊索采用直径62mm的8×41SW+IWR钢丝绳,钢丝绳的抗拉强度为1 870MPa。

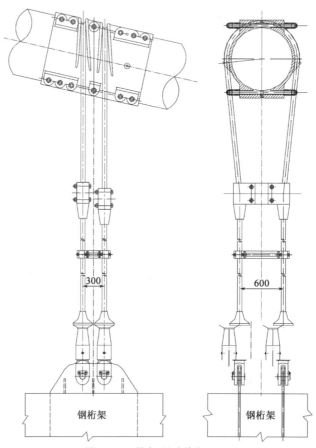

图5-5-10 吊索(尺寸单位:mm)

(3)中央扣斜拉索

为限制主缆和钢桁梁的纵向水平位移,在主缆跨中设置3对柔性中央扣,中央扣斜拉索采用直径88mm的8×55SWS+IWR钢丝绳,钢丝绳两端设套筒式热铸锚,锚固于钢桁架的上弦杆上。

(4)索鞍

索鞍采用铸焊组合结构,主索鞍由鞍头和鞍身组成,两者组焊为一体。为减轻顶推摩阻力,鞍体下设聚四氟乙烯滑板以适应施工中的相对位移量,吉首岸塔顶预偏量为1 000mm,茶洞岸塔顶预偏量为373mm。主索鞍分两半制造,吊装后用高强度螺栓连为一体。吉首岸边跨背索锚固于鞍顶的锚梁上。

散索鞍鞍体采用铸焊结合的结构,鞍槽由铸钢铸造,鞍体由钢板焊成。

3. 索塔

索塔采用双柱式门框架结构,吉首岸索塔(图 5-5-11)由扩大基础、塔座、塔柱(上塔柱壁厚0.8m、中塔柱壁厚1.0m、下塔柱壁厚1.2m)和横梁(上横梁、中横梁)组成。索塔高129.316m,塔柱横桥向由上至下向外倾斜,塔柱设上、中两道横梁,塔柱底设塔座,坐落在分离式扩大基础上。扩大基础为C30钢筋混凝土结构,塔座、塔柱为C55钢筋混凝土结构,上、下横梁为C55预应力混凝土结构。

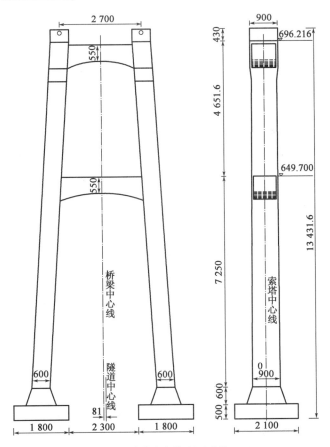

图 5-5-11 吉首岸索塔(尺寸单位:cm)

茶洞岸索塔由扩大基础、塔座、塔柱(上塔柱壁厚1.0m、下塔柱壁厚1.2m)和上横梁组成。索塔高61.924m,塔柱竖直。

吉首岸索塔扩大基础基底绝大部分位于弱风化层上。根据开挖岩层揭示情况对基础下的弱风化岩层采用钻孔压浆加固或回填垫层混凝土,确保地基承载力。

4. 锚碇

吉首岸采用重力式隧道锚碇,锚体分锚块、散索鞍支墩及基础、前锚室、后锚室四部分。其中,锚块承受预应力锚固系统传递的主缆索股拉力;散索鞍支墩承受由散索鞍传递的主缆压力;前锚室、散索鞍支墩及锚块形成一个完整的三杆件人字状构造的空间受力构件。基础平面尺寸为 70m×46m,高 6.5~29.5m;锚室高 29m,分离布置;锚块和散索鞍支墩基础分 4 块进行浇筑,各块之间设 2m 后浇段,采用微膨胀混凝土。

5. 加劲梁

钢桁加劲梁包括钢桁架和桥面系,如图 5-5-12 所示。钢桁架由主桁架、主横桁架、上下联及抗风稳定板组成。主桁架为带竖腹杆的华伦式结构,由上弦杆、下弦杆、竖腹杆和斜腹杆组成。上弦杆、下弦杆采用箱形截面,腹杆除支座处采用箱形外,其余均采用工字形。主桁架高 7.5m,宽 27m,一个标准节段由 2 个 7.25m 的节间组成,长 14.5m,在每节间处设置一道主横桁架。

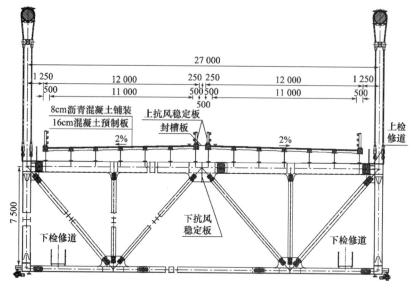

图 5-5-12　钢桁加劲梁(尺寸单位:mm)

6. 主要技术特点

(1)由于塔梁完全分离,主跨主缆两端各约 100m 范围内无吊索布置,为克服由此带来的对吊索应力幅、主缆刚度及折角、钢桁端部应力等的不利影响,首次在悬索桥上设置锚固在基岩的吊索,以提高主缆刚度。

(2)桥址处的峡谷效应在桥址处形成独特的风环境,风速比周围开阔地带明显偏大;大桥主桥两端连接隧道,车辆从隧道驶出时受急剧变化的横风作用,故在两端自隧道口向主桥方向延伸的 100m 范围内均设置高度为 0~4m 的风障,以保证行车安全。

(3)首次采用"轨道索移梁+跨缆吊机提升"的架设方法,加快了施工速度。

第四节　泰州长江大桥

一、概况

泰州长江大桥位于江苏省长江中段,上游距润扬长江大桥 66km,下游距江阴长江大桥 57km,北接泰州市,南连镇江、常州两市。主桥主跨采用三塔悬索桥方案,是世界上首次建造千米级跨度的三塔两跨钢箱悬索桥。大桥于2012年建成通车。

二、主要技术指标

设计车速:100km/h;
荷载等级:公路—Ⅰ级;
桥梁宽度:双向六车道高速公路;
通航净空:主通航孔760m×50m,副通航孔220m×24m;
基本风速:31.83m/s。

三、设计施工要点

1. 桥跨布置

主桥采用主跨2×1 080m的三塔两跨连续钢箱梁悬索桥,跨径布置为390m+2×1 080m+390m,如图5-5-13所示。中塔与边塔高程相差20m,两根主缆横向中心距为34.8m,主缆垂跨比为1/9。加劲梁在中塔处设竖向限位挡块,不设竖向支座,纵向设弹性索约束,横向设抗风支座;加劲梁在边塔处设竖向支座,横向设抗风支座。

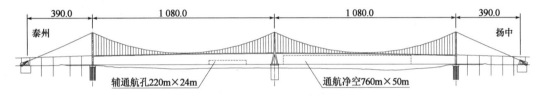

图5-5-13 主跨2×1 080m三塔悬索桥(尺寸单位:m)

2. 缆索系统

主缆采用预制平行钢丝索股,每股由91根直径为5.2mm的镀锌高强度钢丝组成,钢丝标准抗拉强度为1 670MPa,单根索股无应力长约3 100m,重47t。每根主缆由169根索股组成。主缆在索夹内空隙率为18%,在索夹外空隙率为20%。主缆钢丝与鞍槽之间摩擦系数为0.2,主缆强度安全系数$K \geqslant 2.5$,主缆钢丝在鞍座槽内抗滑安全系数$K \geqslant 2.0$。

吊索采用销接式,吊索上端通过叉形耳板与索夹连接,下端通过叉形耳板与钢箱梁上的锚板连接。吊索采用预制平行钢丝束,钢丝采用直径5.0mm的镀锌高强度钢丝,钢丝标准抗拉强度为1 670MPa。

3. 索塔

(1)中塔基础

中塔为沉井基础(图5-5-14)。沉井顶部尺寸:纵向50.4m,横向64.4m,承台厚度6m。沉井标准节段平面尺寸:纵向44m,横向58m。第一节平面尺寸比标准节段每侧加大0.2m。标准段沉井壁厚1.6m,考虑到防船舶撞击,承台底以下到-12m高程内,沉井壁厚向外加厚到2.6m,隔墙厚度为1.2m。

钢沉井与混凝土沉井高均为38m,总高76m。钢沉井在平面上布置12个边长为12.8m的方形井孔,四周井孔间布设直径为0.8m的吸泥射水孔。钢沉井平面上分成20块,每块之间用隔仓板分隔,以便于钢结构制造拼装和压水下沉时保持平衡。

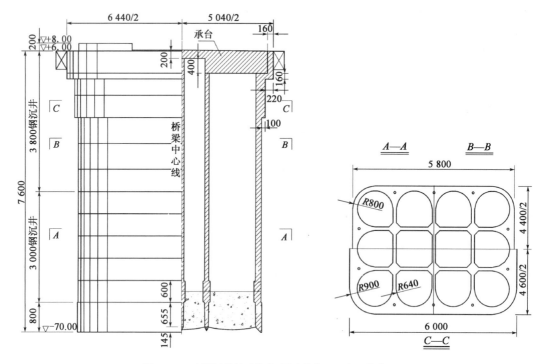

图 5-5-14 中塔沉井基础构造(尺寸单位:cm;高程单位:m)

(2)中塔塔身

中塔采用钢结构,纵向呈人字形,塔柱高 192.0m。斜腿段倾斜度为 1:4。塔柱纵向从下到上共分为 3 个区段,即下端斜腿段、交点附近的曲线过渡段及上端直线段,直线段与斜腿段按圆曲线过渡。索塔横向为门式框架结构,两人字形塔柱间的横向中心距在塔顶处为 34.8m,在塔底处为 42.6m。塔身设两道横梁(图 5-5-15),上、下横梁截面均呈梯形,下横梁连于塔柱曲线过渡段内。

塔柱为单箱多室,由四周壁板和顺桥向的两道腹板构成,在塔顶段和斜腿交叉点以上局部范围内增设一个中腹板。为了减小塔柱截面风阻系数,改善涡振性能,将塔柱外侧角点处进行钝化。

4.锚碇

南北锚碇基础沉井平面尺寸均为 67.9m×52m(第一节沉井平面尺寸为68.3m×52.4m),高分别为41m与57m。北锚碇沉井分为 11 节,第 1 节为钢壳混凝土沉井,高 8m,第 2~11 节均为钢筋混凝土沉井,除第 10 节为 4m 外,其余均为 5m,如图 5-5-16 所示。南锚碇分为 8 节,第 1 节为钢壳混凝土沉井,高 8m,第 2~8 节为钢筋混凝土沉井,除第 7 节为 3m 外,其余均为 5m。沉井基底置于密实的粉细砂层。除底节为钢壳混凝土沉井外,其余均为普通钢筋混凝土结构,共 20 个井孔,均为现场浇筑。

锚体为大体积混凝土结构,分为 4 块,每块分层浇筑,各块之间设置 2m 宽的后浇微膨胀混凝土,为防止锚体温度裂缝的发生,除要求采用低水化热水泥和对集料进行预冷外,每层设置冷却管冷却,并在锚体表面配置 $\phi20mm$ 或 $\phi16mm$ 的钢筋。

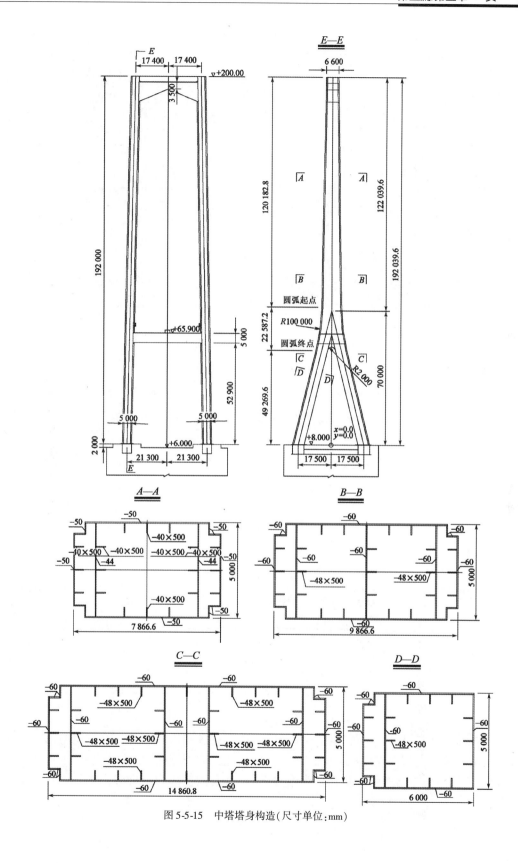

图 5-5-15 中塔塔身构造(尺寸单位:mm)

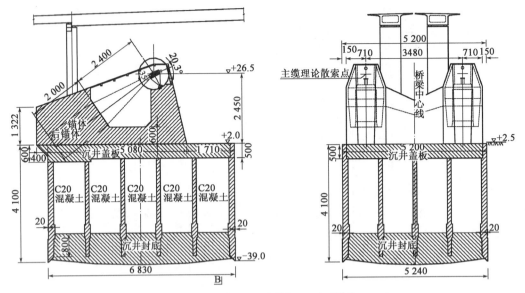

图 5-5-16　北锚碇构造(尺寸单位:cm,高程单位:m)

5. 加劲梁

加劲梁采用全焊扁平流线型封闭钢箱梁,如图 5-5-17 所示,单箱三室,两边室为风嘴兼检修道,宽 1.75m,加劲梁全宽为 39.1m,梁中心线处梁高 3.5m。标准梁段长度与吊索间距相同,均为 16m。全桥共划分 136 个制造梁段,标准梁段 128 个,特殊梁段 8 个。梁段之间采用全断面焊接方式,梁段接缝位于距横隔板 0.5m 处。箱梁采用 Q345d 钢,吊索锚箱耳板等采用 Q370d 钢,全桥钢梁总重为 33 600t。钢箱梁桥面板为正交异性板,顶板厚 14mm,局部厚 16mm,U 形肋厚 6mm,局部厚 8mm,横隔板间距为 3.2m。

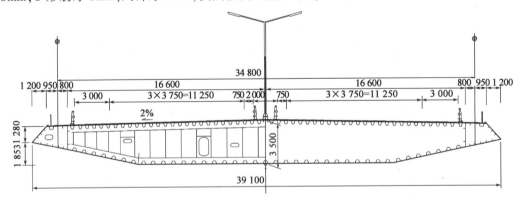

图 5-5-17　加劲梁横断面(尺寸单位:mm)

吊索锚固采用耳板形式,吊索与耳板销接。耳板直接插入箱体并与其相垂直的三块承力板焊连,承力板与直腹板焊接成箱体,中间一块承力板与横隔板位置相对应。耳板与承力板之间的焊接为双面坡口熔透焊。根据吊索索力不同,吊索锚箱分为标准梁段锚箱和特殊梁段锚箱两类。

6. 主要技术特点

(1)采用三塔悬索桥方案,是世界首次建造的千米级跨度的三塔悬索桥。

(2)采用纵向人字形的钢结构主塔,解决了三塔悬索桥结构的关键技术问题。

第五节 明石海峡大桥

一、概况

日本明石海峡大桥跨越日本本州岛—四国岛之间的明石海峡,总投资约43亿美元。主桥两座索塔之间跨度为1991m,是目前世界上跨度最大的悬索桥。该桥1988年5月开始建设,历时10年,于1998年4月建成通车。

二、主要技术指标

设计车速:100km/h;

桥梁宽度:双向六车道,2.5m(紧急停车道)+10.75m(机动车道3.75m+3.5m×2)+3.5m(中央分隔带加两侧路缘带)+10.75m(机动车道)+2.5m(紧急停车道)=30m;

通航净空:净高最高潮水位上65m,净宽1500m;

基本风速:基本风速46m/s,加劲桁架的设计风速60m/s,桥塔的设计风速67m/s。

三、设计施工要点

1. 桥跨布置

明石海峡大桥设计跨度为960m+1990m+960m,为三跨二铰加劲桁梁式悬索桥。1995年1月17日,日本阪神发生里氏7.2级大地震(震中距桥址4km),使锚碇和塔墩的基础出现了变位,当时由于主缆已架设完毕,经验算后继续施工,并对加劲桁梁作局部调整,故现今的主跨资料以1991m计,如图5-5-18所示。

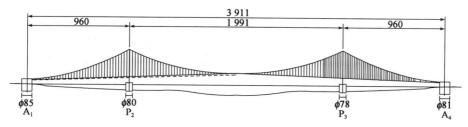

图5-5-18 明石海峡大桥立面示意图(尺寸单位:m)

2. 主缆

该桥两侧各一根主缆,采用的钢丝强度为1800MPa,考虑到该桥跨度特别大,主缆钢丝应力中的恒荷载应力很大而活荷载所占比例非常小(仅8%左右),而这部分很大的恒荷载应力是比较稳定可靠的,所以将其安全系数从过去惯用的2.5降低到2.2。

主缆采用预制平行钢丝索股(PPWS)法施工,垂跨比为 1/10.121,每根主缆有 290 根索股,每股有 127 根直径 5.23mm 的钢丝,全桥共用钢丝 57 700t。该桥主缆在紧缆并缠包后的直径为 1 120mm,当时居世界第一。

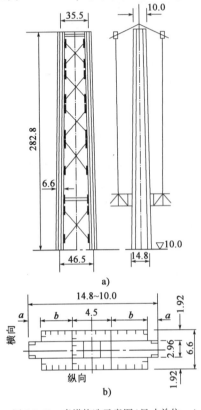

图 5-5-19 索塔构造示意图(尺寸单位:m)
a)钢桥塔;b)塔柱截面
注:a 及 b 均为变量。

该桥主缆除采用常规的防腐体系外,还在缠包钢丝之外加一层作封闭用的薄橡胶皮膜,沿主缆每隔一定距离(140m 左右)设有通风孔眼一个,利用除湿装置可将干燥大气压注入被橡胶皮膜所包封的缝隙内,借以达到防潮防腐蚀的目的。

3. 竖吊索

该桥的长吊索采用预制平行钢丝索(PPWS)制造,短吊索采用碳纤维加劲缆索(Carbon Fiber Reinforced Cable,简称 CFRC)制造。吊索与加劲梁的连接方式为:PPWS 采用铰接,CFRC 采用锚环承压。因此,它们在加劲梁架设过程中的引拉方式也不同。

该桥的竖吊索中,长度为 10~40m 的称为短吊索,10m 以下的称为超短吊索。在短吊索区间与超短吊索区间架设加劲桁梁的平面构架单元时分别采用了特殊的扁担梁(人字形平衡扁担梁、上下扁担梁及形扁担梁)。

4. 索塔

该桥采用如图 5-5-19 所示的钢桥索塔,塔高约 283m,每塔由两根略带倾斜的十字形空心大格式钢柱、5 组交叉式斜杆以及两道横梁连接后组成,两柱的中心距为 46.5m(底部)~35.5m(顶部)。十字形塔柱截面的轮廓尺寸为:横向从底到顶均为 6.6m(等值不变),纵向从底部的 14.8m 向上逐渐缩减到顶部的 10.0m。塔柱的各个空心大格室均布置有竖向加劲肋。

桥塔用日本的 SM570 钢材制造,每塔用钢约 23 100t,两塔共耗钢 46 200t。塔柱在高度方向分为 30 个节段,在水平方向上每个十字形截面又分为 3 块,每块的起吊质量均小于 160t。南北两端塔顶中心偏移的施工误差分别为 29mm 与 39mm,均小于容许值(塔高/5 000)。

由于桥塔高度特别大,因此,在抗风方面除了将每个塔柱的截面外形从矩形切去四角形成十字形之外,每柱还设置了质量为 84t 及 114t 的 TMD(调质阻尼器)各一个,用以抵抗第一挠曲振动与第一扭曲振动。

5. 锚碇

该桥的北锚碇由于采用地下连续墙防水而修建于神户层(洪积砂砾)。地下连续墙为一圆筒形基础,如图 5-5-20 所示,外周直径 85.0m,高 75.5m,墙厚 2.2m,墙底高程约为 -73.0m。施工时在地下连续墙完成后的圆筒内以深井降水的方式进行开挖,开挖深度高于地下连续墙底约 12.0m,即开挖到高程约为 -73m + 12m = -61.0m 处,再用 26 万 m^3 碾压混凝土进行填充,然后在其上面用 23 万 m^3 高流动性混凝土修建锚碇。

该桥的南锚碇直接修建在花岗岩层上，基底做成梯级状，最深的基底高程约为－23.5m，整个南锚碇共用混凝土15万 m^3。

6. 加劲桁梁

图5-5-21为该桥采用的三跨双铰加劲钢桁梁的横截面图。钢桁梁桁宽35.5m，桁高14.0m，由两片主桁梁、桁架式横梁及横梁上的桥面系等组成。钢桁梁的小节间长度为14.2m，大节间长度倍增为28.4m。钢桁梁采用低碳钢SS400及高强度钢HT780制造，共耗钢达89 300t。最大活荷载竖向挠度为＋8.0m（向下）及－5.0m（向上）。最大横向风力引起的水平挠度达27m，梁端的伸缩量达±1.45m。

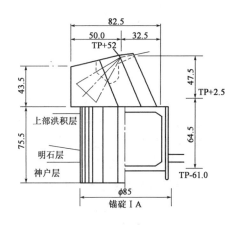

图5-5-20 北锚碇构造（尺寸单位：m）

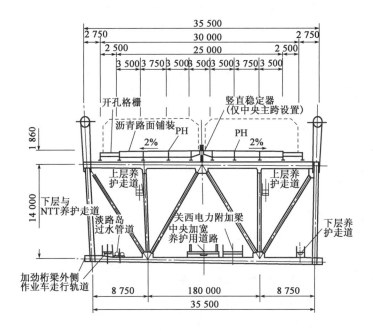

图5-5-21 加劲桁梁的横截面图（尺寸单位：mm）

7. 主要技术特点

(1) 大桥主跨长1 991m，是目前世界上最长的悬索桥，几乎是旧金山大桥或金门大桥长度的两倍。

(2) 明石海峡大桥跨越日本最繁忙的航运地带，地处台风区，且处于一个地震带的中心，正式建桥前，工程师们花了30年时间研究新技术，用10年时间施工建成。

(3) 大桥可以承受里氏8.5级强烈地震，抵抗150年一遇的80m/s的暴风。在1995年日本阪神里氏7.2级大地震中，该桥索塔和主缆系统经受住了考验，只有南岸岸墩和锚碇装置发生了轻微位移。

本篇思考题

1. 悬索桥由哪几个主要部分组成？各部分处于何种受力状态？
2. 简述悬索桥的设计程序。
3. 悬索桥的垂跨比是指什么？
4. 按照静力体系的不同，悬索桥分为哪几种类型？
5. 按照悬吊跨数，悬索桥分为哪几种类型？
6. 多塔悬索桥的主要技术难点是什么？如何解决？
7. 按照主缆锚固方式分类，悬索桥分为哪几种类型？
8. 带斜拉索的悬索桥有何特点？
9. 悬索桥主缆的形成主要有哪两种方法？各有什么特点？
10. 按照材料分类，索塔有几种类型？各有什么优缺点？
11. 钢塔柱节间是如何连接的？
12. 为什么悬索桥的加劲梁多采用钢结构而少采用混凝土结构？
13. 悬索桥的锚碇有哪几种形式？各由哪几部分组成？
14. 主缆与锚碇是如何连接的？
15. 悬索桥的加劲梁常采用哪几种形式？
16. 吊索有哪几种类型？
17. 索夹有哪几种类型？设计中应注意些什么？
18. 吊索与加劲梁是如何连接的？
19. 中央扣的作用是什么？有几种类型？
20. 鞍座的作用是什么？有几种类型？
21. 主鞍座的设计应注意哪些问题？
22. 钢桥面及铺装存在哪些问题？如何解决？
23. 悬索桥主缆的验算应满足什么要求？
24. 什么叫作分段悬链线理论？其计算精度如何？
25. 如何确定主缆的无应力下料长度？
26. 施工时，如何确定索夹的安装位置？
27. 什么叫作塔顶鞍座预偏移？如何设置预偏量？
28. 如何保证悬索桥的抗风稳定性？
29. 悬索桥的加劲梁除了按常规的方法进行结构分析和截面强度验算外，还应在设计中考虑哪些问题？

PART 6 | 第六篇
桥梁墩台

第一章
桥梁墩台构造与设计

第一节 概　　述

桥梁墩(台)主要由墩(台)帽、墩(台)身和基础三部分组成(图6-1-1)。

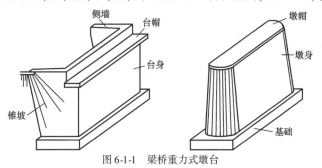

图6-1-1　梁桥重力式墩台

墩台是桥梁的重要结构之一,支承着桥梁上部结构的荷载,并将它传给地基基础。桥墩是指多跨(两跨以上)桥梁的中间支承结构物,它除承受上部结构的荷载外,还要承受流水压力、风力以及可能出现的冰作用和船只、排筏或漂浮物的撞击力。桥台一般设置在桥梁的两端,除了支承桥跨结构之外,它又是衔接两岸接线路堤的构筑物,作为挡土护岸,承受台背填土及填土上车辆荷载所产生的附加侧压力。此外,桥梁墩台还要承受施工时的临时荷载,在某种情况下需要临时加固和补强。因此,桥梁墩、台不仅本身应具有足够的强度、刚度和稳定性,而且对地基的承载能力、沉降量、地基与基础之间的摩阻力等也都提出了一定的要求,以避免在这些作用下有过大的水平位移、转动或者沉降发生。因此,桥梁墩台的设计与结构受力、土质构造、地质条件、水文条件、流速以及河床内的埋置深度密切相关。

确定桥梁下部结构应遵循满足交通需求、安全耐久、造价低、维修养护少、施工方便、工期短、与周围环境协调和造型美观等原则。在桥梁的总体设计中,下部结构的选型对整个设计方案有较大的影响。合理的选型将使桥梁上、下部结构的造型协调一致,轻巧美观。

对于城市立交桥,在桥梁下部结构的造型上,将比一般的公路桥梁有更高的要求。因此,在选型上,满足除了前述的总原则外,还应注意以下几点。首先,要从整体造型着眼,力求形式优美、构造轻盈、线条明快、纹理有质;其次,各部分的形状尺寸要符合桥体结构受力的规律,结构匀称,比例适度,给人以稳重安全的感觉;最后,要与周围环境、文化、习俗相协调,使其色彩和谐,开阔明朗,令人舒适爽快。近年来,国内外的城市桥梁中,涌现出丰富多彩的桥墩构造形式,如图6-1-2所示,主要有:①单柱式墩[图6-1-2a)],其截面可以是圆形、矩形、多角形等,这种桥墩的外貌轻盈,视空开阔,造价经济;②多柱式墩[图6-1-2b)],其柱顶各自直接支撑上部结构的箱梁底板,柱间不设横系梁,显得挺拔有力,干净利落;③矩形薄壁墩[图6-1-2d)、e)],这种墩常将表面做成纹理(竖向或横向纹理),从而达到美观的效果;④双叉形[图6-1-2g)]和四叉形[图6-1-2h)];⑤T形、V形和X形[图6-1-2c)、f)、i)]等。这些形式桥墩除满足结构受力的要求外,都是为了达到造型美观的目的。

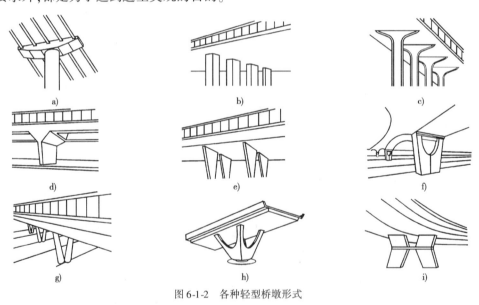

图6-1-2 各种轻型桥墩形式

公路桥梁上常用的墩、台形式大体上可以归纳为两大类:梁桥墩台和拱桥墩台。

第二节 梁桥墩台

梁桥墩台从总体上可分为两种。一种是重力式墩台。这类墩、台的主要特点是靠自身重力来平衡外力而保持其稳定。因此,墩身、台身比较厚实,可以不用钢筋,而用天然石材或片石混凝土砌筑。它适用于地基良好的大、中型桥梁，或流冰、漂浮物较多的河流中。在砂石料获取方便的地区，小桥也往往采用重力式墩台。其主要缺点是圬工体积较大，因而其自重和阻水面积也较大。另一种是轻型墩台。一般说来，这类墩台的刚度小，受力后允许在一定的范围内发生弹性变形，所用的建筑材料大都以钢筋混凝土和少筋混凝土为主，但也有一些轻型墩台，通过验算后可以用石料砌筑。

一、梁桥桥墩

桥墩按其构造可分为实体桥墩、空心桥墩、柱式桥墩、柔性排架桩墩和框架墩五种类型。实体桥墩按墩身横截面形状可分为矩形、圆形、圆端形、尖端形等，如图 6-1-3a) 所示。各种截面形状的空心墩如图 6-1-3b) 所示。

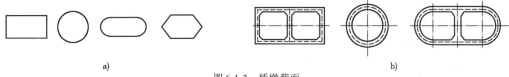

图 6-1-3　桥墩截面
a) 实心墩；b) 空心墩

墩身侧面可做成垂直的，亦可做成斜坡式或台阶式的（图 6-1-4）。

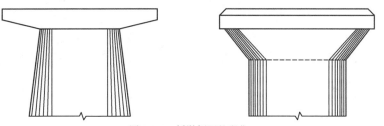

图 6-1-4　桥墩侧面的变化

1. 实体桥墩

实体桥墩是由一个实体结构组成。按其截面尺寸和桥墩质量的不同又可分为实体重力式桥墩（图 6-1-5）和实体薄壁式桥墩（墙式桥墩）（图 6-1-6）。它们由墩帽、墩身和基础构成。

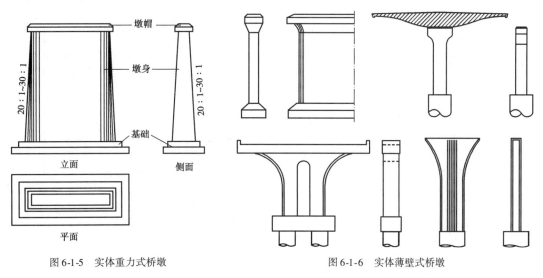

图 6-1-5　实体重力式桥墩　　　　　　　　图 6-1-6　实体薄壁式桥墩

墩帽是桥墩顶端的传力部分,它通过支座承托着上部结构,并将相邻两孔桥上的恒载和活载传到墩身上,因此,墩帽的强度要求较高,一般都用 C20 以上的混凝土做成。另外,在一些桥面较宽、墩身较高的桥梁中,为了节省墩身及基础的圬工体积,常常利用挑出的悬臂或托盘来缩短墩身横向的长度。悬臂式或托盘式墩帽一般采用 C20 或 C25 钢筋混凝土。

墩帽长度和宽度视上部结构的形式和尺寸、支座尺寸和布置、上部结构中主梁的施工吊装要求等条件而定。

(1)顺桥向墩帽最小宽度 b

①双排支座

如图 6-1-7 所示,b 为

$$b \geqslant f + \frac{a}{2} + \frac{a'}{2} + 2c_1 + 2c_2 \tag{6-1-1}$$

式中:f——相邻两跨支座间的中心距,按下式计算;

$$f = e_0 + e_1 + e_1' \geqslant \frac{a}{2} + \frac{a'}{2} \tag{6-1-2}$$

e_0——伸缩缝宽,中小桥为 2～5cm;大跨径桥梁可按温度变化及施工放样、安装构件可能出现的误差等决定;温度变化引起的变位 e_{0t} 按下式计算;

$$e_{0t} = l \times \Delta t \times \alpha \tag{6-1-3}$$

l——桥跨的计算长度(因桥梁的分孔、联长、固定支座与活动支座布置不同而不同);

Δt——温度变化幅度值,可采用当地最高和最低月平均气温及桥跨浇筑完成时的温度计算决定;

α——材料的线膨胀系数,钢筋混凝土材料为 1×10^{-5};

e_1、e_1'——桥跨结构过支座中心线的长度;

a、a'——桥跨结构支座顺桥向宽度;

c_1——顺桥向支座边缘至墩身边缘的最小距离,见图 6-1-8 及表 6-1-1;

c_2——檐口宽度,5～10cm。

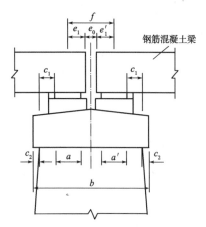

图 6-1-7 墩帽顺桥向尺寸

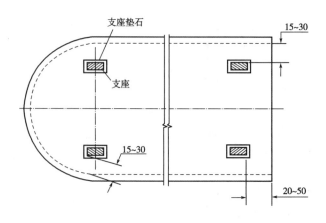

图 6-1-8 C_1 值的确定(尺寸单位:cm)

支座边缘到台、墩身边缘的最小距离(cm)　　　　表 6-1-1

跨径 l(m)	桥 向		
	顺桥向	横桥向	
		圆弧形端头(自支座边角量起)	矩形端头
$l \geq 150$	30	30	50
$50 \leq l < 150$	25	25	40
$20 \leq l < 50$	20	20	30
$5 \leq l < 20$	15	15	20

注：当采用钢筋混凝土或预应力混凝土悬臂墩帽时，可不受本表限制，应以便于施工、养护和更换支座而定。

②单排支座

当墩上仅有一排支座时(如连续梁桥)，则 b 可由下式计算(图 6-1-8 和图 6-1-9)：

$$b = a + 2c_1 + 2c_2 \tag{6-1-4}$$

③不等高梁双排支座

如图 6-1-10 所示，这时左边(低梁端)宽度应按单排支座墩宽进行设计，而右边(高梁端)应按桥台台帽宽度进行设计。

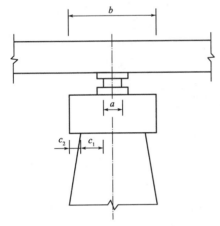

图 6-1-9　单排支座墩帽尺寸

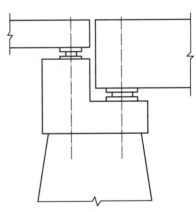

图 6-1-10　不等高梁桥墩帽尺寸

(2)横桥向墩帽最小宽度 B

①多片主梁(图 6-1-11)

$$B = 桥跨结构两外侧主梁中心距(B_1) + 支座底板横向宽度(a_1) + 2c_2 + 2c_1 \tag{6-1-5}$$

②箱形梁(图 6-1-12)

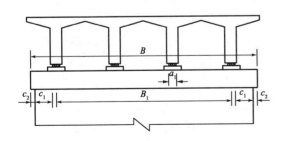

图 6-1-11　多片主梁墩帽横桥向尺寸

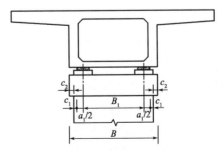

图 6-1-12　箱形梁墩帽横桥向尺寸

$$B = B_1(两边支座中心距) + a_1 + 2c_1 + 2c_2 \tag{6-1-6}$$

(3)墩身尺寸

墩身是桥墩的主体。重力式桥墩墩身的顶宽,对小跨径桥不宜小于80cm(采用轻型桥台的桥梁的桥墩不宜小于60cm);对中跨径桥不宜小于100cm;对大跨径桥应视上部结构类型而定。实体桥墩侧坡一般采用20∶1~30∶1(竖∶横),小跨径桥的桥墩也可采用直坡。

墩身通常由块石、浆砌片石、混凝土或钢筋混凝土等材料建造。为了便于水流和漂浮物通过,墩身平面形状可以做成圆端形[图6-1-13a)]或尖端形[图6-1-13b)];无水的岸墩或高架桥墩可以做成矩形(图6-1-5),在水流与桥梁斜交或流向不稳定时,宜做成圆形。在有强烈流水或大量漂浮物的河道(冰厚大于0.5m,流冰速度大于1m/s)上,桥墩的迎水端应做成尖端形或圆端形破冰棱体[图6-1-13c)],破冰棱可由强度较高的石料砌成,也可以用高强度等级的混凝土辅之以钢板或角钢加固。

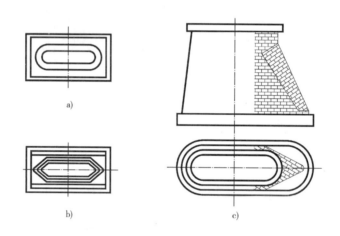

图 6-1-13 墩身形状图
a)圆端形桥墩;b)尖端形桥墩;c)破冰棱体

(4)基础尺寸

基础是介于墩身与地基之间的传力结构。基础的种类很多,这里仅简要介绍设置在天然地基上的刚性扩大基础。它一般采用强度等级不低于C20的片石混凝土或用MU30以上浆砌块石筑成。基础的平面尺寸较墩身底截面尺寸略大,四周放大的尺寸每边为0.25~0.75m。基础可以做成单层的,也可以做成2~3层台阶式的。

为了保持美观和结构不被碰损,基础顶面一般应设置在最低水位以下不少于0.5m;在季节性河流或旱地上,基础顶面不宜高出地面。另外,为了保证持力层的稳定性和不受扰动,基础的埋置深度,除岩石地基外,应在天然地面或河底以下不少于1m;如有冲刷,基底埋深应在设计洪水位冲刷线以下不少于1m;对于上部结构为超静定结构的桥涵基础,除了非冻胀土外,均应将基底埋于冻结线以下不小于0.25m。

实体薄壁式桥墩(图6-1-6)可用钢筋混凝土材料做成,由于它可以显著减少圬工体积,因而被广泛应用于中小跨径的桥梁中,但其抗冲击力较差,不宜用在流速大并夹有大量泥沙的河流或可能有船舶、冰、漂浮物撞击的河流中。

2. 空心桥墩

在一些高大的桥墩中,为了减少圬工体积,节约材料,减轻自重,减少软弱地基的负荷,也可将墩身内部做成空腔体,即所谓空心桥墩。这种桥墩在外形上与实体重力式桥墩并无大的差别,只是自重较实体重力式的轻,因此,它介于重力式桥墩和轻型桥墩之间。几种常见的空心桥墩如图 6-1-14～图 6-1-16 所示。

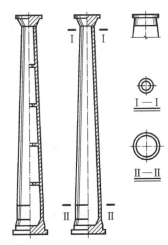

图 6-1-14　圆形空心桥墩

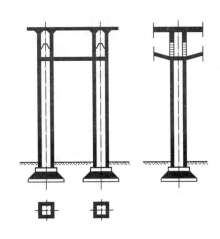

图 6-1-15　方形空心桥墩

空心桥墩在构造尺寸上应符合下列规定:①墩身最小壁厚,对于钢筋混凝土不宜小于 30cm,对于混凝土不宜小于 50cm;②墩身内应设横隔板或纵、横隔板,以加强墩壁的抗撞能力;③墩帽下需有一定高度的实心部分以传递墩帽的压力,墩顶实体段以下应设置带门的进人洞或相应的检查设备;④墩身周围应设置适当的通风孔或泄水孔,壁孔的直径宜为 20～30cm,用以调节壁内外温差和平衡水压力。

3. 柱式桥墩

柱式桥墩的结构特点是由分离的两根或多根立柱(或桩柱)所组成。它的外形美观,圬工体积少,因此是目前公路桥梁中广泛采用的桥墩形式之一,特别是在较宽较大的城市桥和立交桥中。

柱式桥墩的墩身沿桥横向常由 1～4 根立柱组成,柱身为直径(或边长)0.6～1.5m 的圆柱或方形柱、六角形柱等,当墩身高度大于 6～7m 时,可设横系梁加强柱身横向联系。这种桥墩的刚度较大,适用性较广,并可与柱基配合使用,缺点是模板工程较复杂,柱间空间小,易于阻滞漂浮物,故一般多在水深不大的浅基础或高桩承台上采用,避免在深水、深基础及漂浮物多、有木筏的河道上采用。

柱式桥墩一般由基础之上的承台、柱式墩身和盖梁组成。双车道桥常用的形式有单柱式、双柱式、哑铃式以及混合双柱式四种(图 6-1-17)。

目前我国采用较多的还有钻孔灌注桩双柱式桥墩[图 6-1-17b)],它由钻孔灌注桩、柱与钢筋混凝土墩帽组成。柱与桩直接相连,通常在桩柱之间布置横系梁,以增加墩身的侧向刚度。

钻孔桩柱式桥墩适合于许多场合和各种地质条件。通过增大桩径、桩长或用多排桩加建承台等措施,也能适用于更复杂的软弱地质条件以及较大的跨径和较高的桥墩。它的施工方式较优越,全部墩台工程都可以在水上作业,避免了最繁重的水下作业,故目前应用较广泛。

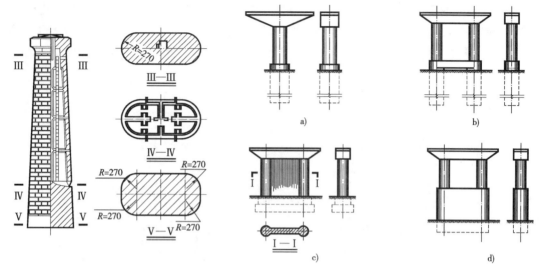

图 6-1-16　格构形空心桥墩(尺寸单位:mm)

图 6-1-17　柱式桥墩
a)单柱式;b)双柱式;c)哑铃式;d)混合双柱式

4. 柔性排架桩墩

柔性排架桩墩(图 6-1-18)是由单排或双排的钢筋混凝土桩与钢筋混凝土盖梁连接而成。其主要特点是,可以通过一些构造措施,将上部结构传来的水平力(制动力、温度影响力等)传递到全桥的各个柔性墩台或相邻的刚性墩台上,以减少单个柔性墩所受到的水平力,从而达到减小桩墩截面的目的。因此,柔性墩可以为单排桩墩、柱式墩或其他薄壁式桥墩。

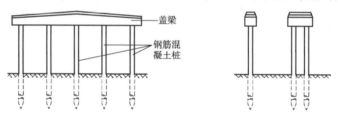

图 6-1-18　柔性排架桩墩

柔性排架桩墩适用的桥长,应根据温度变化幅度决定,一般为 50~80m。温差大的地区,桥长应短些,温差小的地区,桥长可以适当长些。当桥长超过 80m 时,受温度影响大,需要设置滑动支座或刚度较大的温度墩。

当桥梁孔数较多且桥较长时,柔性排架桩墩的墩顶会因位移过大而处于不利状态,这时宜将桥跨分成若干联,一联的长度视温度、地形、构造和受力情况确定。一般来讲,当墩的高度在 5m 以内时,可采用一段式、二段式和多段式桩墩,每段 1~4 孔,每段全长为 40~45m。对于多段式桩墩的中间段,由于不受土压力的影响,全长可以达到 50m[图 6-1-19a)、b)、c)]。段与段之间设温度墩,即为两排互不联系的桩墩,为的是在温度变化的情况下,段与段之间互不影响。当墩的高度为 6~7m 时,也可组成上述的三种图式,但应在每段内设置一个由盖梁连成整体的双排墩,以增加结构的刚度[图 6-1-19d)]。此时每段长度可适当加长,中间段的孔数可以多达 6 孔。

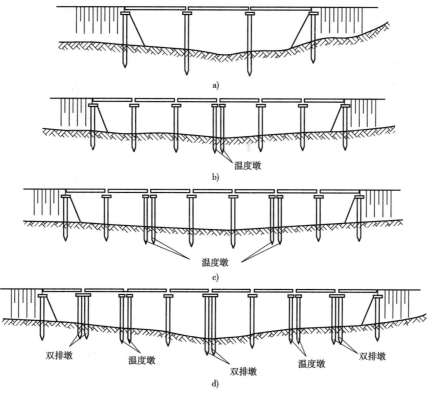

图 6-1-19 柔性排架桩墩的纵向布置

双壁墩亦是属于柔性墩的一种形式,它是在墩位上有两个相互平行的墩壁与主梁铰接或刚接的桥墩。钢筋混凝土双壁墩可增加桥墩整体抗弯刚度,从而削减主梁支点负弯矩峰值,同时,由于双壁墩是柔性的,其纵向水平抗推刚度较小,可减小墩柱对梁体的约束以适应温度引起的变形。

5. 框架墩

框架墩是采用由构件组成的平面框架代替墩身,以支承上部结构,必要时可做成双层或更多层的框架支承上部结构。这类墩是较空心墩更进一步的轻型结构,是以钢筋混凝土和预应力混凝土建成的受力体系。此类墩还可以适应建筑艺术,建成纵横向 V 形、Y 形、X 形、倒梯形等墩身。这些桥墩在同样跨越能力情况下可缩短梁的跨径、降低梁高,使结构轻巧美观,但结构构造比较复杂、施工比较麻烦。图 6-1-20 示出了连续梁桥采用 V 形框架墩的构造,图 6-1-21 为一 V 形框架墩的横断面示意图,图 6-1-22 示出了连续梁桥采用 Y 形框架墩的构造。

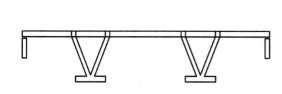

图 6-1-20 连续梁桥采用 V 形框架墩

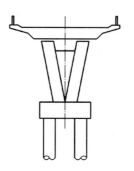

图 6-1-21 V 形框架墩横断面

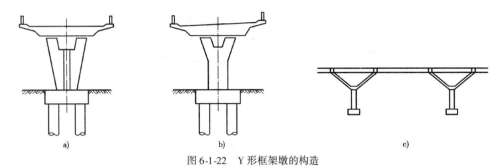

图 6-1-22　Y 形框架墩的构造

V 形斜撑与水平面的夹角,需根据桥下净空要求和总体布置来确定,通常要大于 45°。斜撑的截面形式可采用矩形、I 形和箱形等。V 形墩的支座可布置在 V 形斜撑的顶部或底部。当支座布置在斜撑的顶部,斜撑是桥墩的一个组成部分;当支座布置在斜撑的底部,或采取斜撑与承台刚接而不设支座时,斜撑与主梁固结,斜撑成为上部结构的一个组成部分,斜撑的受力大小依据结构的图式和主梁与斜撑的刚度比确定。

二、梁桥桥台

梁桥桥台可分为重力式桥台和轻型桥台。除了这两种外,还有组合式桥台和承拉桥台。

1. 重力式桥台

重力式桥台的常用形式是 U 形桥台,它由台帽、台身和基础等三部分组成。台后的土压力主要靠自重来平衡,故台身多数由石砌、片石混凝土或混凝土等圬工材料建造,并用就地浇筑的方法施工。

梁桥 U 形桥台(图 6-1-23)因其台身是由前墙和两个侧墙构成的 U 字形结构而得名。其优点是构造简单,可以用混凝土或片、块石砌筑,适用于填土高度在 8~10m 以下或跨度稍大的桥梁;缺点是桥台体积和自重较大,也增加了对地基的要求。此外,桥台的两个侧墙之间填土容易积水,结冰后冻胀,使侧墙产生裂缝。所以宜用渗水性较好的土夯填,并做好台后排水措施。

如图 6-1-24 所示,顺桥向台帽最小宽度为

$$b = \frac{a}{2} + e_1 + \frac{e_0}{2} + c_1 + c_2 \tag{6-1-7}$$

横桥向台帽宽度一般应与路基同宽,特大跨径、大跨径桥梁台帽厚度一般不小于 50cm,中小跨径桥梁也不应小于 40cm,并应有 $c_2 = 5~10cm$ 的檐口。台帽可用 C20 以上钢筋混凝土或素混凝土做成,也可用 MU30 以上石料圬工砌筑,所用砂浆强度等级不可低于 M5。

U 形桥台前墙正面多采用 10∶1 或 20∶1 的斜坡,侧墙与前墙结合成一体,兼有挡土墙和支撑墙的作用。侧墙正面一般是直立的,其长度视桥台高度和锥坡坡度而定。前墙的下缘一般与锥坡下缘相齐,因此,桥台越高,锥坡越坦,侧墙越长。侧墙尾端,应有不小于 0.75m 的长度伸入路堤内,以保证与路堤有良好的衔接。台身的宽度通常与路基的宽度相同。

《桥规 JTG D61》规定,U 形桥台的前墙及侧墙的顶面宽度不宜小于 50cm,无论是梁桥还是拱桥,桥台前墙的任一水平截面的宽度,不宜小于该截面至墙顶高度的 0.4 倍。侧墙的任一水平截面的宽度,对于片石砌体不小于该截面至墙顶高度的 0.4 倍;对于块石、料石砌体或混

凝土则不小于0.35倍。如果桥台内填料为透水性良好的砂性土或砂砾,则上述两项可分别减为0.35倍和0.3倍(图6-1-25)。

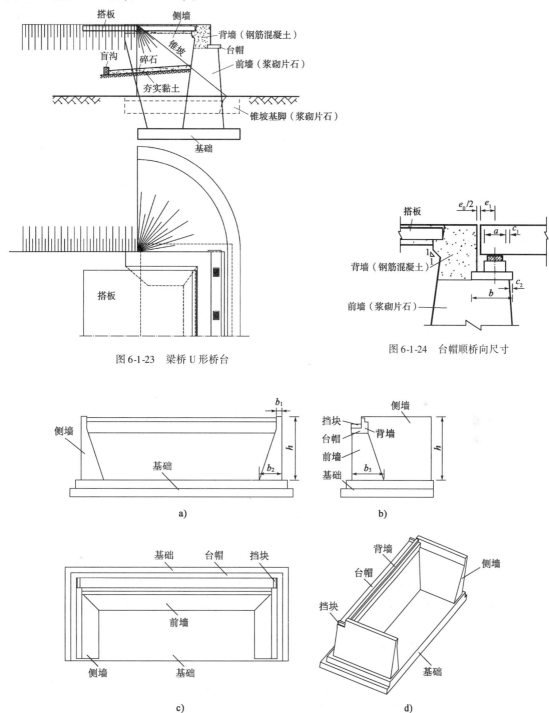

图6-1-23 梁桥U形桥台

图6-1-24 台帽顺桥向尺寸

图6-1-25 U形桥台尺寸
a)U形桥台立面图;b)U形桥台侧面图;c)U形桥台平面图;d)U形桥台三维图
$b_1 \geq 50 \text{cm}; b_2 \geq (0.3 \sim 0.4)h; b_3 \geq 0.4h$

2. 轻型桥台

轻型桥台的体积轻巧、自重较小,一般由钢筋混凝土材料建造,它借助结构物的整体刚度和材料强度承受外力,从而可节省材料、降低对地基强度的要求和扩大应用范围,为在软土地基上修建桥台开辟了经济可行的途径。

常用的轻型桥台分设有支撑梁的轻型桥台、钢筋混凝土薄壁桥台、加筋土桥台和埋置式桥台等几种类型。

(1)设有支撑梁的轻型桥台(图6-1-26)

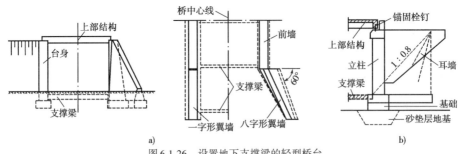

图6-1-26 设置地下支撑梁的轻型桥台

这种桥台的特点是,台身为直立的薄壁墙,台身两侧有翼墙(用于挡土)。在两桥台下部设置钢筋混凝土支撑梁,上部结构与桥台通过锚栓连接,于是便构成四铰框架结构系统,并借助两端台后的土压力来保持稳定。

按照翼墙(侧墙)的形式和布置方式,这种桥台又可分为一字形轻型桥台、八字形轻型桥台、耳墙式轻型桥台,如图6-1-26所示。

(2)钢筋混凝土薄壁桥台

薄壁轻型桥台常用的形式有悬臂式、扶壁式、撑墙式及箱式等[图6-1-27a)]。钢筋混凝土薄壁桥台是由扶壁式挡土墙和两侧的薄壁侧墙构成[图6-1-27b)]。挡土墙由前墙和间距为2.5～3.5m的扶壁所组成。台顶由竖直小墙和支于扶壁上的水平板构成,用以支承桥跨结构。两侧薄壁与前墙垂直,有时也做成与前墙斜交。前者称U形薄壁桥台,后者称八字形薄壁桥台[图6-1-27c)]。这种桥台不仅可以减少圬工体积40%～50%,同时因自重减轻而减小了对地基的压力,故适用于软弱地基的条件,但其构造和施工比较复杂,并且钢筋用量也较多。

(3)加筋土桥台

按照埋置情况,加筋土桥台又可分为内置组合式和外置组合式两种形式。内置组合式加筋土桥台的构造如图6-1-28a)所示,它的加筋体与台身结合在一起,台身可兼做立柱或挡土板。作用在台身的所有水平力假定均由加筋体承担,台身仅承受竖向荷载。结构形式简单,施工方便,工程量较省,但受力不很明确。外置组合式加筋土桥台台身与加筋体分开,如图6-1-28b)所示,台身主要承受上部结构传来的竖向力和水平力,加筋体承受土压力。桥台与加筋体间留空隙,桥台与锚碇结构的基础分离,互不影响,受力明确,但结构复杂,施工不方便。

加筋土桥台加筋体的筋带应选用抗老化、耐腐蚀的材料,筋带的截面面积、长度以及加筋体的稳定性,应通过加劲体内部、外部的稳定性分析确定。

加筋土桥台与埋置式桥台相比,减少了占地面积;与其他桥台相比,减少了台身和基础的体积,因而具有较好的经济性。另外,这种桥台属柔性结构,抗震性能较好,对地形地貌的适应能力也较强。

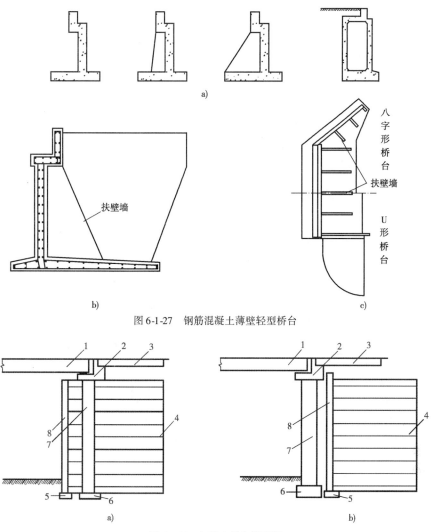

图 6-1-27 钢筋混凝土薄壁轻型桥台

图 6-1-28 加筋土桥台类型图
a) 内置组合式；b) 外置组合式
1-上部结构；2-垫梁或盖梁；3-桥头搭板；4-筋带；5-基础；6-台柱基础；7-台柱；8-面板

(4) 埋置式桥台

埋置式桥台是将台身埋在锥形护坡中，只露出台帽在外以安置支座及上部结构。这样，桥台所受的土压力大为减小，桥台的体积也就相应地减少。但是由于台前护坡是用片石作表面防护的一种永久性设施，存在着被洪水冲毁而使台身裸露的可能，故设计时必须进行强度和稳定的验算。按台身的结构形式，埋置式桥台可以分为后倾式（图 6-1-29）、肋形埋置式（图 6-1-30）和桩柱式（图 6-1-31）等。

后倾式桥台实质上属于一种实体重力式桥台，它的工作原理是靠台身后倾，使重心落在基底截面的形心之后，以平衡台后填土的倾覆力矩。

肋形埋置式桥台的台身是由两块后倾式的肋板与顶面帽梁联结而成。台高在 10m 及 10m 以上者须设系梁。帽梁、系梁和耳墙均需配置钢筋，并采用 C20 混凝土。台身与帽梁、台身与基础之间只需布置少量接头钢筋，台身及基础可用 C20 混凝土。图 6-1-30 所示为配合后张法预应力混凝土简支梁使用的肋形埋置式桥台示例。汽车荷载等级为公路—Ⅱ级,适用于 7m+2×0.50m 和 7m+2×1.00m 两种桥面净空。

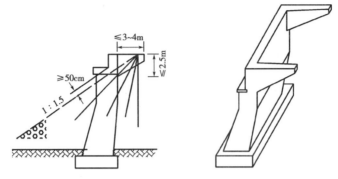

图 6-1-29 后倾式桥台

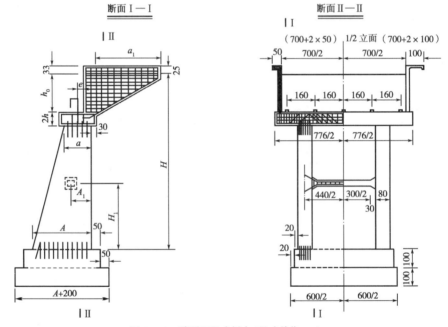

图 6-1-30 肋形埋置式桥台(尺寸单位:cm)

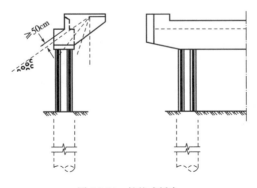

图 6-1-31 桩柱式桥台

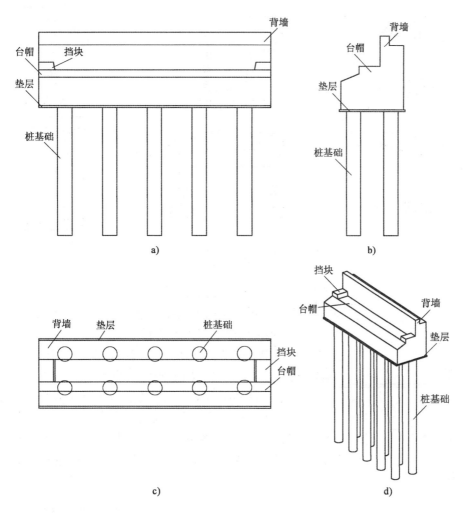

图 6-1-32 桩承埋置式桥台
a)立面图;b)侧面图;c)平面图;d)三维立体图

桩柱式桥台对于各种土壤地基都适宜。根据桥宽和地基承载能力可以采用双柱、三柱或多柱的形式。柱与钻孔桩相连的称桩柱式;柱子嵌固在普通扩大基础之上的称为立柱式;完全由一排钢筋混凝土桩和桩顶盖(或帽)梁连接而成的称为桩承埋置式(图 6-1-32)。

埋置式桥台的共同缺点是:由于护坡伸入到桥孔,压缩了河道,或者为了不压缩河道,就要适当增加桥长。

3. 组合式桥台

为使桥台轻型化,桥台本身主要承受桥跨结构传来的竖向力和水平力,而台后的土压力由其他结构来承受,形成组合式桥台。除了前述的加筋土组合桥台外,还有过梁式或框架式组合桥台和桥台与挡土墙组合桥台等形式。

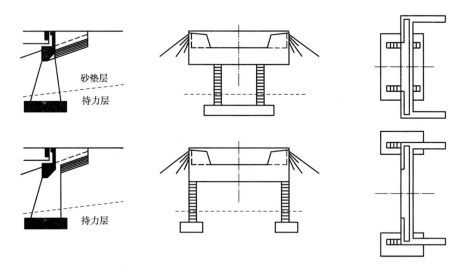

图 6-1-33 肋墙式桥台

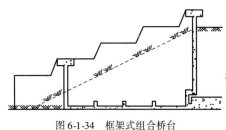

图 6-1-34 框架式组合桥台

(1) 过梁式或框架式组合桥台

桥台与挡土墙用梁结合在一起的桥台称为过梁式的组合桥台,使桥台与桥墩的受力相同。当梁与桥台、挡土墙刚结,则形成框架式组合桥台,如图 6-1-34 所示。

(2) 桥台与挡土墙组合桥台

这种桥台是由轻型桥台支承上部结构、台后设挡土墙承受压力的组合式桥台。台身与挡土墙分离,上端做伸缩缝,使受力明确。当地基条件比较好时,也可将桥台与挡土墙放在同一个基础之上,如图 6-1-35 所示。这种组合式桥台可采用轻型桥台,而且可不压缩河床,但构造较复杂,是否经济需通过比较确定。

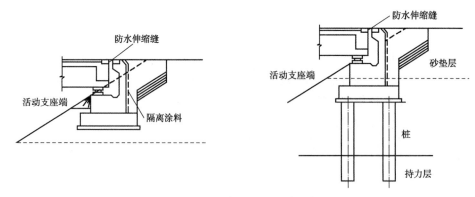

图 6-1-35 桥台与挡土墙组合桥台

4. 承拉桥台

在梁桥中,根据受力的需要,要求桥台具有承压和承拉的功能,在桥台构造和设计中,必须满足受力要求。图 6-1-36 示出了承拉桥台的构造。该桥上部结构为单箱单室截面,箱梁的两个腹板延伸至桥台形成悬臂腹板,它与桥台顶梁之间设氯丁橡胶支座受拉,悬臂腹板与台帽之间设置氯丁橡胶支座支承上部结构,并可设置扁千斤顶,以备调整。

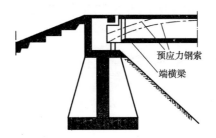

图 6-1-36　承拉桥台

在预应力混凝土连续梁桥中,当边孔与中孔的跨径之比小于 0.3 时,其受力特性近似固端梁,在恒载和活载作用下,桥台支座可能受拉,因此,除在结构构造上予以考虑外,桥台应做成承拉桥台。

第三节　拱 桥 墩 台

拱桥墩台同梁桥墩台一样,也分为两大类型,一类是重力式墩台,另一类是轻型墩台,其作用原理与梁桥墩台大致相同。

一、拱桥桥墩

1. 重力式桥墩

拱桥是一种有推力结构,拱圈传给桥墩上的力,除了垂直力以外,还有较大的水平推力,这是与梁桥的最大不同之处。从抵御恒载水平力的能力来看,拱桥桥墩又可以分为普通墩和单向推力墩两种。普通墩除了承受相邻两跨结构传来的垂直反力外,一般不承受恒载水平推力,或者当相邻孔不相同时,只承受经过相互抵消后尚余的不平衡推力。单向推力墩又称制动墩,它的主要作用是在它的一侧桥孔因某种原因遭到毁坏时,能承受住单侧拱的恒载水平推力,以保证其另一侧的拱桥不致遭到倾坍。施工中为了拱架的多次周转,或者当缆索吊装设计的工作跨径受到限制时,为了能按桥台与某墩之间或者按某两个桥墩之间作为一个施工段进行分段施工,在此情况下也要设置能承受部分恒载单向推力的制动墩。由此可见,为了满足结构强度和稳定性的要求,普通墩的墩身可以做得薄一些[图 6-1-37a)、b)],单向推力墩则要做得厚实一些[图 6-1-37c)、d)]。

因为上承式拱桥的桥面与墩顶顶面相距有一段高度,墩顶以上结构常采用以下几种不同形式。对于空腹式拱桥的普通墩,常采用立墙式、立柱加盖梁式或者采用跨越式[图 6-1-37a)、b)];对于单向推力墩常采用立墙式和框架式[图 6-1-37c)、d)]。

拱桥实体重力式桥墩也由墩帽、墩身及基础三部分组成,与梁桥桥墩不同的一点是,梁桥桥墩的顶面要设置传力的支座,且支座距顶面边缘保持一定的距离;而拱桥桥墩则在其顶面的边缘设置呈倾斜面的拱座[图6-1-37e)、f)],直接承受由拱圈传来的压力。故无铰拱的拱座总是设计成与拱轴线呈正交的斜面。由于拱座承受着较大的拱圈压力,故一般采用C25以上的整体式混凝土、混凝土预制块或MU40以上的浆砌块石砌筑。

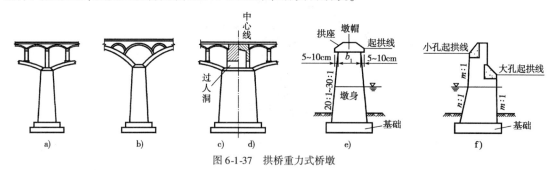

图6-1-37 拱桥重力式桥墩

当桥墩两侧孔径相等时,则拱座均设置在桥墩顶部的起拱线高程上,有时考虑桥面的纵坡,两侧的起拱线高程可以略有不同。当桥墩两侧的孔径不等、恒载水平推力不平衡时,将拱座设置在不同的起拱线高程上[图6-1-37f)]。此时,桥墩墩身可在推力小的一侧变坡或增大边坡坡度,以减小不平衡推力引起的基底反力偏心距。从外形美观上考虑,变坡点一般设在常水位以下,墩身两侧边坡坡度和梁桥桥墩的一样,一般为20∶1~30∶1。

2. 轻型桥墩

拱桥轻型桥墩按构造形式不同,主要有以下几种类型。

(1)桩柱式桥墩

拱桥桥墩上所用的轻型桥墩,一般为配合钻孔灌注桩基础的桩柱式桥墩(图6-1-38)。从外形上看,它与梁桥上的桩柱式桥墩非常相似。其主要差别是:在梁桥墩帽上设置支座,而在拱桥墩顶部分则设置拱座。当拱桥跨径在10m左右时,常采用两根直径为1m的钻孔灌注桩;跨径在20m左右时可采用两根直径为1.2m或三根直径为1m的钻孔灌注桩;跨径在30m左右时可采用三根直径为1.2~1.3m的钻孔灌注桩。桩墩较高时,应在桩间设置横系梁以增强桩柱刚性。桩柱式桥墩一般采用单排桩,跨径在40~50m以上可采用双排桩。在桩顶设置承台,与墩柱连成整体。如果柱与桩直接连接,则应在结合处设置横梁。若柱高大于6~8m时,还应在柱的中部设置横系梁。

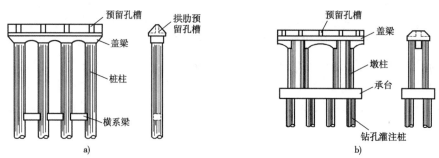

图6-1-38 拱桥桩柱式桥墩

(2)斜撑墩[图6-1-39a)]

在采用轻型桥墩的多孔拱桥中,每隔3~5孔应设单向推力墩。当桥墩较矮或单向推力不大时,可采用轻型的单向推力墩。这种桥墩的特点是在普通墩的墩柱上,从两侧对称地增设钢筋混凝土斜撑和水平拉杆,用来提高抵抗水平推力的能力,其优点是阻水面积小,并可节省圬工体积。为了提高构件的抗裂性,可以采用预应力混凝土结构。这种桥墩只在桥不太高的旱地上采用。

(3) 悬臂墩 [图 6-1-39b)]

在桩柱式墩上加一对悬臂,拱脚支承在悬臂端。当一孔坍塌时,邻孔恒载单向推力对桩柱身产生的弯矩,被恒载竖直反力产生的反向弯矩抵消一部分,从而减小桩柱身的弯矩,而能够承受拱的单向恒载推力。

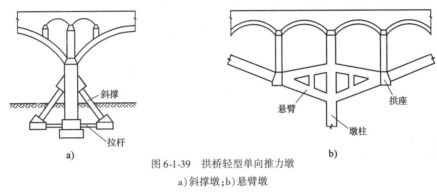

图 6-1-39 拱桥轻型单向推力墩
a) 斜撑墩; b) 悬臂墩

二、拱桥桥台

拱桥桥台既要承受来自拱圈的推力、竖向力及弯矩,又要承受台后土的侧压力。从尺寸上看,拱桥桥台一般较梁桥要大,根据桥址具体条件可选用不同的构造形式。拱桥桥台可分为重力式桥台、轻型桥台、组合式桥台、齿槛式桥台和空腹式桥台等。

1. 重力式桥台

常用的重力式桥台为U形桥台(图6-1-40),它由台帽、台身和基础三部分组成。U形桥台的台身是由前墙和平行于行车方向的两侧翼墙构成,其水平截面呈U字形。U形桥台常采用锥形护坡与路堤连接,锥坡的坡度根据坡高、地形等确定。拱桥U形桥台,其优缺点与梁桥中的U形桥台相同,在结构构造上除在台帽部分有所差别外,其余部分也基本相同。拱桥桥台只在向河心的一侧设置拱座,其尺寸可参照相应拱桥桥墩的拱座拟定。其他部分的尺寸可参考相应梁桥U形桥台进行设计。

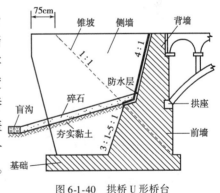

图 6-1-40 拱桥 U 形桥台

2. 轻型桥台

轻型桥台是相对于重力式桥台而言的。其工作原理是,当桥台受到拱的推力后,便发生绕基底形心轴而向路堤方向的转动,此时台后的土便产生抗力来平衡拱的推力。由于台后填土参与提供部分抗力,从而使桥台的尺寸大大地小于实体重力式桥台,但此时必须验算由于拱脚位移而在拱圈内产生的不利附加内力的影响。采用轻型桥台时,要注意保证台后的填土质量,台后填土应严格按照规定分层夯实,并做好台后填土的防护工作,防止受水流的侵蚀和冲刷。常用的轻型桥台有八字形和U字形桥台,以及由此派生出来的∏形和E形等背撑式桥台。

(1)八字形桥台

八字形桥台的构造简单,台身由前墙和两侧的八字翼墙构成[图6-1-41a)],两者之间通常留沉降缝分砌。前墙可以是等厚度的,也可以是变厚度的。变厚度台身的背坡坡度为2:1~4:1。翼墙的顶宽一般为40cm,前坡坡度为10:1,后坡坡度为5:1。为了防止基底向河心滑动,基础应有一定的埋置深度。

(2)U形桥台

U形轻型桥台是由前墙和平行于行车方向的侧墙组成,构成U字形的水平截面[图6-1-41b)]。U形轻型桥台与U形重力式桥台的差别是,后者是靠扩大桥台底面积,以减小基底压力,并利用基底与地基的摩阻力和适当利用台背侧土压力,以平衡拱的水平推力,因此基础底面积较轻型桥台的要大。U形轻型桥台前墙的构造和八字形桥台的相同,但侧墙却是拱上侧墙的延伸,它们之间应设变形缝,以适应桥可能的变位。

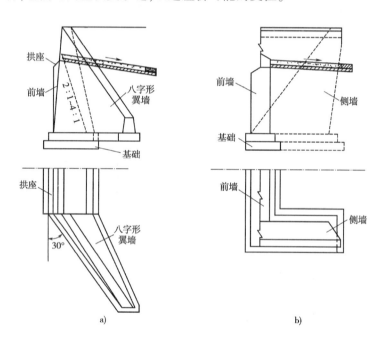

图6-1-41 八字形和U形轻型桥台

(3)背撑式桥台

当桥台较宽时,为了保证结构的强度和稳定性,可以在八字形或U形桥台的前墙背后加一道或几道背撑,构成∏形、E形等水平截面形式的前墙(图6-1-42)。背撑为顶宽30~60cm、厚度30~60cm、背坡坡度3:1~5:1的梯形。这种桥台比八字形桥台稳定性要好,但土方开挖量及圬工体积都有增多。然而加背撑的U形桥台却能适用于较大跨径的高桥和宽桥。

3. 组合式桥台

拱桥组合式桥台自20世纪70年代以来被广泛采用,实践证明效果良好。组合式桥台由台身和后座两部

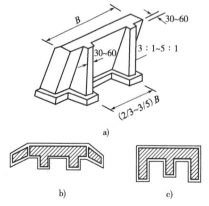

图6-1-42 背撑式桥台(尺寸单位:cm)

分组成(图6-1-43)。台身基础承受竖向力,一般采用桩基或沉井基础;拱的水平推力则主要由后座基底的摩阻力及台后的土侧压力来平衡,因此,后座基底高程应低于拱脚下缘的高程。台身与后座间应密切贴合,并设置沉降缝,以适应两者的不均匀沉降。在地基土质较差时,后座基础也应适当处理,以免后座向后倾斜,导致台身和拱圈的位移和变形。

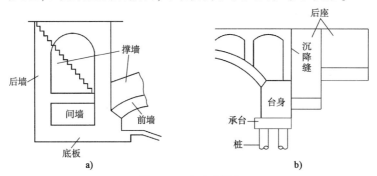

图6-1-43 组合式桥台

4. 齿槛式桥台

齿槛式桥台(图6-1-44)由前墙、侧墙、底板、撑墙等部分组成。其结构特点是:基底面积较大,可以支承一定的垂直压力;底板下的齿槛可以增加摩擦和抗滑的稳定性;台背做成斜挡板,利用它背面的原状土和前墙背面的新填土,共同平衡拱的水平推力;前墙与后墙板之间的撑墙可以提高结构的刚度。齿槛的宽度和深度一般不小于50cm。这种桥台适用于软土地基和路堤较低的中小跨径拱桥。

5. 空腹式桥台

空腹式桥台(图6-1-45)由前墙、后墙、基础板和撑墙等部分组成。其结构特点是:前墙承受拱圈传来的荷载,后墙支承台后的土压力;在前后墙之间设置撑墙3~4道,作为传力构件,并对后墙起到扶壁作用,对基础板起到加劲作用;最外边的撑墙可以做成阶梯踏步,供人们上下河岸;空腹可以是敞口的,也可以是封闭的,如地基承载力许可时,也可在腹内填土。这种桥台一般是在软土地基、河床无冲刷或冲刷轻微、水位变化小的河道上采用。

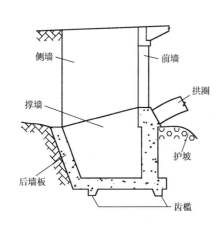

图6-1-44 齿槛式桥台

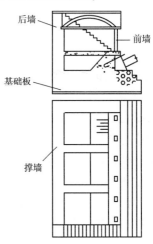

图6-1-45 空腹式桥台

第二章 桥梁墩台计算

第一节 作用及其效应组合

一、桥墩计算中的作用

1. 永久作用

(1) 上部构造的恒重对墩帽或拱座产生的支承反力,包括上部构造混凝土收缩、徐变影响。

(2) 桥墩自重,包括在基础襟边上的土重。

(3) 预应力,例如对装配式预应力空心桥墩所施加的预应力。

(4) 基础变位影响力:对于以非岩石地基为基础的超静定结构,应当考虑由于地基压密等引起的支座长期变位的影响,并根据最终位移量按弹性理论计算构件截面的附加内力。

(5) 水的浮力:位于透水性地基上的桥梁墩台,当验算稳定时,应计算设计水位时水的不利浮力;当验算地基应力时,仅考虑低水位时的有利浮力;基础嵌入不透水性地基的墩台,可以不计水的浮力;当不能肯定是否透水时,则分别按透水或不透水两种情况进行最不利的作用效应组合。

2. 可变作用

(1) 作用在上部结构上的汽车荷载，对于钢筋混凝土柱式墩应计入冲击力，对于重力式墩台则不计冲击力。

(2) 人群荷载。

(3) 作用在上部结构和墩身上的纵、横向风力。

(4) 汽车荷载引起的制动力；汽车荷载引起的土压力。

(5) 作用在墩身上的流水压力。

(6) 作用在墩身上的冰压力。

(7) 上部结构因温度变化对桥墩产生的水平力。

(8) 支座摩阻力。

3. 偶然作用

(1) 地震作用。

(2) 作用在墩身上的船只、漂浮物或车辆的撞击力。

二、作用效应组合

为了找到控制设计的最不利组合，通常需要对各种可能的组合分别进行计算，并且在对汽车荷载作用效应计算时还需按纵向及横向的最不利位置布载。在桥墩计算中，一般需验算墩身截面的承载能力、墩身截面上的合力偏心距及其稳定性。为此，需根据不同的验算内容选择各种可能的最不利作用效应组合。下面将分别叙述梁桥桥墩和拱桥桥墩可能出现的组合。

1. 梁桥重力式桥墩

(1) 第一种组合：按桥墩各截面上可能产生的最大竖向力的情况进行组合。

此时将汽车车道均布荷载纵向布置在相邻的两跨桥孔上，并且将集中荷载布置在计算墩处，这时得到桥墩上最大的汽车竖向荷载，但偏心较小。

这一组合是用来验算墩身强度和基底最大应力的。因此，除了有关的永久作用外，应在相邻两跨布置汽车车道荷载和人群荷载[图 6-2-1a)]。

(2) 第二种组合：按桥墩各截面在顺桥方向上可能产生的最大偏心和最大弯矩的情况进行组合。

当汽车车道荷载只在一孔桥跨上布置时，同时有其他水平荷载，如风力、船撞力、水流压力和冰压力等作用在墩身上，这时竖向荷载最小，而水平荷载引起的弯矩作用最大，可能使墩身截面产生很大的合力偏心距，此时，桥墩的稳定性也是最不利的。

这一组合是用来验算墩身强度、基底应力、偏心以及桥墩的稳定性的。属于这一组合的作用除了有关的永久作用外，还应在相邻两孔的一孔上（当为不等跨桥梁时则在跨径较大的一孔上）布置汽车车道荷载和人群荷载，以及可能产生的其他可变作用，例如纵向风力、汽车制动力和支座摩阻力等[图 6-2-1b)]。

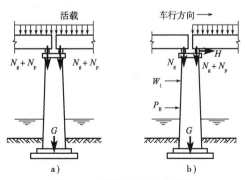

图 6-2-1 桥墩上纵向布载情况

(3)第三种组合:按桥墩各截面在横桥方向可能产生最大偏心和最大弯矩的情况进行组合。

桥跨上的汽车车道荷载可能是一列或几列靠边行驶,这时产生最大横向偏心距;也可能是多列满载,使竖向力较大,而横向偏心较小。

在横向计算时,这一组合是用来验算在横桥方向上的墩身强度、基底应力、偏心以及桥墩的稳定性的。属于这一组合的除了有关的永久作用以外,还要注意将汽车车道荷载和人群荷载偏于桥面的一侧布置,此外还应考虑其他可变作用(例如横向风力、流水压力或冰力等)或者偶然作用中船只或漂浮物的撞击力等(图6-2-2)。

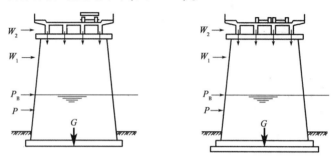

图6-2-2 桥墩上横向布载情况

2.拱桥重力式桥墩

(1)顺桥方向的作用及其效应组合

对于普通桥墩应为相邻两孔的永久作用,在一孔或跨径较大的一孔满布汽车车道荷载和人群荷载,其他可变作用中的汽车制动力、纵向风力、温度影响力等,并由此对桥墩产生不平衡水平推力、竖向力和弯矩(图6-2-3)。对于单向推力墩则只考虑相邻两孔中跨径较大一孔的永久作用效应。

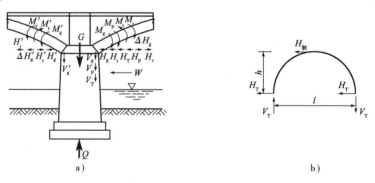

图6-2-3 不等跨拱桥桥墩受力情况

图6-2-3中的符号意义如下:

G——桥墩自重;

Q——水的浮力(仅在验算稳定时考虑);

V_g、V'_g——相邻两孔拱脚处因结构自重产生的竖向反力;

V_p——与车道荷载产生的H_p最大值相对应的拱脚竖向反力,可按支点反力影响线求得;

V_T——由桥面处制动力 $H_制$ 引起的拱脚竖向反力,即 $V_\mathrm{T}=\dfrac{H_制 h}{l}$,其中 h 为桥面至拱脚的高度,l 为拱的计算跨径[图6-2-3b)];

H_g、H'_g——不计弹性压缩时在拱脚处由永久作用引起的水平推力;

ΔH_g、$\Delta H'_\mathrm{g}$——由永久作用产生的弹性压缩所引起的拱脚水平推力,方向与 H_g 和 H'_g 相反;

H_p——在相邻两孔中较大的一孔上由车道荷载所引起的拱脚最大水平推力;

H_T——制动力引起在拱脚处的水平推力,按两个拱脚平均分配计算,即 $H_\mathrm{T}=\dfrac{H_制}{2}$;

H_t、H'_t——温度变化引起在拱脚处的水平推力;

H_r、H'_r——拱圈材料收缩引起的拱脚水平拉力;

M_g、M'_g——由恒载引起的拱脚弯矩;

M_p——由车道荷载引起的拱脚弯矩,由于它是按 H_p 达到最大值时的车道荷载布置计算,故产生的拱脚弯矩很小,可以忽略不计;

M_t、M'_t——温度变化引起的拱脚弯矩;

M_r、M'_r——拱圈材料收缩引起的拱脚弯矩;

W——墩身纵向风力。

(2)横桥向的作用及其效应组合

在横桥方向作用于桥墩上的外力有风力、流水压力、冰压力、船只或漂浮物撞击力或地震力等。但是对于公路桥梁,横桥方向的受力验算一般不控制设计。

以上所述的各种作用效应组合是对重力式桥墩而言的,对于其他形式的桥墩,则要根据它们的构造和受力特点进行具体分析,然后参照上述的一般原则,进行个别的作用效应组合。这里要提出注意的是:

第一,不论对于哪一种形式的桥墩,均应按承载能力极限状态的设计要求,进行作用效应的组合。

第二,《桥规 JTG D60》中还规定,有些可变作用实际上不可能同时出现或是同时参与组合的概率比较小,不应同时考虑其作用效应的组合。例如在计入汽车制动力时,就不应同时计入流水压力、冰压力和支座摩阻力等,具体参见《桥规 JTG D60》。

第二节 重力式桥墩计算与验算

对于梁桥和拱桥重力式桥墩的计算,虽然在作用效应组合的内容上稍有不同,但是就某个截面而言,这些外力都可以合成为竖向和水平方向的合力(用 ΣN 和 ΣH 表示)以及绕该截面 x-x 轴和 y-y 轴的弯矩(用 ΣM_x 和 ΣM_y 表示),如图6-2-4所示。因此,它们的验算内容和计算方法基本相同。下面将叙述重力式桥墩的一般计算程序。

一、截面承载能力极限状态验算

重力式桥墩主要用圬工材料建造,一般为偏心受压构件,结构采用以概率论为基础的极限状态设计方法,采用分项系数的设计表达式进行计算。在不利作用效应组合下,桥墩各控制截

面的作用效应设计值应小于或等于结构的抗力效应设计值,以方程表示为

$$\gamma_0 S \leq R(f_d, a_d) \tag{6-2-1}$$

式中各符号的意义及取值见《桥规 JTG D61》式(4.0.4)。

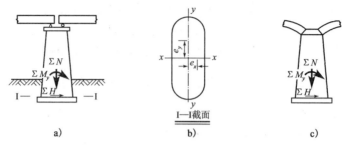

图 6-2-4　墩身底截面强度验算

桥墩截面的强度验算包括下列各项内容:

1. 验算截面的选取

验算截面通常选取墩身的基础顶面与墩身截面突变处。对于悬臂式墩帽的墩身,应对与墩帽交界的墩身截面进行验算。当桥墩较高时,由于危险截面不一定在墩身底部,需沿墩身每隔 2～3m 选取一个验算截面。

2. 验算截面的内力计算

按照各种组合分别对各验算截面计算其竖向力、水平力和弯矩(顺桥向和横桥向),得到相应的纵向力 ΣN、水平力 ΣH 和弯矩 ΣM。

3. 承载能力极限状态验算

按轴心或偏心受压构件验算墩身各截面的承载能力。对于砌体截面,承载力验算应按《桥规 JTG D61》第 4.0.5 条～第 4.0.7 条、第 4.0.9 及第 4.0.10 条的规定计算;对于混凝土截面,其承载力验算应按《桥规 JTG D61》第 4.0.8 条～第 4.0.10 条的规定计算。如果不满足要求时,就应修改墩身截面尺寸、重新验算。

4. 截面偏心验算

桥墩承受偏心受压荷载时,各验算截面在各种组合下的偏心距 $e = \dfrac{\Sigma M}{\Sigma N}$ 均不应超过《桥规 JTG D61》表 4.0.9 的限值。

如果超过时,可按下式确定截面尺寸:

$$\gamma_0 N_d \leq \varphi \frac{A f_{tmd}}{\dfrac{Ae}{W} - 1} \tag{6-2-2}$$

式中各符号的意义及取值见《桥规 JTG D61》第 4.0.10 条。

5. 直接抗剪验算

当拱桥相邻两孔的推力不相等时,要验算拱座截面的抗剪强度,按下式计算:

$$\gamma_0 V_d \leq A f_{vd} + \frac{1}{1.4} \mu_f N_k \tag{6-2-3}$$

式中各符号的意义及取值见《桥规 JTG D61》中第 4.0.13 条。

二、桥墩的稳定性验算

桥墩的稳定性验算一般包括纵向挠曲稳定验算和整体稳定性验算。《桥规 JTG D61》第 4.0.5 条~第 4.0.10 条在承载力验算时引入了偏心受压构件承载力影响系数 φ,该系数同时考虑了构件轴向力偏心矩和构件长细比的影响,而构件长细比就反映了偏心受压构件在非弯曲平面内的稳定。

桥墩整体稳定性验算包括抗倾覆稳定性验算和抗滑动稳定性验算两方面内容,可按《公路桥涵地基与基础设计规范》(JTG 3363—2019)进行计算。

1. 抗倾覆稳定性验算

如图 6-2-5 所示,当桥墩处于临界稳定平衡状态时,绕倾覆转动轴 $A\text{-}A$ 取矩,令稳定力矩为正,倾覆力矩为负,则

$$\sum P_i \cdot (s - e_i) - \sum (H_i \cdot h_i) = 0$$

即

$$s \cdot \sum P_i - [\sum (P_i \cdot e_i) + \sum (H_i \cdot h_i)] = 0$$

上述方程左边第一项为稳定力矩,第二项为倾覆力矩。

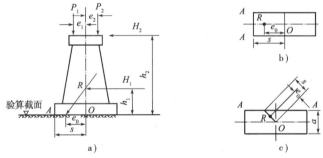

图 6-2-5 墩台基础的稳定验算示意图
a)立面;b)平面(单向偏心);c)平面(双向偏心)
O-截面重心;R-合力作用点;$A\text{-}A$-验算倾覆轴

由此可见,抵抗倾覆的稳定系数 K_0 可按下式验算:

$$k_0 = \frac{M_稳}{M_倾} = \frac{s\sum P_i}{\sum (P_i e_i) + \sum (H_i h_i)} = \frac{s}{e_0} \tag{6-2-4}$$

$$e_0 = \frac{\sum (P_i e_i) + \sum (H_i h_i)}{\sum P_i} \tag{6-2-5}$$

式中:$M_稳$——稳定力矩;

$M_倾$——倾覆力矩;

P_i——不考虑其分项系数和组合系数的作用标准值组合或偶然作用(地震除外)标准值组合引起的竖向力(kN);

e_i——竖向力 P_i 对验算截面重心的力臂(m);

H_i——不考虑其分项系数和组合系数的作用标准值组合或偶然作用(地震除外)标准值组合引起的水平力(kN);

s——在截面重心至合力作用点的延长线上,自截面重心至验算倾覆轴的距离(m);

e_0——所有外力的合力 R 在验算截面的作用点对基底重心轴的偏心距;

h_i——水平力对验算截面的力臂(m)。

注:对于矩形凹缺的多边形基础,其倾覆轴应取基底截面的外包线。

2. 抗滑动稳定性验算

桥涵桥墩基础的抗滑稳定性系数 K_c,按下式验算:

$$K_c = \frac{\mu \sum P_i + \sum H_{ip}}{\sum H_{ia}} \tag{6-2-6}$$

式中:$\sum P_i$——竖向力的总和;

$\sum H_{ip}$——抗滑稳定水平力总和;

$\sum H_{ia}$——滑动水平力总和;

μ——基础底面与地基土之间的摩擦系数,通过试验确定;当缺少实际资料时,可参照表6-2-1采用。

注:$\sum H_{ip}$和$\sum H_{ia}$分别为两个相对方向的各自水平力总和,绝对值较大者为滑动水平力$\sum H_{ia}$,另一为抗滑稳定力$\sum H_{ip}$;$\mu \sum P_i$为抗滑稳定力。

基 底 摩 擦 系 数　　　　　　　　　　　　　　　　表 6-2-1

地基土分类	摩擦系数 μ	地基土分类	摩擦系数 μ
黏土(流塑~坚硬)、粉土	0.25	软岩(极软岩~较软岩)	0.40~0.60
砂土(粉砂~砾砂)	0.30~0.40	硬岩(较硬岩、坚硬岩)	0.60、0.70
碎石土(松散~密实)	0.40~0.50		

验算桥墩抗倾覆与抗滑动的稳定性时,稳定性系数 K_0 和 K_c 均不应小于表 6-2-2 中所规定的最小值。同时,在验算倾覆稳定性和滑动稳定性时,都要分别就常水位和设计水位两种情况考虑水的浮力。

抗倾覆和抗滑动的稳定系数　　　　　　　　　　　　　　表 6-2-2

作用组合		验算项目	稳定系数
使用阶段	永久作用(不计混凝土收缩及徐变、浮力)和汽车、人群的标准值效应组合	抗倾覆	1.5
		抗滑动	1.3
	各种作用(不包括地震作用)的标准效应组合	抗倾覆	1.3
		抗滑动	1.2
施工阶段作用的标准值效应组合		抗倾覆、抗滑动	1.2

三、相邻墩台均匀沉降差

当墩台建筑在地质情况复杂,土质不均匀及承载力较差的地基上,以及相邻跨径差距悬殊而需计算沉降差或跨线桥净高需预先考虑沉降量时,均应计算其沉降。

对于坐落在多层土上的墩台基础,其最终沉降量可用分层总和法计算。

《桥规 JTG D61》规定相邻墩台均匀沉降差(不包括施工中的沉降),不应使桥面形成大于2‰的纵坡。对于超静定结构,桥梁相邻墩台间的均匀沉降差除应满足桥面纵坡要求,还应满足结构的受力要求。

四、基础底面土的承载力和偏心距验算

1. 基底土的承载力验算

基底土的承载力一般按轴心荷载和偏心荷载分别进行验算,当不考虑嵌固作用时,可按下式验算:

(1) 当基底只承受轴心荷载时

$$p = \frac{N}{A} \leqslant [f_a] \quad (6\text{-}2\text{-}7)$$

式中:p——基底平均应力;

$[f_a]$——计入基底埋置深度影响的修正后地基承载力容许值;

N——作用短期效应组合在基底产生的竖向力;

A——基础底面面积。

(2) 当基底偏心受压,承受竖向力 N 和绕 x 轴弯矩 M_x 与绕 y 轴弯矩 M_y 共同作用时,除满足式(6-2-7)外,尚应符合下列条件

$$p_{\max} = \frac{N}{A} + \frac{M_x}{W_x} + \frac{M_y}{W_y} \leqslant \gamma_R [f_a] \quad (6\text{-}2\text{-}8)$$

式中:$p_{\max}$——基底最大压应力;

γ_R——地基承载力容许值抗力系数,根据地基不同的受荷阶段,取 $\gamma_R = 1.0 \sim 1.5$;

M_x、M_y——作用于基底的水平力和竖向力绕 x 轴、y 轴对基底的弯矩;

W_x、W_y——基础底面偏心方向边缘绕 x 轴、y 轴的面积抵抗矩。

注:当基底单向偏心受压,取作用短期效应组合产生于墩台的水平力和竖向力对基底重心轴的弯矩 M 以及基础底面偏心方向面积抵抗矩 W 进行计算。

当偏心荷载的合力作用在基底截面核心半径 ρ 以内时,应验算偏心向的基底应力。当设置在基岩上的桥墩基底承受单向偏心荷载,其偏心距 e_0 超出核心半径时,其基底的一边将会出现拉应力,由于不考虑基底承受拉应力,故需按基底应力重分布(图6-2-6)重新验算基底最大压应力,其验算公式如下:

顺桥方向

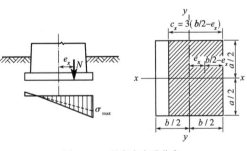

图 6-2-6 基底应力重分布

$$p_{\max} = \frac{2N}{ac_x} \leqslant \gamma_R [f_a] \quad (6\text{-}2\text{-}9)$$

横桥方向

$$p_{\max} = \frac{2N}{bc_y} \leqslant \gamma_R [f_a] \quad (6\text{-}2\text{-}10)$$

上述式中:a、b——横桥方向和顺桥方向基础底面的边长;

c_x——顺桥方向验算时,基底受压面积在顺桥方向的长度,即 $c_x = 3(b/2 - e_x)$;

c_y——横桥方向验算时,基底受压面积在横桥方向的长度,即 $c_y = 3(a/2 - e_y)$;

e_x、e_y——合力在 x 轴和 y 轴方向的偏心距。

2.基底偏心距验算

为了使恒载基底应力分布比较均匀,防止基底最大压应力 σ_{max} 与最小压应力 σ_{min} 相差过大,导致基底产生不均匀沉陷和影响桥墩的正常使用,故在设计时,应对基底合力偏心距加以限制,在基础纵向和横向,其计算的荷载偏心距$[e_0]$应满足表 6-2-3 的要求。

墩台基底的合力偏心距容许值　　　　　　　表 6-2-3

荷载情况	地基条件	合力偏心距	备　注
墩台仅承受永久作用标准值效应组合	非岩石地基	桥墩$[e_0]\leqslant 0.1\rho$	拱桥、刚构桥墩台,其合力作用点应尽量保持在基底重心附近
		桥台$[e_0]\leqslant 0.75\rho$	
墩台承受作用标准值效应组合或偶然作用(地震作用除外)标准值效应组合	非岩石地基	$[e_0]\leqslant \rho$	拱桥单向推力墩不受限制,但应符合表 6-2-2 规定的抗倾覆稳定系数
	较破碎~极破碎岩石地基	$[e_0]\leqslant 1.2\rho$	
	完整、较完整岩石地基	$[e_0]\leqslant 1.5\rho$	

表中:

$$e_0 = \frac{M}{N} \leqslant [e_0]$$

$$\rho = \frac{e_0}{1 - \frac{p_{min}A}{N}}$$

$$p_{min} = \frac{N}{A} - \frac{M_x}{W_x} - \frac{M_y}{W_y}$$

上述式中:ρ——墩台基础底面的核心半径;

W——墩台基础底面的截面模量;

A——墩台基础底面的面积;

N——作用于基础底面合力的竖向分力;

M——作用于墩台的水平力和竖向力对基底截面重心轴的弯矩;

p_{min}——基底最小压应力,当为负值时表示拉应力;

e_0——N 作用点距截面重心的距离。

第三节　桩柱式桥墩计算

桩柱式桥墩的计算包括盖梁计算和柱身计算两个部分。

一、盖梁计算

1.计算图式

桩柱式墩台通常采用钢筋混凝土构件。在构造上,桩柱的钢筋伸入到盖梁内,与盖梁的钢筋绑扎成整体,因此盖梁与柱刚接呈刚架结构,宜按刚架计算,盖梁的计算跨径宜取支承中心间的距离。盖梁应按《桥规 JTG 3362》的相关规定进行结构设计:当盖梁跨中部分的跨高比 $l/h > 5.0$ 时,按第 5 章~第 7 章钢筋混凝土一般构件计算;当盖梁跨中部分的跨高比 $2.5 < l/h \leqslant 5.0$ 时,按第 8.4.3 条~第 8.4.5 条进行承载力验算;盖梁(墩帽)的悬臂部分按第 8.4.6

和第8.4.7条进行承载力验算。

2. 外力计算

外力包括上部结构永久作用引起的支点反力、盖梁自重、活载和施工吊装荷载以及桥墩沿纵向的水平力。车道荷载的布置要使各种组合为盖梁最不利情况，求出支点最大反力作为盖梁的活载。当活载对称布置时，按偏心压力法(或刚接板梁法、铰接板梁法)计算。当盖梁为多根柱支承时，其内力计算可按《桥规 JTG 3362》考虑桩柱支承宽度对削减负弯矩尖峰的影响。桥墩沿纵向的水平力有制动力、温度力、支座摩阻力以及地震力等。

3. 内力计算

公路桥梁中桩柱式墩台的帽梁通常采用双悬臂式，计算时的控制截面应选取支点和跨中截面。在计算支点负弯矩时，采用非对称布置活载与恒载的反力；在计算跨中正弯矩时，采用对称布置活载与恒载的反力。桥墩沿纵向的水平力以及当盖梁在沿桥纵向设置两排支座时，上部结构活载的偏心对盖梁将产生扭矩，应予以计入。

4. 配筋验算

盖梁的配筋验算方法与钢筋混凝土梁配筋相同，根据弯矩包络图配置受弯钢筋，根据剪力包络图配置弯起钢筋和箍筋。在配筋时，还应计算各控制截面抗扭所需要的箍筋及纵向钢筋。当采用预应力混凝土盖梁时，预应力钢筋的配置及普通钢筋的配置同预应力混凝土梁。

二、柱身计算

1. 外力计算

桥墩桩柱的外力有上部结构永久作用与盖梁的永久作用引起的反力以及柱身自重；活载按设计荷载布置车列，得到最不利的作用效应组合，然后要分别比较哪一种情况控制柱长和柱的内力。桥墩的水平力有支座摩阻力和汽车制动力等。

2. 内力计算

桩柱式墩按桩基础的有关内容计算桩柱的内力和桩的入土深度。对于单柱式墩，计算弯矩应考虑两个方向弯矩的合力。纵、横方向弯矩合力值为

$$\sum M = \sqrt{M_x^2 + M_y^2}$$

3. 配筋验算

在最不利组合内力作用下，可先配筋，再按钢筋混凝土偏心受压构件进行验算。圆截面柱的截面配筋计算参照《桥规 JTG 3362》按钢筋混凝土偏心受压构件计算。

4. 抗裂验算

钢筋混凝土圆形和环形截面偏心受压构件的最大裂缝宽度计算按《桥规 JTG 3362》中的第6.4.3条进行。

第四节　柔性排架墩计算

梁桥的柔性墩多用于中、小跨径的桥梁上,当桥跨结构采用连续的构造和变形不够完善的支座(如仅垫油毛毡数层时),则可近似地按多跨铰接框架的图式计算[图 6-2-7a)]。但目前我国的公路桥梁中,比较多地采用较大摩阻力的板式橡胶支座。这种支座在水平力的作用下,将发生较小的水平向剪切变形,故它可按在节点处设置水平弹簧支承的框架图式计算,如图 6-2-7b)所示,下面将着重对它的计算特点进行简要介绍。

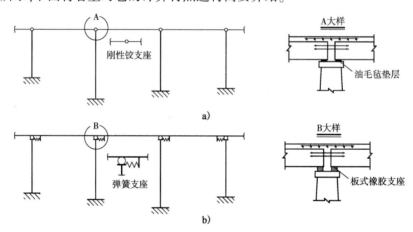

图 6-2-7　梁桥柔性排架墩计算图式

一、基本假定

(1)外荷载除汽车荷载外,还要计入汽车制动力、温度影响力,必要时还包括墩身受到的风力,但梁身混凝土的收缩、徐变等次要因素可忽略不计。

(2)计算制动力时,各墩台受力按墩顶抗推刚度分配。在计算土压力时,如设有实体刚性墩(台),则全部由有关刚性墩(台)承受。如均为柔性墩,则由岸墩承受土压力,并假定此时各个墩顶与上部构造之间不发生相对位移。

(3)计算温度变形时,墩对梁产生的竖向弹性拉伸或压缩影响忽略不计,而只计桩墩顶部水平力对桩墩所引起的弯矩的影响。

(4)在计算梁墩之间橡胶支座的水平力剪切变形时,忽略梁体的偏转角 θ 对它的影响。

二、计算步骤

1. 桥墩抗推刚度 $k_{墩i}$ 的计算

抗推刚度 $k_{墩i}$ 是指使墩顶产生单位水平位移所需施加的水平反力,按下式计算:

$$k_{墩i} = \frac{1}{\delta_i} \tag{6-2-11}$$

(1) 当墩柱下端固定在基础或承台顶面时

$$\delta_i = \frac{l_i^3}{3EI} \tag{6-2-12}$$

式中：δ_i——单位水平力作用在第 i 个柔性墩顶产生的水平位移(m/kN)；

l_i——第 i 墩柱下端固接处到墩顶的高度(m)；

I——墩身横截面对形心轴的惯性矩(m^4)。

(2) 当考虑桩侧土的弹性抗力时，δ_i 则按桩基础的有关公式计算。

2. 橡胶支座抗推刚度 $k_支$ 的计算

由材料力学知，剪应力 τ 与剪切角 γ 具有如下的关系，如图6-2-8所示。

$$\tau = G\gamma \tag{6-2-13}$$

将式(6-2-13)两边各乘以 $\sum t \cdot \sum A_支$，并注意到

$$\sum A_支 \cdot \tau = H \tag{6-2-14}$$

$$\sum t \cdot \gamma = \sum t \cdot \tan\gamma = \Delta \tag{6-2-15}$$

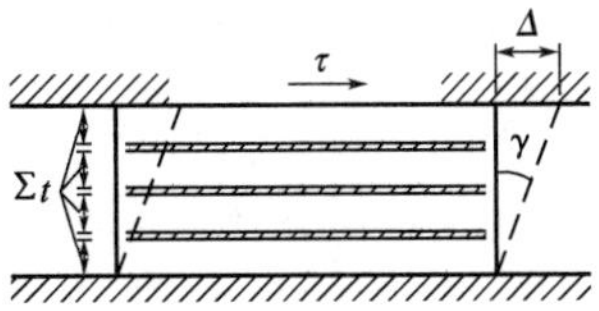

经过整理简化后，则得支座的抗推刚度 $k_支$ 为

图 6-2-8　板式橡胶支座的剪切变形

$$k_支 = \frac{H}{\Delta} = \frac{G\sum A_支}{\sum t} \tag{6-2-16}$$

式中：G——橡胶材料的剪切模量；

$\sum t$——橡胶片的总厚度；

$\sum A_支$——支座承压面积的总和；

H、Δ——分别为水平力和相应剪切位移。

3. 墩与支座的组合抗推刚度 k_{Zi}

$$k_{Zi} = \frac{1}{\delta_{Zi}} = \frac{1}{\delta_{墩i} + \delta_{支i}} = \frac{1}{\frac{1}{k_{墩i}} + \frac{1}{k_{支i}}} \tag{6-2-17}$$

4. 墩顶制动力的计算

$$H_{iT} = \frac{k_{Zi}}{\sum k_{Zi}} T \tag{6-2-18}$$

式中：H_{iT}——作用在第 i 墩台的制动力(kN)；

T——全桥(或一联)承受的制动力(kN)。

于是制动力引起的墩顶水平位移 Δ_{iT} 为

$$\Delta_{iT} = \frac{H_{iT}}{k_{Zi}} \tag{6-2-19}$$

5. 梁的温度变形引起的水平力

当温度下降时，桥梁上部结构将缩短，两岸边排架向河心偏移。当温度上升时，桥梁上部结构将伸长，两岸边排架向路堤偏移。因此，无论温度升高或降低，必然存在一个温度变化时偏移值等于零的位置 x_0（称为温度中心）。在求排架的偏移值时，需先求出这个位置，如图6-2-9所示。

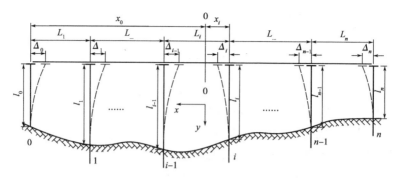

图 6-2-9 温度变化时柔性排架墩的偏移图式

x_0-为温度中心 0—0 线至 0 号排架的距离;i-排架墩的序号,$i=0,1,2,\cdots,n$,n 为总排架数减 1;L_i-第 i 跨的跨径;l_i-第 i 墩柱下端固接处到墩顶的高度(m)

如果用 $x_1,x_2,\cdots,x_i$ 表示自 0—0 线至 $1,2,\cdots,i$ 号排架的距离,则得各排架墩墩顶部由温度变化引起的水平位移为

$$\Delta_{it} = \alpha\Delta t x_i \tag{6-2-20}$$

式中:α——上部结构的线膨胀系数;

Δt——温度升降的度数。

Δ_{it}、x_i 均带有正负号,以自 0—0 线指向 x 轴正轴为正。

$$x_i = x_0 - (L_1 + L_2 + \cdots + L_i) = x_0 - \sum_{j=1}^{i} L_j \tag{6-2-21}$$

各排架墩墩顶所受的温度力为

$$H_{it} = k_{Zi}\Delta_{it} \tag{6-2-22}$$

在温变作用下,各排架墩墩顶水平力之和必为零,即

$$\sum_{i=0}^{n} H_{it} = 0 \tag{6-2-23}$$

联立解式(6-2-20)~式(6-2-23)便得到

$$x_0 = \frac{\sum_{i=1}^{n} k_{Zi}(\sum_{j=1}^{i} L_j)}{\sum_{i=0}^{n} k_{Zi}} \tag{6-2-24}$$

当各跨跨径相同,都为 L 时

$$x_0 = \frac{\sum_{i=1}^{n} k_{Zi}(iL)}{\sum_{i=0}^{n} k_{Zi}} = \frac{\sum_{i=1}^{n} ik_{Zi}}{\sum_{i=0}^{n} k_{Zi}}L \tag{6-2-25}$$

6. 由墩顶不平衡弯矩 M_0 产生的水平位移 Δ_{iM}

$$\Delta_{iM} = \frac{M_0 l_i^2}{2EI} \tag{6-2-26}$$

7. 计入 N 和墩身自重 $q_自$ 影响,但不计入支座约束影响的墩顶总水平位移 a

这是一个几何非线性分析的问题,可以应用瑞雷—里兹法和最小势能原理求其近似解,即首先假定此悬臂墩的近似变形曲线如图 6-2-10 所示。

$$y = a\left[1 - \sin\left(\frac{\pi x}{2l}\right)\right] \tag{6-2-27}$$

上式中的 a 为待定的最终水平位移,它是一个常数。

设此结构由应变能 U 和外力势能 V_E 构成的总势能 $\Pi(= U + V_E)$ 为最小,经过变分运算,可以得到此 a 值,具体推演过程见文献[57],这里只写出其计算公式。

图 6-2-10 等直截面悬臂墩

$$a = \frac{H + M_0\left(\dfrac{\pi}{2l}\right)}{\dfrac{l}{8}\left[\dfrac{EI}{4}\left(\dfrac{\pi}{l}\right)^4 - \left(N + \dfrac{q_自 l}{3}\right)\left(\dfrac{\pi}{l}\right)^2\right]} \tag{6-2-28}$$

式中:H——作用于墩顶处的水平力,其作用方向与 y 轴一致者为正,反之为负;

M_0——作用于墩顶处的不平衡力矩,若由它引起的墩顶水平位移与 H 的效应相一致时,则取与 H 同号,反之,则取与 H 异号。

8. 计入板式橡胶支座约束影响后的桩墩计算

图 6-2-11a)中明确展示,每个桥墩的顶部并非完全自由,而是受到板式橡胶支座的弹性约束。梁体上的水平力是通过板式支座与墩、梁接触面的摩阻力传递至桥墩,它既使墩顶产生水平位移,又使板式支座产生剪切变形,如图 6-2-11b)所示。当梁体完成了这个水平力的传递以后,梁体便处于暂时的稳定状态。这时由于存在有轴力 N 和墩身自重 $q_自$ 的影响,将使墩顶产生附加变形 δ。于是,板式橡胶支座由原来传递水平力的功能转变为抵抗墩顶继续变形的功能,当墩身很柔时,有可能使支座原来的剪切变形先恢复到零,逐渐过渡到反向状态,如图 6-2-11c)所示。根据这个工作机理,便可将每个桥墩的受力状态[图 6-2-12a)]分解为两个工作状态的组合。

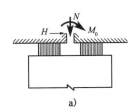
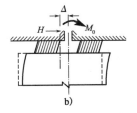
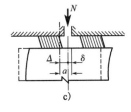

图 6-2-11 板式橡胶支座工作机理

(1)不计几何非线性效应的普通悬臂墩[图 6-2-12b)],它可按墩顶上的各个外力先分别计算,然后进行内力或变形的叠加。

(2)将支座模拟为具有刚度为 $k_{支i}$ 的弹簧支承,将引起几何非线性效应影响的轴力换算为由桥墩与支座共同来承担的等效附加水平力 $H_{效i}$,如图 6-2-12c)所示。该等效附加水平力可按下式计算：

$$H_{\text{效}i} = k_{\text{墩}i}(a_i - \Delta_{iM}) - H_i \tag{6-2-29}$$

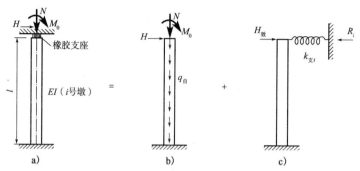

图 6-2-12　考虑几何非线性效应的计算模型

由此可以得到墩顶处的附加水平位移 δ，即

$$\delta = \frac{H_{\text{效}i}}{k_{\text{墩}i} + k_{\text{支}i}} \tag{6-2-30}$$

由墩顶分担的附加水平力 $H'_{\text{效}i}$ 为

$$H'_{\text{效}i} = k_{\text{墩}i}\delta \tag{6-2-31}$$

由弹簧支承分担的附加水平力 $H''_{\text{效}i}$ 或支反力 R_i 为

$$H''_{\text{效}i} = R_i = k_{\text{支}i}\delta \tag{6-2-32}$$

9. 几何非线性效应的整体分析

当确定出在一种工况下各个墩顶处的等效附加水平力 $H_{\text{效}i}$ 之后，便可将它们布置到如图 6-2-7b) 所示的图式中进行整体分析。这里要考虑下列三种边界条件：

（1）当一联结构的两端为固定式桥台并设置板式橡胶支座时，则按如图 6-2-13a) 所示的图式分析。

（2）当其两端为柔性温度墩和板式橡胶支座时，则按如图 6-2-13b) 所示的图式分析。

（3）两端设置的是摩阻力甚小的聚四氟乙烯滑板支座时，则按两端为活动铰支座的图式计算，如图 6-2-13c) 所示。

上述任何一种图式均可应用力法或者普通平面杆系有限元法的程序来完成分析，以求得各个水平弹簧支承中的反力。各个桥墩所得到的实际附加水平力应为 $H_{\text{效}i}$ 与弹簧支承反力的代数和；然后，将此实际附加水平力叠加到图 6-2-12b) 的 H 中去，便可得到该桥墩在考虑几何非线性效应后的内力值。

以上是柔性排架墩的一般计算步骤和方法。对于不同的桥墩应分别按不同的工况进行最不利的组合，找到控制设计的截面内力进行设计。工程中有时为了简化分析，也可以偏安全地不考虑橡胶支座弹性抗力的有利影响，即按式(6-2-28)得到的结果来确定截面内力。

顺便指出，上述的计算步骤和公式同样适用于设置板式橡胶支座的中、小跨径连续梁。由于连续梁的各个中墩均只有一排支座，理论上可以认为墩顶的不平衡力矩 $M_0 = 0$，并代入相应的公式即可。

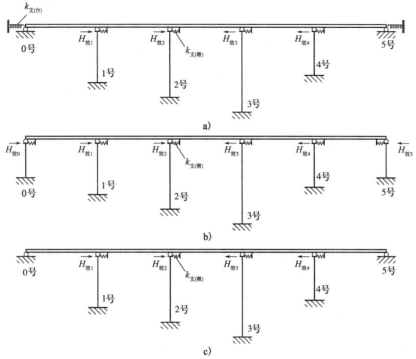

图 6-2-13 几何非线性效应的整体分析

三、算例

[**例 6-2-1**] 图 6-2-14 为一五跨连续梁桥,跨长 $L = 20\text{m}$,桥宽 9m,按单向双车道设计,钢筋混凝土双圆柱式墩($D = 1.0\text{m}$),混凝土强度等级为 C30,扩大基础落在基岩上。桥面做成简支连续,每座桥墩顶面均布置两排共 24 个直径 $d = 20\text{cm}$ 的普通板式橡胶支座,而 0 号和 5 号桥台各设置 12 个,橡胶支座的 $\sum t = 4\text{cm}$,$G = 1.1\text{MPa}$,试计算其中的 3 号桥墩在下列荷载条件下的等效附加水平力 $H_\text{效}$。

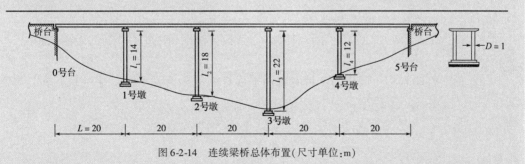

图 6-2-14 连续梁桥总体布置(尺寸单位:m)

(1)温降 25℃。
(2)公路—II 级荷载。
(3)传至墩顶的(恒载 + 活载)竖向力 $N = 3\,100\text{kN}$。
(4)墩顶因活载引起的不平衡力矩 $M_0 = 208\text{kN} \cdot \text{m}$(逆时针方向)。
(5)墩身平均荷载集度(包括盖梁)$q_\text{自} = 40\text{kN/m}$。

[解] (1)计算桥墩抗推刚度 $k_{墩i}$

C30 混凝土的弹性模量为 $E = 3 \times 10^4 \text{MPa} = 3 \times 10^7 \text{kN/m}^2$

桥墩顺桥向的抗弯惯性矩为 $I = 2 \times \dfrac{\pi D^4}{64} = 2 \times \dfrac{\pi \times 1}{64} = \dfrac{\pi}{32} (\text{m}^4)$

各墩的抗推刚度 $k_{墩i}$ 为

$$k_{墩1} = \frac{3EI}{l_1^3} = \frac{3 \times 3 \times 10^7 \times \dfrac{\pi}{32}}{14^3} = 3\,220 (\text{kN/m})$$

同理得

$$k_{墩2} = 1\,515 \text{kN/m}$$
$$k_{墩3} = 829.8 \text{kN/m}$$
$$k_{墩4} = 5\,113.3 \text{kN/m}$$

(2)计算板式橡胶支座的抗推刚度 $k_{支}$

由式(6-2-16)得

$$k_{支} = \frac{G \cdot \sum A_{支}}{\sum t} = \frac{1\,100 \times 24 \times \pi \times 0.2^2 / 4}{0.04} = 20\,734.5 (\text{kN/m})$$

(3)计算各墩的组合抗推刚度 k_{Zi}

按式(6-2-17)可得

$$k_{Z1} = \frac{1}{\dfrac{1}{3\,220} + \dfrac{1}{20\,734.5}} = 2\,787.16 (\text{kN/m})$$

同理得

$$k_{Z2} = 1\,411.84 \text{kN/m}; k_{Z3} = 797.87 \text{kN/m}; k_{Z4} = 4\,101.77 \text{kN/m}$$

$$k_{Z0} = k_{Z5} = \frac{k_{支}}{2} = \frac{20\,734.5}{2} = 10\,367.3 (\text{kN/m})$$

(4)温度影响力计算

①确定温度偏移值为零的位置

如图 6-2-15 所示,以 0—0 线为原点,令 0—0 线距离 0 号桥台支座中心的距离为 x_0,由公式(6-2-25)得

$$x_0 = \frac{\sum\limits_{i=1}^{5} i k_{Zi}}{\sum\limits_{i=0}^{5} k_{Zi}} L = \frac{k_{Z1} + 2k_{Z2} + 3k_{Z3} + 4k_{Z4} + 5k_{Z5}}{k_{Z0} + k_{Z1} + k_{Z2} + k_{Z3} + k_{Z4} + k_{Z5}} L = \frac{76\,248.03}{29\,833.14} \times 20 \approx 51.11 (\text{m})$$

②求 3 号墩墩顶的位移量 Δ_{3t}

由式(6-2-21)可以算出 3 号墩至温度偏移零点的距离

$$x_3 = 51.11 - 3 \times 20 = -8.89 (\text{m})$$

混凝土的线膨胀系数为 $\alpha = 1 \times 10^{-5}$。

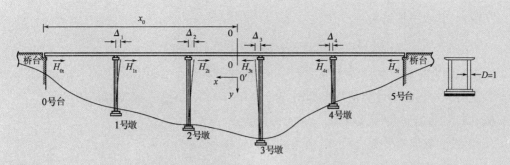

图 6-2-15 温度作用下全桥变形示意图(尺寸单位:m)

由式(6-2-20)得 3 号墩墩顶位移值为

$$\Delta_{3t} = \alpha \Delta t x_3 = 1 \times 10^{-5} \times (-25) \times (-8.89) = 2.223 \times 10^{-3} (\text{m}) \quad (\text{指向左岸})$$

③求 3 号墩承受的温度影响力 H_{3t}

$$H_{3t} = k_{Z3} \cdot \Delta_{3t} = 797.87 \times 2.223 \times 10^{-3} = 1.773 (\text{kN}) \quad (\text{指向左岸})$$

(5)汽车制动力计算

①求汽车制动力

按《桥规 JTG D60》,公路—Ⅱ级车道荷载的均布荷载:$q_k = 0.75 \times 10.5 = 7.9 (\text{kN/m})$;集中荷载:$P_k = 0.75 \times [2 \times (20 + 130)] = 225 (\text{kN})$。

制动力按《桥规 JTG D60》规定为加载长度上总重力的 10%,将车道荷载满布于桥跨方向,公路车道荷载在该段的布置如图 6-2-16 所示,由于单向双车道设计,汽车荷载制动力标准值为一个设计车道制动力标准值的 2 倍,所以汽车制动力为

$$T = 2 \times [(5 \times 20) \times q_k + 225] \times 10\%$$
$$= 2 \times [(5 \times 20) \times 7.9 + 225] \times 10\% = 203 (\text{kN})$$

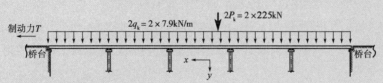

图 6-2-16 公路—Ⅱ级车道荷载布置

同时《桥规 JTG D60》又规定,此制动力不得小于 90kN。

经比较取 $T = 203 \text{kN}$

②汽车向左行驶时的制动力分配

按式(6-2-18)计算

$$H_{iT} = \frac{k_{Zi}}{\sum k_{Zi}} T$$

对于 3 号墩,当车辆向左行驶时,其制动力方向与降温影响力一致。

$$H_{3T} = \frac{797.87}{29\,833.14} \times 203 = 5.429 (\text{kN})$$

相应地,其水平位移为

$$\Delta_{3T} = \frac{H_{3T}}{k_{Z3}} = \frac{5.429}{797.87} = 6.804 \times 10^{-3} (\text{m})$$

③汽车向右行驶时的制动力分配

只需将向左行驶的计算值反号即得,$H_{3T} = -5.429 \text{kN}$, $\Delta_{3T} = -6.804 \times 10^{-3} \text{m}$。

H_{3T}、Δ_{3T} 均带有正负号,以指向 x 轴正方向为正。

(6) 3 号墩墩顶不平衡力矩 M_0 引起的水平位移

$$\Delta_{3M} = \frac{M_0 l_3^2}{2EI} = \frac{208 \times 22^2}{2 \times 3 \times 10^7 \times \pi/32} = 0.01709 = 17.09 \times 10^{-3} (\text{m}) \quad (\text{指向左岸})$$

(7) 不计轴力影响的 3 号墩墩顶水平力 H_3 汇总

汽车向左行驶:$H_3 = H_{3t} + H_{3T} = 1.773 + 5.429 = 7.202 (\text{kN})$

汽车向右行驶:$H_3 = H_{3t} + H_{3T} = 1.773 - 5.429 = -3.656 (\text{kN})$

显然,最不利的情况为考虑汽车向左行驶的制动力,此时 $H_3 = 7.202 \text{kN}$。

(8) 计入轴力 N 及墩身自重 $q_自$ 影响的墩顶水平位移

3 号墩墩顶总水平位移 a_3 可按式(6-2-28)计算(只考虑汽车向左行驶):

$$a_3 = \frac{7.202 + 208 \times \frac{\pi}{2 \times 22}}{\frac{22}{8}\left[\frac{3 \times 10^7 \times \pi/32}{4}\left(\frac{\pi}{22}\right)^4 - \left(3100 + \frac{40 \times 22}{3}\right)\left(\frac{\pi}{22}\right)^2\right]}$$

$$= 0.03385 = 33.85 \times 10^{-3} (\text{m}) \quad (\text{指向左岸})$$

(9) 由几何非线性效应产生的等效附加水平力 $H_{效3}$

按式(6-2-29)得 3 号墩处的等效水平力

$$H_{效3} = 829.8 \times (0.03385 - 0.01709) - 7.202 = 6.705 (\text{kN})$$

按照上述同样的步骤分别计算其他各墩的等效附加水平力 $H_{效i}$ 之后,便可采用图 6-2-13a)的计算模型进行几何非线性效应的整体分析,以确定每个桥墩的附加水平力。

第五节 桥台计算

一、重力式桥台的计算

1. 作用于桥台上的荷载

桥台的计算荷载与桥墩计算中所用到的荷载基本相同,包括:

(1)永久作用

①上部结构重力通过支座(或拱座)在台帽上引起的支承反力。

②桥台重力(包括台帽、台身、基础和土的重力)。

③混凝土收缩在拱座处引起的反力。
④水的浮力。
⑤台后土侧压力,宜以主动土压力计算,其大小与压实程序有关。

(2)可变作用

①作用在上部结构上的汽车荷载,除对钢筋混凝土桩(或柱)式桥台应计入冲击力外,其他各类桥台均不计冲击力。
②人群荷载。
③活载引起的土侧压力。
④汽车荷载引起的制动力。
⑤上部结构因温度变化在支座(或拱座)上引起的摩阻力(或反力)。

与桥墩不同的是,对于桥台不需计及纵、横向风力,流水压力,冰压力。

(3)偶然作用

只包含地震力,不考虑船只或漂浮物的撞击力等。

2. 作用效应组合

重力式桥台的计算与验算内容与重力式桥墩相似,包括验算台身截面强度、地基应力以及桥台稳定性等,但对于桥台只需作顺桥方向的验算。故桥台在进行荷载布置及组合时,只考虑顺桥方向。

(1)梁桥桥台的荷载布置及组合

为了求得重力式桥台在最不利作用效应组合下的受力情况,首先必须对车辆荷载做几种最不利的布置。

图 6-2-17 仅示出了车辆荷载沿顺桥向的三种布置方案,即①仅在桥跨结构上布置荷载;②仅在台后破坏棱体上布置车辆荷载;③在桥跨结构上和台后破坏棱体上都布置车辆荷载。

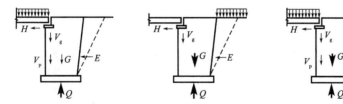

图 6-2-17 作用在梁桥桥台上的荷载

具体是哪一种荷载组合控制设计,要结合验算的具体内容经过分析比较后才能确定。

(2)拱桥桥台的荷载布置及组合

同梁桥重力式桥台一样,先进行最不利荷载位置的布置方案,再拟定各种作用效应组合。对于单跨无铰拱的顺桥向活载布置,一般取图 6-2-18 和图 6-2-19 两种方案,即活载布置在台背后破坏棱体上和活载布置在桥跨结构上。

图 6-2-17~图 6-2-19 中符号的意义同图 6-2-3。

3. 桥台承载能力、偏心和稳定性验算

桥台台身承载能力、基底承载力、偏心以及桥台稳定性验算和桥墩相同。如果 U 形桥台两侧墙宽度不小于同一水平截面前墙全长的 0.4 倍时,桥台台身截面验算应把前墙和侧墙作为整体考虑其受力。否则,台身前墙应按独立的挡土墙进行验算。

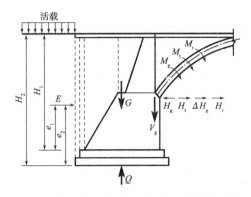
图 6-2-18 作用在拱桥桥台台后的荷载(第一种情况)

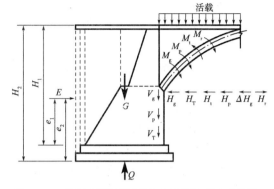
图 6-2-19 作用在拱桥桥跨结构上的荷载(第二种情况)

二、梁桥轻型桥台的计算特点

前面介绍了设有支撑梁的梁桥薄壁轻型桥台的受力特点,它是利用桥跨结构和底部支撑梁作为桥台与桥台或者桥台与桥墩之间的支撑,以防止桥台受路堤的土侧压力而向河心方向移动,从而使结构成为四铰框架的受力体系。因此,对于这类桥台(例如一字形桥台)的计算主要包括以下三项内容:

(1)桥台(顺桥向)在侧向土压力作用下台身作为竖梁进行截面承载能力极限状态验算。

(2)桥台(包括基础)在竖向荷载作用下横桥向作为一根弹性地基短梁进行截面承载能力极限状态验算。

(3)基础底面下地基应力验算。

1. 桥台作为竖梁时的强度计算

通常取单位桥台宽度进行验算,其步骤如下。

(1)验算截面处的竖直力 N

它包括以下三项:

①桥跨结构恒载在单位宽度桥台上的支点反力 N_1;

②单位宽度台帽的自重 N_2;

③验算截面以上单位宽度台身的自重 N_3。

于是 $N = N_1 + N_2 + N_3$。

(2)土压力计算

计算土压力时,对桥台的最不利作用效应组合是桥上无车辆荷载、台背填土破坏棱体上有车辆荷载。其荷载分布如图 6-2-20a)所示。

①计算宽度为 B 的桥台由填土本身引起的主动土压力 E_T

它呈三角形分布,其计算公式为

$$E_T = \frac{1}{2} B \mu \gamma H_2^2 \tag{6-2-33}$$

$$\mu = \frac{\cos^2(\varphi - \alpha)}{\cos^2\alpha \cdot \cos(\alpha + \delta)\left[1 + \sqrt{\dfrac{\sin(\varphi + \delta)\sin(\varphi - \beta)}{\cos(\alpha + \delta)\cos(\alpha - \beta)}}\right]} \tag{6-2-34}$$

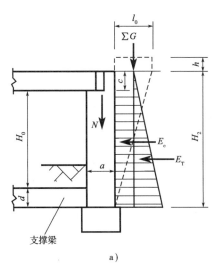
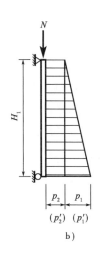

图 6-2-20 土压力及计算图式

②计算宽度为 B 的桥台由车辆荷载引起的土压力 E_c

当土层特性无变化,由车辆荷载引起的土压力呈均匀分布,其标准值在 $\beta=0°$ 时可按下式计算:

$$E_c = B\mu\gamma H_2 h \tag{6-2-35}$$

③总土压力标准值 E

$$E = E_T + E_c \tag{6-2-36}$$

④等代土层厚度 h

$$h = \frac{\sum G}{Bl_0\gamma} \tag{6-2-37}$$

上述式中:γ——台后填土重度;
φ——土的内摩擦角;
β——填土表面与水平面的夹角;
α——桥台或挡土墙与竖直面的夹角;
δ——台背或墙背与填土间的摩擦角;
$\sum G$——布置在 $B \times l_0$ 面积内的车轮或履带重;
B——桥台计算宽度;
H_2——计算土层高度;
l_0——台后填土的破坏棱体长度,按下式计算:

$$l_0 = H_2 \tan\theta \tag{6-2-38}$$

θ——当 $\beta=0°$ 时,破坏棱体破裂面与竖直线间夹角。

(3)台身内力计算

①计算图式

台身按上下铰接的简支梁计算,如图 6-2-20b)所示。对于有台背的桥台,因上部构造与台

背间的缝隙已用砂浆或小石子混凝土填实,保证了有牢靠的支撑作用,因此,台身受弯时计算跨径为

$$H_1 = H_0 + \frac{1}{2}d + \frac{1}{2}c \tag{6-2-39}$$

式中:H_0——桥跨结构与支撑梁间的净距[图6-6-20a)];
　　　d——支撑梁的高度;
　　　c——桥台背墙的高度。

当台身受剪时,计算跨径取 H_0。

②内力计算

在计算截面弯矩 M 时,轴力 N 的影响忽略不计,而是放在强度验算中考虑。对于跨中截面,其弯矩为

$$M = \frac{1}{8}p_2 H_1^2 + \frac{1}{16}p_1 H_1^2 \tag{6-2-40}$$

在台帽顶部截面的剪力为

$$Q = \frac{1}{2}p_2' H_0 + \frac{1}{6}p_1' H_0 \tag{6-2-41}$$

在支撑梁顶面处的剪力为

$$Q = \frac{1}{2}p_2' H_0 + \frac{1}{3}p_1' H_0 \tag{6-2-42}$$

式中:p_1、p_2——受弯计算跨径 H_1 处的土压力强度;
　　　p_1'、p_2'——受剪计算跨径 H_0 处的土压力强度。

(4)截面强度验算

按《桥规 JTG 3362》有关公式进行跨中截面的抗压强度和支点截面的抗剪强度验算。

2.桥台在本身平面内的弯曲验算

轻型桥台是一较长的平直薄墙,在竖向荷载作用下,本身平面内发生弯曲,弯曲的程度与地基的变形系数 α 有关(图6-2-21)。

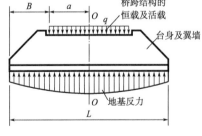

图 6-2-21　桥台受力图式

当桥台长度 $L > 4/\alpha$ 时,把桥台当作支承在弹性地基上的无限长梁计算,当 $L < 1.2/\alpha$ 时,把桥台当作支承在弹性地基上的刚性梁计算(即不考虑桥台在本身平面内发生弯曲);当 $4/\alpha > L > 1.2/\alpha$ 时,把桥台当作支承在弹性地基上的短梁计算。在一般情况下,轻型桥台的长度大多处于 $4/\alpha$ 和 $1.2/\alpha$ 之间,因此,这里仅介绍按短梁计算的公式。

设梁上作用着一段对称的均布荷载,则梁的最大弯矩产生在中点,其计算公式为

$$M_{1/2} = \frac{q}{2\beta^2}\left(\frac{\mathrm{ch}\beta l - 1}{\mathrm{sh}\beta l + \sin\beta l}\mathrm{ch}\beta a \sin\beta a + \frac{1 - \cos\beta l}{\mathrm{sh}\beta l + \sin\beta l}\mathrm{sh}\beta a \cos\beta a - \mathrm{sh}\beta a \sin\beta a\right) \tag{6-2-43}$$

式中：l——基础长度；

a——桥台中心线至分布荷载边缘的距离；

β——特征系数，按下式计算；

$$\beta = \sqrt[4]{\frac{k}{4EI}} \qquad (6\text{-}2\text{-}44)$$

k——土的弹性抗力系数，若无试验资料时，可按规范采用；

E、I——桥台的弹性模量和截面惯性矩。

3. 基底应力验算

桥台的基底应力为桥台本身自重引起的应力和桥跨结构的恒载及活载引起的应力之和。桥台自重引起的基底应力可按台墙因自重不致发生弯曲的假定（图 6-2-22）计算。荷载引起的基底最大应力可按下式求得。

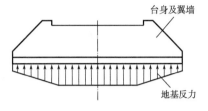

图 6-2-22 桥台自重引起的基础应力分布图

$$\sigma = \frac{q}{b}\left(\frac{\text{ch}\beta l + 1}{\text{sh}\beta l + \sin\beta l}\text{sh}\beta a\cos\beta a + \frac{1 + \cos\beta l}{\text{sh}\beta l + \sin\beta l}\text{ch}\beta a\sin\beta a + 1 - \text{ch}\beta a\cos\beta a\right) \qquad (6\text{-}2\text{-}45)$$

式中，b 为基础宽度，其余符号同前。

三、拱桥组合式桥台的计算特点

组合式桥台由前台与后座两部分组成，在受力上，前台桩基或沉井基础承受竖向力，一般采用桩基或沉井基础；拱的水平推力则主要由后座基底的摩阻力及台后的主动土压力来平衡。《桥规 JTG D61》规定在计算土侧压力时，其作用分项系数取为 1.0；计算基底的摩阻力时，其作用分项系数取为 0.9。

考虑到拱桥桥台一般不宜作水平位移，而组合式桥台前台桩基或沉井的水平位移值均涉及土的特性和土抗力，也难以准确计算，组合式桥台的计算一般按上述受力特点采用静力平衡法进行。该法计算简单，计算结果偏安全，计算时一般取前台基桩或沉井基础承担10%～25%的拱的水平推力，无斜桩时取低值。

若计算时有确切的计算参数，如侧向地基系数、竖向地基系数、地基剪切系数等，可将土体视为具有随深度成正比例增长变化的地基系数的弹性变形介质，考虑前后台共同承受拱的水平推力，其分担比例由两者的变形协调原则确定，这一方法称之为变形协调法。该法适用于按静力平衡法计算时后座桥台摩阻力和土压力不足以平衡水平力的情形。注意按此法计算时，组合桥台在地面处的水平位移一般应控制在 6mm 以内，另外由于计算时允许拱脚位移，所以也应计算因拱脚位移引起拱圈的附加内力。

第六节　桥墩防撞设计要点及船撞力计算

船撞桥事故不但威胁船舶通行的安全，也严重影响着桥梁的安全运营，一旦发生船撞事故，桥梁结构可能承受巨大的侧向冲击荷载。因此，在设计通航水域内的桥梁时必须对船撞问题予以充分考虑。否则,将可能导致桥倒、船沉、人亡的严重事故。对通航水域的桥梁进行防撞设计是非常必要的,本节将对桥墩防撞设计作简要的介绍。

一、防船撞设计的基本策略

桥墩防船撞设计大体可以有以下几种基本策略:

1. 避让策略

对于特别重要的桥梁或有条件增大跨径的桥梁(增大跨径的成本通常小于设置防撞设施),或者通航船舶吨位非常大的情况下,可采用避让(隔离桥墩与船舶)的策略。可采用一跨过江的形式,从根本上规避船撞桥墩的风险。

瑞典新旧特荣桥(Tjörn Bridge)的改变,是采用避让策略进行桥墩防船撞设计的典型案例。旧特荣桥为主跨278m的钢管肋拱桥,1981年1月,一艘数千吨的荷兰籍货轮偏航后碰撞了大桥的钢管拱,致使主要受力结构钢管拱破坏,上部结构坍塌在肇事船舶上,死亡10余人。新桥采用斜拉桥体系,主跨增大至366m,使桥墩位于岸坡上,从根本上避免了船舶撞击桥墩的风险。新旧特荣桥结构布置如图6-2-23所示。

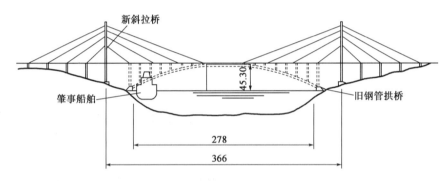

图 6-2-23　新旧特荣桥结构布置示意图(尺寸单位:m)

黄浦江是上海主要的通海、通江、内河航运干线,船舶吨位大,通航量大。在建设黄浦江上的南浦大桥和杨浦大桥时考虑到下部结构的船撞风险,也都采用了避让策略(一跨过江)来规避桥墩船撞风险。

2. 约束通航条件(速度)策略

通过降低通航船舶的过桥速度,可以有效降低船舶偏航的概率,减小偏航船舶的碰撞能量,进而减小船撞下桥墩破坏的概率。国际桥协组织多国委员会研究指出,自由(不减速)航行的安全通航宽度为3.2倍船长,而约束(减速)航行可减半为1.6倍船长。因此,通过约束通航条件,一方面能减小偏航船舶撞击桥墩的冲击力,降低桥梁船撞倒塌概率;另一方面也降低了对桥梁通航孔跨度的要求。例如,2004年建成的希腊里翁—安提里翁大桥(Rion-Antirion Bridge)采用了约束通航速度的策略,要求自由航行约30节的18万吨海轮以16节航速通过大桥,既降低了船撞下桥墩倒塌的概率,又降低了对桥梁通航净空的要求。

3. 设置防撞设施的策略

通常情况下,防撞措施可分为导航性质的主动设施和物理防护的被动措施两大类。主动设施大多由航运部门来进行设计与安装,属于水上交通管制。目前,实际工程中通常采用被动防撞设施,通过防撞设施的变形来耗散偏航船舶的动能,从而减小桥墩所受船撞力,或免受船舶的撞击。

根据物理的防撞措施与桥梁结构在空间上的布置关系,防撞设施可分为两大类,一类是与被保护的桥梁结构分离的独立式防撞结构,如重力式防撞墩、桩承式防撞结构和浮式防撞系统等;另一类是与桥梁结构相连的附着式防撞结构,如橡胶、木结构、混凝土结构或钢结构组成的防护系统以及人工岛等。

4.桥墩自身抗撞策略

对于桥墩具有较大抗撞能力或通航船舶吨位较小的情况,可采用桥墩自身抗撞策略。在桥位水文地质条件较好的情况下,也可以通过增加桩基数目或采用斜桩等来提高桥梁下部结构的整体防撞能力。例如,挪威的海格兰德斜拉桥(Helgeland Bridge)和瑞典主跨414m的乌德瓦拉斜拉桥(Uddevalla Bridge)都采用提高自身基础能力的方案来进行防撞。

二、桥墩防船撞设施简介

目前,进行桥墩防撞设计最为常见的思路就是采用一定设施进行防撞。由于防撞设施与被保护桥墩的连接形式、材料及结构形式等原因,各防撞设施的防护特点及适用范围有所不同,具体见表6-2-4。

桥墩防撞设施特点及适用范围　　表6-2-4

类　型	与桥墩关系	防护特点及适用范围	工程实例
木护舷	附着式	特点:通过木结构护舷的弹塑性变形及破坏来耗散船撞动能; 优点:经济、取材方便; 缺点:耗能能力有限; 适用性:适合于较低能量碰撞	美国 Commodore John Barry 桥、Richmond-san Rafael 桥,总体上运用较少
橡胶护舷	附着式	特点:通过橡胶的压、弯和剪等弹性变形来耗散碰撞动能; 优点:经济、可选用的形式多; 缺点:耗能能力有限; 适用性:适合较低能量碰撞	美国 Passyunk Avenue 桥、日本濑户大桥,总体上运用较少
混凝土结构护舷	附着式	特点:一般由中空薄壁的混凝土箱形结构组成,通过混凝土板的屈曲、压溃等破坏来耗散船舶碰撞动能; 优点:较经济、耐久性好; 缺点:当发生较大塑性变形时,较难计算明确结构耗能的特征; 适用性:适合中低能量碰撞	美国 Francis Scott Key 桥、中国平潭海峡大桥,总体上运用较少
钢结构护舷	附着式	特点:一般由薄壁钢板和型钢组成的箱形钢套箱结构,通过钢构件的压弯、屈曲和断裂来耗散碰撞动能; 优点:较经济; 缺点:易腐蚀、维护成本高、需避免易燃船舶碰撞时钢与钢直接接触造成火灾或爆炸; 适用性:适合中低能量碰撞	日本南北备赞濑户桥、中国湛江海湾大桥、中国广东官洲河大桥、中国武汉天兴洲大桥、中国黄石长江大桥、中国珠江特大桥、中国上海长江大桥、中国江苏苏通长江大桥、中国嘉绍大桥、中国舟山金塘大桥

续上表

类 型	与桥墩关系	防护特点及适用范围	工程实例
桩承防撞结构	独立,也可附着式	特点:一般由群桩基础及连接的承台组成,通过桩基础的延性弯曲变形来耗散碰撞动能; 优点:耗能能力大,易设计成可控延性耗能形式; 缺点:在桥位地质不良时,经济性不好; 适用性:适合中高能量碰撞	挪威 Tromsø 桥、澳大利亚 Tasman 桥、阿根廷 Rosario-Victoria 桥、Venezuela Orinoco 桥、德国 Rhine 桥、阿根廷 Chaco-Corrientes 大桥、中国荆州长江公路大桥
重力式防撞墩	独立	特点:一般由按格子形打入的钢板桩、碎石填料、混凝土板及墩帽组成;当结构较刚性时,主要由船首发生变形耗散碰撞动能;结构较柔时,通过结构的平动和扭转变形来耗散能量; 优点:较为经济,维护成本低; 缺点:船舶可能发生较为明显的损伤; 适用性:适合中高能量碰撞的情况	美国新阳光大道桥、美国 Outerbridge Crossing、美国 Betsy Ross 大桥、美国 Dame Point 大桥、巴西 Rio-Niteroi 大桥、阿根廷 Zarate-Brazo Largo 桥
人工岛	附着	特点:一般由砂和石料组成,表面采用较好的岩石来防护波浪、水流等冲刷作用;通过将桥梁结构与肇事船舶隔离,使有限的船撞力作用传递给基础; 优点:对高能碰撞提供有效的防护、船舶损伤小,深受船主、船员及环境保护者所青睐; 缺点:对桥位航道及水文环境影响和依赖性较大; 适用性:适合水深不大情况下的高能量碰撞情况	美国新阳光大道桥、美国 Baytown 大桥、美国 James River 大桥、加拿大 Laviolette 大桥、加拿大 Annacis Island 大桥、丹麦 Great Belt 大桥、英国 Orwell 大桥、中国香港汲水门大桥
浮式防撞系统	独立	特点:一般由柔性的系锚索、浮筒等构成,具体形式较多;通过浮筒和系锚索的移动及破坏来耗散碰撞动能; 优点:可随水位变化,船舶损伤小; 缺点:可靠性不高,对斜型船首容易失效,在冬季被漂流冰破坏或长期作用下耐久性不高; 适用性:适合用于对船舶保护要求较高、中低能量碰撞情况	日本临时性的 Drilling Rig、日本 Honshu-Shikoku 大桥、澳大利亚 Tasman 大桥、意大利 Taranto 大桥、阿根廷 Zarate-Brazo Largo 桥、中国台州椒江二桥方案、中国杭州湾大桥

由表 6-2-4 可知,目前运用较为广泛的防护设施为:钢结构护舷(又称为钢套箱)、桩承防撞结构、重力式防撞墩以及人工岛等。我国近年来主要采用钢结构护舷形式的防撞措施。日本南北备赞濑户大桥较早采用这种钢结构防撞装置,如图 6-2-24 所示,用于防护 500 吨级船舶 8 节速度(约 4.1m/s)的碰撞,最大允许撞击能量约为 10.17MJ。

国外主要选用耗能可靠性较高、偏于保守的独立防撞结构(如桩承防撞结构、重力式防撞墩和人工岛等)。例如,在 1980 年旧阳光大道桥船撞事故的影响下,新阳光大道桥(Sunshine Skyway Bridge)主墩采用了人工岛与重力式防撞墩相结合的防护方案,主墩两侧各 5 个边墩(由风险分析确定的最容易遭受船舶撞击的桥墩)采用三种不同直径的重力式防撞墩防护,如图 6-2-25 所示。该重力式防撞墩由钢板桩、碎石填料、混凝土墩帽、木护舷结构以及导航灯组成。直径 60ft(约 18.3m)的重力式防撞墩能承受 23 000DWT 的满载货船或 83 700DWT 空载货船的撞击;直径 54ft(约 16.5m)的防撞墩能承受 25 000DWT 的满载驳船或 70 000DWT 空载轮船的撞击;直径 47ft(约 14.3m)的防撞墩能承受 15 000DWT 的满载驳船或 35 000DWT 空载货船的撞击。设计船舶撞击速度为10节(约5.14m/s)。

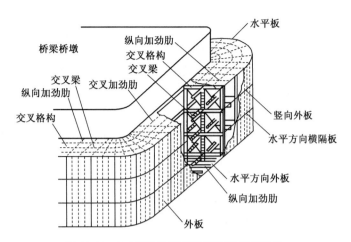

图 6-2-24 日本南北备赞濑户桥钢结构防撞设施

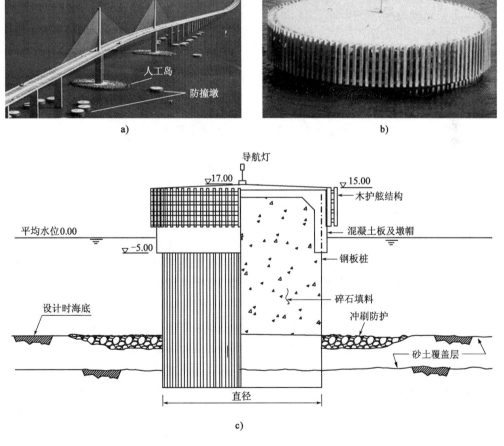

图 6-2-25 美国新阳光大道桥重力式防撞墩(高程单位:m)
a)新阳光大道桥;b)重力式防撞墩;c)重力式防撞墩构造

三、抗撞桥墩设计要点

相比采用其他防撞策略而言,采用自身抗撞策略时需要更为重视桥墩的防撞设计,确保桥墩在船撞下的安全性。通常,在设计抗撞桥墩时需考虑如下要点:

(1)不仅是航道两侧的桥墩需进行防撞设计,位于通航水域内的其他桥墩也需要进行必要的防撞设计,可采用船撞风险分析方法进行设计。例如,美国旧阳光大道桥、阿肯色 I-40 桥和广东九江大桥都在临近通航孔的第一个边墩发生船撞事故,如图 6-2-26 所示,被撞后非通航孔桥墩均发生了严重的破坏,表明了非通航孔桥墩进行合理船撞设计的必要性。

(2)选择合理的桥墩或下部结构形式,使其具有较大的抗冲击能力。总体上来讲,相比轻型桥墩,重力式桥墩具有更大的横桥向抗推刚度,更适合用于抗撞桥墩。但采用重力式桥墩时,需要较大的抗撞能力富余,否则这类桥墩在船撞下容易发生脆性的冲切破坏。

(3)合理选择承台的位置。采用高桩承台基础时,需结合桥区水位及船舶空、满载时的吃水情况,确定船-桥碰撞接触的形式,避免船舶(尤其是球艏)直接撞击薄弱的桩基。有条件情况下,也需尽量避免撞击桥墩部分,使偏航船舶尽量碰撞承台部分,船撞作用时下部结构整体参与受力。

(4)为了保证桥墩船撞下的安全性,需从整体稳定性和局部承载力两个方面进行计算。一方面,设计船撞力需以集中力形式作用于下部结构,用于验算下部结构的整体稳定性和承载力,如图 6-2-27a)所示。另一方面,设计船撞力以沿船首高度分布的荷载形式作用于被撞结构上,用于验算下部结构的局部承载能力,如图 6-2-27b)所示;对驳船碰撞情况下,局部分布荷载按船头的高度(H_L)分布,如图 6-2-27c)所示。

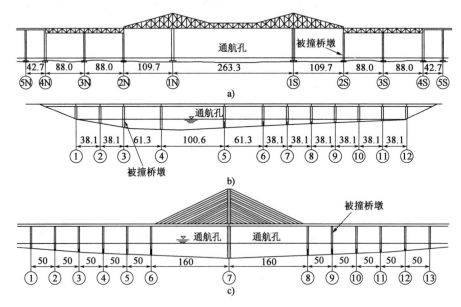

图 6-2-26 船撞桥墩位置比较(尺寸单位:m)
a)美国旧阳光大桥;b)美国阿肯色 I-40 大桥;c)广东九江大桥

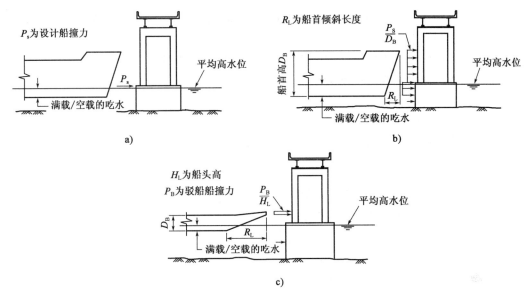

图 6-2-27 设计船撞力作用结构上的形式

a) 船撞集中力作用在桥墩上(验算下部结构稳定性);b) 局部分布荷载(验算局部承载力);c) 驳船局部分布荷载(验算局部承载力)

四、桥墩位置和桥轴线选择的基本要求

桥位和桥轴线选择应考虑船舶航行安全,并满足下列要求:

(1)考虑桥位上、下游航道和港口规划与发展。

(2)桥位应在航道顺直,水文地质条件稳定的航段上。

(3)桥位应避开汊道、险滩、分流口、汇流口、港口作业区、锚地等。

(4)桥梁墩台沿水流方向的轴线应与最高通航水位时的主流方向一致;当斜交不能避免时,交角不宜大于5°;当交角大于5°时,应增大通航跨径,计算公式如下

$$l_a = \frac{l + b\sin\alpha}{\cos\alpha} \tag{6-2-46}$$

式中:l_a——相应于计算水文的墩(台)边缘之间的净距(m);

l——通航要求的有效跨径(m);

b——墩(台)的长度(m);

α——垂直于水流方向与桥纵轴线间的交角(°)。

五、桥墩抗船撞性能验算

桥墩抗船撞性能验算包括强度验算和变形验算。

抗船撞性能验算应符合下式规定:

$$S_{ad} \leqslant R_d$$

$$S_{ad} = S(G; F; F_w; Q_{qk}) \tag{6-2-47}$$

式中:R_d——桥梁构件的抗船撞性能,按《公路桥梁抗撞设计规范》(JTG/T 3360-02—2020)附录 A 计算;

S_{ad}——桥梁构件在考虑船撞作用的偶然组合下作用效应设计值;

G——桥梁结构永久作用标准值;

F——设防船撞力;

F_w——水流、波浪压力准永久值;

Q_{qk}——汽车荷载准永久值。

1. 设防代表船型与设防船撞力

桥梁设防代表船型简要分为轮船和驳船。

(1)轮船撞击力设计值按下列公式计算

$$F = a \cdot \eta \cdot \gamma \cdot V[(1 + C_M) \cdot M]^{0.62} \tag{6-2-48}$$

$$\eta = \begin{cases} 1 - e^{\left(-\frac{\beta \cdot \Delta H}{H_s}\right)} & \frac{\Delta H}{H_s} \leq 1.0 \\ 1 & \frac{\Delta H}{H_s} > 1.0 \end{cases}$$

$$\gamma = 1 - a_0 \left(\frac{1}{M}\right)^{b_0} \cdot (1 - \cos\theta)$$

式中:F——轮船撞击力设计值(MN);

a——轮船撞击力系数,取 0.033;

η——几何尺寸的修正系数;

γ——撞击角度的修正系数;

V——船舶撞击速度(m/s),按《公路桥梁抗撞设计规范》(JTG/T 3360-02—2020)第 5.1.5 的规定取用;

C_M——附连水质量系数,按《公路桥梁抗撞设计规范》(JTG/T 3360-02—2020)图 5.1.3 取值,船艏正撞时宜取 0.1~0.3,侧撞时宜取 0.5~4.5;

M——满载排水量(t);

ΔH——被撞体厚度(m);

H_s——船艏高度(m);

β——统计系数,取 4.0;

θ——船舶轴线与碰撞面法线夹角,$0° \leq \theta \leq 45°$;

a_0、b_0——参数,按《公路桥梁抗撞设计规范》(JTG/T 3360-02—2020)表 5.1.3 取值。

(2)驳船撞击力设计值按下列公式计算

$$F = 0.0115 \cdot M^{0.70} \cdot V \tag{6-2-49}$$

式中:F——驳船撞击力设计值(MN);

M——满载排水量(t);

V——船舶撞击速度(m/s),按《公路桥梁抗撞设计规范》(JTG/T 3360-02—2020)5.1.5

的规定取用。

2.船舶撞击着力点

(1)轮船满载时,撞击力着力点应取船舶型深 2/3 处;轮船空载时,撞击力着力点应取船舶型深 1/2 处。

(2)驳船撞击力着力点应取船头 1/2 处。

(3)无须确定设防代表船型时,撞击力着力点可选在水面以上 2m 处。

桥梁主体结构船撞效应宜采用质点碰撞方法或强迫振动方法计算,见《公路桥梁抗撞设计规范》(JTG/T 3360-02—2020)6.2~6.3。当需要精确模拟船舶与桥梁相互作用过程,获得桥梁结构总体受力、局部受力及结构位移、内力的动态响应时,可采用数值模拟计算方法。

第三章 实 例

第一节 纬 二 路 桥

一、工程概述

纬二路桥(立面布置图扫描二维码查看)采用三跨等截面连续梁,跨越纬二路处规划41.6m宽水系(规划水系河床设计底高程152.50m,设计百年一遇洪水位155.96m)。等截面连续梁梁高1.4m,跨径组合为19m+28m+19m,桥梁全长为80.54m,桥梁边中跨比为0.68。

二、主要技术指标

(1)计算行车速度:30km/h;
(2)设计荷载:桥梁设计荷载为城-A级;人群荷载为4.5kN/m²;
(3)桥面布置:6.0m(人行道)+14m(机动车道)+6.0m(人行道)=26.0m;
(4)桥上纵坡为单向坡,坡度为0.335%;桥面行车道横坡为1.5%,人行道横坡1%;
(5)设计洪水水位:155.960m(百年一遇洪水位);

纬二路桥立面布置图
(高程单位:m;
尺寸单位:cm)

(6)结构设计基准期:100年;

(7)结构设计安全等级:一级;

(8)地震动峰值加速度为 0.05g,按 7 度进行抗震措施设防;

(9)桥下通航净空:3m×15m。

三、工程地质、水文特征

经钻探揭露,桥梁主体工程范围内岩土体种类较单一,分布、厚度及工程特征变化较大,上覆土体主要有耕植土、次生红黏土,下伏岩体为泥质灰岩。各岩土层特征如下:

(1)耕植土①(Q4pd):各孔均有分布,黑色,结构松散状密,稍湿,主要由黏土组成,可见植物根系。厚 0.30~0.50m。

(2)次生红黏土②(Q3dl):各孔均有分布,棕黄色,硬塑状,无摇振反应,光泽反应光泽,干强度高,韧性稍高,土质结构致密状,偶见裂隙,含铁锰质结核。顶面埋深 0.30~0.50m,底面埋深 1.50~4.10m,层厚一般为 2.50m。

(3)泥质灰岩③(C1y):深灰色,矿物成分主要为方解石,泥质,隐晶质,中~厚层状。岩体总体上较完整,岩芯呈柱状,岩石坚硬程度属较软岩,岩体完整程度属较完整,岩体基本质量等级Ⅳ级,岩石质量指标(RQD = 80~85)较好。基岩面埋深为 2.80~4.10m,高程 154.75~156.38m,起伏变化较大。

四、下部结构设计

场地土层有耕植土、硬塑状次生红黏土,物理性质及力学强度差异极大,考虑地基不均匀沉降因素,为确保桥的稳定性,采用扩大钢筋混凝土基础,基础以泥质灰岩为持力层。

桥墩(桥墩一般构造图扫描二维码查看)采用 C35 钢筋混凝土,墩身为宽 240cm 的矩形柱。桥墩基础采用扩大基础,基础厚度 150cm,宽 400cm,采用 C35 毛石混凝土。

桥墩一般构造图　　　桥台一般构造图

桥台(桥台一般构造图扫描二维码查看)采用 U 形重力式桥台,台帽厚 50cm、宽 130cm,背墙高 150~170cm、厚 70cm。桥台台帽、背墙及侧墙均采用 C35 钢筋混凝土结构。桥台基础采用单阶厚度为 150cm 的 C35 毛石混凝土扩大基础。

第二节　小鸦公路立交 B 匝道桥

一、工程概述

小鸦公路枢纽立交(B 匝道桥立面布置图扫描二维码查看)位于宜昌西北部,是小鸦公路与港窑路两条快速干路进行交通转换的重要枢纽立交。

二、主要技术标准

(1) 道路等级：主线为城市快速路；辅路为城市次干路。
(2) 设计速度：主线 80km/h；辅路 50km/h；匝道 40km/h。
(3) 坐标系统：1954 北京坐标系；高程系统：1956 年黄海高程系。
(4) 净空高度：机动车道 $h \geqslant 5.0$m；人行道 $h \geqslant 2.5$m。
(5) 设计荷载：汽车荷载为城—A 级；人群荷载为 4.0kN/m^2。

B 匝道桥立面布置图

三、地质水文条件

本工程以中风化粉砂岩、中风化砂砾岩或砾岩作为桩端持力层，属不可压缩性地层，可视为均匀地基；拟建道路沿线挖方与填方交替存在，整体可视为不均匀地基。

根据现场地质调查，路线区未见滑坡、泥石流等不良地质现象，虽然勘察钻孔内未揭露砾岩岩溶现象，但根据夷陵区建筑经验及本区多次勘察经验，线路区内所揭露砾岩具备一定的岩溶发育条件，故评价线路区内砾岩岩溶弱发育。区内无矿产资源分布，也无采空区分布。总体而言，路线区地质条件相对较好。

四、主要下部结构设计

桥墩（1 号花瓶墩、2 号柱式墩一般构造图扫描二维码查看）采用板式花瓶墩及柱式墩。板式花瓶墩顶设扩大头，柱身截面为 2.5m×1.2m。柱身截面四角设置圆弧倒角，中间位置开宽 80~240cm、深 7.5cm 的凹槽。柱式墩截面尺寸为 1.2m×1.2m，截面四角设置圆弧倒角。

1 号花瓶墩、2 号柱式墩一般构造图

桥台（桥台一般构造图扫描二维码查看）为现浇钢筋混凝土肋板式桥台，最高约为 7m。承台采用多桩承台，承台高度为 1.5m。双排桩基础，采用钻（冲）孔灌注桩，桩径为 1.2m。

桥台后均设有搭板，以增加行车的舒适感和安全性，桥头搭板采用半埋整体式。桥台后纵向设置一块搭板，每块长 6m、厚 0.35m，搭板的宽度与桥面行车道的宽度相同。在搭板与台背之间布设竖直锚栓。采用水泥稳定石屑层铺筑搭板段路基，厚度为 30cm，以下采用夯实石屑。

桥台一般构造图

第三节　友　谊　大　桥

一、工程概述

友谊大桥（大桥立面布置图扫描二维码查看）位于中国—马来西亚钦州产业园启动区北侧，采用五跨空腹式肋板拱桥，跨径采用线性递增方式布置：30m+34m+38m+42m+46m。

二、主要技术指标

(1) 道路等级：城市主干道；

友谊大桥立面布置图

(2)设计行车速度:主线 60km/h,辅路 30km/h;
(3)道路红线宽度:60m;
(4)道路车道数:近期双向八车道,远期双向十车道;
(5)环境类别:Ⅱ类环境;
(6)桥涵设计荷载:城市—A 级;
(7)桥梁抗震设防烈度按 7 度考虑;
(8)100 年一遇,设计洪水位高程 4.16m;
(9)通航标准:无通航要求。

三、地质水文条件

友谊大道中段场地内路基土岩主要由素填土(Q4ml)、耕植土(Q4pd)、淤泥质砂土(Q4h)、砾砂(Q4al)、粉质黏土(Q4el+dl)及下伏志留系下统连滩组(S1l)泥质粉砂岩组成,自上而下共划分为 8 层,各层地质桩基参数建议值如表 6-3-1 所示。

表 6-3-1

土岩层名称与编号	土、岩承载力特征值	钻(冲)孔灌注桩	
		极限侧阻力标准值	极限端阻力标准值
	$f_{ak}、f_a$	q_{sik}	q_{pk}
	kPa		
素填土①	—	—	—
耕植土②	80		
淤泥质砂土③	60		
砾砂④	150		
粉质黏土⑤	160	30	
全风化泥质粉砂岩⑥	200	60	
强风化泥质粉砂岩⑦	380	180	2 000
中风化泥质粉砂岩⑧	1 600		4 000

场地内①素填土、②耕植土、③淤泥质砂土分布不均匀,压缩性大,结构松散,承载力低,不宜作为道路及附属管线持力层使用。④砾砂、⑤粉质黏土承载力一般,但分布不均匀,亦不宜作为道路及附属管线持力层使用。⑥全风化泥质粉砂岩中等压缩性,承载力稍好,可作为道路及附属管线持力层使用;⑦强风化泥质粉砂岩力学强度较高,厚度大,可作为道路、桥梁及附属管线持力层使用;⑧中风化泥质粉砂岩力学强度高,厚度大,可作为桥梁桩端持力层。

项目所处钦州沿海波状碎屑岩低丘地貌区,沟谷较发育。发育水系为金鼓江支流,金鼓江支流主要受潮汐影响。本区潮位以果子山理论深度基准面为潮位起算面。据前人观测研究资料,本海域潮汐属非正规全日潮,大潮汛时期每日一涨一落,小潮汛时期每日两涨两落,前者占 60%~70%。据龙门水文站资料,历年最高潮水位 5.10m,历年最低潮水位为 -2.57m;多年平均高潮水位2.03m,多年平均低潮水位为-0.56m;最大潮差为5.95m。

四、下部结构设计

1. 结构构造

友谊大桥桥台采用埋置式U形桥台(桥台结构构造图扫描二维码查看),桩基础采用直径为2.0m的钻孔灌注桩基础。小桩号侧桥台台后直接放坡,大桩号侧桥台通过侧墙与台后挡墙进行交接。

桥墩墩柱采用实体式桥墩(桥墩结构构造图扫描二维码查看),桥墩外侧景观饰面,并预留搁置景观雕塑位置,延续全桥的景观特色。桥墩采用群桩基础,桩基础直径1.8m,承台厚度3m。

桥台结构构造图

桥墩结构构造图

2. 设计计算

(1)拱脚底部支座按照弹性连接模拟,刚度按照支座实际刚度取值。基础采用节点弹簧支撑模拟,刚度按"m"法计算的刚度取值。

(2)桥墩按柔性墩设计,水平力按集成刚度分配法分配,控制断面内力采用承载能力极限状态法进行配筋和验算,正常使用极限状态下裂缝宽度控制为0.2mm。

(3)钻孔灌注桩按端承桩设计,其内力按"m"法计算,按控制断面内力采用承载能力极限状态法进行配筋和验算,正常使用极限状态下裂缝宽度控制为0.2mm。

第四节 北江四桥桥墩防撞设计

一、工程概述

北江四桥主桥
立面图

北江四桥(主桥立面图扫描二维码查看)位于清远市伦洲岛下游约2.6km处,主桥跨径组合为100m+218m+100m,桥区位于河道大尺度弯曲河段弯顶处,水深条件良好,河面宽约为800m,桥区附近两岸布置较多丁坝,坝头冲刷较为明显。

为配合塔柱造型,主墩在纵横桥向均采用特殊渐变造型,纵桥向呈"U"字形,横桥向呈"T"字形。主墩断面为箱形截面,单肢截面尺寸为10m(横向)×4m(纵向),箱壁厚均为0.9m。

二、航运条件

北江四桥位于北江中游的清远市清城区,桥区河段呈S形,桥区上下游已建桥梁众多(桥梁上游有武广北江白庙大桥、伦洲大桥,下游有凤城大桥、北江大桥、新北江大桥等),河道上游2.6km处有伦洲洲滩。根据最新测图显示,桥区河宽约800m,水深条件优良(主航槽水深基本在5.0m以上),深槽沿弯道凹岸走向,桥区丁坝较多,桥梁上下游丁坝坝头冲刷明显,局部水深达到10m。

本桥通航代表船型按内河Ⅲ级航道1 000t级船舶进行选取,最终确定桥区通航控制性代表船型的主要尺度,见表6-3-2。

代表船型的主要尺度　　　　　　　　　表6-3-2

船型名称	总长(m)	型宽(m)	设计吃水(m)	备注
1 000t 2排1列船队	160	10.8	2.0	《标准》船型
1 000t 内河干货船	67.5	10.8	2.0~2.2	北江工可船型
1 000t 多用途集装箱船	49.9	12.2	2.2	北江工可船型
1 000t 多用途集装箱船	49.9	15.6	2.4~2.7	珠江干线货运船

三、防撞设施设计

针对北江四桥的具体特点,采取浮动式结合固定式钢覆复合材料防撞设施的形式,满足大桥桥墩的防撞要求。

该方案在北江四桥14号和17号桥墩周围设置浮动式HYF-80钢覆复合材料防撞圈(设计图、导轨布置图扫描二维码查看),在15号和16号桥墩外侧设置固定式HYF-80钢覆复合材料防撞护舷(正视图、平面图扫描二维码查看),钢覆复合材料防撞设施厚度0.8m;防撞设施起辅助防撞作用,避免桥墩局部撞损。

浮动式HYF-80钢覆复合
材料防撞圈

固定式HYF-80钢覆复合
材料防撞护舷

浮动式HYF-80钢覆复合材料防撞圈采用工厂节段制造,现场采用M42不锈钢螺栓在桥墩周围将各防撞节段连接成消能防撞圈;固定式HYF-80钢覆复合材料防撞护舷采用工厂部件制造,现场采用M42螺栓固定安装在桥墩外侧。浮动式防撞设施随着江面(河道)水位的高低,依靠水的浮力沿着桥墩轴线上升或下降,防撞设施最大程度处于船舶的撞击高度。在船撞桥发生时,防撞设施可通过缓冲削减撞击力,卸载撞击能量。钢覆复合材料防撞设施属于柔性防撞设施,能够最大限度地保障桥梁、船舶与船员的安全。当船舶与防撞系统撞击紧密接触后,防撞设施系统本身承受较大的撞击力。钢覆复合材料防撞设施外壳为钢覆复合材料板,其内部填充的复合材料缓冲管抗剪强度高,缓冲能力强。与传统的复合材料防撞设施相比,钢覆复合材料防撞设施抗撞击能力更强,整体性更好;与传统的钢结构防撞设施相比,钢覆复合材料防撞设施克服了钢材弹性模量大、耐腐蚀性不佳的缺陷。该型防撞设施结合了复合材料与钢材的优势,因此可有效保护船舶和桥梁不至于局部受损。

防撞设施的材料主要性能应满足表6-3-3的要求。

防撞设施材料主要指标　　　　　　　　　　　　　　表 6-3-3

序 号	项 目	目 标 值
1	防撞设施迎撞面材料拉伸强度(MPa)	≥300
2	防撞设施迎撞面材料拉伸模量(GPa)	≥18
3	复合材料三角缓冲管拉伸强度(MPa)	≥300
4	复合材料三角缓冲管拉伸模量(GPa)	≥18
5	复合材料弯曲强度(MPa)	≥200
6	复合材料压缩强度(MPa)	≥200
7	复合材料剪切强度(MPa)	≥50
8	迎撞面钢覆复合材料断裂延伸率(%)	≥20
9	防撞设施吸水率(%)	<3
10	纤维增强复合材料树脂含量(%)	30~35
11	纤维增强复合材料巴氏硬度(巴)	≥45
12	闭孔夹芯材料吸水率(%)	≤.3
13	闭孔夹芯材料平压强度(MPa)	≥0.15
14	闭孔夹芯材料平压弹性模量(MPa)	≥6

本篇思考题

1. 桥梁墩台由哪几部分组成？各起什么作用？
2. 梁桥墩台帽尺寸的拟定应满足哪些要求？
3. 实体桥墩的墩身和基础尺寸有什么要求？
4. 空心桥墩一般应用于什么场合？尺寸应符合哪些规定？
5. 柱式桥墩由哪几部分组成？简述柱式桥墩的优缺点。
6. 梁桥桥台有哪几种类型？各有什么特点？
7. 拱桥桥台有哪几种类型？各有什么特点？
8. 拱桥墩台与梁桥墩台的最大差别有哪些？
9. 桥墩计算应考虑哪些作用？
10. 梁桥重力式桥墩要验算哪些内容？考虑哪几种荷载组合？
11. 拱桥重力式桥台要验算哪些内容？考虑哪几种荷载组合？
12. 刚性扩大基础验算的内容有哪些？
13. 桩柱式桥墩的计算有哪些主要内容？
14. 什么叫"温度中心"？桥墩及支座设计应如何考虑其距离温度中心近或远的影响？
15. 桥台计算应考虑哪些作用？
16. 梁桥轻型桥台有哪些计算内容？
17. 拱桥组合式桥台的计算要点是什么？
18. 船撞计算的要点是什么？

PART 7 第七篇
桥梁结构数值分析方法

> 桥梁结构分析最经典的方法是解析法,然而能用解析方法求出精确解的只是少数简单的问题。对于较复杂的问题,如变截面梁、高次超静定结构、柔性结构等,用解析法求解不但耗费大量的时间和人力,而且有时甚至是不可能的。随着计算机技术的发展和广泛应用,适合于计算机数值求解的方法应运而生。下面分别介绍简支梁桥横向分布影响线通用算法、平面杆系有限元法及相应建模方法。

第一章 简支梁桥横向分布影响线通用计算

第一节 概　　述

　　横向分布就是计算当单位荷载 $P=1$ 沿桥横向移动时,主梁某一力素的变化情况。

　　桥梁是空间结构物,当桥面上作用有荷载 P 时,各片主梁将共同参与工作,形成了各片主梁之间的内力分配。

　　简支梁桥在活载作用下的空间受力行为可用空间影响面 $\eta(x,y)$ 描述,但因空间布载方法过于复杂,可令 $\eta(x,y)=\eta_1(x)\cdot\eta_2(y)$,即把内力影响面 $\eta(x,y)$ 近似地分解成 $\eta_1(x)$ 和 $\eta_2(y)$ 的乘积,把空间计算问题简化为纵、横两个平面问题来解决。

　　当活载作用于跨中截面时,刚(铰)接板(梁)法是较为精确的算法,本章介绍这种算法如何通过电算实现。

第二节 计算机方法

本节将以简支刚接箱形肋梁桥作为研究对象,来阐述关于荷载横向分布矩阵的建立及其求解的一般方法。铰接板桥和铰接T梁桥的荷载横向分布问题则只是它的特例。

一、基本原理

1. 荷载的等代

以图7-1-1所示四块铰接板组成的简支桥跨结构为例,说明其计算原理。

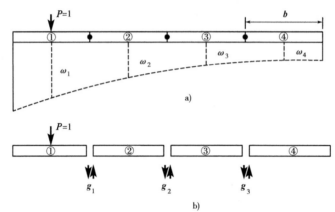

图 7-1-1 铰接板的荷载横向分布图式

板与板之间的铰接缝构造沿纵向是连续的,当1号板跨中受集中力$P=1$作用时,各铰接缝沿全长均产生分布的竖向剪切力,并通过它们将荷载分布于整个桥面结构。为了易于分辨出各块板所分配的荷载大小,将此集中力P用呈正弦分布的连续分布荷载$q(x)=\dfrac{2P}{l}\sin\dfrac{\pi x}{l}$等代,如图7-1-2所示。

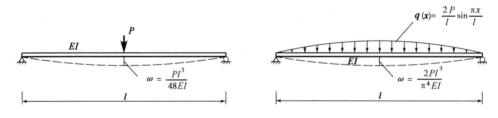

图 7-1-2 荷载等代的图式

采用这种等代有以下两点理由:

(1)跨中挠度近似相等,即$\dfrac{Pl^3}{48EI}\approx\dfrac{2Pl^3}{\pi^4 EI}$。

(2)由正弦荷载产生的内力$M(x)$、$Q(x)$均满足简支板的边界条件。

2. 荷载分布系影响线

由于荷载呈正弦分布,各板间铰接剪切力$g_i(x)$也呈正弦分布的规律,如图7-1-3所示。

外载峰值与各铰接线上正弦分布剪力峰值的比例关系为 $1:g_1:g_2:g_3$。若取单位长度的板上合力代表各板所分配的荷载,则有:

$$\left.\begin{array}{l} \eta_{11} = 1 - g_1 \\ \eta_{12} = g_1 - g_2 \\ \eta_{13} = g_2 - g_3 \\ \eta_{14} = g_3 \end{array}\right\} \qquad (7\text{-}1\text{-}1)$$

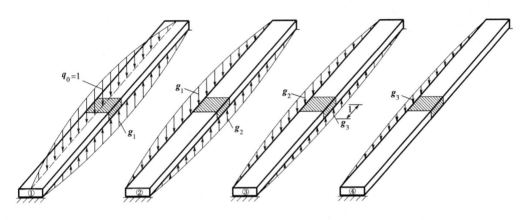

图 7-1-3　铰接线上的正弦分布剪切力

根据功的互等定理,则有 $\eta_{ij} = \eta_{ji}$,上式中的 η_{ij} 便是 i 号板的荷载横向分布影响线竖标值。

以上是关于铰接板荷载横向分布影响线计算的基本原理。对于刚接梁桥,其原理与上述相同,不同之处仅为在梁与梁之间的切割面上,除赘余的竖向剪切力 $g_i(x)$ 以外,还有横向赘余弯矩 $M_i(x)$,如图 7-1-4 所示。

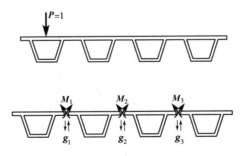

图 7-1-4　刚接梁的荷载横向分布图式

二、力学模型

从上述分析可知,在图 7-1-5 中,当正弦分布荷载 p 作用于某一片梁上时,例如 1 号梁,此时的 q、M 与 p 的分布相同,都为正弦分布,如图 7-1-5c)所示。此时 1 号梁分配到的荷载应为 $\eta_1 = p - q_1$,其中 q_1 为 1 号梁和 2 号梁之间的剪力。

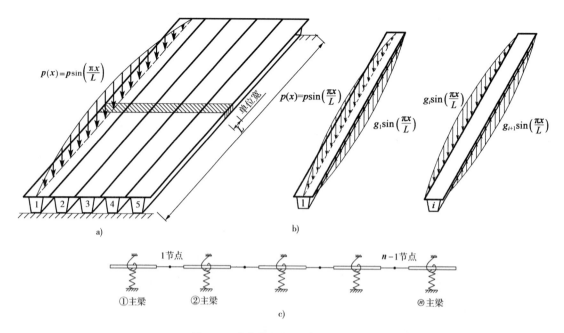

图 7-1-5 荷载横向分布计算的力学模型

这时,我们可以截取跨中1个单位长度来分析,p、q、M 都为峰值,纵向截口处原有的剪力和扭矩以两个弹簧约束代替,如图 7-1-5 所示。根据所取截面的位移、变形情况与原结构完全相同的条件来求解横向分布问题。

图 7-1-5c) 中共有 n 根主梁和 $(n-1)$ 个节点。

三、建立力法方程

考察如图 7-1-6 所示第 i 个节点的受力模式,可以看出,对 i 节点受力产生影响的外力和赘余力分别为作用于 i 梁上的 $P=1$,以及 $i-1$、i 和 $i+1$ 这三个节点的赘余力。

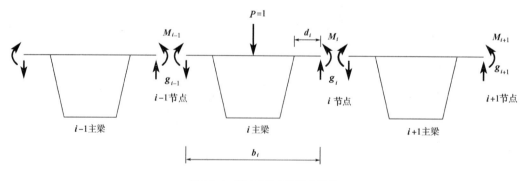

图 7-1-6 第 i 个节点的受力模式

根据第 i 节点的变形协调条件,i 节点左、右侧相对挠度和转角必须相等,由此得到如下三节点方程:

$$\delta_{i,i-1}X_{i-1} + \delta_{i,i}X_i + \delta_{i,i+1}X_{i+1} + \Delta_i = 0 \tag{7-1-2}$$

$(i = 2,3,\cdots,n-2$。当$i = 1$时,无X_{i-1}项;$i = n-1$时,无X_{i+1}项)

式中:$\boldsymbol{\delta}_{i,k}$——柔度矩阵,$k$节点单位赘余力引起$i$点的位移,$\boldsymbol{\delta}_{i,k} = \begin{bmatrix} \varphi_i \\ v_i \end{bmatrix}$,$k = i-1, i, i+1$;

X_k——k节点的赘余力(弯矩和剪力),$X_k = \begin{bmatrix} M_k \\ Q_k \end{bmatrix}$;

$\boldsymbol{\Delta}_i$——单位荷载引起的i点位移(转角和挠度)。

对每个节点列出上述力法方程,得到力法的正则方程:

$$\begin{bmatrix} \delta_{11} & \delta_{12} & & & & 0 \\ \delta_{21} & \delta_{22} & \delta_{23} & & & \\ & \delta_{32} & \delta_{33} & \delta_{34} & & \\ & & \cdots & \cdots & & \\ 0 & & & & \delta_{n-1,n-2} & \delta_{n-1,n-1} \end{bmatrix} \begin{bmatrix} X_1 \\ X_2 \\ X_3 \\ \cdots \\ X_{n-1} \end{bmatrix} + \begin{bmatrix} \Delta_1 \\ \Delta_2 \\ \Delta_3 \\ \cdots \\ \Delta_{n-1} \end{bmatrix} = 0 \qquad (7\text{-}1\text{-}3)$$

即 $\boldsymbol{AX} + \boldsymbol{\Delta} = 0$

令 $\boldsymbol{B} = -\boldsymbol{\Delta}$

$$\boldsymbol{AX} = \boldsymbol{B} \qquad (7\text{-}1\text{-}4)$$

上式中,$\boldsymbol{A}$为总柔度矩阵;$\boldsymbol{X}$为节点赘余力向量,待求;$\boldsymbol{B}$为与荷载位置有关的节点变位项,称为载变位。

对于不同的荷载位置,分别求解上述方程,得到赘余力向量$\boldsymbol{X}$之后,最终可求得荷载、扭矩和横向弯矩影响线。

四、柔度系数的计算与柔度矩阵的形成

由简支梁在半波正弦荷载作用下的力学计算,可以得到下列力与位移的关系,如图7-1-7所示。注意图中各种单位力均为半波正弦分布力的峰值。

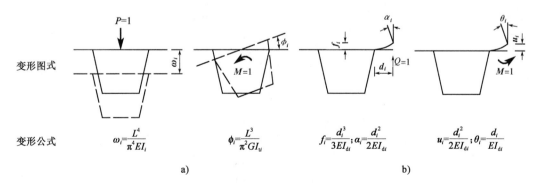

图7-1-7 单位力与位移的关系图
a)脱离体整体位移;b)弹性变形

上述式中：I_{di}——单位长度翼缘板横向抗弯惯性矩；

I_i、I_{ti}——分别为 i 号梁的抗弯和抗扭惯性矩。

$i-1$ 节点和 i 节点赘余力对于 i 节点位移的影响分别如图 7-1-8 和图 7-1-9 所示。

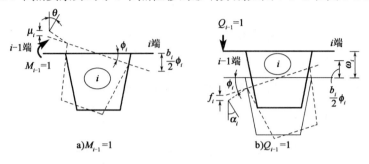

图 7-1-8　$i-1$ 节点赘余力对 i 节点位移的影响

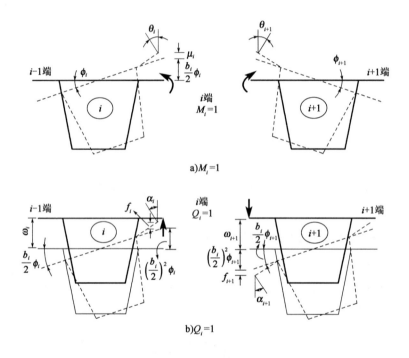

图 7-1-9　i 节点赘余力对自身节点位移的影响

计算分柔度矩阵中各元素的值 $\boldsymbol{\delta}_{i,i-1} = \begin{bmatrix} b_{11} & b_{12} \\ b_{21} & b_{22} \end{bmatrix}$；$\boldsymbol{\delta}_{i,i} = \begin{bmatrix} a_{11} & a_{12} \\ a_{21} & a_{22} \end{bmatrix}$。

位移符号规定：与接缝赘余力方向相同的位移为正，否则为负。

由定义
$$\begin{bmatrix} \phi_i \\ v_i \end{bmatrix} = \begin{bmatrix} b_{11} & b_{12} \\ b_{21} & b_{22} \end{bmatrix} \begin{bmatrix} M_{i-1} \\ Q_{i-1} \end{bmatrix}$$

由图 7-1-7 和图 7-1-8 可以得到

$$\begin{cases} b_{11} = -\phi_i & \text{(单位弯矩引起的转角)} \\ b_{12} = \phi_i \cdot \dfrac{b_i}{2} & \text{(单位剪力引起的转角)} \\ b_{21} = -\phi_i \cdot \dfrac{b_i}{2} & \text{(单位弯矩引起的挠度)} \\ b_{22} = -w_i + \phi_i \left(\dfrac{b_i}{2}\right)^2 & \text{(单位剪力引起的挠度)} \end{cases}$$

$$\begin{bmatrix} \phi_i \\ v_i \end{bmatrix} = \begin{bmatrix} a_{11} & a_{12} \\ a_{21} & a_{22} \end{bmatrix} \begin{bmatrix} M_i \\ Q_i \end{bmatrix} \tag{7-1-5}$$

得到

$$\begin{cases} a_{11} = \phi_i + \phi_{i+1} + \theta_i + \theta_{i+1} \\ a_{21} = \phi_i \dfrac{b_i}{2} - \phi_{i+1} \dfrac{b_{i+1}}{2} + u_i - u_{i+1} \\ a_{22} = w_i + w_{i+1} + f_i + f_{i+1} + \phi_i \left(\dfrac{b_i}{2}\right)^2 + \phi_{i+1} \left(\dfrac{b_{i+1}}{2}\right)^2 \end{cases}$$

根据位移互等定理,柔度矩阵中其余元素可由矩阵的对称性列出。

五、载变位的计算(图 7-1-10)

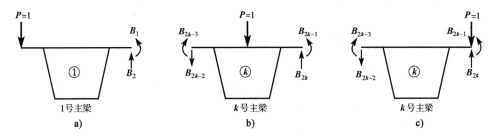

图 7-1-10　载变位的计算

式(7-1-6)中载变位向量 **B** 的各元素计算如下:
(1)荷载作用于 1 号梁的左端时

$$B_1 = -\phi_1 \dfrac{b_1}{2}$$

$$B_2 = w_1 - \phi_1 \left(\dfrac{b_1}{2}\right)^2$$

其余为 0。

(2)荷载作用于 k 号梁中线时

$$\left.\begin{aligned} B_{2k} &= w_k \\ B_{2k-2} &= -w_k \end{aligned}\right\} \quad (k = 2, 3, \cdots, n-1)$$

其余项为 0。

当 $k=1$ 时,无 B_{2k-2} 项;$k=n$ 时,无 B_{2k} 项。

(3)荷载作用于 k 号梁右端时

$$\left.\begin{aligned} B_{2k-3} &= -\phi_k \frac{b_k}{2} \\ B_{2k-2} &= -w_k + \phi_k \left(\frac{b_k}{2}\right)^2 \\ B_{2k-1} &= \phi_k \frac{b_k}{2} + u_k \\ B_{2k} &= w_k + \phi_k \left(\frac{b_k}{2}\right)^2 + f_k \end{aligned}\right\} \quad (k = 2, 3, \cdots, n-1)$$

其余为 0。

当 $k=1$ 时,无 B_{2k-3} 及 B_{2k-2} 项;当 $k=n$ 时,无 B_{2k-1} 项及 B_{2k} 项。

六、横向分布影响线

单位荷载 $p=1$ 沿桥横向移动,分别布置于 $2n+1$ 个作用点,根据不同的荷载位置求出不同的载变位,解联立正则方程,求出节点赘余力向量 $\boldsymbol{x}$,从而得到各种力素的影响线(图 7-1-11)。

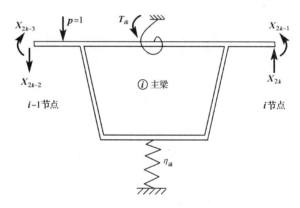

图 7-1-11 影响线计算图示

(1)荷载分布

由竖向力的平衡得到第 i 片主梁所承受的荷载值:

$$\eta_{ik} = \begin{cases} 1 + x_{2i-2} - x_{2i} & \text{当 } k = i \text{ 时} \\ x_{2i-2} - x_{2i} & \text{当 } k \neq i \text{ 时} \end{cases} \quad (i = 2, 3, \cdots, n-1) \qquad (7\text{-}1\text{-}6)$$

(2)扭矩分布

$$T_{ik} = \begin{cases} x_{2i-3} - x_{2i-2} \cdot \dfrac{b_i}{2} - x_{2i-1} - x_{2i} \dfrac{b_i}{2} + \dfrac{b_i}{2} & (p = 1 \text{ 作用于 } i \text{ 号梁右端}) \\ x_{2i-3} - x_{2i-2} \dfrac{b_i}{2} - x_{2i-1} - x_{2i} \dfrac{b_i}{2} & (p = 1 \text{ 作用于其他位置}) \end{cases} \quad (7\text{-}1\text{-}7)$$

$$(i = 2, 3, \cdots, n - 1)$$

当 $i = 1$ 时，无 x_{2i-3} 及 x_{2i-2}，故

$$T_{1k} = \begin{cases} -x_1 - x_2 \dfrac{b_1}{2} - \dfrac{b_1}{2} & (p = 1 \text{ 作用于 } 1 \text{ 号梁左端}) \\ -x_1 - x_2 \dfrac{b_1}{2} + \dfrac{b_1}{2} & (p = 1 \text{ 作用于 } 1 \text{ 号梁右端}) \\ -x_1 - x_2 \dfrac{b_1}{2} & (p = 1 \text{ 作用于其他位置}) \end{cases} \quad (7\text{-}1\text{-}8)$$

当 $i = n$ 时，无 x_{2i-1} 及 x_{2i}，故

$$T_{nk} = \begin{cases} x_{2n-3} - x_{2n-2} \dfrac{b_n}{2} + \dfrac{b_n}{2} & (p = 1 \text{ 作用于 } n \text{ 号梁右端}) \\ x_{2n-3} - x_{2n-2} \dfrac{b_n}{2} & (p = 1 \text{ 作用于其他位置}) \end{cases} \quad (7\text{-}1\text{-}9)$$

七、横隔板的影响

在单位力与位移的关系图(图 7-1-7)中，横隔梁只对后两项的弹性变形有影响，近似计算如下。假设 $h_s(1)$ 为横隔板平均厚度。其余参数如图 7-1-12 所示。横隔板沿桥跨布置如图 7-1-13 所示。

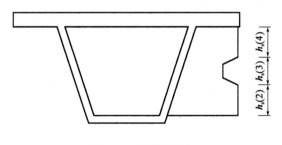

图 7-1-12　横隔板参数

有隔板时按图 7-1-14 计算翼板抗弯刚度 I_{th}：

利用 $\dfrac{c}{12} t_1^3 = I_{th}$，得到 $t_1 = \left(\dfrac{12}{c} \times I_{th} \right)^{\frac{1}{3}}$（$t_1$ 为翼板弹性变形等效计算厚度）。

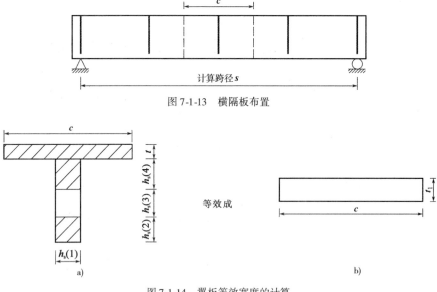

图 7-1-13 横隔板布置

图 7-1-14 翼板等效宽度的计算

第三节 算　　例

一、算例 1

图 7-1-15 为一跨径 $L_0 = 12.6\text{m}$ 的铰接空心板的横截面布置，桥面宽度为净-7m + 2 × 0.75m（人行道）。全宽由 9 块预应力混凝土空心板组成。图 7-1-15a) 为结构横断面布置图，图 7-1-15b) 为空心板构造图。求 1~5 号梁的跨中截面荷载横向分布影响线（弹性模量 E 取 33 000MPa，抗扭弹性模量取 14 025MPa）。

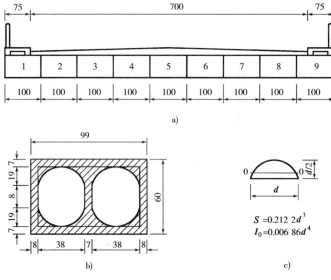

图 7-1-15 空心板横截面布置图（尺寸单位：cm）

计算结果列于表 7-1-1 和图 7-1-16 中。

铰接板荷载横向分布影响线计算结果　　　　　　　表 7-1-1

$P=1$ 作用位置	板 号				
	1	2	3	4	5
1（1 号梁左侧）	0.255 9	0.192 3	0.145 1	0.110 3	0.085 0
2	0.240 0	0.196 4	0.148 2	0.112 7	0.086 8
3	0.224 1	0.200 5	0.151 3	0.115 0	0.088 6
4	0.196 4	0.191 8	0.160 8	0.122 3	0.094 2
5	0.168 7	0.183 1	0.170 4	0.129 6	0.099 8
6	0.148 2	0.160 8	0.166 0	0.142 4	0.109 7
7	0.127 7	0.138 6	0.161 4	0.155 2	0.119 6
8	0.112 7	0.122 3	0.142 4	0.153 3	0.134 5
9	0.097 7	0.106 0	0.123 4	0.151 4	0.149 5
10	0.086 8	0.094 2	0.109 7	0.134 5	0.149 6
11	0.075 9	0.082 4	0.096 0	0.117 7	0.149 5
12	0.068 3	0.074 2	0.086 4	0.105 9	0.134 5
13	0.060 7	0.065 9	0.076 7	0.094 1	0.119 6
14	0.055 7	0.060 5	0.070 4	0.086 4	0.109 7
15	0.050 7	0.055 0	0.064 1	0.078 6	0.099 8
16	0.047 9	0.051 9	0.060 5	0.074 2	0.094 2
17	0.045 0	0.048 9	0.056 9	0.069 8	0.088 6
18	0.044 1	0.047 9	0.055 7	0.068 3	0.086 8
19（9 号梁右侧）	0.043 2	0.046 9	0.054 6	0.066 9	0.085 0

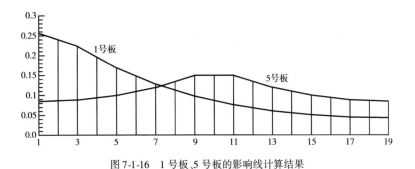

图 7-1-16　1 号板、5 号板的影响线计算结果

二、算例 2（刚接箱梁）

简支箱梁计算跨径 $L_0 = 39.34\text{m}$，梁高 1.9m，桥宽 12m，边梁和中梁梁宽分别为 3.2m 和 2.8m，横桥向共布置 4 片箱梁。箱梁跨中截面布置如图 7-1-17 所示，试求 1 号和 2 号主梁跨

中截面的荷载横向分布影响线。

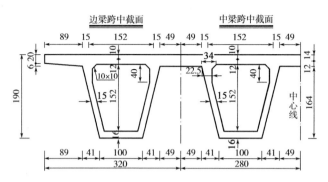

图 7-1-17　箱梁跨中截面布置(尺寸单位:cm)

计算结果列于表 7-1-2 和图 7-1-18 中。

刚接箱梁荷载横向分布影响线的计算结果　　　　表 7-1-2

$P=1$ 作用位置	梁　号	
	1	2
1	0.324 7	0.250 9
2	0.307 2	0.256 5
3	0.288 0	0.262 2
4	0.266 5	0.259 4
5	0.245 6	0.254 4
6	0.232 0	0.242 1
7	0.219 6	0.230 2
8	0.213 0	0.223 3
9	0.207 1	0.217 3

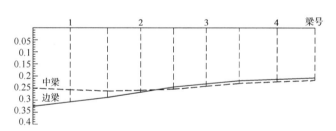

图 7-1-18　刚接箱梁计算结果

第二章

桥梁结构分析的有限元法

第一节 有限元法概述

一、概述

有限元法是结构分析矩阵法的推广。矩阵法是针对含有大量构件的结构系统的分析方法,这些构件在有限个数的节点上相连接,而有限元法是将区域离散成更小的单元,因此可以适应各种形状及边界。在求解过程中可以根据应力分布的情况修改单元的划分,使应力梯度大的地方单元划分得密些,因而能适应不同的荷载情况。结构矩阵法的基本思想就是以节点位移或节点内力作为未知数,或者以节点位移和内力混合变量作为未知数,利用在各个结构构件节点上的位移和内力的关系,列出方程组,求得问题的解。根据所采用的未知量的不同,矩阵分析法可以划分为位移法、力法或混合法。其中,位移法应用最为广泛。对离散的结构系统列出方程对于具备结构力学知识的人是熟悉的,而大型代数方程组的求解可以交给计算机去完成。传统的结构矩阵分析中,结构构件节点力和节点位移之间的关系是精确导出的,而在有限元法中,大部分情况是根据单元内近似的形(位移)函数导出这种关系。

有限元法可以解各类力学问题,包括受拉、压的杆,受弯、扭的梁,平面应力、平面应变和平面轴对称问题,板、壳和块体三维受力问题以及流体力学问题等。材料可以是弹性的或者是弹塑性的,也可以是各向同性或各向异性的。还可求解静力的或动力的问题。

二、有限元法的分析步骤

有限元法的分析步骤可归纳为"化整为零,集零为整",如表 7-2-1 所示。

有限元法的分析步骤　　　　　　表 7-2-1

1. 结构离散——将求解区域离散为有限元模型
　(1)定义材料属性及单元类型;
　(2)对所选单元划分有限元网格,给节点、单元编号;
　(3)选定整体坐标系,节点坐标

2. 单元分析——建立单元平衡方程组
　(1)在典型单元内选定形(位移)函数,并将它表示成节点位移的插值形式;
　(2)用虚功原理或变分法推导单元平衡方程;
　(3)求每个单元的刚度矩阵

3. 整体分析——形成和求解整体平衡方程组
　(1)单元组合集成整体刚度矩阵、节点位移列向量和节点载荷列向量,形成整体平衡方程组;
　(2)引入边界条件,求解节点位移;
　(3)后处理计算,根据需要计算变形、应力和反力等

三、用于桥梁有限元分析的软件

桥梁结构电算分析是一个综合性的课题,涉及桥梁工程、结构力学、材料力学、弹性力学、结构设计、有限元法、计算机技术等多门课程,在沿用多学科知识进行桥梁结构电算分析时,必须以相应的设计规范为准绳。

1. 桥梁分析专用程序

目前,桥梁结构基本受力性能的分析一般采用杆系有限元法,基于杆系有限元的桥梁分析专用程序应具备以下基本功能:

(1)模拟施工过程的结构分析。
(2)可按施工过程逐步形成多层组合截面。
(3)可选取结构初始位移和单元初始内力。
(4)方便预应力的施加。
(5)方便单元添加、拆除及体系转换。
(6)能够进行温度、收缩、徐变效应的计算。
(7)活载自动加载。
(8)自动完成各种荷载组合。
(9)正常使用和承载能力极限状态的验算。
(10)输入数据和计算结果的可视化。

2. 通用分析软件

(1) 桥梁博士(Dr. Bridge)

桥梁博士是由上海同豪土木工程咨询有限公司开发的一款桥梁计算软件系统。该系统是一个集可视化数据处理、数据库管理、结构分析、打印与帮助为一体的综合性桥梁结构设计与施工计算系统。该系统的编制完全按照桥梁设计与施工过程进行，密切结合桥梁设计规范，充分利用现代计算机技术，完全符合设计人员的习惯。对结构的计算是宁繁勿简，充分考虑了各种结构的复杂组成与施工情况，使用方便，计算精确。

(2) ANSYS 软件

ANSYS 软件是融结构、流体、电场、磁场、声场分析于一体的大型通用有限元分析软件，它是由世界上技术位居前列的有限元分析软件公司——美国 ANSYS 公司开发，从 1971 年 2.0 版至 2018 年 19.2 版，已有 40 多年的历史。

ANSYS 软件主要包括三个部分：前处理模块、分析计算模块和后处理模块。前处理模块提供了一个实体建模以及网格划分工具，用户可以方便地构造有限元模型；分析计算模块包括结构分析（可进行线性分析、非线性分析和高度非线性分析）、流体动力学分析、电磁场分析以及多物理场耦合分析；后处理模块可将计算分析结果以彩色等值线、梯度、矢量、立体切片、透明及半透明（可看到结构内部）等多种图形方式显示出来，也可以将计算结果以图表、曲线形式显示或输出。软件提供了包括梁单元、桁架单元、弹簧单元、索单元、板单元、块单元以及超单元等多种单元在内的 100 多种单元类型，可用来模拟工程中的各种结构和材料。

ANSYS 软件具有单元生死的功能，该选项在桥梁结构分析中可用于模拟桥梁施工过程。单元生的功能相当于架设桥梁构件，单元死的功能相当于拆除桥梁构件。另外，ANSYS 软件还具有编制程序的功能，这就使得多种桥型方案的设计分析，可以通过模拟变得简单而省力。与传统的常规建模方法相比，使用程序建模可以获得快捷、方便的计算方法和准确的计算结果。随着结构设计专业计算软件（如桥梁博士等）的日渐成熟，目前如 ANSYS 等通用有限元软件主要用来进行结构复杂局部区域的力学性能分析等计算工作。

(3) ABAQUS 软件

ABAQUS 软件是国际上最常用的大型通用有限元分析软件之一，可用于分析复杂的结构力学系统，特别适用于分析非常庞大复杂的问题和高度非线性问题。ABAQUS 软件包括一个丰富的单元库，并拥有多种类型的材料模型库，可用于模拟各类工程材料，如金属、橡胶、钢筋混凝土、复合材料等的性能。ABAQUS 软件也是最早提供了用户自定义本构及单元的商用软件之一，并将之发展为其主要特色之一，已成为工程领域最为常用的二次开发平台之一。近年来，随着各类新型材料及新结构运用于桥梁工程中，ABAQUS 软件也为新材料新结构的性能分析提供了一种开放式的分析手段。此外，基于 ABAQUS 软件等的扩展有限元(XFEM)技术近年来也在不断发展，逐步推动着精细化数值分析技术（如结构中裂缝演化与发展的精细化模拟）的发展。

ABAQUS 软件有两个主求解器模块 ABAQUS/Standard（基于隐式算法）和 ABAQUS/Explicit（基于显式算法）。ABAQUS 软件还包含一个全面支持求解器的图形用户界面，即人机交互前后处理模块 ABAQUS/CAE。ABAQUS 软件针对某些特殊问题还提供了专用模块来加以解决。

第二节　桥梁结构分析的杆系有限元法

桥梁结构分析可分为总体分析和局部分析两大部分。

从总体受力来看,桥梁的特点是长而不宽(长宽比一般大于2,特别是大跨度桥梁),它的受力特性与杆系结构相符,因此,用杆系有限元对其总体受力情况作分析就抓住了事物的主要矛盾。对于局部受力问题,如异形块、墩梁塔固结处、拉索或预应力筋锚固点的局部应力等,一般需用板壳、块体有限元等方法进行分析计算。

杆系有限元分析可归纳为如下步骤:首先是"化整为零",即将结构离散为有限个梁单元,研究各单元的性质,形成单元刚度矩阵;然后"集零为整",按照结构的几何条件(包括节点处的变形连续条件和支承条件)及平衡条件,将各个单元集合成原来的结构,形成总体刚度矩阵,求解得到结构的位移和内力。

一、杆系有限元的基本方法

如图7-2-1所示,平面刚架桥进行有限元分析时,首先建立结构的总体坐标系 xoy,随后对结构作节点和单元的划分。

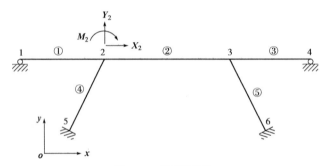

图 7-2-1　平面刚架桥

设定节点位移向量 d 和节点力向量 P 为:

$$d = [d_1 \quad d_2 \quad d_3 \quad d_4 \quad d_5 \quad d_6]^T, d_i = [u_i \quad v_i \quad \theta_i]^T$$

$$P = [p_1 \quad p_2 \quad p_3 \quad p_4 \quad p_5 \quad p_6]^T, p_i = [X_i \quad Y_i \quad M_i]^T$$

有限元分析的目的,就是建立如下刚度方程组:

$$Kd = P$$

即在已知节点外力 P 的情况下,通过解方程组,求得节点位移向量 d,从而求得各单元的内力。

其中,K 为总体刚度矩阵。

有限元分析的过程是先将图7-2-1所示的结构按图7-2-2进行离散化,研究各单元在局部坐标系 $\overline{xoy}$ 下的刚度矩阵,随后根据节点外力平衡和变形协调条件,将单元刚度矩阵集合成总体刚度矩阵。

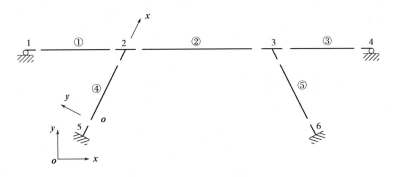

图 7-2-2　平面刚架桥离散图

二、平面梁单元刚度矩阵

从离散的结构中任取一个单元ⓔ，左、右两端节点编号分别为 i、j，如图 7-2-3 所示。对单元建立局部坐标系：以 i 点为坐标原点，从 i 至 j 的方向为 $\bar{x}$ 轴的正方向，逆时针旋转 90°为 $\bar{y}$ 轴的正方向。

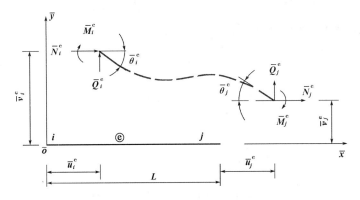

图 7-2-3　局部坐标系下的单元受力分析

对于平面杆系中的梁单元，共有两个节点 i 和 j，每个节点处有 3 个节点位移和梁端力，节点位移分别为 i 端的 $\bar{u}_i$、$\bar{v}_i$、$\bar{\theta}_i$ 及 j 端的 $\bar{u}_j$、$\bar{v}_j$、$\bar{\theta}_j$，相应的六个梁端力分别为 i 端的 $\bar{N}_i$、$\bar{Q}_i$、$\bar{M}_i$ 及 j 端的 $\bar{N}_j$、$\bar{Q}_j$、$\bar{M}_j$（每个符号上方冠以"ˉ"表示这些分量均为局部坐标系中的量值）。正负号的规定：转角 $\bar{\theta}$ 和弯矩 $\bar{M}$ 以顺时针方向为正，线位移 $\bar{u}$、轴力 $\bar{N}$、线位移 $\bar{v}$、剪力 $\bar{Q}$ 与局部坐标轴 $\bar{x}$ 和 $\bar{y}$ 方向一致者为正，反之为负。图 7-2-3 中所示的位移和内力方向均为正方向。

用向量形式表示梁端力和节点位移

$$\bar{F}^e = \begin{bmatrix} \bar{N}_i \\ \bar{Q}_i \\ \bar{M}_i \\ \bar{N}_j \\ \bar{Q}_j \\ \bar{M}_j \end{bmatrix} \quad \bar{d}^e = \begin{bmatrix} \bar{u}_i \\ \bar{v}_i \\ \bar{\theta}_i \\ \bar{u}_j \\ \bar{v}_j \\ \bar{\theta}_j \end{bmatrix} \tag{7-2-1}$$

若单元上无其他荷载作用,由结构力学的位移法,根据图 7-2-4 所示的梁端位移正方向,可由叠加原理求得相应的杆端力。

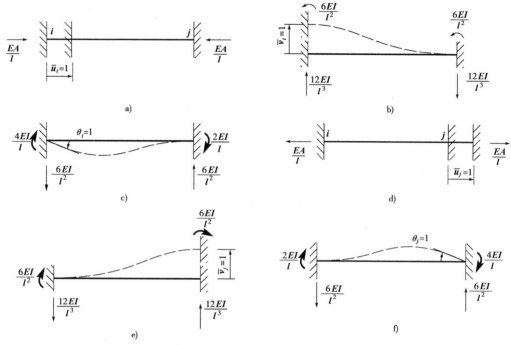

图 7-2-4 杆端位移与杆端力的关系

$$\begin{cases} \overline{N}_i = \dfrac{EA}{l}\overline{u}_i - \dfrac{EA}{l}\overline{u}_j \\ \overline{Q}_i = \dfrac{12EI}{l^3}\overline{v}_i - \dfrac{6EI}{l^2}\overline{\theta}_i - \dfrac{12EI}{l^3}\overline{v}_j - \dfrac{6EI}{l^2}\overline{\theta}_j \\ \overline{M}_i = -\dfrac{6EI}{l^2}\overline{v}_i + \dfrac{4EI}{l}\overline{\theta}_i + \dfrac{6EI}{l^2}\overline{v}_j + \dfrac{2EI}{l}\overline{\theta}_j \\ \overline{N}_j = -\dfrac{EA}{l}\overline{u}_i + \dfrac{EA}{l}\overline{u}_j \\ \overline{Q}_i = -\dfrac{12EI}{l^3}\overline{v}_i + \dfrac{6EI}{l^2}\overline{\theta}_i + \dfrac{12EI}{l^3}\overline{v}_j + \dfrac{6EI}{l^2}\overline{\theta}_j \\ \overline{M}_j = -\dfrac{6EI}{l^2}\overline{v}_i + \dfrac{2EI}{l}\overline{\theta}_i + \dfrac{6EI}{l^2}\overline{v}_j + \dfrac{4EI}{l}\overline{\theta}_j \end{cases} \qquad (7\text{-}2\text{-}2)$$

式中:l——单元长度;

I——单元截面的惯性矩;

A——单元截面面积;

E——材料的弹性模量。

将式(7-2-2)写成矩阵形式

$$\begin{bmatrix} \frac{EA}{l} & 0 & 0 & -\frac{EA}{l} & 0 & 0 \\ 0 & \frac{12EI}{l^3} & -\frac{6EI}{l^2} & 0 & -\frac{12EI}{l^3} & -\frac{6EI}{l^2} \\ 0 & -\frac{6EI}{l^2} & \frac{4EI}{l} & 0 & \frac{6EI}{l^2} & \frac{2EI}{l} \\ -\frac{EA}{l} & 0 & 0 & \frac{EA}{l} & 0 & 0 \\ 0 & -\frac{12EI}{l^3} & \frac{6EI}{l^2} & 0 & \frac{12EI}{l^3} & \frac{6EI}{l^2} \\ 0 & -\frac{6EI}{l^2} & \frac{2EI}{l} & 0 & \frac{6EI}{l^2} & \frac{4EI}{l} \end{bmatrix} \begin{bmatrix} \overline{u}_i \\ \overline{v}_i \\ \overline{\theta}_i \\ \overline{u}_j \\ \overline{v}_j \\ \overline{\theta}_j \end{bmatrix} = \begin{bmatrix} \overline{N}_i \\ \overline{Q}_i \\ \overline{M}_i \\ \overline{N}_j \\ \overline{Q}_j \\ \overline{M}_j \end{bmatrix} \quad (7\text{-}2\text{-}3)$$

即

$$\overline{\boldsymbol{K}}^e \overline{\boldsymbol{d}}^e = \overline{\boldsymbol{F}}^e \quad (7\text{-}2\text{-}4)$$

式(7-2-4)为局部坐标下的单元刚度方程,$\overline{\boldsymbol{K}}^e$ 称为单元刚度矩阵,由位移互等定律可知,这是 6×6 阶的对称矩阵。

三、单元刚度矩阵的坐标变换

在进行整体分析时,必须采用一个统一的坐标系,使得所有的荷载、位移等都以该坐标系为基准。我们称该统一的坐标系为总体坐标系或公共坐标系,用 xoy 表示,同时,还必须把局部坐标点中建立的单元刚度矩阵、节点力向量及节点位移向量转换到总体坐标系中来。图 7-2-5 示出局部坐标系 $\overline{x}o\overline{y}$ 与总体坐标系 xoy 中各变量的关系。

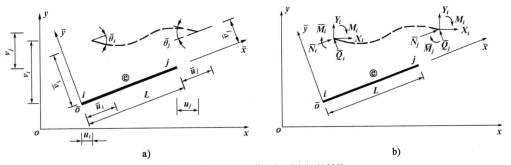

图 7-2-5 局部和总体坐标系之间的转换

图 7-2-5 中,$\overline{x}$、$\overline{y}$ 表示单元ⓔ的局部坐标,x、y 表示总体坐标。
由图示的几何关系可知

$$\left. \begin{array}{l} \overline{u}_i = u_i \cos\alpha_e + v_i \sin\alpha_e \\ \overline{v}_i = -u_i \sin\alpha_e + v_i \cos\alpha_e \\ \overline{\theta}_i = \theta_i \end{array} \right\} \quad (7\text{-}2\text{-}5)$$

同理,对于 j 节点也有如上关系,写成矩阵形式有

$$\begin{bmatrix} \overline{u}_i \\ \overline{v}_i \\ \overline{\theta}_i \\ \overline{u}_j \\ \overline{v}_j \\ \overline{\theta}_j \end{bmatrix} = \begin{bmatrix} \cos\alpha & \sin\alpha & 0 & 0 & 0 & 0 \\ -\sin\alpha & \cos\alpha & 0 & 0 & 0 & 0 \\ 0 & 0 & 1 & 0 & 0 & 0 \\ 0 & 0 & 0 & \cos\alpha & \sin\alpha & 0 \\ 0 & 0 & 0 & -\sin\alpha & \cos\alpha & 0 \\ 0 & 0 & 0 & 0 & 0 & 1 \end{bmatrix} \begin{bmatrix} u_i \\ v_i \\ \theta_i \\ u_j \\ v_j \\ \theta_j \end{bmatrix} \tag{7-2-6}$$

即

$$\overline{d}^e = Td^e \tag{7-2-7}$$

式中：T——坐标转换矩阵，是一个正交矩阵，$T^{-1} = T^T$。

上述坐标变换是按位移导出的，但从图 7-2-5 可以看出，在两坐标系之间节点力有着与位移相同的关系，即

$$\overline{F}^e = TF^e \tag{7-2-8}$$

式中：$\overline{F}^e$、F^e——分别表示局部和总体坐标系下的单元节点力向量。

将式(7-2-7)、式(7-2-8)代入式(7-2-4)，得到

$$\overline{K}^e Td^e = TF^e$$
$$T^T \overline{K}^e Td^e = F^e \tag{7-2-9}$$
$$K^e d^e = F^e \tag{7-2-10}$$

式(7-2-10)便是总体坐标系下的单元刚度方程，$K^e = T^T \overline{K}^e T$ 为总体坐标系下的单元刚度矩阵。

四、总体刚度矩阵的形成和边界条件处理

1. 总体刚度矩阵的形成

总体刚度矩阵形成的过程也就是将离散的结构复原的过程，结构复原后应满足节点力平衡和节点位移协调这两个条件。

根据式(7-2-10)，ij 单元的刚度矩阵可写成如下形式：

$$\begin{bmatrix} k_{ii}^e & k_{ij}^e \\ k_{ji}^e & k_{jj}^e \end{bmatrix} \begin{bmatrix} d_i^e \\ d_j^e \end{bmatrix} = \begin{bmatrix} F_i^e \\ F_j^e \end{bmatrix} \tag{7-2-11}$$

式中：k_{ij}^e——j 端单位位移引起 i 端的梁端力。

如图 7-2-6 所示，考察 i 节点的平衡，则交会于 i 节点的所有梁端力与作用于 i 节点的外力 P_i 应相等：

$$\sum_e F_i^e = P_i \tag{7-2-12}$$

式中：$\sum_e F_i^e$——与 i 点连接的所有单元的梁端力。

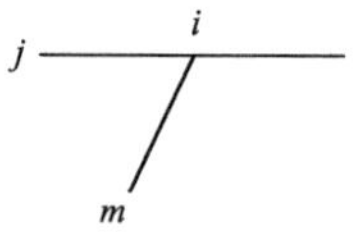

得到

$$(\sum_e k_{ii}^e)d_i + k_{ij}d_j + k_{im}d_m + \cdots = P_i \tag{7-2-13}$$

列出所有节点的平衡方程后，便可得到如下的结构总体刚度方程

$$KD = P \tag{7-2-14}$$

图 7-2-6 交会于 i 节点的各梁单元

按照上述原理和方法,具体操作时,可采用"对号入座"的方法把单元刚度矩阵叠加,以形成结构的总刚度矩阵。即将分块矩阵 k_{ij} 放在总体刚度矩阵的第 i 行、第 j 列。

2. 边界条件的处理

式(7-2-14)是一个奇异刚度方程,没有解答,原因是 K 矩阵是奇异刚度矩阵,从物理意义上理解,结构中包含着不受限制的刚体位移,因而只有引入边界约束后,式(7-2-14)才能够有解。

对于边界条件的处理,可简单地采用主元素赋大值法,即把总刚度矩阵中与受约束的位移对应的主元素(对角线上元素)赋给一个很大的数,例如 1.0×10^{30}。该方法实际应用较广,物理意义也十分明确,赋大数的含义就是给约束方向提供一个刚度很大的支承。同样原理,当采用弹簧支承时,在相应主元素上叠加一个弹簧刚度即可,对于节点强迫位移的计算,只需将刚度矩阵相应主元素赋大值(如 1.0×10^{30}),同时将荷载列阵相应元素赋大值与位移量 δ 的乘积(如 $\delta \times 10^{30}$)即可。

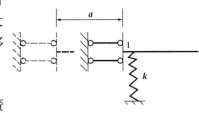

例如,如图7-2-7所示的边界条件:
$u_1 = -a, \theta_1 = 0, v_1$ 向有一个刚度为 k 的竖向弹簧支承。

图 7-2-7 边界条件的处理

总体刚度方程为

$$\begin{bmatrix} K_{11} & K_{12} & K_{13} & K_{14} & \cdots & \cdots \\ K_{21} & K_{22} & K_{23} & K_{24} & \cdots & \cdots \\ K_{31} & K_{32} & K_{33} & K_{34} & \cdots & \cdots \\ K_{41} & K_{42} & K_{43} & K_{44} & \cdots & \cdots \\ \cdots & \cdots & \cdots & \cdots & & \end{bmatrix} \begin{bmatrix} u_1 \\ v_1 \\ \theta_1 \\ u_2 \\ \cdots \end{bmatrix} = \begin{bmatrix} X_1 \\ Y_1 \\ M_1 \\ X_2 \\ \cdots \end{bmatrix}$$

引入上述1节点的边界条件后,总刚度方程变为

$$\begin{bmatrix} 10^{30} & K_{12} & K_{13} & K_{14} & \cdots & \cdots \\ K_{21} & K_{22}+k & K_{23} & K_{24} & \cdots & \cdots \\ K_{31} & K_{32} & 10^{30} & K_{34} & \cdots & \cdots \\ K_{41} & K_{42} & K_{43} & K_{44} & \cdots & \cdots \\ \cdots & \cdots & \cdots & \cdots & & \end{bmatrix} \begin{bmatrix} u_1 \\ v_1 \\ \theta_1 \\ u_2 \\ \cdots \end{bmatrix} = \begin{bmatrix} -10^{30} \cdot a \\ Y_1 \\ M_1 \\ X_2 \\ \cdots \end{bmatrix}$$

五、荷载列阵

总体刚度方程[式(7-2-14)]的右边是节点荷载列阵。当外荷载不直接作用在节点上时(如分布荷载、单元集中荷载等,称为非节点荷载),就需要把它们转化为作用在节点上的等效荷载。等效节点荷载与直接作用在节点上的荷载叠加在一起称为"总节点荷载"。

非节点荷载的计算见表7-2-2。

非节点荷载 表 7-2-2

荷载类型	荷载图示	节点力计算公式
1	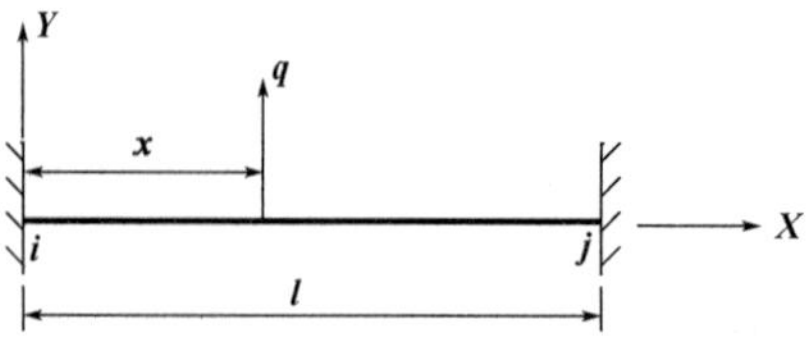	$N_i = N_j = 0$ $Q_i = q \cdot (1 + 2x/l) \cdot (1 - x/l)^2$ $Q_j = q - Q_i$ $M_i = -q \cdot x(1 - x/l)^2$ $M_j = q \cdot x^2(1 - x)/l^2$
2	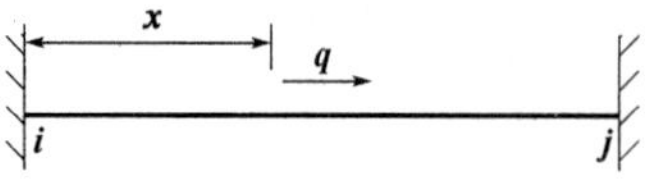	$Q_i = Q_j = M_i = M_j = 0$ $N_i = q \cdot (1 - x/l)$ $N_j = q - N_i$
3	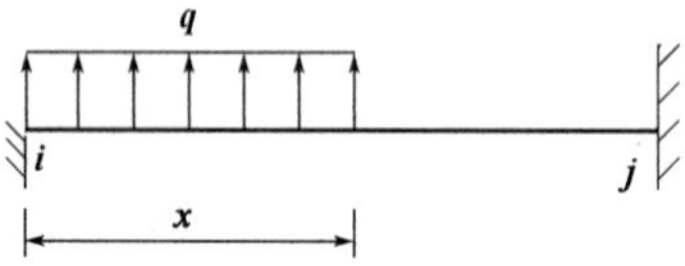	$N_i = N_j = 0$ $Q_i = [qx(1 - x^2/l^2 + x^3/(2l^3)]$ $Q_j = qx - Q_i$ $M_i = -qx^2(6 - 8x/l + 3x^2/l^2)/12$ $M_j = qx^3(4 - 3x/l)/(12l)$
4	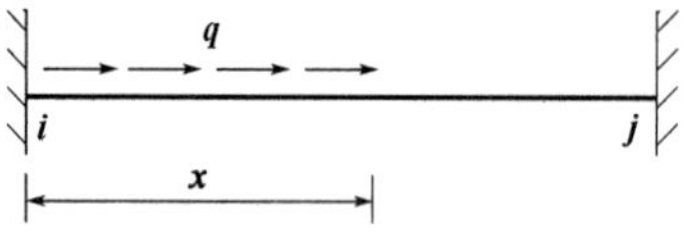	$Q_i = Q_j = M_i = M_j = 0$ $N_i = qx^2/(2l)$ $N_j = qx - N_i$
5	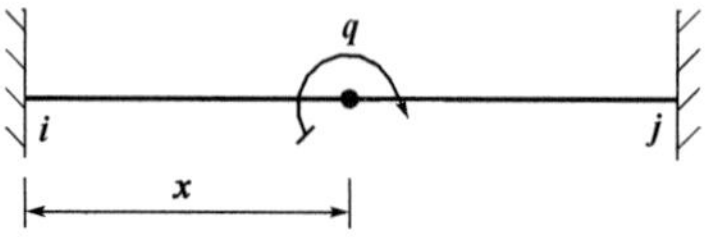	$N_i = N_j = 0$ $Q_i = 6q(1 - x/l) \cdot x/l^2$ $Q_j = -Q_i$ $M_i = -q(1 - x/l) \cdot [2 - 3(1 - x/l)]$ $M_j = -q(2 - 3x/l) \cdot x/l$
6	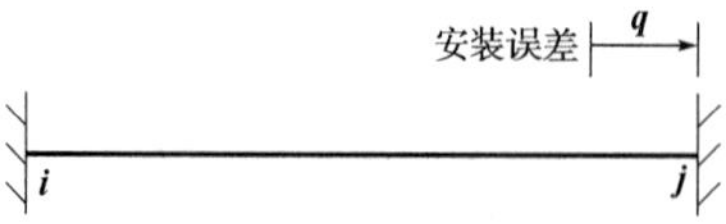 安装误差	$N_i = qEA/l$ $N_j = -qEA/l$ $Q_i = Q_j = M_i = M_j = 0$
7	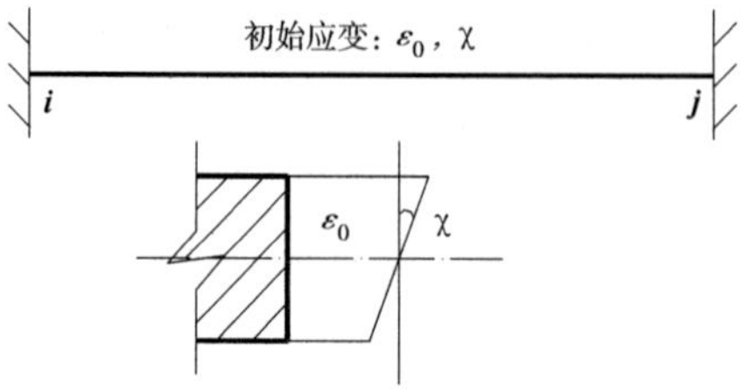 初始应变：ε_0，χ	$N_i = -EA\varepsilon_0$ $N_j = -N_i$ $M_i = -EI\chi$ $M_j = -M_i$

续上表

荷载类型	荷 载 图 示	节点力计算公式	
8	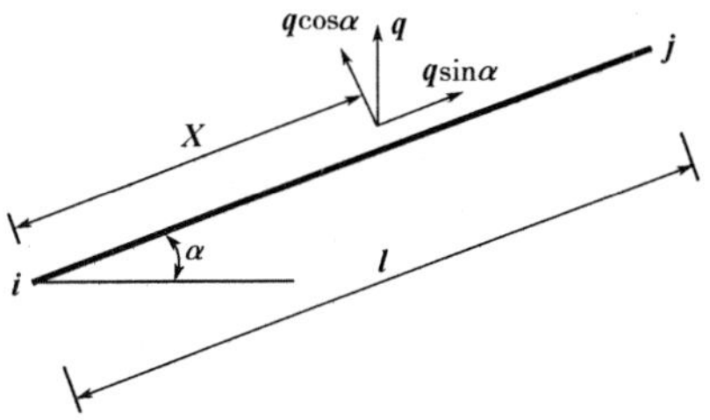	1 2	$q\cos\alpha$ $q\sin\alpha$
9	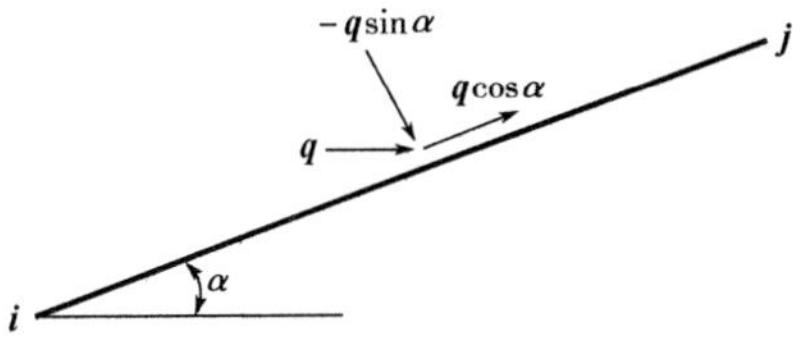	1 2	$-q\sin\alpha$ $q\cos\alpha$
10	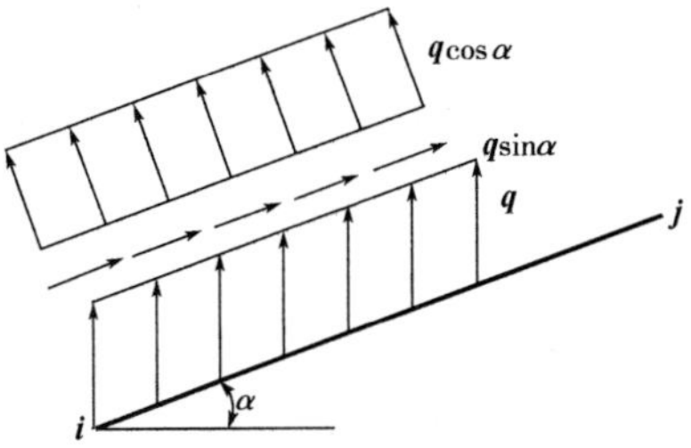	3 4	$q\cos\alpha$ $q\sin\alpha$
11	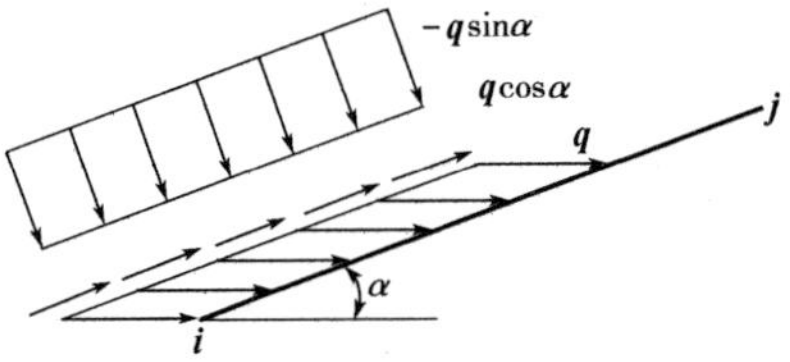	3 4	$-q\sin\alpha$ $q\cos\alpha$

六、单元内力计算

在求解总体刚度方程组得到总体坐标系下的节点位移向量 d 后，就可以利用前面已经导出的有关公式求单元在局部坐标系下的内力。应当注意，单元的内力由两部分组成，一部分是由节点位移引起的，另一部分是由非节点荷载所引起的固端力 P_0^e（与表 7-2-2 中的节点力反

613

号,这与结构力学中的位移法求解杆件内力时相似)。于是有

$$\overline{F}^e = \overline{K}^e T d^e + \overline{P}_0^e \qquad (7\text{-}2\text{-}15)$$

式中:$\overline{F}^e$——单元节点内力(局部坐标系下);

其余符号意义同前。

第三节　桥梁结构分析的内容和特点

一、桥梁结构分析的内容

桥梁结构分析的内容可概括如下:

(1)桥梁一般是分阶段逐步施工完成的,结构的最终受力状态往往与施工过程有着很大的关系,因而结构分析必须能够准确地模拟施工过程,并且能够自动累加各阶段的内力和位移等。施工阶段内应考虑的因素主要有:

①结构自重;
②施工临时荷载,如挂篮质量等;
③预加应力;
④混凝土收缩和徐变;
⑤温度变化;
⑥静风的作用;
⑦结构体系转换;
⑧斜拉索或系杆等的初始张力;
⑨合龙口的预顶力等。

(2)计算成桥后在二期恒载、支座不均匀沉降、混凝土长期徐变效应、温度变化等作用下的内力和位移。

(3)计算各种活载引起的内力和位移,包括影响线或影响面的计算以及对它们进行加载等。

(4)计算各种偶然荷载(如地震、船舶撞击力)等引起的内力和位移。

(5)按规范对上述各种荷载引起的内力和位移进行组合,得出最不利的组合情况。

(6)按规范进行强度、刚度、抗裂性和稳定性验算。

二、桥梁结构分析的特点

1. 逐阶段形成结构体系

桥梁结构在不同的施工阶段,结构布置、边界条件、荷载条件均发生变化。例如,当采用悬臂浇筑法施工连续梁桥时,结构是逐段浇筑混凝土并施加预应力而逐渐接长的。由于结构形成的过程不同,因此其恒载内力也不同,这与结构力学中的连续梁受力有很大差别。下面一简例可说明这个问题。图 7-2-8 所示为一个右端固结、左端铰支的梁,承受满布均布荷载 q(自重)。图 7-2-8 中示出了分别按两种不同的施工方法(一次落架施工和分阶段施工)形成桥梁结构体系的内力和变形。

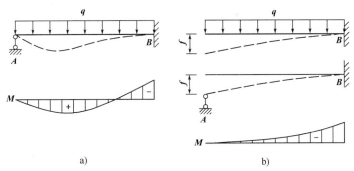

图 7-2-8 按不同施工方法形成桥梁结构的最终内力和变形
a)一次落架施工形成体系;b)分阶段施工形成体系

如果结构是搭架现浇并在永久支承完成后卸架,则其弯矩 M 如图 7-2-8a)所示。如果结构是逐段悬臂浇筑,最后再安装支座 A,则由于自重 q 及产生的挠度在悬臂施工时就已发生,因此其弯矩如图 7-2-8b)所示。这时支座 A 的反力为零,因为它是在结构全部荷载和变形已发生后安装的。显然两种情况的内力和变形图完全不同。

由此可见,在进行桥梁结构分析时,必须根据实际的施工过程,分阶段逐步分析,逐步累加每一分阶段发生的内力和变形,直到全桥结构完全形成。只有这样,才能确保结构分析能够真实反映桥梁的实际受力状况。

2. 活载(移动荷载)效应

桥梁结构分析的另一特点是它要承受移动荷载(如汽车、挂车等)的作用,且活载占了相当的比重。在做线性分析时,最常用也是最方便的方法是采用影响线加载的方法,即先计算出影响线,然后在其上布置活载,找出最不利荷载位置,并求出与该加载位置对应的内力和位移。对影响线加载的方法很多,常用的有等效均布荷载法、穷尽法、动态规划法等。等效均布荷载法便于手算,即将对应各种形状影响线的活载换算成等效的均布荷载,制成表格。在计算机普及的今天,该法已基本被淘汰。

无论采用哪种方法加载,都应注意在同一截面上不同内力所对应的最不利荷载位置可能不同。例如,最大弯矩和最大剪力不一定是在同一荷载位置发生。因此,加载时应分别按各内力的最不利荷载位置求最大内力、最小内力及其相应的其他内力。例如,先求最大弯矩及其对应的最不利荷载位置,然后求该荷载位置时的剪力和轴力值(不一定是最大值),称之为与最大弯矩相应的剪力和轴力。这样求出的一组内力都是相应的内力。每个截面的内力加载结果共有 6 组(平面梁单元),见表 7-2-3。

单元节点内力的最大值和相应值　　　　表 7-2-3

	相应的弯矩 $M(kN \cdot m)$	相应的剪力 $Q(kN)$	相应的轴力 $N(kN)$
最大弯矩 $M_{max}(kN \cdot m)$	5 256	325	128
最大剪力 $Q_{max}(kN)$	4 858	542	212
最大轴力 $N_{max}(kN)$	5 125	433	255
最小弯矩 $M_{min}(kN \cdot m)$	-3 476	-112	95
最小剪力 $Q_{min}(kN)$	-3 111	-445	85
最小轴力 $N_{min}(kN)$	-2 245	-345	-28

上表中两类数据中主对角线上的数字是各内力的最大值、最小值,其余各数字为相应的内力。

3. 预应力效应

在分析预应力混凝土桥梁结构时,必须考虑预加应力的效应,较常用的方法是等效荷载法,即把预加力当作等效的外荷载施加于混凝土结构上,然后计算由此而引起的内力和位移。该方法概念清晰、简便易行。

预应力的等效荷载具有一般荷载的特性,但它还有一个重要特征,即它是一自相平衡的力系。从结构中截出任何一段含预应力筋的杆件,其上作用的预应力荷载都是自相平衡的。

预应力引起的结构内力由三部分组成,第一部分是直接施加在构件截面上的预加力,称为初内力。例如一水平预应力筋施加在构件截面上的压力为 N_p,该压力至截面形心轴的偏心距为 e,则该截面的预应力初内力为 $M = N_p e, N = N_p$;第二部分是在超静定结构上张拉的预应力筋所引起的内力重分布,称为次内力;第三部分是由于施工过程中发生了体系转换,例如采用悬臂施工法时,结构由静定的 T 构转换为连续刚构或连续梁。这样由于混凝土的徐变作用,体系转换前(如合龙前)作用在结构上的预应力荷载会在体系转换后的结构上引起内力重分布,也称为次内力。当采用有限元法逐阶段依次计算并自动累加内力和位移时,这三部分内力会被自动计算出,不必专门分别考虑。

有关预应力效应的计算可参见第二篇第四章相关内容。

4. 温度效应

温度变化引起的截面应变为

$$\left.\begin{aligned}\psi &= \frac{\alpha}{I}\int_h T(y)b(y)(y - y_c)\mathrm{d}y \\ \varepsilon_0 &= \frac{\alpha}{A}\int_h T(y)b(y)\mathrm{d}y - \psi \cdot y_c\end{aligned}\right\} \quad (7\text{-}2\text{-}16)$$

式中:ε_0——$y = 0$ 处的应变值;

ψ——单元梁段挠曲变形后的曲率。

其余符号意义参见第二篇第四章相关内容。

用杆系有限元法求解上述温度变化引起的次内力时,先将单元的两端固定,参见表 7-2-2 荷载类型 7,此时温度变化引起的单元等效节点荷载向量 $\overline{F}^e$ 为:

$$\overline{F}^e = \begin{bmatrix} \overline{N}_i \\ \overline{Q}_i \\ \overline{M}_i \\ \overline{N}_j \\ \overline{Q}_j \\ \overline{M}_j \end{bmatrix} = \begin{bmatrix} -EA(\varepsilon_0 + \psi y_c) \\ 0 \\ -EI\psi \\ EA(\varepsilon_0 + \psi y_c) \\ 0 \\ EI\psi \end{bmatrix} \quad (7\text{-}2\text{-}17)$$

将各单元的节点荷载向量通过坐标变换成为总体坐标下的节点荷载,并代入总体刚度方程中,即可求得结构因温度而产生的节点位移,继而求得各杆端因节点位移产生的内力 $\overline{N}_i^e$、$\overline{Q}_i^e$、$\overline{M}_i^e$、$\overline{N}_j^e$、$\overline{Q}_j^e$、$\overline{M}_j^e$。

将两端固定引起的温度杆端力与节点位移引起的杆端力叠加,得到杆端温度总内力[参见式(7-2-15)]

$$\begin{aligned}
\overline{N}_{iT} &= EA(\varepsilon_0 + \psi y_c) + \overline{N}_i^e \\
\overline{Q}_{iT} &= \overline{Q}_i^e \\
\overline{M}_{iT} &= EI\psi + \overline{M}_i^e \\
\overline{N}_{jT} &= -EA(\varepsilon_0 + \psi y_c) + \overline{N}_j^e \\
\overline{Q}_{jT} &= \overline{Q}_j^e \\
\overline{M}_{jT} &= -EI\psi + \overline{M}_j^e
\end{aligned} \quad (7\text{-}2\text{-}18)$$

计入温度自应力后,高度 y 处的截面纤维层的正应力为

$$\sigma_T(y) = \frac{N_T}{A} + \frac{M_T}{I} y + E[\alpha T(y) + \varepsilon_0 - \psi y] \quad (7\text{-}2\text{-}19)$$

杆中任意点的 N_T、M_T 由两端内力值直线内插得到。

第四节 桥梁结构分析的建模方法

用杆系有限元程序作结构分析时,需将实际结构模拟为杆件系统,因而对所分析结构的力学性能,必须有深入的了解,才能正确地将结构模型化,这是结构分析中最重要的一环。

对于常见桥型,如各种梁桥、拱桥、桁架、刚构以及斜拉桥等,建立它们的离散杆系模型一般没有太大的困难。本节将以桥梁结构中常见但较为复杂的某些局部构造为例,说明模型化工作中的一些处理方法。

一、结构离散化的基本原则

结构离散时应遵循三个基本原则:
(1)计算模型应尽量符合实际结构的构造特点和受力特点,以保证解的真实性。
(2)保证体系的几何不变性,特别是在错综复杂的转换过程中更应注意,同时要避免出现与实际结构受力不符的多余连接。
(3)在合理模拟的前提下,减少不必要的节点数目,以缩短计算时间,减少后处理工作量。

二、划分单元的节点位置

杆系单元的划分,应根据结构的构造特点、实际问题的需要以及计算精度的要求来决定。因此,用来划分单元的节点,应在以下位置设置:
(1)各关键控制截面处。
(2)构件交接点、转折点。
(3)截面突变处。

(4)不同材料结合处。

(5)所有支承点(包括永久支承和临时支承)。

(6)对于由等截面直杆组成的桥梁结构,除梁、柱等构件的自然交接点处必须设置节点外,杆件中间节点的多少对计算精度并无影响。一般根据验算截面的布置以及求算影响线时单位力作用点的要求,来确定所需的中间节点。

(7)对于变截面杆或曲杆结构,例如拱肋,尽量细分,使折线形模型尽可能接近实际曲线结构的受力状态。

(8)施工缝处。

在图 7-2-9 中,给出了几种典型桥梁杆件元的划分示例。

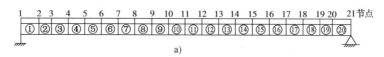

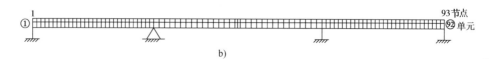

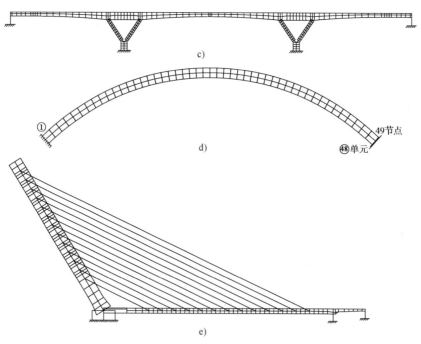

图 7-2-9 几种结构的有限元划分实例
a)简支梁;b)多跨连续梁;c)连续刚构桥;d)拱桥;e)斜拉桥

三、局部构造的模拟方法

1. 刚臂的处理

在实际桥梁结构中,经常会遇到下列情况:

(1) 几个构件刚性交会于同一节点[图 7-2-10a)、b)];
(2) 构件轴线偏心交会[图 7-2-10c)、d)];

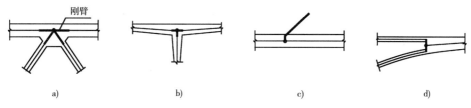

图 7-2-10 刚臂的处理

(3) 不同受力阶段,构件截面具有不同的几何特性(例如组合截面、后张法施工的预应力构件钢束孔道灌浆前后等)。

所有这些情况,在建立杆系分析模型时,均须进行适当的处理。对于第一种情况,刚性节点尺寸对单元内力的影响往往不能忽略,在交会区的杆端应视为刚性部分(刚臂长度范围内的梁体不发生变形);在后两种情况下,则应设置刚性联系杆件,以保证计算模型的连续性。两端带有刚臂的梁单元模型的一般情形如图 7-2-11 所示。

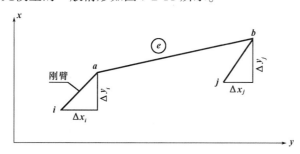

图 7-2-11 带刚臂单元

注:i、j 为结构离散化之后的节点;ab 为梁单元的轴线;ia、jb 为刚臂。

由刚度方程求得 i、j 的节点位移和节点力之后,根据几何关系及平衡条件,不难求得杆端 a、b 的位移及梁端力,带刚臂的单元刚度矩阵也可由前述不带刚臂的杆元刚度矩阵求得。其解析关系式可参见有关文献。

2. 中间铰的处理

在实际桥梁结构中,构件之间常有用铰连接的情形,如两铰拱、三铰拱,带铰或带挂梁的 T 形刚构桥等,可采用主从节点(图 7-2-12)的方法予以处理,位移从属是指位移一致。

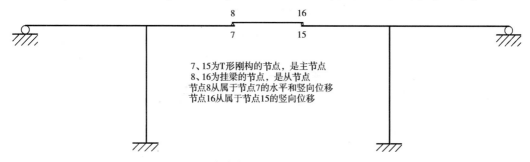

图 7-2-12 主从节点的处理(以 T 形刚构为例)

3. 支座的处理

桥梁结构分析中,常常要求将上、下部结构联合为整体进行计算。此时,梁桥的支座也构成了体系的中间铰。当支座是刚性支座(如弧形钢板支座、摆动支座等)时,可采用带刚臂单元和中间铰的方法处理。若支座为简易的油毡垫座,则可假定上、下部结构之间不发生相对竖向位移。当采用橡胶支座时,应视支座为弹性约束,用两个弹簧杆来模拟支座,如图7-2-13所示。

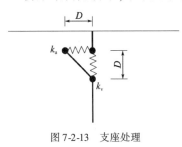

图7-2-13 支座处理

竖向弹簧刚度根据橡胶支座的实际尺寸,用下式来计算

$$k_v = \frac{E_0 A_0}{D} \tag{7-2-20}$$

水平弹簧的刚度,则根据橡胶支座的抗剪性能按下式来确定

$$k_u = \frac{G_0 A_0}{D} \tag{7-2-21}$$

上述式中:E_0、G_0、A_0、D——橡胶支座的弹性模量、剪切模量、平面面积和支座的橡胶层厚度。

4. 地基与基础的处理

当结构分析需要考虑弹性地基的作用时,可将弹性地基用弹簧杆来模拟。

按照 Winkler 假设

$$p = Kw \tag{7-2-22}$$

式中:K——基床系数,它表示单位铅直位移($w=1$)产生的地基应力。用弹簧杆模拟后,将K乘以代用的弹簧杆的作用面积,即得弹簧刚度 EA/D(D为弹簧杆长度)。

当地基与基础间的联系用铅直弹簧杆代替后,为了保证结构的稳定,应适当加设水平连杆,在只有铅直荷载作用的情况下,其内力为零;当有水平荷载作用时(例如土压力),水平连杆的位置应根据结构的受力特性来决定,或更为精确地按竖直弹簧杆的设置原理来设置水平弹簧杆。

常见的几种考虑弹性地基的基础模型示于图7-2-14。

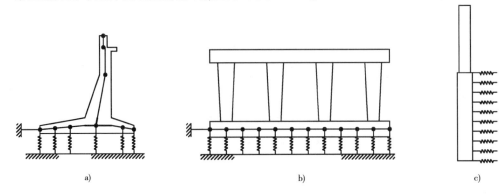

图7-2-14 地基模拟
a)桥台;b)柱式墩;c)桩基础

5. 组合结构的计算

近几年来,钢-混凝土组合结构在桥梁结构中的应用越来越广泛,组合结构具有加快施工进度,充分发挥两种材料的性能,使结构受力更合理等优势。

组合结构计算时须考虑到两种材料的不同特性(弹性模量不同),按照下式进行截面换算,或直接按不同的材料进行计算。

$$EA = E_c A_c + E_s A_s \\ EI = E_c I_c + E_s I_s \tag{7-2-23}$$

第五节　结果评判与结构验算

在采用有限元程序对桥梁结构进行建模、完成结构分析后,根据分析结果对结构的受力性能、传力机理进行评判,并按照现行《公路钢筋混凝土及预应力混凝土桥涵设计规范》(JTG 3362)及其他相关规范的各项规定,对结构各方面受力性能和指标一一进行验算,各项指标均应满足规范要求,否则就需要调整结构设计方案(含施工方法),直至满足要求。

一、分析结果的正确性、合理性及深入分析

结构分析完成后的第一步就是需要对分析结果的正确性进行评判,这是关键,更是重中之重,分析结果的正确与否对结构受力性能的影响巨大。影响分析结果正确性的因素很多,结构分析人员的桥梁与力学知识水平、对分析对象受力机理的把握、施工实践能力、对分析程序的熟悉程度等均有可能影响分析结果的正确性。

结构分析完成后的第二步就是需要对分析结果的合理性进行评判。保证分析结果的合理性是结构分析的基本要求,在获得合理的分析结果后,还需要根据分析对象(或桥型)的受力特点进行深入的分析,确保结构设计、配筋方案、施工方法的合理性,从而保证分析对象(或桥型)处于一个理想合理的成桥状态。具体而言有如下几点:

①结构内力、变形分布较为均匀,避免出现某些截面内力、变形过大的情况;
②拱桥具有合理的拱轴线;
③梁平塔直;
④避免出现负反力。

当然,每一种桥型的理想成桥状态都会不同,需要根据具体的实际情况进行分析。

在保证结构分析结果的正确性和合理性的基础上,还需要进一步根据现行桥梁设计相关规范对结构进行验算。

二、混凝土桥梁结构验算

普通钢筋混凝土及预应力混凝土桥梁结构,在实际工程中应用非常广泛,我国《桥规》对其验算内容也进行了细致的规定,具体包括:持久状况承载能力极限状态验算、持久状况正常使用极限状态验算、持久状况及短暂状况构件的应力验算,分别阐述如下。

1. 持久状况承载能力极限状态验算

根据《桥规》,公路桥涵的持久状况设计应按照承载能力极限状态的要求,对结构承载力

进行验算,包括正截面抗弯承载能力验算、斜截面抗剪承载能力验算、斜截面抗弯承载能力验算。

2. 持久状况正常使用极限状态验算

桥梁结构的持久状况验算内容应按照正常使用极限状态的要求,采用作用频遇组合、作用准永久组合,或考虑长期效应影响的作用频遇组合,对构件的抗裂、裂缝宽度和挠度进行验算,并使各项计算值不超过规范规定限值。上述组合中,汽车不计其冲击作用。具体验算主要包括如下几个方面。

1) 正截面抗裂要求

(1) 全预应力混凝土构件:在作用频遇组合下,其正截面受拉边缘不允许出现拉应力;

(2) A 类预应力混凝土构件:在长期效应组合下其截面不应出现拉应力,在作用频遇组合下,其拉应力不应超过规范所规定的限值;

(3) B 类预应力混凝土构件:按照规范按作用频遇组合并考虑长期效应的影响对裂缝宽度进行验算。

2) 斜截面抗裂要求

对于全预应力混凝土构件、A 类及 B 类预应力混凝土构件,在作用频遇组合下,主拉应力大小应不超过规范限值,对于不同类型的混凝土构件其限值有所不同。

3) 裂缝宽度要求

在各类环境下,需要对普通钢筋混凝土和 B 类预应力构件的最大裂缝宽度进行验算。

4) 结构变形验算

考虑长期效应的影响,验算汽车荷载(不计冲击效应)和人群荷载在频遇组合下桥梁的最大挠度不应超过计算跨径的 1/600(悬臂结构为悬臂长度的 1/300)。

另外,还需要对预应力筋的张拉应力、永存应力、最不利应力进行验算。

3. 持久状况及短暂状况构件应力验算

1) 持久状况构件应力验算

持久状况下,预应力混凝土受弯构件应验算其使用阶段正截面混凝土的法向压应力和斜截面混凝土的主压应力,受拉区钢筋拉应力不得超过规范限值。计算时作用取标准值,汽车荷载考虑冲击系数。

(1) 正截面验算:标准组合下,正截面混凝土法向压应力满足:

$$\sigma_{kc} + \sigma_{pt} \leqslant 0.5 f_{ck}$$

(2) 斜截面验算:标准组合下,构件边缘混凝土主压应力满足:

$$\sigma_{cp} \leqslant 0.6 f_{ck}$$

2) 短暂状况构件应力验算

短暂状况预应力混凝土构件,应计算构件在预应力和自重等施工荷载作用下截面边缘的法向压应力、法向拉应力,且不得超过规范限值。

(1) 法向压应力应满足:$\sigma'_{cc} \leqslant 0.70 f'_{ck}$。

(2) 法向拉应力应满足:$\sigma'_{ct} \leqslant 1.15 f'_{tk}$,并在受拉区配置一定数量的普通钢筋。

以上变量的含义及符号规定可参照《桥规》。

三、其他类型桥梁结构验算

除混凝土桥梁结构之外,实际桥梁结构类型非常多,如钢-混凝土组合桥、拱桥、斜拉桥、悬索桥等,各自验算的内容也很繁多,在进行结构整体分析和验算的基础上,需要针对每一种特定的桥梁结构类型及其典型构造受力特点展开研究,如:

(1)钢桥:构造要求很多,同时还应对其整体、局部稳定问题、疲劳问题进行验算。

(2)钢-混凝土组合梁桥:应对其连接件的抗剪承载能力极限状态和正常使用极限状态进行验算。

(3)斜拉桥:应对其拉索初张力大小进行仔细分析,确保结构处于理想受力状态。

(4)斜拉桥、悬索桥:应对其拉索、吊杆的抗拉承载能力及安全系数进行验算。

(5)拱桥:应对其主拱圈的强度及结构的整体稳定性进行验算;对系杆拱桥的吊杆、系杆的抗拉承载能力及安全系数进行验算。

第三章 计 算 实 例

第一节 连 续 梁 桥

一、建模要点

1. 一般原则

1）等截面连续梁桥

(1) 梁体单元划分长度一般为 2~4m，但在任何跨径下，每跨结构至少需划分 8 个单元，以求得结构所有关键位置的内力和位移。

(2) 支点区域截面因抗剪、布束的要求，箱梁各板件的尺寸会适当加厚，从跨中截面过渡到支点截面一般会有一个变化段，计算模型中应充分反映。

2）变截面连续梁桥

(1) 计算模型的桥轴线必须为截面中和轴的连线。采用悬浇施工时，单元长度和节点的划分应根据主梁施工节段长度来确定，一般取每一悬浇梁段为 1 个或多个单元。

(2) 预应力束应按设计坐标输入。

(3) 墩顶 0 号块因考虑永久支座和临时固结措施，需要设置 3 个节点。

(4)对于悬浇结构,存在体系转换的过程,对体系转换应作精细模拟。

2. 局部模拟

1)悬臂施工连续梁桥0号块的模拟

悬浇施工的连续梁桥,合龙之前0号块为梁墩固结,一般在边跨合龙之后才拆除墩顶临时固结。因此在模拟施工阶段时,墩顶和主梁在桥墩中心线上不共用同一个节点,而是在这两个节点之间建立刚臂,如图7-3-1所示。

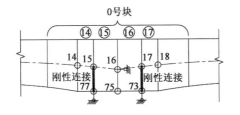

图7-3-1 墩顶临时固结模拟

2)边跨现浇段的模拟

悬浇施工的连续梁桥,边跨现浇段一般都在支架上施工,其边界条件的模拟相对较复杂,具体的模型过程如图7-3-2所示。

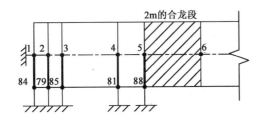

图7-3-2 边跨现浇段满堂支架模拟

3)悬浇施工边跨合龙后体系转换的模拟

悬浇施工边跨合龙后,由于结构已经形成,此时墩顶临时锚固可以解除,即释放合龙之前临时锚固处的节点刚性约束,如图7-3-3所示。

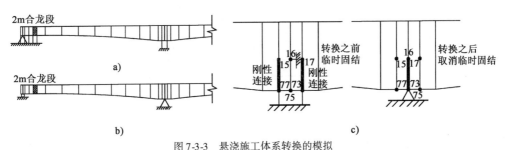

图7-3-3 悬浇施工体系转换的模拟
a)边跨合龙,张拉边跨预应力筋;b)体系转换;c)体系转换的模拟

4)先简支后连续结构的模拟

先简支后连续结构的模拟过程如图7-3-4所示。先分别建立简支梁,然后在墩顶处现浇各跨箱梁间的湿接头,张拉预应力筋后完成体系转换。

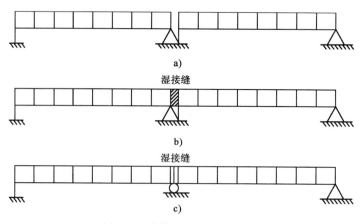

图 7-3-4 先简支后连续的过程模拟
a)分段浇筑简支梁段;b)浇筑湿接缝,张拉预应力筋;c)体系转换

二、变截面连续梁桥计算实例

1. 结构布置

某三跨预应力混凝土变截面连续梁桥,混凝土强度等级 C50,跨径布置 35m + 60m + 35m,设计荷载为公路—I 级。结构立面如图 7-3-5 所示。梁底面曲线为 2 次抛物线。支点位置梁高 3.5m,跨中截面梁高 2m。主梁采用直腹板单箱单室截面,箱顶宽 11.5m,底宽 6.5m,悬臂长度 2.5m。箱梁顶板厚度 28cm;底板厚度由跨中的 26cm 直线变至支点的 60cm;腹板厚度:支点截面 80cm、跨中截面 55cm,在 0 号块内变化。横断面如图 7-3-6 所示。

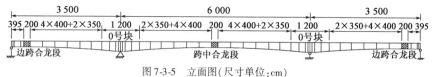

图 7-3-5 立面图(尺寸单位:cm)

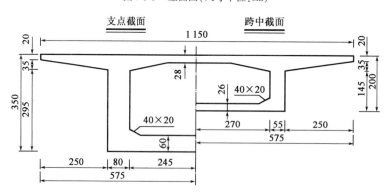

图 7-3-6 横断面图(尺寸单位:cm)

采用对称悬臂浇筑主梁,0 号块长度为 12m,浇筑节段长度为 $2\times3.5m+4\times4m$,边跨靠近边支点段搭设满堂支架施工,长度为 3.5m。边跨和中跨的合龙长度都为 2m。

2. 主要施工工序

下部结构施工完成后,采用墩旁托架现浇施工上部结构主梁 0 号块,之后再安装挂篮,然后对称悬臂浇筑主梁。边跨采用安装锚跨合龙口锁定装置、浇筑混凝土、张拉合龙钢筋实现合龙,中跨合龙则采用劲性骨架现浇实现合龙。

3.建模及施工过程模拟

依照大桥的结构布置和施工程序,根据前述的建模要点,建立如图7-3-7所示的计算模型,共划分节点69个(临时节点12个),单元52个。

图7-3-7 结构有限元离散图

施工阶段的划分根据施工步骤确定。全桥共划分21个施工阶段形成结构体系,其中部分阶段如图7-3-8所示。施工阶段的分析考虑了挂篮的移动(重600kN)、混凝土的浇筑、预应力筋的张拉以及施工临时荷载的变化等。

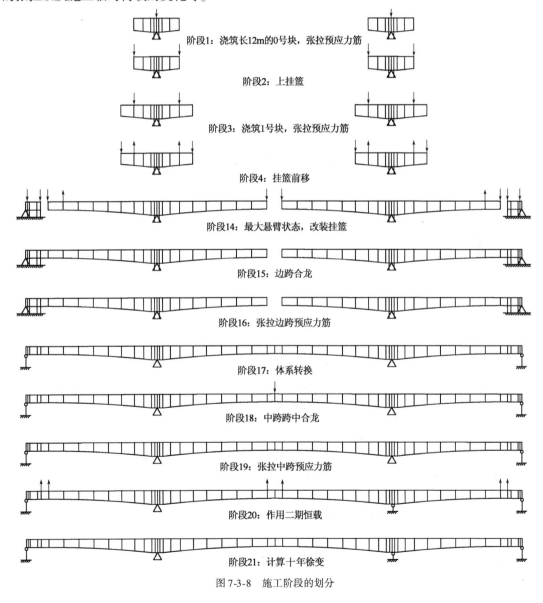

图7-3-8 施工阶段的划分

4. 荷载和组合

结构计算包括:各阶段的恒载计算(包括二期恒载)、活载计算、附加荷载计算(季节温差、日照温差、汽车制动力、支座沉降、地震荷载、船撞力、风荷载等)。

同时,依据《桥规 JTG 3362》规定,对桥梁结构进行正常使用和承载能力两种极限状态下的荷载组合分析。

5. 主要计算结果

按阶段划分进行结构分析,得到结构在恒载下的内力、应力结果,分别如图 7-3-9 所示。结构考虑十年的徐变附加内力结果示于图 7-3-10 中。按规范规定进行正常使用和承载能力两种极限状态下的荷载组合分析,结果列于图 7-3-11、图 7-3-12 中。

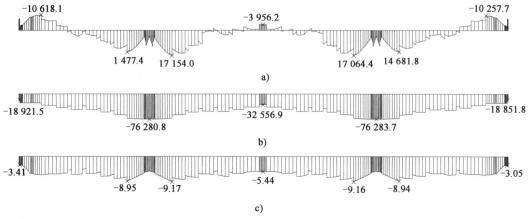

图 7-3-9 成桥状态内力、应力结果

a)成桥阶段结构弯矩图(单位:kN·m);b)成桥阶段结构轴力图(单位:kN);c)成桥阶段各截面最大应力图(单位:MPa)

图 7-3-10 混凝土收缩徐变引起的附加弯矩(单位:kN·m)

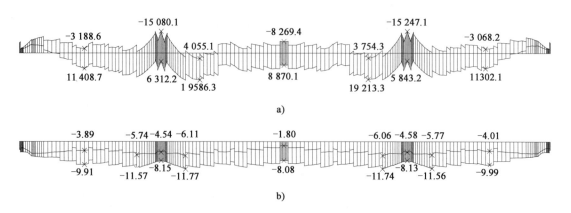

图 7-3-11 结构在正常使用极限状态下的组合内力、应力结果

a)正常使用状态弯矩包络图(单位:kN·m);b)正常使用状态各截面正应力包络图(单位:MPa)

图 7-3-12 结构承载能力极限状态组合弯矩包络图(单位:kN·m)

第二节 连续刚构桥

一、建模要点

连续刚构桥与连续梁桥的上部结构布置基本相同,两者间主要的区别是,连续刚构桥的桥墩与主梁固结在一起,除承担竖向外,还承担弯矩及水平力。因此,在建立连续刚构桥的有限元模型时,主梁、桥墩和基础应建在同一模型中,而连续梁桥上部结构的建模方法同样适用于连续刚构桥。此外,连续刚构桥的施工方法略有不同,如连续刚构需在中跨合龙前施加悬臂端的预顶力,主墩上不需要进行体系转换等,这些都应该在建模时详细考虑。

典型的连续刚构桥桥型有:

(1)变截面连续刚构,大跨径结构,分单肢和双肢薄壁两种。

(2)等截面连续刚构,中等跨径为主。

(3)V形墩连续刚构。

(4)T形刚构,已很少采用。

对于以上不同桥型,受力性能均有所不同、施工方法也差别很大,在建立有限元模型时应该充分考虑桥型、构造、受力和施工特点,使建立的分析模型能反映真实受力状况。

1. 一般原则

确定连续刚构桥的计算模型时,除了需遵循连续梁桥的建模要点之外,还应注意以下几点。

(1)0号块位置构造一般十分复杂,应多划分节点和单元以反应结构布置的变化,如图 7-3-13 所示。

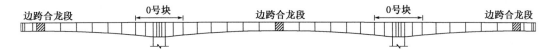

图 7-3-13 变截面连续刚构桥的上部结构节点单元划分

(2)对于等截面连续刚构桥,一般采用整体现浇或者先简支、后结构连续的施工方法。此时上部结构的单元长度可控制在 2～3m,每一跨的单元数量不宜少于 8 个,单元划分如图 7-3-14 所示。如果是采用先简支、后连续的施工方式,则还需对简支结构的支承点划分节点。桥墩处单元划分如图 7-3-15 所示。

图 7-3-14　等截面连续刚构桥的上部结构单元划分(整体现浇)

(3)模拟下部结构时,单元长度一般控制在 2~4m。

(4)连续刚构桥的桥墩与主梁固结在一起,这部分构造比较复杂,建立杆系模型时,墩顶与箱梁中性轴之间以刚臂连接,具体布置如图 7-3-16 所示。

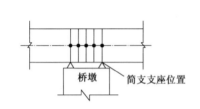

图 7-3-15　等截面连续刚构桥的上部结构
　　　　　单元划分(先简支、后连续)

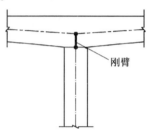

图 7-3-16　刚臂连接示意图

2. 基础的模拟

如前所述,刚构桥的主梁、桥墩、基础刚接在一起,因此模型中必须包含基础,基础模拟是否准确对计算水平力作用下结构的受力响应尤为重要。而基础的形式也是多种多样,如扩大基础、沉井基础、单排桩基础、群桩基础等。对于这些基础类型,常见的处理方法有:

(1)对于扩大基础和沉井基础一般可以处理为固定端。

(2)群桩基础和承台。建模中,承台处理为刚性,而桩基础的模拟相对较为复杂,其模拟方法有以下 4 种。

①m 法。即直接采用二维或三维梁单元模拟实际的桩基础,用集中弹簧单元模拟桩周围土抗力的影响,采用地基规范中的 m 法或者 C 法来计算集中弹簧刚度。将桩基及弹簧、承台、桥墩、上部结构均作为模型的一部分参与结构的整体计算。显然,此法的数据准备量大,由于单元和节点数量较多,因此所花费的计算时间也较大,但由于桩基的内力结果和变形结果可以直接从模型中提取,因而也相对较为方便。

②出口刚度矩阵法。利用方法①或者桩基专用计算程序,计算出承台顶面位置的六个出口刚度矩阵(空间杆系),并把它作为边界条件施加在桥墩底部(即承台顶部位置),从而在由上部结构、桥墩组成的整体模型中计入基础的影响。这种处理方法的计算量最省,但无法从整体模型中得到桩基础的内力和变形结果。

③等代框架法。即将群桩等代为一个门形框架——两侧立柱的底端均为固支、顶端横梁刚度无穷大,然后将等代框架、桥墩、上部结构一起组合成整体分析模型。这样处理可以大大减少整体模型的单元和节点数量,从而减小计算规模和分析时间。缺点是不能得到每一根桩基的内力和变形。

④单柱式模型法。即将群桩等代为一个等截面单柱——底端固支、上端有抗推刚度的水平弹

簧支撑,然后将等代单柱、桥墩、上部结构一起组合成整体分析模型。这样处理的优缺点与方法③相同。

桩基础模型示意见图7-3-17。

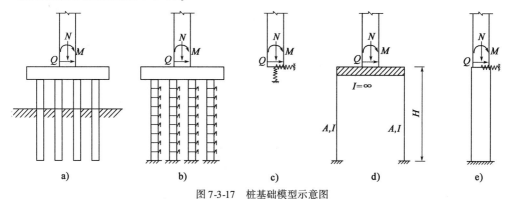

图7-3-17 桩基础模型示意图
a)桩基础;b)m法模型;c)出口刚度矩阵模型;d)门式钢架模型;e)单柱式模型

3. V形墩的模拟

V腿布置和受力状态较为复杂,特别是V腿与主梁、V腿与桥墩的连接位置,具体模拟方式可按图7-3-18和图7-3-19进行。除此之外,V腿的局部受力状态应采用空间实体有限元分析模型仔细分析。

四跨一联的预应力混凝土V撑预应力混凝土连续刚构桥,立面布置如图7-3-18所示。

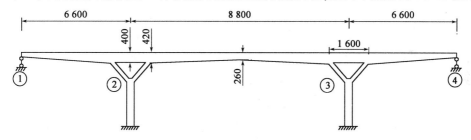

图7-3-18 立面布置(尺寸单位:cm)

全桥共划分节点128个,单元126个,计算模型如图7-3-19所示。

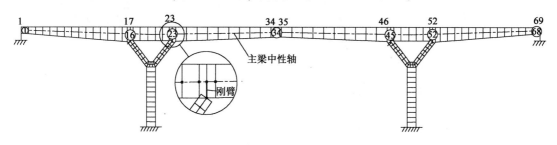

图7-3-19 计算模型简图

4. 中跨合龙前预顶力的模拟

徐变、温度下降、中跨合龙后期预应力束张拉等都会导致连续刚构桥的桥墩承受很大的弯矩(岸侧受拉),因此为了改善桥墩的受力,在边跨合龙后、中跨合龙前的施工阶段,往往在中跨合龙段两侧施加一对水平力 F，使桥墩产生朝岸侧的水平变形，墩内产生一个与上述荷载相反的弯矩，由此改善桥墩的受力状态。水平力 F 的大小需综合考虑桥墩其他内力结果来确定，一般需要经过几轮试算。其基本原理如图 7-3-20 所示。

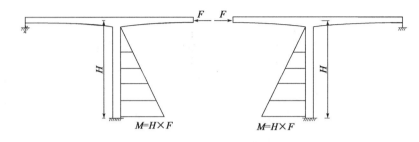

图 7-3-20　预顶力作用弯矩图

5. T 构的模拟

T 构中悬浇梁与挂梁之间的连接方式可模拟为：在悬浇梁和 T 梁相接位置，分别于悬浇梁和 T 梁上建立两个节点，前者为主节点、后者为从节点，根据实际连接情况确定主从关系。挂梁为简支结构，其单元和节点可按一般简支梁的划分方式。

三跨预应力混凝土 T 形刚构桥，其立面布置图如图 7-3-21 所示。其计算模型如图 7-3-22 所示。

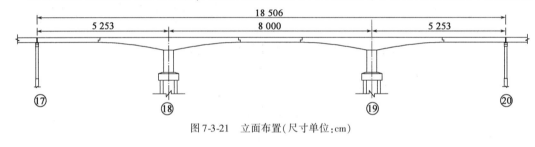

图 7-3-21　立面布置（尺寸单位：cm）

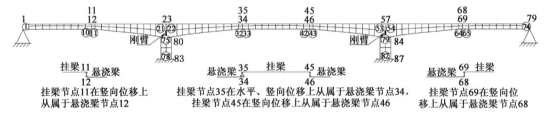

图 7-3-22　计算模型简图

二、变截面连续刚构计算实例

1. 结构布置

某预应力混凝土连续刚构桥，跨径布置为 35m+60m+35m，全长 130m，按公路—Ⅰ级进行设计。结构立面图如图 7-3-23 所示。主梁采用直腹板单箱单室截面，纵向为变高度，底面采用 2 次抛物线线形。支点梁高 3.5m，跨中梁高 2m。箱顶宽 11.5m，底宽 6.5m，悬臂长度 2.5m。箱梁顶板厚度 28cm；底板厚度由跨中的 26cm 线性变至支点的 60cm；腹板厚度为 55cm 至 80cm。混凝土强度等级 C50。主桥横断面如图 7-3-24 所示。桥墩截面如图 7-3-25 所示。

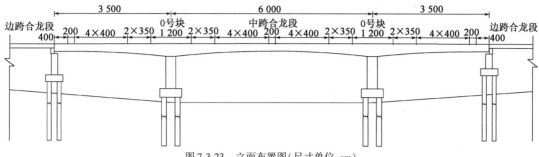

图 7-3-23 立面布置图(尺寸单位:cm)

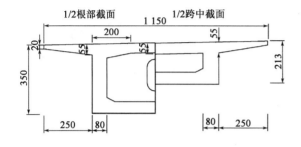

图 7-3-24 结构横截面布置图(尺寸单位:cm)

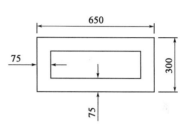

图 7-3-25 桥墩截面布置图(尺寸单位:cm)

2. 主要施工工序

桩基础、承台、墩身施工完成后,在墩旁托架上现浇主梁 0 号块,0 号块长 12m,与桥墩之间弹性连接;浇筑完 0 号块后,安装挂篮,然后对称悬臂浇筑主梁,浇筑长度分别为 $2 \times 3.5m + 4 \times 4m$;边跨采用安装锚跨合龙口锁定装置、浇筑混凝土、张拉合龙钢筋实现合龙;中跨合龙则采用劲性骨架现浇实现合龙,合龙段长度均为 2m。

3. 建模及施工过程模拟

结构计算模型如图 7-3-26 所示,共划分节点 118 个,单元 82 个。

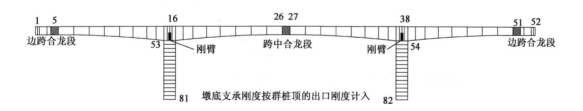

图 7-3-26 结构有限元离散图

根据施工过程全桥共划分 21 个施工阶段形成结构体系,如图 7-3-27 所示。施工阶段的划分考虑了挂篮移动、混凝土浇筑、预应力筋张拉以及施工临时荷载变化等。

4. 荷载和组合

结构计算包括:各阶段的恒载计算(包括二期恒载)、活载计算、附加荷载计算(季节温差、日照温差、汽车制动力、支座沉降、地震荷载、船撞力、风荷载等)。

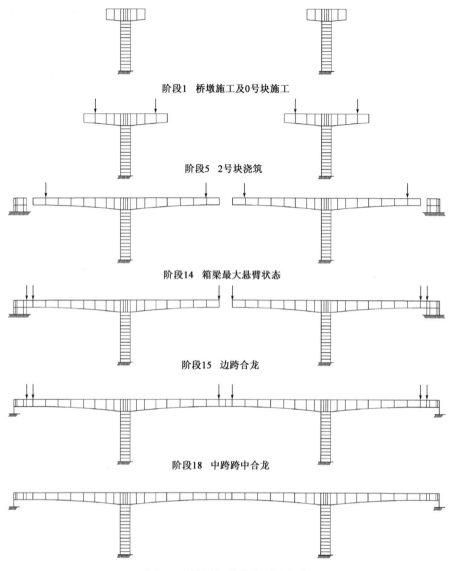

图 7-3-27 施工阶段的划分

同时,依据《桥规 JTG 3362》规定,对桥梁结构进行正常使用和承载能力两种极限状态下的荷载组合分析。

5. 计算结果

按规范规定进行的结构验算包括:施工阶段法向压应力验算(对应规范 7.2.7、7.2.8)、受拉区钢筋拉应力验算(对应规范 6.1.3~6.1.4、7.1.3~7.1.5)、使用阶段正截面抗裂验算[对应规范 6.3.1(第 1 条)和 6.3.2]、使用阶段斜截面抗裂验算[对应规范 6.3.1(第 2 条)和 6.3.3]、使用阶段正截面压应力验算[对应规范 6.1.5、6.1.6、7.1.3~7.1.5]、使用阶段斜截面主压应力验算[对应规范 7.1.3~7.1.6]、使用阶段正截面抗弯验算[对应规范 5.2.2~5.2.5]、使用阶段斜截面抗剪验算(对应规范 5.2.6~5.2.11)。

主要计算结果如图 7-3-28~图 7-3-32 所示。

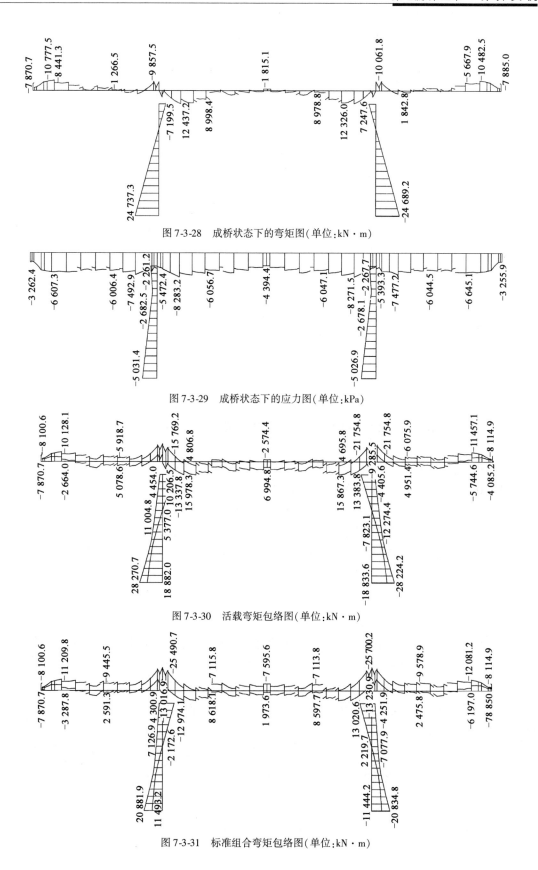

图 7-3-28 成桥状态下的弯矩图(单位:kN·m)

图 7-3-29 成桥状态下的应力图(单位:kPa)

图 7-3-30 活载弯矩包络图(单位:kN·m)

图 7-3-31 标准组合弯矩包络图(单位:kN·m)

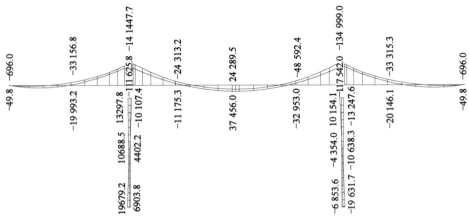

图 7-3-32　承载能力极限状态弯矩包络图（单位：kN·m）

第三节　拱　桥

一、建模要点

采用杆系模型模拟拱式结构，进行结构分析时，须综合考虑结构布置和施工方法的不同，全面、灵活、科学地建立有限元分析模型，以求准确计算其变形和内力结果，充分体现拱式结构的受力特性。

模型离散化、节点编号和单元的划分应该遵循以下原则：根据拱桥的施工顺序，在结构自然分段点设置节点；较长的自然分段，再作适当细分；吊杆与主梁、拱圈相交处设置节点；墩梁相接的位置设置节点；所关心的内力、位移所在截面处设置节点。

拱桥电算模型的常用单元有桁架单元和梁单元。较常见的做法是桥面板由梁格单元来模拟；刚性系杆、横梁、拱圈、横撑、墩、承台、桩等采用梁单元来模拟；柔性系杆、吊杆、扣索采用桁架单元来模拟。

1. 一般原则

(1) 实腹式拱桥

设计拱轴线一般都是曲线的，但在分析时普遍采用多段直梁单元来模拟，只要划分的单元数量较多、每一个单元的长度较短，最终分析得到的内力和变形结果都是可信的。

对于中小跨径实腹式拱桥，按照图 7-3-33，一个拱圈的单元划分数量不少于 16 个，建模时一般不考虑拱上建筑或填料的结构作用及车辆荷载的扩散作用，而只计入其荷载作用。这样处理，计算结果偏于安全。

图 7-3-33　实腹式无铰拱的有限元模型

(2)二铰拱、三铰拱

二铰拱、三铰拱的应用场合不多,主要用在小跨径拱、空腹式拱桥的腹拱或者一些特殊桥梁中。铰的主要特征是不传递弯矩,只传递剪力和轴力。模拟带铰拱时,拱圈的单元划分在铰的位置节点,划分应更密、单元长度更短,以尽量模拟拱轴线的变化,确保传力方向的准确。具体模拟可按照图 7-3-34 方式进行。目前的桥梁分析专用程序都含有铰单元类型,这样就可直接模拟;或者在结构铰的位置设置两个主从关系的节点,以模拟结构铰。

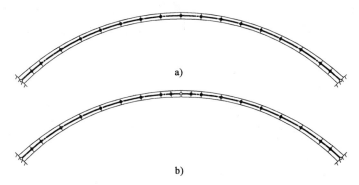

图 7-3-34 二铰拱、三铰拱的有限元模型
a)二铰拱;b)三铰拱

(3)空腹式无铰拱

拱上立柱与拱圈的相交位置必须划分节点,对于拱上建筑,空腹式拱桥的拱上建筑主要有两种形式,一是拱式,二是梁式。具体模拟方式可按图 7-3-35 来进行。

立柱支座可用两个弹簧来模拟,根据橡胶支座的实际尺寸和结构性能参数,竖向弹簧刚度用下式来计算

$$k_v = \frac{E_0 A_0}{D} \qquad (7\text{-}3\text{-}1)$$

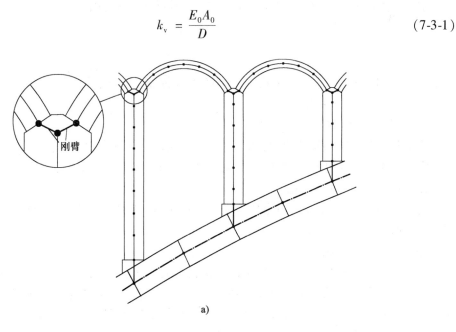

图 7-3-35

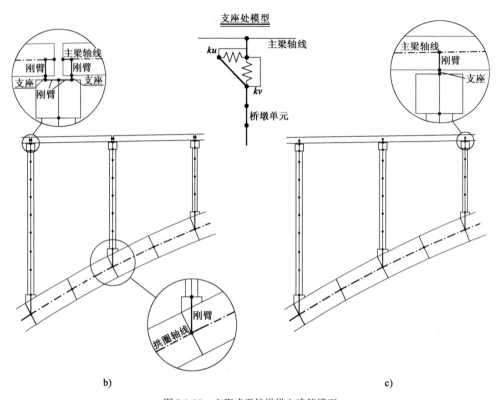

图 7-3-35 空腹式无铰拱拱上建筑模型
a) 拱式拱上建筑；b) 梁式拱上建筑(简支腹孔)；c) 梁式拱上建筑(连续腹孔)

水平弹簧的刚度,则根据橡胶支座的抗剪性能按下式来确定

$$k_u = \frac{G_0 A_0}{D} \tag{7-3-2}$$

式中：E_0、G_0、A_0、D——分别表示橡胶支座的弹性模量、剪切模量、平面面积和支座的橡胶层厚度。

(4) 不等跨连续拱桥拱脚模拟

不等跨多跨连续拱桥的模拟,如图 7-3-36 所示,应取拱脚截面节点与同高度的桥墩截面节点之间的距离作为刚臂,这样两点之间具有相同的自由度,从而保证内力传递的真实性。

(5) 连拱计算的基础简化

对于连拱结构,基础刚度对全桥的受力影响显著,特别是下部结构的水平抗推刚度,因此需要仔细模拟。

(6) 钢管混凝土拱桥的计算

钢管混凝土拱圈是由钢和混凝土两种材料组成的组合结构,其受力特性与一般混凝土结构和钢结构存在很大的区别,特别是在共同受力和收缩、徐变性能上。根据钢管混凝土拱桥以受压弯为主的特点,正常使用极限状态计算时,钢管对管内混凝土的套箍效应可忽略,而承载能力极限状态计算时,忽略套箍效应也偏安全。因此在模拟时,对于钢管混凝土拱圈,一般采用钢管和混凝土两种单元(划分节点后,两个节点之间由钢和混凝土两种单元连接)来模拟,如图 7-3-37 所示。这种模拟方式比较简单，能方便地模拟施工过程，也能很好地反映混凝土和钢之间的徐变内力转移和重分布。

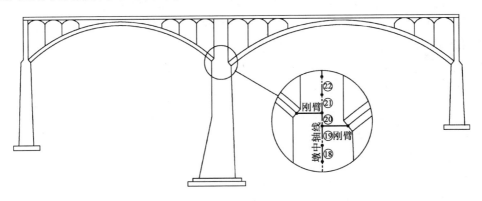

图 7-3-36 不等跨连拱拱脚处模型

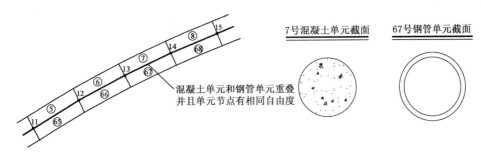

图 7-3-37 钢管混凝土拱桥的模拟

(7) 劲性骨架混凝土拱桥主拱圈模拟

劲性骨架混凝土拱桥在施工过程中主拱圈将经历钢结构、钢管混凝土结构、劲性骨架混凝土结构三个不同的受力阶段。以如图 7-3-38 所示的劲性骨架截面为例，其施工过程的模拟见表 7-3-1。

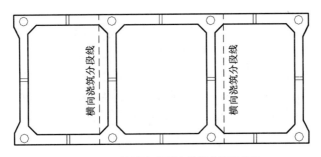

图 7-3-38 劲性骨架混凝土拱桥主拱圈截面

劲性骨架施工过程的模拟　　表 7-3-1

截面施工顺序	施工状态描述
1	向劲性骨架中灌注混凝土形成钢管混凝土结构，承重结构是钢管
2	浇注中箱混凝土，此时中箱混凝土不参与受力，承重结构是钢管混凝土拱
3	激活中箱混凝土同时激活其与钢管混凝土间的弹性连接，使混凝土单元的节点和劲性骨架单元的节点相互耦合，以形成共同受力的整体
4	浇注两边箱混凝土，此时边箱混凝土不参与受力
5	激活边箱混凝土，同时激活其与钢管混凝土间的弹性连接，形成最终的劲性骨架混凝土结构

2. 拱轴线的优化

合理的拱轴线能保证拱圈受力比较均匀。拱轴系数的确定应采取反复计算、逐步修改的办法,直至拱轴线与压力线接近为止。为此首先应根据拱的总体布置情况选择一个合理的拱轴系数,一般跨度较大的拱选择较小的拱轴系数,跨度较小的拱选择较大的拱轴系数。建立模型并计算得到拱桥组合荷载作用下的控制截面应力值,调整拱轴系数可使某些过大的截面应力得以下降。

3. 系杆力的确定方法

以飞燕式拱桥为例加以说明。拱桥的系杆连接两边跨顶部,对系杆施加预应力可使作用于主拱墩顶的单向水平力大幅度减小,同时使边跨拱肋受力合理。建模时应根据设计意图,对系杆与桥面相联系的节点建立以桥面系单元节点为主节点,系杆单元节点为从节点的主从关系。系杆的两端应与边孔上端节点铰接。系杆单元的初张力可由两种方法确定:

(1)试算法,计算主拱及边拱的拱脚位置水平推力,两者之差即为系杆的初张力。

(2)令模型两端点竖直方向铰支,如图 7-3-39 所示。在两端点之间设置系杆单元,E_j、A_j 为系杆中钢丝束的弹性模量和总截面面积。设 $E_j A_j$ 为无穷大,得到的系杆轴力值即为需对系杆施加的初张力。

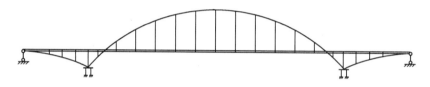

图 7-3-39 飞燕式拱桥模型

二、主要分析内容

(1)静力分析。各个施工阶段和成桥状态各种荷载组合下拱肋、立柱、系杆、吊杆、横梁、横撑等结构的应力和内力验算。

(2)稳定性分析。对于第一类稳定问题,计算出结构的稳定安全系数 λ_{cr} 以及失稳形态。

对于第二类稳定问题,通过计算拱桥结构从加载开始到失稳全过程的结构响应,得出荷载—位移关系曲线的顶点就是结构失稳破坏的极限荷载。根据施工过程中逐级加载的实际受力行为,一般采用荷载增量法或荷载增量迭代法近似求解稳定极限荷载。

(3)变形分析。对于拱桥而言,主要考虑拱圈的变形是否满足规范要求。

(4)动力分析。首先计算自振频率和振型。根据桥位处地震参数,对拱桥进行地震分析。根据桥位处风载参数,计算拱桥的风致效应。

三、单跨下承式系杆拱计算实例

1. 结构布置

某单跨下承式系杆拱桥,主跨 80m,矢高 19.65m,矢跨比为 1/4,总体布置如图 7-3-40 所示。双肋 C50 钢筋混凝土肋,拱肋间距 16m。拱肋间设三道风撑,采用不填充混凝土的空钢管。系杆为混凝土箱形截面,横梁为带肋钢箱截面。吊杆合计 15 对,间距为 5m。横截面布置如图 7-3-41 所示。荷载等级为公路—Ⅰ级。

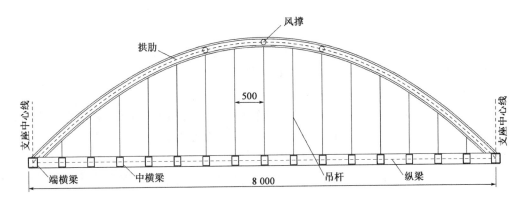

图 7-3-40 结构总体布置图(尺寸单位:cm)

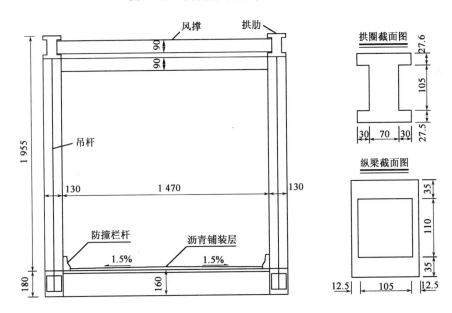

图 7-3-41 横截面布置图(尺寸单位:cm)

2. 施工程序

该桥上部结构采用整体搭架现浇施工,分六个施工步骤,具体划分见表7-3-2。

施 工 阶 段 划 分　　　　　　表 7-3-2

施工阶段号	施工阶段描述
1	满堂支架施工拱肋、横撑、钢横梁及系杆,支架采用只受压的节点弹性支承进行模拟
2	安装吊杆并进行初张拉。吊杆的初张力须进行优化计算,优化的约束条件为横梁刚离开支架并且吊杆的内力在容许范围之内
3	拆除全部支架
4	二期恒载施工。激活桥面板单元,同时激活桥面板单元与系杆单元以及钢横梁单元之间的节点主从关系
5	对吊杆进行二次张拉。吊杆的二次张拉力同样需要进行优化计算,优化的约束条件与吊杆的初张拉力计算相同
6	活载、十年徐变

3. 计算模型

(1) 拱肋的模拟

拱肋单元水平投影长度取 5m,共分为 16 个单元。

(2) 桥面系的模拟

桥面板采用板单元模拟,横梁、系杆采用梁单元模拟。桥面板与横梁、系杆之间采用约束主从节点的方式连接,其中,横梁与系杆为主节点,桥面板为从节点。

(3) 吊杆的模拟

吊杆采用桁架单元来模拟,吊杆的初张力和二次调索采用未知荷载系数的方法进行优化计算。

全桥共划分节点 512 个,单元 553 个,计算模型如图 7-3-42 所示。

图 7-3-42　计算模型图

4. 分析荷载

按上述模型,对该桥进行恒载(包括二期恒载)、活载、附加荷载(季节温差、日照温差、汽车制动力、支座沉降、风荷载等)下的内力分析。同时,按照《桥规 JTG 3362》规定,对桥梁结构进行正常使用和承载能力两种极限状态下的荷载组合分析。

5. 计算结果

首先对结果进行成桥状态分析,成桥状态的弯矩与轴力如图 7-3-43 所示。根据结构恒载、活载、附加内力计算结果,依据规范规定进行内力组合,正常使用极限状态下的内力组合结果如图 7-3-44 所示。

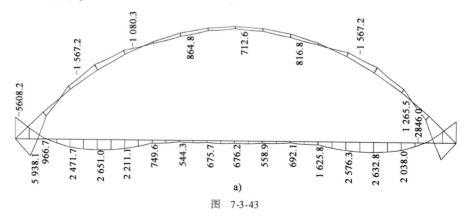

图 7-3-43

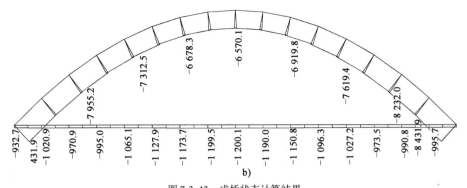

图 7-3-43 成桥状态计算结果
a) 成桥状态弯矩(单位:kN·m); b) 成桥状态轴力(单位:kN)

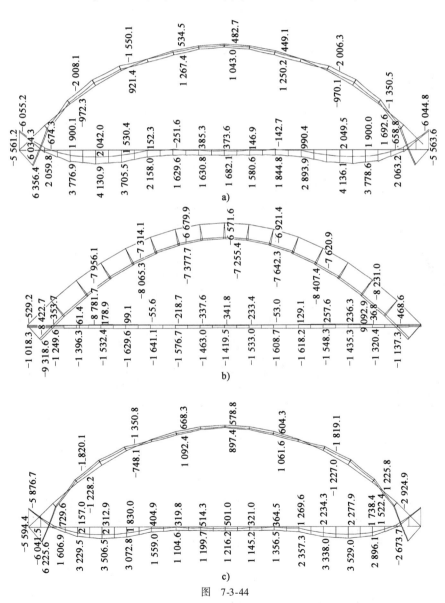

图 7-3-44

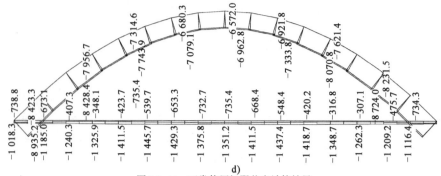

图 7-3-44 正常使用极限状态计算结果

a)正常使用极限状态短期组合弯矩包络图(单位:kN·m);b)正常使用极限状态短期组合轴力包络图(单位:kN);c)正常使用极限状态长期组合弯矩包络图(单位:kN·m);d)正常使用极限状态长期组合轴力包络图(单位:kN)

第四节 斜 拉 桥

一、建模要点

斜拉桥结构在力学上属高次超静定结构,是所有桥型中受力最为复杂的一种结构。由于斜拉索索力的不同和施工方法的不同,其最终的成桥受力状态会出现明显不同。因此,在斜拉桥结构的受力分析中,首要任务即是确定合理成桥状态,以使得成桥结构受力均匀,进而确定合理的施工状态。

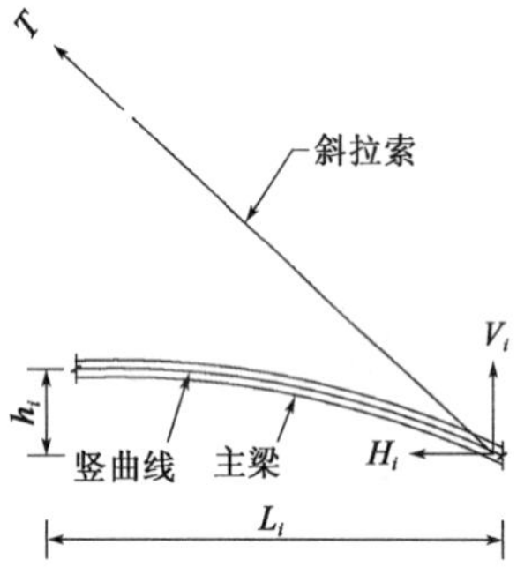

1. 整体建模

从图 7-3-45 可以看出,斜拉桥竖曲线对主梁的受力影响很大,因此,在斜拉桥的建模中必须根据竖曲线来建立主梁的计算轴线。

图 7-3-45 竖曲线对主梁内力的影响

2. 结构体系

根据塔、梁、墩三者之间的关系,斜拉桥主要分为固结体系(塔梁墩三者完全固结)、半漂浮体系(主梁支承于墩顶横梁上的支座、塔墩固结)、漂浮体系(塔墩固结、主梁与塔墩在相接处没有任何联系)。显然,对于这三者不同体系,塔、梁、墩之间的连接关系须采用不同的方法来模拟,如图 7-3-46 所示。

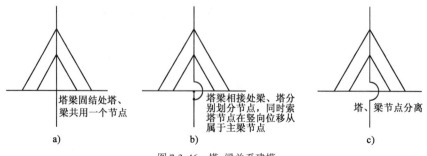

图 7-3-46 塔、梁关系建模

a)塔、梁固结(固结体系);b)塔、梁铰接(主梁通过支座支撑于桥塔上);c)塔、梁分离(漂浮体系)

3. 辅助墩

斜拉桥一般以双塔三跨、单塔双跨的结构布置为主,为了提高主跨的刚度,减小活载作用的变形,边跨内可布置一个或多个辅助墩,参见图4-1-10。但从受力上来说,辅助墩受力较为复杂,特别是在活载作用下,辅助墩可能会承受较大的竖向上拔力(设计中可通过压重的方式尽可能避免),但不能承担水平力,这样在结构设置时需要设置拉力支座。模拟时必须将辅助墩支座按照单向受压,或者单向受拉,或者有一个较小的受拉间隙的支座来模拟。图7-3-47为某斜拉桥辅助墩拉力支座的构造示意图。

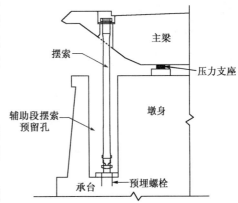

图 7-3-47 某斜拉桥辅助墩拉力支座构造图

4. 主梁

斜拉桥的主梁结构主要是采用混凝土结构、钢结构或者钢混组合结构,在截面形式上又可分为闭口截面和开口截面。

在进行静力计算时,混凝土截面均可采用普通梁单元来进行模拟,结果足够精确;对于钢箱梁截面的空间效应,最好是采用带第7个畸变自由度的空间梁单元来进行分析。

但在进行动力分析(抗风、抗震)时,主梁的模拟方法对结构动力特性的影响非常大。

主梁单元和节点的划分方式主要跟主梁的施工方法有关,在横梁相接处、典型截面位置、拉索锚固点、不同材料相接处、施工缝等这些位置都需要划分节点。

5. 索塔

桥塔可采用混凝土结构、钢-混凝土组合结构或钢结构。对于混凝土索塔或者钢塔,在整体计算时可采用梁单元进行模拟,对于钢-混凝土组合索塔,若在两个结点之间同时有两种材料,则可通过同时建立钢单元和混凝土单元来模拟。在索塔锚固区,单元长度按拉索间距的1~3倍控制。

6. 斜拉索

斜拉索的模拟分为两类:对于近千米或者超千米的斜拉桥,长拉索具有明显的非线性效应,可采用计入大变形的索单元或者悬链线单元来模拟;对于中小跨径斜拉桥结构,其斜拉索的模拟可采用 Ernst 公式修正的等效桁架单元(只受拉),结果足够准确。

7. 索梁锚固、索塔锚固

拉索在梁和塔上的锚固点一般不与主梁、索塔截面的中性轴位置相重合,之间都会有一段距离,如图7-3-48所示。此时需在拉索锚固点和主梁、索塔节点之间设置刚臂相连,以保证内力的传递符合真实状况。

但并不是所有的拉索锚固都需要设置刚臂,如长沙市的洪山桥属于无背索斜塔斜拉桥,它的拉索锚固在塔的中和轴上,如图7-3-49所示。

8. 复杂受力区域

除了整体受力之外,在一些特殊区域,如索塔锚固区、索梁锚固区、主梁0号块、承台等受力集中的局部区域,需要采用实体单元模拟,以掌握复杂受力体内部的各种局部内力状况。

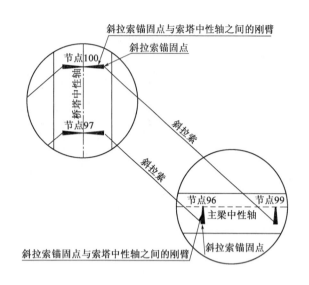
图 7-3-48　拉索在塔、梁上锚固大样建模

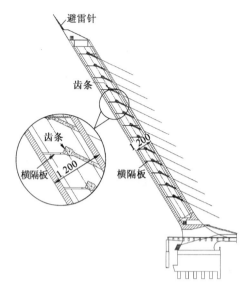
图 7-3-49　洪山大桥拉索锚固构造图(尺寸单位:mm)

9. 施工模拟

斜拉桥施工阶段分析的类型主要有两类。一是考虑时间依存性的累加模型,这属于小变形分析,适用于大部分中小跨径的斜拉桥。在施工阶段,拉索的应力水平较低,此时拉索弹性模量必须考虑它的垂度效应;当结构处在成桥状态时,斜拉索的应力水平较高,此时拉索弹性模量折减将很小。二是考虑非线性的累加模型,对于索单元按悬索单元进行大变形分析,适用于千米级的斜拉桥。

斜拉桥一般采用悬臂施工,包括悬臂拼装法和悬臂浇筑法。挂篮与混凝土湿重作为施工荷载加在节点上,通过荷载的激活与钝化来模拟挂篮的前进。对于塔梁非固结的结构体系,通过修改不同阶段的边界条件来模拟结构体系转换。

二、矮塔斜拉桥计算实例

1. 结构布置

某三塔单索面预应力混凝土部分斜拉桥,主桥跨径组成为 75m+2×140m+75m,结构形式为塔梁固接、塔梁与墩分离,墩顶设支座。汽车荷载等级:城市—A 级。总体布置如图 7-3-50 所示。

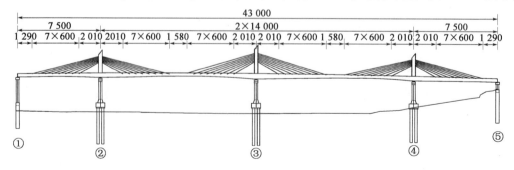
图 7-3-50　主桥立面布置图(尺寸单位:cm)

主梁采用单箱三室箱形截面,外腹板斜置,箱梁顶宽 2 900cm,腹板斜率不变,箱梁底板宽度由 20.25m 渐变到 19.42m。主墩墩顶根部梁高 4.35m,向中、边跨方向 63m 范围内梁高变化采用 2 次抛物线,其余为等高梁段,梁高 2.8m。箱梁合龙段底板厚度 28cm,0 号块端部底板厚度为 90cm,梁高变化段内底板厚度变化采用 2 次抛物线。中室顶板厚 60cm,边室顶板厚度 28cm,边腹板厚度按 80cm→65cm→50cm 变化,中腹板厚度按 80cm→50cm→30cm 变化。墩顶横隔板厚 300cm,跨中横隔板厚 40cm,端横隔板厚 100cm,斜拉索锚固区中室隔板厚 60cm,边室隔板厚 30cm。箱梁一般构造如图 7-3-51 所示。

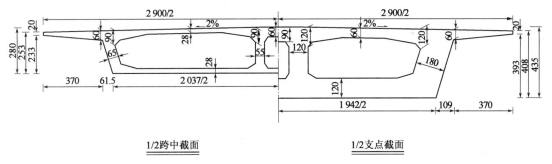

图 7-3-51 主梁截面图(尺寸单位:cm)

桥塔采用钢筋混凝土实心矩形截面,横向宽 2.5m,纵桥向宽 3.5m,如图 7-3-52 所示。计算塔高(桥面以上):边塔 16.5m,中塔 18.5m。斜拉索通过处桥塔上设置鞍座,鞍座设计采用分丝管形式,每根分丝管穿一根钢绞线以利换索,在两侧斜拉索出口处设抗滑锚固装置。

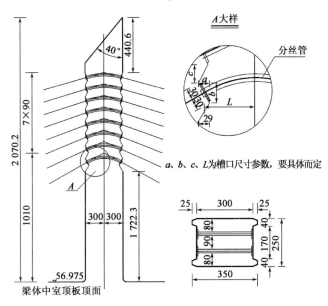

图 7-3-52 边塔构造图(尺寸单位:cm)

斜拉索采用环氧喷涂钢绞线,单面索布置,横向分两排,每根拉索由低松弛 PC 钢绞线 (1×7标准型)37 $\phi^s 15.2$ 组成,标准强度 1 860MPa。边跨最外索锚点间斜长 63.127m,倾角 15.997°,最内拉索锚点间斜长 21.423m,倾角 28.918°;中跨最外索长 62.96m,倾角 15.466°,最内索长 21.331m,倾角 28.515°。拉索采用多重防腐措施,单根钢绞线采用环氧喷涂,外包单层 PE,钢绞线索外包 HDPE 套管。

2. 结构模型的建立和静力分析

该大桥共划分 644 个节点、508 个梁单元,其中斜拉索采用只受拉的桁架单元模拟。按施工顺序共分为 40 个阶段进行模拟,如图 7-3-53 所示。

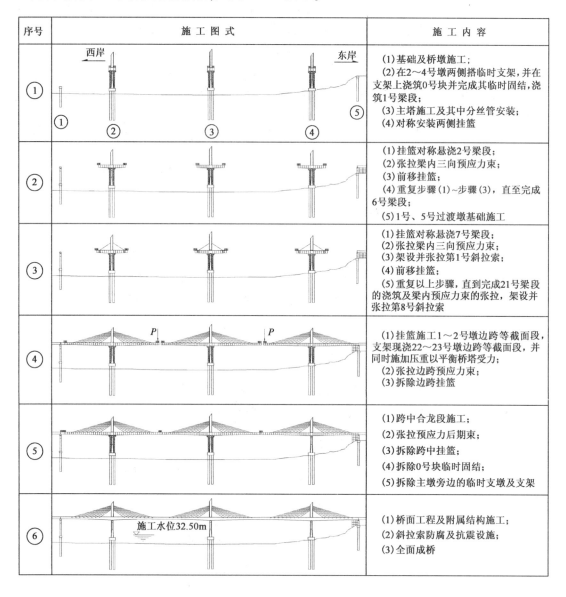

图 7-3-53 施工过程模拟

3. 分析荷载和荷载组合

(1)汽车荷载等级为城市—A 级,全桥共 6 车道,车道折减系数为 0.55。

(2)人群荷载 3.5kN/m。

(3)温度:温度作用考虑系统温差、主梁上下缘温度梯度、索塔两侧温差、索梁温差。

(4)基础不均匀沉降。

(5)挂篮及施工临时荷载按1 200kN计算。

依据《桥规 JTG 3362》规定,对桥梁结构进行正常使用和承载能力两种极限状态下的荷载组合分析。

4. 主要计算结果

(1)拉索初张拉和成桥索力,如表7-3-3所示,B1为边塔最内侧索,B8为边塔最外侧索,Z1为中塔最内侧索,Z8为中塔最外侧索。

斜拉索索力分布　　　　　　　　　　　　表7-3-3

拉索编号	初张拉索力(kN)	成桥索力(kN)	拉索编号	初张拉索力(kN)	成桥索力(kN)
B1	4 600	4 749	Z1	4 800	4 922
B2	4 400	4 613	Z2	4 600	4 795
B3	4 200	4 482	Z3	4 400	4 684
B4	4 100	4 496	Z4	4 100	4 514
B5	4 100	4 482	Z5	4100	4 510
B6	4 100	4 501	Z6	4 100	4 544
B7	4 100	4 495	Z7	4 100	4 553
B8	4 200	4 569	Z8	4 200	4 645

(2)静力分析结果:根据计算模型和荷载条件,分别计算结构在永久作用、可变作用下的内力和变形,并根据规范要求进行最不利荷载组合,根据各种计算结果对结构进行验算,以满足规范要求。计算结果主要包括:成桥弯矩(图7-3-54);承载能力极限状态的弯矩(图7-3-55);主梁的成桥应力(图7-3-56);主梁在正常使用极限状态下的应力(图7-3-57)以及主梁在标准组合下的应力(图7-3-58)。

图7-3-54　主梁成桥弯矩图(单位:kN·m)

图7-3-55　主梁承载能力极限状态弯矩包络图(单位:kN·m)

图7-3-56　主梁成桥应力图(单位:MPa)

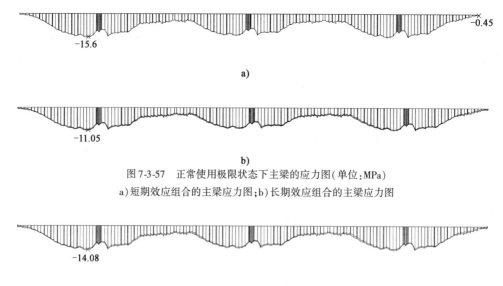

图 7-3-57　正常使用极限状态下主梁的应力图(单位:MPa)
a)短期效应组合的主梁应力图；b)长期效应组合的主梁应力图

图 7-3-58　标准组合下的主梁应力图(单位:MPa)

第五节　悬　索　桥

一、建模要点

在结构体系上,悬索桥结构主要分为地锚式悬索桥和自锚式悬索桥两大类。根据施工方法,地锚式悬索桥分为两种:对于大跨径悬索桥,主索鞍需要根据加劲梁的不断吊装积累而须顶推以平衡水平推力,调整索塔受力;对于中小跨径悬索桥,主缆有时在塔顶位置和索塔固结在一起,吊装加劲梁时通过不断张拉边跨主缆,以保证索塔受力满足要求。对于自锚式悬索桥,其主缆锚固在加劲梁上,施工顺序为先梁后缆。因此,对以上三种结构应采用不同的模拟方法,如图 7-3-59 所示。

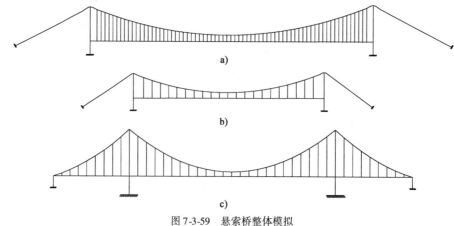

图 7-3-59　悬索桥整体模拟
a)大跨径地锚式悬索桥；b)中小跨径地锚式悬索桥；c)自锚式悬索桥

1. 整体建模

悬索桥在受力特性上与其他桥梁类型差别较大,由高度柔性的缆索系统作为主要承重构件,在荷载作用下呈现出强烈的几何非线性特质。由于在正常使用状态下材料处于线弹性状态,因此悬索桥的结构分析属于大位移、大转动、小应变的几何非线性问题,在进行结构分析时应充分考虑其关键受力特性。

为把握悬索桥结构的整体受力特征,主要采用平面或空间杆系结构进行分析,但在具体构件和模拟杆件连接上,视结构布置不同而有所区别。

1) 主缆模拟

主缆作为悬索桥关键受力构件,一般采用随张拉力大小而刚度发生变化的索单元来模拟,单元类型有很多,如悬链线单元、只受拉单元等。对于悬索桥结构,主缆应采用悬链线单元来模拟,或者用 Ernst 公式来修正主缆的弹性模量。该单元由两个节点构成,只能传递单元的轴向拉力。

2) 索塔模拟

索塔可以采用普通梁单元来模拟,一般不需考虑剪切变形的影响。在关键位置,构件相接点等都应该划分节点。

3) 加劲梁模拟(图 7-3-60)

加劲梁的结构形式主要有两种:钢箱梁和钢桁架。对于钢箱梁,可以采用能考虑畸变的梁单元来模拟,同时考虑剪切变形的影响。对于钢桁架,其结构布置较为复杂,需要仔细模拟每一根杆件,采用梁单元来模拟。但需要注意的是,钢桁架与钢箱梁在施加二期恒载时,前者转换为节点荷载施加在加劲梁节点上,后者直接施加在梁单元上。

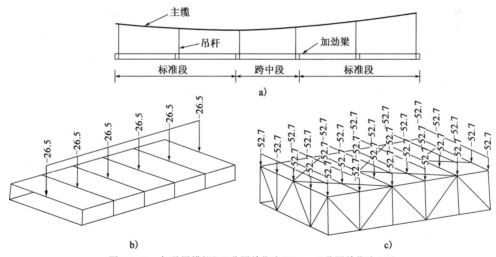

图 7-3-60 加劲梁模拟 [b) 分图单位为 kN/m;c) 分图单位为 kN]

加劲梁吊装时,几个梁单元以铰连接的形式连接在一个节点上。为避免出现奇异,需对其中一个梁不释放两端约束,对其他所有梁都释放梁端旋转约束。

4) 吊索模拟

悬索桥的吊索一般都为竖直吊索,受力比较简单,模拟时可以采用桁架单元、索单元等直杆单元模拟即可,单元特性为只受拉。

5) 主缆锚固方式模拟

地锚式悬索桥和自锚式悬索桥主缆锚固方式虽然都是给主缆一个约束，但约束的自由度却不一样，前者约束所有自由度，后者则与加劲梁耦合（图 7-3-61、图 7-3-62）。

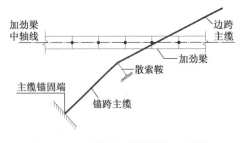

图 7-3-61　地锚式悬索桥锚固方式模拟

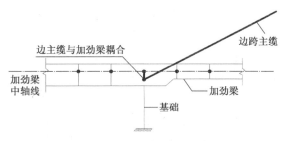

图 7-3-62　自锚式悬索桥锚固方式模拟

2. 局部构造模拟方法

1) 主缆和索塔的连接模拟

图 7-3-59 中主缆和索塔的连接模拟见图 7-3-63，其中，图 7-3-63a) 主要用于大跨径悬索桥施工控制的精细分析，图 7-3-63b) 适用于大跨径地锚式悬索桥和自锚式悬索桥的设计计算，图 7-3-63c) 适用于中小跨径地锚式悬索桥的设计计算。在有限元分析中，主缆采用索单元进行模拟，主塔采用梁单元进行模拟。在索塔顶部，索塔顶点及与其相接触的主缆可以采用以下两种方法模拟：

（1）采用共坐标的两个节点来模拟，在成桥阶段采用两节点刚性连接。

（2）采用在纵桥向、横桥向共坐标，高度上相差一个主索鞍高度的两个节点来模拟，在成桥阶段采用刚度模拟。

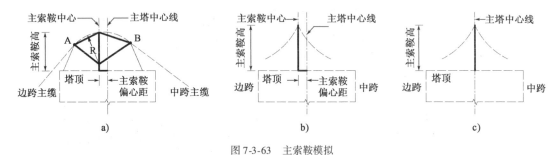

图 7-3-63　主索鞍模拟

a) 主索鞍精确模拟；b) 主索鞍预偏模拟；c) 主索鞍固结模拟

2) 加劲梁和索塔连接模拟

加劲梁和索塔连接通常有单跨双铰、三跨双铰以及三跨连续三种形式。前两者采用约束竖向和横向位移来模拟，后者采用刚性连接来模拟。

3) 主索鞍的顶推模拟

在施工过程中，地锚式悬索桥需要对主索鞍进行预偏，并在逐步安装加劲梁过程中及时对主索鞍逐步顶推，以保证索塔受力。其顶推时可采用以下两种方法来模拟。

（1）通过施加温度荷载，增大线膨胀系数来模拟。

（2）通过对主索鞍和索塔之间在塔顶位置的连杆进行降温来模拟。

二、主要分析内容

悬索桥的结构分析主要包括施工阶段分析和成桥阶段分析两部分。

1. 施工阶段分析的主要内容

悬索桥是分施工阶段逐步施工完成的,结构的最终受力状态与施工过程有着密不可分的联系,因此,结构分析必须准确模拟施工过程,并且能够自动累加各施工阶段的内力和位移。不同于其他结构类型,在悬索桥施工阶段分析过程中,必须考虑几何非线性的影响。从空缆状态到最后的成桥状态,悬索桥经历很大的变形。施工阶段分析的主要内容有:①结构自重;②施工临时荷载;③混凝土的收缩徐变;④温度荷载;⑤静风荷载;⑥结构体系转换。

2. 成桥阶段分析的主要内容

成桥阶段分析即在成桥状态下分析桥梁的静力和动力。悬索桥在成桥状态下处于结构自重平衡,所以该状态又称为悬索桥的初始平衡状态,主要计算初始平衡状态下主缆的坐标和张力。此时的结构内力,特别是主缆的张力大小对结构在后续荷载作用下的受力状态影响很大。

悬索桥在施工阶段具有明显的非线性响应,但在成桥后主缆系统的初张力很大,即重力刚度效应明显,后续荷载(车辆荷载、风荷载等)作用下的非线性效应并不明显。为此,将初始平衡状态下的主缆和吊杆的张力转换为几何刚度,按线性分析法计算后续荷载的作用,其结果具有足够的精度。

成桥阶段分析的主要内容:

(1)计算主缆、加劲梁、桥塔在各种活载、风荷载、温度荷载等作用下的内力和变形。
(2)计算成桥状态各种偶然荷载(如地震力、船舶撞击力)等作用下的内力和变形。
(3)按规范对上述各种内力和位移进行组合,得出最不利荷载组合情况下的内力和位移。
(4)按规范进行强度、刚度、稳定性和抗裂性验算。

三、悬索桥计算实例[1]

1. 结构布置

岳阳洞庭湖大桥主桥全桥布置:岳阳侧主桥副孔 3×60m 等截面预应力混凝土连续刚构+主桥(1480+453.6)m 双塔双跨板桁结合型钢桁梁悬索桥+君山侧主桥副孔(34.58+4×60.5)m 等截面预应力混凝土连续梁。桥梁全长 2390.18m,大桥主梁全长 1933.6m。主缆采用平行缆,跨径布置为(460+1480+491)m,主跨垂跨比 1/10,横桥向间距 35.4m,主缆采用 1860MPa 平行钢丝,单根主缆由 175 根通长索股组成,每根索股由 127 丝 ϕ5.35mm 的镀锌铝高强度钢丝组成,君山侧边跨另设 6 根背索。主跨跨中设置 5 对柔性斜拉索中央扣。吊索标准间距 16.8m,如图 7-3-64 所示。

2. 加劲梁

该桥采用板桁结合型钢加劲梁,梁全宽 38.75m,梁高 9.0m,节间长度 8.4m,标准节段长度 16.8m,质量约 320t。为提高桥面板刚度,在桥面板中央分隔带处及上横梁 1/4 跨位置处设置钢纵梁。纵梁为倒 T 形断面,纵梁腹板与桥面钢板焊接。在两片主横桁架间 8.4m 范围内设置两道横肋,横肋采用工字形断面,间距 2.8m。加劲梁标准横断面如图 7-3-65 所示。

---

[1] 数据由湖南省交通设计院崔剑峰提供。

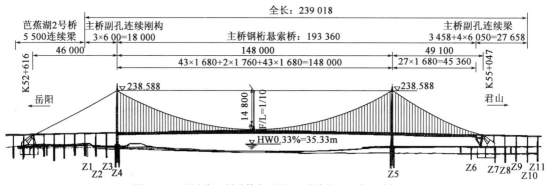

图 7-3-64 洞庭湖二桥总体布置图(尺寸单位:cm;高程单位:m)

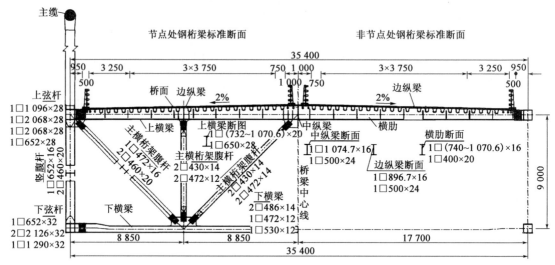

图 7-3-65 加劲梁标准横断面(尺寸单位:mm)

3. 轻型组合桥面结构

为解决正交异性钢桥面系容易产生疲劳裂纹及铺装层使用寿命普遍较短的问题,洞庭湖大桥采用了超高性能轻型组合桥面方案,具体构造为:以45mm厚的薄层超韧性混凝土(STC)层代替传统的桥面铺装层,STC层一般采用板单元或者实体单元进行模拟,并将钢板厚度减薄至12mm(图7-3-66),即将常规的正交异性钢桥面系转化为钢-超韧性混凝土组合桥面系。

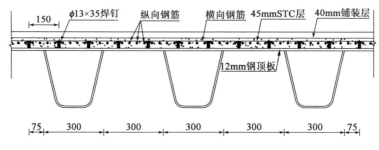

图 7-3-66 超高性能轻型组合桥面结构(尺寸单位:mm)

4. 索塔

索塔采用双柱式门式框架结构,由塔柱和横梁组成。塔柱分上、中、下三部分,从上到下由单箱单室断面过渡到单箱三室断面。横梁包括上、下横梁。双横梁结构在横向荷载作用下横梁受力很大,因此,横梁采用底缘为曲线的变高度闭口截面,横梁预应力经比选后采用上缘直束+下缘弯束的配置形式。左右两根塔柱塔顶中心间距35.4m,塔柱高度方向按黄金分割呈阶梯状变化。岳阳侧塔高203.088m,君山侧塔高206.088m。索塔基础采用40根直径3.0m钻孔灌注桩以及4根直径1.8m钻孔灌注桩,桩基均按嵌岩桩设计。单根塔柱下承台纵、横向尺寸为23.5m×30m,厚度为8.0m,两承台之间用宽10.0m的系梁连接。索塔构造如图7-3-67所示。

5. 锚碇

锚碇地下连续墙采用与锚体相匹配的葫芦形平面布置,平面由直径不等的两个圆弧构成,大圆直径64m,

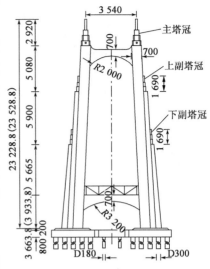

图7-3-67 索塔构造示意图(尺寸单位:cm)

小圆直径56m,顺桥向总长98m,横桥向最大宽度64m。该布置使得基础开挖减少约1.6万 m^3。主缆锚固采用型钢锚固系统。锚碇构造如图7-3-68所示。

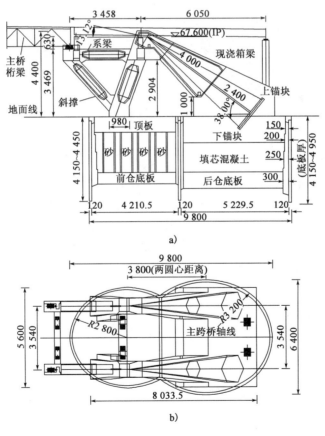

图7-3-68 锚碇构造示意图(尺寸单位:cm;高程单位:m)
a) 君山侧锚碇立面;b) 君山侧锚碇平面

6. 结构模型的建立和静力分析

主缆和吊索用索单元模拟,桥塔、加劲梁桁架用梁单元模拟,桥面板用板单元模拟。边界条件如下:塔底模拟时输入桩基等效刚度;主梁在岳阳塔横梁处竖向位移采用主从约束,横向与塔柱采用只受压弹性连接;主梁在君山锚碇处竖向位移采用主从约束,横向与锚碇挡块采用只受压弹性连接;在君山塔横梁处仅横向与塔柱采用只受压弹性连接。整件计算模型如图 7-3-69 所示。

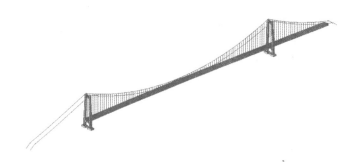

图 7-3-69 整体计算模型

7. 分析荷载和荷载组合

按上述模型,对该桥进行自重、汽车、人群以及附加荷载(温度荷载、支座沉降、风荷载等)下的内力分析。同时,对桥梁进行正常使用极限状态和承载能力极限状态下的荷载组合分析。

8. 主要计算结果

1)线形分析结果

在成桥恒载作用下主缆的最大竖向位移 D_z 为 12.77m,如图 7-3-70 所示。

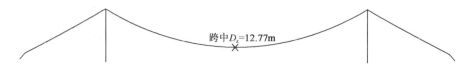

图 7-3-70 恒载作用下主缆变形图

汽车荷载作用下加劲梁的变形:考虑在汽车荷载作用下加劲梁的最大位移以及最小位移。向上最大竖向位移为 1.37m,向下最大竖向位移为 2.89m,均发生在主跨 1/4 处位置,如图 7-3-71 所示。

2)主缆内力

成桥恒载及汽车荷载作用下主缆主要控制点的最大、最小拉力见表 7-3-4。

主缆拉力计算结果表(kN) 表 7-3-4

位 置	荷 载						
	左侧锚碇	左侧桥塔边跨	左侧桥塔中跨	跨中	右侧桥塔中跨	右侧桥塔边跨	右侧锚碇
恒载	348 903	355 678	355 600	331 386	356 606	367 615	338 854
汽车荷载(max)	34 637	34 501	37 453	31 582	37 973	36 663	34 071
汽车荷载(min)	−1	−1	−3	−59	−360	−217	−1 235

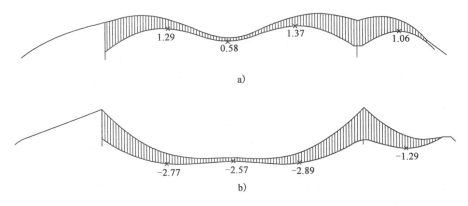

图7-3-71 汽车荷载作用下主缆线形(图中数值单位:m)

a)汽车荷载作用下加劲梁向上最大变形;b)汽车荷载作用下加劲梁向下最大变形

3)吊索内力

成桥恒载及汽车荷载作用下吊索的最大、最小拉力见表7-3-5。

吊索拉力计算结果表(kN)　　　　　　　　　　表7-3-5

吊索位置	恒　载	汽车荷载(max)	汽车荷载(min)
左侧桥塔中跨	1 872	229	0
1/4跨	2 297	470	-35
跨中	573	281	-35
3/4跨	2 296	470	-39
右侧桥塔中跨	4 073	2 308	-1 212
右侧桥塔边跨	4 082	2 357	-1 263
边跨跨中	2 334	452	-31
右端	3 805	1 636	-1 306

参 考 文 献

[1] 交通运输部.公路桥涵设计通用规范:JTG D60—2015[S].北京:人民交通出版社股份有限公司,2015.
[2] 交通运输部.公路圬工桥涵设计规范:JTG D61—2005[S].北京:人民交通出版社,2005.
[3] 交通运输部.公路钢筋混凝土及预应力混凝土桥涵设计规范:JTG 3362—2018[S].北京:人民交通出版社股份有限公司,2018.
[4] 交通运输部.公路钢结构桥梁设计规范:JTG D64—2015[S].北京:人民交通出版社,1986.
[5] 交通运输部.公路桥涵地基与基础设计规范:JTG 3363—2019[S].北京:人民交通出版社股份有限公司,2019.
[6] 交通运输部.公路交通安全设施施工技术规范:JTG/T 3671—2021[S].北京:人民交通出版社股份有限公司,2021.
[7] 交通运输部.公路排水设计规范:JTG/T D33—2012[S].北京:人民交通出版社,2012.
[8] 交通运输部.公路桥涵施工技术规范:JTG/T 3650—2020[S].北京:人民交通出版社,2011.
[9] 住建部.城市桥梁设计规范(2019版):CJJ 11—2011[S].北京:中国建筑工业出版社,2011.
[10] 住建部.城市道路照明设计标准:CJJ 45—2015[S].北京:中国建筑工业出版社,2006.
[11] 顾懋清,石绍甫.公路桥涵设计手册:拱桥(上册)[M].北京:人民交通出版社,1997.
[12] 顾安邦,孙国柱.公路桥涵设计手册:拱桥(下册)[M].北京:人民交通出版社,1997.
[13] 江祖铭,王崇礼.公路桥涵设计手册:墩台与基础[M].北京:人民交通出版社,1997.
[14] 金吉寅,冯郁芬,郭临义,等.公路桥涵设计手册:桥梁附属构造与支座[M].北京:人民交通出版社,1999.
[15] 交通部第一公路局.公路施工手册:桥涵[M].北京:人民交通出版社,1995.
[16] 邵旭东,程翔云,李立峰.桥梁设计与计算[M].2版.北京:人民交通出版社,2012.
[17] 范立础.桥梁工程(上)[M].3版.北京:人民交通出版社股份有限公司,2017.
[18] 顾安邦,向中富.桥梁工程(下)[M].3版.北京:人民交通出版社股份有限公司,2017.
[19] 邵旭东.桥梁工程[M].3版.武汉:武汉理工大学出版社,2012.
[20] 张明君.城市桥梁工程[M].北京:中国建筑工业出版社,2000.
[21] 雷俊卿.桥梁悬臂施工与设计[M].北京:人民交通出版社,2000.
[22] 徐岳,王亚君,万振江,等.预应力混凝土连续梁桥设计原理方法及实例[M].北京:人民交通出版社,2000.
[23] 叶国铮,姚玲森,李秩民,等.道路与桥梁工程概论[M].2版.北京:人民交通出版社,2006.
[24] 范立础.预应力混凝土连续梁桥[M].北京:人民交通出版社,1999.
[25] 钱冬生,陈仁福.大跨悬索桥的设计与施工[M].成都:西南交通大学出版社,1999.
[26] 黄绳武.桥梁施工及组织管理(上)[M].北京:人民交通出版社,1999.

[27] 项海帆,刘光栋.拱结构的稳定与振动[M].北京:人民交通出版社,1991.
[28] 陈宝春.钢管混凝土拱桥设计与施工[M].北京:人民交通出版社,1999.
[29] 李扬海,程潮洋,鲍卫刚,等.公路桥梁伸缩装置[M].北京:人民交通出版社,2001.
[30] 马尔立.公路桥梁墩台设计与施工[M].北京:人民交通出版社,1998.
[31] 万明坤,项海帆,秦顺全,等.桥梁漫笔[M].北京:中国铁道出版社,2015.
[32] 铁道部大桥工程局桥梁科学研究所.悬索桥[M].北京:科学技术文献出版社,1996.
[33] 易建国.桥梁计算实例集:混凝土简支梁(板)桥[M].北京:人民交通出版社,1991.
[34] 周远棣,徐君兰.钢桥[M].北京:人民交通出版社,1991.
[35] 经德良.湖北省公路桥梁的回顾与展望[A]//2000年桥梁学术讨论会论文集[C].北京:人民交通出版社,2000:1-13.
[36] 夏淦,邵容光.斜梁结构分析[M].南京:江苏科学技术出版社,1995.
[37] 黄平明.混凝土斜梁桥[M].北京:人民交通出版社,1999.
[38] 高岛春生.斜梁桥[M].张德礼,译.北京:中国建筑工业出版社,1978.
[39] 邵容光,夏淦.混凝土弯梁桥[M].北京:人民交通出版社,1994.
[40] 莱昂哈特.钢筋混凝土及预应力混凝土桥建筑原理[M].项海帆,等,译.北京:人民交通出版社,1988.
[41] 姚玲森,程翔云.钢筋混凝土梁桥[M].北京:人民交通出版社,1982.
[42] 周履,陈永春.收缩徐变[M].北京:中国铁道出版社,1994.
[43] 林同炎.预应力混凝土结构设计[M].路湛沁,黄棠,马誉美,等,译.北京:中国铁道出版社,1983.
[44] 金成棣.混凝土徐变对超静定结构的变形及内力的影响:考虑分段加载龄期差异及延迟弹性影响[J].土木工程学报,1981(3):19-32.
[45] 胡肇兹.桥跨结构简化分析:荷载横向分布[M].北京:人民交通出版社,1996.
[46] 陈永春,陈国梅.预应力超静定结构的等效荷载计算[C]//混凝土及预应力混凝土论文集,1990:45-54.
[47] 程翔云.梁桥理论与计算[M].北京:人民交通出版社,1990.
[48] 郭金琼.箱形梁设计理论[M].北京:人民交通出版社,1991.
[49] 严国敏.现代斜拉桥[M].成都:西南交通大学出版社,1996.
[50] 中国科学技术咨询服务中心预应力技术专家组及联络网.预应力工程实例应用手册:桥梁结构篇[M].北京:中国建筑工业出版社,1996.
[51] 铁道部安康汉江大桥编写组.安康汉江铁路大桥[M].北京:中国铁道出版社,1989.
[52] 张联燕,程懋芳.桥梁转体施工[M].北京:人民交通出版社,2002.
[53] 米特罗波里斯基.城市桥梁手册:第二分册[M].史尔毅,译.北京:人民交通出版社,1957.
[54] 邵旭东.半整体式无缝桥梁新体系[M].北京:人民交通出版社,2014.
[55] 程翔云.高桥墩设计计算中的两个问题[J].重庆交通学院学报,2000,19(2):6-10.
[56] RYALL M J.The manual of bridge engineering[M].London:Thomas Telford Publishing,2000.

[57] 廖建宏,李迪清,胡建华,等.岳阳洞庭湖大桥三塔斜拉桥设计[C]//中国公路学会,桥梁和结构工程学会.1997年学术讨论会论文集.北京:人民交通出版社,1997:222-228.

[58] 程翔云.悬臂施工中的预拱度设置[J].公路,1995(7):9-11.

[59] 邵旭东.桥梁设计百问[M].3版.北京:人民交通出版社股份有限公司,2015.

[60] 刘士林,梁智涛,侯金龙,等.斜拉桥[M].北京:人民交通出版社,2002.

[61] 吉姆辛.缆索支承桥梁:概念与设计[M].2版.金增洪,译.北京:人民交通出版社,2002.

[62] SVENSSON H S,LOVETT T G. The twin cable-stayed baytown bridge//Proceedings of the international bridge conference:bridges into 21st century. HongKong:[s. n.],1995.

[63] 林元培.斜拉桥[M].北京:人民交通出版社,1995.

[64] 李明昭,周竞欧.薄壁杆结构计算[M].北京:高等教育出版社,1992.

[65] 黄剑源.薄壁结构的扭转分析(上)[M].北京:中国铁道出版社,1983.

[66] 颜东煌,李学文,刘光栋,等.用应力平衡法确定斜拉桥主梁的合理成桥状态[J].中国公路学报,2000,13(3):49-52.

[67] 《公路桥梁抗风设计指南》编写组.公路桥梁抗风设计指南[M].北京:人民交通出版社,1996.

[68] 周季湘.等截面连续梁桥顶推施工的受力分析[J].公路,1994,11:19-23.

[69] 华渝生.重庆石板坡长江大桥复线桥工程:重庆石板坡长江大桥加宽改造工程正桥设计、施工及管理[M].重庆:重庆出版集团,重庆出版社,2008.

[70] 段雪炜,徐伟.重庆朝天门长江大桥主桥设计与技术特点[J].桥梁建设,2010(2):37-40.

[71] 周仁忠,徐国平,汪存书,等.重庆朝天门长江大桥施工控制关键技术研究[J].中外公路,2010,30(1)119-125.

[72] 蒋望.具有自加劲板的多塔斜拉桥双曲线索塔研究[D].长沙:湖南大学,2012.

[73] 苏通大桥建设指挥部.苏通大桥论文集:第1辑[M].北京:中国科学技术出版社,2004.

[74] SVENSSON H. Protection of bridge piers against ship collision[J]. Steel Construction,2009(2).

[75] 樊伟.船撞下桥梁结构动力需求及桩承结构防撞能力分析方法[D].上海:同济大学,2012.

[76] 交通运输部.公路工程技术标准:JTG B01—2014[S].北京:人民交通出版社,2014.

[77] 邵旭东,胡建华.钢-超高性能混凝土轻型组合桥梁结构[M].北京:人民交通出版社股份有限公司,2015.

[78] 中交第二公路工程局有限公司.公路桥梁施工系列手册:悬索桥[M].北京:人民交通出版社,2014.

[79] 交通运输部.公路悬索桥设计规范:JTG/T D65-05—2015[S].北京:人民交通出版社股份有限公司,2015.